제도경제학

Institutional Economics: Its Place in Political Economy

by John R. Commons

Published by Acanet, Korea, 2023

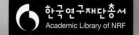 한국연구재단총서 학술명저번역 647

제도경제학

 2

정치경제학에서의 그 위치

Institutional Economics: Its Place in Political Economy

존 R. 커먼스 지음 | 홍훈·최민 옮김

 아카넷

일러두기

1. 본서는 커먼스(John Rogers Commons)의 11장 950쪽에 달하는 대작 *Institutional Economics*를 번역한 것이다. 원서는 1934년에 맥밀란에서 간행된 후, 1959년에 위스콘신대학교 출판부(University of Wisconsin Press)에서 8장 457쪽까지를 제1권, 9장부터 11장까지를 제2권으로 하여 두 권으로 출판되었다. 위스콘신판은 맥밀란판과 차이는 없고 분량도 완전히 똑같아서 맥밀란판을 바탕으로 사진제판한 것이라 생각된다. 또한 커먼스 연구로 알려져 있는 맬컴 러더퍼드(Malcolm Rutherford)의 서문이 새롭게 첨가된 판이 1990년 트랜섹션 출판사(Transaction Publishers)에서 간행되었고 몇 번이나 인쇄되었다. 러더퍼드판은 9장까지를 제1권, 10장과 11장을 제2권으로 하고 있다. 그러나 러더퍼드판은 러더퍼드 자신의 서문이 첨부된 것 외에 맥밀란판과 차이가 없고 분량도 완전히 똑같아서 맥밀란판을 바탕으로 사진제판한 것이라고 생각된다.
2. 커먼스의 독자적인 개념에 관한 용어 번역에서는 가능한 한 기존의 연구 및 번역서를 참조했지만, 그것들이 번역되었던 시대적 배경과 그 후 이론연구의 진보 등을 감안하여 그들의 번역어를 계승하고 있지 않은 경우가 있다. 또한 커먼스 이론에서 독자성을 표현하기 위해 기존의 경제학에서 그 사용이 일반적인 것으로 되어 있는 용어에도 독자적인 번역어를 할당하는 경우가 있다.
3. 주석에서 원주는 숫자로, 옮긴이 주는 *로 표기했다.
4. 특정 용어에서 외국어 번역상 일제강점기부터 내려온 경향인 '성'(예를 들어 희소성, 가치성, 효율성)을 가능하면 배제했다.
5. 정확한 의미전달을 위해 주요 단어의 번역어를 「번역어 대조표」에 실었다.
6. 고유명사의 경우 국립국어원 외래어 표기법을 따르되, 출신국 언어의 발음을 고려했다.

차례

9장 **미래성** | 695

I. 부채의 유통가능성 | 697

  1. 부채와 상품 | 697

  2. 부채시장과 부채구조 | 705

  3. 재산과 재산권 | 708

  4. 유체 재산, 무체 재산, 무형 재산 | 715

   (1) 시간과 시간의 측정치 | 715

   (2) 정당화와 경제학 | 724

   (3) 의무와 부채, 권리와 신용 | 727

   (4) 교환가능성 | 734

   (5) 신용의 이중적인 의미 | 737

   (6) 무형 재산 | 745

   (7) 유체 재산으로부터 무형 재산으로 | 749

   (8) 상품시장과 부채시장 | 752

   (9) 할인과 이윤 | 759

    a. 두 가지 종류의 가격 | 759

    b. 두 가지 종류의 제조 | 760

    c. 상품가격과 단기적인 가격 | 761

    d. 영란은행 | 765

   (10) 심리경제학에서 제도경제학으로 | 772

   (11) 부채시장의 분리 | 780

    a. 화폐와 자본 | 780

    b. 자본수익과 은행이자율 | 792

     (a) 제조자 또는 상인? | 795

　　　　(b) 저축과 저축의 시장가치 | 797

　　　　(c) 단순 인과로부터 다중 인과로 | 800

II.　부채의 해소 | 801

III.　부채의 생성 | 824

IV.　부채의 회소 | 841

　　1. 금속화폐의 회소 | 841

　　2. 자본과 자본들 | 846

　　3. 기다림의 회소 | 865

V.　이자와 이윤의 할인 | 875

VI.　화폐와 가치의 거래적인 체계 | 881

VII.　이윤차익 | 904

　　1. 이윤의 몫 | 908

　　　(1) 소비와 저축 | 914

　　　(2) 배당-시차 | 916

　　　(3) 판매-시차 | 921

　　2. 판매 예측 | 923

　　3. 고용-시차 | 939

　　4. 공급과 수요 | 944

　　　(1) 소비자의 공급과 수요 법칙 | 945

　　　(2) 사업의 수요공급법칙 | 947

　　5. 차익들 | 954

　　　(1) 총수입과 총판매 | 960

　　　(2) 운영차익 | 962

　　　(3) 이윤차익과 손실차손 | 965

　　　(4) 과세가능차익 | 968

　　　(5) 금융적 차익 | 972

　　　(6) 가격차익 | 975

(7) 이윤완충 | 983

(8) 기득권과 이윤차익 | 986

(9) 차익과 생산비용 | 989

(10) 연계와 탄력성 | 991

(11) 요약 | 994

VIII. 세계지불사회 | 995

1. 이자와 물가의 장기적인 비율 | 996

2. 단기이자율과 물가 | 1003

3. 한계생산성으로부터 자본수익으로 | 1006

4. 공개시장이자율과 (기업) 고객의 이자율 | 1018

5. 위험할인-과잉채무상태와 불황 | 1020

6. 실험적인 검증 | 1023

7. 전쟁순환주기 | 1023

8. 자동적인 회복과 관리된 회복 | 1025

IX. 사회 | 1027

1. 비용으로부터 분배의 몫으로 | 1027

2. 전체와 부분들 | 1036

(1) 기제, 유기체, 활동체 | 1036

(2) 반복의 속도 | 1040

3. 전략적인 거래와 일상적인 거래 | 1049

(1) 효율 | 1050

(2) 희소 | 1053

(3) 활동체 | 1057

10장 합당한 가치 | 1081

I. 베블런 | 1083
   1. 유체 재산으로부터 무형 재산으로 | 1083
   2. 부의 누적으로부터 생각의 누적으로 | 1093
   3. 관리 거래로부터 교섭 거래로 | 1117
   4. 시간의 흐름과 시간의 경과 | 1120

II. 개인으로부터 제도로 | 1125

III. 자연권으로부터 합당한 가치로 | 1131

IV. 주권 | 1136
   1. 행정적인 주권 | 1137
   2. 입법적인 주권 | 1138
   3. 사법적인 주권 | 1138
   4. 분석적이고 기능적인 법과 경제학 | 1149
      (1) 힘 | 1151
      (2) 희소 | 1154

V. 습관적인 가정 | 1156

VI. 이념형 | 1187
   1. 교육적인 이념형 | 1196
   2. 선전적인 이념형 | 1200
   3. 과학적인 이념형 | 1207
   4. 윤리적인 이념형 | 1220

VII. 집단행동 | 1231
   1. 정치 | 1231
      (1) 인물됨, 원리, 조직 | 1231
      (2) 관할 | 1238
      (3) 배급 | 1239

　　　　a. 과정 | 1239

　　　　b. 경제적 결과 | 1247

　　　　c. 정당화 | 1249

　　2. 상인 자본주의, 고용주 자본주의, 은행가 자본주의-산업의 단계들 | 1253

　　3. 희소, 풍요, 안정화-경제적 단계들 | 1265

　　　　(1) 경쟁 | 1265

　　　　(2) 차별 | 1275

　　4. 물가 | 1287

　　5. 과세의 경찰력 | 1311

　　　　(1) 사적인 효용과 사회적인 효용 | 1311

　　　　(2) 장소, 비용, 기대 | 1316

　　　　(3) 과세의 규범 | 1325

　　　　(4) 정학과 경기변동 | 1353

　　6. 사고와 실업-보험과 방지 | 1362

　　7. 인간성과 집단행동 | 1408

11장 공산주의, 파시즘, 자본주의 | 1411

찾아보기 | 1457

도표

6. 부채시장, 차변과 대변, 1929년 6월 | 706
7. 부채 구조, 6월 29일, 1929년 | 707
8. 종매출과 종수입의 규모 | 961
9. 운영차익 | 963
10. 감가상각 | 964
11. 차익 혹은 차손 | 966
12. 과세가능차익 | 970
13. 금융차익 | 974
14. 미국의 도매물가(1919~1933년) | 978
15. 이윤완충 | 985
16. 자본수익, 공개시장이자율 그리고 재할인율(1919~1933년) | 1014

표

1. 제조업체, 명시된 항목들의 액수 | 958
2. 제조업체, 명시된 항목들의 비율 | 959

1권 차례

옮긴이 해제
서문

1장 관점

2장 방법

I.   존 로크
    1. 관념
    2. 가치
    3. 관습
II. 거래와 활동체
    1. 법인체에서 지속 활동체로
    2. 교환에서 거래로
        (1) 교섭 거래
        (2) 관리 거래
        (3) 배당 거래
        (4) 제도
        (5) 자산 대 부
        (6) 자유와 노출
        (7) 시간
        (8) 가치의 거래적 의미
        (9) 이행, 자제, 회피
        (10) 전략적 거래와 일상적 거래

(11) 협상심리학

III. 관념

IV. 이해충돌

V. 역사의 경제적 중추

3장 케네

I. 자연 질서

II. 도덕 질서

4장 흄과 퍼스

I. 희소

II. 습관에서 관습으로

III. 실용주의

IV. 자연에서 지속 활동체로

5장 아담 스미스

I. 자기이익과 상호성

II. 자유, 안전, 평등, 재산

III. 노동-고통, 노동력, 노동 절약

    1. 가치의 원인

      (1) 사용-가치의 원인

      (2) 희소-가치의 원인

        a. 심리적 희소와 소유적 희소

        b. 자유와 풍요

    2. 가치의 조절자

    3. 가치 척도

IV.   사회적 유용성

6장 벤담 대 블랙스톤

7장 맬서스

8장 효율과 희소

I.   물질과 소유

II.   실질 가치와 명목 가치

III.   평균

IV.   투입과 산출, 지출과 소득

V.   순환에서 반복으로

VI.   능력과 기회

    1. 물질적 소유와 법적 소유

    2. 선택

    3. 기회

       (1) 서비스 비용과 생산물 비용

       (2) 서비스 가치와 생산물 가치

       (3) 접근할 수 없는 대안들-자유의지와 자유선택

       (4) 노동의 분업에서 노동의 조직화와 공적 목적으로

       (5) 대체의 법칙

       (6) 압박의 한계

       (7) 로빈슨 크루소에서 지속 활동체로

       (8) 교섭력

VII. 리카도와 맬서스

VIII. 맑스와 프루동

IX.   멩거, 비이저, 피셔, 페터

X.   절대주의에서 상대성으로

도표

1. 미국과 영국의 도매물가, 1790~1932년
2. 심리적 평행주의(스미스, 리카도)
3. 기능적 심리학(쾌락)
4. 기능적 심리학(쾌락, 고통)
5. 맑스의 가치 공식

번역어 대조표

단어	번역
anarchism	아나키즘, 비지배주의
arbitration tribunals	조정위원회
associated	집단적인
association	단결, 결사, 협회
assumpsit	(묵시적) 계약이행
bargaining transaction	교섭 거래
coercion	압박
collective action	집단행동
common law	관습법
common weal	공공 복리
concern	활동체
concerted action	단체행동, 담합행동, 행동통일
conflict of interests	이해충돌
corporation	조직, 법인, 회사, 협회, 조합
corporationism	조직주의, 조합주의
corporeal property	유체 재산
creation of debt	채무 생성
duress	강박
due process of law	적법절차
effectual demand	유효수요
exposure	(위험에의) 노출
forbearance	자제
franchise	가맹점, 사업(허가)권
futurity	미래성
going concern	지속(적인) 활동체
good-will	호감, 호의, 평판, 권리금의 대상, 영업권
high financing	불법 금융 거래
illusory	환상에 불과한
income	수입
incorporeal property	무체 재산
intangible property	무형 재산
integrated industry	계열화된 산업, 통합된 산업
legal tender	법화
live and let live understanding	공생

managerial transaction	관리 거래
margin	차익, 한계지, 한계수익
negotiability	양도가능성, 유통가능성
ownership	소유(권)
performance	이행
afterthought	사후사고
physical sciences	물상과학
physical things	물건
physiology	중농주의
pleasure and pain	고락
positive/negative	정/부, 양/음, 긍정적/부정적, 적극적/소극적 (맥락에 따라 번역함)
possession	점유
property	재산
proportioning	배분, 배당
proprietary	소유적, 전유적
public utilities	공공 서비스
quantum meruit	적정 금액 또는 상당액
rationing	할당, 배급, 배당
rationing transaction	배급 거래
reasonable	합당한
regulator	조절자
release of debt	채무 해제
secrecy	비공개, 비밀주의
self-interest	자기이익
selfishness	이기심
situs	소재지
tangible property	유형 재산
title	권원
utilitarianism	효용주의
utility	효용, 유용성
wholesaler	도매업자
withhold	남들이 필요로 하지만 갖고 있지 않은 것을 그들이 쓰지 못하도록 주지 않고 갖고(유보하고) 있음, 남들이 쓰지 못하게 가지고 있음
working rules	운영규칙

제9장

미래성[*]

I. 부채의 유통가능성

1. 부채와 상품

정치경제학이 18세기에 등장하기 시작했을 때, 그것은 자유와 합리성이 인간의 원초적인 상태라는 당시의 지배적이던 이론과 맞아떨어졌다. 이 이론을 대중화시킨 사람은 유명한 『사회계약론』(1762)의 저자 루소였다. 인간은 원래 자유로웠는데 정부가 인간을 노예로 만들었다는 것이다. 또한 인간은 자유롭기만 하면 이성에 따라 행동할 수 있다는 점에서 합리적인 존재라는 것이다. 이것이 미국독립선언과 프랑스 대혁명의 이론이었다. 그것은 여전히 고전학파, 낙관주의 학파,* 그리고 심리학파의 일차적인 가정이었다. 이들은 자신의 이익을 알고 있는 절대적으로 자유로운 개인을 이론의 근거로 삼았다. 그래서 개인이 자유롭게 행동하도록

---

* 앞서 커먼스가 논의한 바에 의하면, 낙관주의 학파는 케리와 바스티아를 지칭한다. 경제주체들의 이익이 조화된다는 믿음을 가지고 있어서 이들이 이와 같이 불렸다.

허용하면, 모든 행위들의 합은 이익들의 조화를 이룰 것이다.

자유와 합리성의 이론은 절대왕정을 타도하고, 노예제를 폐지하며, 보편적인 교육을 수립하는 데 혁혁한 결과를 달성했다. 그러나 이 이론이 역사적으로 사실이었기 때문에 그렇게 된 것이 아니다. 이 이론이 미래에 대한 이상을 제시했기 때문에 그렇게 된 것이다. 역사적으로는 인류의 대부분이 해소되지 않을 부채 속에 살다가, 이것이 해소될 수 있는 부채로 서서히 대체되면서 자유가 다가왔다고 말하는 것이 더 정확하다.* 그리고 역사적으로는 맬서스가 말했듯이, 인간은 원래 욕정과 우둔함을 지닌 존재이므로, 인간에게 자유와 이성은 도덕적인 인격의 느린 진화와 정부가 시행하는 규율의 문제였다.

현대적인 역사연구가 발전하고, 특히 사회학, 인류학, 사법의 역사라는 현대과학의 도움을 받으면서, 자유와 이성의 원초적인 상태라는 18세기의 환상을 뒤집어, 피지배층의 관행과 목적으로부터 해소가 가능한 부채가 현대 자본주의의 기초가 된 실제의 단계들을, 그렇지만 저항을 받은 단계들을 보여줄 수 있다. 따라서 정치경제학은 개인의 자유의 과학이 아니라 부채의 창출, 유통가능성, 해소 그리고 희소의 과학이 된다.

사고팔며, 고용하고 해고하며, 빌리고 빌려주는 사람들로서 산업을 법적으로 통제하고 있어 다른 계급의 "급여제공자"로 현재 우리가 알고 있는 사업가 계급은 원래 노예, 농노 또는 행상인이었다. 이들은 시민권을

---

* 경제학자들은 경제를 설명하는데 있어 매매관계나 고용관계에 중점을 둔다. 이에 비해 커먼스는 채무관계에 중점을 두는 소수의 경제학자들에 속한다. 그가 근대적인 채무관계에서 핵심으로 삼은 것은 부채가 유통될 수 있다는 점이었다. 커먼스가 나중에 논의하는 크납이나 이네스, 케인즈, 인햄(Geoffrey Ingham), 그리고 최근에 부각되고 있는 현대화폐이론(Modern Monetary Theory)이 이에 동조한다.

전혀 가지고 있지 않았으나, 특혜를 부여하고 시행할 봉건영주와 왕의 의사와 능력에 의탁했다. 이들이 가장 원했던 특혜는 자치, 즉 봉건영주의 자의적인 폭력에서 해방되어 회원들을 집단적으로 관리하는 것이었다. 이런 집단적인 면책과 더불어 이들은 스스로 법정을 세우고 자체 분쟁을 판결하기 위한 스스로의 규칙을 제정할 수 있었다.

이런 방식으로 **상인길드**, **상인법**(the Law Merchant), 그리고 **장인길드**가 생겨났다.* 그리고 이런 조합을 통해 판매, 제조 그리고 무역에 적합한 계약과 관습이 이들의 법정에서 발전되고 시행되었다. 이것들은 현재 상사분쟁 중재나 노사분쟁 중재에서 우리가 보는 바와 비슷하다.

그러나 상인과 제조업자는 공격을 면하는 것 이상을 필요로 했다. 이들은 자신들의 계약과 관습을 시행하기 위해 왕이 만든 법정의 도움도 필요로 했다. 이는 마치 현재 상사중재를 위한 운동이 자신의 중재법원이 판결한 보상을 시행하도록 사법적인 법원에게 강제하는 입법을 얻어내려는 방향으로 나아가는 것과 같다. 후자의 움직임은 신기하게도 영국의 법원에서 400년 전에 발생하기 시작한 것을 반복하고 있다. 이로부터 미국 법원이 관습법을 제정하는 방식이 파생되었다.

16세기 이전에는 상대적으로 구매와 판매가 거의 없었다. 매매는 정기시장과 상업지역에 국한되었다. 지주와 부자만이 관습법의 법원이 집행할 계약을 맺을 수 있었다. 이 사람들은 각자가 지불할 약속의 증거로 기다란 문서에 밀랍으로 도장을 찍을 수 있는 인장을 가지고 있다는 점에서 다른 모든 사람과 구분되었다. 이에 대해 "특기"라는 이름이 붙여졌다.

---

* 'law marchant'은 'Lex mercatoria'의 영어 번역어이다. 이것은 원래 11세기 초에 등장했고 주로 중세에 이탈리아와 영국에서 시작해 점차 확산되어 유럽 전역에서 상거래에 적용되었다. 상인들의 관습적인 규정들로서 근대 상법의 효시가 되었다.

거래에는 시간과 엄숙한 의식이 요구되었다. 현재도 부동산 매매와 저당 설정에는 이것이 여전히 남아 있다. 다만 호주에서 발생한 토렌스 체제에서는 자동차 소유에 대한 등록과 비슷하게 단순한 등록제도가 시행되고 있어 이와 비슷한 형식마저 없어졌다.*

그러나 상품을 매매하는 상인들은 어가, 부, 또는 정치적인 힘을 가시고 있지 않았다. 그들의 "구두"계약(parol)은 법원에서 항상 집행되는 것이 아니었다. 그렇지만 16세기에 구두계약은 필요했고 영향력이 있었다. 법원은 이제 이들의 계약 수백, 수천 건을 집행할 방법을 고안해야 했다. 몇 해 동안 실험한 후 변호사들의 창발성은 거래당사자들의 마음속에서 읽어낼 만한 새로운 가정을 만들어냈다. 그것은 상인들이 강탈하거나 훔치거나 잘못 표시하려는 의도를 가지고 있지 않으며, 올바른 일을 하려는 의도를 가지고 있다는 가정이다. 이 가정은 만약 어떤 상인이 다른 사람에게 소유자가 되도록 물건을 물리적으로 전달했다면, 상대방은 이에 대해 지불할 의도를 지닌 것이 된다는 것을 의미한다. 비록 가격이 언급되어 있지 않더라도 그는 올바른 가격을 지불할 의도를 지니고 있었다는 것이다. 그는 지불할 의무를 짊어진 것이다.

이것이 "구두"계약 또는 행위계약이다. **사기방지법**(the Statute of Frauds) 이후 이것은 소액의 계약에 제한적으로 적용되었다. 그러나 이것이 주식시장의 규칙에 남아 있다. 주식시장에서는 수백만 달러 가치의 재산이 광적인 중개인들 사이에 단지 신호만으로 수분 사이에 이전되고, 법정에서는 문자화되지 않는 한 집행할 수 없는 계약이 **주식시장** 자체에 의해

---

* 토렌스 체제는 토렌스(Robert Richard Torrens)가 1858년에 남부 호주에서 도입한 법체계인데 토지의 권원을 설정하는 절차를 간소화시켜 다른 나라에도 확산되었다.

집행되어야 한다. 공장장이 노동자의 생산물을 인수하거나 공급자로부터 자재를 인수할 때, 해당 법인체에서는 이에 대해 지불할 의도를 가지고 있는 것이 된다. 우리는 **현재** 이런 의도를 자연법으로 당연시하지만, 이것은 400년 전 변호사들이 발명한 것이다. 비록 심리적으로는 지불할 의도가 없었을지라도, 상품을 인수하는 것만으로 합법적인 채무가 발생한다.

그러나 상인들에게는 이것으로 충분하지 않았다. 이들에게는 부채를 사고팔 법적인 힘이 필요했다. 변호사들이 부채의 유통가능성이라는 발명품을 완결하는 데 17세기 전체가 소요되었다. 상인들이 원했던 바는 부채를 화폐로 전환하는 것이었다. 초기 역사에서 화폐는 그리스의 황소와 같이 단순한 계산단위였다. 그러다가 그것이 금속상품이 되었다. 그러고 나서 왕이 그 금속에 인장을 찍어 조세를 납부하고 사적인 부채를 지불하는 합법적인 수단으로 만들었다. 그다음에 주화는 더 이상 상품이 아니었다. 그것은 공적이거나 사적인 채무를 지불하는 집단적인 수단, 즉 법화라는 제도가 되었다.

따라서 상품으로부터 주화를 구분하려면 주화에 두 가지 속성을 부여해야 했다. 그리고 이것 역시 변호사들의 발명이었다. 하나는 유통가능성(negotiability)이고, 다른 하나는 부채의 해소(release from debt)이다.

만약 상인이 재화를 팔고 모르는 상태에서 훔친 주화를 도둑으로부터 받았다면, 도난당한 사람을 포함해 이 세상 모든 사람에 대항해 그 돈은 상인의 재산이다. 도둑은 자신이 소유하지 않은 어떤 것에 대해 훌륭한 권리를 부여하는 놀라운 법적인 힘을 획득한 것이다. 이것이 유통가능성의 의미이다. 이것은 설정가능성(assignability)과 구분된다. 어떤 사람은 자신이 소유한 것보다 더 나은 권원을 타인에게 이전할 수 없다. 그는 자신의 "지분(equity)"만을 설정할 수 있다. 구매자는 이 재산에 대한 선취권리(liens)에 속박된다. 이것이 설정가능성이다. 그러나 주조된 화폐라는 상품의 "구매자", 즉 재화의 판매자는 자신의 권리를 증명할 의무에서 완전히 벗어나 이 돈에 대한 완전한 권리를 얻는다. 이것이 유통가능성이다. 따라서 주조된 화폐는 금괴와 다르고, 수입국에서 활용되지 않는 외국 주화와도 다르다. 금괴와 외화는 훔쳐서 팔 수 있으나 합법적인 소유자가 되찾을 수 있다. 훔친 사실을 모르는 판매자가 훔친 화폐를 대금으로 받는 경우, 그 액수가 "합당한 가치에 상응하는 한" 되찾을 수 없다. 정당한 소유자는 손실에 대해 다른 사람을 고소할 수 있을 뿐이다.

그러므로 상인의 부채가 화폐와 같아지려면 부채도 유통성을 지녀야 한다. 여기에는 또 다른 어려움이 놓여 있다. 어떤 사람에게 한 약속은 단지 그 사람에게 행할 의무로 간주되었었다. 이것은 개인적인 문제였다. 일하겠다는 약속,[1] 결혼하겠다는 약속은 현재도 아직 제삼자에게 팔 수 없다. 팔 수 있다면 자유로운 계약의 모습을 지닌 노예, 노역 또는 축첩이 될 것이다. 그러나 재화에 대한 교환의 대가로 정해진 날짜에 정해진 액수의 법화를 지불한다는 약속이, 현재 그 돈이 존재하지 않는다고 하더라도 왜 제삼자에게 판매되지 않아야 하는가? 이런 종류의 약속이 유통될 수 있도록 만드는 방법을 고안하는데 17세기 전체뿐만 아니라 이후의 여러 세기가 요구되었다. 최종적으로는 "유통이 가능한 수단"의 법규가 돈에 대한 단순한 예상을 화폐 자체로 전환하는 일련의 법적인 강구책이 되었다.[2]

••
1) 배우와 야구선수와 같이 대체가 불가능한 노동의 경우는 예외이다.
2) Commons, John R., *Legal Foundations of Capitalism*, 235–261.

부채의 유통가능성을 발전시키기 위한 이런 오랜 시간 동안에 사유재산이 자연권이라는 생각이 더불어 발전하고 있었다. 영국에서 1689년 **왕권**이 재산으로부터 분리되기 전까지는 이 권리가 유효해질 수 없었다. 필머와 로크의 논쟁에서 보았듯이, 왕이 백성의 생명과 재산에 대해 자의적인 권한을 주장할 수 있는 한, 아무리 "자연스럽거나" "신성하다고" 주장하더라도 어떤 불가침의 재산권도 존재할 수 없었다.

그러나 이 재산권은 또 다른 150년 동안 내부에 물적인 사물과 물체에 대한 소유권이라는 상품에 대한 두 가지 모순되는 의미를 담고 있었다. 고전학파 경제학자들의 눈부신 작업은 오로지 스스로 보지 못한 비일관성을 내부에 지니고 있었기 때문에 일관성을 유지할 수 있었다. 정통학파들의 이런 기본적인 모순으로부터 네 개의 이단적인 경제학파들이 생겨난 1840년부터 1860년까지의 20년에 이르는 동안 이 비일관성은 보이지 않았다. 프루동은 이 모순을 무정부주의로, 맑스는 공산주의로, 케리와 바스티아는 낙관주의로 각기 변환시켰다. 그러나 매클라우드는 상품에 대한 소유권 개념을 붙잡으면서 물리적인 의미는 생산과 소비에 남겨두었다.

상품의 이런 이중적인 의미는 언제나 대중의 의미이자 경제학자의 의미였다. 상품은 사고팔 수 있는 유용한 물체였으나, 그것이 생산이나 소비를 위해 사용되는 동안에는 상품이 아니었다. 이때는 언제나 상품이 물체였다. 이런 물체에는 생산과정에 있는 토지, 장비, 완성되지 않은 원료 또는 최종 소비자의 손안에 있는 소비물자와 같이 더 이상 판매되지 않는 것들이 포함된다. 그것은 오로지 시장에 있을 때만 상품이었다.

매클라우드가 한 일은 시장에서 판매될 수 있는 "경제적 수량"이라는 개념을 만들어 고전 경제학자의 물리적인 수량을 대신하게 한 것이다.

그는 이 경제적 수량을 법적인 **의무**에 경제적으로 상응하는 것으로서 **부채**라고 불렀다. "경제적 수량"이라는 개념은 이해할 수 없을 정도로 경제학자들에게 생경하게 보였으나, 우리는 이것이 현대적인 의미의 **자본**에 상응함을 알 수 있다. 이 현대적인 의미는 오로지 소유에 근거하기 때문에 본질적으로 법적인 개념이다. 고전학파에게 이 개념이 생소했던 이유는 그것이 과거 학파들의 사용-가치와 희소-가치뿐만 아니라 **미래성**을 속성으로 지니고 있었기 때문이다. 그렇지만 미래성은 그들이 당연시해왔던 상품의 소유라는 측면의 본질이다.

그래서 변호사인 매클라우드에게 양도와 획득의 과정으로 매매되는 것은 물체가 아니라 **소유권**이었다. 따라서 소유된 물체가 아니라 소유권이 "상품"이었다. 소유의 한 종류가 물체의 소유, 유체(corporeal) 재산이고, 다른 종류의 소유가 부채의 소유, 무체(incorporeal) 재산이다. 그러므로 각기 상품시장과 부채시장이라는 시장에서 양도되고 획득되므로 이 두 가지 소유권이 "상품들"이다.

이에 따라 최초의 변호사 겸 경제학자인 매클라우드는 1856년에 최초로 부채시장이라는 개념을 개발했다.* 그는 한 번의 일반화를 통해 상품시장에서의 소유권 교환과 부채시장에서의 소유권 교환을 뭉쳐놓았다. 이런 이유로 그는 "교환가능성"을 경제학자가 다루어야 할 유일한 원리로 만들었다. 이 교환가능성이 실제로 고전 경제학자들의 주요 원리였다는 그의 지적은 올바르다.

그러나 매클라우드는 우리가 "교환"과 구분해 "거래"라고 언제나 이해

---

* 변호사 출신 경제학자는 많지 않다. 계약곡선을 개발한 19세기 말의 에지워스(Francis Ysidro Edgeworth)가 또 다른 경우이다. 커먼스는 소유권 등 법의 힘과 기능을 강조하므로 변호사 출신 경제학자를 중시하게 된다.

해왔다고 생각하는 소유권의 이중적인 이전에서 서로 교환되는 경제수량들을 두 가지 종류로 상정했다. 각 경제량은 진정 거래로 생겨나는 부채이다. 하나는 우리가 **이행**의 의무로 구분하는데, 판매자가 가까운 미래에 예를 들어 1,000톤의 철을 인도해야 할 부채이다. 다른 하나의 의무는 우리가 **지불**의 의무라고 부르는데, 예를 들어 60일 이내에 구매자가 이 철에 대해 지불할 의무이다. 이 부채들은 법적인 의무들에 대해 경제적으로 상응하는 것이다. 이들 어느 것도 물체가 아니지만 교환에서 가치를 지니고 있다. 여기서 "경제적 수량"이라는 매클라우드의 개념에 법적인 의무라는 그의 개념에 상응하는 부채가 끼어들었다. 이 부채는 물론 물리적인 수량이 아니지만 여전히 판매가 가능한 수량이고 이 때문에 경제적인 수량이다.

2. 부채시장과 부채구조

바로 부채시장과 상품시장에 대한 매클라우드의 구분을 기반으로, 우리는 그의 이론을 1924년 6월 29일을 기점으로 연방준비은행제도에 적용해 **부채시장**과 **부채구조**의 공식을 수립할 수 있다. 부채시장은 오로지 부채의 유통가능성으로 가능하지만 흔히는 "화폐시장"으로 알려져 있다. 그것의 일상적인 기록은 연방준비은행체계의 대변과 차변이다. 이들은 수익성이 있는 직종에 종사하는 4,800만 명의 구매자와 판매자로부터 시작해, 이들의 거래를 통해 생겨난 부채에 대한 소유권을 이전한 연준의 회원 은행과 비회원 은행에 이르기까지, 그리고 필요하면 이들이 다시 12개 연준은행에 이전한 것들로 연방준비은행 이사회와 재무성이 조정한 것에까지 이른다.

비회원은행과 심지어 "금본위제도"하에 있는 외국의 **중앙**은행도 그들의 상업부채를 회원은행에게 매각해 **준비**은행을 활용할 수 있어서, 심지어 전 세계가 부채의 융통성을 통해 서로 묶인다. 논의가 진행되면서 이 점이 여러 지점에서 등장할 것이다.

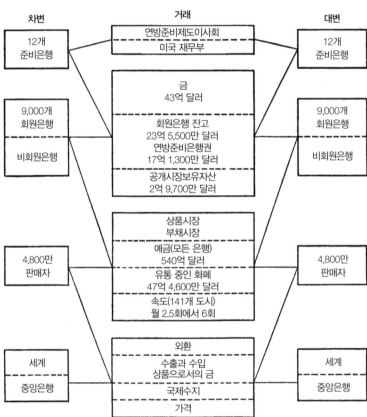

[도표 6] 부채시장, 차변과 대변, 1929년 6월

『연방준비제도회보(Federal Reserve Bulletin)』(1929년 7월과 12월) 자료 중 일부로 구성.

이 체계가 금을 중앙은행에 가두어둠으로써 만들어낸 이 놀라운 상부구조를 **"부채구조**(the Debt Pyramid)**"**라고 부르는 것은 적절하다. 이것의 복잡성은 도표 6과 도표 7에 그려져 있다. 최소한의 금에 근거한 이 거대한 부채시장의 상호작용은 다른 데서 출판한 별개의 책 전권에서 확인할 수 있다. 그러나 이제 우리는 매클라우드가 깔아놓은 기초에 대한 비판적인 검토로 넘어가야 한다.

매클라우드의 추론에는 일부는 법적이고 일부는 경제적인 결함이 여럿 있다. 이런 결함들은 주로 그를 둘러싸고 있는 고전학파 경제학자의 물적인 개념과, 물적이어서는 안 되는 "경제적 수량"이라는 새로운 개념

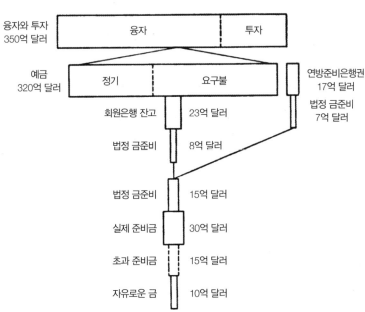

[도표 7] 부채 구조, 6월 29일, 1929년

『연방준비제도회보』(1929년 7월과 12월). "자유로운 금"의 숫자는 연방준비제도이사회의 도움으로 얻음.

을 구축하려는 그의 노력에 따른 어려움에 기인한다. 우리는 매클라우드가 말하는 부채의 유통가능성(1856)부터, 화폐시장과 자본시장에 대한 시즈위크(Henry Sidgwick)의 구분(1883), 빅셀의 세계 부채지불사회(1898), 카셀의 기다림의 희소(1903), 크납의 부채 해소(1905), 호트리의 부채 생성(1919), 피셔의 과잉부채상태와 경기침체(1932)를 통해 이 어려움들에 대한 해법을 추적해야 한다.* 이들은 모두 1856년에 시작된 매클라우드의 글들로부터 발전한 것이다.(도표 6, 7)

3. 재산과 재산권

매클라우드가 말하기를, "만약 인류의 운명에 가장 심각한 영향을 미친 것이 무엇이냐고 누가 묻는다면, **부채가 판매할 수 있는 상품**임을 발견한 것이라고 말하는 것이 아마도 진정한 답이 될 것이다. (……) 다니엘 웹스터(Daniel Webster)가 이 세상의 모든 광산보다 신용이 수천 배 이상 제국들을 부유하게 만들었다고 말한다면, 그는 부채가 판매할 수 있는 상품 또는 동산이라는 발견을 말하려한 것이다. 그리고 부채가 화폐처럼 사용될 수 있다는 발견과 화폐의 모든 효과를 낳을 수 있다는 발견을 말하려 한 것이다."[3]

∴

3) MacLeod, Henry Dunning, *The Theory and Practice of Banking*, 2vols.(1st ed., 1856; 6th ed. of 1923 cited), I, 200; *The Elements of Economics*, 2vols.(1867; ed. of 1881 cited). 압축한 내용이 그의 책 *Economics for Beginners*(1884; 1900년의 6쇄 인용)에 실려 있음.

---

* 커먼스는 여기서 열거한 학자들과 주제들을 빠뜨리지 않고 상세하게 이후에 논의하고 있다.

매클라우드에 의하면 이 판매 가능한 상품이 **"부"**이다. 우리는 이것을 "자산"이라고 부른다.

사실 부채도 소유권도 부는 아니다. 이것들은 제도이다. 우리는 이것들을 양적으로 자산과 부채라고 부른다. 우리는 이것을 사업가가 말하는 자본으로 간주한다. 17세기 상인들의 관행으로부터 서서히 이어받은 유통가능성이라는 법적인 발명을 통해, 부채를 상품의 소유권처럼, 그리고 특히 주화라는 법화처럼 판매 가능하게 만들었다. 은행가가 부채를 구입하면, 그는 물리적인 대상을 구입하는 것이 아니라 부채라고 불리는 제도를 구입하는 것이다. 그리고 제조업자가 물리적인 대상을 구입할 때, 그는 물체가 아니라 그 물체의 소유권을 구입하는 것이다.

매클라우드는 같은 것을 한 번은 물체로, 한 번은 재산권으로, 두 번 셈했다는 비난을 받아왔다. 이후 영란은행에서 채택한 금의 유출입을 규제하는 할인금융의 원리에 대한 위대한 발견에도 불구하고, 이렇게 따진 결과 그의 이름은 권위 있는 경제학자들의 명단에서 사라졌다.[4]

매클라우드가 무언가를 두 번 셈한 것은 맞으나, 그것은 **물체**와 물체에 대한 **권리**가 아니었다. 왜냐하면 그는 물체를 경제학에서 완전히 제거했고 이전이 가능한 부채와 상품의 소유권만을 셈했기 때문이다. 그러나 그는 여러 다른 "물체들"을 두 번 셈했다. 그는 한 해 동안에 유체와 무체의 두 가지 재산권을 두 번 계산했다. 그는 무형(intangible) 재산이 부채의 부정인데, 그것을 부채로 셈했다.

그는 법에 대한 변호사의 백과사전적인 지식에 근거해 법적인 권리의

---

4) 팔그레이브(R. H. Inglis Palgrave)의 『정치경제학 사전(*Dictionary of Political Economy*)』 1923년 판이 나올 때까지 이 사전에 그의 이름이 오르지 않았다.

경제학을 분석한 최초의, 그리고 진정으로 유일한 경제학자였다.[5] 그리고 그의 오류와 그의 비판자들이 오해한 것이 블랙스톤의 법과 관습을 벤담이 고통과 쾌락으로 대체한 것에 대해 경제학자들이 집착하고 있음을 확인시켜주었다.* 이런 이유로 인해 우리는 매클라우드의 오류가 어디에 있는지 발견하고 또한 이를 통해 어떻게 이것을 교정할 수 있는지를 발견할 수 있다. 왜냐하면 일단 물리적인 은유와 이중계산이 제기되면, 그가 시도했듯이 **재산권**을 기반으로 경제 이론을 수립하는 길이 명확해지기 때문이다.

비록 물리적인 비유로 혼란스럽지만, 매클라우드의 체계가 기반으로 삼고 있는 근본적인 생각은 **권리**와 **의무**의 법적인 의미에 포함된 **미래성**의 원리이다. 매클라우드에게 미래성은 부채의 등가물인 **신용**이라는 현재의 "경제적 수량"에 객관적으로 체현되어 있다.

매클라우드를 제자리에 가져다 놓는 최선의 방법은, 주관적인 경제학에 **미래성**을 도입하기 위해 모든 경제학자 중 스스로 가장 많이 노력한 뵘바베르크가 제시한 비판으로부터 시작하는 것이다. 매클라우드가 자신의 법적인 **미래성**에 물리적인 비유를 겹쳐 놓았듯이, 뵘바베르크 역시 자신의 주관적인 **미래성**에 **효율**의 기술적인 개념을 겹쳐 놓았다. 매클라우드가 나중에 뵘바베르크에서 심리학이 된 것을 제거했다면, 뵘바베르

∵

5) 영국왕립위원회는 어음, 은행권 등에 관한 법칙에 대한 요약본을 준비하라고 매클라우드를 임명했다. 이것은 그의 책 *The Theory and Practice of Banking*과 *Elements of Economics*에 다시 실렸다.

---

* 앞서 커먼스는 블랙스톤이 관습을 중시했는데 벤담이 이것을 비판하면서 고락의 산술로 바꾸어 로크의 자연법을 정착시킨 것으로 평가했다.

크는 매클라우드의 "권리와 관계"를 경제 이론에서 제거했다. 매클라우드에서 심리적 욕구는, 근원적이기는 하지만, 측정이 가능하지 않아서 과학에 기반을 제공하지 못한다. 그러나 뵘바베르크에게서 권리는 사회관계이고 이중계산을 동반했다.

뵘바베르크는 경제학자들이, 예를 들어 신선한 음료수라는 하나의 물리적인 대상으로부터 도출된 네 가지 독립적인 개념들 사이를 왕복했다고 말했다.[6] 첫째는 물리적인 사물인 물이고, 둘째는 그것에 내재한 객관적인 질, 즉 유용함이나 효용이고, 셋째는 그것이 인간에게 주는 유용한 서비스이고, 넷째는 물에 대한 권리이다.

이들 중 첫 번째인 물리적인 사물 그 자체는 그것의 질적인 속성과 무관하다. 유용한 질의 담지자가 아니라면 그것이 경제학자의 주제가 될 수 없다고 뵘바베르크가 거부한 것은 올바르다. 경제학자들은 다른 질은 추상하고 일부 질을 선택했다. 매클라우드가 선택한 질은 교환가능성인데, 그는 이것을 "부"와 동일시했고 뵘바베르크의 네 가지 개념에 공통적이었다.

만약 우리가 "부"라는 단어에 결부되어 있고 뵘바베르크가 둘째, 셋째, 넷째로 구분한 여러 의미를 검토하면, 우리는 이것들이 세 가지 서로 다른 과학의 출발점임을 알게 될 것이다. 이들은 모두 "경제학"이라는 이름으로 나타나지만, 현대의 연구와 교육에서는 서로 구분되어 있다. 뵘바베르크가 "내재한 객관적인 질"이라고 말했고, 우리가 기술적 사용-가

---

6) Böhm-Bawerk, E. v., *Rechte und Verhältnisse*(권리와 관계, 1881). 그의 "관계"는 우리가 영업권, 상표 등 무형 재산이라고 부르는 것이다. 뵘바베르크의 이후 저작들은 그가 1881년에 깔아 놓은 이 초기의 기반에 의거하지 않고서는 이해할 수 없다.

치라고 부를 유용함 또는 효용은 **기술가정경제학**의 주제이다. 이것은 매클라우드가 교환가능성을 시험하지 않은, 즉 "상업에 끌려 들어오지 않은" 사용-가치의 생산이다. 뵘바베르크가 말하는 "인간에게 주는 유용한 서비스"는 필요의 충족이 압도하는 부의 생산과 소비이고, **가정경제학**의 주제가 되었다.[7) 그가 말하는 "물에 대한 권리"는 권리, 의무, 자유 및 노출을 통한 사람들의 법적인 통제라는 주제이다. 이것이 매클라우드를 창시자로 하는 **제도경제학**이다.

중농주의자와 리카도는 농업경제학자였고 공학경제학자였다. 뵘바베르크 자신을 포함해 쾌락주의자는 가정경제학자였다. 제도주의자는 소유권 경제학자였다. 단어의 이중적이고 삼중적인 의미에 따라 서로 다른 이 분야들은 역사적으로 뒤섞이고 중첩되었다. 각각의 "질적인 속성"이 다른 속성들로 구성된 하나의 "분야" 안에서 작동하고 있어서, 어느 하나를 선별하는 일은 분석, 실험, 판단 그리고 목적의 정신적 작용이기 때문에 이런 혼선이 불가피하다.

매클라우드보다 앞서 등장한 **중농주의자**와 **고전** 경제학자는 두 번째 질적인 속성, 즉 사용-가치를 선별했지만 이를 다른 것들과 혼합하였는데, 이들의 "진정한" 소산은 공학경제학과 농업경제학이다. 뵘바베르크 자신과 같이 심리경제학자는 세 번째, 즉 인간에 대한 유용한 서비스를 선별했고, 이들의 소산은 가정경제학이다. 그러나 우리가 제도경제학자라고 부르는 사람들은 네 번째, 즉 재산권을 선택했다.

매클라우드에 대한 오해는 부분적으로 "재산"의 이중적인 의미로부터

••

7) 원래 가정경제학자였던 "농가경제학자"가 최근에는 시장을 접수해 자신을 농업경제학자라고 부른다.

발생한다. 매클라우드는 이것을 명확히 했으나, 이 점이 이해되지 않았다.

그는 말하기를, "**재산**이라는 단어를 말하거나 들을 때, 대부분의 사람들은 토지, 가옥, 가축, 화폐 등 모종의 물체를 생각한다." 그러나 이것이 **재산**의 진정한 의미가 아니다. "**재산**이라는 단어의 진정한 원래 의미는 물체가 아니라 무엇을 처분하고 사용하는 권리를 뜻한다. (……) **재산**은 (……) 진정한 의미로는 **권리, 이익** 또는 **소유**를 뜻할 뿐이므로, 물적인 재화를 **재산**이라고 부르는 것은 그것을 **권리, 이익, 소유**라고 부르는 것만큼 불합리하다."[8]

이어 말하기를, "경제학이 다루는 것은 토지, 가옥, 가축, 곡물이 아니라 토지, 가옥, 가축, 곡물 및 다른 모든 물체로 된 재산이다." 재산은 재산권과 같으며 물체는 합법적으로 소유되고 합법적으로 이전되는 것 이외에는 경제학에 아무런 가치를 가지지 않는다. 다른 종류의 보유나 이전은 횡령, 강도, 절도이다. 다른 과학들은 물체를 다루지만 경제학은 물체에 대한 법적인 권리를 다룬다. 따라서 매클라우드는 물리적인 사물을 미래로 미루고, 그 자리를 물체를 미래에 사용하는 현재의 권리인 자신의 "경제적 수량"으로 채웠다.

매클라우드가 이같이 앞선 경제학자들에게서 비롯된 물체와 물체의 소유라는 이중적인 의미를 제거하고 미래의 물체에 대한 권리라는 의미의 재산만을 다루었기 때문에, 그의 이론에 대한 비판은 그가 **물체와 권리**로 두 번 계산한 것이 아니라 **권리** 자체를 두 번 계산한 것을 겨냥해야 한다. 이것은 그가 신용이라는 단어의 이중적인 의미와, 이전의 변호

:

8) MacLeod, H. D., *Economics for Beginners*, 23, 24.

사와 경제학자의 물리적인 유비에서 완전히 자유로울 수 없었던 데서 발생했다. 재산과 물체를 두 번 셈한 것은 그의 비판자들이고, 이들은 경제학의 주제로서 물체를 두 번 세지 않았다는 매클라우드의 주장을 간과했다.

그러나 매클라우드는 자신의 의미를 표현하기 위해 물리적인 개념을 활용해 이들에게 오해의 여지를 남겼다. 그는 동일한 물체를 자신이 "재산"이라고 부른 재산권의 교환가능성으로서 단 한 번만 계산했고, 모든 재산권에 자신이 경제적 수량, 즉 "신용"이라고 부른 것의 의미를 부여했다. 경제학자들은 상품이 재산임을 당연시해왔다. 따라서 이것은 변치 않는 질이었고, 이 때문에 가정된 질, 즉 재산권의 변동가능성을 아랑곳하지 않고 물체의 물리적인 생산, 운송, 교환, 분배 그리고 소비에 전념할 수 있었다. 그러나 매클라우드는 물리적인 사물이 다른 과학에 속하는 것으로 간주해 제거했고, 이런 물체에 대한 권리의 교환가능성에 전념했다. 진정으로 "판매 가능한 부채"라는 특정 종류의 재산권이 그 자체의 부채시장에서 독자적으로 변동할 수 있다는 사실이 그의 체계 전체의 출발점이었다. 그러나 이 점에서 판매가 가능한 부채는 일반적인 재산권과 다르지 않다. 그의 주장에 의하면, 재산으로 다른 사람들로부터 가치가 있는 무언가를 얻으리라고 기대하기 때문에 모든 재산이 신용과 부채이다. 그리고 이런 기대 자체를 사고팔 수 있다.

4. 유체 재산, 무체 재산, 무형 재산

(1) 시간과 시간의 측정치

매클라우드는 과거와 미래로부터 현재를 구분하는 데 커다란 어려움을 겪었다. 한 곳에서는 현재가 영의 시점이면서, 같은 맥락에서 현재는 미래로 일 년 나아간 것이기도 하다.[9] 이것이 "유체" 소유와 "무체" 소유에 대한 그의 구분이다. 유체 소유는 미래의 일 년까지 연장된다. 그러나 무체 소유는 유체 소유가 정지된 이후에만 미래로 연장된다. 한곳의 무체 소유는 영 시점에서 시작되고, 다른 곳에서는 미래의 일 년 후에 시작된다.*

첫째, 그의 영 시점에 대해,

그가 말하기를, "재산은 서로 반대 방향으로 놓인 두 개의 얼굴을 지니고 있다. 재산은 과거와 미래를 바라본다. 그리고 그렇기 때문에 대립되는 형질들로 구성되어 있다. (……) 따라서 모든 수학과 자연과학에서 반대되는 형질을 지닌 비슷한 수량들을 반대되는 기호로 표시하는 것이 관행이다. 그래서 단순한 편의를 위해서, 그리고 물리학의 변함없는 관습에 따라 우리가 그 두 가지 속성 중 하나를 양으로 표시한다면, 구분하는 표식으로 다른 하나는 음으로 표시해야 할 것이다. (……) 만약 과거라는 시점에 획득한 물건을 재산으로 지니는 것을

9) MacLeod, H. D., *The Elements of Economics*, I, 154-159.

---

* 시점과 기간에 대한 혼재는 매클라우드가 저량(stock)과 유량(flow), 자산/부채와 손익을 혼동한 것이 아닌가 추정된다.

양으로 표시한다면, 미래에 획득하게 될 물건을 재산으로 지니는 것은 음으로 표시해야 한다."[10]

이제 그는 말하기를, "양의 기호뿐만 아니라 음의 기호에 대해서도 우리가 동일한 조작을 수행할 수 있음을 수학자들은 알고 있다." 그러므로 매클라우드는 자신이 유체 재산이라고 부른 "과거의 생산물에 대한 재산"을 양(+)의 기호로 표시했고, 무체 재산이라고 부른 "미래의 생산물에 대한 재산"은 음(-)으로 표시했다. 그래서 그는 이것들을 다음과 같이 보여주었다.

이전 가능한 재산 전체[11]

과거 생산물의 재산	현재	미래 생산물의 재산
유체 재산	0	무체 재산
양(+)		음(-)
토지, 집 등		항구적인 연간 수입
상인이 이미 벌어들인 화폐		그의 신용
가게와 재화들의 재고		영업권
전문직업인이 벌어들인 화폐		관행
책 등의 부수		저작권
이미 만든 기계		특허
상업회사의 자본		주식, 모든 종류의 영구채권, 기금, 운임, 왕복선박운항권, 지대 등

∴

10) *Ibid.*, I, 154-155.
11) *Ibid.*, I, 159.

도표에서 보듯이, 유체 재산은 이미 생산된 물체를 재산으로 삼은 것이다. 그러나 같은 연관 속에서 그는 유체 재산이 미래의 일 년 동안 존재한다고 말한다.

"토지의 연간 생산물들이 오로지 미래의 시간 중에 생겨날지라도, 이들이 생겼을 때 이들에 대한 권리나 재산은 현재이고, 탁자, 의자 또는 특정 수량의 곡물과 같은 다른 동산들과 마찬가지로 사고팔 수 있다. 다시 말해, 이 연간 생산물들은 각자의 **현재가치**를 가지고 있다. 또한 토지의 구입대금은 단순히 영구히 지속되는 미래 생산물들이 지닌 **현재가치**들의 합이다. 다시 말해, 이 일련의 미래 생산물들은 무한하지만, 단순한 대수공식은 이것이 유한의 극한값을 지님을 보여준다. 그리고 이 유한한 극한치는 주로 현재의 평균 이자율에 의해 결정된다. 통상적인 이자율이 3%이면, 토지의 총가치는 연간 생산가치의 33배 정도된다. 따라서 전체 토지재산의 33개 부분 중 32개는 물적이지 않고 나머지 한 개만 물적이다.[12]

여기서 유체 재산은 일 년에 기대하는 것이고, 무체 재산은 첫해가 끝나기 전에는 시작되지 않는다. 이것은 무체 재산이 영 시점에서 시작한다는 그의 도표에 기록된 사항과 모순된다. 더구나 여기서 그의 유체 재산은 미래성, 심지어 일 년의 미래성도 가지고 있지 않은 것 같다. 물론 사실은 그의 유체 재산의 **가치**가 "연간 가치의 33배"인 미래의 모든 가치를 포함한다. 만약 그렇다면, 그의 유체 재산 자체가 "무체"재산이기도 하고, 그의 도표에서 음(-)측에 옮겨놓아야 한다.[13]

∴

12) *Ibid.*, 156-157.

유체의 양(+)의 측면은 **재산**으로서나 **가치**로서나 완전히 사라진다. 그것이 과거에는 재산이었을 수 있고 과거에는 가치도 가졌을 것이나, 이 **과거가 그때는 현재**였고 그 앞에 미래를 가지고 있었다. 그렇지만 그 과거가 지나간 현재의 영 시점에서는, 재산권과 이 권리의 가치도 사라졌다.[*]

사실 유체 재산의 의미는 두 가지인데, 각각 미래를 바라보고 있다. 하나는 자신이 미래에 사용하기 위해 **보유한다**(holding)는 의미이고, 다른 사람들이 필요하지만 이들이 가지고 있지 않은 것을 이들에게 **주지 않고 보류한다**(withholding)는 의미이다. 매클라우드가 영구적인 연간 생산물에 대한 현재의 권리를 말할 때는 그 의미가 전자이다. 그러나 이것은 단지 **연간** 생산물이 아니다. 이것은 자기 자신의 용도로 가깝거나 먼 미래에 발생할 모든 미래의 생산물을 가질 권리이다.

두 번째 의미는 "교환가능성"인데, 이것은 가격이 합의될 때까지 다른 사람들로부터 보류하는 권리이다. 그가 올바르게 말하고 있듯이, 이 권리는 일 년을 기다리지 않는다. 이 권리는 현재의 영 시점에서 즉각 시작되는 권리이다. 그러나 이 교환가능성의 권리는 무체 재산과 유체 재산 모두의 유통가능성이나 설정가능성이라고 그가 말한 의미이다.

∴

13) 다음에서 우리는 이것을 "무체"가 아니라 "무형"이라고 부른다.

---

[*] 커먼스에 의하면, 매클라우드가 물체와 가치를 구분하기 시작했지만 물체에 집착한 과거 학자들의 생각에서 완전히 벗어나지 못해 33분의 32와 31분의 1로 가치와 물체를 구분했다. 이런 불완전한 구분으로 인해 매클라우드는 당시 경제학자들로부터 같은 것을 두 번 계산했다는 오해를 샀다. 커먼스의 입장에서 가치는 33분의 33, 즉 전부이다. 그에 의하면 매클라우드가 안고 있는 가장 큰 문제는 시점과 시간(간격)을 구분하지 못한 것이다. 커먼스에서 물체는 과거의 산물이지만 가치는 오로지 미래에 대한 기대에서 발생한다. 커먼스가 지적하지는 않았지만 실상 이 논의에는 저량과 유량의 구분도 개입되어 있는 것으로 보인다.

그는 시간을 시간의 측정, 즉 일 년 또는 "연간" 소득과 다소 거칠게 혼동하면서, 이런 미래 시간의 이중적인 의미로 끌려가게 되었다. 그는 다음과 같이 말했다.

"**채무**나 **채권**은 모두 다른 어떤 동산과 마찬가지로 사고팔 수 있는 **상품**이다. **판매**의 편의를 위해 이들을 모종의 단위들로 분할해야 한다. 석탄은 톤 단위로 팔리며, 밀은 쿼터, 설탕은 파운드, 기타 물건들은 온스로 팔린다. 부채의 단위는 일 년 후에 100파운드를 지불하도록 요구할 권리이다. 이 **부채의 단위**를 구입하기 위해 주는 화폐의 수량이 그것의 **가격**이다. 그리고 이 고정된 **부채의 단위**를 구입하기 위해 주는 **가격**이 적을수록, 그 **돈의 가치**는 더 크다."[14]

따라서 만약 그 부채가 일 년 후에 100달러를 지불할 수 있는 것이고 은행에서 이에 대해 95달러를 가격으로 지불한다면, 은행돈의 가치는 연간 5달러를 약간 넘는다. 그러나 만약 은행에서 지불한 가격이 90달러로 줄어들면, 그의 돈이 지니는 연간 가치는 10달러가 조금 넘는다.

물론 그가 잘 이해했듯이 이는 **연간 비율**에 불과한데, 화폐의 "가치"나 화폐의 "가격"을 연간 이자율로 말하는 것은 화폐시장의 언어이다. 그렇지만 부채시장에 대한 "할인"으로 취급하면, 비록 미래의 시간 간격이 하루나 90일 수 있지만 편의상 측정단위인 일 년으로 전환되어, 이 할인은 현재 시점에서 발생한다. 그러나 "부채의 가격"이라는 자신의 개념 덕분에 매클라우드에게 금의 유출입을 규제하는 영란은행의 적절한 할인율 정책이라는 중요한 발견이 가능했다.[15]

∴

14) MacLeod, H. D., *The Theory and Practice of Banking*, I, 57.

결과적으로 도표에서 과거와 미래 사이의 영 시점으로 시작하는 "현재"라는 매클라우드의 개념은 일 년의 시작과 끝이라는 두 시점 사이의 간격으로 옮겨진다. 다른 것이 아니라 미래 시간으로 일 년 동안에 발생하는 이 같은 기묘한 중첩 때문에 물리적인 물체와 이 물체에 대한 권리를 두 번 계산한다는 비판이 그럴듯해진다. 그러나 그는 전혀 물체를 셈하지 않았고, 물체의 소유를 셈했다. 그의 이중계산은 스스로 사용하는 유체 재산의 경우에 국한해 일 년의 미래 시간 동안 시간을 이중으로 계산한 것이었다.

매클라우드에서 첫 번째 미래 연도에 불행히도 발생하는 미래의 중첩은 상품경제학자들의 물체주의가 남긴 잔재라고 보아야 한다. 또한 그 자신이 과거로부터 발생한 이들의 유체의 **물체들**을 그의 무체 재산만큼이나 분명하게, 오로지 미래를 바라보는 자신의 유체 **재산**과 일관되게 구분하지 못했다고 보아야 한다.

사실 앞서 제시한 바와 같이, 그에게서 중심이 되는 생각이 교환가능성이었기 때문에 그는 이런 이중적인 의미를 자신의 경제 이론체계에서는 사용하지 않았다. 그가 말하기를, 경제학은 오로지 교환가치만을 다루며 자신이 심리적이라고 생각한 사용-가치는 다루지 않는다. 교환가치만 화폐로 측정할 수 있다. 그러므로 그가 진정으로 의도한 유체 재산에 대한 권리는 물체를 **사용하는** 권리가 아니라 물체에 대한 소유를 양도해서 그 권리를 구매자에게 주는 권리이다.

이런 양도의 권리는, 그 자신이 명시했듯이 일 년을 기다리지 않으며, 여기에는 시간의 중첩이나 유체 재산과 무체 재산의 중첩이 수반되지 않

15) 본서 759쪽, 할인과 이윤.

는다. 소유자는 지금 자신이 법적인 소유권을 가지고 있으면 **지금** 권리를 온전히 넘겨줄 수 있다. 그리고 그는 비록 토지가 생산하는 수확물을 자신의 소유로 만들기 위해 일 년을 기다려야 할지라도, 토지나 여타 자신의 "유체" 재산의 교환가치를 일 년 기다리지 않고 **지금** 얻을 수 있다. 그러나 매클라우드가 오로지 다루고 있는 **양도**의 권리는 현재 시점에 시작되며, 토지의 교환가치 또는 미래의 생산물 또는 다른 모든 것에 대한 현재 권리를 가능케 하는 것은 바로 이것이다. 확실히 현재가 미래 시간의 한 해가 아니라 영 시점이라는 데서 그가 말하는 "이전 가능한 재산의 모든 것"이 그가 제시한 보다 정확한 그림이다.

자신이 말하는 유체 재산으로부터 미래의 한 해를 그가 제거한다는 것이 같은 연관 속에서 확인된다.

그는 말하기를, "우리는 어떤 특정 **몸체**나 소유한 물체로부터 완전히 떨어져 분리된 **재산**이나 **권리**를 보유할 수 있다. 그것이 현재는 존재조차 하지 않을 수 있다. 그래서 토지, 과일나무, 가축 등을 소유한 사람들은 이들의 미래 생산물을 **재산**으로 가진다. 비록 생산물 자체는 미래 시점에 생겨날지라도, 이에 대한 **재산**이나 **권리**는 **현재**이며, 다른 물적인 동산과 마찬가지로 사고팔 수 있다. 또는 물체가 존재하지만, 현재는 그것이 다른 사람의 **재산**일 수 있다. 그래서 어떤 미래 시간에 어떤 사람으로부터 일정 액수의 화폐를 요구할 권리를 가질 수 있다. 의심할 여지 없이 이 돈은 존재하지만 우리의 소유가 아니다. 심지어 이 돈을 지불해야 할 사람의 소유도 아닐 수 있다. 그것이 우리에게 지불되기까지 많은 사람의 손을 거칠 수도 있다. 그렇지만 그것을 요구할 우리의 권리는 여전히 현존하고 존재하며, 우리는 마치 그것이 물적인 동산인 것처럼 팔고 처분할 수 있다. 그래서 그것은 **재산**이지만, 로마법과 영국법에서는 그것이 특정의 실체와 완전히 분리된 추상적인 권리에 불과하다는 이유로 **무체 재산**이라고 부른다."[16]

그래서 유체 재산과 무체 재산이 모두 현재 시점에서 시작되고, 두 가지 모두 미래에 획득할 것을 예상한 현재의 평가이다.

고전학파의 상품 경제학자들에게는 시간이 정신적인 추상화에 불과해 경제적 가치를 가지지 않았기 때문에 이들은 경제 이론에서 **시간**이라는 요인을 무시했다. 그리고 (물적인 재산이 물체와 동일하다고 가정하면) 그들의 분석 단위가 물적인 사물이었고, 연구방법이 물체에 대한 뉴턴의 운동법칙에 대한 유비였기 때문에, 그들의 관점에서 보면 그들은 옳았다.

이 물리적 학문의 주제에는 시간이 들어 있지 않다. 시간은 인간의 경험을 통해 자리를 잡는다. 물체 그리고 동물이라는 생물에게도 시간에 대한 생각은 없다. 이들은 이에 대해 생각하지 않고 그냥 나아간다. 그러나 인간은 언어와 미래에 사용할 도구를 제조하는 사회적 활동을 통해 자신으로부터 끌어내 자신의 주변 세계에서 읽어내는 일련의 미래 시간을 구축한다. 궁극적으로 인간은 자신의 활동으로부터 시간에 대한 추상적인 개념을 수립한다.

첫 번째 어려움은 **시간**을 **시간의 측정**과 혼동한 것이다. 이 때문에 과거, 현재, 미래에 대해 명확하게 구분할 수 없었다. 경제 이론에 처음으로 시간을 끌어들이려고 시도한 매클라우드에게서 "현재" 개념은 시점과 일 년이라는 시간 사이에서 왔다갔다 했다. 역사학자와 마찬가지로 경제학자에게도 현재는 어떤 정확한 지속시간이 없는 현재의 사건들이다.

••
16) MacLeod, H. D., *The Elements of Economics*, I, 152-156을 재구성함.

경제학자들이 **시간**과 그것의 **측정**을 위한 자리를 경제 이론에서 찾는데 19세기 전체가 필요했고, 심지어 20세기의 수리통계학까지 필요로 했다. 이 결과로부터 우리는 물체와 소유를 구분할 뿐만 아니라 시점과 지속시간을 구분할 수 있게 되었다.

만약 우리가 "현재"를 다가오는 미래와 나가는 과거 사이에서 움직이는 영 **시점**으로 정의하거나(매클라우드, 수학) 또는 측정 가능한 차원을 지니지 않은 움직이는 시간의 **순간**으로 정의하면(퍼스, 베르그송Henri Bergson), 물체와 소유에 대한 이중계산은 없다. 물체는 과거부터 현재 시점까지의 물리적인 집적에 불과하다. 현재 시점으로부터 미래성이 부여될 때까지 이것은 인간에게 **소유**나 **가치**로 존재하지 않는다. 왜냐하면 (유체 재산과 무체 재산의) 소유는 언제나 근접해 있거나 멀리 있는 미래에 물체를 사용할 수 있는 현재의 권리이기 때문이다. 단순히 물리적 존재로서 물체는 언제나 과거에 있다. 이것은 그 자체로 미래성을 지니고 있지 않다. 그러나 이 물체에 대한 소유와 평가는 언제나 미래를 바라본다. 물체는 그 자체로 스스로 기대를 가지고 있지 않기 때문에, 물체와 소유는 물체가 끝나는 현재라는 움직이는 시점에 의해 갈라진다. 소유와 가치는 이에 대한 인간의 기대이므로 이것의 소유와 가치는 현재라는 움직이는 시점에서 시작된다.

물체를 소유와 가치로 변화시키는 이런 이동하는 시점은 지난 40년 동안 시간의 "흐름(flow)"으로 묘사되었다. 물리학에서 시간의 흐름은 연속적인 사건들이다. 그러나 인간이 갖는 기대의 학문인 경제학에서는 이것이 기대되는 연속적인 사건들이다.

그러나 현재 시점과 미래 시점의 **간격**이라는 또 다른 미래 시간의 개념이 있다. 이 간격은 시간의 "경과(lapse)"로 규정되지만, 경제학자들은 인간사에서 이것을 보다 정확하게 현재 시점과 미래 시점 사이의 **기대되는** 간격으로 정의했다. 1889년에 뵘바베르크는 처음으로 이런 미래 시간 간격의 심리적 기초를 분석했다. 그러나 이에 대한 실제적인 응용은 소유권을 이전하는 거래에서 나타난다. 거래는 현재 시점, 예를 들어 1932년 9월 1일 12시에 발효된다. 이 거래는 두 가지 부채(무체 재산)를 낳는다. 하나는 미래 **이행** 또는 거래를 통해 그것의 소유권이 양도된 물체 또는 서비스의 인도라는 부채이고, 다른 하나는 거래를 통해 소유를 획득한 사람이 지고 있는 미래의 **지불**이라는 부채이다. 달리 말하면, 모든 거래는 소유권이 양도되고 획득되는 시점에 발생한다. 그러나 거래는 오로지 소유에 **가치**를 부여하는 미래와 관련될 뿐이다.

거래들이 연속적으로 발생하는 예상 시간의 "흐름"과 기다림이 발생하는 예상 시간의 "경과" 사이의 구분이 최종적으로 종전에 하나로 합쳐져 있던 이윤과 이자 사이의 구분을 허용한다.* 이윤과 손실은 이어지는 시점들에서 거래의 반복 속에서 발생하지만, 이자는 두 시점 사이의 간격에서 생긴다.[17]

(2) 정당화와 경제학

만약 인간 본성에 대한 과학으로서 경제학이 오로지 현재의 소유에 가

• •

17) 시간의 "경과"로부터 시간의 "흐름"을 구분하지 못한 것에 대해서는 본서 1083쪽, 베블런을 참조.

---

* 시간의 흐름과 시간의 지나감은 거래의 개입여부로 인한 불확실성이나 위험의 존재여부와 연결된다.

치를 부여하는 미래만을 다룬다면, 과거의 물체, 과거의 소유, 그리고 과거의 평가는 어떻게 되는가? 이들은 단지 개인이 현재 하고 있는 일이나 미래에 하려고 의도하는 일에 대한 **정당화**가 된다.*

우리는 이어지는 순간마다 기억, 활동 그리고 기대에 대한 퍼스의 개념에 따라 철저하게 인간적인 위치에 우리를 배치해야 한다. 매 순간 과거는 지나갔으나, 기억이 이것을 양방향으로 복원시킨다. 그것은 현재까지 누적되어 발생한 물체와 미래에 대한 현재 청구권에 대한 정당화이다. 하나는 과거 노동의 누적이고, 다른 하나는 과거의 법적인 활동에 근거해 요구하는 기득권이다. 후자가 존 로크의 "자연"권이자 매클라우드의 "재산"이다.

우리가 과거를 바라본다면, 현재 시점까지 축적된 모든 유용한 물체는 맑스가 말하는 사회적 노동력이 과거에 활동해서 생긴 사회적 사용-가치이다. 이에 대한 **소유**도 역사적으로 공유와 사유로 나뉘어 있다. 그러나 이제 이것은 더 이상 가치를 가지고 있지 않은 퇴장하는 과거 속의 재산으로서 계속 사라져왔으며, 오로지 그것에 현재 가치를 부여하며 입장하는 미래 속에서 재산으로 재등장하고 있다. 이것은 미래의 생산과 소비, 양도와 획득을 위한 가치, 자산, 부채, 소유, 거래 그리고 채무로 재등장하고 있다. 이들은 이제, 이동하는 현재 속에서 리카도와 맑스가 부여했던 것과 같은 과거로부터 축적된 아무런 가치도 지니지 않는다. 왜

---

* 커먼스는 노동가치론, 한계효용이론, 제도이론을 과거, 현재, 미래와 연결시킨다. 독창적인 것은 노동가치론이 가치를 과거에 근거한 정당화로 규정한다는 그의 비판이다. 이에 비해 그에게서 진정한 가치는 미래를 예상한 유용성에서 나온다. 그의 비판이 옳든 그르든 노동가치론이 가치를 유용성이 아니라 정당성의 관점에서 파악한다는 통찰은 고려할 만하다. 이 점에서 신고전학파는 커먼스의 입장에 가깝다.

냐하면 가치는 오로지 미래 수입과 지출에 대한 예상이기 때문이다.

이것은 진정으로 맑스의 용어로 부를 의미하는 사회적 **사용-가치**를 지니고 있으나, 이것은 그가 미래의 공동소유를 정당화하기 위한 근거로 사용한 사회적 개념이다. 그런 종류의 가치는 생산과 갱신이 지속되면 지속될 것이나, 개인이 자신의 사적인 사용을 위한 사회적 부의 몫을 가지게 되리라고 현재 기대하지 않는 한, 그 개인을 위한 가치가 아니다. 이 예상되는 몫이 사유재산이다.

그래서 가치에서나 재산 및 소유에서나 그것은 마찬가지이다. 만약 물체가 과거에 재산이나 가치였다면, 이것이 그렇게 된 이유는 오로지 이어진 시점들에서 과거가 **그때의** 미래를 바라보는 **그때의** 현재였기 때문이다.

그러므로 현재의 소유자가 과거에 대한 생각으로부터 끌어낼 수 있는 것은 소유권에 대한 그의 현재 청구권을 위한 모종의 정당화, 주장 또는 청구가 전부이다. 만약 의심이나 분쟁이 발생하면, 그는 법원에서 타인에게 자신의 현재 권리를 온전히 넘겨주거나 스스로 물체를 사용할 수 있는 현재의 권리인 자신의 현재 소유권에 관해 자신의 주장을 통해 정당화할 수 있다. 그의 정당화는 법원이 받아들이리라고 자신이 예상하는 형태로 법원에 제시된다. 이것은 관행의 일반적인 근거와 **과거의 노동과 사업** 등 자신이 과거에 합법적으로 수행한 것의 특정한 근거와 결합되어 제시된다. 또는 **과거에 소유권을 논란 없이 행사한 것**, 또는 상속을 통해 소유를 **과거에 합법적으로 승계한 것**, 또는 과거의 다른 합법적인 소유권의 양도를 통해 소유권을 획득한 **과거의 합법적인 거래**, 또는 과거에 발생한 것에 근거해 다른 어떤 유효한 방법으로 청구하는 것 등이다. 이것은 소유 자체가 아니라 소유에 대한 정당화이다. 그리고 이것은 현재와 경제과학의 주체인 의도된 경제활동에 대한 정당화이다.

정당화와 경제학에 대한 이런 혼동이 대중적인, 경제적인, 그리고 법적인 언어에서는 거의 보편적이어서, 경제과학의 문턱에 놓여 있는 주요 난관이 되고 있다. 경제적 분석이 동의하지 못할 결론에 도달하자마자 동의하지 않는 사람은 순식간에 경제학으로부터 정당화나 비난으로 넘어가는 경향이 있다. 그는 기득권인 "자연권"에 호소하고, 자신이 과거에 법과 관습에 따라 획득한 것에 호소한다. 그러나 이것은 정당화이지 경제학이 아니다. 경제학은 현재와 이후에 자신이 좋아하는 대로 할 권리는 무엇인가라고 묻는다. 현재 그 권리의 **가치**는 무엇인가? 타인의 충돌하는 이익들과 이 권리의 행사가 낳는 사회적 결과들에 비추어 볼 때 그 권리와 그것의 가치는 무엇이어야 하는가?

따라서 우리는 과거에 대한 매클라우드의 **양**의 기호는 정당화이고 미래에 대한 **음**의 기호는 유체 재산, 무체 재산, 그리고 무형 재산이라고 결론짓는다. 이동하는 현재에 대한 그의 **영**이라는 기호는 거래, 평가, 그리고 미래에 대한 할인이다. 이 영 시점은 경제학으로부터 정당화를 분리시킨다.

그러나 **미래성**에 대한 매클라우드의 분석에는 두 가지 다른 결점이 있다. 채권과 채무의 항등성이 결여되어 있고, 채권이 재무와 매출이라는 두 가지 의미를 지니고 있다.

(3) 의무와 부채, 권리와 신용

과거 시간과 미래 시간을 겹쳐놓은 것보다 더 심각한 것은 매클라우드가 미래의 서로 상반되는 두 측면이 현재에 공존하는 것을 감안하지 못했다는 점이다.

영국의 관습법에서 발생했고 미국법에서 반복되었지만, 대륙법에서는 찾아볼 수 없는 기이한 우연으로 인해, 채무의 유통가능성이 채권의 존재를 이에 상응하는 채무의 존재로부터 분리시켰다. 이것은 **채권**은 거래하는 당일에 발생하는 데 비해 **채무**는 **당사자의 지불 의무**가 다가오는 나중의 날짜에 이를 때까지 빌생하지 않는다는 주장에 근거하고 있다. "채권"은 채무를 변제할 의무가 발생하기 전에 사고팔 수 있다.

이것은 법적인 의무를 매클라우드 자신이 이미 "경제적 수량", 즉 채무라고 부른 것과 동일하게 취급하지 못한 것이다. 물론 법적으로 권리와 의무뿐만 아니라 경제적으로 채권과 채무도 동시에 발생하고, 동시에 소멸한다. 60일 후에 1,000달러를 받을 채권자의 권리는 60일 후에 1,000달러를 지불할 채무자의 의무와 같다. 그렇지만 법적으로 지불할 의무를 실행하는 보안관의 의무는 아직 존재하지 않으며, 채권자가 법원에 가서 보안관에게 명령하도록 만들 때까지 존재하지 않을 것이다. 그러나 채권은 한 기업의 "자산" 쪽과 다른 기업의 "부채" 쪽에 동일한 수량으로 존재한다. 그리고 기대의 관점에서는 이 의무가 현재 **순응**(Conformity)이라는 지위에 놓여 있는데, 이것은 현재 **보장**(Security)이라는 지위에 놓여 있는 권리와 같다.[18]

매클라우드는 이 문제를 정면으로 맞이해서 오류를 저지르는 쪽을 택했다. 사실 그는 자신에게 반대되는 저명한 경제학자들을 인용했다.[19] 체르누치(Henri Cernuschi)는 말했다. "각 개인의 대차대조표는 현존 재화,

••
18) 본서 180쪽, 경제적 및 사회적 관계의 공식.
19) MacLeod, H. D., *The Elements of Economics*, I, 303.

채무와 **채권**의 세 가지 계정을 포함하고 있다. 그러나 만약 우리가 이 세상에 있는 모든 사람의 대차대조표들을 하나로 모아놓으면, **채무**와 **채권**이 서로 중화되어서, 현존 재화라는 하나의 계정만이 남게 될 것이다."

그러나 매클라우드는 관습법의 전문변호사로서 "채무"로부터 "의무"를 구분함으로써 이에 답했다. "채무는 채무자가 소유하고 있는 화폐가 아니라 화폐를 지불해야 할 개인적인 의무이다." 그가 말하기를, 로마법의 변호사에게 상인이 재화를 구입하고 3개월 후에 지불하겠다고 약속했으면, 그 상인이 "채무를 지고 있지만 이에 대한 구제를 미룬 것이다." 그러나 영국법은 다른 견해를 취하는 것으로 "보인다."

> "만약 채권이 만료되기 전에 지불을 위한 소송이 제기되면, 채권이 만료되지 않았다고 전면적으로 부인할 수 있다는 것, 즉 피고가 자신이 전혀 빚을 지고 있지 않다고 변호할 수 있다는 것이 영국법의 준칙이다." 그리고 매클라우드에게는 이것이 올바른 견해로 보였다. "상인이 재화에 대해 3개월짜리 어음을 받겠다고 동의했고, 이것을 받았으면, 그는 재화에 대해 **지불받은** 것이다. (……) 결과적으로 어음이 만료될 때까지 **채무** 또는 돈을 지불할 **의무**는 없다. (……) 이 재화들은 구매자의 실제 재산이 되었으므로, 3개월 후에 **지불한다는** 그의 **의무**는 그의 현재 재산을 전혀 줄이지 않는다. 그동안에는 이에 대해 그가 절대적인 처분권을 가지고 있고, 채권자는 이것의 어떤 부분에 대해서도 아무런 권리를 가지고 있지 않다. 또는 구매자가 자신이 원하는 어떤 방식으로든 처리하는 것을 막을 권리가 없다. 따라서 법적인 행위의 권리도 있고, 동시에 상업계를 순환하는 재화 또는 화폐도 있다."[20]

••

20) *Ibid.*, I, 290-291.

매클라우드가 여기서 채권과 소송권이 현재 존재하지만, 부채와 소송권에 굴복할 의무는 현재 없다고 주장하면서 법적인 실수로 인한 오류에 의존했음이 명백하다. 그러나 각각은 현재 같은 이유로 존재한다. 즉, 기대와 지위.

동시에 독립적으로 존재하는 두 개의 경제량, 즉 부채의 가치와 토지의 가치로 취급해 토지와 담보대출에 이중과세하는 미국 법원의 잘 알려진 법적인 오류가 이 실수에서 비롯된 것으로 보인다. 이들은 두 시장에 존재하지만, 지주가 개인적으로 지불할 의무는 아직 존재하지 않는다. 만약 토지의 가치가 부동산시장에서 1만 달러이고 담보대출권이 화폐시장에서 5,000달러이면, 5,000달러의 "소송권"과 1만 달러의 "재화 또는 화폐"가 "상거래에서 동시에 순환해" 과세 가능한 총가치는 1만 5,000달러가 된다. 경제적 오류를 인식해서가 아니라 단지 행정적으로 어려워서 저당에 대한 과세가 폐지되기 시작했다.

여기서 우리는 거래로 생기는 두 가지 의무를 도입하고 거래조건이 법률적인 효력을 발휘한 후에 당사자들이 차지하는 "경제적 지위"에 따라 매클라우드의 착각을 교정하려고 노력한다. 소유권들을 교환하는 모든 거래는 판매자의 이행의무와 구입자의 지불의무라는 두 가지 법적인 의무를 창출한다. 이행의무는 판매자가, 예를 들어 명시된 품질, 모양, 크기의 철강 1,000톤을 특정 시점에 특정 장소에 인도해야 하는 의무이다. 그는 인도할 의무를 수락했고, 만약 그의 인도가 명시된 바에 상응하지 않으면, 구입자는 명시된 인도를 강제하거나 손해배상을 받을 매클라우드의 "법적인 조치"를 취할 수 있다. 몇 톤의 철강에 대한 권리를 넘겨주는 계약이 뉴욕에서 체결되고 철강은 중국에 인도되어야 하는 상황일 수 있다. 따라서 판매자가 장래에 인도해야 하는 채무와 구입자의 입장에서는 인도받을 동일가치의 "채권" 또는 권리로서 매클라우드가 말하는 "경제량"이 생겨난 것이다. 권리는 뉴욕에서 이전되었지만, 인도는 나중에 상하이에서 이루어질 것이다.[21]

그동안 구매자는 판매자에 대한 이행의 권리를 공해상에서조차 제삼자에게 팔 수 있다. 왜냐하면 그것이 아마도 그 사람이나 다른 사람에게 중국이나 세계의 어떤 다른 곳에서 그가 뉴욕에서 지불했거나 지불하겠다고 약속했던 것보다 더 가치가 있을 수 있는 미래의 철을 얻을 권리이기 때문이다.

권리의 이전을 위해 그가 뉴욕에서 지불한 것은, 예를 들어 60일 후의 톤당 20달러 또는 2만 달러라는 지불의무였다. 이것이 채권자로서 판매자에게 1만 9,800달러의 가치를 지닌 또 다른 경제수량이었다. 채권자는 이것을 화폐시장에서 또 다른 구입자인 은행가에게 동일한 액수의 은행의 요구불 부채 또는 예금을 받고 팔 수 있다. 여기서 이런 채권도구의 다양한 모습은 우리의 관심거리가 아니다. 우리의 관심은 오로지 모든 거래가 이행의 권리와 의무, 지불의 권리와 의무라는 두 가지 권리와 두 가지 의무의 경제적 대응으로서 두 가지 채무와 두 가지 채권을 낳는다는 일반적인 사실이다.

그러나 이런 권리와 의무, 채권과 채무는 기대들에 불과하다. 이들은 단순히 미래에 존재한다는 이유만으로 물체의 수량과 구분되는 "경제적 수량"이다. 그러나 이들이 단지 마음 속에만 존재하는 것은 아니다. 이들은 현재의 활동과 계획에 대한 조정 속에 존재한다. 행동을 사회적 기

••

21) 나중에 확인하듯이, 이것이 기본가격과 인도된 가격 사이에 발생한 피츠버그 플러스 사례의 문제 중 일부분이었다. 본서 142쪽, 법인체에서 지속 활동체로.

대에 적응시키는 것이 역사적으로는 "지위"로 알려져 있다.[22] 지위는 개인이 자신의 현재 행위를 적응시킬 운영규칙에 대한 기대이다. 채권자의 지위는 기대에 대한 보장이다. 채무자의 지위는 채권자의 보장에 대한 순응이다. 법적인 관점에서 보면 이것들은 권리와 의무이고, 수량적인 경제의 관점에서 보면 자산과 부채이며, 행위를 지배하는 규칙에 대한 행태적인 관점에서 보면 보장과 순응이다.

우리는 "경제적 지위"와 그 자신의 개념인 경제적 수량을 도입해 매클라우드의 착각을 수정하려고 노력하고 있다. 지위는 개인이 현재의 행위를 조정하는 범위를 규정하는 기대이다. 채권자의 지위는 기대에 대한 보장이지만, 채무자의 지위는 채권자를 위한 보장에 대한 기대되는 순응이다. 이것이 자산과 부채의 양면적인 경제적 지위이다.

물리적 상품과 개인주의가 아니라 이 양면적인 지위가 경제학을 소유적이고 제도적으로 만든다. 그럼에도 불구하고 매클라우드는 영국 법원과 미국 법원이 법과 경제학을 분리시킨 것을 받아들임으로써 거래의 채권 측면을, 지불의무를 시행해 소멸되는 그 시점에 이르기까지 화폐시장에서 사고팔리는 하나의 독립적인 경제적 수량으로 만들었다.

이것이 매클라우드가 동일한 물체를 한 번은 물리적 상품으로, 다른 한 번은 이 물리적 상품을 담보로 확보되는 채무지불에 대한 기대로, 두 번 계산했다는 오해로 이어졌다. 그러나 그는 물리적 상품을 계산한 적이 없다. 그의 오류는 자산 측면과 동시에 존재하는 부채 측면을 계산하지 못한 데 있다.

이것이 바로 매클라우드를 믿지 못하게 만들어 경제학 문헌에서 그의

..

22) 본서 180쪽, 경제적 및 사회적 관계의 공식.

이름이 사라지게 했고, 그의 중요한 발견을 타인에게 돌리게 한 오류이다. 매클라우드가 고전 경제학자들의 적자이면서도 인정받지 못했다는 뵘바베르크의 발언은 올바른 것이었다.[23] 그리고 매클라우드가 말하듯이, 이것은 유통가능성이라는 법적인 고안이 채무의 지위를 상품으로 전환시켰기 때문이라고 우리는 말해야 한다. 그러나 채무-채권은 상품으로 판매가 가능하게 되어, 단순히 유통이 가능한 제도이고, 보장과 순응의 경제적 지위이며, 미래성을 한 가지 차원으로 지니고 있는 경제적 수량이다. 그래서 이것이 스미스부터 존 스튜어트 밀까지의 경제학자들을 우롱했다. 매클라우드가 이들을 심각하게 받아들여 이들을 우스꽝스럽게 만들었다.

매클라우드가 말하기를, 예를 들어 아담 스미스는 "명시적으로 은행권, 어음 그리고 기타 금융자산"을 신발이나 곡물과 함께 "유동자본"에 포함시켰다. "모든 현대의 경제학자는 **은행권**을 **자본**이라고 부른다." 그러나 매클라우드는 말하기를, "이들은 단순히 **권리**이거나 **채권**이다."

그리고 "단지 **권리**나 **채권**인 은행권을 **자본**으로 인정하면 부의 **생산, 분배, 소비**라는 경제과학의 정의는 이해할 수 없게 된다. 그러면 누가 **채무**나 **채권**의 **생산, 분배, 소비**를 이해하겠는가? 반면 모든 종류의 **채무**가 물적인 상품과 같이 사고팔린다는 것은 누구나 알고 있다. 현대의 가장 거대한 상업 분야인 신용체계는 전적으로 **채권**이다. 그리고 **채무**의 교환관계는 물적인 상품의 교환관계와 같이 정확히 **가치의 일반법칙**에 지배된다.[24]

∴

23) Böhm-Bawerk, E. v., *Rechte und Verhältnisse*, 5 ff. Knies, K., *Geld u. Kredit*(화폐와 신용)(1876, 1895)도 참조.

그러나 유통가능한 채권이 현대적 의미의 자본이다. 매클라우드가 말하기를, 경제학자들은 "**신용**과 **금융**이라는 주제를 경제학의 본령으로 끌어들이려고 조금도 노력하지 않았다. 사실 이들은 가망이 없는 체념 속에서 **금융**이라는 주제를 통째로 포기했다."[25] 매클라우드는 물리적인 사물을 미래로 이동시키고 재산권을 낳는 정신적 활동과 법의 작동을 그 자리에 배치해 이 어려움을 해결한다. 만약 재산권 자체가 채권이라면, 금융은 채권의 매매라는 보편적인 원리의 특별한 경우에 불과하다.

(4) 교환가능성

아담 스미스에게 **부**는 두 가지 의미를 지닌다고 매클라우드는 말했다. 그의 저작 전반부에서 부는 "토지와 노동의 연간 생산물"로 정의되었고, 후반부에서는 교환가능한 모든 것이었다. 리카도는 스미스를 따랐지만 판매할 의도를 지닌 모든 노동생산물로 그 의미를 제한했다. 존 스튜어트 밀은 부를 "구매력을 가진 모든 것"으로 정의했다. 이 점에서 그는 은행권, 어음 그리고 여타 금융자산을 부로 포함시킨 스미스를 따랐다. 이들은 ("그것들이 발생한 근원"에 관한 것을 제외하면) 모두 "교환 가능한 권리"인 기금, 주식, 영업권, 전문직업인의 관행 등과 다르지 않은 청구권리 (rights of action) 또는 채권이라고 매클라우드는 말했다.[26] 따라서 매클라

••
24) MacLeod, H. D., *Economics for Beginners*, 13.
25) 이것은 신용에 대한 존 스튜어트 밀의 경탄할 만한 장에서 확인할 수 있다. 이 장은 생산비용에 의존하고 있는 그의 가치론이 지닌 이론적 기초와 전혀 연관이 없다. 그의 신용이론은 가치와 비용에 대한 리카도적인 이론이 수용할 수 없는 심리학에 근거하고 있다.
26) MacLeod, H. D., *The Elements of Economics*, I, 75-89.

우드는 부의 모든 의미에 포함된 것을 따랐고, 교환가능성을 부와 가치의 본질로 만들었다. 그런데 우리가 말했듯이, 이것은 부와 자산을 혼동하는 것이다.

더구나 교환가능성을 경제학의 유일한 주제로 만든 매클라우드와 여타 물리적 경제학자들에 의하면, 물리학처럼 수학적인 방정식으로 환원할 때만 정확한 과학을 발전시킬 수 있다.

그가 말하기를, "물리과학은 모두 가장 일반적인 성격에 대한 하나의 개념이나 질에 근거한 특정한 무리의 현상이다. (……) 어떤 다른 **성질**이 발견되든, 이 **성질**을 지닌 어떤 수량은 어떤 것이든 이 과학에서 요소나 구성인자이다. (……) 동학은 **힘**의 과학이다. '힘은 운동이나 운동의 변화를 발생시키는 어떤 것'으로 정의된다." **경제학**에서 이 **힘**은 **수요**이다.[27]

그는 이어 말하기를, 그러나 "수요가 **심리학** 전체를 **경제학**에 끌어들이기 때문에" 경제학자는 수요를 연구하지 않는다.

진정으로 가치는 "원래적인 의미에서 마음의 성질이나 욕구이다. 우리가 높게 평가하는 친구에 대해서와 같이, 이것은 존경이나 추산이다. 그러나 이런 **가치**는 경제현상이 아니다. **경제학**에 가치를 끌어들이려면 만져서 느낄 수 있는 어떤 형태로 드러나야 한다. 어떤 사람이 그것을 소유하려고 그것과 바꾸기 위해 무언가를 주어서 자신의 욕구, 추산, 또는 **가치**를 표시할 때가 그런 예이다. (……) 교환이 일어나려면 두 마음이 일치해야 한다. (……) 그래서 **가치**가 **비율** 또는 방

27) *Ibid.*, I, 3.

정식이라는 점이 명백하다. 거리와 같이 (……) 물체의 **가치**는 언제나 그 물체의 외부에 있는 어떤 것이다. (……) 하나의 물체는 **가치**를 가질 수 없다. 우리는 절대적이거나 내재적인 거리나 동등성을 말할 수 없다. (……) 모든 **경제적 수량**은 어떤 다른 것과 관련해서 **가치**를 가진다.[28]

그래서 매클라우드는 경제학을 교환비율로 환원함으로써 그것을 당시 생각으로 물리학으로 환원하고 있으며, 바로 이 비율이 **가치**이다. 그가 보여주듯이, 교환비율의 과학은 고대와 현대의 모든 경제학자가 의도한 바였다. 중농주의자, 스미스 그리고 리카도에게 "부의 생산"이라는 용어는 "상업으로 끌어들이기 위해" 땅이나 노동으로부터 무언가 얻는 것을 의미했다. 이것은 "생산적 노동"이었고, "비생산적 노동"은 그 생산물이 시장에 나오지 않은 노동이었다. "소비"는 시장으로부터 무언가를 끄집어내는 것이었고, 이들은 소비에 고유한 법칙을 경제학에 포함시키지 않았다. 매클라우드는 이들의 비일관성을 보여주고, 생산, 분배 그리고 소비라는 모호한 용어들을 버리며, 경제학을 그들이 진정으로 의도했던 교환가치의 법칙으로 좁힘으로써, 어떻게 이것들을 회피할 수 있는지를 보여준다.

그러나 무엇이 교환되는가? 물리적인 **물체**인가 또는 이 물체에 대한 **권리**인가? 부채라는 무체 재산인가 또는 부채의 **소유권**인가? 그것은 사고파는 권리라는 무형 재산인가, 아니면 그것은 무형 재산의 **소유권**인가?

매클라우드에 의하면, 경제학자들은 교환되는 것이 물체라고 생각했으나 변호사인 그는 교환되는 것이 물체나 부채에 대한 재산권임을 알고

28) *Ibid.*, 53, 54, 55.

있었다. 매클라우드는 물체를 경제적인 수량인 신용으로 대체해 이 어려움을 해결했다. 이 경제적 수량은 소유하고 구입하며 판매할 수 있다. 그래서 그가 **자본**의 현대적인 의미를 창시했다.

(5) 신용의 이중적인 의미

그러나 매클라우드는 신용에 관해 모순적인 의미를 안고 있었다. 그것은 부채에 대한 미래의 지불로부터 얻을 화폐 수입을 의미했다. 또한 그것은 산출물에 대한 미래의 판매로부터 얻을 화폐 수입이었다. 짧게 말해, 그것은 채무-수입이면서 판매-수입이었다. 첫 번째를 우리는 그와 같이 무체 재산이라고 부른다. 두 번째에 우리는 보다 최근의 명칭인 무형 재산이라는 이름을 부여한다.

이 모순적인 의미는 일반적인 구매력을 가진 은행가의 부채 또는 예금 창출로부터 그 자신이 도출한 것으로 보인다. 제조업자는 자신의 산출물에 대한 소유를 양도해 60일 이후에 지불될 상업부채의 소유를 완전히 지불될 것으로 보고 받아들인다. 그는 이 채무를 상업어음의 거래자나 은행에 할인해서 팔고 요구불로 할인 없이 지불될 수 있는 은행가 부채를 완전한 지불로 받아들인다.

두 가지 부채 모두 구매력을 지니고 있다. "개별적인 채무"인 상업어음은 은행가의 요구불 부채와 교환된다. 그러나 은행가 부채 또는 예금도 은행이 예금자에게 빚지고 있는 "개별적인" 부채이다. 그렇지만 후자는 일반적인 구매력을 지니고 있다. 그런데 액면가를 할인해야 하지만, 상업어음도 60일 동안 구매력을 지니고 있다. 그러므로 그들의 상품이 판매되면 은행의 부채를 할인 없이 제삼자가 받아들이므로, 금속화폐와 같다. 그리고 금속화폐는 일반적인 신용, 그의 의미로 일반적인 구매력이라고 매클라우드는 말한다.

화폐와 신용 두 가지 경우 모두에서 이른바 채무자들이 "세계 전체"이다. 즉 이들은 결코 채무자가 아니라 그들이 파는 것에 대한 대금으로 할인 없이 화폐나 신용을 받아들이는 무언가의 판매자이다. 화폐와 신용은 모두 유통이 가능해서 액면가로부터 어떤 선취비용이 공제되지 않으므로 비슷하다. 비록 만기가 지난 유통가능한 채무여서 그들의 예금을 할인 없이 받아들였지만, 은행가와 사업가들 자신이 이것을 화폐나 현금이라고 말한다. 매클라우드는 이들의 언어를 채택했을 뿐이다.

그래서 그는 "일반적인" 신용과 "개별적인" 신용을 구분해야 했다. 일반적인 신용은 임의의 어떤 구매자가 상품을 샀을 때 미래에 그에게 발생할 부채였다. 개별적인 신용은 모든 구매자 중에서 뽑힌 구매자 개인에게 실제로 발생한 부채였다. 그러나 이 "개별적인" 신용이 유일한 부채이고, "일반적인" 신용은 일반적인 구매력이다.*

그가 물체로부터 물체에 대한 통용이 가능한 소유로 경제학을 바꾸었을 때 어떻게 그가 신용에 대한 이 모순적인 의미를 처리했는지는 화폐와 신용의 기원에 대한 그의 설명으로부터 확인할 수 있다. 내가 말이나 땅을 살 때 내가 사는 것은 물리적인 물체가 아니다. 내가 사는 것은 그 말이나 땅을 "전 세계에 대항해" 미래에 사용할 수 있는 모든 권리이다. 그가 말하기를, 이 권리가 "신용"이다. 이런 "신용"의 다발인 말과 땅을 구입함으로써 나는 판매자에게 채무자가 되었다. 만약 내가 소와 돼지를

---

* 여기서 커먼스는 부채의 유통가능성으로 인해 "일반"신용과 "특수"신용에 대한 매클라우드의 구분이 무의미하다는 것을 보이려고 노력하는 것으로 보인다. 커먼스는 일반신용과 특수신용을 무체 재산과 관련된 신용과 무형 재산과 관련된 신용으로 바꾸었다.

섞어 즉각 지불한다면, 나는 또한 이 동물들이 아니라 이 동물들을 내가 미래에 사용하고 판매할 나의 권리를 그에게 판매한 것이다. 매클라우드에 의하면 이것이 하나가 다른 하나로 교환된 또 하나의 비슷한 신용이다.

이제 만약 물물교환의 경제에서 이런 "신용"의 교환이 **등가라면**, 거래는 마감된다. 만약 그것이 **부등가라면**, 한쪽이나 다른 쪽에 잔고가 남게 된다. 이 잔고를 화폐로 즉각 지불할 수도 있고, 어느 정도 간격의 시간 동안 지불을 미룰 수도 있다. 여기서 화폐와 신용이 발생한다.

화폐 또는 "일반" 신용으로 이 수령자가 다른 생산물이나 서비스를 **구입**함으로써 이 세상으로부터 "자신의 부채를 수거할" 수 있다. 그러므로 이 세상이 그의 "채무자"이기도 하다. 또는 거래의 특정 채무자가 즉각 돈으로 잔액을 지불하지 않으면, 그의 지불의무는 나중 시점으로 이전되는데, 이것도 신용이다. 그러나 이것을 판매할 수 있기 때문에 이 세상이 다시 그의 "채무자"가 된다. 화폐와 신용은 각기 이 세상 전체를 무차별적으로 상대하는 "일반적인" 신용이다.

그러나 부채의 생성에는 서로 반대되는 두 가지 경제관계가 연루되어 있다. 하나는 채권자-채무자 관계이고, 다른 하나는 판매자-구매자 관계이다. 매클라우드는 판매자-구매자 관계, 즉 부채의 유통가능성 또는 교환가능성에 주로 관심을 두고 있어서 자신이 경제학자들로부터 받아들인 단어들의 의미를 이 기본적인 사실에 맞추었다. 우리가 확인했듯이, 영국 법원의 실수를 수용했기 때문에, 그는 채권자-채무자 관계 자체에 대해 특별히 취약했다. 그러나 물체의 교환가능성이 아니라 소유권의 교환가능성을 자신의 이론체계의 중심으로 삼은 것이 진정 새로운 통찰이었다. 그렇더라도 부채와 그것의 교환가능성을 모두 신용이라고 부른 것은, 교환을 위한 생산물을 낳으면 생산적 노동이고 자가소비를 위한 생산물을 낳으면 비생산적 노동이라고 주장한 경제학자들의 실수와 비슷하다. 사실은 양자 모두 생산적 노동이다. 그래서 매클라우드는 한 개인에게 주어진 개별 신용을 둘 사이의 사적인 일로 만들었으나, 그것의 유통가능성은 거래속도를 늘려 "싱업에 끌려들어오는" 부의 수량을 늘리는 생산적인 일이 되었다.

이것은 교환에서 지배할 수 있는 노동의 수량과 상품의 수량을 증가시키는 노동력의 수량이라는 가치척도로서의 노동에 대한 아담 스미스의 모순적인 의미와 상당히 비슷하다. 전자는 희소를 뜻하고, 후자는 효율을 뜻한다. 리카도가 노동력을 가치척도로 채택해 지배노동을 맬서스와 스미스의 다른 추종자들에게 남겨둘 때까지 양자는 구분되지 않았다. 그래서 매클라우드는 두 사람 사이의 거래가 생성한 채권자-채무자 관계를 유통가능성이라는 착안이 "세상 전체"에 대해 생성한 관계의 교환가치로부터 구분하지 않았다.

매클라우드에게는 경제적이고 법적인 의미인 "지배"라는 단어의 의미도 이중적이었다. 교환을 통해 화폐나 신용을 제공해 생산자의 상품이나 서비스를 지배하는 것을 국가가 채무자에게 이행이나 지불을 명령하는 것과 구분하지 않았다. 전자가 교섭에 나타나는 경제적인 힘이라면, 후자는 의무를 집행하는 법적인 힘이다.

그러나 더 나아가 변호사가 사용하는 "행위"와 "부작위"라는 용어로부터 즉각 도출되는 두 가지 종류의 의무를 혼동했다. 이행과 지불의 의무는 채권자-채무자 관계를 생성하는 의무이지만, 회피의 의무는 의무의 부재라는 반대되는 자유의 관계를 생성한다. 구매자는 구입할 의무가 없고, 판매자는 판매할 의무가 없다. 그러나 이행이나 지불의 의무는 "세상 전체"가 간섭을 회피할 의무에 처해 있지 않는 한, 자유롭게 짊어지거나 유지할 수 없다. 그는 이런 회피의 의무가 단지 부작위의 의무 또는 "행위하지 않을" 의무이기 때문에 이런 회피의 의무를 활용하지 않았다. 행위하지 않을 의무는 실제로 의무이지만, 부채의 유통가능성으로 가능해진 교환의 적극적인 행위로 이루어진 그의 경제체제에서 요구되지 않는다.

채권자는 채무자의 지불을 보장하기 위한 **두 가지** 의무에 상응해 **두 가지** 권리를 실제로 가지고 있다. 그는 채무자에 대해 지불받을 적극적인 권리를 가지고 있고, "세상 전체"에 대해 회피할 수 있는 소극적인 권리를 가지고 있다. 이행이나 지불의 의무는 부채이다. 그러나 회피의 의무는 채무자의 이행이나 지불의무에 다른 모든 사람이 간섭하지 않을 의무이다. 세상 전체에 대한 매클라우드의 이른바 "일반적인 신용"은 이행의 의무가 아니라 회피의 의무였다. 그리고 이 회피의 의무는 "세상 전체"가 고객에 대한 판매자의 접근을 방해하지 않을 의무이기도 하다.

부채지불에서 발생하는 미래수입과 판매로부터 발생하는 수입이라는 채권의 모순적인 의미뿐만 아니라 유체 재산의 중첩되는 의미로 인해 매클라우드의 비판자들은 그의 요점을 이해하지 못했다. 그래서 그를 가장 공들여 비판했고[29] 그 자신 미래성을 **주관적인** 경제학에 도입하는 데 가장 공헌한 뵘바베르크는 그보다 30년 앞서 **객관적인** 경제학에 미래성을 도입한 매클라우드를 이해할 수 없었다. 만약 경제학이 오로지 재산, 즉 재산권을 다룬다면 명백히 **수입에 대한 기대**만을 다루게 된다. 그리고 만약 이 기대가 단순히 예시할 수 있는 심리적 감정이 아니라 측정 가능한 경제수량으로 현존해야 하므로, 매클라우드는 신용과 화폐의 유통가

29) Böhm-Bawerk, E. von, *op. cit.*

능성에서 이 경제수량의 객관적인 존재를 손쉽게 발견했을 것이다. 그는 상품이든 화폐든 신용이든 모든 재산권에 그것을 확장하기만 하면 된다.

만약 신용이 원래 훌륭하게 구매력에 확장되었다면, 그렇게 된 이유는 매클라우드가 신용이라는 개념 속에 하나의 유효한 원리를 염두에 두고 있었기 때문이다. 이것은 하나의 범주 아래에 상품, 화폐, 신용, 그리고 개별 부채를 소유권의 특별한 사례로 모두 뭉쳐 놓는 **미래성**이다. 물체의 주관적인 미래성은 이해했으면서도 물리적 물체에 적용했을 때 뵘바베르크가 이해할 수 없었던 것이 바로 이 객관적인 **미래성**이었다. 금융과 투자에 체현되었을 때는 미래성이 확연하지만, 어떻게 물리적 재화의 재산권도 재산이 객관적으로 발현된 **미래성**에 불과한가? 매클라우드가 당시 지배적인 이론의 인정받지 못한 적자라고 뵘바베르크가 말한 것은 올바르다. 매클라우드가 인정받지 못한 이유는 매클라우드가 물체나 노동이 아니라 부채를 과학의 경제수량으로 삼아, 그가 물체와 부채 **모두를** "물체"로 계산했다는 잘못된 인상을 비판자들에게 갖게 했기 때문이다.

부채가 교환비율로 시장에서 측정되어 수량적이므로, 만약 경제과학이 부채에 기반을 두게 하면, 우리가 학문을 수립할 보편적인 경제수량을 가지게 된다. 밀과 물을 부셸이나 쿼트로 측정할 때 물리적 물체가 수량적인 것과 마찬가지로 부채의 현재 가치가 달러와 센트로 측정될 때 그것은 수량적이다.

그래서 교환되는 것은 물체가 아니라 소유권이라고 말했을 때, 그는 경제적으로 교환되는 것은 달러로 측정된 부채임을 의미했다. 그에게 모든 재산권은 부채에 대한 소유권이다. 약속어음과 같은 개별 부채뿐만 아니라 물적인 재산, 은행권 그리고 은행부채를 포함하는 모든 재산권이 신용이 부채이자 구매력이라는 이중적인 의미에서 부채이다. 교환되는 것은 자연적인 물체가 아니라 이 물체를 팔아서 얻을 수 있는 미래의 화폐나 신용소득에 대한 전체적이거나 부분적인 권리이다. 그리고 이 권리는 개별적이거나 일반적인 부채에 대한 소유권이다.

"무형" 재산이라는 현대 개념이 매클라우드의 "무체" 재산과 구분되기 시작하면서, 비로소 간섭받지 않는 시장에 대한 접근권을 포함해 교환가능성 또는 매매권리의 의미가 법적으로 부채의 이행이나 지불과 분리될 수 있었다. 여기서 판매로 얻는 미래수입, 즉 무형 재산은 부채 지불로부터 얻는 미래수입, 즉 무체 재산과 구분된다.*

무형 재산이라는 나중 개념을 통해 매클라우드는 호펠드의 이후 분석으로부터 도움을 받아, **권리**라는 용어를 **권리**와 "무권리" 또는 **자유**라는 두 가지 의미로 사용했다는 비판이 가능함을 알 수 있다. 또는 경제학적으로 그는 **신용**이라는 용어를 채권자가 부채를 지불하도록 요구할 **권리**와 상품에 대해 구매자의 지불을 요구할 **권리**라는 두 가지 의미로 사용하고 있다. 우리는 전자를 채권자와 채무자의 권리-의무 관계라고 부를 수 있고, 후자를 판매자와 구매자의 자유-노출 관계라고 부른다.

매클라우드가 어떻게 이같이 반대되는 사회관계들을 혼동하게 되었는지를 설명하면, 단어의 법적인 의미와 경제적인 의미 모두에서 재앙과 같은 사회적 결과를 낳는 매우 보편적인 오류가 드러난다. 이에 따라 거래와 지속 활동체(going concern)에 대한 경제적이고 법적으로 적절한 분석을 제시하기 위해 이루어져야 할 중요한 구분에 이르게 된다.

매클라우드는 정치경제학이 "재산의 법칙"에 대한 과학이지, 물리적인

---

* 무체 재산은 부채 및 이자와 관련되고 무형 재산은 제품의 생산이나 판매로 불확실성이 개입된 자산 및 이윤과 관련된다.

물체나 심리적인 감정의 법칙에 대한 과학이 아니라는 명제로 시작한다. 이어 그는 주제를 이런 재산권의 교환가치로 좁힌다. 그렇지 않으면 언제나 수량과 측정단위를 다루어야 하는 "과학"일 수 없기 때문이다. 그러나 만약 그가 과거로부터 생겨난 물리적인 물체를 제거하고 미래에 존재하리라고 예상되는 수량만 다룬다면, 현재 시장에 존재하는 이런 미래의 수량의 성격은 무엇인가? 이것은 다른 사람들이 "미래의 생산물"을 제공하는 방식으로 그것의 소유자에게 해주리라고 예상되는 어떤 것이어야 한다. 현재 시장에 현존하는 이런 기대에 대한 가장 일반적인 용어가 신용이라고 그는 말한다.

따라서 신용은 세 가지 형태를 취한다. ① 모든 유체 재산권의 **현재 가치**로, 이것이 "상품신용"이다. ② 미래 금속화폐의 **현재** 가치로, 이것을 그는 "금속 신용"이라 부른다. ③ 명시된 채권자를 대상으로 통용되는 개별 신용의 **현재 가치**로, 세 번째가 유일하게 신용의 진정한 의미로서 우리는 이것을 무체 재산, 즉 부채라고 부른다. 앞의 두 가지는 무형 재산, 즉 미래의 교섭 거래에서 자유로울 권리인 회피의 권리이다.

모든 재산권의 수량적인 차원으로서 이런 보편적인 신용개념에 대한 매클라우드의 논리 전개를 추적하면, 그가 얼마나 완벽하게 고전 경제학자와 **중농주의자**의 시간 요소를 뒤집으려고 시도했었는지를 알 수 있다. 그는 (일 년짜리 유체 재산이라는 그의 불행한 실수를 제외하고는) 경제학의 주제 전체를 관통해 **과거 시간**을 **미래 시간**으로 바꾸었다. 그러나 그는 **미래 시간**을 현재 시장에 거꾸로 되돌려진 상품과 같이 취급했다. 이는 앞서 **과거 시간**을 현재 시장으로 나아가게 만든 것과 마찬가지이다. 바로 이렇기 때문에 그의 이론은 당시 지배적인 이론의 "인정받지 못한 적자"였다. 그러나 미래수입을 얻을 권리를 상품과 같이 교환할 수 있기 때문에, 이것은 정당했다. 그리고 지배적인 이론이 소유한 물체로부터 소유권을 분리하지 않았기 때문에, 이것이 인정을 받지 못했다.

(6) 무형 재산

매클라우드의 **"이전 가능한 재산 전체"**를 검토하면 이른바 "무체 재산" 중 단지 두 항목만이 부채라는 의미에 기초하고 있다.[30] 그것은 "영구 채권"과 "기금"이다. 다른 모든 항목은 미래 생산물이나 미래 서비스나 생산물의 판매로 얻을 미래 화폐에 대한 현재의 소유권이다.

현재의 유체 재산으로부터 파생되는 "영구적인 연수입"은 스스로 이용할 목적으로 예상되는 생산물이거나 그 생산물의 미래 판매로부터 얻는 화폐 수입이거나 미래의 "토지 지대"이다. "그의 신용"은 한 채무자에 대한 개별 신용이 아니라 한 사업가의 일반적인 "좋은 신용", 즉 그의 지불 약속을 구입함으로써 그에게 융자할 용의가 있으리라고 예상되는 투자자와 은행가의 평판에 따른 영업권이다. 그의 사업에 대한 "영업권"은 예상되는 고객과의 수익이 있는 거래이다. 나아가 "관행"은 변호사나 의사의 서비스에 대해 지불할 의사가 있는 고객이나 환자의 평판에 따른 영업권(goodwill)이다. 저작권과 특허는 우선적이거나 독점적인 판매수입에 대한 예상이다. 상업적인 회사의 "주식"은 기대되는 배당금이나 모든 비용을 넘어서 그 이상으로 이윤을 올릴 다른 기회의 현재 가치이다. "통행료"와 "선박 운송료"는 특허와 마찬가지로 영업허가로부터 발생하리라고 기대되는 우선적인 가격이다.

∵

30) 본서 716쪽, 이전 가능한 재산 전체.

현대의 의사결정에서 이들은 "무형 재산"으로 불려야 한다. 유일한 무체 재산 또는 채무자의 지불 의무라는 경제적인 의미에 있어 신용은 "영구채권"과 "기금"이다. 후자는 예상되는 부채상환의 현재 가치이다.

이런 구분은 단순히 학술적인 논란이 아니다. 우리가 다른 데서 지적했듯이, 근로자의 "산업상의 평판"을 "근로의무"와 구분하지 못한 것, 즉 무체 재산으로부터 무형 재산을 구분하지 못한 것이 미국의 대법원이 허용한 "황견계약"*에 대한 분노를 불러 일으켰기 때문에, 이들은 상당히 사회적으로 중요하다.[31] 이와 유사한 문제가 변호사경제학자인 매클라우드의 신용이 지닌 이중적인 의미로 거슬러 올라간다. 그에게서 경제수량으로서 신용의 의미는 부채 지불이든 가격 지불이든 단순히 기대되는 모든 수입의 현재 가치이다.

그러나 이 이중적인 의미는 현대 지속 활동체의 복합적인 의미이다. 이것은 두 명의 채무자가 모두 자신들의 부채를 상환하고 "세상 모두"가 물체나 서비스에 대해 이윤이 남는 가격을 지불하리라는 기대이다. 만약 내가 사업체의 물리적인 장비에 대해서만 권리를 획득하고 지속 활동체로서의 그것에 대해 권리를 획득하지 못한다면, 나는 내가 공장을 해체해 폐품의 상태로 그것의 부분들을 상품시장에서 판매해 실현하는 폐기물 가치에 대한 권리를 얻은 데 불과하다. 그러나 만약 내가 그것을 지속 활동체로 구입한다면, 이는 해체된 물체들이 아니라 이 활동체가 지고

..

31) Hitchman Coal Co. *v.* Mitchell, 225 U. S. 229(1917); Commons, John R., *Legal Foundations of Capitalism*, 294 ff.

---

* 1920년대에 형성된 용어로. 노조에 가입하지 않는다는 조건부로 노동자를 고용하는 계약으로 노동자를 동물과 같은 수준으로 격하시킨다는 의미를 지닌다.

있는 모든 빚과 시장에의 자유로운 접근권리와 함께, 물적인 물체들을 쏟아내는 지속적인 공장에 대한 권리를 획득하는 것이다. 나는 무한한 미래에 이르기까지 나의 종업원, 채권자, 지주, 그리고 나 자신에게 분배되리라고 예상되는 모든 총수입에 대한 권리를 얻는다.

그렇지만 나는 개인이 아니라 주주 및 채권소유자와의 협회이다. 또한 원료 공급자, 사원, 그리고 대리인과의 협회이다. 그리고 우리 모두가 이 사업으로부터 얻으리라고 예상하는 총수입으로부터 우리가 이 사업에 공헌했다고 생각하는 바를 보상받기를 기대한다. 이런 이유로 인해 우리의 공동생산물의 모든 구매자와 이 사업의 모든 채무자로부터 획득할 총수입은 우리의 공동수입이다. 이는 다양한 거래에 의해 여러 개인들 사이에 분배되는 것이다. 이들 각각의 거래는 그 기간에 무체 재산에 대한 채권자-채무자 관계를 생성하지만, 각각은 그것의 연속이나 반복을 위해 모든 사람이 참여할 의사에 의존한다. 이 예상되는 참여가 무형 재산이다.

전체는 지속 활동체이다. 이것은 모든 참여자의 합동 의사이다. 이것은 사원과 경영자가 공장을 유지하고 운영할 의사, 고객이 구입할 의사, 투자자와 은행가가 대부할 의사, 자재공급자가 판매할 의사, 그리고 기타 사람들이 참여할 의사 등이다. 각자가 참여하고 참여에 대해 보상받을 이른바 "권리"가 자유와 위험 노출의 무형 재산이다. 그러나 각자가 개인적으로 자신의 과거 서비스에 대해 보상받을 권리는 채무자가 문제가 되는 부채라는 무체 재산이다. 매클라우드는 이것을 신용이라고 불렀다. 이것은 지속 활동체의 가치이다. 그는 이것을 주어진 시점에서의 정태적인 경제량으로 간주했다. 사실 회계사가 연차보고서를 만드는 시점에서 지속 활동체의 횡단면으로서는 그것이 정태적인 수량이지만, 그것은 예상되는 시간의 흐름 위에서 진행되는 과정이다.

기술적으로 입법과 행정의 목적을 위해서는 이 지속 활동체의 가치가 주어진 시점에서 주식과 채권의 현재 시장가치 또는 주식이 상장되지 않는 경우에 계산치를 의미하게 되었다. 이들은 예상되는 순영업수입에서 세금을 뺀 것의 현재 가치를 의미한다. 그러나 경제적으로 지속 활동체의 가치는 판매액으로부터 얻는 모든 수입을 설명하는 것으로 과세당국을 포함해 모든 참여자의 모든 기대수입의 현재 가치이다.[32]

참여할 의사를 유지시켜 기업을 지속하게 만드는데 공헌하는 세 가지 도덕적이고 법적인 의무가 발생한다. 이행 의무와 지불 의무는 참여하는 모든 사람이 스스로 짊어진다. 이것들은 부채라는 무체 재산이다. 회피나 불간섭의 의무는 국가를 포함해 외부인들이 짊어진다. 특히, 독점, 공공시설 또는 노조 규칙의 경우와 같이 외부의 간섭이 불가피할 때 관용의 의무가 발생한다. 그리고 이 모든 제한 안에서 모든 계약을 체결한다는 기대가 무형 재산이다. 이들 이행, 회피 그리고 관용의 기대되는 권리와 의무가 무형 재산을 구성한다. 그리고 참여자들의 참여여부가 자유로운 한, 이들이 참여할 의사나 참여하지 않으려는 의사가 자유 및 노출의 무형 재산의 도덕적이고 법적인 의미이다.

따라서 지속 활동체는 반복적으로 생성되어 계속되고 지나가는 연속적인 무체 재산들과 무형 재산들이다. 매클라우드는 이들을 개별 신용과 일반 신용이라고 명명했다. 개별의무는 이행과 지불의 의무이다. 일반 신용은 회피와 관용의 의무이다. 이들은 결코 채권과 채무가 아니라 예상되는 교섭 거래에서의 자유 및 노출이다. 그의 개별 신용은 무체 재산

:·

32) Cf. Commons, John, R., *Legal Foundations of Capitalism*, 182-213.

이다. 그의 일반 신용은 무형 재산이다. 그리고 **흐름과 시간의 경과**에 대한 구분을 고려하면, 무체 재산은 예상되는 시간의 경과이지만, 무형 재산은 예상되는 시간의 흐름이다.

(7) 유체 재산으로부터 무형 재산으로

그래서 제도적인 체제가 교섭, 관리, 그리고 배급의 거래를 제한하는 규칙하에서 작업, 대기, 위험 감수를 예측하는 참여자에 대한 유인을 통해 움직이는 지속 활동체가 어떤 것인지를 알려준다. 그러나 기술공학적인 체제는 기술적인 효율의 규칙하에서 최종 소비자를 위해 생산물과 서비스를 생산해내는, 즉 기술자의 지휘하에 있는 지속적인 공장이 어떤 것인지를 알려준다. 이 두 가지는 불가분의 관계에 있지만, 서로 다른 사회철학과 통치개념으로 귀결되는 사회에 대한 서로 다른 개념들을 보여준다. 하나는 참여자의 변동하는 자산과 부채이며, 다른 하나는 국부의 생성에서 산출물에 대비한 투입물의 변동하는 비율이다. 하나는 이전 가능한 권리와 의무에 대한 소유 경제학이고, 다른 하나는 투입과 산출에 대한 기술 경제학이다. 하나는 몫들을 분배할 뿐만 아니라 더 중요하게 기업이 지속되게 유지한다. 다른 하나는 나눌 산출물의 결과적인 생성이다.

오래된 물리적인 이론과 쾌락주의적인 이론의 어려움은 이들이 소유 경제학을 정문으로부터 차단하는 과정에서 뒷문으로 끌어들이지 않을 수 없다는 사실에 있다. 심지어 이들은 부를 물체와 이에 대한 소유로 정의했다. 그러나 이들의 개념은 거래를 통해 소유가 변동하는 활동의 측면을 지니지 않아 정태적이었다. 적절한 방법론은 우선 경제학의 두 가지 요소를 그 자체로 구분한 후 이를 관습적인 용어로 보고, 지속 활동체라는 개념으로 충족될 집단적인 활동의 개념 안에서 이들을 모으는 것이다.

이는 새로운 개념의 도입이라기보다 오랜 개념의 이중적인 의미들을 쪼개는 것을 의미한다. 그래서 상품과 부라는 개념은 소유권이라는 소유적인 의미와 물리적인 물체라는 기술적인 의미를 가지고 있었다. "비용"이라는 용어는 지출이라는 소유적인 의미와 투입물이라는 기술적인 의미를 지니고 있었다. 그리고 가치라는 용어는 받은 수입이라는 소유적인 의미와 제공된 산출물이라는 기술적인 의미를 가지고 있었다.

경제 이론에 대한 지난 수십 년 동안의 재구축 과정에서, 한 세대 전의 정태적이고 물리적이며 쾌락주의적인 개념으로부터 활동에 대한 **20세기**의 제도적인 개념으로 이행하는 데 가끔 기초적인 개념에 아주 적은 변화가 요구되었을 뿐이다. 1907년 페터가 오스트리아학파적인 효용개념을 자발성이 들어 있는 선택의 개념으로 변화시킨 것은 효용이 언제나 쾌락과 쾌락에 대한 선택이라는 이중적인 의미를 지녔기 때문에 아주 작은 변화였다. 그럼에도 불구하고 이 변화로 인해, 활동개념을 도입함으로써 페터는, 비록 스스로는 자신의 심리학을 단단히 붙들고 있다고 주장했지만, 뵘바베르크의 쾌락경제로부터 활동의 현대적인 제도주의로 완전히 변화할 수 있었다. 그는 진정으로 무형 재산의 활동개념이기도 한 활동의 심리학을 도입하고 있었다.[33] 미국의 지도자급 수리경제학자인 피셔의 경우도 이와 같다. 1907년에 그는 역사학파적인 전통에 따라 부를 인간이 소유하는 물리적인 물체로 정의했다.[34] 그리고 활동개념으

• •

33) Fetter의 최근 책, *The Masquerade of Monopoly*(1931) 참조.

로 변화시켰을 때 이것은 산출을 늘리면서 산출을 제한하는 부의 모순적인 의미로 끝났다.

우리가 말했듯이, 이 모순적인 의미는 재산이라는 제도를 생산의 기술부터 구분하지 못해서 생긴 것이다. 만약 제도경제학을 기술경제학으로부터 구분한다면, 이런 수수께끼들은 불필요하다. 모두 활동의 경제학이다. 제도경제학은 인간과 인간의 관계 속에서 나타나는 거래의 활동이지만, 기술경제학은 인간과 자연의 관계 속에서 산출을 늘리는 활동이다. 국가의 전체 인력이 그것의 활동적인 총투입물이고, 자연력에 대한 전체적인 통제가 그 활동으로부터 나오는 총산출물이다. 그러나 제도적인 측면은 그 일이 계속 진행될지 중단될지를 결정해 이 산출물을 **나누고 예측**하는 활동이다.

따라서 사회의 제도적인 체계는 개인과 기업의 변동하는 자산과 부채인데, 이들은 다시 작업, 기다림, 위험 감수로 이어지는 미래의 경제적 유인이다. 투입과 산출을 여러 방향으로, 또는 가깝고 먼 미래의 여러 시점으로, 확대, 축소, 중단 또는 이동시키는 것이 교섭, 배급, 관리, 그리고 예측이다. 생산에 앞선 교섭, 배급 그리고 관리의 거래가 편익과 부담의 몫들을 결정하고 사회적인 사업이 계속 진행되거나 진행되지 않도록 유인을 제공한다. 그러나 사회의 기술적 체계는 세계 제도의 집단적인 행위에 따라 인류에게 행복 또는 파괴를 위해 사용될 자연에 대한 지배력을 부여하는 물리학, 생물학, 심리학의 행진이다. 재산의 의미가 단지 비활동적인 유체 재산인 경우에서와 달리 제도적인 체계와 공학적인 체계는 동일함과는 거리가 멀다. 따라서 우리는 "물체"라는 단어를[35] 물체

..

34) 본서 461쪽, 효율과 희소.

의 산출과 노동의 투입으로 대신한다. 그리고 유체 재산과 무체 재산이라는 단어를 기대되는 물적인 산출과 무형 재산의 화폐 수입으로 대신한다.

(8) 상품시장과 부채시장

20년 전에 나온 "가격에 대한 정의"라는[36] 페터의 중요한 논문에서, 해들리(A. T. Hadley)는 117명의 경제학자들 중 가격을 "권리"의 가격이라고 정의한 유일한 경제학자였다. 페터가 인용한 바와 같이 해들리는 말하기를, "가장 넓은 의미로 보면 가격은 다른 물건과 교환되는 한 물건의 수량이다. 상업적인 의미로 보면, 가격은 어떤 물건이나 서비스에 대한 권리와 교환되는 화폐의 수량으로 정의될 수 있다."[37]

페터는 해들리 같은 제도경제학자가 아니라 물리경제학자와 심리경제학자만 검토해 주관적인 가치이론인지 객관적인 가치이론인지, 화폐적인 이론인지 비화폐적인 이론인지 상관하지 않고, 이들이 동의할 만한 가격에 대한 정의를 찾고 있었다. 그가 도달한 정의는 "가격은 다른 재화와 교환해 주고받는 재화들의 수량"이라는 것이었다.

그러나 가격에 대한 매클라우드의 정의는 해들리의 정의와 명백히 같았다. 가격은 소유권에 대해 지불하는 가격이다. 이것은 상품시장과 부채시장 모두에 적용된다.

상품시장에서 나는 당신에게 책 한 권을 주고 당신은 나에게 1달러를

••

35) "서비스"를 포함.

36) Fetter, Frank A., *Amer. Econ. Rev.*, II(1912), 783-813.

37) Hadley, A. T., *Economics, an Account of the Relations between Private Property and Public Welfare*(1896), 70, 72. 고딕은 본서의 저자가 넣음.

준다. 이것은 이중의 물리적 행위이고, 동물이 서로를 도와주기 위해 하는 것과 다른 의미를 가지고 있지 않다. 그러나 인간사회에서는 만약 내가 그 책을 소유하고 있지 않다면, 내가 합법적으로 당신에게 그 책을 넘겨주고 이에 대해 지불받을 수 없다. 그런 후에도 법이 나의 물리적인 행위 속에서 소유자가 되겠다는 당신의 의도인 정신적 행위뿐만 아니라 당신이 소유자가 되어야 한다는 나의 의도인 정신적 "의지의 행위"를 읽어내야 한다. 그렇지 않으면, 내가 다른 모든 사람의 회피에 대항해 당신을 이 책의 소유자로 만들 수 없다. 그래서 법이 이중적인 의지의 행위를 집행하거나 집행하리라고 예상된다. 경제학은 이중적인 물리적 행위를 다루는가, 아니면 이중적인 정신적 행위를 다루는가? 분명히 물리적 행위는 기술적이고 소유자의 명령하에서 육체노동자에 의해 진행된다. 그러나 정신적 행위는 소유와 관련되어 있으며, 실제로 법의 작동에 의해 소유권을 이전시킨다.

다시 말해 나는 당신에게 책을 주고, 당신은 책을 받아서 보관하면서 나에게 달러를 주지 않는다. 그러면 법은 책의 이전에서 당신이 이 책을 소유해야 한다는 나의 의도와 그것을 소유하려는 당신의 의도라는 두 의지의 정신적인 일치인 동일한 정신적 행위를 읽어낸다. 그러나 동일한 물리적 이전에서 법은 이번에는 달러가, **예상컨대** 당신으로부터 나에게로 물리적으로 이전되리라는, 그리고 예상컨대 내가 나의 것으로 하기 위해 그 달러를 받으리라는 또 다른 물리적인 이전을 읽어낸다. 경제학자들은 이 이중적인 물리적 행위를 어떻게 다룰 것인가? 이들은 앞선 예에서와 동일한 물리적 행위들이지만, 시간의 간격이 발생했다.

경제학자들은 절망 속에서 포기하고 가망 없는 혼란에 빠져든다고 매클라우드는 말한다.[38]

혼란은 "상품"시장과 "부채"시장이라는 두 시장이 존재한다는 사실과 "화폐"라는 단어가 상품의 물리적인 의미를 부채시장에 안고 들어가 화폐시장이 "상품"시장과 비슷해진다는 사실에서 발생한다. 그렇지만 우리가 이미 말했고 앞으로도 확인하게 되듯이, **주화는 상품이 아니다.** 그것은 부채를 상황하는 제도이다.[39] 매클라우드 자신도 신용에 대한 자신의 이중적인 의미 때문에 화폐시장을 상품시장으로부터 효과적으로 구분하지 못했다. 이 점에서 그는 일반적으로 지배하는 물적인 환상을 따랐다. 은행가는 고객이나 다른 은행가가 자신에게 진 빚의 공급이 늘어났을 때 고객에게 융자해 줄 자신의 "화폐공급"이 늘어났다고 말한다. 고객과 투기자는 부채의 가치가 얼마나 되는지를 의미할 때 "화폐의 가치가 어떤가"라고 묻는다.

만약 "화폐시장"이라는 비유 대신에 현실인 부채시장이라고 했더라면, 매클라우드와 다른 사람들이 이런 물적인 집착을 피할 수 있었을 것이다. 매클라우드가 올바르게 서술하고 있듯이, "상품시장"도 상품이 교환되는 시장이 아니라 상품의 **소유권**이 교환되는 시장이다. 또한 매클라우드가 서술하고 있듯이, "화폐시장"은 화폐가 교환되는 시장이 아니라 부채의 소유권이 교환되는 시장이다.

각각의 경우 가격은 어떤 형태의 법적 통제권의 이전을 "고려"해서 지불하는 가격이다. 이것은 제공한 서비스에 대한 "보상"인데, 그 보상이 즉각적일 수도 있고 미루어질 수도 있다. 이것은 교환이라는 물리적인 의미가 아니라 권리와 의무의 양도라는 제도적인 의미이다.

∴

38) 크니스는 나중에 이것을 시간 간격을 지닌 교환으로 취급했다. Knies, K. E., *op. cit.*
39) 본서 706쪽; 801쪽, 부채의 희소.

매클라우드가 부채 소유를 상품 소유에 동화시키지 않고, 부채시장을 상품시장으로부터 일관되게 구분함으로써, 부채가 "판매 가능한 상품"이라는 그의 단서를 유효하게 끝까지 밀고 나갔다면, 그는 아마도 현대적인 사업을 정확하게 기술할 수 있었을 것이며, 이중계산도 피할 수 있었을 것이다. 한 시장에서 두 번 계산하는 것이 아니라 단순히 두 시장이 있었을 것이다.

주식거래소와 화폐시장은 **부채시장**의 두 바퀴이다. 주식과 채권이라는 커다란 바퀴들은 몇 년 후의 미래를 내다보며, 은행융자나 예금의 작은 바퀴들은 몇 시간이나 며칠 후의 미래를 내다본다. 비록 주식이 법적으로 채권과 같은 부채는 아니지만, 주식도 경제적으로, 그리고 심지어 법적으로도 부채가 되면서 "판매 가능한 부채"라는 매클라우드의 서술에 어느 정도 부합되고 있다. 주식은 주주에 대한 기업의 "부채"이고, 배당금도 주주에 대한 통상적인 부채로 간주되고 있다. 법적으로 규제받는 공공시설의 경우에는 이것이 법적으로도 규정되어 있다. 공공시설에서는 채권소유자가 이자를 받고 주주가 배당금을 받도록, 주식과 채권의 총가치와 현행 이자율과 이윤율이 예상되는 채무자로서 국민이 지불해야 하는 요금을 계산하는 데 사용되고 있다. "국민"이 채무자이고 채권소유자일 뿐만 아니라 주주가 채권자이다. 그리고 특별한 상황에서는 채권소유자에게 이자를 지불하는 법적인 의무와 거의 비슷하게 주주에게 배당금을 지불해야 할 법적인 의무가 법인체에게 부과되고 있다.[40] 채권소유자는 선순위의 채권자이고, 주주는 후순위의 채권자일 뿐이다. 채권자로서의 채권소유자와 준채권자로서의 보통주주 사이에 다양한 "우선주"

..

40) Dodge et al. *v.* Ford Motor Co. et al., 204, Mich., 459, 170 N. W. 608(1919).

와 같은 것이 중간단계로 도입되었다.

보통주에 대한 배당금 지불을 강제하는 법적인 제재가 없더라도 투자자의 평판이라는 경제적인 제재가 있다. **미국** 자본주의의 반복되는 인플레적인 시기 동안, 이사회들은 배당금을 지불하고 주식의 시장가치를 유지해야 할 도덕적인, 경제적인, 그리고 더구나 법적인 의무를 인정하지 않았다. 그러나 수천만, 수백만 명의 분산된 투자자들이 다가오고, 선제 소유자들 중 일부의 손에 경영이 집중되어 기업체의 은행가 시대가 도래하면서[41] 투자자들의 평판을 유지할 경제적 필요성이 생기자, 명청한 이사진이 통상적인 배당금을 지불하는 정책을 채택하게 되었다. 명백하게 모종의 법적인 의무도 요구된다. 이것은 주식과 채권의 투자자를 보호하기 위해 마련된 이른바 "블루 스카이"법에서 시작되었다.*

따라서 주식거래소는 법적이고 경제적인 제재를 안고 있는 일련의 장기채권을 위한 시장이다. 이들은 극단적으로 법의 제재를 받는 채권부터, 제재가 덜한 우선주와 여러 종류의 단순한 "권리"를 거쳐, 가장 제재가 적지만 주로 경제적인 제재를 받으며 역사적으로 보통주로 알려진 도덕적인 채권에 이른다.

이런 제한된 관점에서 맥클리어드는 예언자와 같이 몇 가지 특별한 경우에는 올바르지만, 모든 재산권을 "부채"와 "신용"으로 제시해 경제학을

∴

41) Ripley, W. Z., *Main Street and Wall Street*(1927); Brookings, R. S., *Industrial Ownership, Its Economic and Social Significance*(1925); Bonbright, J. C. and Means, G. C., *The Holding Company, Its Public Significance and Its Regulation*(1932) 참조.

* "부정주식 거래 금지법"은 판매자가 신주 등을 판매할 경우 주식을 등록하고, 매수자가 투자에 관해 판단할 수 있도록 상세하게 기업의 재무 정보를 제공하게 규정한 것이다.

채권자-채무자 관계로 해소하면서 일반적으로 올바르지는 않게 되었다. 배당금을 지불할 경제적이고 도덕적인 제재가 법원에서 강제하는 법적인 제재가 되는 경우에만 이같이 될 수 있다. 그러나 이렇게 될 가능성은 적다. 자본주의 체제는 그것의 가치가 이윤차익(profit margin)에 의존하는 주식이라는 무형 재산뿐만 아니라 부채라는 무체 재산을 필요로 한다.[42]

그렇다고 이로부터 부채를 상품으로 불러야 한다는 결과가 나오지는 않는다. 만약 그와 같이 기술한다면 매클라우드는 비유적으로 이야기하고 있지, 과학적으로 이야기하고 있지는 않다고 말할 수 있다. 그는 부채와 구매력을 혼동하고 있다. 전자는 무체 재산이고, 후자는 무형 재산이다.

그렇지만 상품시장에서 일어나는 일은 부채시장에서 일어나는 일과 비슷하다. 매클라우드가 "신용"이라고 부른 것들은 모두 미래의 화폐 수입을 위한 시장이다. 물리적인 화폐와 교환되는 것은 물리적인 상품이 아니라 미래 화폐 수입에 대한 권리를 얻기 위해 팔리며, 현재 상품에 대한 소유로부터 발생하는 미래 화폐 수입에 대한 권리이다. 매클라우드에 의하면 각각의 기대는 모두 신용이고, 화폐 신용을 얻기 위해 상품 신용이 팔린다. 그러나 하나는 부채이고 다른 하나는 구매력이므로 양자는 같지 않다. 그렇지만 둘 다 미래 화폐 수입에 대한 기대이다.

이것은 **자본주의**를 제대로 설명하고 있다. 사업가가 상품을 살 때 물리적인 물체를 사는 것이 아니라 이 상품을 팔아서 얻을 미래 화폐 수입에 대한 기대를 사는 것이다.[43] 은행가가 사업가의 부채를 구입할 때, 그는 채권자가 자신의 상품을 팔아 부채를 상환할 때 얻게 될 미래 화폐 수

∙∙
42) 본서 904쪽, 이윤차익.
43) 본서 947쪽, 사업의 수요공급법칙.

입에 대한 기대를 구입하는 것이다. 매클라우드에 의하면, 이것들은 모두 채권의 구입이다.

따라서 상품시장은 부채시장과 함께 기능한다. 여기서 이 두 바퀴는 산출물의 소유권과 단기 부채의 소유권이다. 상품시장에서는 단기부채가 생성되어 부채시상에서 은행의 요구불 부채나 예치금과 교환되면서 즉각 팔린다. 상업부채는 판매 목적으로 은행가에게 팔릴 수 있기 때문에 생성된다. 그렇다면 상품과 부채의 유일한 차이는 은행의 요구불 부채와 교환되어 사고 팔리는 대상이 다르다는 점이다. 부채의 경우 대상이 부채시장에서 채무자가 지불할 미래의 화폐 수입에 대한 미래의 법적인 통제권이다. 상품의 경우에는 대상이 미래 화폐를 얻기 위해 팔리는 물리적인 물체에 대한 미래의 법적인 통제권이다. 상품시장이나 부채시장이나 모두 화폐 수입을 기대한다. 이들은 모두 미래 화폐 수입에 대한 권리이다. 이들 중 하나는 무체 재산인 신용이고, 다른 하나는 무형 재산인 미래 이윤이다.

두 가지 사이의 차이는 두 가지 종류의 가격들 사이의 차이이다. 하나는 부채시장에서 화폐의 **사용**에 대한 단기적인 가격이다. 다른 하나는 상품시장에서 소유에 대해 지불하는 교환가격이다. 이 구분이 이자와 이윤에 대한 매클라우드의 혼동에 깔려 있는데, 이것은 그가 할인과 이윤을 동일시한 것으로 이제 이에 대해 검토한다.

(9) 할인과 이윤

a. 두 가지 종류의 가격

매클라우드가 말하기를, "부채의 단위는 100파운드가 일 년 후에 **지불되도록** 요구할 수 있는 권리이다. 이 부채 단위를 구입하는 데 지불하는 **화폐**의 액수가 그것의 **가격**이다. 그래서 물론 이 고정된 **부채** 단위를 사기 위해 지불하는 가격이 적을수록, **화폐의 가치**는 더 크다. 그러나 부채의 상거래에서 화폐의 가치를 부채에 지불한 가격으로 계산하는 일은 통상적이지 않다. 화폐가 자연스럽게 이윤을 창출하면서, 일 년 후에 지불할 부채에 지불하는 가격이 명백히 부채 자체보다 적어야 한다. 그 가격과 부채 사이의 차이가 부채를 구입해서 얻은 이윤이다. 이 차이 또는 이윤을 할인이라고 부른다. 그리고 부채의 가격이 내리거나 오르면, 할인 또는 이윤이 늘거나 줄어든다. 부채의 상거래에서는 통상 화폐의 가치를 그것이 낳는 할인이나 이윤으로 계산한다. 따라서 부채의 상거래에서 화폐의 가치는 할인과 같은 **방향**으로 변동한다. 이 규칙은 상업의 두 분야를 포괄한다. 즉 화폐의 가치는 가격과 반대 **방향**으로, 할인과 같은 **방향**으로 변동한다. (……) 상품의 거래에서는 화폐의 가치가 화폐가 구입할 수 있는 상품의 수량을 뜻한다. 부채의 거래에서는 부채를 구입해 얻을 수 있는 이윤이나 할인을 뜻한다. (……) 이자율 또는 할인은 일 년과 같이 주어진 시간에 만들어지는 이윤의 크기이다."[44]

이 두 가지 종류의 가격을 우리는 이윤이 아니라 단기적인 가격 또는

----

44) MacLeod, H. D., *The Theory and Practice of Banking*, I, 57, 58, 59.

할인과 교환가치 또는 구매력으로 구분한다.

b. 두 가지 종류의 제조

매클라우드기 말하기를, "은행가는 무엇보다 **현금**을 주고 **어음**을 사지 않는다. 그는 미래 시점에 지불이 가능한 **부채**인 이 **어음**에서 할인을 공제한 액수에 해당하는 **신용**을 고객의 계정에 올려주고 어음을 구입한다. 이 신용은 고객이 원하면 돈을 요구할 수 있는 **청구권**이다. 다시 말해 은행가는 요구불 **청구권**을 생성하거나 발행해 미래에 지불될 수 있는 **청구권**을 구입한다.[45]

매클라우드에 의하면, 이로부터 다음이 도출된다. 은행가는 "대부하려는 사람과 융자받으려는 사람 사이의 매개가 아니다. 실제로 은행가는 다른 **부채**를 생성해 **화폐**와 **부채**를 구입하는 것을 업으로 삼는 거래자다."

결과적으로 은행가의 이윤은 빌리는 돈에 지불하는 이자와 빌려주는 **돈**에 부과하는 이자 사이의 **차이**에서 나오는 것이 아니다. 실제로는 은행가의 이윤이 오로지 지불준비금으로 보유하는 정화를 넘어서 신용을 창출하고 발행함으로써 획득할 수 있는 이윤에서 나온다. 단지 **화폐**와 교환하기 위해 **신용**을 발행하는 은행은 결코 이윤을 획득하지 못했고, 이윤을 획득할 가능성도 없다. 미래 시점에 지불 가능한 **부채**와 교환하기 위해 **신용**을 창출하고 발행할 때 비로소 이윤을 얻게 된다. (……) **은행**과 **은행가**의 본질적인 특징은 **요구**에 응해 **지불되는** 신용을 **창출**하고 **발행**하는 것이다. 그리고 이 신용은 유통되어 화폐의 모든

∴

45) *Ibid.*, I, 325.

목적에 봉사하도록 고안된다. 그러므로 은행은 화폐를 빌리고 빌려주기 위한 사무실이 아니라 **신용을 만드는 제조장**이다.[46]

c. 상품가격과 단기적인 가격

미래 부채상환액의 이런 할인된 가치는 부채에 지불하는 가격이지만, 할인 자체는 돈을 사용한 대가로 은행가에게 지불하는 단기적인 가격이다. 은행가는 화폐로 봉사할 "만기가 지난 부채"인 자신의 요구불 부채 또는 예금을 "아무것도 없는 데서 만들어낸다." 그는 자신의 만기가 지난 부채를 사용하는 데 대해 단기 가격을 부과해, 이것으로 고객의 단기-부채를 구입한다. 이 단기-부채는 만기가 다가오면서 이 할인이 감소해 나중에 그 가치가 늘어난다. 이 가치의 증가가 매클라우드가 말하는 "이윤"이다.

그가 말하기를, "상인은 한 사람으로부터 싼 가격에 재화를 구입해 다른 사람에게 비싸게 팔아 이윤을 얻는다. 이같이 은행가는 한 사람, 즉 그의 고객으로부터 싼 가격에 상업부채를 사서 다른 사람, 즉 그의 인수자 또는 채무자에게 비싸게 판다. 그래서 은행가가 구입하는 **부채**는 구입한 시점으로부터 상환될 때까지 날마다 그 **가치**가 늘어나게 된다. 따라서 그것은 **이윤**을 낳는다. 또한 그것은 상인의 가게에 있는 통상적인 재화와 마찬가지 방식과 이유로 **유동자본**이다.[47]

••

46) *Ibid.*, I, 326, 357, 재구성함.
47) *Ibid.*, I, 358, 359.

물론 여기서 부채가 만기일에 접근하면서 발생하는 가치의 증가를 시장에서 싸게 사서 비싸게 팔아 얻는 가치의 증가로부터 구분하지 못하고 있다. 후자는 두 번의 거래로부터 얻는 이윤이고 전자는 **한 번**의 거래에서 발생하는 할인이다. **두 번** 거래하는 경우 가격이라는 용어는 **구입** 비용과 **판매** 비용을 의미한다. **한 번** 거래하는 경우 가격이라는 용어는 동일한 거래의 시작과 끝 사이의 할인율을 의미한다. 대비를 드러내기 위해 이 할인을 우리는 "단기 가격"이라고 부른다.

부채의 유통가능성으로 매클라우드가 이윤과 할인을 혼동할 가능성이 생겼다. 부채를 은행의 고객인 채권자로부터 구입해 만기일에 고객의 채무자인 인수자에게 판매하는 것처럼 보인다. 아마도 은행가가 두 개의 거래를 매개하는 듯 보이지만, 실제로는 하나의 거래밖에 없다.

이 오류는 신용이 **현재** 생기지만 부채는 만기가 되어 지불할 미래 시점에 이를 때까지 생기지 않는다는, 앞서 언급한 오류에서 빚어지고 있다. 두 가지 모두 동시에 생기며, 은행가가 구입하는 것은 채무자가 지불할 미래의 **의무**이다. 은행가는 이번에 다시 지불할 채무자와 협상하지 않는다. 그는 단지 자신의 권리를 집행할 뿐이다.

이 상황으로 인해 우리는 "거래의 종결"을 "협상(negotiations)의 종결"과 구분함으로써 교섭(bargaining) 거래라는 우리의 개념을 더 명확하게 만들어야 한다. 교섭은 거래로 소유권이 이전되는 시점에 종결된다. 그러나 거래 자체는 미래에 이행과 지불이 완결될 때까지 종결되지 않는다.

현금거래에서는 협상과 거래가 함께 종결된다. 상품 측면에서는 상품에 대한 권리가 이전될 뿐만 아니라 상품이 인도된다. 화폐 측면에서는 협상을 종결지어 권리가 이전될 뿐만 아니라 화폐도 지불된다.

따라서 거래가 생성하는 이행 의무와 지불 의무라는 두 가지 부채가 생겨난다. 만약 두 가지가 즉각 이행되면, 거래와 협상이 모두 종결된다. 그러나 이 두 가지 **의무**가 미래에 이행될 때까지 거래는 **종결**되지 않는다. 만약 시간의 경과가 개입되면 두 가지 중 마지막 것이 이행될 때까지 거래는 종결되지 않는다. 만약 이것이 지불 의무라면, 거래는 채무자가 지불할 때까지 종결되지 않는다. 만약 이것이 이행 의무라면, 거래는 서비스가 이행되거나 물건이 인도되고 수락될 때까지 종결되지 않는다.

그러므로 토지나 부채상환노동의 장기적인 부채의 경우에는 거래가 몇 해 동안 펼쳐질 수 있으나, 화폐시장의 단기적인 부채의 경우에는 며칠 정도 지속된다. 따라서 거래는 진정으로 창조적인 과정이다. 그것은 상품이 아니라 경제적 수량과 경제적 지위를 창출한다. 그리고 거래가 이행과 지불의 의무로부터 해방되어 거래가 종결될 때까지 이 지위는 부채에서 자유로 변하지 않는다.

따라서 부채가 채무자의 현금과 교환되어 채무자에게 판매되는 매클라우드의 외견상 두 번째 협상은 협상이 아니다. 그것은 부채를 해소함으로써 거래를 종결짓는 법적인 의무의 이행이다. 은행가는 단지 만기가 된 것을 "수거할" 뿐이며, 채무자의 부채에 대한 소유권을 채무자에게 되돌려줌으로써 완전히 상환되었다는 증거를 제시한다.

거래의 시작과 끝 사이의 이런 **간격**에 주목하지 못해 매클라우드는 이윤과 할인을 동일시하게 되었다. 할인은 **하나**의 거래가 시작되고 끝나는 사이에 예상되는 **기다림**의 서비스에 부과되는 "단기적인 가격"이다. 그러나 이윤(이나 손실)은 하나의 가격에 사서 다른 가격에 파는 **두 거래** 사이의 **차익**이다.

그렇지만 이윤(또는 손실)은 **상품을 사고 파는** 두 거래에서뿐만 아니라 **부채를 사고 파는** 두 거래에서도 발생할 수 있다. 고객의 어음을 6%에 소매로 할인하고 다시 도매로 4%에 재할인하는 상업은행은 이윤을 얻는다. 여기에는 실제로 소매시장과 도매시장이라는 **두 개의** 시장, 그리고 이로 인해 **두 개의** 협상이 존재한다. 은행가는 도매시장에서 4%에 구입한 것을 소매시장에서 6%에 판매한다.[48]

매클라우드는 상품경제학자들이 아직 이윤으로부터 이자를 구분하지 못했던 시기에 글을 쓰고 있었다. 이 구분이 "시간의 흐름"이 지닌 두 가지 의미에 숨겨져 있다는 것을 우리는 주목한 바 있다. 이윤은 구매와 판매가 일어나는 시간 흐름의 서로 다른 점들 사이에서 발생한다. 그러나 이자는 보상받지 않은 기다림이 발생하는 시간의 간격 또는 "시간의 경과" 속에서 획득하는 것이다.

물론 매클라우드도 이자와 할인에 대한 통상적인 구분은 수행했다. 이것들은 동일하지만, 증가하는 이자를 감소하는 할인으로 계산하는 두 시기에 있어 차이가 있다. 연말까지 전체 수량과 기다림을 미리 빌려주면, "이윤"은 이자가 된다. 선대하는 시점에 이윤을 붙들어두면, "이윤"은 할인이 된다.[49]

그런데 수학적으로는 할인과 이자가 동일한 이자율을 계산하는 두 가지 방법이라는 것이 사실이지만, 매클라우드 자신이 주목했던 바와 같이, 할인과 재할인의 관행에서 발생하는 한 가지 차이가 있다. 돈을 사용하는 데 대해 은행가에게 지불할 가격을 미리 지불한다면, 즉 이자를 미리 공제한다면, 이것은 매클라우드가 생각한 상품에 대한 가격에 보다 근접한다. 은행가는 **자신의** 신용을 사용한 데 대해 하나의 가격을 부과하

••

48) 이후 시즈위크에 이를 때까지 이 구분은 없었다. 본서 780쪽.
49) MacLeod, H. D., *The Theory and Practice of Banking*, I, 372.

고, 재할인하는 은행에게는 **그것의** 신용을 사용하는데 이보다 낮은 가격을 지불한다.

엄격하게 말하면 이것은 "가격"이 아니라 미래의 일정 기간에 연장된 **비율**이다. 화폐의 사용에 대해 예상되는 미래의 증분 또는 "지대" 또는 이자가 변형되어 할인의 수량인 현재의 "자본화된" 가격이 된다. 우리는 상품가격을 단기가격으로부터 구분해 매클라우드의 구분을 유지할 수 있다. 상품가격은 상품이나 증권에 지불하는 교환가격이다. 단기가격 또는 할인은 화폐의 사용을 위해 이자를 공제함으로써 미리 지불하는 가격이다.

매클라우드가 말했듯이 이들은 반대 방향으로 변동하고, 더 넓은 용례를 지니고 있다. 예를 들어 채권의 가격은 채권을 구입하는 화폐에 대한 이자와 반대로 움직이지만, 채권의 수익률은 그 시장에서 화폐의 장기적인 가격과 같은 방향으로 움직인다. 화폐의 단기가격도 이와 같다. 단기적인 상업어음의 가격은 할인율과 반대로 움직이지만, 할인율은 은행이 그것을 구입하는 화폐의 사용에 대해 부과하는 단기적인 가격이다.

따라서 부채 또는 증권의 가격은 상품의 가격과 같다. 이것은 부채와 교환할 때 지불하는 화폐이다. 그러나 할인은 그가 구입하는 화폐나 신용의 **사용**에 부과되는 가격이다. 이 둘은 반대 방향으로 움직인다. 이런 단기가격의 의미가 매클라우드로 하여금 금의 유출입을 관리하는 데서 영란은행이 할인율을 적절히 활용하는 것을 발견할 수 있게 해주었다.

d. 영란은행

앤겔(James W. Angell)이 말하기를, "매클라우드는 할인율이 환율의 주요 결정 요인 중 하나라는 것과 환율을 교정하는 방식으로 이것을 조정할 수 있다는 것을 알았던 최초의 저술가이다. 이런 관찰에 대한 공적은 흔히 6년 동안 자신의 연구를 발표하지 않은 고쉔에게 있다."[50]

고쉔(George Joachim Goschen, 1831~1907)은 영란은행이 매클라우드의 이론을 실행한 후에 저술했고, "어떤 새로운 것을 하기 위해 의식적으로 노력을 기울이지 않았다." 그러나 정화의 유출이 발생하는 주요 원인은 세 가지로, "일국의 채무상태, 지폐의 가치 하락, 금괴를 수송하는 비용을 지불할 수준을 넘는 두 국가 사이의 **할인율 차이**"라고 매클라우드는 말했다. 또한 매클라우드는 은행의 준비금과 할인율의 변동이라는 관점에서 화폐와 물가의 단기적인 관계를 해석하는 데 "상당히 근접했다." 이에 대해 나중인 1883년에 시즈위크는 "완전하고 모호함이 없는 형태"를 부여했고, 1888년에 마셜은 이것을 더 완벽하게 만들었다.[51]

매클라우드는 할인율을 조정해 정화의 유출과 국내 물가수준 모두를 규제하는 자신의 이론을 "부채의 생성"에 관한 자신의 이론과 사적인 이윤이 아니라 영란은행의 공적인 목적을 통해 처리했다. 부채의 "생성"을 통해 사적인 이윤을 얻을 수 있지만, 사적인 이윤이 금의 유출을 초래했을 때 이에 대응하는 것이 영란은행의 공적인 의무였다.

우선 매클라우드는 은행권을 은행예치금과 다르게 보는 개념들의 혼란을 청소해야 했다. 영란은행을 은행권 발행부서와 은행예치금을 처리하는 금융부서로 분리한 1844년의 은행법에 이 혼란이 깔려 있었다. 이 법에 의하면, 발권부서에서는 동일한 수량의 금을 고객이 예치하지 않는

··
50) Angell, James W., *Theory of International Prices*(1926), 138.
51) *Ibid.*, 117, 118, 138. 빅셀(1898)에 이르러 비로소 할인과 물가 사이의 이 관계가 완전히 설명되었다. 본서 1003쪽, 빅셀.

한 (기본법령이 허용한 원래의 수량을 넘어서) 은행권을 발행할 수 없었다. 이 법에서 은행권을 공적인 중요성을 지닌 문제로 간주하게 되었지만, 은행예치금은 은행과 고객 사이의 순전히 사적인 일, 심지어 은밀한 일로서 정부가 간섭하지 말아야 할 것으로 간주했다.

그러나 매클라우드는 은행권과 은행예금이 모두 법적으로나 경제적으로 정확히 동일한 성격을 지닌다고 주장했다. 법적으로 이들은 각기 화폐로 봉사하도록 영란은행이 창출한 요구불 부채이다. 요구하면 모두 금을 지불해야 하는 부채의 "제조"이므로, 은행권만큼이나 은행예금도 화폐의 "발행"이다. 그리고 이들은 모두 수출하기 위해 금을 인출한다는 동일한 목적에 기여하므로 경제적으로 이들의 효과는 정확히 동일하다.

매클라우드가 말하기를, 예금은 "단지 수없이 많은 위장된 은행권이다. 이것은 상대적으로 적은 금을 기반으로 형성된 **신용**의 엄청난 상부구조에 불과하다. 이것들은 정확히 **은행권의 발생**과 같다. (……) 이 외견상의 **예금**들은 얼마의 현금이 아니라 다른 편에 **자산**으로 나타나는 **현금**과 **어음**을 구입한 **가격**으로 은행이 창출한 **신용** 또는 **청구권**에 불과하다. 은행예금의 급격한 증가는, 은행권의 급격한 증가와 비슷하게, 사실상 신용의 팽창 이상의 것이 아니다. (……) 따라서 **예금**의 이런 감소는 **현금 예치**의 감소가 아니라 신용의 위축이다."[52]

1844년의 은행법이 낳은 결과는 매클라우드가 예측한 대로 나타났다. 이 법에 의하면, 만약 금을 수출하기 위해 발권부서로부터 인출하면, 영란은행은 인출된 수량만큼 은행권을 줄이게 되어 있다. 이론에 따르면,

..

52) MacLeod, H. D., *The Theory and Practice of Banking*, I. 329-330

이런 은행권의 축소가 국내 상품의 가격을 낮추어, 금보다 상품을 수출하는 것이 더 이익이 되도록 만들고, 이것이 금의 유출을 중지시킨다는 것이다.[53] 그러나, 보라, 은행법은 금융부서에 "부족"을 남긴다. 수출을 위한 금은 단지 수표를 제시하고 금을 요구함으로써 금융부서로부터 인출될 수 있다. 그리고 금이 영국을 떠난 후에도 은행권은 줄어들지 않을 것이다.[54] "실제로 그 배에는 두 개의 유출구가 있다"라고 그는 말했다. 이 법의 입안자들이 볼 수 있었던 것은 단지 하나의 유출구였고, 단지 이에 대비했으므로 자신들이 잊고 있었던 또 다른 유출구로 인해 배가 빠르게 가라앉고 있는 것을 보고 이들은 완전히 놀랐다."[55] 발권부로부터 금융부로 인출되고 있는 금 이상으로 은행권을 발행하도록 허용해, 기업가들과 다른 은행가들을 "완전한 파괴"로부터 구출하기 위해 1847년의 위기 속에서 은행법을 "정지"시켜야 했다.[56]

매클라우드에 의하면, 어려움은 "재화의 판매에서 발생하는 잔고를 지불할 때만 금을 보내므로, 이런 지불이 이루어진 후에는 이것이 스스로 멈춘다는 지배적인 이론에 있었다. 그러나 이것은 심각한 망상이었다."

> "(……) 런던에서 **할인율**이 3%이고 파리에서는 6%라면, 이것은 단순히 금을 런던에서 3%에 사서 파리에서 6%에 팔 수 있음을 의미한다. 그런데 한 지역에서 다른 지역으로 금을 보내는 비용은 0.5%를 넘지 않으므로, 이 운용을 통해 2.25%나 2.5%를 얻을 수 있다. (……) 이처럼 **할인율**이 크게 차이 나는 경우

53) *Ibid.*, I, 412.
54) *Ibid.*, II, 342-343.
55) *Ibid.*, I, 418.
56) *Ibid.*, II, 343.

(……) 명백하게 런던에서 현금을 받고 팔 목적으로 런던에 있는 사람들은 상응하는 파리의 어음을 만들고, 이것을 파리로 보낸 후 다시 파리에서 6%에 팔 수 있다. **할인율**의 차이가 유지되는 한 이 유출이 멈추지 않으리라는 것은 상당히 명백하다. 더구나 파리의 상인들은 런던에서 할인될 어음을 즉시 보내고, 당연히 자신들에게 현금이 송금되게 한다. (……) 이런 유출을 정지시키는 유일한 방법은 이 두 곳의 **할인율**을 같게 만드는 것이다."[57]

그리고 그는 그 시대 이후 채택된 이 일반원리를 제시했다. "두 곳의 할인율의 차이가 한 곳에서 다른 곳으로 금을 운송하는 비용을 지불하고도 남을 정도로 충분하면, 금은 할인율이 낮은 곳으로부터 높은 곳으로 흘러갈 것이다."[58]

그러나 이 원리에 대해 말하기를, "상업 분야에 종사하는 사람들에게 이것이 어떻게 알려져 있든, 우리가 확인했듯이, 그것은 아직 어떤 상업책에도 들어가 있지 않다.[59] 그리고 이것이 통화논쟁에서 국가의 부채상환이나 **지폐의 상태**와 무관하게 외환 **역조**의 원인으로 대중 앞에 두드러지게 제기되지 않았다는 것도 확실하다."[60]

그렇다면 **할인율**을 금이 일국에서 나가는 경우 어떻게 높이고, 일국

:

57) *Ibid.*, II, 344.
58) *Ibid.*, II, 170.
59) "상업분야 종사자"의 이전 지식에 대해서는 Magee, James D., "the Correctives of the Exchanges", *Amer. Econ. Rev.*, XXII(1932), 429-434.
60) MacLeod, H. D., *op. cit.*, II, 344.

으로 들어오는 경우 어떻게 낮출 것인가? 제각기 자신의 이익을 위해 고객들과 사적인 계약을 맺는 은행가들 사이의 사적인 경쟁에 이것을 맡겨 둘 것인가? 영란은행의 이사진은 할인율이 자신들과 사업가나 은행가로서 영란은행에 준비금을 가지고 있는 고객 사이의 사적인 일이라고 주장한다. 이들은 각기 자신의 이윤을 찾는 것을 자신의 이익으로 추구한다. 그러나 매클라우드는 경쟁이 은행가의 숫자를 "이례적으로 늘려" 금의 수출을 막기 위해 할인율이 높아야 하는 상황에서 낮은 할인율로 이어질 수 있음을 보여주었다.[61] 이에 더해 "상인의 이익은 언제나 되도록 낮은 할인율로 어음을 수용하는 데 있다."[62] 기존 관습에 따라 영란은행이 영국은행들이 보유한 금의 보관소가 되어서, 금이 외국으로 유출되는 시기에 영란은행의 할인정책이 다른 은행들의 정책을 통제함에 틀림없다. 그가 말하기를, 그래서 국가의 금보유고를 그대로 보유하려면, 위기에 **앞서서** 영란은행의 이사들은 자신들의 직접적인 이익에 반할 뿐만 아니라 기업가 전반과 다른 은행들의 이익에 반하는 방향으로 행동해야 한다. 영란은행의 사적인 이익이 그것의 공적인 의무에 복속되어야 한다. 매클라우드가 말하기를, "이웃 국가들의 **할인율**을 지속적으로 주시하면서 영국으로부터 금을 수출하는 것이 이익이 되지 않도록 방비하기 위해 이것의 변동을 추적하는 것이 영란은행이 지닌 최상의 의무이다."[63]

이어진 1857년의 불황에서 영란은행의 이사들은 매클라우드가 이전에 말한 공적인 의무의 원리에 따라 처음으로 행동해, 할인율을 조기에 선

61) *Ibid.*, II, 366.
62) *Ibid.*, II, 139.
63) *Ibid.*, I, 418.

제함으로써 금의 유출을 저지했다. 그 이후에 존 스튜어트 밀이 말한 바에 의하면, 1847년 이전의 영란은행은 그들이 은행으로서 자신의 이익 이외에 어떤 것도 고려할 필요가 없다는 원리에 따라 움직였고, 1844년의 법에서 입안자인 로버트 필(Robert Peel) 경이, "그들이 자신들의 예금을 관리하는 데서 단순히 은행가로서 한 일은 전혀 공적인 관심사가 아니라 오직 그들 자신의 관심사라고" 영란은행에 확언했지만, 1847년 이후에 이들은 다음과 같은 것을 알게 되었다.

"영란은행과 같은 기관은 자신의 개별적인 거래가 상업세계에 전반적으로 영향을 미칠 수 없으므로, 오로지 자신의 입장만 고려하면 된다고 자유롭게 생각하는 다른 은행가와는 동일하지 않다. 영란은행의 거래는 국가 전체의 거래에 필연적으로 영향을 미치므로, 은행이 위기를 막거나 약화시키기 위해 할 수 있는 모든 일을 그들은 행해야 한다. 이것이 영란은행의 의무이고 영란은행이 이전보다 1847년 이후에는 이것을 훨씬 더 잘 알고 있으므로, 그들도 자신들의 이익 이외에 다른 것을 전혀 고려할 필요가 없다는 종전의 원리에 따라 움직이지 않았다."[64]

따라서 영란은행은 자본주의하에서 법을 제정하지 않고 대중에 대한 책임을 처음으로 인정한 사적인 사업가들의 위대한 집단행동이었다. 그들이 그들 방식대로 그들의 이익을 추구하도록 명시적으로 내버려 둔다

∴

64) Beckhart, B. H., *The Discount Policy of Federal Reserve System*(1924), 29에 인용. 이 책은 영국에서 할인율 논의에 대한 훌륭한 역사적 서술과 1797년에서부터 1850년까지의 경험에서 나온 할인정책의 공식을 제공하고 있다.

는 정부의 조치와 완전히 별개로, 이 책임이 국가의 복지가 **발권과 할인의 부서로서 중앙은행**의 집단행동이라는 사실 자체에 의존한다는 것에서 발생하는 것이었다. 영란은행의 관리들이 매클라우드와 같은 경제학자의 이론을 받아들일 의사가 생기기 전까지, 진정으로 이것은 여론의 강한 압력을 필요로 했다. 그러나 매클라우드는 금융에 관한 자신의 책의 나중 판본에서, "1844년의 법을 통과시켜야 했다는 것은 영란은행의 이사들을 깊이 불신한 것이었다. 이것은 그들이 자신의 일을 제대로 관리할 수 없다는 선언이었다. 그러나 이제 이들이 완벽하게 할 수 있음을 보여주었으니, 그것이 더 이상 필요하지 않다."[65]

금의 유출입을 교정하면서 물가를 안정시키기 위한 중앙은행의 추가적인 의무는 1898년 빅셀의 시도가 있을 때까지 제시되지 않았다.[66]

(10) 심리경제학에서 제도경제학으로

거래의 공식을 심리학 용어로 명기할 수 있다는 것은 중요한 사실이다. 생산자가 1,000단위의 철을 단위당 20단위의 한계효용 또는 2만 단위에서 200단위의 미래성 할인 또는 **수수료**를 공제한 현재가치 1만 9,800단위의 총효용이나 총가치에 판매한다. 이것을 제도경제학으로 이전시키기 위해 필요한 것은 재산권의 도입뿐이다. 이것은 법적인 측정의 단위, 부채의 생성, 융통, 해제, 인도와 지불의 두 가지 의무에 대한 국가 또는

65) MacLeod, H. D. *The Theory and Practice of Banking*(4판), II, 367. 연방준비은행법에서 인준한 것과 같이, 더 많은 탄력성과 재량적인 힘을 제공하려는 은행법에 대한 영국의 최근 제안들도 참조할 것.
66) 본서 995쪽, 세계지불사회.

무역이사회 또는 상무성 등 기타 사법적인 의사결정이나 상업적인 중재를 위한 조직을 수립하는 이와 비슷한 단체를 도입하는 것이다. 그러면 거래의 공식은 철이라는 1,000톤의 사용-가치, 톤당 20달러의 한계효용 또는 가격, 2만 달러의 총 미래효용이나 총 미래가치, 200달러의 미래성 할인, 1만 9,800달러의 총 현재효용 또는 총 현재가치를 읽어낼 것이다.

제번스부터 페터까지의 심리경제학자들을 연구해보면, 이들이 자신들의 심리학을 점차 이런 궁극적인 정체성으로 거의 발전시켜서, 이제 스스로를 심리경제학자뿐만 아니라 제도경제학자로 부를 만하다는 것을 알 수 있다. 페터는 자신의『독점의 가장 무도회(*Masquerade of Monopoly*)』에서 심리경제학으로부터 제도경제학으로 이행했다.

미래성에 대한 할인은 학자에 따라 달리 나타난다. 뵘바베르크의 "수수료"는 미래 생산물을 늘리기 위해 미래의 더 많은 **노동**을 **추가**한다. 그러나 페터의 할인은 현재의 노동을 줄여 미래 산출이 늘지 않게 유지함으로써 **공제**된다. 뵘바베르크는 전자가 "우회 과정을 늘린다고" 기술했다. 그래서 비록 그가 주로 수수료를 다루었지만, 현재와 미래의 동일한 관계를 "우회과정"을 **줄여서** 달성한다는 결과가 나온다. 현대의 발명이 우회 과정을 줄여 더 효율적인 기계를 생산하는 데 요구되는 노동량을 줄이는 추세를 보이기 때문에, 그의 "우회 과정 증가"는 때때로 오해의 소지를 안고 있다. 그러나 우리는 이런 사실을 그가 무시한다는 점에 부합되는 추론을 끌어낸다. 적은 노동비용이 들면서 높은 효율을 지닌 새로운 기계가 동일한 노동비용으로 동일한 효율을 보이는 오랜 기계를 대체하지 **않기만** 하면, 뵘바베르크가 의도한 우회 과정에 관한 우리의 추론은 올바르다.

의심할 여지 없이 이런 심리적 평가는, 예를 들어 **팔기 위해서가 아니라**

자신과 가족을 위해 미래의 사용-가치를 생산하는 데 자신의 노동을 투입하는 농부의 경우에 발생한다. 이것은 로빈슨 크루소와 아무것도 팔기 위해 생산하지 않는 소비경제학의 영역에도 적용된다. "효용체감"이라는 경제학자의 원리에 대한 경험을 통해, 농부는 너무 많이 생산하면 집에서 사용할 생산물의 가치가 너무 많이 하락하리라는 것을 알고 있다. 그는 집에서 필요한 만큼 생산할 정도로 충분히 일하지 않는 경우 발생할 가족의 미래 필요에 대한 희생뿐만 아니라 **현재**에 너무 많이 일해 결과적으로 미래에 집에서 사용할 수 있는 것보다 더 많이 생산하는 쓸데없는 희생도 알고 있다.

그래서 뵘바베르크가 완성한 이 심리적 경제학은 보편적이다. 그것은 인간의 근원적인 본성에 존재한다. 분명히 판매를 위해 생산이 계획되지 않는 모든 경제학에서 이것이 자리를 차지하고 있다. 따라서 이것은 보편적이지만 기업 세계에는 맞지 않는다. 이것은 노동, 재료, 기대만을 다루고 있어, 사유재산, 그것들의 미래 생산물에 대한 소유와 관련된 권리와 의무, 그리고 물적인 물체의 **소유권**을 이전시키면서 동시에 소유권이 이전되는 유통이 가능한 부채를 생성하는 거래를 결단코 거부한다.

소유권을 무시하는 기본적인 이유는 갈등에서 발생하는 교섭과 거래의 사회적 심리가 아니라 어떤 이익의 사회적 갈등도 없는 **개인적인** 심리에서 출발한다는 데 있다. 사회적 심리는 집행이 가능한 권리와 의무를 요건으로 삼는다. 또한 그것은 모든 참여자가 미래에 무엇을 기대할 수 있을지 알 수 있어야 하고, 결정하는 기관이 수량적인 판정을 내릴 수 있도록 객관적인 측정의 단위도 필요로 한다.

종종 대중적인 언어나 경제 언어에서 그렇게 되듯이, 어떤 수량의 측**정치**가 측정되는 **수량**을 대신한다. 우리는 무게 또는 온도계에서 덥거나 추운 정도를 말하지만, 이것들은 우리가 있는 데서 수량적으로 작동하는 보이지 않는 물리적 힘들의 측정치이다. 경제적 수량도 이와 같다. 이것은 물리적 사물의 수량이 아니라 **힘**의 수량이다. 이것은 보이지 않는 미래에 작동하리라고 기대되는 보이지 않는 강한 사회적 힘이다. 그런데 현재의 거래에서 개인들이 이것을 측정한 것이 화폐가치이다. 그러므로 비록 "경제적 수량"이라는 매클라우드의 개념이 초월적이거나 가상적으로 보일지 모르지만, 그것은 현재의 거래에서 화폐적인 측정치로 자신을 드러내는 보이지 않는 미래의 보이지 않는 사회의 압력이기 때문에 사실은 그렇지 않다.

화폐에 의한 이 측정체계가 도입되면, 경제적인 수량은 현대적 의미의 자본이 된다. 화폐 **가치**는 보이지 않는 경제적 수량인 자본의 측정치이다. 그러면 "화폐"시장과 "자본"시장, "현물"과 "선물" 등의 구분이 가능하다. 여기서 은행의 현재 현금이나 예금이 "화폐"시장을 이루고, 아직 때가 이르지 않았거나 판매가 실현되지 않은 채권과 주식이 자본시장을 이룬다.

현대의 자본인 이런 경제적인 수량들에 대한 소유권이 거래를 통해 이전된다. 전 세계의 모든 지역으로 이들을 수송하는 것은, 전보, 유선통신, 무선통신, 전화 또는 우편을 통해 은행가나 상인의 장부에서 실행되거나 상쇄된 신용과 부채이다. 뉴욕의 연방준비은행은 뉴욕의 화폐시장에서 들어오고 나가는 "현금"을 시간별로 기록해놓는다. 그러나 이것은 화폐시장의 신용과 부채에 대한 기록에 불과하다. 최근에 들어서야 연방준비은행이 **물리적으로는** 은행에 있지만 외국이 소유해 미국에 있지 **않은** "별도로 배정된" 금이라는 항목을 공표하고 있다. 소유는 경제적 수량이지 물체가 아니다.

화폐로 측정되는 경제적 수량이라는 자본의 현대적 의미는 매우 강력하면서 매우 예민하다. 자본은 오직 법적인 기반을 가지고 있을 뿐이므로, 이 근거가 혁명적으로 변하면 완전히 사라질 수 있다. 자본의 수량은 세상 경제의 모든 변화나 변화에 대한 모든 두려움을 반영한다. 그러나 이 경제적 수량은 정부보다 더 강력하다. 그것이 노동을 일하게 하거나 일하지 못하게 한다. 이것이 부채와 조세를 지불하고, 이것이 전쟁을 일으킨다.

그러나 미래에 존재하는 경제적 수량으로서 자본은 매우 민감하다. 앞서 예시한 200달러에 대한 시간-할인이 불확실성에 대한 위험 할인으로 늘어날 수 있다. 만약 이 위험 할인이 100%로 오르면, 자본의 현재가치는 완전히 사라지고 이런 정도의 위험이 발생하기 훨씬 전에 산업은 정지된다. 그러나 번영의 시기에는 이 위험할인이 적어서, 판매가격을 인상하거나 이자율이나 할인을 높이는 두 가지 방법으로 이것을 상쇄시킬 수 있다.

만약 가격을 올려 위험을 구매자에게 전가할 수 없으면, 판매자가 더 높은 할인율을 받아들여 흡수할 수 있다. 만약 아무런 위험도 없으면, 이자율은 3%나 그 아래로 하락할 수 있다. 앞선 예에서처럼 3%이면, 현재가치는 1만 9,880달러가 아니라 1만 9,900달러가 된다. 우리는 통상적인 위험할인이 우리의 예에서 6%에 흡수된다고 가정할 수 있다. 따라서 철강의 현재가치는 이자와 위험할인을 모두 포함해 앞서와 같은 1만 9,800달러다.

여기서 "교환"의 오랜 의미에서 파생되는 한 가지 모호함에 주목할 필요가 있다. 고전이론은 모든 당사자가 교환을 통해 이익을 얻는다고 가정한다. 각자가 자신에게 가치가 적은 것을 상대방에게 넘겨주고, 상대방으로부터 자신에게 더 가치 있는 것을 받는다. 개인의 입장에서 보면, 이것은 의심할 여지가 없는 진실이다. 그는 자신에게 펼쳐진 현재의 대안 중에서 언제나 더 나은 것이나 "덜 나쁜 것"을 선택한다. 다른 대안을 거부하거나 회피하는 것이 얼마나 부담스럽든, 그는 이익을 **언제나 얻는다.** 그러나 이는 개인적인 심리를 객관적인 경제적 수량과 혼동하는 것이다.[67] 거래 속에서 판매되는 경제적 수량은 구매되는 것과 정확히 같은 수량이고, 진정으로 동일하다. 한 마리의 말 또는 말 한 마리가 제공하리라고 예상되는 서비스와 같은 경제적 수량에 대한 소유권이 가령 100달러의 현금이나 은행예금에 대한 소유권과 교환되어 이전된다. 일방이 화폐보다 말을 더 크게 **평가한다**든지, 타방이 말보다 화폐를 더 크게 **평가한다**는 것은 주관적이거나 개인적인 문제이다. 관련된 개인들이 달리 평가하더라도, 이것이 특정한 경제적 수량이 이전되는 거래에서 발생하는 객관적으로 측정이 가능한 일이 아니다.

채권과 채무의 등가성도 이와 같다. 채권자와 채무자는 각기 자신의 목적에 따라 주관적으로, 그리고 개인적으로 이들을 크게 다른 수량으로 평가할 수 있다. 그러나 객관적으로 가령 1만 9,800달러라는 신용은 1만 9,800달러라는 부채와 정확히 같은 경제적 수량이다. 이들은 각기 만기에 발생하지만, 특정 시점에서는 동일한 경제적 수량이다.

자유와 (속박으로부터의) **노출** 사이의 등가성에 관해 우리가 말한 것도 마찬가지이다. 노동자가 그만두면, 주관적으로 고용주는 그의 노동자가 얻은 것보다 더 많이 잃었다고 느낄 수 있다. 또는 노동자는 자신의 사직

••

67) 오스트리아학파의 "주관적 교환가치"라는 용어에 이런 혼동이 들어 있다. 본서 543쪽 ff. 기회도 참조.

으로 고용주가 잃은 것보다 자신이 더 많이 얻었다고 생각할 수 있다. 또는 노동자는 일자리에 그대로 머물기보다 그만두어 더 많이 얻는다고 생각하는 데 비해 고용주는 그를 계속 데리고 있기보다 해고함으로써 더 이익을 얻는다고 생각할 수 있다.

그러나 객관적으로, 노동자가 그만두거나 고용주가 노동자를 해고하면, 고용주는 예상되는 노동자의 하루 작업과 같이 예상되는 경제적 수량을 잃는다. 그런데 이것은 정확히 이제 노동자가 획득해 다른 데 처분할 수 있는 경제적 수량이다. 둘 중 한 사람은 다른 사람보다 하루의 노동을 더 잘 사용할 수 있는지를 더 알 수도 있다. 그러나 이것은 개인적인 문제이므로, 그 자체로 쌍방에게 동일한 경제적 수량을 객관적으로 변화시키지 않는다. 보통의 노동자는 마음대로 그만둘 수 있기 때문에 위험이 이 "경제적 수량"을 줄인다. 그러나 "계약직 노동"의 경우나 배우 및 야구선수 등 전문직 계약의 경우에는 이런 위험할인이 크게 감소된다.

또는 "평판에 따른 영업권"이니 상표의 의미를 들어보자. 이것은 우리가 현대 자본주의의 가장 큰 자산 중 하나인 무형 재산으로 구분한 자유 및 노출의 또 다른 관계이다. 비록 영업권의 미래 수입이 아주 추정적이지만, 거래에 있어 현재의 경제적 수량으로서 소유권은 예상되는 매상, 가격, 이자, 높은 정도의 위험과 이에 따른 높은 위험할인율이 개입된 금전적인 평가에 따라 이전될 수 있다. 이것을 한 당사자가 다른 당사자보다 높게 평가할 수 있지만, 자산이라는 현대적인 자본의 의미를 지닌 경제적 수량으로는 객관적으로 동일하다.

"지속 활동체"라는 의미조차 비슷한 경제적 수량인데, 이것의 현재가치는 금전적 순수입의 예상치를 측정하는 기업의 주식과 채권의 변화하는 가치일 수 있다.

동일한 경제적 수량의 소유권 이전이 바로 법원이나 중재자가 고려하는 바이다. 개인들이 얻거나 잃으리라고 생각하는 사적인 이익이나 손실, 고통이나 쾌락을 고려하는 것이 아니다. 후자는 가치의 심리학적인 의미에 해당하지만, 우리는 이것들을 단순히 거래로 끝나는 협상심리학의 "논란거리"로 취급한다.[68]

경제학자들은 종종 물리적 재화, 부채, 주식, 채권, 기업의 영업권, 지속 활동체 등의 크게 다른 개념들과 함께 "재화"라는 용어를 사용한다. 이에 비해 우리는 매클라우드를 따라 미래를 위해 사고 팔고 보유하는 여러 다른 차원의 "경제적 수량"이라는 용어를 사용한다. 이 분석은 아마도 "자본재"로부터 "자본"을 구분한 클라크가 의도했던 접근법과 비슷한 것 같다.[69] 그의 "자본"은 "가치의 기금"인 데 비해 그의 "자본재"는 물리적인 물체이다. 여기서 "생산재"와 "소비재"는 편리한 용어여서 명백히 물리적인 물체를 생산하고 소비하는 기술에 국한되기 때문에 이후에 활용될 것이다. 그러나 만약 "재화"라는 용어를 확대해 주식, 채권, 은행예금, 신용, 부채 또는 여타 형태의 유체 재산, 무체 재산, 무형 재산을 포괄하는 경우 (매클라우드가 스미스와 밀에 대해 올바르게 말한 것과 같이)[70] 그것은 생산 및 소비를 신용 및 부채와 혼동하는 것이다. 이 구분을 유지하기 위해 우리는 물적인 재화를 고전 경제학자들의 기술적인 자본이라고 부르지만, 소유가 현대적인 의미의 자본이다. 소유는 클라크의 "가치의 기금"이고, 매클라우드의 "경제적 수량"이고, 기업 재무의 자산과 부채이다.[71]

••

68) 본서 198쪽, 협상심리학.
69) Clark, J. B., *The Distribution of Wealth*(1899).
70) 본서 734쪽.

(11) 부채시장의 분리

a. 화폐와 자본

1883년에[72] 헨리 시즈위크는 경제학자로서는 처음으로 소유와 물체에 대한 매클라우드의 구분을 사용했다. 그렇지만 그는 매클라우드가 동일시했던 부와 자본의 차이를 지적함으로써 매클라우드를 교정했다. 시즈위크에게 부는 노동의 결과인 "사회적 효용"이었으나, 자본은 부의 사적인 소유였다.[73] 부는 부였고, 자본은 자산이었다. 이 구분은 이자의 의미에 의존했다.

시즈위크가 말하기를, "이자는 생산물 중 자본 그 자체의 소유자에게 그의 몫으로 떨어지는 부분이다. '자본'은 소유자에게 새로운 부의 잉여를 낳도록 고용된 부를 의미한다. 개인의 관점에서 보면, 부가 물적인 결과를 낳지 않고 지출된 경우에도, 그것이 소유자에게 이자와 함께 그에 상응하는 것을 되돌려줄 수 있거나, 단지 이자를 영구히 받을 수 있다는 합당한 수준의 기대를 보장하는 방식으로 활용되기만 하면, 이런 자본이 아직 존재한다고 간주해도 합당하다."[74]

그러나 시즈위크는 자본을 주식, 채권, 그리고 토지 가치의 세 가지로 구분한다.

∴

71) 본서 846쪽, 자본과 자본들.
72) Sidgwick, Henry, *The Principles of Political Economy*(1883). 그가 말하기를 근본적으로 중요한 점은 하나도 변경하지 않은 1887년의 2판을 인용했다.
73) *Ibid.*, 83 ff.
74) *Ibid.*, 256.

"(……) 이런 회사의 배당금은 채권소유자에게 매년 지급되는 화폐만큼이나 주주가 소유하고 있는 주식에 대한 이자로 간주해야 한다. (……) 그리고 토지의 수확도 모종의 이자이다.[75]

이 세 가지 종류의 자본은 원래의 투자가 이루어진 후에 크게 요동칠 수 있다. (화폐의 구매력이 안정적이라고 가정하면) 이것은 이자율의 변동에 달려 있다.

"이자율이 3%에서 2%로 하락했는데, 어떤 토지의 지대가 그대로 유지되려면, 다른 조건이 변하지 않는 한, 토지의 가격은 50% 오르게 될 것이다.[76]

주식과 채권이라는 그가 제시한 다른 형태의 자본에 대해서도 명백히 같은 이야기를 할 수 있다. 이자율의 33% 하락은, 다른 것이 그대로 있다면 자본의 크기가 50% 늘어나게 만든다.

그러나 이런 자본의 수량증가는 "사회의 관점에서는" 자본의 증가가 아니다.

이들의 가치증가는 "반드시 자본의 실제 증가는 아니다. 생산수단의 교환가치가 이자율의 하락으로 상승했으므로, 넓게 보면 사회가 보유하고 있는 생활의 필수품과 편의품에 대한 지배력은 늘어나지 않았기 때문이다. 그러나 개인의 관점에서 보면 부의 증가는 어떤 의미에서는 실질적이며, 단순히 명목적이지 않다.

..
75) *Ibid.*, 259.
76) *Ibid.*, 258.

왜냐하면 비록 자본소유자의 실질수입은 이 변화로 증가하지 않았지만, 소비상품에 대한 그의 구매력은 분명히 증가했다. 물론 자본을 지출할 때만 이 힘을 행사할 수 있다."[77]

그렇지만 어떻게 이 자본을 지출해서 소비상품들로 전환할 수 있는가? 그것을 일반적인 구매력을 지닌 은행예금으로 전환하면 된다.

시즈위크는 매클라우드의 유통가능한 부채라는 정의에 부합되지만 상품의 물리적인 유추를 회피하는 화폐에 대한 정의를 수립하려고 더 나아갔다. 그는 정의를 내리려는 모든 시도에 대해 반대를 제기한 제번스를 비판함으로써 "그와 같이 요동치며 불확실한" 용어를 화폐로 정의하는 어려움에 직면해 있었다. 시즈위크가 말하기를, 제번스는 "[화폐나 자본과 같은] 단어 하나의 의미를 정리함으로써 각각에게 나름의 정의를 요건화해, 우리가 모든 복잡한 차이와 여러 사물의 다양한 조건을 피할 수 있다고 생각하는 것"은 "논리적인 오류"라고 말했다. 제번스는 화폐로 불리고 있고 불릴 수 있는 모순적인 물체들을 언급했다. 이들은 각기 "나름대로의 정의를 필요하는 지금, 표준적인 주화, 징표 주화, 태환 및 불환 은행권, 법화 및 비법화, 여러 종류의 수표, 상업어음, 재무성 공채, 주식증서 등"이다. 그러나 시즈위크는 답하기를, "많은 종류의 정의를 내리는 것은 논리적으로 올바르면서 이들의 공통 부류를 정의하는 것은 논리적으로 오류라는" 제번스의 입장은 역설적이다.[78] "'화폐'라는 더 넓은 범위의 개념과 마찬가지로, 세부적인 여러 종류 자체도 명확하게 규정하려고

..

77) *Ibid.*, 259.
78) *Ibid.*, 217.

들면, 같은 부류의 어려움을 맞게 된다."

그리고 나서 시즈위크는 화폐 전반의 일반적인 기능으로 봉사할 "화폐의 본질적이고 기본적인 기능"을 제시한다. 이것은 화폐를 "재화"나 "상품" 또는 "부"와 구분하지만, 서로 다른 종류의 화폐들을 구분하는 차이를 세부적으로 정의하도록 허용하는 기능이다. 이 일반적인 화폐의 기능은 "교환에서 사용되고, 어떤 특정 상품이 아니라 상품들 전반에 대한 지배력을 이전하는 데 목적을 둔 다른 부의 이전에서 사용된다. 화폐가 가치측정이라는 다른 기능을 수행할 자격을 가지고 있는 이유는 바로 화폐가 부를 이전하는 매개체이기 때문이다."[79]

여러 종류의 화폐를 관통하는 기본 기능에 근거해, 시즈위크는 사업가, 은행가 그리고 배지홋(Walter Bagehot)과 같은 탁월한 경제학자까지 어떻게 처음에는 화폐를 금속화폐나 은행권으로 정의했다가, 자신들이 전개하는 대부분의 추론에서는 화폐를 "은행권에도 체현되어 있지 않은 화폐를 요구에 응해 지불하는 은행가의 의무"라고 말하는지를 설명한다. 그 설명은 "평시에는" 현실적인 사람이 "언제라도 자신이 가진 은행가의 부채를 마음대로 금이나 은행권으로[80] 바꿀 수 있고, 자신의 편의를 위해 그것을 물적이시 않은 상태로 놓아둔다는 것을 알고 있다. (……) 따라서 자연스럽게 그는 '은행에 있는 모든 화폐'를 '준비된 현금'이라고 생각하고 말하게 된다. 그러니 배지홋은 영국이 다른 어떤 나라보다 '더 많은 준비된 현금'을 가지고 있다고 생각한다." 영국이 가진 것은 은행의 더 많은 요구불 부채인데 말이다.

∙∙
79) *Ibid.*, 225, 226.
80) 주로 영란은행권.

그래서 위기와 산용붕괴에 관한 한, "은행가의 부채와 이들을 충당하는 수단 사이의 차이는 너무나 쉽게 손에 잡힌다. 그[배지홋]가 '현금'이라고 부른 것이 그에게는 '신용'이라는 반대의 성격을 지닌 것으로 보였다. 그리고 그[배지홋]는 영국의 '수중에 있는 현금'이 '너무 작아서 방관자라도 현금에 근거한 신용의 막대함과 비교해 현금의 작다는 것에 대해 떨게 된다.'"[81]

화폐의 이런 이중적인 의미를 시야에 두고서, 시즈위크는 매클라우드를 따르기로 결심하고, 화폐시장에서 통용되는 용어를 채택해 통상적인 교환의 매개체 "전체"를 화폐라고 지칭한다. 그는 "다른 사람의 자본을 이용하는 허가에 불과한 신용이 실제 자본인 것처럼 신용의 연장에 대해 매클라우드가 이야기하는 것"에 대해 "경멸스럽게" 말한 밀을 비판한다. 시즈위크가 관찰한 바로는, 어떤 의미에서는 금주화도 마찬가지이다.

"(……) 그것의 유일한 기능은 그것의 소유자에게 다른 부를 얻어서 활용하게 '허용'하거나 활용할 수 있게 한다. 단지 이런 의미에서 밀의 진술은 은행가가 은행권의 형태로든, '예치금'이라는 오해의 소지가 있는 명목으로든 자신의 고객에게 빌려주는 신용이나 부채에 적용된다. 의심할 여지 없이 이 신용은 부를 이전하는 데서 상대적으로 쉽게 깨지고 소멸될 수 있는 도구이다. 그렇다고 해서 현대의 산업사회에서 이것이 중요한 목적을 위해 주로 사용되는 도구임을 무시할 이유는 없다."[82]

..

81) Sidgwick, H., *op. cit.*, 223. 본서 708쪽, 부채누적도 참조.
82) *Ibid.*, 224n.-225n.

이에 따라 시즈위크는 매클라우드의 정의에 부합되도록 화폐에 대한 워커(Francis A. Walker)의 정의를 변경한다. 워커는 "사회 전체를 통해 부채의 최종적인 해소와 상품에 대해 마지막으로 지불하기 위해 자유롭게 손에서 손으로 이동하는 것"으로 화폐를 정의했다.[83] 그러나 워커가 화폐에 대한 정의에 은행권을 포함시키면서도 이로부터 제외한 은행 예치금을 화폐에 포함시키기 위해, 시즈위크는 "손에서 손으로"라는 워커의 용어를 "소유자에서 소유자로"라고 읽도록 변경한다.

"은행권과 달리 은행예치금은 '손에서 손으로 움직이지' 않기 때문에, 이 두 구절의 차이가 워커 씨로 하여금 은행의 예치금을 화폐로 인정하고 싶지 않게 만드는 것으로 보인다. 그러나 분명히 중요한 사실은 (법화가 아닌) 은행권으로 지불하는 경우, 수표로 지불할 때와 똑같이 단순히 종이쪽지들이 물리적으로 이동하는 것이 아니라 은행가에 청구권들이 이전된다는 것이다."[84]

워커에 대한 비판은 시즈위크가 상품들이 "손에서 손으로" 물리적으로 전달된다고 보는 물리적 경제학의 "교환"과 "순환"이라는 개념을 버리고, 이것을 "소유자에서 소유자로"라는 매클라우드의 제도적인 이전으로 대체했음을 보여준다.

그에 의하면, "의심할 여지 없이 수표의 수령자는 은행권으로 지불하라고 **요구할** 수 있다. 그러나 이와 비슷하게 은행권의 수령자도 지불을 받아 자신의

83) Walker, Francis A., *Money in Its Relation to Trade and Industry*(1판, 1879).
84) Sidgwick, H., *op. cit.*, 226n.-227n.

계정에 추가되도록 할 수 있다. 전자가 다시 금으로 지불하라고 요청할 수 있지만, 후자도 역시 그럴 수 있다. 어떤 관점에서 보더라도 양자가 본질적으로 구분되지 않는다. 이렇게 말할 때 나는 은행권으로 지불하는 것과 수표로 지불하는 것 사이에 존재하는 중요한 실질적인 차이를 무시하려는 것은 아니다. 은행권과 달리 수표는 유통되지 않는다. 수표의 수령자는 통상 지체없이 그것을 지불해서 어떤 은행가의 부채를 화폐로 받아들이겠다고 동의할지를 선택한다. 이에 비해 은행권의 수령자는 통상 이런 선택을 하지 않는다. 따라서 은행가들의 고객뿐만 아니라 은행가들 자체가 변동하므로, 은행가의 부채가 이전되는 과정이 후자보다 전자에서 더 복잡하다. 그럼에도 불구하고 이전의 핵심은 '부채의 최종적인 해소와 상품에 대해 마지막으로 지불하기 위해' 은행가의 의무가 이전되는 것이다. 따라서 일반적으로 은행권을 포함하면서 은행가의 나머지 부채들을 제외하는 화폐에 대한 정의는 내가 생각하기에 상당히 받아들이기 힘들다."[85]

화폐에 대한 정의를 구축하는 데서 시즈위크의 주요 난관은 "화폐 대용물"을 정의하는 것이었다. 어떤 학자에게나 "화폐 대용물"의 의미는 언제나 그가 의도하는 "화폐"라는 의미의 잔재임에 틀림없다. 만약 화폐가 단지 금화라면, 소유권을 이동시키는 모든 다른 지불수단과 지출수단은 화폐에 대한 대용물이다.

시즈위크는 부채청산과 상품에 대한 완전한 지불에서 여러 종류의 화폐의 "최종적인 성격"이라는 제목하에서 이 어려움을 만나게 된다. 그는 최종적인 성격이 정도의 문제라는 결론을 내렸다. 또한 재무성에 세금이나 여타 부채를 지불할 때 정부에서 명목 가치로 수용하고, 사적인 부채

85) *Ibid.*, 227n.

786

의 상황에서 법화로 인정받는다는 두 가지 법적인 장치를 통해 "가장 높은 정도"의 최종성격은 현대 정부의 내적인 교환수단인 불환권에 속한다고 결론지었다. 이런 종류의 화폐는 금보다 더 "최종적"이다. 만약 금이 법화가 아니고 법화를 위해 지급을 지불하는 계약이 법원에서 집행되도록 고안되어 있지 않다면[86], 금은 법화보다 부채지불에 있어 최종성격이 낮아질 것이다.

시즈위크에 의하면, 법화가 **아닌** 은행권은 불환지폐보다 최종적인 성격이 낮지만, 물체로서 은행예금과 다르지는 않다. 법화보다 최종성격이 낮은 이유는 은행에게 법화로 부채를 청산하도록 요구할 수 있기 때문이다. 그러나 이 부채는 은행가가 자신의 채무와 교환해 금이나 은행권을 받는 반대의 거래로 균형을 맞출 수 있다. 따라서 "평시에 통상적인 부채를 해소하는데 은행가의 채무를 받아들인다."[87]

그러나 우리가 주장하건대, 유통가능성 이외에도 추가적인 성질이 요구된다. 부채가 교환의 매개체가 되려면 그것을 지불이나 구매에서 제시했을 때 어떤 **시간-할인**에도 처해지지 **말아야** 한다. 만약 이렇게 할인되면 그것은 화폐가 아니라 자본이다. 시즈위크는 이 구분을 인식하지 못한 것 같다. 그는 화폐에 대한 정의를 "유통성"에 집중시키지만, 화폐와 자본이 지니는 차이의 근거로 시간-할인의 존재나 부재를 포함시키지 않는다. 그는 말하기를,

• •

86) "계약의 의무를 손상하는 것"에 대한 헌법적인 금지의 범위 안에 들어오게 하기 위해 마련한 현대적인 장치가 부채를 "뉴욕의 현행 환율에 따라, 현행의 법적으로 표준적인 중량과 순도를 지닌 미국합중국의 금화"로 지불해야 한다는 주택담보대출의 합의이다.

87) Sidgwick, H., *op. cit.*, 227.

"(……) 정부나 철도회사의 채권 등을 이동시키는데 지금보다 편리해서 국제 부채를 지불할 때 금의 대용으로 자주 사용되어 널리 수용되는 증권들이 있다. 이 기능을 수행하기 위해 이런 증권들이 사고팔릴 때, 이들이 어느 정도 화폐의 가장 본질적인 특징을 지니고 있음을 부인하면 우리는 언어의 노예가 될 것이다."[88]

우리는 이런 증권이 화폐와 마찬가지로 유통이 가능하다는 것과, 어느 정도의 "최종성격"을 지니고 있다는 것이 진실로서 충분하다는 것을 말해야 한다. 그러나 만기에 다가가면서 시간-할인의 기간이 줄어들어 이것의 가치가 증가하기 때문에 이것을 화폐의 정의에 포함시켜서는 안 된다. 본연의 화폐는 시간-할인에 처해지지 않으며, 바로 이런 이유로 은행예금은 화폐로 정의하는 것이 적절하다. 은행예금은 만기일이 지난 은행가의 부채이므로 화폐로 분류되지만, "증권"은 단기 상업부채든 장기 채권 등이든 아직 만료되지 않은 부채이므로, "자본"이라는 항목으로 분류되어야 한다.[89]

이것은 세 가지 종류의 시장에 부합된다. 만기가 지난 은행 부채의 이전을 포괄하는 "화폐시장", "단기자본시장" 또는 아직 만기가 되지 않았지만 곧 만기가 될 부채소유권의 이전, 그리고 "장기자본시장" 또는 이자가 일 년이나 반년마다 지불되며, 아직 만기가 되지 않았지만 보다 먼 장래 시점에 만기에 이르는 부채소유권의 이전이 그것이다. 간단히 말해, 화폐시장은 이미 만료된 부채를 위한 시장이어서 시간-할인을 받지 않

••

88) *Ibid.*, 230.
89) 변제불능이나 불안정성으로 인해 이것을 받아들일 때 "위험할인"을 부과할 수 있다. 그러나 우리에게 "시간할인"은 기다림이 발생하는 기대되는 시간의 간격을 의미한다.

는다. 자본시장은 아직 만료되지 않은 부채를 위한 시장이므로 시간-할인을 받는다. 그렇다면 화폐 또는 과거에 만료된 부채에 대한 "대용물"은 "자본"이나 아직 만료되지 않은 부채이다.

물론 이러한 논의가 "구매력"이라는 의미에서 "화폐의 가치"가 변하지 않음을 의미하지 않는다. 그것은 화폐의 가치가 미래의 시간 경과로 변치 않음을 의미할 뿐이다. 이미 만료된 부채들은 아무런 미래성을 지니지 않으므로 자본이 아니라 "현금", 즉 은행에 있는 "예금" 계정이다. 이와 비슷하게 단기나 장기증권의 구매력이 변할 수 있으나, 이것은 별개의 문제이다. 아직 만기가 되지 않은 부채는 그것의 차원으로 미래성을 지니므로 자본이고, "화폐"의 대용물이 될 수 있다. 구매력으로서가 아니라 지불일까지 경과할 미래 시간이 줄어 미래의 가치가 상승하므로 이들은 "자본"이다.[90]

그럼에도 불구하고 화폐와 (화폐의 대용물로서) 자본에 대한 이런 구분을 가지고도, 매클라우드의 유통가능성이나 부채소유권의 이전을 이용해 부채가 "상품"이라는 매클라우드의 물리적인 비유뿐만 아니라 "순환"이라는 물리적인 비유를 처음으로 제거한 사람이 시즈위크였다. 현대의 은행수표는 거의 순환하지 않는다. 앞서 협상한 부채의 지불이나 상품소유의 이전으로 현행 가격에 현재 생성된 신규 부채의 지불에서 이것이 생성되고, 승인받고, 예치되며, 취소된다. 미국에서 최근에 이르러서야, 실제로 일어나는 현실이 "개별계정에 대한 부채"에 대해 보고하고 발표하는 통계자료를 통해 과학적인 측정의 대상으로 제공되고 있다.[91] 이 차

⁚

90) 우리는 여기서 또 다른 종류의 현대 자본인 "무형 재산"을 고려하지 않고 있다. 우리는 오로지 "무체 재산"의 유통가능성을 고려하고 있다.

변 계정은 대부분 사업가의 구매기록이어서, 은행의 한 채권자로부터 다른 채권자로 은행가의 요구불 부채가 이전된 것에 대한 기록이다. 이 과정에 "순환"이라는 용어는 적용될 수 없다. 언제나 그랬듯이, 이것은 금속화폐의 시대에서부터 혈액의 순환에서 끌어낸 비유였다. 비유가 아니라 현실은 소유권의 이전에서 발생해 은행가의 장부에 대변으로, 상인의 장부에는 차변으로 등장한다. 이런 계산에 따라 이런 종류의 화폐를 그것에 효과를 부여하는 행위로 이름 지어, 인출 화폐라고 부를 수 있다. 이렇게 해서 다소 적은 수량의 지폐와 주화에 대해서만 "순환 중인 화폐"라는 일반적으로 사용되는 용어를 유지할 수 있다.

신용이 "생산적 자본"이라고 말했을 때 매클라우드가 분명히 마음속에 두고 있던 것은 대변계정을 통해 화폐를 절약하는 것이었다. 그가 생각한 의미는 신용이 노동처럼 상품을 생산한다는 것이 아니라 신용이 부의 생산이 의존하는 모든 거래의 속도를 증가시킨다는 것이었다. 그의 생각은 자본으로부터 기계를 구분한 리카도의 생각과 대단히 비슷하다. 기계는 노동의 생산성을 늘리지만, 자본이 아니라는 것이다.[92] 매클라우드에서도 신용이 무언가를 **생산**해서가 아니라 무언가를 생산하는 **속도**를 늘리기 때문에 생산적이다. 달리 말해 매클라우드는 사실상 생산의 의미를 "생산"으로부터 "생산의 속도"로 바꾼 셈이다. 이것은 생산으로부터 효율로의 변화이고 "순환""으로부터 반복비율로의 변화이다.

매클라우드가 뜻한 것은 금속화폐만 있을 때보다 신용이 상품의 매매에서 유통속도를 늘려, 생산이 아니라 부의 생산 속도를 엄청나게 늘린

91) 본서 379쪽, 순환으로부터 반복으로.
92) 본서 609쪽, 리카도.

다는 것이다. 이것이 그가 의미한 바였다는 것을 물물교환경제의 관행보다 금속화폐의 활용이 더 "생산적"이라는 그의 비교에서 확인할 수 있다. 물물교환과 비교한 금속화폐, 그리고 금속화폐와 비교한 은행신용의 기술적 목적은 상품회전의 판매처리 속도를 크게 늘리는 데 있으며, 이것이 국가의 생산성을 크게 늘린다. 매클라우드의 예들이 요점이다. 그에 의하면, 사업의 통상적인 진행과정에서 재화나 상품은 재배자나 수입업자로부터 제조업자로 넘어가고, 다시 도매상으로, 다시 소매상으로, 그리고 고객이나 소비자로 넘어간다. 만약 재배자나 수입업자가 도매상으로부터 즉각 활용할 수 있는 화폐를 받으면, 그는 자신이 처분한 것의 자리를 메우기 위해 추가적인 상품의 공급량을 즉각 생산하거나 수입할 수 있다. 비슷한 방식으로 만약 도매상이 소매상으로부터 즉각 활용할 수 있는 화폐를 받으면, 그는 즉시 제조업자로부터 추가로 구매해서 자신이 판매한 재화의 자리를 메울 것이다. 소매상과 소비자도 이와 같다.

"만약 모든 사람이 언제나 활용할 수 있는 화폐를 준비하고 있다면, 순환이나 **생산**의 흐름이 중단되지 않고 **소비**나 **수요**가 허용하는 만큼 빠르게 진행될 수 있을 것이다. (……) 그러나 이것은 현실이 아니다. 거의 아무도 그들이 필요하는 것에 대해 언제나 즉각적인 화폐를 마련해놓고 있지는 않다. (……) 만약 **소비자**가 재화에 대해 화폐로 지불할 때까지 **순환**이나 **생산**의 흐름이 중단된다면, 그것은 크게 줄어들 것이다. (……) 그러나 상인이 도매상의 인격이나 정직함에 자신이 있다고 해보자. 그렇다면 그는 도매상에게 **외상**으로 재화를 판매할 것이다. (……) 즉 그는 화폐가 아니라 **신용**이나 **부채**를 받고 재화를 판매한다. (……) 따라서 우리는 **신용**이 화폐와 정확히 똑같은 **순환**이나 **생산**을 낳았음을 알 수 있다." 그래서 그다음 단계는 "부채 자체를 판매 가능한 상품으로 만들어 그것을 현금이나 더 편리한 수량으로 **요구**하면, 즉각 화폐와 교환될 수 있어 화폐와 동등한 다른 부채와 교환하는 것이다." 그렇지 않으면 상인의 부채 덩어리는 "무더기로 **죽은** 주식"이다. 이들의 "죽은 주식"을 구입해 이것이 "움직이고 순환하게 만들고 (……) 이것을 죽은 주식으로부터 추가적인 **생산력**으로 선환하는" 사람이 바로 은행가이다. 따라서 "싱입부채 전체 덩어리가 **생산적 자본**으로 전환된다."[93]

명백히 금속화폐에 대해서도 같은 이야기를 할 수 있다. 금속화폐는 농업과 공업을 물물교환의 느린 과정으로부터 시장판매의 **빠른** 과정으로 변화시킨다. 매클라우드가 말하기를, "**신용**은 화폐와 정확히 같은 방식으로, 그리고 같은 의미에서, **생산적 자본**이다."[94]

이것은 생산의 이중적인 의미를 시사하며, "생산"의 당시 의미와 구분되는 "생산성"에 대한 매클라우드의 정확한 의미를 그의 비판자들이 이해하지 못했다는 것을 지적해준다. 생산성은 생산의 **비율**이다. 고전 경제학자에게 "생산"은, 생산의 비율과 커다란 연관이 없는, 사용-가치의 생산을 의미한다. 그러나 기계, 화폐, 그리고 신용은 모두 이 생산의 **속도**를 증대시켜, 국가의 생산성을 늘리거나, 우리가 효율이라고 부르는, 생산의 **비율**을 늘린다는 점에서 비슷하다.

b. 자본수익과 은행이자율

앞선 논의에서 우리는 단기자본과 장기자본에 상응하는 단기부채와

93) MacLeod, H. D., *The Theory and Practice of Banking*, I, 303-306.
94) *Ibid.*, I, 312.

장기부채라는 "무체" 재산만을 고려했다. 그러나 현대자본은 무체 재산뿐만 아니라 무형 재산으로 구성되어 있다. 무형 재산은 **미래의 판매로부**터 얻으리라고 예상되는 순수입의 현재가치이다. 반면 무체 재산은 예상되는 **부채상환**의 현재가치이다. 이 두 가지가 함께 현대의 자본을 구성한다. 우리가 확인했듯이 이 두 가지를 매클라우드는 구분하지 못했고, 시즈위크도 구분하지 못했다. 시즈위크는 채권의 현재가치(무체 재산), 주주의 주식과 토지의 현재가치(무형 재산)를 "저축"이라는 단일 개념에 결합시켰다. 매클라우드의 오류를 답습하면서 시즈위크는 이 모두를 부채로 취급하고 있다. 따라서 그는 "주식수익" 또는 주식수익과 비슷한 것으로, 자본화된 토지의 현재가치에 대한 수익으로부터 보다 현대적인 "채권수익"을 구분하지 않고 있다. 우리는 현재의 자본화된 가치에 대한 이 비슷한 수익들을 자본수익이라 부를 것이다.[95]

　시즈위크는 두 가지 종류의 이자율로 자본수익과 은행이자율을 구분한다.

　시즈위크 이전에는 경제학자들이 통상 "평균" 이자율을 말하는 데 만족했었다. 그러나 시즈위크는 장기융자에 대한 이자율로부터 단기융자에 대한 이자율을 구분했나. 상업은행의 단기이자율을 주로 다루었던 매클라우드보다 더 나아가, 시즈위크는 말하기를,

　"전문적인 화폐 대부자들이 단기간에 제공한 대부는 이들에게 엄밀한 의미의 이자뿐만 아니라 '경영임금'을 낳아야 한다. 그러므로 이런 근거에서 어음에 대한 할인율이 자본 일반에 대한 이자율보다 높을 것이라고 우리는 예상할 수

‥
95) 본서 1006쪽, 한계생산성으로부터 자본수익으로.

있다. 다른 한편, 우리는 은행가가 자신이 빌려주는 돈을, 즉 자신의 의무를, 상당 부분 창출한다는 것을 고려해야 한다. 자신의 사업이 번성하는 한, 이 의무를 상환할 압박을 받지 않을 것이다. 또한 은행가는 자본 일반에 대한 이자율보다 상당히 낮은 가격에 이 상품의 사용을 쉽게 판매할 수 있음을 고려해야 한다. 그래서 은행가가 주로 거래자들에게 단기간 대부해 사업의 범위와 안정성을 늘리는 한에서, 경쟁으로 인해 덜 안전하지는 않지만 영구히 투자된 자본에 대한 이자율 이상으로 대부하지 못하거나 그 이하로 대부하게 될 것이다. 그리고 이것이 실제로도 현실이다. 그렇게 되는 부분적인 이유는 거래자들이 특히 은행의 중요한 고객이기 때문이다. 그렇지만 중요한 이유는 일정한 단기가 지나면 빌려간 사람들이 되갚아야 하는 돈을 은행가들이 빌려주는 것이 편리하기 때문이다. 그것은 예외적으로 커다란 액수를 지불해야 하는 경우 자신들이 주어진 시점에서 융자로 내보낸 액수를 쉽게 줄일 수 있도록 하기 위해서이다. 그래서 상업어음에 대해 은행가들이 부과하는 할인율이, 평균적으로도, 그리고 위험의 차이를 모두 고려하더라도, 일반적인 자본의 이자율과 같을 것이라고 말할 수 있는 근거를 우리는 **선험적으로** 전혀 가지고 있지 않다. 은행가에게 고생한 것을 보상해주어야 하므로 이보다 더 크지 않을 경제적인 이유가 없다. 그리고 다른 한편으로, 위에 언급한 이익들의 가치가 상당하다면, 이것이 크게 적을 이유도 없다. 그 이유는 은행가 자신이 창출하는 저렴한 교환의 매개체에 대한 비교적 낮은 이자율이 그의 은행자본에 대한 정상적인 이윤을 부여하기에 충분하기 때문이다.[96]

은행가가 받는 이 이자율을 시즈위크는 "**화폐 사용의 가치**"로 구분하

··

96) Sidgwick, H., *op. cit.*, 245-246.

고 있다. 반면 "화폐의 전문적인 거래자"가 아닌 사람들이 받는 이자율을 "**저축 사용에 지불하는 가격**" 또는 이것의 등가물로서, 자신의 자본 사용에 대해 소유자가 얻는 가격"이라고 했다.

그래서 화폐와 자본에 대한 시즈위크의 구분은 저축이 **아닌 것에 대**해 은행가에게 지불하는 이자율과 저축의 사용에 대해 이들에게 지불하는 이자율의 구분에 의존한다. 이런 저축은 그에게 현행 가격으로 평가된 토지 가치, 주식 가치, 채권 가치라는 세 가지 형태로 "자본"이다. "전문적인 화폐거래자"의 경우 이자는 저축에 대해 지불되는 것이 아닌 은행이자율이다. 다른 대부자들 경우에는 이자가 저축에 대해 지불하는 자본수익이다.

그러나 두 가지는 다음과 같은 점에서는 다르지 않다. 자본수익만큼이나 은행이자율은 저축의 사용에 대해 지불하는 이자율이다. 시즈위크의 오류는 두 가지 착각에 따른 것이다. **신용거래를** 매클라우드의 신용 **제조**로 착각한 것과 저축의 **시장가치**를 저축이라는 **존재**로 착각한 것이다.

(a) 제조자 또는 상인?: 매클라우드를 따라, 시즈위크는 은행가를 그것의 사용에 대해 가격(할인)을 부과하면서도, 자신에게 **비용을 낳지 않는** "신용의 제조자"로 기술하고 있다.

그러나 은행가는 제조자가 아니다. 그는 고객들의 단기부채나 장기부채를 사들인다. 만기가 지난 부채(예치금)를 스스로 발행함으로써, 요구를 받으면 스스로 책임지게 되는 이른바 타인의 저축을 자신의 장부에서 고객에게 이전시키는 방식으로 이것이 이루어진다.

그래서 만약 은행가가 60일 만기인 2만 달러의 부채를 1만 9,800달러의 예금계정 형식으로 지불하면, 예금계정은 타인들에게 전반적으로 발생시킨 채무를, 요구받으면 즉각 이들이 이용할 수 있는 "저축"으로 만드는 부채의 이전이 된다. 이 채무를 부담하는 데 대해 할인율을 가격으로 부과한다. 이 경우 이것은 연 6%이고 2개월에 1%로, 200달러가 된다.

또는 바꿔 말하면, 은행담당자는 자신의 명성과 법적인 준비금, 신용을 강화시키도록 고안된 여타 법적인 요건들의 뒷받침을 받아 고객에게 자신의 **일반적인** "**좋은 신용**" 중 일부(1만 9,800달러)에 대한 사용을 **팔았다**. 이런 일반적인 신용을 사용하는 대가로 그는 200달러를 받는다. 그러나 이 "좋은 신용"은 단순히 요구불의 예금자에게 지불할 능력에 존재한다. 동시에 그는 법적인 의미의 교섭에서 그의 고객이 지닌 **개별적으로 좋은 신용**(2만 달러)을 **사들여**, 이 한 번의 거래로 200달러의 이윤차익을 얻었다.

2만 달러가 장기적인 부채나 채권이더라도 같은 관계가 성립한다. 그러나 여기서 예금 채무에 있어, 은행가가 요구받으면 돌려주어야 할 저축에 따른 모든 예금자에 대한 채무로부터 이 개별판매자에게 이전하기 위해, "현금"이나 일반적인 구매력으로 표시된 가격에 이르려면 일 년이나 반년의 이자지불액을 감안해야 한다.

따라서 은행가는 "신용의 제조자"가 아니다. 그는 **과거에 만료된** 자신의 부채를 주고 **아직 만료되지 않은** 부채를 받는 형식으로 타인의 "저축"을 사고파는 상인이나 중개인이다. 이런 교섭 거래에서 가격을 결정하는 것은, 매클라우드가 시사한 바와 같이 제조자의 "생산가격"이 아니다. 그것은 우리가 앞서 기회-비용 또는 비기회-비용으로 분석한 상인의 기회선택이다.[97]

그러므로 이 점에서 매클라우드는 제조업자를 상인과 혼동하고 있다.

∴

97) 본서 543쪽; 549쪽, 서비스 가치와 생산물 가치.

비용이 고전적인 "적극적" 생산비용을 말한다면, **비용이 없는** 제조업자는 상인이다. 케리, 바스티아, 그리고 뵘바베르크의 이론에 대한 분석에서 확인했듯이, 그는 사회의 "저축들을" 사고파는 상인이다. 상인의 비용은 큰 수입을 선택해 적은 수입을 피하는 "소극적" 비용이고, 그의 "가치"는 적은 지출을 택해서 큰 지출을 회피하는 "소극적" 가치이다. 제조업자의 적극적인 생산비용이라는 의미로 보면, 이런 것들에 "비용이 들지 않지만" 은행업체의 지불능력, 유동성 또는 파산이 이런 대안에 대한 비용이 들지 않는 선택에 달려 있다.

　(b) 저축과 저축의 시장가치: 이것은 우리를 또 다른 착각, 즉 저축에 대한 착각으로 이끈다. 고전학파의 이론은 저축이 제욕이라는 "적극적인" 생산비용을 지닌다고 보아 이것을 자본과 동일하게 만들었다.[98] 소비 절제의 강도가 이자율로 측정되었다. 이자율이 높으면, 절제의 고통 또는 저축의 "생산비용"이 가혹한 것이었고, 이자율이 낮으면 덜한 것이었다.
　그러나 저축은 이자율뿐만 아니라 자본가치를 가지고 있다. 시즈위크는 주식, 채권 또는 토지의 시장가치로 "자본"을 구입하는 데 사용되는 시점에서만 저축이 자본과 동일하다는 점을 주목했다. 그 이후에는 이자율이 변동하면서 이들의 가치는 분리된다.
　그렇지만 이들은 전혀 "분리되는 것이" 아니다. 저축은 그 자체로 사라지고, 뭔가 다른 것이 다시 등장하는데, 이것이 자본이다. 이 "자본"은 이자율이 하락하면 가치가 올라가고, 이자율이 상승하면 가치가 내려간다. 이제 "자본"은 저축이 아니라 이 저축의 가치가 되어 상승하거나 하락한다.

∴

98) 본서 847쪽, 기다림의 희소.

그러나 저축의 이런 시장가치가 단지 이자율에만 의존하지 않음을 우리는 주목한다. 그것은 번영, 투기, 불황, 은행유동성, 사업신뢰, 내부자에 의한 가치조작, 화폐의 구매력 변동 등 전반적인 조건들에도 의존한다. 주식, 채권, 토지의 가치하라이나 은행의 도산으로 저축의 가치가 완전히 씻겨 나갈 수 있다. 또는 저축의 가치가 자본가치의 증가로 늘어날 수 있다.

이 경우는 초기 고전학파의 물리적 자본(물체)의 노동생산비이론과 비슷하다. 생산시점에서 노동의 원래 산출물인 사용-가치가 감가상각이나 가치상실로 줄어들거나, 그것의 사용-가치가 원래 생산된 후에 새로운 용법이나 방식으로 늘어날 수 있다.

이론적으로 저축을 자본과 동일할 때 저축도 이와 같다. 저축은 과거에 발생했지만, 자본은 할인된 미래수입에 대한 예상이다. 이들 사이에 어떤 동일성도 없다. 사실 아담 스미스의 검약과 절약이라는 생각이나 시니어의 제욕이라는 생각에 따른 저축은 초기 경제학자들의 노동이론과 마찬가지로 현대 자본주의체제에서 완전히 사라졌다. 이는 저축으로부터 저축의 시장가치로, 즉 저축으로부터 자본으로 변한 것이다. 그리고 은행가가 저축을 매매하는 중개인이라고 우리가 말할 때, 우리가 의미한 것은 저축이 **아니라** 미래수입에 대한 현재의 청구권이었다. 이것이 저축의 오래된 의미와 완전히 결별한 자본의 현대적인 의미이다. "저축"이라는 단어가 선전 문구에 불과하게 되었다.[99]

자본가치로 대체해 저축을 제거한 것은 주식수익, 채권수익, 그리고 이들을 합한 자본수익이라는 현대의 색깔 없는 용어들에 곧바로 부합

••

99) 본서 1200쪽, 선전적인 이념형.

된다.[100] 이 용어들은 자본가치와 지본의 소유자가 청구할 소득액 사이의 **비율**을 제시한 데 지나지 않는다. 모든 종류의 인과가 이 비율에 들어가지만, 이 비율은 예측의 표준이지 어떤 경우에도 과거 저축의 크기는 아니다.

비율에 대한 이 개념은 장단기부채, 기업주식 또는 토지가치 등의 다양한 형태 중 어떤 것이나 모든 것에 투자된 자신의 자본들에 대한 평가들을 비교할 때, 자본가들의 일상적인 언어에 표현된다. 측정단위는 연간수입을 나타내는 달러다. 이것을 얻기 위한 자본의 시장가치량은 이자율과 반대 방향으로 변동하고, 예상되는 순수입과 같은 방향으로 변동한다. 따라서 우리의 예에서 연 이자율이 6%이면, 그것을 얻기 위해 요구되는 자본의 수량은 대략 17 대 1이다. 또는 이자율이 3%이면, 그것을 얻기 위해 요구되는 자본의 수량은 33 대 1이다. 다양한 이자율이나 할인율에 대해서도 이런 식이다.

따라서 우리는 매클라우드의 "경제량"에 대한 측정에 도달했다. 이것은 연간 매상이나 지급이자로 얻으리라고 예상되는 화폐 순수입에 대해 **같은 방향**의 배수이고, 이자율에 대해 **반대 방향**의 배수이다. 유럽에서 이런 생각은 예상되는 연수입의 몇 년치 구입가로 토지가치를 계산하면서 오래전에 시작되었다.[101] 시지위크가 예시했듯이, 만약 이자율이 6%에서 3%로 하락하면, 수년의 구매가격은 17배에서 33배로 오른다. 달리 말해, 저축이 아니라 수입의 "자본화"된 액수가 두 배가 된다. 은행가들은 바로 이런 예상수입의 자본화를 자신의 만기가 지난 부채와 바꾸어

••

100) 본서 880쪽, 한계생산성으로부터 자본수익으로.
101) 본서 846쪽, 튀르고.

매매한다. 그리고 이들의 요구불 부채는 요구를 받으면 저축을 회복시킨다는 이들의 약속이 아니라 요구를 받으면 자본을 "현금"이나 일반적인 구매력으로 회복시킨다는 이들의 약속이다.

(c) 단순 인과로부터 다중 인과로: 시즈위크는 자신의 분석이 "정태적"이지, "동태적"이지 않다고 진술한다. 그가 말하는 정학은 연구 기간 동안 이자율이 그대로 유지되고 화폐의 구매력이 현저하게 변하지 않았다고 가정한다.[102] 그가 말하는 동학은 화폐, 제도, 그리고 생산에서 발생하는 모든 변화를 의미한다. 이 두 가지가 우리가 말하는 단순 인과와 다중 인과이다. 모든 과학은 연구의 수단으로 이같이 구분해야 한다. 기초는 반드시 단순 인과에 대한 분석을 통해 깔아놓아야 한다. 마치 다른 요소들이 전혀 변동하지 않는 것처럼 각 요소를 연달아 추론해낸다. 그러나 모두가 함께 변한다. 우리는 제약적인 요인과 보완적인 요인이라는 경제적 개념 속에서 다중 인과의 이론에 이르게 될 것이다.[103] 그동안은 부채의 생성, 희소, 융통성, 해소 등 여러 요소를 가지고 진행할 것이다.

우리는 부채의 융통가능성이라는 매클라우드의 개념을 고려했다. 이제 우리는 크납의 부채 해소, 호트리의 부채 창출, 그리고 카셀의 기다림의 희소를 고려한다.

• •

102) Sidgwick, H. *op. cit.*, 259 *passim*. 더 확장된 정태적인 분석을 나중에 클라크가 활용했다. J. B. Clark, *Distribution of Wealth*(1899). 클라크의 "자본기금"은 시즈위크의 제도적인 자본가치에 대한 심리적인 상응이었다.

103) 본서 1049쪽, 전략적인 거래와 일상적인 거래.

II. 부채의 해소

크납은 "지불사회"라는 자신의 개념으로 동태적인 분석을 시작했다. 지불사회는 부채 해소를 위한 절차를 수립하는 데서 채권자와 채무자의 단합된 행동이다. 크납이 독일의 매클라우드였다.[104] 매클라우드가 영국의 경험에 근거해 자신의 관습법 이론을 수립했듯이, 크납은 독일과 오스트리아의 경험에 근거해 자신의 "화폐국정설"을 수립했다.* 그러나 매클라우드와 달리 크납에게는 화폐와 부채가 상품이 아니었다. 융통이 가능한 부채와 부채의 구입 및 채무자의 해방을 위한 채무 지불사회의 단합된 행동이라는 이중적인 의미에서 이들은 제도였다. 그의 "부채 해소"는 우리가 말하는 "거래의 종결"이었다.

그의 화폐이론에서 "본질적인" 속성은 지불수단이었고, 화폐가 종이인가 금속인가는 "우연적"이었다. 사실 자신을 비유로부터 보호하고 "금속주의적인 견해"를 "정치학에 근거한" 제도주의적인 견해로 대신하기 위해, 그는 그리스어로 된 용어를 만들었다. 이것은 생물학자들이 유인원을 하일로베이트(hylobate)라고 부른 것과 같다. 그래서 금속화폐는 물체의 무게를 달아 채무로부터 벗어나는 수단으로서, "물적으로 생성된 지불수단(hylogenic lytric)"이 된다. 지폐는 칙령, 입법 또는 법원의 결정으

∴

104) Knapp, Georg Friedrich, *The State Theory of Money*(1923년의 독일어 4판을 번역하고 요약함. 1924, 독일어 1판은 1905). 인용은 번역본.

---

* 시장이 아니라 국가가 화폐를 정하고 화폐의 지불수단기능을 강조한다는 점에서도 커먼스는 크납이나 이네스, 케인즈, 인햄, 현대화폐이론과 통한다.

로 채무에서 벗어나는 수단으로서, "자생적인 지불수단(autogenic lytric)"
이 된다.

　지불수단의 이런 "본질적인" 성격은 무엇인가? 이것은 금속화폐뿐만
아니라 1866년의 오스트리아 국가지폐와 같이 평가질하된 지폐를 포함
하는 일반화를 통해 발견할 수 있다. 크납에 의하면, "처음에는 역설처
럼 들리지만 자세히 검토하면, '퇴화된' 화폐라는 의심스런 형태 속에 화
폐에 대한 단서가 있기 때문이다. 화폐의 정신은 화폐의 조각난 물체들
에 있지 않고 이것들의 사용을 관리하는 법적인 규정들에 있다."[105] 크납
에 의하면 "금속주의자"나 "화폐주의자"는 화폐의 "시체"만을 다룬다. 이
것으로 그는 통화도, 순환도, 그리고 지폐도 설명할 수 없다. 지폐가 "의심
스럽고 심지어 위험한 부류의 화폐일 수 있으나, 최악의 부류도 이론에 포
함해야 한다. 나쁜 화폐가 되기 위해서는 여전히 화폐이어야만 한다."[106]
크납은 자신이 지폐 자체를 추천하지는 않는다는 것을 이에 덧붙여 말한
다. "정상적인 상황에서 우리가 금본위에서 출발해야 할 어떤 이유도 나
는 알고 있지 않다."

　크납에서 지불수단의 "본질"은 해소가 가능한 부채와 해소가 불가능한
부채 사이의 구분, 상품과 지불수단 사이의 구분에 의존한다. 말하자면
노예는 평생 자신의 주인에게 봉사해야 하는 의무라는, 해소가 가능하지
않은 부채에 처해 있다. 그리고 이 부채는 주인이 아니라 주인이 구성원
으로 되어 있고 노예가 원하지 않으면서 참여자로 되어 있는 사회의 행
정력에 의해 부과되고 제재된다. 그러나 주인 자신과 같은 자유인은 주

••
105) *Ibid.*, 2.
106) *Ibid.*, 1.

로 해소가 가능한 부채(지불수단의 부채)만을 지고 있다. 그런데 이로부터 자유로워지려면, 그는 사회가 배상금, 해방 또는 지불이라고 여길 무언가(지불수단)를 제공해야 한다.

해소 불가능한 부채로부터 해소 가능한 부채로의 이런 역사적 발전이 인류 역사 전체인데, 크납은 이에 대해 논의하지는 않았다. 따라서 그는 이행의 부채를 다루지 않는다. 그는 해소가 가능한 지불의 부채만을 다룬다. 매클라우드가 주장했듯이, 부채는 그 의무를 개인적으로 따라야 할 경제적 수량이다. 부채로부터 해방된다는 것은 이행이나 지불의 의무로부터 해방되는 것이다. 역사적으로 아무리 부담이 되더라도 공식적이고 관습적인 이행이나 지불 계약의 집행으로부터 연달아 해소의 범위를 늘리는 데 이르기까지 이 단계들은 점진적이다. 해소의 수단과 방법은 부채로 인한 노예제도와 투옥의 폐지에서부터, 그리고 파산법과 임금 면제법에서부터, 아일랜드에서 지대계약의 폐지, 미국의 공공시설계약의 폐지, 종신이나 평생 노동계약의 폐지와 "의지에 의한" 계약으로의 대체, 현물지불을 금지하고 화폐지불을 대신한 것 등에 이른다. 대부분의 경우 관습이나 계약에 따른 부채를 대신한 것은 공적인 기관이 정하는, "합당한" 이행이나 합당한 지불이다. 그래서 부채로부터 해소되는 수단과 방법이 확대되면서 부채와 의무가 줄어들었다. 자본주의는 해소가 가능한 부채들의 현재 상태이며, 크납이 정의한 지불수단은 부채들로부터 해방되는 문명의 운영규칙들을 통해 진행되고 있는 수단과 방법의 변화에 대한 일반원리의 특별한 경우이다.

크납에 의하면, 이것이 화폐의 "본질"이다. 역사적인 이유로 국가가 지불한다는 약속을 지니고 있지만, 지폐는 실제로 국가의 "부채"가 아니다. 그것은 금속화폐와 마찬가지로 부채로부터 해방되는 수단이다.

"그것은 우리를 부채로부터 해방시켜준다. 자신의 부채를 제거한 사람은 시간을 들여 지불수단이 물체였는지 여부를 고려할 필요가 없다. 가장 우선적으로, 국가가 이것을 내보내면서, 이것을 받을 때 지불수단으로 수용할 것을 인정하기 때문에, 이것은 우리를 국가에 대한 의무로부터 자유롭게 해준다. 조세가 발휘하는 역할이 클수록, 이 사실이 납세자에게 더 중요하다. (……) 화폐 발행국에게는 물체가 아닌 화폐로 지불하는 것이 다른 어떤 화폐로 지불하는 것과 마찬가지로 진정한 지불이다. 이것이 국내 상업상의 필요에도 충분하다. 사실상 그것이 그런 상업을 가능케 한다. 이것이 진정으로 어떤 다른 수요를 충족시키지 못하더라도, 이런 현상은 그 자체로 비정상적이지 않다.[107]

상품과 지불수단의 차이인 크납의 부차적인 구분은 해소 가능한 부채와 해소 불가능한 부채의 차이에 근거한다. 그는 자신이 "충분히 기본적인 개념들"로 간주하는 것에서 출발해, 상품을 "교환-상품"으로 정의한다. 여기서 그는 모든 경제학자와 변호사가 "상품"이라는 단어 자체에서 시사한 바를 명시적으로 제시했다. 그것은 소유권의 이전을 의미하며, "교환"이라는 단어가 의미를 추가하지 않는다. 교환-상품은 상품이다.

그러나 지불수단이 상품인가? 오로지 "하나의 거래"만을 보고는 말할 수 없다.

"그러나 어떤 사회에서, 예를 들어 한 국가에서 가령 은과 같이 주어진 상품의 특정 수량들과 모든 재화가 교환되어야 하는 것이 점차 법으로 인정되는 관습이면, 은은" 일반적인 교환-상품이고 "사회적 교류의 제도이다. 이것은 처음

..
107) *Ibid.*, 52.

804

에는 관습에 의해, 이후에는 법에 의해 사회에서 특별한 용도를 획득한 상품이다."[108]

이 사회적으로 인정된 일반적인 교환-상품은 언제나 "지불수단"이다.

"모든 지불수단이 사회적으로 인정된 교환-상품이라는 것은 진실이 아니다. (……) 상품이 되려면, 법에서 제공하는 방식의 용도 이외에 기술이나 산업의 세계에서도 용도를 지니고 있어야 한다. (……) 장인이 눈을 통해 지폐에서 유일하게 발견하는 종잇장은 다른 어떤 산업상의 용도를 지니지 않은 물체의 예이다. 그러므로 이들은 교환의 수단이지만 상품-화폐는 아니다." "어떤 사람이 무언가 만드는 데 받은 교환-상품을 활용할 수 있지만, 그것을 순환 속에서 넘겨줄 수 없다면 그는 상품을 소유한 것이지 지불수단을 소유한 것이 아니다."[109]

이 금속은 "파운드"나 "달러"라는 이름을 얻게 되는데, 시간이 지나면서 이것은 원래의 무게에 관한 한 순전히 "명목적"이다. 그리고 이 이름이 심지어 지폐로 이전되어, 원래의 무게라는 관점에서 보면 그것은 존재하는 것이 아니다. 그래서 그 의미는 부채지불을 위한 "유효성의 단위"라는 또 다른 목적으로 이전된 것이다. 이제 그것은 존재하는 것으로서가 아니라 역사적으로 정의된다.

그래서 크납은 그에게는 "동그란 물체", "기호", "표시", "징표"에 불과한 "주화"뿐만 아니라 지폐로부터 지불수단으로서의 화폐를 구분한다.

∵

108) *Ibid.*, 3.
109) *Ibid.*, 4, 6.

"그래서 '징표'[라는 단어]는 기호가 달린 이동 가능한 유형의 물체로서 그것의 물체와 독립적인 법적 규정이 용도를 부여한 물체에 대해, 그 이후에 오랫동안 자연스럽게 정착된 좋은 표현이다. (……) 그 의미는 기호를 읽어서 확인하는 것이 아니라 법적인 규정을 알아보아야 확인할 수 있다."[110] 과거에 법석인 규성이 발효되기 이전에는 무게를 달아(승량검사) 지불했다. 현재는 선언(국정)을 통해 지불한다.

이런 법적인 의미는 관습에서 발생한 후 그것을 법이 이어받아 특정 국가의 관할권 내에서 보편화시킨다. 어떤 경우든 이 의미는 크납의 "지불사회"라는 개념이 명확히 하고 있다. "말하자면 은행과 고객이 사적인 지불사회를 이루고, 공적인 지불사회는 국가이다."[111] 이 "지불사회"에서 일어나는 일은 구성원들이 자신의 빚을 "가치의 단위"에 상응하는 "유효성의 단위"로 서로에게 지불한다는 것이다. 사회가 전체적으로 지불할 추가적인 의무로부터 채무자들을 해방시켜 유효하게 만든다는 의미에서 사회가 수용하기 때문에 이들은 "유효하다."

그렇다면 교환수단이 교환가치를 지닌 상품 일반의 속성이지만, 지불수단은 사회적으로 인정된 배상금이거나 자신이 구성원이거나 참여자인 사회에서 다른 방식으로 이 개인에게 부과된 의무로부터 사회적으로 인정된 해방이라는 점에서 교환수단과 다르다. 하나는 교환가치의 단위로 측정되고, 다른 하나는 부채지불을 위한 유효성의 단위로 측정된다. 하나는 경제적이고, 다른 하나는 법적이다. 비록 역사를 통해 유효성을 지니면서도 교환가치를 지니지 않을 수 있음을 우리는 알고 있지만, 이 유

110) *Ibid.*, 32, 33.
111) *Ibid.*, 134; 본서 995쪽, 세계지불사회 참조.

효성의 단위는 교환가치를 가지는 한, 가치의 단위이기도 하다.

이 "지불수단" 또는 부채로부터의 해방이라는 개념이 고대부터 최근의 현대에 이르기까지 "지속적인 것이라면" 모든 집단에 적용되는 보편적인 원리이다. 그렇지만 부채로부터의 해방이라는 표시를 지니는 수단이나 이행에 관해서는 크게 다른 규칙들이 있었음을 곧 확인하게 될 것이다. 여기서 크납은 "지불사회"라는 일반화된 개념을 통해 매클라우드를 넘어선다.

우리는 더 나아가 크납의 "지불사회"가 참여자들에게 해방의 도구를 수용하고 사용하도록 강제하는 제재들이 무엇인지를 연구할 필요가 있다. 이것들은 순전히 "국가이론"에 한정된 물리적 힘의 "법적인 규정"일 뿐만 아니라 그가 "사적인 지불사회"라고 지칭한 것의 도덕적이고 경제적인 제재들이다. 법적인 제재는 법화나 법적인 이행으로 지칭할 수 있다. 다른 것들은 관습적인 화폐나 관습적인 이행이므로 "법 밖에 있다." 그가 제시한 상업은행과 고객의 예를 들어보자. 예금자의 수표 같은 "표"가 말해주는 지불능력이 있는 은행의 요구불 부채를, 자신에게 진 빚을 남들이 상환할 때 고객들이 받아들이도록 강제하는 것은 무엇일까? 이런 은행의 부채는 성문법을 따르든 불문법을 따르든, 물리적 힘으로 강제되는 법화가 아니라 관습적인 화폐이다. 그러나 이 사회에서 사업을 벌이거나 기존 사업을 계속하려는 사람이라면 이 은행의 수표를 받아들여야 하므로, 채권자가 관습의 범위 안에서 이것을 수용하는 것은 법적으로는 강제적이지 않지만 경제적으로는 강제적이다. 만약 집요하게 이것을 거부하고 언제나 법화로 지불하라고 요구한다면, 이 지불사회의 누구도 그와 통상적인 사업거래를 맺지 않게 될 것이다. 그는 자신에게 진 빚을 갚는 데 있어 자신이 법화를 받아들이도록 강제되는 것만큼이나 실질적으로 "좋은" 은행의 수표를 받아들이도록 강제된다. 이것은 그에게 단순히 편의의 문제나 자발적인 대안의 선택이 아니며, 그가 채무자가 되었을 때 다시 자신의 부채를 갚거나 상응하는 은행수표로 갚을 수 있다는 기대나 법화로 환불되리라는 기대만도 아니다. 그것은 경제적 강제이다. 은행의 수표라는 관습적인 화폐를 수용히게 강제하는 것은 바로 이윤이나 손실, 성공이나 파산으로 끝나는 경쟁의 경제적 제재들이다. 그래서 미국에서 부채상환의 10분의 9는 궁극적으로 법화가 아니라 관습적인 화폐로 이루어진다.

다른 "지불집단들"도 역사적으로 이와 같다. 지불수단은 관습적인 화폐로 생겨나는데 나중에 법적인 화폐가 될 수도 있고 되지 않을 수도 있다. 예를 들어 크납의 독일사회를 영미의 지불사회로 이동시키면, 1300년에 성 이브즈의 장터 법원에서[112] 리처드 메이는 존 스탠그라운드가 소한 마리와 돼지 한 마리의 빚을 "스털링"화가 아니라 "크로커드와 폴러드"라는 불량화폐로 갚아 부당하게 협약을 깨뜨렸다고 이의를 제기했다. 협약을 맺을 때 크로커드와 폴러드는 통상 1페니의 스털링으로 쳐주었으나, 협약의 시작과 종료 사이에 왕이 크로커드와 폴러드의 통용금지를 선포했다. "그래서 일 페니의 스털링에 2크로커드와 폴러드를 쳐주지 않고서는 누구도 이것을 받아들일 수 없다"라고 했다. 장터 법원의 배심원들은 이에 따라 그들 자신의 관습이 아니라 왕의 칙령이 유효하므로 존은 리처드에게 빚진 1페니의 스털링마다 1크로커드를 추가로 지불해야 한다고 결정했다. 이와 함께 "부당한 보류"로 인한 손실도 배상해야 했는

••
112) *Select Cases concerning the Law Merchant, A. D. 1270-1638*, ed. by Chas. Gross, Selden Society Publications, XXIII(1908), 80, 81.

데, 이것은 나중에 경제학자들에게 이자를 벌기 위한 술책으로 알려지게 되었다.

이런 경우에 적용이 가능한 크납의 해석은 "가치의 단위"와 "유효성의 단위"라는 그의 용어가 지닌 의미에 의존하고 있다. 그는 이들을 동일하게 만들어, 법적인 유효성과 경제적인 가치의 차이를 개의치 않고 "가치단위"라는 용어를 사용하고 있다. 그의 용어는 경제적이나 물적인 의미를 가지고 있지 않아서, 순전히 "명목적인" 의미를 지닌 법적인 용어이다. 여기서 "명목적인"이란 지불-사회가 인정하고, 이름 짓고, 집행하는 부채를 지불하는 유효성의 단위라는 의미이다. 지불사회는 성 이브즈 장터의 구매자들과 판매자들의 사회나, 연준체제의 은행들과 사업가 고객들의 사회나, 중세의 왕, 현대 입법부 또는 현대의 독재자가 지배하는 사회일 수 있다. "스털링"과 "크로커드"라는 단어의 물적이거나 경제적인 의미가 변하면서, 리처드가 얻고 존이 잃은 것처럼 거래를 통해 개인들은 크게 경제적 가치를 잃을 수도 있고, 다른 개인들은 그만큼 크게 이 경제적 가치를 얻을 수도 있다. 그러나 이것이 지불수단의 법적인 "본질"이 아니다. 본질은 관습적인 화폐나 법적인 화폐로 지불하면 지불-사회가 채무자를 모든 추가적인 지불의무로부터 해방시켜 준다는 것이다.

이것은 지극히 평범해서, 물리적인 경제학자나 쾌락주의적인 경제학자가 그랬듯이, 아마도 논평 없이 주어진 것으로 받아들일 수 있을 것 같다. 물론 전쟁의 긴급한 상황이 발생하거나, 금이 유통계로부터 사라지거나, 금이 묶여 있어, 지폐나 은행권이나 은행예금이 금속화폐를 대신해 국가들과 심지어 국가들의 연합체에 강제되더라도, 그것의 중요성이 나타난다.

크납은 "지불수단"을 유지하는 규정으로서, 세금과 같은 국가에 대한 강제적인 부채를 상환할 필요성에 일차적인 중요성을 부여한다. 그리고 시민들 사이에서, 또는 국가와 시민들 사이에서 법화로 지불이 가능한, 자발적인 부채의 상환에 이차적인 중요성을 부여했다. 정부에 진 강제적인 부채의 전형으로서, 첫 번째를 우리는 조세라고 부른다. 정부를 시장에서 매매하는 사적인 사람으로 간주할 때 발생하는 정부에 대한 부채를 포함해 자발적인 부채의 전형으로서, 두 번째를 우리는 부채라고 부른다. 시민들이 교섭 거래 때문이 아니라 지불능력 등에 따라 국가가 할당했기 때문에 짊어지게 된 공과금, 수수료, 재산사정액, 관세 등의 강제적 부채가 조세이다. 이들은 명령에 의해 부과되었고, 설득에 의해 초래되지 않았으므로 더 정확하게 **권위에 따른** 부채라고 부른다. 그렇지만 자발적인 부채는 관습, 관습법 또는 성문법이 깔아놓은 규칙에 따라 설득으로부터 발생했으므로 본연의 부채이다. 이들은 보다 정확하게 **권위가 부여된** 부채라고 부른다. 조세는 권위에 따른 부채이고, 권위가 부여된 부채가 그냥 부채이다.[113]

이 구분은 노동조합, 카르텔, 동아리, 상인협회 등의 사적인 모임에도 비슷하게 유효하다. 사적인 모임에 회원들이 지불하는 회비, 부과금, 사정세액은 이 모임 안에서 조세와 같은 성격을 지녀서, 권위에 따른 부채

··

113) "법화에 관한 법"을 해석하면서 미국의 대법원이 주장하기를, "미국의 지폐를 공사의 부채 지불에 있어 법적인 화폐로 만든 1862년과 1863년의 법들의 건전한 구조 위에서 '공사의 부채'라는 서술에 깔린 입법 의도에 따라 국가입법이 부과한 조세나 주화나 지금의 지불이나 인도를 위한 계약에 대한 부과금이나 모두 포함되지 않는다." Lane County *v.* Oregon, 7. Wall. 71; Bronson *v.* Rodes, 7 Wall. 229; Butler *v.* Horwitz, 7 Wall 258. "입법 의도"에 대한 이런 의견은 의회의 개별적인 입법에 적용되며, 강제적이거나 권위적인 부채와 자발적이거나 권위가 부여된 부채 사이의 보다 일반적인 구분에 모순되지 않는다. "권위에 따른"과 "권위가 부여된"이라는 용어들에 대해서는 Commons, Joh, R., *Legal Foundations of Capitalism*, 83-121 참조.

810

이다. 이에 비해 모임의 규칙에 따라 회원들 사이에 이루어진 거래는 권위가 부여된 부채를 낳는다. 두 가지 종류의 부채 모두 "지불-사회"가 집행하고, 그것의 지불이 모두 강제적이다. 그렇지만 하나는 교섭 **없이** 발생하고, 다른 하나는 교섭과 **함께** 발생한다. 셀리그먼(E. R. A. Seligman)이 보여주듯이[114] 이 구분들은 어느 정도 서로 겹치지만, 이후의 논리 전개에 대한 기반을 제공할 수 있을 정도로 명확하다.

크납이 제기한 문제는 개인을 다른 개인에 대한 부채로부터 풀어주는 수단을 도입하는 근거로 어떤 것이 더 중요한가이다. 그것은 조세인가? 아니면 시민들 사이에서 권위를 부여받은 부채인가? 크납은 전자라고 답한다.

> 그에 의하면, "왜냐하면 국가가 모종의 화폐(예를 들어 국정지폐)를 (국가가 수납하고 지불하는) 교환가치척도의 지위로 승격시키자마자 사적인 채무자가 자신의 화폐적인 의무[재판매가 가능한 부채]를 한 방식으로 수행하는데, 국가는 채무자로서 다른 방식으로 이를 수행하겠다며 국가 자신의 법적인 권한을 규정할 수는 없다. 그래서 만약 정치적인 필요에 따라 국가가 이제부터 국정지폐로 지불해야 한다고 선언하면, 법의 근거로서 국가는 국정지폐가 다른 상황에도 똑같이 충분하도록 허용해야 한다. (……) 분쟁이 있을 때 국가는 판관으로서 국정지폐로 상환하는 것이 충분한지 결정해야 한다. 만약 그러지 않으면, 국가는 판관으로서 자신의 행동방식을 규탄해 자신과 모순에 빠지게 될 것이다."[115]

114) Seligman, E. R. A., "Social Theory of Fiscal Science", *Pol. Sci. Quar.*, XLI(1926), 193 ff., 354 ff.
115) Knapp, G. F., *op. cit.*, 110.

그가 주장한 대로 이것이 논리적으로 진실이더라도, 역사적으로는 기존 제도와 **국가**의 긴급한 필요라는 두 가지 요소의 상대적인 중요성을 우리는 고려해야 한다. 오래된 금속화폐에 대항해 신용이라는 제도가 관습(앞에서와 같이 상업은행)이나 법(재무성 지폐, 국립은행 지폐)으로 사회에 지배적이 되면, 조세시불이나 부채상환의 필요가 지불수단을 강제한다. 동시에 국가의 필요나 정책이 사적인 부채지불 이외의 목적을 지배하게 되면, 바로 이 특별한 공적인 필요가 사적인 거래에서 무엇이 지불수단으로 사용될지를 강제한다.

따라서 조세지불수단과 부채지불수단이라는 두 가지 목적이 함께 작동하지만, 역사적으로 이들은 분리되어 있었다. 1300년 이전에 영국의 왕들은 현물지불을 제외한, 군주에게 지고 있는 모든 강제적 부채 또는 조세를 지불하는 데서 스털링화만 받아들이도록 강제했다. 그러나 왕들이 불량화폐들을 사적인 거래에서 실제로 금지시킬 때까지 성 이브즈의 "지불-사회"가 크로커드로 지불하는 것을 폐지하지 않았다. 사적인 부채를 지불하는 수단은 조세를 지불하는 수단과 분리될 수 있다. 국가가 칙령에 따라 조세납부의 수단으로 만든 것이 "논리적으로"도 사적인 부채를 지불하는 수단으로 강제될 필요는 없다. 성 이브즈의 상인 법정은 국가가 실제로 금지할 때까지 나름의 관습적인 지불수단을 유지했다.

그러므로 보다 중요한 구분은 현재의 지불수단을 지정하는 데서 지배적인 것을 가리는 조세와 부채의 구분이 아니라, 조세나 부채의 지불수단을 지정하는 데서 지배적인 것을 가리는 공적인 목적과 사적인 목적의 구분이다. 사적인 목적을 지닌 사업의 관습들이 지배할 것인가, 아니면 입법적이든 행정적이든 사법적이든 공공목적을 지닌 정부의 정책이 지배할 것인가? 이런 공적인 목적들은 조세의 징수에만 의존하지 않는다.

사실 이들은 사적인 지불수단을 규정하는 데서 조세의 감소와 이에 따른 조세의 중요성 감소와도 모순되는 것이 아니다.

성 이브즈 법원의 절차는 미국 남북전쟁 초기에 반복되었다. 의회는 먼저 전시물자를 구입하기 위해 "징발지폐"를 발행했다. 납세의 수단으로서는 이것이 사용 가능했으나, 사적인 지불에서는 이것이 법화가 아니었다. 이것은 납부할 관세의 지불에서 더 높은 가치를 지녔기 때문에 사적인 부채의 지불에서는 일반 대중에게 받아들여지지 않고 일반적인 유통에서 빠져나갔다. 따라서 전쟁의 급박한 필요 속에서, 미국지폐(그린백)을 발행해 순환을 강제하는 그다음 조치를 취했다. 그러나 이것은 관세지불에서는 법화가 되지 못했다. 나아가 재무성이 상품시장에서 정부가 매입한 것에 대해 지불할 때 이것을 재발행하도록 인가했으나, 공공부채에 대한 이자를 지불할 때는 그렇게 인가하지 않았다.

미국대법원은 헌법을 해석하면서 처음에는 의회가 이런 지폐에 법화의 성격을 부여하는 권한을 부정했으나, 나중에는 번복해서 법화인 그린백이 공적인 부채와 사적인 부채의 항구적인 지불수단이 되었다. 번복의 근거는 우선 전시에 북군 연합을 유지해야 한다는 것이었고, 이후 평시에는 의회가 공공정책을 선포할 최고의 권위를 지니고 있다는 것이었다. 그래서 사적인 부채의 지불수단을 결정하는 데서 공적인 목적이 사적인 목적을 압도한다는 것을 인정하게 되었다.[116]

1873년 이원금속주의에서 금본위제도로 이행했을 때도 채무자들은 더 싼 은으로 지불할 수 있는 종전의 대안을 박탈당했으나, 외국무역을 촉

..

116) Hepburn v. Griswold, 8 Wall. 603(1860); Knox v. Lee, 12 Wall. 457(1870); Julliard v. Greenman, 110 U.S. 421(1884).

진시키기 위해 영국과 독일의 금본위제도에 상응하는 것을 확립한다는 공공목적은 승리했다.

필리핀에 금환본위를 수립한다고 결정한 1910년, 이 섬의 정부는 은주화의 수출을 금지했다. 한 상인이 "법의 적절한 절차" 없이 자신의 사적인 재산을 빼앗겼다는 이유로 필리핀 정부를 상대로 미국의 연방은행에 소송을 제기했다. 이런 박탈을 미국 헌법뿐만 아니라 필리핀 정부 수립법이 금지하고 있었다. 이 상인의 은주화는 마닐라에서보다 홍콩에서 달러당 8센트 더 비쌌으므로, 그는 자신의 주화를 빼앗긴 것이 아니라 그것의 가치를 빼앗긴 것이었다. 이런 희소-가치가 사유재산임을 인정했으나, 미국 대법원은 이 경우 "적절한 법적 절차"가 금본위에 상응하는 환율을 수립한다는 공적인 목적을 의미한다고 판결했다. 비록 필리핀 정부가 현명하게 행동하지 않았을지라도, 그것의 조치는 가장 중요한 공공정책상의 문제였으므로, 상인은 적절한 법의 절차 **없이** 사유재산을 박탈당한 것이 **아니라, 그런 과정을 통해 그렇게 된 것이다.**[117]

크납이 주장한 대로, 영미의 역사에서 나온 이런 사례들은 최고의 "지불-사회"로서 국가가 단순히 명령으로 지불수단을 확립한다는 일반원리를 나타낸다. 그러나 이 사례들은 이 원리가 조세납부의 상황이 아니라 정부 당국이 사적인 목표를 넘어서 최상위에 있다고 생각할 상황으로부터 도출된다는 것도 나타낸다. 이 모든 경우에 사유재산, 즉 사유재산의 희소-가치는 정부가 어떤 것이 합법적인 지불수단이 되어야 하는지 선언하는 단순한 명령으로써, 채권자든 채무자든, 구매자든 판매자든 한 부류의 사람들로부터 빼앗아 채권자든 채무자든, 구매자든 판매자든 다

..

117) Ling Su Fan v. U. S., 218 U. S. 302(1910).

814

른 부류의 사람들에게 이전시킨 것이다.

이들은 또한 "가치의 단위"라는 크납의 용어가 지닌 의미를 보다 명확하게 보여준다. 이것은 진정으로 법적인 유효성의 단위이지 경제적 가치의 단위가 아니다. 그가 말하기를, "[예를 들어 그린백의 경우 금과 은, 필리핀의 경우에는 은에 대한] 환전수수료가 붙는 보조적인 종류의 화폐들은, 만약 그들의 몸체가 상품으로 사용되면 지불수단으로 평가될 때보다 화폐 단위[부채지불능력]로 따져 더 많은 가치를 지닌다. (교환에서) '가치를 지니는 것'은 상품의 속성이다. 유효성을 지니는 것은 **국가가 정한** [권위적인] 조각들의 법적인 속성이다."[118] 법적인 유효성은 채권자의 법적인 통제로부터 채무자를 해방시킨다. 그리고 경제적인 용어로 만약 이것을 가치의 단위로 기술하려면, "가치"는 새로운 종류의 사용-가치여야 한다. 그것은 우리가 제도라고 부르는 집단행동에 의한 "사용"이다. 1부셸의 밀이나 물적인 금으로 된 1달러는 기술과 산업에서 기술적인 성격의 물리적인 사용-가치를 가지고 있다. 이들로 밀가루와 보석을 만들 수 있다.[119] 이 특별한 경우에 인간의 제도가 지닌 사용-가치는 채권자와 채무자에 대한 유용성이다. 지불-사회가 채무자에게 지불하도록 강제할 부담을 덜어준다는 의미에서 채권자에게 유용하다. 지불이 이루어지고 나면 그 이상의 지불의무로부터 해방시킨다는 점에서 채무자에게 유용하다. 이런 부채지불의 유용성에 근거해 **자본주의**가 수립되므로, 이 유용성이 모든 "사회적 사용-가치들" 중 가장 중요하다.

그렇지만 여기서 모든 지불의무의 상호적인 측면이 드러난다. 지불의

..

118) Knapp, G. F., *op. cit.*, 164.
119) *Ibid.*, 4.

의무가 있을 뿐만 아니라 상호적인 측면으로서 우리가 이행의 의무라고 부르는, 상품이나 서비스를 전달할 의무도 있다.

이행의 의무는 사용-가치의 단위로 측정된다. 계약에 따라 1부셸의 밀을 인도할 의무는 밀에 대해 지불할 의무와 상호적이다. 여기서 법적인 유효성의 단위는 **부셸**이지만, 경제적 가치의 단위는 이 1부셸의 밀의 가격이다. 상품의 수량을 측정하는 수량의 부셸을 인도함으로써 그는 그 이상의 이행의무로부터 해방된다. 달러의 수량을 인도함으로써 그는 그 이상의 지불의무로부터 해방된다.

그래서 크냅의 "지불-사회"는 이행-사회이기도 하다. "지불"의 측면에서는 이것이 법적이거나 관습적인 지불을 측정한다. 상품이나 노동의 측면에서는 그것이 법적이거나 관습적인 이행을 측정한다. 전자는 법적이거나 관습적인 화폐의 제공이고, 후자는 법적이거나 관습적인 이행이다. 전자의 측정은 구매자를 지불의무로부터 해방시키고, 후자의 측정은 판매자를 상품을 인도하거나 서비스를 제공할 의무로부터 해방시킨다. 어느 경우에든 측정되는 것은 법적이거나 관습적인 이행수단이나 법적이거나 관습적인 지불수단으로 봉사하는 어떤 것이다.

여기서 우리는 크냅의 이른바 "가치단위"의 완전한 의미에 이르게 된다. 그것은 이행이나 지불의 법적이거나 관습적인 **측정**의 단위이다. 유효성의 단위로서 그것은 단지 무게를 달아 측정하는 물체를 추상화한 무게와 측정의 단위이다. 그래서 그가 말하는 가치단위의 "명목성"과 "국정의 성격(명령)"이 나오는데, 이것은 유효성의 단위일 뿐이다. 부셸이라는 단위로 우리의 이행-사회가 이행의 의무를 수행하는 데 요구되는 이행의 수량을 측정한다는 의미에서 "부셸"도 "명목적"이고 "국정적(권위적)"이다. 이것은 다른 모든 단위와 마찬가지로 사회가 이행의 의무를 집행하는 데서 강제하는 법적인 이행의 단위이다. 지불-사회가 지불의무를 집행하는 데 요구되는 지불의 수량을 측정하는 단위로 채택한다는 점에서, 달러도 역시 "명목적"이다. 이것은 지불수단이 금이든 은이든 지폐이든 은행의 신용이든 상관없이 성립된다.

이것이 크납의 이른바 "가치단위"에 부여할 수 있는 유일한 의미이다. "유효성의 단위"가 되면서 그것은 단지 측정의 단위이다. 그것은 법원이 모든 종류의 이행과 지불에 숫자의 언어를 적용하기 위해 동원하는, 측정되는 물체를 사상한, 무게와 측정치의 법적이고 관습적인 체계에 불과하다. 이것은 지불이나 이행을 집행해서 소송당사자를 지불이나 이행의 의무로부터 해방시키는 데서 측정의 단위이다. 진정으로 측정의 단위는 정의로운 행정을 정확히 하기 위해 관습이나 법으로부터 발전한 역사적 제도이기 때문에 역사적으로 정의되지, 논리적으로 정의되지 않는다. 언어가 명목적이듯이 모든 측정의 단위는 "명목적"이다. 그렇지만 이들은 실질적인 성격을 지니고 있다. 이들의 실질이란 집단행동이다. 왜냐하면 이들은 개인이나 법인체가 얼마나 많이, 또는 얼마나 적게 지불하거나 이행할지를 결정하는 운영규칙에 정확성을 부여하기 때문이다.

이것은 우리를 유효성 단위의 경제적 의미라는 문제로 끌고 간다.* 이들의 제도적 중요성은 측정, 이행, 그리고 의무의 해소이다. 이들은 법원이 사용하는 단위이며, 이런 이유로 법원에서 소송감이 될 모든 사적인 거래에서도 단위가 된다. 즉 해당 시점의 공공정책에 부합되는 지불과 이행의 상호의무라고 결정할 만한 모종의 방식으로서 이들은 측정하고, 이행하며, 모든 개인을 해방시킨다. 이것의 경제적 의미는 각 거래의 교

---

* 여기서 커먼스는 가치의 단위와 관련해 경제와 법의 결합을 드러내려고 노력하고 있다.

섭 시점에서 이행수단과 지불수단의 예상되는 상대적인 희소에 있다.

이것이 사용-가치, 희소-가치, 그리고 미래 할인가치라는 세 가지 측정 가능한 차원을 지닌 가치의 거래적인 의미가 된다. 첫 번째는 부셸이나 달러의 물리적인 무게와 같은 표준적인 물리적 단위로 측정된다. 두 번째는 달러라는 표준적인 희소의 단위로 측정된다. 세 번째는 표준적인 시간의 단위인 연으로 측정된다. 첫 번째 부류의 단위는 합법적인 이행의 수단을 측정하고, 두 번째 부류는 합법적인 지불의 수단을 측정하며, 세 번째 부류는 기다림과 위험부담의 서비스를 측정한다.

이것은 크납의 "징표"가 지닌 이중적인 의미로 우리를 이끈다. 이 두 가지는 상품의 **사용-가치**를 불러오는 보관징표와 상품의 가치를 불러오는 부채징표이다. "징표"는 법전을 참고해야 그 의미를 찾을 수 있는 "표시"이다. 관습법은 사용-가치와 가치라는 가치의 두 가지 의미에 상응하는 법적인 수단들 또는 "징표들"을 진화시켜왔다.[120]

희소-가치나 할인-가치의 변동과 관계 없이 오로지 사용-가치와 관련해 어떤 사람에게 부과한 상품에 대한 요구는 보관법이 만들어낸 "징표"이므로, "상품징표"로 구분할 수 있을 것이다. 물론 그것의 사용-가치가 손상되지 않은 상태로, 그리고 그것의 가격이나 예상되는 시간의 변동과 관계 없이(창고의 영수증, 선하증권, 안전금고 예치금, 금이나 은의 보증서가 증거를 보여주듯이) 상품을 인도하는 것이 보관인의 의무이다. 그러나 하나의 상품징표 또는 법적인 청구권을 다른 하나의 법적인 청구권과 교환하려는 제안은 그것들의 희소-가치나 할인 가치에 대한 교섭의 문제이다. 이것이 법과 경제에서 그것의 가치이다. 원시적인 금융의 상품

∴

120) Cf. Commons, John R., *Legal Foundations of Capitalism*, 254.

징표와 보관증인 금과 은의 보증서를 금세공업자들이 자신이 가진 것보다 더 많이 발행했을 때 법으로 이것들을 보관증이 아니라 은행가의 부채로 만들었다. 이렇게 되면 그것은 더 이상 상품징표가 아니라 가치징표가 된다. 가치징표 또는 부채로서 이들은 사용-가치, 희소-가치 그리고 할인-가치의 세 가지 차원의 의미에 대한 표시가 된다.[121] 그러나 상품징표 또는 보관징표로서 이들은 단지 상품의 사용-가치에 대한 표시이다.

사용-가치와 법적인 통제권의 희소-할인가치 사이의 구분이 단순히 기이하고 비유적일 뿐만 아니라 존 로(John Law)에서부터 프루동과 켈로그의 미국 그린백주의에 이르는 지폐의 온갖 오류와 재앙의 역사에 깔려 있다. 이들은 보관증 또는 사용-가치의 표시로서의 지폐를 희소-가치와 할인-가치의 표시로서의 지폐로부터 구분해내지 못했다. 따라서 이들은 모든 상품을 "대표하기에" 충분할 정도의 지폐를 요구했고, 물가 상승에 대해 주의를 환기시키지 않았다. 이들은 **상품**을 요구하는 보관증이라는 의미의 징표를 상품의 **가치**를 요구하는 부채라는 의미의 징표와 혼동했다.

"마케팅"의 이중적인 의미에서도 종종 비슷한 혼동을 발견할 수 있다. 이것이 마케팅의 운행 기제를 의미할 수도 있고, 시장에서의 교섭을 의미할 수도 있다. 마케팅이라는 기제에서 창고영수증과 같은 "징표"는 재화의 **물리적인 인도**를 요구한다. 그러나 시장의 교섭에서는 상업부채나 은행예금과 같은 이 "징표"가 재화의 **가치**를 지불하도록 요구한다. 만약 보관증이 융통성을 지닌다면, 이것은 상품을 요구한다. 만약 부채가 융

•••
121) 본서 881쪽, 화폐와 가치의 거래적인 체계.

통성을 지닌다면, 이것은 상품의 가치를 요구한다.

따라서 크납의 지불수단은 구매수단도 된다. 만일 내가 다른 사람으로부터 물리적으로 상품을 받아 그것의 소유자가 된다면, 법은 이제 판매자라고 가정할 수 있는 과거의 소유자가 수락하는 경우, 이에 대해 내가 현재의 가격으로, 그리고 현재의 법적인 화폐나 이에 상응하는 것으로 지불하기로 동의했다고 가정한다. 내가 도둑, 강도, 인질범이 아니라 소유자가 되고, 상대방이 피해자가 아니라 판매자라면 말이다.

그래서 상품이나 서비스의 이른바 "구매"는 법적으로 이른바 구매자가 상품이나 서비스를 획득하면서 발생시킨 부채이다. 신용판매와 현금판매의 유일한 차이는 상품이 물리적으로 인도되는 시점과 부채로부터 해방되는 시점 사이에 지나가는 시간의 차이이다. "현금으로" 구입하는 경우, 부채지불이 측정할 만한 시간의 경과 없이 이루어진다. 그렇지만 대중적인 의미의 부채지불에서는 상품인도와 부채지불 사이에 시간이 경과한다. 판매와 구매는 빌려주고 빌리는 것만큼이나 신용과 부채이다. 매클라우드가 보여준 바와 같이, 빌려주고 빌리는 것은 법적으로 융통이 가능한 수단의 판매와 구매이기도 하다. 그러나 판매에서는 부채를 측정가능한 시간의 경과 없이 지불하는 데 비해 신용에서는 시간이 경과한 후에 지불한다. 이런 시간의 차이를 부채에 대한 현금 지불, 단기 지불 그리고 장기 지불로 구분할 수 있다.

그러므로 상품에 대한 모든 소유권의 이전을 부채의 생성으로 간주한다는 점에서 크납은 매클라우드와 마찬가지로 올바르다. 따라서 "지불수단"과 "구매수단"을 구분하지 않은 것도 올바르다. 일단 지불-사회가 물물교환을 대신하게 되어 물리적인 경제학자들이 진정으로 가정했던 바와 같이, 더 이상 물체들이 소유와 무관하게 단지 물리적으로 교환되는 것이 아니라, 지불-사회가 확립해서 집행하는 부채지불의 수단을 감안해 물체들의 **소유권**이 이전되면, 관행이나 관습 또는 법적으로도 이런 차이는 존재하지 않는다.

이 문제에 대한 크납의 처리가 입법과 행정에 대한 구분에 달려 있음을 주목해야 한다. 입법은 국가가 하겠다고 **약속하는** 것이고, 행정은 국가가 **하는** 것이다. 1866년 오스트리아의 국정지폐에 대해(물론 미국의 1862년 그린백에도 적용되는데) "이 종이들이 법의 눈에는 어떻게 보이는가?"라고 그는 묻는다.

> "(······) 외견상 그것이 부채임을 인정할 것이나, 만약 부채가 지불하지 않는 것을 의미한다면 그것은 사실상 부채가 아니다. 본연의 지폐의 경우, 국가는 다른 어떤 지불수단도 제공하지 않으므로, 명시적으로 진술하더라도 이것은 국가가 빚지고 있음을 인정하는 것이 아니다. 그 진술은 정치적인 선의에 불과하며, 국가가 이것을 어떤 다른 지불수단으로 바꾸어 주리라는 것은 실제로 진실이 아니다. 결정적인 요인은 국가가 할 수 있다면 무엇을 할 것인가가 아니라 국가가 무엇을 하는가이다. 따라서 불환지폐로 실제 지불하는 것을 보지 못한다면 그것은 완전한 실수이다. 물체가 아니지만 그것은 진정한 지불이다. (······) 우리가 국가기관에 납부할 때 이 돈이 수용되는지를 시금석으로 삼는다면, 우리는 사실에 가장 근접해 있어야 한다. (······) 이런 근거에서 결정적인 것은 발행이 아니라, 우리가 부르듯이 수용이다.[122]

앞에서 설명한 바와 같이, 여기에 우리는 국가의 관리들뿐만 아니라

⁞

122) Knapp, G. F., *op. cit.*, 50, 51.

민간인들이 강제적으로 수용하는 것을 추가한다.

입법과 행정에 대한 이런 구분이 "발생적인" 것과 "기능적인" 것이라는 지불수단에 대한 크납의 분류로 이어진다. 발생적인 부분은 그것의 기원을 설명하고, 무게로 지불한다는 중량적인 것과 법적이 규정으로 지불한다는 선언적인 것의 두 겹으로 되어 있다. 그리고 달러, 프랑, 마르크 등 동일한 단어가 무게를 달 때와 선언할 때 모두 사용되기 때문에, 이 부분이 그에게서 "명목성"이라는 개념을 낳는다.[123]

그러나 기능적인 부분은 행정적이어서 "가치표시"와 "보조"라는 구분으로 이어진다. 가치표시 화폐는 행정부와 법원이 지불수단으로 사용한다는 점에서 그 자체로 유효하다. 그것은 정화일 수도 있고 종이일 수도 있으며, 그것의 본질적인 성격은 부채와 세금을 지불하는 데 사용되는 실제의 법화이다. 보조화폐는 완전한 법화(가치표시)와의 관계 속에서 유효하고, 금속이거나 종이이다. 가치표시 화폐(법화)는 상품으로 기능하지 않으며, 결코 구입되지 않는다. 이것은 수입이든 지출이든 지불하는 데서 단순히 행정부와 법원의 "최종 수단"이다. 그러나 보조화폐는 궁극적으로 법적인 화폐로 구입되기 때문에 상품이다.[124]

따라서 크납은 화폐에 대한 일반적인 관념의 밑으로 내려가면서, 보다 근원적인 사회학적인 개념으로 파고든다. 그는 물리적인 상품을 통용이 가능한 제도로 대체한다. 그에 의하면, 일반인들은 성격상 "금속주의자"이다. 예를 들어 은행가는 "화폐" 공급량의 증가를 받아들여 화폐가 "쉬워졌다고" 말한다. 그런데 그가 받은 것은 그가 예금자들에게 지고 있는

••

123) Cannan, Edwin, *The Paper Pound of 1797-1821*(1919).
124) Knapp, *op. cit.*, 158.

부채 수량의 증가이다. 이 부채들은 지불수단이고, "쉬워진" 것은 화폐가 아니라 만기가 지난 부채이다. "월가"가 "화폐시장"의 중심이라고 말하는데, 사실은 부채시장의 중심이다. 경제학자들은 "화폐량"이나 "화폐수량설"에 대해 말한다. 그런데 그것은 화폐량이 아니라 부채의 수량이고, 이 부채의 수량은 어딘가에 같은 가치의 신용을 가지고 있다. 화폐량은 부채의 수량이고, 부채의 수량은 신용의 수량이다. "진짜" 또는 "진실"은 화폐가 아니라 현재와 기대되는 부채거래의 반복들인데, 여기서 화폐의 "규모"는 부채의 "규모"이다. 물체의 규모가 아니라 반복되는 채권자와 채무자 사이의 거래들의 규모가 화폐의 규모이다. 화폐의 제도적인 현실이 지불과 이행의 사회에 의한 의무와 부채, 자유와 부채로부터의 해방이고, 그것의 물적인 현실이 상품이며, 그것의 경제적 현실이 희소, 유용성, 그리고 할인이다.*

크납은 특히 이 경제적 현실과 자신의 법적인 문제에 대한 모든 "경제적 성찰"을 회피했다. 우리는 법적인 유효성에 대한 크납의 이론에 적합한 경제적 가치에 대한 이런 성찰들을 찾기 위해 호트리로 가보자.

---

* 커먼스는 논의의 중심을 교환관계에서 채무관계로, 교환에서 거래로, 그리고 화폐에서 부채로 옮겨 놓고 있다. 교환관계, 교환, 화폐가 순전히 경제적이라면 채무관계, 거래, 부채는 법적이면서 경제적이다.

III. 부채의 생성

매클라우드도 크납도 그들의 부채를 상품과 연결시키지 않았다. 크납은 의도적으로 모든 "경제적 성찰"을 회피했기 때문이고, 매클라우드는 부채를 상품으로 착각했기 때문이었다. 1919년 호트리에게 부채를 상품으로부터 구분하면서도 부채와 상품을 하나의 거래에서 결합하는 일이 남겨졌다.

호트리에 의하면 화폐, 차 수저, 우산과 같이 사람이 만든 인공적인 것들은 이것들이 봉사하는 용도나 목적에 따라 정의되어야 한다. 이것들은 지진이나 미나리아재비와 같이 그것의 정의에 **목적**이 개입되지 않는 자연의 사건이나 물체와 다르다.[125] 상품 경제학자의 주장은 화폐의 일차적인 목적을 가치의 저장, 교환의 매개체, 가치의 척도, 그리고 연기된 지불의 기본단위로 만들었다. 그러나 호트리는 매클라우드 및 크납과 마찬가지로 화폐의 일차적인 목적을 등가가 아닌, 거래에서 발생하는 부채의 해소로 만들었다. 이차적인 목적은 교환의 매개체와 가치척도이므로, "가치의 저장"은 타인이 지고 있는 부채의 시장가치에 불과하다.

상품경제학자들은 자신들의 추정으로 물물교환으로부터 역사적으로 화폐가 발전한 것에 근거해 화폐의 네 가지 기능에 대해 서술했다. 그러나 호트리는 자신이 "논리적인" 기원이라고 부른 것을 "역사적인" 기원과 구분하고 있다. 논리적인 기원은 거래자들 사이에 잔고를 처리하는

··

125) Hawtrey, R. G., *Currency and Credit*(1919). 인용은 2판(1923), 1–16에서. Hawtrey, R. G., *The Art of Central Banking*(1932)도 참조.

"계정의 화폐"로 봉사하는 것을 말한다. 머릿속에서 또는 장부에서 물리적인 존재를 지니지 않으면서도 이것을 처리할 수 있다.

나아가 부채와 지불약속을 구분한다. 부채는 "기본적으로 화폐가 아니라 부를 줄 의무"이다. 이것은 "(노동자가—옮긴이) 제공한 서비스가 (완성된) 생산물을 소유한 사람(자본가)으로부터 이 서비스를 제공한 사람(노동자)에 대해 부채를 생성하는" 생산과정 자체로부터 생긴다. "법적으로 화폐의 사용은 채무자가 거래를 종결할 수 있게 해준다." 또는 크납이 말했듯이, 채무자가 자신의 부채로부터 해방될 수 있게 해준다. 그러나 부채 자체는 채권자가 시장에 가서 시장으로부터 "자신이 받은 구매력이 나타내는 만큼의 부를" 인출하기 전에는 경제적으로 지불된 것이 아니다. 그래서 부채는 타인에게 빚진 "부"이고, 화폐는 부채를 지불함으로써 부를 제공하는 수단이다.

여기서 "계정상의 화폐"가 끼어들게 된다. "만약 채무자로부터 돈을 받는 대신, 그가 다른 어떤 사람에게 적당한 수량의 부를 받고 이 부채에 대한 권리를 넘겨버린다면, 그는 동일한 종착점에 지름길로 가게 된다." 이런 부채의 이전은 그가 한 부류의 사람들이 자기에게 진 부채로 다른 부류의 사람들로부터 상품을 구입한다는 것을 의미한다. 그러나 자신이 거래하는 모든 사람도 자신에게 진 부채를 중개인에게 맡기지 않는다면, 그는 이것을 계속할 수 없다. 이 중개인은 은행가이다. 그리고 이들이 교환을 통해 은행가로부터 받는 은행신용도 "또 다른 채권자에게 이전하는 편리함을 은행가가 허용한다는 점에서만 여타 부채와 다른" 부채에 불과하다. 이들이 은행가에게 가는 것은 "화폐" 때문이 아니라 "계정상의 화폐" 때문이다. 이것은 은행가가 사회 전체를 위해 부채계정들을 유지하고, 이들의 부채를 상호간에 정리하며, 자신의 부채로 잔액을 지불하는 중개인이기 때문이다. 이것이 크납의 지불-사회이다.

그러므로 우리의 경제 이론은 부를 생산하고 획득하는 개인의 자유라는 아담 스미스의 가정이 아니라 부를 생산하고 전달하는 의무라는 호트리의 가정으로 시작한다. 비록 호트리는 자신의 출발점이 지닌 논리적이고 역사적인 함의를 끌어낼 필요가 있다고 생각하지 않지만, 그의 이론과 고전학파 및 쾌락주의 경제학의 차이가 너무 커서 우리는 우리가 생각하는 바대로, 이 대비를 끄집어내야 한다.

아담 스미스에서 개인의 자유는 그에게서 논리적이라는 의미로 "자연적"이었을 뿐만 아니라 역사적으로도 동경하는 개인의 원초적인 상태였다. 그러나 호트리에서는 논리적인 것이 역사적인 것과 구분된다. 개인이 사회의 구성원이 되면서 파생되는 개인의 근본적인 논리적 상태는 자신에게 부를 생산해서 인도하는 서비스를 제공한 생산자에게 부를 인도해야 하는 의무를 지고 있는 상태이다. 부를 인도해야 하는 이 의무는 부채이고, 부채는 법적인 의무에 경제적으로 상응하고, 의무는 부채에 법적으로 상응한다. 스미스에서 부는 다른 상품들을 교환하기 위해 **자유롭게** 생산하리라고 기대되는 다른 사람들이 사용할 수 있도록 **자유롭게** 생산된 상품들이었다. 호트리에게 부는 이미 서비스를 제공했지만 지불받지 못한 다른 사람들이 사용할 수 있게 생산**되어야 하는** 상품들이다. 하나는 개인의 자유이고, 다른 하나는 사회적 의무이다. 전자에서는 부를 생산할 의무가 없으며, 관련된 지위가 개인의 자유 및 노출이다. 후자에서는 부를 생산할 의무가 있으며, 그 지위가 부채라는 제도이다. 스미스에서는 생산이 오로지 교환가치를 창출하고 신용은 전혀 다른 이론에 근거해 시작되어야 하므로, 신용이론이 생산이론과 완전히 분리되어 있다. 그러나 호트리에서는 생산이 그 생산물을 획득하는 사람 측에게 부채를 낳고 생산물을 인도한 사람 측에 신용을 낳으므로, 생산이론은 완전히, 그리고 동시에 생산이자 신용의 이론이다.

호트리는 "근본적인" 것에 대한 자신의 "논리적인" 분석이 역사적으로도 근본적인지를 발견하기 위해 고안된 역사적인 연구로 들어가지 않는다. (스미스는 자신이 논리적이었다고 생각한 것이 논리적이므로 역사적이기도 하다고 가정했다.) 그렇지만 낭만적인 역사가 아닌 역사적인 연구가 호트리의 논리적 기초인 **부채**가 역사적으로도 낭만이 아닌 경제사의 근본적인 출발점임을 보여준다. 원시사회는 부채를 생성하는 방법으로써 때때로 "선물"이라는 제도를 가지고 있었고, 계산화폐까지 제정했다고 알려져 있다. 해소 가능한 부채와 해소 불가능한 부채라는 크납의 구분과 (묵시적) 계약이행, 통용가능성, 그리고 법화 같은 주목할 만한 사법적인 고안물들만 있으면, 생산을 신용과 통일할 뿐만 아니라 역사를 논리와 통일할 경제 이론을 끄집어냈을 것이다.

호트리가 계산화폐, 교환의 매개체, 그리고 가치척도라는 자신의 주요 개념들을 논리적으로 연결시키는 방식을 주목하고, 이 논리가 역사적인 과정과 상관되는 방식을 관찰하면, 이것이 드러날 것이다. 그는 화폐의 논리적인 기원을 "상업과 산업의 현대적인 발전을 모두 갖춘, 완전히 조직되고 문명화된 사회"라고 상정해 시작한 후 "화폐를 사용하지 않는다면, 이런 사회가 어느 정도 존재할 수 있었는지"를 검토하고 있다. 그는 사회의 횡단면으로 시작한다. 화폐로 기능하는 상품이 없는 그런 사회는 "계산화폐"를 채택하리라는 것을 그는 확인한다. 흥미롭게도 현대의 인류학자들은 구성원들 사이의 거래를 위해 정확히 이런 계산화폐를 가지고 있지만, 다른 사회와의 "외부"무역에서는 상품화폐를 사용하는 원시사회들을 실제로 발견했다.[126] 달리 말해, 내부교역에서는 이들이 크납의 지불-사회와 호트리의 계산화폐에 경제적으로 상응하는 것을 창조해서, 현대의 신용사회를 사상하고 스스로 상정한 바에 따라 호트리가 도출한 논리가 상당 부분 원시사회에서 역사적으로 발견된 모습이다. 이 계산화폐를 호트리는 다음과 같이 서술하고 있다.

"재화는 시장에 와서 교환된다. 그러나 교환의 매개체가 없다고 해서, 이들을 반드시 직접 물물교환해야 하는 것은 아니다. 만약 어떤 사람이 다른 사람에게 1톤의 석탄을 팔면, 이것이 구매자로부터 판매자에게 **부채**를 생성한다. 그러나 구매자 자신이 다른 사람에게는 판매자였을 것이고, 판매자 자신도 구매자였을 것이다. 시장의 이런 거래자들이 만나서 자신들의 부채와 신용을 상계할 수 있다. 그러나 이 목적을 위해서는 다양한 재화의 매매를 대표하는 부채들과 신용들을 모종의 공통된 척도로 환원해야 한다. 사실 부채의 측정을 위한 단위는 불가피하다. 상품이 화폐로 쓰이는 곳에서는 이것이 자연스럽게 부채를 측정하는 단위를 제공한다. 화폐가 없는 곳에서는 이 단위가 전적으로 관습을 따라 결정되어 자의적이다. 이것이 기술적으로 이른바 '계산화폐'이다. 화폐가 쓰일 때도 부채를 계산하기 위한 단위가 유통되고 있는 화폐에 정확히 부합되지 않고, 이로부터 어느 정도 벗어나는 경우가 있다. 이런 경우 화폐와 계산화폐의 구분이 실제적인 것이 된다. 표준적인 주화의 가치가 계산화폐로 환산되어 (……) 주어진 부채를 지불하는데 필요한 표준적인 주화의 수량들이 변동할 것이다. 이것이 우리가 가정하는 상황에 근접한다.[127]

126) Turner, G., *Nineteen Years in Polynesia*(1861); Gordon-Cumming, C. F., *At Home in Fiji*(1885); Hoyt, E. E., *Primitive Trade: The Psychology of Economics*(1926); 그리스에서는 이 계산화폐가 소였다.
127) Hawtrey, R. G., *Currency and Credit*, 2.

그렇다면 화폐로 쓰이는 상품도 없고 법화도 없는 상황에서, 이런 계산화폐가 일상적으로 부채의 획일적인 측정단위가 될 수 있도록 이것을 안정화시키는 기제는 무엇인가? 이 기제가 상품을 대신해야 한다. 이것은 관습이든지 은행에 의해 안정화된다. 우리가 주목했듯이, 원시사회에서는 사회의 구성원들 사이에 계산-화폐가 관습에 의해 안정화될 수 있는 데 비해 국제무역에서는 상품화폐가 사용되어 교섭력에 내맡겨진다.

　　그러나 현대사회에서는 상품화폐나 법화가 없는 경우, 계산화폐의 단위를 안정시키는 부담을 은행가들이 떠안게 된다. 호트리에 의하면, "보편적인 지불수단이 법화가 아니라 영란은행권이었던 1797년부터 1812년까지 이것이 영란은행이 15년 동안 활용한 기제였으므로, 그가 서술한 기제는 환상적이지 않다. 영란은행권은 단지 영란은행이 갚을 부채의 증거로서 금이나 어떤 다른 매개체로 지불되지 않는 부채였다."[128] 이것은 은행예치금과 다르지 않은 은행권에 불과해, 이 시기에 상업부채는 화폐는 커녕 화폐를 지불하겠다는 약속도 아닌, 영란은행이 운영하는 계산화폐로 갚았다. 따라서 호트리의 "계산화폐"는 불환지폐이고, 이 계산화폐의 단위가 "종이 파운드"임을 알게 될 것이다.[129] 1931년에 영국과 1933년에 미국이 정화지불을 정지한 후에도 상황은 이와 같았다.

　　화폐나 법화가 없는 경우 이 기제는 크납의 지불-사회와 동일하다. 호트리가 말하기를,

　　"사회 전체의 부채는 은행가의 장부상의 이전이나 은행가의 의무를 대변하

128) *Ibid.*, 13, 14.
129) Cf. Cannan, Edwin, *The Paper Pound of 1797-1821*(1919), xvii-xxix.

는 은행권 등의 서류를 인도해서 해결할 수 있다. 은행가들이 지불능력을 유지하고 있는 한, 이들의 의무가 부채를 해소하는 완전히 적절한 수단을 제공한다. 그 이유는 [매클라우드가 말했듯이] 하나의 부채를 화폐지불로 소멸시킬 수 있지만, 다른 부채로도 이만큼 잘 상쇄시킬 수 있기 때문이다. 물론 만약 은행가 자신이 법원에 기소되면, 제공하라고 그에게 명령할 법화가 존재하지 않는다는 것이 여전히 사실이다. 그러나 그가 지불능력을 가지고 있다면, 그가 다른 은행가로부터 신용을 얻을 수 있다. 사실 어떤 사적인 거래자의 지불능력에 대한 자연스런 시금석은 그가 자신의 부채들을 상환하기 위해 충분한 은행신용을 얻을 수 있는 능력일 것이다. 그리고 은행가의 지불능력에 대한 시금석은 자신의 의무를 다른 은행가의 의무로 즉각 전환할 수 있는 능력일 것이다."[130]

그렇지만 여기서 바로 의문이 생긴다. 만약 우리가 금이나 법화 같은 화폐가 없는 사회를 상정했는데, 지불능력이 있는 은행들의 신용이 화폐와 같은 목적을 수행한다는 것을 확인하면, 우리가 다른 이름으로 화폐를 끌어들여서 우리의 전제에 모순되지 않는가? 아니다. 우리는 법적으로나 경제적으로 화폐와 다른 어떤 것을 끌어들였으므로, 그렇지 않다.

호트리가 말하기를, "(……) 우리는 은행신용을 화폐라고 생각하는 데 익숙하다. 그러나 이것은 단지 일상의 실제적인 목적에는 은행신용과 화폐의 구분이 거의 어떤 중요성도 가지고 있지 않기 때문이다. (……) 은행신용은 부채에 **불과하며**, 은행가가 그것을 다른 채권자에게 이전시키는데 제공하는 편리함에서 다른 부채와 차이가 있을 뿐이다. 상업부채가 은행신용만큼 훌륭한 자산일지는

130) Hawtrey, R. G., op. cit., 4.

모르지만, 누구도 그것이 화폐라고 상상하지는 않는다.[131]

　따라서 우리는 호트리가 원래 상정한 상품화폐도 없고 법화도 없으며 단지 자발적인 계산화폐만을 가진 사회로 되돌아간다. 그리고 금융기제가, 상품화폐나 법화 없이, 부채의 측정과 지불을 위해 계산화폐의 단위를 안정화시킬 수 있느냐는 그의 원래 문제로 되돌아간다.

　부채가 가격과 같은 수량이라는 점 또는 이보다 "부채의 크기를 결정하는 것"이 가격의 기능이라는 점이 드러난다. 따라서 부채측정의 단위는 부채의 크기를 결정하는 가격측정의 단위와 동일하다. 그 이유는 호트리가 가격이 상품과 교환해 얻는 다른 재화들의 수량이고 그 재화들 중 하나가 상품화폐라고 보는 상품의 관점에서 가격을 바라보지 않기 때문이다. 그는 거래적인 관점에서 가격이 거래대상자들이 생성한 법적으로 인정된 의무라고 본다. 이것은 관습법의 **묵시적 계약에 의한 이행**의 사상으로부터 16세기에 발생한 현대적인 계약사상의 한 요소로 자라났다. "(……) 어떤 상품의 가격이 시장에서 기록되면서, 그것을 받아들이면 상품구매자로부터 판매자에 대한 부채를 생성하는 그런 제안을 이것이 구성한다. 이런 가격의 기능은 이 부채의 크기를 결정하는 것이다."[132]

　그래서 호트리가 상정한 상품화폐나 법화 없이 부채 잔고를 처리하기 위해 계산화폐만을 지닌 사회는 단순히 신용과 화폐의 차이를 예시하는 논리적 장치가 아니다. 그것은 계약을 해석하고 이행하는 데서 법적인

⋮

131) *Ibid.*, 5.
132) *Ibid.*, 5. 물론 여기서 호트리는 부채의 크기가 지닌 한 차원에 대해서만 말하고 있다. 다른 차원은 가치의 다른 차원이다.

안전과 구분되는 경제적 안전을 확보하기 위해 법원이 불안정한 계산화폐 이상의 것을 필수적으로 가지고 있도록 만든 "역사적" 상황의 "논리"이기도 하다. 어떻게 이것이 역사적이 아니라 논리적으로 발전하는지를 호트리는 다음과 같이 설명한다.

부채의 측정단위가 가격의 측정단위이므로, 그것은 불가피하게 "가치"의 측정단위이기도 하다. (경제적인 의미의 가치로) 모든 상품의 상대적인 가치들은 그것들의 상대가격으로 측정된다. 그리고 각 상품의 가격은 이 단위와 대비해 그것의 가치를 측정한다."

여기서 가치라는 용어는 교환가치라는 경제적인 의미로 쓰였다. 한 상품의 가격은 그것이 화폐와 교환되는 가치이다. 즉 그 상품의 한 단위가 시장에서 교환될 계산화폐의 수량이다.

"가치가 교환가치를 의미하는 한, 어떤 상품이든 계산의 화폐적인 단위이든, 어떤 것의 가치는 언제나 비율, 즉 다른 어떤 것으로 따진 가치일 수밖에 없다. 모든 상품이 이 단위로 가치를 지니는 것과 같이, 계산단위도 각 상품으로 따진 가치를 지닌다. 그것은 예를 들어 한 벌의 바지나 1톤의 석탄의 등가물이다."[133]

따라서 바지 한 벌이나 석탄 1톤의 "가격"은 통상적인 화폐단위로 표시된 이 바지나 석탄의 "가치"이기도 하다.

여기서 우리는 가치가 가격이라는 단위당 가치와 그 가격에서 이 상품 특정 수량의 가치라는 이중적인 의미를 지닌다는 점을 주목하게 될 것이다. 우리는 이 의미들을 가격과 수량 및 가치로 구분했다. 이 두 가지 의

••
133) *Ibid.*, 5-6.

미로부터 가치의 세 번째 의미인 상품가격의 평균을 구분하게 될 것이다. 이 세 번째 의미는 "가치단위의 중요 요건이 안정성"이라는 사실에서 발생한다. 따라서 이 세 번째 가치의 의미는 모든 가격의 평균인데, 호트리는 이에 대해 다음과 같이 설명한다. "단위의 가치가 변동하지 않아야 한다고 말하는 것은 전적으로 아주 훌륭하지만, 단위의 가치에 대해서는 유일한 해석이 존재하지 않는다. 석탄으로 따진 그것의 가치는 안정적인 데 비해 바지로 따진 그것의 가치는 오르거나 내릴 수 있다." 그러나 이 것은 상정된 계산단위뿐만 아니라 상품인 금에 대해서도 마찬가지로 타당하다. "만약 우리가 그 단위로 계산한 상품들의 **모든** 가격이 함께 오르는 경향을 지적할 수 있다면, 이것은 이 단위 가치가 하락하고 있음을 의미한다. 그리고 모든 가격이 내리는 경향은 그것의 가치가 상승하고 있음을 의미한다."[134] 즉 만약 모든 가격의 평균이 오른다면 화폐단위의 가치가 하락하며, 반대로 가격의 평균이 내려간다면 이 단위의 가치가 상승한다. 이것은 화폐단위에 대해서만큼 화폐가 없는 경우 계산단위에 대해서도 타당하다.

그렇다면 만약 화폐는 없고 부채 잔고를 지불하기 위한 계산단위만 가지고 있다면, "비록 그것의 가치가 어떤 특정 상품과의 등가성으로 억제되지 않는다고 하더라도, 일상적으로 단위를 계속 사용한다는 사실 자체만으로 상품들로 표시한 그것의 가치가 어느 방향으로든 부적절하게 변동하는 것을 방지하는데 충분한가?"

이에 대답하려면 신용기제가 어떻게 작동하는지 보아야 한다. "은행가가 빌려주면, 우리는 그가 신용을, 또는 '하나의 신용'을 주거나 창출했다

134) *Ibid.*, 6.

고 말한다. 이것은 느슨한 방식으로 이중적인 거래를 서술하는 것이다."
실제로 일어나는 일은 "두 개의 신용이나 부채가 진정으로 창출된다"는
것이다. 이들 중 하나로, 요구에 응해 지불이 가능한 은행가의 신용 또는
"은행신용"은 고객의 재산이다. 이 재산을 고객은 "예금"으로 소유하며,
고객은 상품을 받고 제삼자에게 빚진 만큼의 부채를 은행가가 이 다른
사람에게 지불하도록 명령하는 형식으로 이것을 사용한다. 은행가에 대
한 고객의 부채인 다른 부채는 "만기가 될 때까지 이자와 할인을 낳기 때
문에 은행가의 이윤을 제공한다."[135]

고객은 은행가에게 지불가능한 자신의 부채를 창출함으로써 자신에
대한 은행 부채 중 얼마만큼을 구입할까? 그가 재화의 구매자라면, 무엇
보다 "당시 지배하는 시장가격에 따라 움직일 것이다." 그리고 만약 제조
업자라면, 자재와 노동에 대해 지불해야 할 지배적인 가격들에 따라 움
직일 것이다. 그는 자신의 부채를 생성해 자신이 재화를 생산하는 시점
과 시장에서 상품의 구매자들로부터 대금을 지불받을 시점 사이의 시간
동안에, 자신의 앞선 생산자들에게 지불하는 데 필요할 만큼의 은행신용
을 살 것이다. 그러나 이 구매자와 이 상품에 대한 그이후의 연이은 도
소매 구매자들도, 자신들의 대금지불을 위해 부채를 생성해 은행가의 부
채들을 구입해야 할 것이다. 그리고 최종소비자가 지불할 때까지 이것이
이어질 것이다.

그러나 다른 한편으로 이 최종소비자는 은행의 고객들이 은행에서 빌
리고 있는 이런 신용들로부터 자신의 구매력을 지속적으로 받아들이고
있다. 이들의 구매력 공급은 이 은행신용들에 의해 규제된다. 실제로 그

∙∙
135) *Ibid.*, 10.

것은 이들의 제품이 팔리기 전에 은행가들이 상인들과 제조업자들에게 미리 지급해주는 바로 그 신용들을 통해 이들에게 실제로 지불된다. 비록 임금소득자와 같은 최종 소비자들이 은행에서 빌리지는 않지만, 이들의 고용주들이 이들을 위해 빌리고 있다. 그렇기 때문에 노동자들이 궁극적인 소비자로서 완제품에 대해 지불하기 이전에, 이들이 수개월 또는 심지어 수년 동안 그들의 노동에 대해 지불할 수 있다.

결과적으로 현재의 시장가격에서 소비자의 구매력을 위한 금융을 제공하는 데 필요한 것은 단지 은행들이 매일 생성하는 바로 그 새로운 신용으로 그들의 고객들이 계속 매일 지불하고 있는 더 오랜 신용을 대신해줄 새로운 신용을 충분히 계속적으로 매일 생성하는 것이다. 이것은 회전을 그리는데, 이는 은행들이 예금부채를 만들어주어, 고객들의 상업부채를 구입해서 같은 고객들이 나중에 고객들의 상업부채를 지불할 동일한 수량의 새로운 은행신용을 창출함으로써 자신의 상업부채를 덜어내는 무한한 회전이다. 이것은 화폐시장에서 부채를 생성하고 해소함으로써 상품시장에서 재화에 대한 가격을 지불하는 연속적인 회전이다.

모든 가격이 오르거나 내리는 경향 없이 이것이 매일매일 이루어지면, 화폐적인 계산단위의 가치를 안정적으로 유지하는데 연속성의 원리로 충분하다. 이 "신용장치의 일상적인 움직임은 (……) 새로운 차입이 대금을 지불하는 데 전체적으로 충분하고 충분한 수준 이상이 아니라는 데 달려 있다. (……) 이것을 인정하면, 이 장치의 모든 다른 부분의 안정성은 따라온다."[136]

그러나 우리의 출발점인 계산단위의 가치 안정성은 어떻게 되는가?

••
136) *Ibid.*, 11.

이런 일상적인 움직임이 중단된다고 해보자. "만약 화폐단위가 안정적인 가치기준이 될 것임을 우리가 증명하려면, 외적인 교란에 노출되는 경우 이 단위가 그것의 이전 가치로 되돌아간다는 것 또는 어떻든 과거의 가치와 크게 다르지 않은 상대적으로 안정적인 새로운 가치에 이르게 된다는 것을 우리는 보여야 한다.[137]

이 점에 대해 새로운 차입이 줄어들어 생기는 교란을 먼저 고려해보고, 이어서 새로운 차입을 늘어나서 생기는 교란을 고려해보자.

만약 상인이 제조업자에게 주문을 줄이거나, 대출자가 상품과 노동을 위해 신용을 지출하지 않고 부채를 줄이면 차입이 줄 것이다. 후자의 경우 소비자는 상품을 적게 구입할 것이고, 어떤 경우든 "새로운 신용생성의 둔화는 제조업자에 대한 주문의 감소를 의미한다."[138] 이것이 점점 더 큰 동심원을 그리면서 번져나가 "신용에 대한 원래의 제한이 반복되고 확대되는 경향을 보일 것이다."

그러나 교정하는 경향이 곧 작용하기 시작한다.

"신용의 제한은 은행가들의 사업이 제한됨을 의미한다. 은행가들은 결과적으로 그들의 이윤 감소에 순종할 의사가 없을 것이므로, 고객들이 차입하도록 유혹할 것이다. 실제로. 이들은 부과하는 이자를 줄일 것이다."[139]

∴

137) *Ibid.*, 11.
138) *Ibid.*, 11.
139) *Ibid.*, 12.

그렇지만 은행가의 의사 말고도 이자율을 줄이는 것이 있다. 경제적 강제도 그런 것이다.

"신용의 축소는 상품에 대한 수요를 위축시킨다. 이런 수요의 위축은 가격의 하락을 낳는다. 상인들은 자신들이 보유하고 있는 동안 재화들의 재고가 가치를 잃고 있음을 발견하게 될 것이다. 그리고 이런 가치 상실은 이 재고구입을 위한 차입금에 대한 이자의 출처인 이윤을 감소시킬 것이다. 그러므로 가격하락 자체가 차입을 덜 매력적으로 만들어 대출자가 지불할 의사가 있는 이자율을 줄인다. 따라서 은행가들은 고객들이 그들의 재화 회전이 정당화할 축소된 규모로 계속 차입하도록 유도하기도 전에 자신들이 부과하는 이자율을 줄여야 한다. 그리고 만약 이 고객들이 차입을 늘리도록 유혹하려면, 이자율을 이 낮은 수준보다 더 낮추어야 한다.[140]

그러나 이런 조치들이 차입을 북돋우지 못한다면, 가격들은 어디까지 내려갈까? 실망한 상인들이 "단지 자신들의 사업이 살아 있도록 유지하기 위해" 어떤 조건으로라도 차입하려고 들기 때문에 신용운용이 완전히 없어지지는 않는다. 그래서 과거의 일상적인 작동이 되살아날 것이지만, 낮은 가격 수준에서, 즉 화폐단위가 더 높은 가치를 지니는 수준에서 되살아날 것이다. 그리고 "그것이 자동적으로 종전의 가치로 돌아가는" 경향은 전혀 없다. 새로운 차입을 줄이는 새로운 교란으로 이것이 계속 더 내려갈 수 있다.

그렇지만 반대의 교란, 즉 신용의 팽창을 초래하는 것을 검토해보자.

••
140) *Ibid.*, 12.

"(……) 이 움직임은 그 범위에서 더욱 무제한적이다. 이기심이 모험적인 상인들에게 더욱더 빌리고 동시에 모험적인 은행가들에게 더 빌려주도록 추동한다. 왜냐하면 각자에게 운용하는 신용의 증가는 사업의 증가를 의미하기 때문이다. (……) 물가 상승은 주어진 재화를 산출하는데 필요한 자금을 공급하기 위한 차입금의 비례적인 증가를 초래한다. 이는 산출의 증가가 필요하는 증가를 넘어서는 것이다. (……) 이 과정은 언제 끝나는가? 신용감축의 경우에는 은행가들의 사익과 상인들의 고통이 합쳐져, 종전의 수준까지는 아닐지라도 신용창출을 회복시킨다. 그러나 신용팽창의 경우에는 어떤 교정적인 영향력이 작동하지 않는다. 신용의 무제한적인 확장이 상인과 은행가 모두의 즉각적인 이익에 합치되는 것 같다."[141]

다시금 계산화폐의 가치표준이 완전히 상실된다. 여기서 화폐 자체가 끼어든다. 첫째, 화폐가 은행가와 고객 모두에게 부채의 법적인 해소를 위한 수단으로서 끼어든다. 이것이 그것의 일차적인 목적이다. 은행가의 계정이 그 자체로 부채를 해소하는 법적인 수단이 아니므로 "은행가들의 의무는 화폐를 지불하는 것이다."

둘째, 화폐가 교환의 매개체로서 끼어든다. "그 이유는 구입하면 부채가 생기고 화폐가 부채를 지불하는 수단을 제공하기 때문이다. 현금으로 지불하면 부채는 **즉각적으로** 해소된다." 따라서 "교환의 매개체"는 법적, 그리고 경제적 의미에서 부채의 생성과 즉각적인 해소이다. 만약 이 매개체가 은행신용이면, 그것은 자발적인 수용으로 해소되고, 그 매개체가 화폐이면 강제적인 수용으로 그와 같이 된다.

••
141) *Ibid.*, 12, 13.

셋째, 화폐가 가치의 척도로 끼어든다. "즉각 만료되는 부채의 가치는 반드시 이것을 법적으로 지불하는 수단의 가치와 동일하다. 그래서 신용을 안정화하는 문제는 화폐가치를 안정하는 것과 동일하다."[142]

이렇게 호트리는 매클라우드와 크납뿐만 아니라 맑스와 프루동이 시작한 법적인 문제의 경제학을 완성하고 있다. 이것은 **재산**과 **가격**의 의미에 의존한다. 맑스와 프루동에서는 재산의 의미가 고전 경제학자 및 쾌락주의 경제학자의 의미와 같아서, 이 세상에 대항해 자신만이 사용할 수 있도록 물리적인 물체를 배타적으로 보유하는 것을 뜻했다. 매클라우드는 "무체 재산"의 법적인 의미, 즉 한 사람이 다른 사람에게 지고 있는 부채를 추가했다. 그러나 이 부채가 융통가능성이라는 법적인 고안으로 상품처럼 매매될 수 있기 때문에, 그는 이것을 상품과 같이 취급했다. 따라서 영국 관습법의 기술적인 우연으로 인해, 그는 부채를 그것의 안전이나 판매가 부채를 낳는 물리적인 상품에 중첩된 상품으로 만들었다. 그는 상품시장과 부채시장이 동일한 시장의 두 가지 측면에 불과함을 관찰하지 못했기 때문에 이같이 했다.

이어 크납은 자신의 지불-사회라는 개념으로 상품시장이 아니라 부채시장의 원리를 발전시켰다. 마지막으로 호트리는 현대 사업상 거래의 각 단계를 상품시장과 부채시장 모두에서 추적함으로써 이 두 가지를 가격의 이중적인 측면으로 묶었다. 이런 가격은 화폐시장에서 부채의 크기를 결정하는 상품시장의 가격이다. 매클라우드가 부채의 이전에 적합한 융통성이라는 법적인 고안을 도입하는 데 그친 법적인 측면에, 호트리는 부채 자체의 생성에 적합한 묵시적 계약의 이행이라는 초기의 법적인 사

••
142) *Ibid.*, 16.

상을 덧붙였다. 이 사상이 현대에 발전해 모든 시장에서 거의 모든 거래의 기반이 되었다. 또한 이것이 사실상 상품시장에서 가격을 제안하고 수락함으로써 그 가격에 부채를 생성한다는 가정이 된다. 화폐시장에서 이 부채의 융통가능성이 매클라우드의 관심을 끌었고, 은행 사무실에서 부기로 이 부채를 청산하는 것이 크납의 관심을 끌었다.

그래서 상품이 아니라 부채가 상호의존적인 함수관계에 부의 생산, 부와 화폐의 상대적인 희소, 그리고 재산법을 결합한 과학의 주제가 되었다. 호트리에서 은행가의 부채 또는 화폐로 쓰이는 이른바 "예금통화"는 은행가의 장부에서 신용과 부채의 움직이는 계정이므로, 우리는 그것을 유효하게 만드는 행위로 그 이름을 지어 인출화폐라고 부른다. 그래서 이제 화폐는 금속화폐, 지폐, 그리고 인출화폐로 세 가지 종류가 된다.

1919년에 호트리는 생산자의 이런 단기적인 부채와 은행가의 만료된 부채를 다루어, 화폐개념을 "계정에 대한 인출" 개념으로 바꾸었다. 역사적인 이행 자체를 따라 우리는 금속화폐시대의 경제학자들인 흄과 튀르고로 돌아갔다가, 인출화폐와 계산화폐의 중앙은행이 지배하는 시대의 경제학자인 카셀, 빅셀, 미제스(Ludwig von Mises), 하이에크(Friedrich Hayek), 케인즈 그리고 피셔로 나아간다.

IV. 부채의 희소

1. 금속화폐의 희소

로크부터 스미스, 리카도, 맑스, 프루동에 이르는 노동경제학, 그리고 효율과 희소로 끝난 벤담부터 멩거, 뵘바베르크에 이르는 심리경제학과 동시기에 흄부터 튀르고, 매클라우드, 시즈위크, 제번스, 카셀, 빅셀, 크납, 호트리, 그리고 피셔를 거쳐 부채의 미래성 개념으로 끝나는 화폐주의 경제학이 발전해왔다.

1752년에 흄은 **중상주의**에 대한 공격을 통해 이후 여러 학파의 경제학자들을 상품이론가와 화폐이론가로 분리하는 데 쓰일 세 가지 생각을 도입했다. 첫째는 **변화**와 **안정**의 구분이고, 둘째는 **희소와 관습**의 구분이며, 셋째는 화폐에 대한 이자와 자본에 대한 이자의 등가성이다.

상품과 노동에 대비한 화폐공급의 **변화**와 화폐공급의 **안정**에 대한 흄의 구분은 아직 수리적으로 변화의 상대성을 다룰 준비가 되어 있지 않은 후대의 물리적인 경제학자들이 시대를 관통하는 불변의 가치척도로 노동이 화폐를 대신하도록, 그래서 효율을 희소와 혼동하도록 이끌었다. 그 후 존 스튜어트 밀이 조용히 가치척도로 노동을 화폐로 대체했을 때, 화폐는 이미 금속화폐에서 부채-화폐로 바뀌었다. 그런데 밀에게는 이것이 경제학에 대한 그의 일반이론 밖에 있는 심리적인 어떤 것이었다. 흄은 오로지 금속화폐를 다루고 있었다.

그가 말하기를, "(……) 이전보다 더 많은 화폐가 유통되고 있는 모든 왕국에는 모든 것이 새로운 모습을 지니게 된다. 노동과 산업이 생명을 얻고, 상인이 더 도전적으로 되며, 제조업자는 더 부지런하고 능숙해지며, 농부조차도 더 민첩하고 주의 깊게 쟁기질을 한다. (……) 비록 상품이 비싸지는 것이 금이나 은의 증가로 인한 필연적인 결과이지만, 금이나 은이 증가하면 즉각적으로 상품이 비싸지는 것이 아니다. 이 화폐가 국가 전체를 돌아서 모든 계층의 사람들이 그 효과를 느낄 때까지는 어느 정도 시간이 필요하다. 처음에는 어떤 변화도 감지되지 않을 것이다. 처음에 한 상품의 가격이, 이어 다른 상품의 가격이 오르는 식으로 차차 가격이 오른다. 그리고 마침내 전체가 왕국 내에 있는 새로운 정화의 수량에 정확히 비례적인 수준에 이른다. 내 의견으로는 금과 은의 수량 증가가 산업에 유리한 것은 오로지 화폐의 획득과 물가 상승 사이의 간격 또는 중간적인 상황에서이다." 흄은 말하기를, 다른 한편으로 "금과 은이 증가할 때 이 간격이 유리한 것만큼 금과 은이 감소할 때 이 간격이 산업에 해롭다. 노동자는 시장에서 모든 물건에 대해 동일한 가격을 지불하면서도, 제조업자와 상인으로부터 같은 일자리를 얻을 수 없다. 농부는 지주에게 동일한 지대를 지불해야 하지만 자신의 밀과 가축을 처분할 수 없다. 가난, 구걸 그리고 나태가 이어지리라는 것을 쉽게 예측할 수 있다."[143]

화폐의 희소에 생기는 이런 변화들은 상품과 노동의 가격변동으로 그 효과를 소진했다. 상품의 저축과 그 결과인 이자율을 결정하는 것은 국민의 "범절과 관습"이었다. "땅에 대한 이익만을 지닌 국가에서는, 검소함이

• •

143) *The Philosophical Works of David Hume* (Green, T. H. and Grosse, T. H. 판, 1898 신규 인쇄) III, 313, 315(Essays, Moral, Political, and Literary, 1752 초판 "Of Money," Of Interest, "Of Balance of Trade").

거의 없기 때문에, 빌리려는 사람이 매우 많고 이자율이 이에 비례해 유지될 수밖에 없다." 그는 이것을 상업 및 제조업의 사회와 대비시켰다.

"모든 산업의 직업들이 검소함을 낳고 이익에 대한 사랑이 즐거움에 대한 사랑을 압도하게 만든다는 것은 잘못될 수 없는 결과이다. (……) 다수의 대부자들을 지니는데, (……) 귀금속이 많다고 충분한 것도 아니고 이것이 필요한 것도 아니다. 많든 적든 국가 안에 있는 그 수량에 대한 소유나 지배가 특정 사람들의 손에 모아져 상당한 수량을 형성하거나 화폐에 관한 이익을 구성해야 한다. 이것이 많은 대부자를 낳고, 대부 이자율을 낮춘다. 그리고 이것은 (……) 정화의 수량이 아니라 정화가 상당 가치를 지닌 분리된 수량이나 덩어리로 모이게 만드는 범절과 관습에 달려 있다. (……) 많은 화폐가 낮은 이자율의 원인이라고 주장해온 사람들은 부수적인 결과를 원인으로 착각한 것 같다. 이자율을 낮추는 산업이 흔히 풍부한 귀금속을 필요하기 때문이다. 여러 가지의 정교한 제조업이, 경계심이 많고 도전적인 상인들과 함께, 화폐가 세계 어디에 있든 어디서든지 이것을 곧 국가로 끌어올 것이다. (……) 많은 화폐와 낮은 이자율이라는 두 결과는 모두 상업과 산업에서 발생하지만 서로 전적으로 독립적이다." 화폐량의 다과는 "이자에 아무런 영향을 미치지 않는다. 그러나 노동과 상품의 축적량이 많거나 적은 것은 커다란 영향을 미칠 수밖에 없다. 우리가 이자에 근거해 돈을 받을 때 우리는 실제로 사실상 이것들을 빌리기 때문이다."[144]

이것이 화폐를 저축되는 물적인 재화의 등가물로 취급할 뿐만 아니라 그렇게 저축된 재화에 대한 이자인 물적인 재화의 등가물로 취급하는 흄

∴
144) *Ibid.*, III, 325-328.

의 세 번째 생각으로 이어진다.

> "만약 당신이 나에게 얼마만큼의 노동과 상품을 빌려주면, 5%를 받음으로
> 써, 노란 주화와 하얀 주화, 파운드와 온스의 어느 것으로 어떻게 대신하든, 당
> 신은 언제나 비례적으로 노동과 상품을 받는 것이다."[145]

달리 말해, 만약 **자본**으로 기능하는 상품이나 노동에 보다 높거나 낮
은 가격을 지불하면, 자본에 대한 이자로 기능하는 상품과 노동에 대해
서도 똑같이 높거나 낮은 가격을 지불해야 한다. 따라서 화폐의 풍부함
이나 희소함이 상품과 노동의 가격에 변화를 초래하면서도, 이자율에
는 변화를 초래하지 않는다. 생활 수준의 변화가 이자율의 변화를 초래
한다. 흄의 분석은 중상주의의 실수를 드러내 무역의 역조에 대한 중상
주의의 두려움을 완화시키는 방향으로 나아갔다. 상품의 수입액이 상품
의 수출액을 넘어설 때, 일국이 세계의 금은 중 자신이 차지할 적절한 몫
을 잃을까 두려워할 필요가 없다. 정화의 유입과 유출에 따라 국내물가
가 각기 상승하거나 하락하므로, 모든 "인접 국가가 각국의 산업과 기술
에 비례해 화폐를 보유하게 될 때까지" 교정이 이루어질 것이다. 만약 영
국의 화폐량이 수입상품의 대금을 지불하기 위한 화폐의 유출로 줄어든
다면, 노동과 상품의 가격이 하락할 것이다. 그러면 타국들이 "우리가 잃
어버린 화폐를 되돌려 보내" 영국의 물가를 국제적인 수준으로 끌어올릴
것이다. 그리고 물가는 이 국제적인 수준 이상으로 영원히 올라가지 않
을 것이다. 그 이유는 "인근의 어떤 국가도 우리로부터 살 여유가 없는

..

145) *Ibid.*, III, 322.

데 비해, 다른 한편으로는 만들 수 있는 온갖 법을 만들더라도 그들의 상품은 상대적으로 너무 싸져서 우리에게 몰려들고, 우리의 돈은 흘러나갈 것이기 때문이다."[146]

비록 흄의 주장은 귀금속을 얻기 위한 중상주의의 국제적인 투쟁과 관련된 것에 국한되어 있지만, 거의 200년 동안 그의 세 가지 새로운 생각들이 이후 등장한 경제학파의 경제학자들을 상품이론가와 화폐이론가로 나누는 데 봉사했다. 상품의 측면에서, 만약 화폐가 실질자본과 실질이자의 변동하는 거울에 불과하다면, 화폐는 명목적이어서 완전히 제거되어야 하고, 물리적 성격, 노동 그리고 상품에만 주목하면 된다. 이 학파는 케네, 스미스, 맑스에서 뻗어 나와 최근의 경영학자들에게까지 이른다.

그러나 화폐의 측면에서는, 화폐량의 **변동**이 산업을 자극하거나 억제시키는 효과를 가지는 경우, 화폐는 명목적이지 않으며 생산, 축적, 판매전략, 그리고 소비를 결정하는 모든 거래에서 인과적인 요인이 된다. 화폐이론가들의 학파는 케네에 대한 튀르고의 수정에서부터 시작해 금을 중앙은행에 가두어 금속화폐가 사라지는 것으로 끝난다. 이 이론들에 있어 특징적인 움직임은 흄의 금속화폐로부터 매클라우드의 융통가능한 부채로의 움직임과 간헐적인 변동으로부터 영속적인 변동으로의 움직임이다.

..

146) *Ibid.*, III, 333.

2. 자본과 자본들

중농주의자들 중 가장 현명했던 안느 로베르 자끄 튀르고와 프랑스 대혁명의 관계는 존 로크와 영국혁명의 관계와 같다. 튀르고는 볼테르, 흄, 그리고 케네의 친구이자 추종자였고, 아담 스미스가 프랑스에 머무는 동안 방문을 받았으며, 빈곤해진 프랑스 한 지역의 지사이자 개혁자였다. 그는 재무성 장관이었지만 공공지출의 부담을 지주 귀족층에게 전가한다고 해임되었다. 그렇지만 그러면 살려주었을 사람들이 혁명으로 단두대에서 사라진 지 15년 뒤인 나중에, 그의 개혁은 다시 시행되었다.

튀르고는 자신의 이론을 실행하는 사람이었다. 혁명이 일어나기 25년 전, 아직 지역의 통제관이었을 때, 그는 초고에 자신의 개혁과 고전적이거나 쾌락주의적인 상품 경제학자들을 계승한 현대적인 화폐이론에 대한 자신의 이론적 기초를 서술했다.[147] 상업은행, 주식거래소와 기업조직의 시대에 앞선 시대로서 은이 화폐였고, 토지재산이 "큰 사업"이었으며, 봉건주의가 자본주의가 되고 있었던 시대에, 그는 얽혀 있는 화폐, 가치, 자본, 이자, 상품시장, 그리고 화폐시장을 풀어헤쳤다.

그가 말하기를, "상품시장에서[시장에서au marché] 어떤 수량의 밀은 어떤 무게의 은에 대비해 측정된다. 대부시장[대부의 상업commerce du pré]에서는 측정 대상이 특정 수량의 가치들에 대한 어떤 시간 동안의 사용이다. 첫 번째 경우 특정 양의 은이 특정 양의 밀과 비교된다. 두 번째 경우에는 특정 양의 가치들을 자체의

---

147) Turgot, A. R. J., *Reflections on the Formation and Distribution of Riches*(1898 번역). 인용은 번역본에서 했으나 1788년의 불어판을 나의 해석에 따라 변경했음.

특정 비율과 비교하는데, 여기서 후자가 특정 기간 중 가치량을 사용한 가격이다."
이 시간당 가격이 이자이다.[148]

카셀은 이 서술에 대해 말하기를, 이자가 "화폐의 가격"이라는 오랜 생각을 거부하고 이자를 "특정 시간 동안 특정 양의 가치를 사용한 데 대한 가격"으로 정의함으로써, 튀르고는 "명백함과 확연함에서 나중에 능가할 수 없는 하나의 공식"을 만들어냈다.[149] 그렇다면 이자라는 가격을 지불하며, 튀르고가 "특정 수량의 가치들"이라고 부른 이 "대상"은 무엇인가? 그것은 매클라우드가 부채의 무체적인 속성과 토지의 유체적인 속성으로 구분한 두 가지 측면을 지니고 있다. 전자는 은의 가치를 사용한데 대해 은을 지불하겠다는 법적인 약속이다. 후자는 토지의 수확을 가질 권리이다.

"6마리의 양을 연간 순소득[수입un revenu]으로 생산하는 일정 면적의 토지는 그 가치에 상응하는 양의 숫자로 언제나 표현할 수 있는 어떤 가치로 팔릴 수 있다. (……) 그렇다면 토지재산[기금un fonds]의 가격은 단순히 연소득에 몇 배를 곱한 것이다. 가격이 120마리이면 20배이고, 180마리이면 30배이다. 그래서 토지[des terres]의 현재 가격은 그 재산[fonds]의 가치와 연소득의 비율에 의해 스스로 규제된다. 그리고 연소득에 대한 재산가격의 비율은 몇 년치의 구매[토지가격의 배수le denier du prix des terres]라고 부른다. 토지가 그것의 연소득의 20배, 30배, 40배로 팔리면, 토지는 20년짜리[20배le denier vingt], 30년짜리,

··

148) *Ibid.*, Sec. 78.
149) Cassel, G., *The Nature and Necessity of Interest*(1903), 20.

40년짜리 등으로 팔리는 것이다."[150]

　튀르고는 토지(fonds)의 이 구매가격을 "특정 수량의 가치"라고도 불렀고, 연 6마리의 양은 소유자가 받는 이 수량의 어떤 비율이었다. 예상되는 연소득을 구성하는 양의 숫자와 "가치의 수량"을 구성하는 토지에 지불하는 양의 숫자 사이의 비율이 토지를 구매하기 위해 원래 필요했던 양의 숫자에 대해 소유자가 받는 "연간 가격"이다.

　이자와 자본 사이의 이런 비율을 결정하는 것은 무엇인가? 그것은 수요와 공급이다. 이 비율은 "토지를 팔거나 사려는 사람의 숫자에 따라 변동해야 한다. 이것은 거래되는 다른 모든 물품의 가격이 수요와 공급의 비율이 변동하면서 변하는 것과 같다." 그래서 만약 토지의 구매자가 지불하는 "가치의 수량"이 양 120마리이고 그가 받는 연수입이 6마리이면, 토지를 구입하면서 자신의 120마리 양을 사용하는 데 대해 구매자가 받는 가격은 연간 100마리당 5마리인 20분의 1이다. 그러나 토지구매자들의 경쟁으로 연간 6마리의 예상수입에 대해 가치덩어리가 180마리로 오르면, 가격은 연간 100마리당 3마리가 된다. 구매자가 이 예상수입에 대해 120마리에 상응하는 "가치덩어리"를 지불하면, 판매자는 연간 100마리당 5마리라는 기대를 버리게 된다. 또는 경쟁으로 구매자가 180마리에 상응하는 "가치덩어리"를 지불하게 된다면, 동일한 판매자가 연간 100마리당 3마리라는 기대를 포기한다.

　끝으로, 흄이 그랬듯이 튀르고는 대부자금, 토지, 그리고 연간 수확을 등가의 은으로 바꾼다.

∵

150) Turgot, A. R. J., *op. cit.*, Sec. 57.

"상품시장에서 2만 온스의 은이 2만 단위의 밀과 등가이든 단지 1만 단위의 밀과 등가이든, 만약 이자가 20년짜리 구매[20배au denier vingt]라면, 그해에 2만 온스의 은을 대부시장에서 사용하는 것은 원금의 20분의 1, 즉 1,000온스의 은과 같은 가치를 지닌다."[151]

달리 말하면, 부셸당 밀의 가격이나 마리당 양의 가격이 1온스의 은인가 2온스의 은인가는 이자율에 차이를 낳지 않는다. 그 이유는 이자율이 은의 **사용**에 대해 은으로 지불하는 가격이고, 전자는 상품이나 토지를 구입하기 위해 은 자체를 **사용**하면서 대출자가 지불하는 가격이기 때문이다. 만약 상품의 가격이 두 배가 되면, 이자율은 그대로 있다. 그 이유는 이자율이 두 가지 수량의 화폐들 사이의 비율인 데 비해, 가격은 화폐의 수량과 화폐가 아닌 물체의 수량 사이의 비율이기 때문이다. 전자는 대부시장에서 자본과 이자의 관계이고, 후자는 상품시장에서 구매와 판매의 관계이다.

같은 원리가 모든 종류의 제조업과 모든 부문의 상업에서도 타당하다. 이것이 "자본"과 "자본들"에 대한 튀르고의 구분이다. "자본"은 기업가와 대부자가 미리 지급한 "가치의 수량"이지만, "자본들"은 이같이 선급한 "축적된 부들의 덩어리"이다. 이 구분은 한 세기하고도 사반세기가 지난 후 클라크가 제시한 "자본기금"과 "자본재의 흐름"이라는 구분과 비슷하다. 튀르고에 의하면 자본은 자본기금(fonds)이지만, 자본들은 자본재들이다. 클라크가 효용으로 측정했던 것을 튀르고는 양이나 은으로 측정했다. 튀르고에게서 이들은 동일한 가치의 덩어리이지만, 자본은 재화

151) *Ibid.*, Sec. 78.

를 구입하는 화폐의 가치인 데 비해 자본들은 이 돈으로 구입하는 동일한 가치의 재화들이다.

저축과 투자에 대한 그 자신의 구분과 함께 바로 이 구분이 케네의 "화폐의 순환"에 대한 "진실된 생각"을 튀르고에게 제공한 것이다.

그가 말하기를 화폐의 순환은 "자본들이나 움직일 수 있는 축적된 부들의 덩어리를 낳는다. 이들은 앞서 사업가들이 이 서로 다른 노동들에 각기 선급한 것인데, 매년 일정한 이윤과 함께 이들에게 되돌아와야 한다. 그렇지만 자본은 같은 사업들이 지속되면서 다시 투자되고 새로이 선대될 것이다. 그리고 이윤이 사업가들에게 어느 정도 안락한 생계를 제공할 것이다. 이 선대와 지속적인 자본의 귀환이 화폐의 **순환으로 불러야** 할 것을 구성한다. 이 순환은 사회의 모든 노동에 생명을 부여하고, 국가에 움직임과 생명을 유지하며, 동물 신체의 혈액 순환에 비유하는 것이 상당히 정당한, 그런 유용하고 열매가 많은 순환이다."[152]

이것이 저축과 투자의 구분이다. 저축은 화폐를 저축하는 것이다. 그러나 투자는 이 화폐를 쓰는 것이다. 전자는 자본을 **축적**하고, 후자는 **자본들을** "형성"한다. 튀르고가 말하기를,

"화폐는 기존 자본들을 합한 전체 속에서는 거의 어떤 역할도 하지 않는다. 그렇지만 자본들을 **형성**하는 데는 커다란 역할을 발휘한다. 사실 거의 모든 저축은 단지 돈으로 이루어진다. 돈으로 수입이 소유자에게 들어오고, 돈으로 선대와 이윤이 모든 종류의 기업가에게 돌아온다. 그러므로 이들이 저축하는 것

152) *Ibid.*, Sec. 67.

850

도 돈이고, 자본들의 연간 증가도 돈으로 이루어진다. 그러나 어떤 기업가도 자신의 기업이 의존하는 여러 가지 재산들로 즉각 전환하는 것 이외에 어떤 다른 용도로도 돈을 사용하지 않는다. 그리고 돈은 다시 순환되고, 자본들의 태반은 여러 종류의 자산들로만 존재한다.[153] (……) 토지수입이나 노동 및 근면의 수입으로부터 매년 자신이 지출할 필요 이상으로 가치를 받는 사람이면 누구나 이 여분을 모아서 축적할 수 있다. 이들 축적된 가치들이 이른바 **자본**이다."[154]

튀르고는 화폐를 수단으로, 투자와 "자본"의 회귀를 통해 "자본들"을 활용하는 여러 방법을 요약하고 있다.

"첫째, 일정한 순소득[수입revenu]을 가져오는 토지를 구입한다."

"둘째, 땅을 빌려 농업의 사업에 자신의 돈을 투자한다. 이 생산물은 임대가격을 넘어서 선급한 돈에 대한 이자와 개간에 자신의 부와 노고를 들인 사람의 노동가격을 낳아야 한다."

"셋째, 산업이나 제조업의 사업에 자신의 자본을 투자한다."

"넷째, 상업의 사업에 투자한다."

"다섯째, 연간 이자를 대가로 원하는 사람에게 빌려준다."[155]

투자에 대해서는 이 정도로 해두자. 이것은 화폐를 지출하는 적극적인 교섭 거래이다. 그러나 저축도 적극적이다. 이것은 기다림의 서비스이다.

●●
●
153) *Ibid.*, Sec. 100.
154) *Ibid.*, Sec. 58.
155) *Ibid.*, Sec. 83.

"무두장이의 작업장에 가본 사람이라면 누구나, 가죽이 팔릴 때까지 수개월 동안 한 명의 가난한 사람 또는 심지어 여러 명의 가난한 사람들이 가죽, 석회, 황갈색 염료, 작업 도구 (······) 건물 (······) 그리고 생계를 스스로에게 제공하는 것이 절대적으로 불가능함을 알게 된다." 그렇다면 누가 이런 자금들을 미리 대출 것인가? "그것은 **자본들** 또는 이동이 가능한 축적된 가치들의 소유자들 중 하나일 것이다. (······) 그는 가죽이 팔리면 자신의 모든 선대자금뿐만 아니라 이에 더해 이윤을 되돌려주리라고 생각하며 기다리는 사람이다. 이것은 토지를 구입하는 데 자신의 돈을 활용했을 때 그 돈이 지닐 가치와 자신의 노동, 배려, 위험, 심지어 숙련도에 따른 임금을 보상해주기에 충분해야 한다."[156]

따라서 튀르고는 하나의 동일한 가치덩어리를 자본과 자본들, 자본기금과 자본재들, 화폐가치와 자본재들의 가치, 저축의 소극적인 행위, 기다림의 적극적인 서비스, 저축한 화폐를 지출하는 교섭 거래와 자본재에 대한 저축의 투자 등 여러 개념으로 규정했다. 이자는 기다림의 서비스에 대해 지불하는 가격이 된다.

이런 규정들로 튀르고는 성 토머스의 오류들을 드러내는 일로 나간다.

그는 말했는데, "스콜라 신학자들은 화폐가 그 자체로 아무것도 생산하지 않는다는 사실로부터 대부된 화폐에 대해 이자를 요구하는 것이 부당하다는 결론을 내렸다.[157] (······) 물적인 실체로, 한덩어리의 자본으로 간주한 화폐는 아무것도 생산하지 않는다. 그러나 **농업**, **제조업** 그리고 **상업**에서 기업에 선대되는 방

••

156) *Ibid.*, Sec. 60.
157) *Ibid.*, Sec. 73.

식으로 활용된 화폐는 일정한 이윤을 얻는다. 돈으로 토지를 사면 수입을 얻을 수 있다. 그러므로 자신의 화폐를 빌려주는 사람은 단지 자신의 화폐에 대한 소유만을 포기하는 것이 아니라 자신이 얻을 수 있는 이윤이나 수입을 자신에게서 박탈하는 것이다. 그래서 이런 박탈에 대해 보상해주는 이자를 부당하다고 볼 수 없다."[158]

그래서 튀르고의 이자와 이윤은 적극적인 비용이 아니라 대안적인 기회들로 결정된다. 나중에 그린과 대븐포트는 이것을 "기회비용"이라고 불렀다.

튀르고는 이자와 이윤을 일관되게 구분하지 못했다. 따라서 그는 부채와 구매력 또는 저축과 투자를 항상 구분하지는 않았다. 이것들은 최근에 무체 재산과 무형 재산으로 구분되고 있다. 그는 매클라우드가 "부채"라는 단어를 사용한 곳에서 "저당(gage)"이라는 단어를 사용했다. 그리고 그는 매클라우드와 마찬가지로 개별적인 저당들과 구매력에 해당되는 일반적인 저당을 구분했다. 그가 말하기를, "모든 상품은 거래되는 모든 물체에 대한 대표적인 저당[un gage representif]이다."[159] 이런 개별적인 저당들로부터 일반적인 저당인 화폐가 나온다. 이것들이 저당이라는 의미는, 상업이 "모든 상품에 다른 모든 상품과 비교한 현재의 가치를 부여한다는 것이다. 이로부터 모든 상품은 모든 다른 상품의 특정 수량의 등가물이고 그것을 대표하는 저당으로 간주할 수 있게 된다."[160]

••

158) *Ibid.*, Sec. 73.
159) *Ibid.*, Sec. 38.
160) *Ibid.*, Sec. 33.

따라서 모든 상품과 화폐에 적용된 튀르고의 "저당"은 사법적인 "무형 재산"에 상응하는, 경제적으로 기대되는 구매력이다. 이것은 부채가 아니라 교섭 거래에서 상품의 가격에 동의하리라고 기대되는 힘이다. 그리고 이것은 시장에 접근하는 자유와 교섭을 통해 물건의 가격과 가치를 정할 자유에 대해 간섭받지 않을 권리라는 의미에서 재산이다. 양이나 밀로부터 기대되는 유형적 수입이 양이나 밀을 돈을 받고 팔아서 얻을 기대가격이 되면, 토지나 무체 재산이 무형 재산이 된다.

가장 빛나는 튀르고의 독창성은 그의 한계생산성 개념이다. 이 개념은 160년 후에 빅셀의 "자연이자" 개념이 되었지만, 그사이에는 리카도의 한계생산성 개념 때문에 간과되었다. 리카도의 개념은 노동–생산성 개념인 데 비해 튀르고의 개념은 "자본들"의 생산성 개념이었다. 튀르고는 저축의 공급을 늘려 기다림에 대한 보상을 줄임으로써 사회에 제공되는 서비스를 보여주려고 노력하다가 이 개념에 도달했다. 그가 말하기를,

"그러므로 대부에 부과되는 화폐의 현재 이자율을 일국에서 자본들의 풍부함이나 희소함과 착수할 수 있는 모든 종류의 사업의 범위에 대한 지표로 간주할 수 있다. (……) 이자라는 가격은 그 수준 이하로 내려가면 모든 노동, 농업, 산업, 상업이 끝나는 그런 수준으로 간주할 수 있다. 이것은 넓은 지역에 퍼진 바다와 같아서, 산들의 정상은 수면 위로 솟아, 비옥하고 개간된 섬들을 이룬다. 만약 이 바다가 내려가면서 후퇴하면, 먼저 언덕의 경사면들이 나타나고, 이어서 평지와 계곡들이 나타나며, 이들은 각종 농산물로 덮이게 된다. 수위가 단지 1피트 올라가느냐 내려가느냐에 따라 광대한 지역에 홍수가 범람하든가 농업이 가능하게 된다. 모든 사업을 활성화하는 것은 자본들의 풍요로움이다. 낮은 이자율은 자본들의 풍요로움이 낳은 결과이자 그것의 표시이다.[161]

튀르고는 이 예시를 공업과 농업 전체로부터 개별 사업장으로 확대한다. 만약 "자본들"이 희소해서 이자율이 5%이면, 공업과 농업은 생산물이 자본에 대해 5%의 수익을 낳는 가격에 판매될 보다 높은 수준으로 제한된다. 이 경우 5만 파운드를 낳는 토지의 가치는 100만 파운드이다. 그러나 만약 자본이 풍부해서 이자율이 2.5%이면, 공업과 농업은 보다 낮은 수준까지 확장되고, 동일한 토지의 가치가 200만 파운드가 될 것이다.

따라서 **자본들**의 "한계생산성"은 **자본**의 내포적인 "한계 수입"과 외연적인 "한계 수입"이다. 그리고 이들은 **자본들**의 동일한 풍부함이나 동일한 희소함이 지니는 두 가지 측면이다. 산출의 측면은 "모든 종류의 생산물"이고, 수입 측면은 상품시장에서 이 산출물에 대해 획득한 은이다. 획득한 은이 산출물의 교환가치이므로 이들은 동일한 차원을 지니고 있다. 한 측면은 **물리적** 생산성이고, 다른 측면은 "가치 생산성"이다. 그런데 "생산성"의 이중적인 의미로 인해 이 구분이 종종 지워진다. 그러나 이 가치 생산성은 수입이지 산출물이 아니다. 이것은 우선 총수입이다. **자본**이 선대된 가치덩어리의 사용에 대한 가격인 이자를 지불하려면 은화로 된 순수입이 남아야 한다. 따라서 **자본들**의 동일한 풍부함이나 희소함에 미래와 현재라는 두 가지 차원이 있다. 미래는 상품시장에서 예상하는 은화의 순수입이고, 현재는 **자본시장**에서 그런 예상에 대해 지불하는 햇수로 따진 구매가격이다. 예를 들어 그는 다음과 같이 말하고 있다.

"5만 파운드의 지대수입을 받는 사람은, 그의 토지가 20배[20년짜리 구매]로 팔린다면, 단지 100만 파운드라는 가치를 지닌 재산을 가지고 있다. 만약 40배

..
161) *Ibid.*(Ashley 판), Secs. 29, 90.

[40년짜리 구매]로 팔린다면, 200만 파운드의 재산을 가진 것이다. 만약 이자가 5%이면, 선대를 보전하고 경작자에 대한 보상을 제외하고 나서 생산물이 5% 의 수익을 낳지 않는 모든 미개간토지는 경작되지 않을 것이다. 사업가의 노력 과 위험에 대한 임금을 제외하고 나서 5%를 낳지 않는 어떤 제조업이나 상업도 유지되지 않을 것이다. 만약 이웃나라에서 이자율이 2%라면, 이 국가는 이자율 이 5%인 국가에서 배제된 모든 분야의 상업을 영위할 것이다. 더구나 이 국가 의 제조업자들과 상인들이 낮은 이윤에 만족할 것이므로, 이들이 모든 시장에 서 훨씬 낮은 가격에 상품들을 내놓을 것이다."[162]

그러므로 **자본**들의 풍부함이나 희소함은 **자본**을 구성하는 가치의 덩 어리에 다중적인 방식으로 작동한다. 그것은 산출물이 팔리는 은으로 된 소득의 수량과 함께 상품의 산출량을 늘리거나 줄인다. 그리고 반대로 **자본**인 토지의 현재 **가치**를 높이거나 낮춘다.

이로부터 **자본**들의 감가상각과 이자가 노동의 임금과 땅을 경작하는 거주농부에 대한 보상만큼이나 강제적인 지불임을 알 수 있다. **자본**을 원래의 손상되지 않은 가치의 덩어리로 유지하려면, 사용해 닳아 없어진 **자본**들을 대체해야 한다. 이 모든 지불은 "불가피하다." 다시 말해 국가 가 물리적 강제로 "이 중 일부를 공공의 필요에 따라 공적인 피해를 주지 않으면서 수취할 수 없고, (……) 토지의 순생산물 이외에 **국가**에 진정으 로 처분할 수 있는 소득은 없다는" 의미에서 경제적으로 강제된다.[163]

그러므로 제조업과 상업뿐만 아니라 농업과 대부업에서도 과세의 부

••
162) *Ibid.*, Sec. 89.
163) *Ibid.*(불어판), Sec. 95.

담을 제거하고, 튀르고의 비판자들이 그가 말했다고 가정한 것과 같이, 이것을 농업이 아니라 제조업자, 상인, 농부가 지대를 지불하고 있는 지주와 귀족에게 부과해야 한다.

그가 말하기를, 사실 "이동이 가능한 **자본**의 소유자인 자본가는 자신의 자본을 토지재산을 획득하는 데 사용할지, 아니면 농업이나 산업 분야의 사업에 이윤을 남기기 위해 사용할지를 선택할 수 있다." 그러나 일단 "자신이 농업이나 산업의 기업가가 된" 후에는, 그에게 산업노동자나 토지소작농과 마찬가지로 더 이상 대안들에 대한 선택권이 남아 있지 않다. 그가 그 시대의 노동자나 경작자와 달리 "자기 자신을 처분할" 수 있지만, "지주나 기업가"에게 대부하면 자신의 자본을 대신할 더 이상의 선택을 가지고 있지 않다. 그 이유는 자본이 "기업의 선대로 매몰되어, 동일한 가치의 자본으로 대체되지 않는 한, 기업에 손상을 주지 않으면서 빼낼 수 없기 때문이다."[164] 대부자는 "자신이 아무런 사업에 종사하지 않으므로, 자기 자신에 관한 한 처분이 가능한 계급에 속한다. [그러나] 자신의 부가 지닌 성격에 관한 한 이런 계급에 속하지 않는다."[165]

다른 한편으로, 대부자나 자본가가 자신의 돈에 대해 받는 이자는 자신이 원하는 대로 개인적으로 사용할 수 있다는 점에서 "처분이 가능하다." 그러나 농업, 공업 또는 상업에 관한 한 그에게 공짜로 이자를 제공하는 것이 아니기 때문에 처분이 가능하지 않다. 이자가 자본들의 전반적인 풍부함이나 희소함에 따라 결정되므로, "기업이 그것 없이는 진행될 수 없는 선대의 가격이자 조건이다. 만약 이 수익이 줄어들면, 자본

..

164) *Ibid.* (Ashley 판), Sec. 94.
165) *Ibid.*, Sec. 96.

가는 자신의 돈을 회수할 것이고, 사업은 끝날 것이다." 이같이 **자본들**의 풍부함이나 희소함으로 결정되는 한, 이런 이자의 수량은 "그것 없이는 기업이 지속될 수 없는 선지불의 가격이기 때문에, 불가침이어야 하고 완전한 면책을 향유해야 한다. 그것을 건드리는 것은 모든 기업에 대한 선대에 내는 가격을 증가시켜 기업들 자체, 즉 농업, 공업, 그리고 상업을 줄이게 될 것이다."

지주 자신이 임금이나 이윤을 받으려고 땅에서 일하거나 이자를 받고 자본을 선대하지 않는 한 지주에게 지불되는 지대는 이와 다르다.

> "사회의 모든 다른 계급이 받는 것은 지주가 자신의 수입[지대로서의 순수입]에서 지불하거나 생산적인 계급의 행위자들이 자신들의 필요를 충족시키기 위해 다른 생산자로부터 상품을 구입하는 데 할당해놓은 부분에서 지불하는 임금과 이윤에 불과하다. 이 이윤이 노동자에게 임금, [기업가에게] 이윤, 선대에 대한 이자 중 어느 것으로 분배되든, 이들의 성격에는 변함이 없고, 생산적 계급이 생산하는 [순]수입의 총액을 그것의 노동가격을 넘어설 정도로 늘리지 않는다. 이 총액 중에서 근로계급은 자신의 노동에 대한 가격만큼 참여한다.
>
> "그렇다면 토지의 순생산물 이외에 순수입[지주를 위한 순소득 또는 지대]은 없고, 모든 다른 이윤은 순수입에서 지불되거나 수입을 생산하는 지출의 일부를 구성한다는 명제는 흔들리지 않고 유지된다."[166]

어떻게 이렇게 되는지를 튀르고는 케네의 "자연권" 사상이 아니라 역사에 대한 경제적이고 제도적인 해석이라고 볼 수 있는 역사적 분석에

:

166) *Ibid.*, Sec. 99.

근거해 설명한다.[167] 첫째, 토지의 원초적인 경작자들 사이의 영역상 노동 분업과 생산물 교환이다.

둘째, 일단 "경작자들이 노동으로 토지로부터 자신들의 개인적인 필요를 넘어서게 생산하면", 노동자들이 이 경작자들에게 고용되거나 공인들이 자신의 생산물에 대해 이 경작자들로부터 지불을 받는다.

셋째, 자신의 노고 이외에 팔 것이 없는 노동자의 임금이 "그에게 되도록 조금 지불하려는 [경작자와의] 계약으로 고정된다. 그리고 경작자는 많은 근로자 중에서 선택할 수 있으므로, 가장 싸게 일할 사람을 선호한다. 따라서 근로자들은 서로 경쟁해 가격을 낮추게 된다. 모든 근로에서 근로자의 임금이 생계를 제공하는 데 필요한 수준으로 제한되는 일이 일어날 수밖에 없고 이것이 실제로 일어나는 일이다."

넷째, 경작자의 지위는 다르다.

"어떤 다른 사람이나 어떤 노동계약과 독립적으로, 땅은 그에게 직접 그의 노동에 대한 가격을 지불한다. 자연은 그가 절대적으로 필수적인 것에 만족하지 않으면 안 되도록 그와 협상하지 않는다. 자연이 주는 것은 그의 필요나 노동의 일당에 대한 계약적인 평가에 비례하지 않는다. 그것은 토지의 비옥도가 낳은 물리적 결과이고, 근면의 결과라기보다 훨씬 더 그것이 비옥해지도록 그가 동원한 수단들이 지닌 지혜의 결과이다. 경작자가 노동으로 그가 원하는 것보다 더 많이 생산하자마자, 자연이 그의 노고를 넘어서서 순수한 선물로 주는 이 여분을 가지고, 그는 다른 사회구성원들의 노동을 구입할 수 있다. 후자는 경작자에게 노동을 팔아서 단지 생계를 얻는다. 그렇지만 경작자는 자신의 생계를 넘어서

167) *Ibid.*, Secs. 1-26, 44, 63, 98.

독립적이고 처분이 가능하며 사지는 않았으면서 팔 수 있는 부를 모은다. 따라서 그는 이를 순환시켜 사회의 모든 노동을 활성화시키는 부의 유일한 근원이다. 왜냐하면 그가 자신의 노동에 대한 임금 이상으로 생산하는 유일한 사람이기 때문이다."

마지막으로, 인구가 늘고 토지가 희소해지면, 경작자 자신은 처음에는 소작자로, 나중에는 자본가로 차지인이 된다.

"토지에 사람들이 들어차면서 더 많은 토지를 개간했다. 마침내 최상의 토지들은 완전히 점유되었다. 마지막에 온 사람들에게는 처음 온 사람들이 거부한 척박한 땅만이 남아 있었다. 그러나 마침내 모든 토지가 주인을 찾았다. (……) 소유가 경작의 노동과 분리될 수 있었다. 그리고 곧 토지재산이 [이제] 사고 팔리는 상업의 대상이 되었다. (……) 많은 자작농들은 (……) 자신이 경작하는 것보다 더 많이 가지고 있다. 자신의 고단한 노동에 모든 시간을 사용하는 대신 그는 (……) 여분의 일부를 자신을 위해 일을 해줄 사람들에게 주기를 좋아한다. (……) 경작자는 [이제] 자작농과 구분된다. 이 새로운 조정을 통해 토지의 농작물은 두 부분으로 나뉜다. 한 부분은 경작자의 생계와 이윤과 자본에 대한 이자를 포함한다. 남는 것은 땅이 경작한 사람에게, 그의 노고 이상으로 순수한 선물로 주는 독립적이고 처분이 가능한 부분이다. 그리고 이것이 자작농의 순소득을 나타내는 부분으로, 그는 노동 없이 살 수 있고 원하는 곳이면 어디든 이것을 가지고 갈 수 있다. 그래서 사회는 세 계급으로 나뉜다. 먼저 우리가 **생산적 계급**이라는 명칭을 유지할 경작자 계급, 그리고 토지의 생산물로부터 **급료**를 받는 공인 등의 계급이 있다. [이들은 누구도 노동에 대한 대가 이상을 받지 않는다.] 셋째는 소유자 계급으로서 유일하게 그들의 생계가 특정 노동에 묶일 필요가 없이 전쟁이나 정의의 시행과 같은 사회의 전반적인 필요에 따라 고용되는 유일한 계급이다. 이것이 사적인 서비스일 수도 있고, 국가나 사회가 이런 기능들을 수행하도록 사람들을 참여시켜 지불하는 지출의 일부일 수도 있다. 이런 이유로 이에 가장 적합한 이름은 **처분이 가능한 계급**이다."[168]

그렇다면 근로계급과 선대에 대한 이자로 자본가에게 경제적으로 지불해야만 하는 액수를 넘어서며 처분이 가능한 지주계급에 속한 이 순생산물은 어디서 나오는 것인가? 그들의 저축에서 나오는 것은 아니다. "자작농들이 더 많은 여분을 가지게 되더라도, 여가가 늘어나면서 더 많은 욕구와 욕정을 가지게 되므로 이들은 덜 저축할 것이다. 또한 이들은 자신들의 재복이 더 확고하다고 생각하고, 이것을 늘리기보다 편하게 즐기는 것을 더 생각할 것이다. 그래서 이들은 사치를 유산으로 남긴다." 그러나 임금수령자들과 다른 계급들의 기업가들은 "생계 이상의 여분이 생기면 (……) 자신들의 사업에 몰두하게 될 것이다. 자신의 재산을 늘리는 데 종사하고, 노동으로 인해 비싼 즐거움과 정욕으로부터 벗어나게 된다. 이들은 자신의 모든 여분을 저축하고 자신의 사업에 다시 투자해 그것을 늘린다."[169] 그래서 이 다른 계급들은 자본들을 더욱 풍부하게 만들고, 이자율을 낮추며, 비옥도가 떨어지는 변두리에까지 경작을 확대시키고, 지주에 속하는 가치덩어리를 늘린다."[170] 그래서 자작농들의 지대가 그들 자신의 노동이나 사업이나 저축에 대한 이자에서 나오지 않고 노동으로 증가한 생산물에서 나온다면, 이들은 부분적으로는 자연의 자

..

168) *Ibid.*, Secs. 10-15.
169) *Ibid.*, Sec. 100.
170) *Ibid.*, Secs. 78, 81.

원들을 단순히 소유한 데서 발생하는 무료 선물이고, 부분적으로는 토지를 소유하고 있지 않은, 고용된 노동자와 소작 경작자에 대한 보상을 후려쳐서 얻은 강제된 수입이다.

따라서 이 지주들은 모든 세금을 납부해야 한다. 지주들이 고통을 받을지라도 자본가들은 고통받지 않을 것이다.

"만약 지주들만이 공적인 부담을 짊어지게 된다면, 이 납부가 규제되자마자, 토지를 구입한 자본가는 자신의 돈에 대한 이자에 이 납부를 위해 배정해야 할 수입의 부분을 계산하지 않을 것이다. 이것은 오늘 한 필지의 땅을 구입하는 사람이 교구가 받는 십일조나, 알고 있는 한, 조세를 사는 것이 아니라 십일조와 조세를 공제한 후에 남는 수입을 구입하는 것과 마찬가지이다."[171]

귀족층이 튀르고가 자신의 이론을 실행에 옮기는 것에 대해 일축해, 이후 농민, 노동자와 자본가의 혁명을 자신들에게 초래하게 만들었다는 것은 놀라운 일이 아니다. 프랑스 대혁명은 귀족의 토지를 압수한 데 비해 튀르고는 이들의 세금을 올렸을 것이다.

튀르고가 그린 한계생산성의 모습을 50년 후에 리카도가 제시한 것과 비교해야 한다. 튀르고에게는 이것이 화폐이론인 데 비해 리카도에게는 노동이론이었다. 지주, 자본가, 노동자에 대해서 이들은 비슷한 결론에 도달했다. 이들 모두에게 토지재산의 가치는 지주가 단지 소유자로 사회에 아무것도 주는 것이 없는 재산권이었다. 그러나 자본의 가치는 사회에 상응하는 상품과 서비스를 생산하는 것이었다. 그리고 모두에게 재산

..
171) *Ibid*.(Ashley 판), Sec. 98.

이 없는 노동자는 최소한의 생계만을 획득했다. 그러나 이들은 토지재산의 자본가치가 의존하는 지대의 원인에 관해 서로 반대되는 경로를 통해 결론에 도달했다. 리카도의 "지대"는 한계적인 경작지의 더 심한 척박함과 더 나은 토지의 덜한 척박함의 차이였고, 이 차이가 토지의 "원초적이고 파괴될 수 없는 질"에서 발생하는 차이와 같았다. 튀르고의 지대는 리카도가 그린 것과 같은 한계경작지에서 자본가가 얻는 수입을 넘어서는 지주에 대한 자연의 무료 선물이었다. 그러나 모두에게 지대는 또한 임금의 수준에 달려 있었다. 임금이 낮으면 지대가 높고, 임금이 높으면 지대가 낮았다.

리카도는 수확체감과 한계생산성의 원리를 단지 농업에서 발견했지만, 튀르고는 이것을 모든 제조업, 상업 그리고 산업에서 발견했다. 따라서 리카도는 농업에서의 한계생산성에 모든 상품의 가치를 지배하는 인과적인 힘을 부여했다. 그렇지만 튀르고는 모든 직업에서 자본들의 전체적인 풍부함과 희소함에 한계생산성이 얼마나 높고 낮아야 하는지를 결정하는 인과적인 힘을 부여했다.*

이들은 화폐적인 경로와 비화폐적인 경로를 통해 비슷한 결론에 도달했다. 리카도는 화폐를 제거하고 노동의 생계를 "자본"으로 대체해서, 자본이 "체현된 노동"의 수량이 되었다. 튀르고는 화폐의 순환 속에서 지불되는 가격들에 의한 자본들의 형성을 유지해서 자본이 "체현된 화폐"가 되었다.

리카도의 **자본들**은 인간 노동시간으로 측정되는 노동력의 산출물이었

---

* 일반적으로 사상사에서는 한계생산성을 모든 생산요소에 확장시킨 사람을 마셜이나 클라크의 공헌으로 간주한다. 커먼스는 여기서 이런 공헌을 이들에 앞서 튀르고에게 부여하고 있다.

으나, 튀르고의 **자본들**은 달러로 측정되는 투자의 지출이었다.

다른 한편, 튀르고의 **자본**은 미래 순소득의 현재 가치였지만, 리카도의 **자본**은 총생산물 중에서 자본가가 노동의 생계에 투입한 과거의 몫이었다.

튀르고와 리카노가 각기 화폐적인 전제와 비화폐적인 전제로부터 비슷한 결론에 도달했음은 명백하지만, 이들은 모두 신용화폐가 아니라 금속화폐의 시대에, 지속적인 활동체의 단합된 행동이 아니라, 개별기업의 시대에, 인부들의 집단이 작동하는 거대한 지속적인 공장이 아니라 도구들의 시대에, **자본주의**가 이제 **봉건주의** 또는 **반봉건주의**에서 시작하고 있거나 반쯤 시작한 시대에 추론하고 있었다. 그러나 이들은 나중에 쌓아 올릴 근거가 될 기반을 깔았다.

만약 우리가 튀르고의 분석을 이후 경제학자들로 끌고 들어가면, 그의 "가치덩어리"는 가치의 덩어리로서가 아니라 기대되는 순소득의 현재 평가 또는 그가 이름을 붙였듯이 현재 순소득에 대한 "추산"으로서, 여전히 자본이다. 이 "추산"은 자본, 자본-가치, 자본화, 투자된 자본, 투자, 선대, 부채, 신용 등 여러 가지 이름을 지니고 있다. 이 추산은 양이나 밀, 은이나 금이 아니라 은행부채로 이루어진다. 유통되고 있는 은이 아니라 우리는 상품시장에서, 결과적으로 예금신용과 교환되어 은행에 부채를 판매하게 되는, 현재의 거래와 예상되는 반복된 거래들을 가지고 있다. 이들이 튀르고에서 유통되는 은의 가치에 해당되는 기금, 구매력, 교환가치의 척도를 구성한다. 신용거래들의 반복은 지속 활동체의 행위자들이 수행하며, 튀르고의 지주신분을 계승하는 것이 이 지속 활동체이다. 기업의 소유권 또는 예상되는 이자와 이윤을 포함해 기업의 예상되는 순소득[revenu]에 대한 소유권은 법인체의 채권과 주식 또는 토지재산의 채권과 주식으로 나타난다. 주식거래소는 튀르고가 말하는 "가치덩어리"의 시장이 되고, 상업은행은 그의 은시장을 대신하는 부채시장이 된다. 그리고 상품시장에는 그의 "자본들"의 가격들과 수량들이 반복적으로 개별 계정의 차변을 낳는다. 그에게서 **자본들**의 한계생산성과 이에 상응하는 **자본**의 한계수입은 기업의 "채권-수익"과 "주식-수익"이 되는데, 이들 부근에서 상업 이자율이 변동한다. 가치덩어리에 대한 이자의 비율이 채권-수익과 주식-수익의 등락과 반대 방향으로 나타나는 채권가격과 주식가격의 등락이 된다.

3. 기다림의 희소

1903년에 카셀은 "가치덩어리"와 "기다림의 수량"을 동일시하면서, 그리고 이자가 기다림의 서비스에 대한 가격이라는 것을 확인하면서 튀르고로 되돌아간다.[172]

튀르고는 "자본들"로부터 "자본"을 구분했다. 자본들은 화폐로 나타난 재화들의 가치였다. 자본은 재화들로 나타난 화폐의 가치였다. 이자로 지불된 화폐는 "자본의 사용"에 대해 지불한 것이었다. "산술적인 수량"으로 환원하면, "이런 자본의 사용은 특정 수량의 가치를 사용한 시간으로 측정하는 두 가지 차원의 수량"이라고 카셀은 말했다.

그가 이어 말하기를, 그러나 이것은 "기다림과 같은 척도여서 결과적으로 **기다림**과 **자본의 사용**이 **동일한** 것을 표시한다고 우리는 추론할 수

:.
172) Cassel, G., *The Nature and Necessity of Interest*(1903), 20.

있다. 사실 이것들은 하나의 같은 생산적인 서비스를 나타낸다. '기다림' 은 서비스를 제공하는 사람이 행한 것을 표현하는 데 쓰이고, '자본의 사용'은 이 서비스를 구입하는 사람이 얻는 것을 표현한다."[173]

따라서 근로라는 서비스가 기본적이고, 일차적이며 생산적인 것과 마찬가지로, 기다림은 생산수단을 제공하는 적극적인 인간의 서비스이다. 카셀이 말하기를, "석탄은 의심할 여지 없이 하나의 생산요소지만, 독립적인 생산요소는 아니다. 이것은 다른 요소들, 주로 노동에 의해 생산된다. 그렇지만 기다림은 이런 방식으로 보다 기본적인 요소들로 분해될 수 없다. 이것은 상당히 별도의 특별한 성격을 지닌 인간의 노력이다."[174]

그러므로 생산의 기본요소는 일하는 것과 기다리는 것이다. 파생된 요소는 석탄, 밀, 금속, 건물, 심지어 토지, 그리고 최종적으로 소비재와 같은 물리적인 재화이다. 이들은 두 가지 기본적인 인적 서비스인 일하는 것과 기다리는 것의 과정을 따라 나타나는 효과들이다.

시니어(1834)는 이자를 소비재의 사용을 연기한다는 의미의 절제에 대한 지불로 정당화했다.[175] 그러나 시니어의 개념은 이자에 대한 윤리적인 정당화일 뿐 경제적인 수량은 아니었다. 나중에 케언즈(John Elliot Cairnes)(1874)*는 절제에 수량적인 의미를 부여하려고 시도했다. 그가 말

173) *Ibid.*, 48.
174) *Ibid.*, 89.
175) Senior, Nassau, *Political Economy*(1834, 인용은 1872년의 6판), 58.

* 존 엘리엇 케언즈(1823~1875)는 아일랜드 태생의 정치경제학자로, 마지막 고적경제학자로 일컬어진다. 케언즈는 가치와 관련된 생산비용 분석에서 임금은 보수로서 어떤 의미에서도 비용으로 간주될 수 없으며, 자본가의 관점에서 문제가 다루어진 결과로 지급된 임금이 비용으로 간주될 수밖에 없었다고 주장하며 밀의 노동임금을 생산비용 요소로 보는 것을 비판했다.

하기를, 절제의 척도는 "절제한 부의 수량을 (……) 절제의 기간으로 곱한 것이 될 것이다."[176] 그러나 맥베인(S. M. Macvane)(1887)은 "절제가 그 자체로는 산업의 일차적인 사실이 아니라는" 취지로 케언즈를 비판했다. 절제는 단지 무언가를 "하지 않는" 부정적인 요인에 불과하다. 보다 근본적인 사실은 노동의 지출과 최종 생산물의 소유 사이에 지나가야 하는 시간의 길이이다.[177] 그리고 나서 맥베인은 절제 대신에 튀르고의 용어인 "기다림"을 제안했다.

카셀은 기다림의 수량과 기다리는 대상이라는 두 가지 근거에서 맥베인을 비판했다. 그에 의하면,

> 맥베인의 "**기다림**'이라는 용어는 시간이라는 '한 가지 차원의 수량'이라서 하나의 요소만을 담고 있다. 물론 이것은 인정받을 수 없다. '어떤 시간을 기다린다는 것'은 **무엇**을 연기하는지를 밝히지 않으면 아무것도 의미하지 않는다. '기다림'은 어떤 **구체적인** 물체나 즐거움의 연기를 의미해야 한다는 것이 아마도 맥베인의 의도일 것이다. 그러나 이 경우 우리는 산수적인 수량으로서의 기다림을 포기해야 할 것이다. 그리고 이렇게 되면 기다림은 쓸모없는 개념이 될 것이다. 그러나 이런 기다림의 개념에 대해 훨씬 더 중대한 반대가 있다. 구체적인 어떤

:

176) Cairnes, J. E., *Some Leading Principles of Political Economy Newly Expounded*(1874), 87.
177) Macvane, S. M., "Analysis of Cost of Production", *Quar. Jour. Econ.*(1887), I, 481, 483

그는 생산비용의 실제 요소는 노동(labor), 절제(abstinence), 위험(risk)으로 간주하며, 특히 절제는 자본가에게 주로 해당된다고 보았다. 이것은 나소 윌리엄 시니어가 생산비용을 노동과 절제의 합으로 정의했던 것에서 발전한 시각이었다.

것을 연기하는 적은 거의 없다. 저축하는 사람은 일반적으로 만약 자신이 저축하지 않았다면, 자신의 돈을 어디에 사용했을지 모른다. 그는 단순히 어떤 수량의 가치에 대한 소비를 연기한 것이다. 따라서 '기다림'은 사실의 문제로서, 이런 수량의 가치와 기다림의 시간으로 측정된다. 이 척도가 기다림에 대한 궁극적인 정의를 제공한다. 이런 의미의 기다림이 구체적인 생산비용을 구성하는 서비스들 중 하나이다."[178]

카셀은 화폐적인 "투자의 수량"과 심리적인 "절제의 수량"이라는, 제번스가 만든 두 개념을 이와 비슷하게 취급했다.[179] 제번스는 "투자의 수량"이 투자된 화폐(M)와 투자가 지속되는 시간(T)이라는 두 변량의 함수라는 것, 그래서 투자의 차원이 MT라는 것을 발견했다.

그러나 제번스는 주관적 효용이 마지막 단위의 효용으로서 동일해지는 체감하는 쾌락이라는 자신의 원래 발견으로부터 "절제"의 수량적인 차원도 구축했다. 따라서 U라는 기호를 최종 효용의 수량으로 놓고, T라는 기호를 시간으로 놓으면, 그에게 절제의 크기는 UT였다.

그렇지만 카셀에 의하면 UT 또는 절제의 크기는 투자의 크기인 MT와 같은 크기였다. 그렇다면 왜 U, 즉 효용 대신에 M, 즉 화폐라고 부르지 않는가? 그것이 카셀의 해석이었다.

그가 말하기를, "[효용 같은] 용어를 사용하는 것은 올바른 것 (……) 같지 않다. 우리가 직접 감정의 크기를 측정할 수 있는 방법을 진정으로 확립하지 않은

••

178) Cassel, G., *op. cit.*, 41, 42
179) Jevons, W. Stanley, *The Theory of Political Economy*, (3판, 1886), 232, 233 참조.

상태에서는 그것이 가공적일 수밖에 없다. 이 경제학자에게 활용이 가능한 유일한 효용의 척도는 상품에 제안된 가격인 것 같다. 그리고 우리가 이 척도를 받아들인다면, 제번스가 제시한 절제의 차원에서 우리는 U를 M으로 대신해야 한다. 그러면 이 차원은 자본투자의 차원과 동일해진다.[180]

이같이 카셀은 이후의 모든 이론을 튀르고의 "가치덩어리"에 상응하는 경제적 수량으로 환원함으로써 튀르고를 근거로 더 쌓아올렸다. 우리는 절제할 뿐만 아니라 투자를 통해 생산에 참여한다. 그리고 우리는 소비재를 기다리는 것이 아니라 "일정 수량의 가치에 대한 소비"를 기다린다.

그러나 "가치의 소비"에 대한 기다림은 튀르고로부터 파생된 부주의이다. 가치는 소비되지도 저축되지도 않고, 기다림의 대상도 아니다. 나중에 카셀은 튀르고의 "가치덩어리"와 "가치수량"에 상응하는 것으로 "자본통제" 또는 "자본-처분"이라는 용어를 제안했다. 이 용어는 부채시장과 상품시장의 교섭 거래를 보다 근접되게 제시한다. 이것이 의미하는 바는 부채의 무체적인 소유에 상응하는 용어인 법적인 통제권이다. 1918년에 그는 말하기를,

"'기다림'이란 어떤 기간 동안 어떤 수량의 가치를 없이 지내는 것을 의미한다. 이를 통해 그는 다른 사람이 이 기간에 자본을 처분할 수 있게 해준다. 이렇게 수량으로 생각하면, '기다림'은 같은 수량의 자본통제에 대한 것이 되고, 그것과 마찬가지로 자본과 시간의 곱이 된다. 따라서 이론적으로 이 두 가지 표현을 사용할 필요가 없다. 이후에 우리는 저축하는 사람들이 자본시장에서 제공

180) Cassel, G., *op. cit.*, 49 n.

하는 서비스를 표시하기 위해 자본의 처분이라는 단어를 사용할 것이다.

'기다림'을 이같이 정의하면서 우리는 수량으로서 이자가 대가로 지불되는 서비스도 정의한 것이다."[181]

따라서 추정컨대, 이 동일한 용어들의 의미는 분명하다. 일징 수량의 가치 없이 지내는 사람은 현재의 어떤 시장에서든 자신의 선택에 따라 행사할 대안적인 구매력 없이 지내는 것이다. 그는 소비재와 자본재 모두의 구입을 포기해서 소비와 투자를 모두 포기하는 것이다. 이렇게 해서 그는 다른 사람이 소비재나 자본재를 구입할 수 있도록, 즉 다른 사람이 소비하거나 투자할 수 있도록 해준다.

그러나 우리가 미래를 바라보는 협상의 시점에 서면, 이 두 가지는 동일하지 않다.

사실상 기다리는 사람은 저축하는 사람과 투자하는 사람이라는 두 사람이다. 이것은 무체 재산과 무형 재산 사이의 구분이다. 저축할 때 우리는 화폐를 저축하고 채무자의 지불을 기다린다. 화폐를 투자할 때 우리는 상품이나 노동을 구입하고 고객이 산출물을 구매하기를 기다린다. 어떤 경우든 미래에 대비함으로써 위험을 부담하고 이전시키는 자발적인 요인이 있다. 거래에서 발생하는 분쟁에 대해 결정하도록 요구받으면서, 법원은 거래에 참여한 충돌하는 의지들에 부합되는 여러 종류의 재산권과 자유를 만들어놓았다. 그렇다면 만약 법원이 상정하는 것처럼 우리가 협상의 지점에 놓여 있다고 상정하고, 이 지점으로부터 참여자들의 의도

··
181) Cassel, G., *The Theory of Social Economy*(1918; 1924. 인용은 1924판), 184-185;
   Theoretische Sozialökonomie, 171 ff.(1926).

들과 기대들을 내다본다면, 모든 거래에 감안한 경제적인 고려들을 기다림, 위험부담, 예측 그리고 계획으로 분석할 수 있다. 다른 사람들과 마찬가지로 카셀도 이 미래성의 원리를 "기다리려는 사람들의 의사"와 "위험을 감수하려는 이들의 의사"처럼 "하려는 의사"로 구분했다. 이 두 가지는 분리가 가능하지 않지만, "현대사회의 많은 거래에서는 위험을 실제로 거의 고려하지 않을 최소한으로 줄인다."[182]

다시 말해, 현대사회는 증권과 부채라는 무체 재산과 거래로부터 생기는 자유 및 노출의 무형 재산을 구분해왔다.

이는 모두 거래를 결정하는 동일한 협상으로부터 발생해서, 분리할 수 없지만 이것들을 구분할 수는 있다. 현대의 경제적 지속 활동체에서 이들은 이 기업이 보상해주어야 하는 이 기업에 제공되는 서비스들로 구분된다. 이자는 기다릴 의사에 대해, 임금은 일할 의사에 대해, 이윤은 위험을 부담할 의사에 대해 창출되는 의무이다. 나중에 이어진 이행과 표현되거나 내포된 의사가 어느 정도 합치되는지에 대해 분쟁이 발생할 수 있다. 그러나 분쟁이 없는 경우 묵시적으로, 분쟁이 발생하면 법적인 결정을 통해 명시적으로, 발효되는 법적인 관계를 특정 개인들에게 낳는 것은 자발적인 의지들이다. 이런 묵시적이거나 명시적인 "법의 작동"은 지불이나 이행의 의무를 해제하는 것이다. 경제적 효과는 지불이나 이행의 채무에 상응하는 차원들이다.

우리가 법적인 통제권이라고 부르는 "자본-처분"의 수량으로서 화폐적인 자본의 법적이고 자발적 개념은, 시간과 관련해 미래의 생산을 위해 과거에 보관된 물적인 재화들의 축적이라는 고전경제학의 자본개념

..

182) Cassel, G., *The Nature and Necessity of Interest*, 135.

과 상당히 반대된다. 카셀은 과거로부터 미래로의 변화를 다음과 같이 표현하고 있다.

"저축하는 사람은 의심할 여지없이 어떤 상품이나 서비스의 소비를 절제한다. 이로부터 가장 기이한 자본개념이 생겨나 정치경제학에 많은 혼란을 초래했다. 아담 스미스가 표현하듯이 '어딘가에 보관되어 있는 여러 종류의 재화의 저량'처럼 자본을 단순히 이런 소비되지 않은 상품들의 모음으로 간주하는 것이다. 따라서 자본의 기능은 노동의 열매가 익을 때까지 노동자들을 유지시킬 목적으로 보관된 기금으로 봉사하는 것이라고 말한다. 이런 사물에 대한 견해는 전적으로 잘못된 것이다. 사실 '절제한' 상품이나 서비스는 전혀 생산되지 않는다. 전체적으로, 그리고 넓게 말해 소비자에게 필요한 것만이 생산된다. 만약 소비자들이 저축하겠다고 결심하고 자신들의 돈을 생산적인 기업에 투자하면, 이는 사회의 산업이 어느 정도 즉각 유용한 물체의 생산으로부터 자본의 생산으로 옮겨졌다는 것을 의미한다. 따라서 저축은 미래의 목적으로 생산력을 돌리는 것을 의미한다."[183]

이같이 자발적 의사의 협상심리가 지닌 경제적 효과는 절제의 고통스런 비용이 아니고, 기다림의 고통스런 "비용"은 더더욱 아니다. 이 효과는 대안적인 구매자가 판매자에게 더 적은 수입을 제안하거나 대안적인 판매자가 구매자에게 더 많은 지출을 부과하기 때문에, 이용 가능한 대안들을 포기하는 자발적인 비용이다.[184] 그러나 생산의 방향을 바꾸는 것

··

183) *Ibid.*, 134.
184) 본서 543쪽, 기회비용과 비-기회비용.

은 바로 대안들에 대한 선택이다.

인간의 예측과 계획의 다른 측면들에도 동일한 것이 적용된다. 기대되는 이자, 기대되는 이윤, 기대되는 임금 등 모든 것이 현재의 대안들 중 선택하는 것이 가까운 미래나 먼 미래로 생산을 옮기는 사회적 효과를 지닌다는 점에서는 같다.

그렇지만 대안들에 대한 이런 선택은 선택들을 제한하는 경제적 상황을 지칭하고 있을 뿐이다. 그리고 이것은 서비스가 나오게 하려면 가격을 지불해야 한다는 희소의 원리이다.

기다림의 서비스는 윤리적인 근거가 아니라 희소 때문에 가격지불을 요건으로 한다.

> 카셀이 말하기를, "이자는 기다림 또는 자본의 사용에 대한 가격이다. (……) 그러나 돈을 지불해야 하는 바로 그 서비스 자체가 일 년 동안에 사용할 어떤 수량의 돈으로 측정되면서, 이 서비스의 가격이 이 액수의 일정 비율로 결정된다. 이런 이유로 기다림이나 자본사용의 가격이 '비율'이나 얼마의 '백분율'로 기록된다. 그러나 이 상황이 이자가 모든 다른 가격과 같은 수준에 놓여야 할 실제 가격이라는 기본적인 사실을 흐리게 만들어서는 안 된다."[185]

모든 가격에 대한 "같은 수준"이 공공정책이라는 것이 카셀의 생각이다. 중상주의의 차별에 반대하는 자유무역의 정책으로서 고전학파가 발전시킨 이상적인 가격체계하에서는, 가격의 사회적 기능이나 공적인 목적이 어떤 상품의 동일한 항목에 대해 하나의 가격을 지불해야 함을 요

••
185) *Ibid.*, 92, 93.

건으로 삼는다. 이 일물일가의 근거는 공급의 희소고 가격은 덜 근원적인 필요의 충족을 방지함으로써 수요를 줄인다. 그러나 보다 높은 가격은 "이 상품의 생산에 사회의 생산적 활동 중 더 많은 부분이 사용되도록 만든다. 그래서 가격체계는 사회의 소비뿐만 아니라 생산 전체에 대한 규제자로 기능한다."[186]

가격으로서 이자도 이와 같다. 이자가 기다림의 충분한 공급을 끌어낼 수 있을 정도로 높아야 하지만, 수요를 축소시키고 궁극적으로 기다림의 과도한 공급을 초래할 정도로 높아서는 안 된다.

기다림에 대한 수요는 자본의 처분에 대한 수요와 비슷하므로, 수요량은 "어떤 수량의 화폐를 어떤 기간으로 곱한 결과로 측정된다." 100만 달러의 자본을 가진 회사는 "매년 100만 단위의 기다림이라는 수량을 사용한다." 그것을 사용한 데 대한 가격 또는 이자율이 그것의 희소에 대한 측정치이다.

따라서 카셀의 통찰에 의해, 데이비드 흄의 시대 이후 다양한 경제학파들이 제안한 여러 개념은 같은 화폐의 수량에 미래 시간의 흐름을 **곱한** 것으로 환원되며, 이것은 희소의 보편적인 원리로 환원되는 것이다. 이들 중 일부는 절제, 조급함, 시간-선호, 저축성향으로 명백히 주관적이다. 일부는 화폐, 자본, 자본들, 자본재들, 물리적 자본으로 명백히 객관적이다. 이들 모두는 기다림과 투자 같은 **미래성**과 **희소라**는 자발성의 개념들에 함께 묶인다. 기다림과 투자를 우리는 활동의 관점에서 교섭 거래로, 그리고 제도의 관점에서 무체 재산과 무형 재산으로 규정한다.

카셀은 장기간의 기다림과 단기간의 기다림도 구분했다.

∴

186) *Ibid.*, 73, 77.

"(……) 장기간의 기다림이 기다림의 진정한 주요 형태이다. 이에 비해 단기간의 기다림은 이차적인 형태이다. 이런 종류의 기다림이 수행하는 서비스는 단지 생산과정의 작은 부분들과 보다 일반적으로 분배의 특정 국면에 상응한다. 특히 어음의 정교하고 창조적인 장치와 같은 인공적인 수단을 통해서만 이런 형태의 기다림이 가능하게 되었다."[187]

장기의 기다림과 단기의 기다림 사이의 함수적인 관계라는 생각을 구축해낸 사람이 1898년의 빅셀이었다.[188]

V. 이자와 이윤의 할인

이자와 이윤은 통상 비슷한 지불이면서도 미래와 현재라는 서로 다른 시점에서 바라보는 것으로 대비된다.* 그렇지만 모든 협상과 거래가 현재에 발생하므로, 모든 거래에서 보편적인 사실은 미래의 이자라기보다 현재의 할인이다. 우리가 알고 있듯이 수리적으로, 예를 들어 연 6%라는 동일한 경제적 수량이 할인으로 계산되면 이자로 계산될 때보다 더

∴

187) *Ibid.*, 135.
188) 본서 995쪽, 세계지불사회.

---

* 이윤과 이자에 대한 이런 구분은 내용은 다르지만 고전학파에 가깝다. 반면 신고전학파에는 이런 구분이 없다.

크다.* 그리고 심리적으로도 미래의 이자가 현재의 할인보다 불확실하기 때문에 할인원리가 모든 거래를 지배한다. 뵘바베르크는 미래의 이자를 이론의 근거로 삼아 현재가치와 미래가치를 동등하게 하기 위해 소비재의 미래 **할증**을 현재 평가에 추가하게 만들었다. 이것은 미래를 **현재** 알고 있다고 가정하나, 우리는 미래에 대해 추측할 뿐이다. 안전하게 움직인다면 더 큰 현재의 할인이 거래를 촉진시킬 것이며, 위험에 대한 공포 때문에 이 할인은 높은 비율로 상승할 수 있다. 결과적으로 만약 우리가 현재의 관점에서 시작한다면, 모든 거래에서의 협상들을 지배하는 것은 이자 할인과 위험 할인이다. 이것이 미래의 더 큰 풍요를 바라보는 뵘바베르크의 쾌락 경제와 제한된 자원들에 대한 현재의 더 큰 희생과 미래의 더 큰 풍요의 의심스러움을 바라보는 매클라우드의 할인 경제 사이의 차이이다.

노동자가 일하러 가면 선불을 받지 않는다. 그는 봉급날까지 기다린다. 그동안 그는 사업의 투자자이다. 고용주의 자재에 사용-가치를 추가해줄 때마다 자신에게 신용을 낳고 고용주 측에는 부채를 낳는다. 이것은 반복된 제공과 수락의 법적인 과정이다. 고용주를 위해 매번 생산된 사용-가치를 공장장이 받아들이는 것과 동시에 고용주가 피고용인에게 지는 부채가 발생한다. 이 부채는 봉급날에 해소되지만, 사용-가치는 합쳐져 하나의 결합생산물이 된다. 고용주는 이 생산물이 상품시장이나 부채시장에서 또 다른 채무자에 대한 신용을 제공해 주리라고 기대한다. 여기 적용되는 원리는 자재를 제공한 사람이 자재에 대해 지불받기 위해

---

* 100달러를 기준으로 하면 6%의 이자는 6달러이고, 6%의 할인율은 106달러를 기준으로 6.36달러라는 것을 의도한 것으로 추정된다. 커먼스가 시간개념과 미래성을 강조하면서 시간의 불가역성을 내세우기 때문에 이런 착상에 집착한 것으로 보인다. 현대 경제학, 특히 시간의 가역성을 내세우는 신고전학파에서는 이런 차이를 중시하지 않는다.

30일이나 60일 기다릴 때와 같다.

노동-부채는 단기부채이므로, 노동시장의 관행에 따라 기다림의 서비스에 대한 노동자 보상은 별도로 계산되지 않고 작업에 대한 보상으로 치환되어 감안된다. 그가 지는 위험들도 이와 같다. 아담 스미스가 주장했듯이,[189] 위험에 대한 그의 예측은 일하기 전에 그의 협상 심리에 고려되어, 이 역시 작업에 대한 보상으로 치환된다. 다른 거래에서와 마찬가지로 관습, 법, 대안적인 기회들, 협상력이 역할을 할 것이나, 노동자가 일하러 가면서 그는 채권자로서 작업, 기다림 그리고 위험부담에 대한 미래의 보상을 한 번의 거래로 할인한 것이 된다. 할인에 의한 이런 치환을 예측이라고 부를 수 있다. 이것은 작업, 기다림 그리고 위험부담에 대해 미래의 보상에 대한 현재의 할인된 평가를 낳는다.

고용주의 시장에 관한 한 노동시장에서는 묵시적인 것이 상품시장과 부채시장에서는 명시적이 된다. 제조업자는 60일 후에 6만 달러의 가치를 지닐 생산물을 60일 후에 판매하리라는 전망을 가질 수 있다. 그는 60일 후에 지불할 6만 달러에 대한 어음을 주고 은행에서 융자를 받는다. 은행은 이 어음을 연 6% 또는 60일에 1%로 할인한다. 이는 은행이 제조업자에게 즉각 이용이 가능한 5만 9,400달러의 예금계좌에서 채무자가 된

··

189) 본서 309쪽, 아담 스미스. 나는 스미스의 위험부담에 노동자의 기다림을 추가했다. 노동자에게 이런 기다림이 때때로 위험부담이나 작업보다 더 무거울 수 있다. 연 30%, 40% 또는 200%까지 오르는, 이례적으로 높은 이자를 노동자들이 "고리대금업자"나 "소액융자" 회사에게 지불할 의사가 있다는 것에서 이를 확인할 수 있다. "기다림"의 치환은 임금을 준월급이나 월급이 아니라 일급이나 주급으로 주면, 적은 임금에도 노동자가 일할 의사가 있다는 것으로 종종 나타난다. 나는 임금율보다 임금의 일별 지급을 더 중시하고, 주급보다 일급으로 지불하는 고용주를 선호할 흑인들을 발견했다. 본서 543쪽, 기회-비용과 비-기회비용.

다는 것을 의미한다. 이 액수를 가지고 제조업자는 재료를 구입하고 재료공급자가 요구하면, 은행에서 지불할 수표를 발행해 대금을 지불한다. 또는 그가 임금이나 봉급으로 현금을 지불하려면, "현금화"할 수 있는 수표를 끊어서, 은행으로부터 해당 액수의 현금을 인출한 후, 이것을 임금소득자들의 월급봉투에 넣어 임금으로 지불한다.

어느 경우에든 발생하는 일은 이 제조업자가 제품에 대금이 지불되기 전에, 60일 동안 자재를 구입하거나 임금과 봉급을 지불하도록, 은행의 신용을 60일간 사용하는 데 대해 600달러를 지불한다는 것이다.

이 600달러를 누군가 지불해야 한다. 그것이 실제로 지불되는 방식은 다음과 같다. 제조업자가 현재 지불할 의사가 있는 재료가격이나 노동자의 임금이 60일 후에 제품에 대해 받으리라고 예상되는 총가격보다 600달러 적다. 달리 말해 재료와 임금의 **현재가치**가 60일 후 제품에 대한 **예측된 할인가치**이다.

그러나 사업가는 은행가에게 지불할 600달러의 이자뿐만 아니라 자신을 위한 이윤도 남겨야 한다. 만약 그가 자신의 모든 판매에 대해 평균 6%와 같은 이윤차익을 기대한다면, 이 이윤차익은 60일에 1%가 된다. 그는 이 이윤을 자재와 임금에 600달러 덜 내는 것과 동일한 과정으로 얻을 것이다. 달리 말해 이자와 이윤 모두에 대한 차익을 누리려면, 그는 완제품에 대해 받으리라고 예상하는 대금보다 1,200달러 적게 자재비와 임금을 지불해야 할 것이다. 이것은 60일 후에 제품에 대해 6만 달러를 지불받을 것으로 예상하면, 5만 8,800달러를 자재비와 임금으로 지불한다는 것을 의미한다. 이 5만 8,800달러는 **예측된 가치**가 6만 달러인 상품의 현재 할인가치 또는 현재 가치이다.

그러므로 현재가치는 예측된 가치를 이자-할인과 이윤-할인이라는 이중적인 할인을 통해 얻은 결과이다. 우리의 계산에서 이자-할인은 600달러고, 이윤-할인은 600달러다. 이자-이윤-할인은 1,200달러다. 이중적인 할인의 정확성은 예측의 정확성에 달려 있다. 만약 기대되는 가치가 현재가치가 되었을 때 6만 달러보다 **적은** 것으로 드러나면, 이것이 기대되는 가치보다 적을 수 있다. 또는 기대가치가 6만 달러거나 그 이상으로 드러나면, 이것이 **이윤**임이 드러날 수 있다.

변화하는 상황 속에서 이자-할인과 이윤-할인이 반대 방향으로 움직이기 때문에, 이런 불확실성들이 경기변동에 대한 적절한 동태적인 분석에서는 우리의 커다란 관심사이다. 만약 가격상승과 판매고 증가가 예상되어 이윤-할인이 낮으면, 1919~1920년에서와 같이 이자할인은 높을 것이다. 그러나 만약 1932년에서처럼 가격하락과 판매하락의 위험이 커서 이윤할인이 높으면, 융자가 중단되어 이자-할인이 낮거나 아예 사라진다.

현재의 정태적인 분석에서 이런 변화들은 우리의 관심사가 아니다. 만약 이자-이윤-할인이 1,200달러가 아니라 2,000달러면, 현재가치 또는 구매력은 58,800달러가 아니라 5만 8,000달러에 불과하다. 이런 식으로 높거나 낮은 예측-할인이 이루어진다.

앞서 주목했듯이, 장기증권도 이와 같다. 100만 달러의 액면가격을 지닌 주식과 채권을 발행해, 연 10만 달러의 수익 또는 11%를 예상하면서 90만 달러에 팔면, 현재의 목적으로 이용이 가능한 액수는 90만 달러다. 그러나 만약 110만 달러에 팔면 그것이 현재의 구매력이고, 자본가에게 자본수익은 9%가 된다.*

페터 교수는 이런 가격과 할인의 원리를 시간-할인과 자본화의 일반

---

* 100,000/900,000=0.11, 100,000/1,100,000=0.09.

원리로 훌륭하게 일반화했다. 이렇게 함으로써 그는 뵘바베르크의 할증과 할인의 실제 과정 사이의 차이를 인정했다. 그는 모든 미래지대, 이윤, 이자-지불, 그리고 상품의 미래가격까지 기대되는 순소득으로 환원해서 이같이 했다. 이 모든 것을 페터도 뵘바베르크처럼 "지대들"이라고 불렀으나, 그것들을 현재의 지대로 유지했던 뵘바베르크와 달리, 그는 이것들을 미래로 내보냈다. 그래서 이 미래 "지대들"은 보편적으로 현재의 평가에 대한 시간-할인으로 환원된다. 이 할인된 평가가 자본화의 보편적인 원리이고, 이것이 현대적인 의미의 **자본**이다.[190]

그러나 페터의 시간-할인은 원초적으로 이윤-할인이기도 하다. 하나는 시간의 간격을 통한 기다림에 대한 할인이다. 다른 하나는 기대되는 기간의 흐름 동안 발생하는 유리하거나 불리한 사건들의 할인이다. 기다림에 대한 보상이 기대되는 이자에 대한 지불이다. 위험부담에 대한 보상이 이윤이나 손실이다. 위험-할인은 이윤과 손실에 대한 할인이다.

때때로 이윤과 이자는 함께 움직인다. 만약 적은 위험으로 인해 이윤에 대한 전망이 좋으면, 1919년처럼 대출자가 더 높은 이자율을 지불할 여유를 가질 수 있게 된다. 만약 이윤에 대한 예측이 손실에 대한 예측으로 변하면, 1932년에서처럼 대부의 이자나 심지어 원금을 지불해야 하는 새로운 일들을 만들지 않을 것이다. 짧게 말해, 위험할인이 현재의 자본가치를 크게 줄이거나 심지어 없애버리기 때문에 기업 활동이 둔화되거나 정지된다.

• •

190) Fetter, Frank A., "Recent Discussion of the Capital Concept", *Quar. Jour. Econ.*, XV (1900-1901), 1-45; "The Passing of the Old Rent Concept", *Ibid.*, 416-455; *Principles of Economics*, Chaps. 8, 10, 15, 17(1904); "Interest Theory and Price Movements", *Proceedings Amer. Econ. Assn.*, March, 1927, 62-122.

VI. 화폐와 가치의 거래적인 체계

교섭 거래의 회전에 대한 우리의 공식은 현재까지 은행가를 포함시키지 않았다. 그러나 모든 현대의 거래는 은행가의 개입을 요건으로 한다. 통상 "화폐의 순환"으로 불리는 "현금" 지불조차 은행에서 요구불 예금을 이전하는 대신 은행으로부터 현금을 인출하는 것이다. 이 현금이 다시 은행에 진 빚을 갚기 위해 은행으로 "흘러들어" 간다. 은행들 스스로가 이 "순환 중인 화폐"가 부족하면, 지불준비 은행에 "화폐"를 요청해 준비은행에 있는 자신들의 잔고를 줄일 것이다. 또는 화폐가 충분하다면, 지불준비 은행에 대한 부채를 지불하기 위해 "현금"을 지불준비 은행에 되돌려 보냄으로써, 자신들의 지불준비 은행 잔고를 늘릴 것이다.

따라서 부채지불 전체를 이루고 있는 교섭 거래에서 두 명의 구매자와 두 명의 판매자 각자가 자신의 은행에 계좌를 가지고 있어야 할 뿐만 아니라 은행가 자신이 거래를 수행할 예금으로 창출할 지불수단을 얻는 방향으로 그가 기대하리라는 데 대해 은행가와 이해를 공유해야 한다.

그래서 완전한 교섭을 위한 우리의 공식은 거래에 개입된 두 명의 구매자와 두 명의 판매자 각각에 상응해 네 명의 은행가를 필요로 한다. 이 네 명의 은행가가 실제로는 단 한 명인지는 중요치 않다. 네 명의 은행가가 청산사무소와 연방은행을 통해 함께 움직인다고 하더라도, 이들의 일치된 행동이 이들의 고객 중 누구의 계정에 대한 정보교환도 포함하고 있지 않다. 물론 은행의 감사관들이 비밀을 서약하고 이 정보를 얻을 수는 있을 것이다. 결과적으로 거래에 참여하는 네 사람 각각에 관한 한, 각자 별도의 사적인 계정을 가지며 자신의 은행 중 하나와 사적인 이해를 가진다.

따라서 각각의 가능한 상업적인 거래로부터 일인서명어음, 무역어음, 은행가어음 등의 다양한 종류의 단기적인 부채가 발생할 가능성이 있다. 이 모든 것은 상품의 판매로 은행가가 사업가에게 사업가의 예금부채를 팔아서 사는 사업부채가 창출된다는 한 가지 사실을 공통분모로 삼는다. 사업부채는 하루에서 90일까지 지속되며, 거래는 합의된 시간이 만료되면서 부채를 지불할 때까지 종결되지 않는다. 교환을 통해 은행가들은 이 사업부채의 할인된 미래가치의 크기에 상응해, "이미 만료되어" 요구에 따라 지불될 수 있는 부채를 창출한다. 그리고 이 예금은 이 고객이 자재와 노동을 구입하기 위해 계약으로 발생한 다른 부채들을 지불하기 위해 즉각 자신의 수표를 끊을 수 있는 당좌계정이다.

그러므로 모든 대부거래는 자체의 화폐를 창출한다. "순환하는" 화폐의 기금은 없지만, 양도된 소유권의 할인된 가치에 상응하는 단기부채가 반복적으로 창출되며, 판매되고, 지불된다. 그러므로 상품의 가격에 대한 예측에 근거해 두 가지의 연속적인 가치증가가 발생한다. 노동의 투입으로 추가되는 상품의 사용-가치 산출의 증가와 만기일이 다가오면서 할인된 부채의 가치 증가가 그것이다.

첫 번째 가치증가는 여러 상품시장에서 나타난다. 철광석의 가격이 선철의 가격, 철판의 가격, 농기계의 가격, 최종 소비자가 구입할 칼과 삼지창의 가격이 되었을 때, 이와 같다. 두 번째 증가는 모든 단기부채의 가치가 지불될 때까지 지나야 할 시간이 줄어들면서 증가하면서 화폐시장이나 부채시장에서 발생한다.

이같이 은행가가 적극적인 참여자이기 때문에 모든 대부거래는 자신의 화폐를 창출한다. 화폐수량이론과 상품수량이론 사이의 오랜 논쟁은 물리적인 인과론에 근거하고 있다. 이 이론에서는 시간 순서상 처음 발생한 사건이 나중에 발생한 사건의 원인이고, 통계적인 증명이나 반증이 화폐수량의 변동이 물가변동에 앞서느냐 뒤서느냐를 보이는 데 달려 있다. 그러나 화폐 및 물가에 대한 거래적인 이론이나 예측이론은 재화의 이전이 아니라, 재화들이 나중에 따라오므로, 기대되는 재화들의 소유권의 이전에 관한 이론이다. 합의된 가치는 언제나 소유권을 획득하는 가격이고, 이 가격은 언제나 즉각적이거나 먼 미래의 예측이다. 이런 종류의 인과는 미래에 있는 것이지, 과거나 현재에 있지 않다. 미첼의 연구는 가격의 변동이 흔히 먼저 있고, 이어 인도가 있으며, 그러고 나서 지불이 발생한다는 것을 보여준다.[191] 그리고 이것은 가격변동의 "원인"이 지불의무가 도래하리라고 예상되는 날짜를 넘어서는 미래를 포함해, 미래에 대한 예측들의 수렴에 있다는 원리에 부합된다. 따라서 인과의 적절한 이론은 화폐를 창출하는 은행가가 거래의 길잡이로 참여하는 수십억 개의 거래들에서 발견된다. 기술자가 효율의 전문가이고 사업가가 희소의 전문가라면, 은행가는 미래성의 전문가이다.

경제적 수량의 소유권을 이전하고, 화폐로 기능하는 은행부채를 이전하며, 교환되어 은행부채를 창출한 상업부채들이 소멸되는 거래적인 과정에서 오랜 화폐수량이론과 상품수량이론이 어떻게 이런 평가과정에 적용될 수 있는지를 확인하기는 힘들다. 이들은 진정으로 "크기들"이지만, 어디에 물리적인 화폐의 수량이 있는가? 이 크기들은 반복되는 교섭거래에서 합의된 가격이나 가치에 대한 수량적인 언술이다. 화폐의 수량 대신에 우리는 은행부채의 가변적인 "회전"을 마주하고 있다. 이것의 전체 규모는 협상되고, 창출되며, 취소되고, 약 30일마다 갱신되지만 그 크

---

191) Mitchell, Wesley C., *Business Cycles, the Problem and Its Setting*(1927), 137.

기가 상품, 서비스, 그리고 부채의 예상되는 가격과 수량에 따라 변동한다. 그리고 이것들에 대한 평가가 추가적인 소유권의 이전이 창출한 추가적인 부채를 결정한다. 이런 경우에 물리적인 유비는 적용되지 않는다. 오로지 회전비율, 시차, 예측 등에 대한 통계적인 검토와 실험으로 충분할 수 있다. 개별 은행가의 평가가 소유권의 이전을 위한 각자의 화폐를 창출하는 소유권에 대한 평가로부터 화폐의 거래적인 예측체계가 나온다.

거래적인 화폐이론은 코프랜드(M. A. Copeland)의 노력을 포함하지만, 이보다 더 나간 것으로 보인다. 코프랜드는 가격과 교역량(PT)이 화폐의 수량과 속도(MV)에 앞선다는 것을 보여줌으로써 화폐수량설을 반증하려고 노력했다.[192] "교환방정식"에 대한 계산을 통해, 그는 "상품들"이 모든 지불의 3분의 2에 불과하고, 나머지 3분의 1은 이자, 배당금, 세금, 채권, 주식 등의 "무형적인 것들"에 대한 지불을 포함한다는 것을 보여준다. 이 "무형적인 것들"을 포함함으로써 그는 "대부분의 시간에서 PT는 인과적으로 MV에 앞선다"는 결론에 다다랐다.

그러나 만약 우리가 상품을 물체와 소유권이라는 이중적인 의미로 구분하면, 소유권의 이전이 언제나 물체의 생산보다 앞선다. 그리고 이 소유권은 그가 언급한 다른 무형적인 것들만큼이나 "무형적"이다. 왜냐하면 이들 모든 것이 현재의 소유권 이전으로 생산되거나 획득될 미래의 유형적인 물체들을 바라보고 있기 때문이다. 현재의 거래에서 이전되는 것은 물체가 아니라 미래의 물체에 대한 현재의 소유청구권이다. 이것은

••

192) Copeland, M. A., "Money, Trade and Prices-A Test of Causal Primacy", *Quar. Jour. Econ.*, XLIII(1929), 648.

배당금, 이자, 세금, 주식과 채권의 소유권뿐만 아니라 상품의 소유권에도 해당된다. 이 모든 것은 물체에 대한 미래의 소유권을 기대하고 있다. 우리가 현재시점의 거래에 그것을 배치하면, "교환방정식"은 언제나 소유청구권의 교환방정식이다. 그리고 거래의 교섭에서 가격이 물체가 아니라 소유권에 지불되기 때문에 바로 여기서 가격이 결정된다.

코프랜드의 "무형적인 것들"은 보다 흔히 장거리의 미래를 바라거나 궁극적인 물체들을 획득하기 이전의 중간적인 거래들이고, 상품들에 대한 소유는 물체가 생산되거나 소비되기 이전의 단기적인 미래를 바라보는 것일 수 있다. 이것은 소유권의 이전과 물체의 등장 사이의 시간-거리를 측정하는 것을 더욱 어렵게 만들지만 이것을 덜 필요하게 만들지는 않는다. 미래 시간의 길이는 상품의 소유권과 무형적인 다른 것들에 대한 소유권을 구분하는 좋은 근거는 아니다. 모든 것은 미래이고, 교환방정식은 언제나 미래를 바라보는 소유권들의 교환이지, 현재 시점이든 가까운 미래이든 먼 미래이든 물체들의 교환이 아니다. 그래서 우리는 PT가 MV에 앞설 것으로 예상해야 한다.

이 논의는 현대적인 의미의 화폐가 거래에서 발생하는 부채의 창출, 융통성, 그리고 해제의 사회적 제도임을 알려준다. 지불이 측정할 가치가 있는 시간의 경과 없이 이루어지면, 우리는 이것을 구매나 판매라고 부른다. 그런데 이것은 부채의 융통성이라는 중간과정이 생략되어 있다는 점에서만 단기적이거나 장기적인 부채와 다르다. 따라서 화폐는 이차적으로 교환의 매개체이다. 일차적으로 그것은 부채를 창출, 이전 그리고 소멸시키는 사회적 수단이다.

그렇지만 만약 사회적 제도로서 각각의 대부거래가 자신의 화폐를 창출하고 전체 규모가 30일마다 창출되고 소멸된다면, 화폐의 정의는 하나의 수량이라는 정태적인 개념에서 하나의 과정이라는 동태적인 개념으로 전환되어야 한다. 이 과정은 은행가들을 참여자로 삼는 수십억 건의 교섭 거래들이다.

우리는 동사가 명사를 대신하면 하나의 과정이 보다 정확하게 서술되는 것으로 이해하고 있다. 명사는 성태적인 수량들이라는 인상을 주기 때문에 오도할 가능성이 있다. 반면 동사적인 명사들은 경제적 수량들과 이들을 가치로 측정하는 화폐를 창출, 이전, 소멸, 재창출하는 가격부과, 평가 그리고 계정처리의 과정과 다르지 않은 교섭 거래에 적합하다. 가격, 가치, 부채는 합의에 의해 그렇게 합의된 경제적 수량의 소유권이 이전되는 시점에, 문자 그대로 창출되지는 않지만, 함께 결정된다. 그리고 시간의 연속 속에서 묶여진 모든 가변성은 거래에 의한 가격부과, 평가, 계정처리의 과정이다.

우리는 화폐가 희소의 차원을 측정한다는 점과 이 차원을 경제적 수량의 단위에 따라 분리해 측정하면 그것이 가격이라는 점을 지적했다. 가격은 상품, 주식, 채권, 서비스 또는 심지어 기다림과 위험부담 등 어느 것이 되었든 그것의 희소 차원이다.

그러나 희소는 기능적으로 묶여 있는 가치의 여러 차원 중 하나에 불과하다. 이들 각각의 가변성을 확인해서 평가되는 경제적 수량 전체의 가변적인 크기를 측정하려면, 이들 각각의 차원을 측정해야 한다. 무체재산의 경우 이 가치와 이에 상응하는 부채의 크기는, 우리가 말한 호트리의 부적절한 지적으로부터 추론할 수 있듯이, 단일의 변수인 가격의 크기가 아니라 거래에서 합의된 총가치와 동일한 크기이다. 단기 및 장기 "자본"의 현대적인 크기인 이런 가치와 부채의 크기는 분석을 필요로 한다. 우리는 이것을 아홉이나 열 또는 이보다 더 많은 독립적인 크기들로 분해할 수 있다. 이들은 각기 매번의 교섭 거래와 부채에 대한 화폐측정의 전체로 환원될 수 있고 이에 포함되어 있다. 왜냐하면 피셔가 말했듯이, "화폐의 중요한 기능들 중 하나가 다양성으로부터 측정의 획일성을 끌어낸다는 것이다."[193] 이 가변적인 크기들 대부분을 우리는 거래되는 상품이나 증권의 희소, 지불수단의 희소, 기다림, 시간의 경과, 위험부담, 상품수량, 상품의 종류와 질, 재산권, 교섭능력의 희소라고 부를 수 있다. 이들을 우리는 사용, 희소, 그리고 미래성의 세 가지 변수로 환원했다.

그러므로 이들 여러 독립적인 변수로 구성된 가치에 대한 거래적인 정의를 수립할 필요가 있다. 이것이 일단 수립되면 이런 평가들로 소유권이 이전되면서 창출된 부채 자체와 그 크기가 같을 것이다.

고전 경제학자들은 통약이 가능하지 않다고 "사용-가치"를 제거하고, "가치"로 축약된 교환가치만을 다루었다. 그러나 만약 우리가, 이들이 아마도 의도한 대로, "사용-가치"의 의미를 유용하다고 믿는 재화의 객관적인 물리적 속성이라고 본다면, 사용-가치는 즉시, 그리고 언제나 여러 다른 물리적 측정체계를 통해 측정이 가능하다. 이들은 철강의 톤, 설탕의 파운드, 빵의 덩어리, 시간당 킬로와트 등이다. 그리고 질의 차이를 점차적으로 더욱 세밀한 "등급"체계들로 표준화하고 분류해서 이것을 측정할 수도 있다.

이런 물리적인 측정의 중요성은 사용-가치의 희소에 어떤 변화가 일어나더라도 (감가상각이나 가치상실을 제외하면) 단위당 사용-가치가 언제나 정확히 같은 상태로 있다는 것이다. 이 물적인 차원은 동일한 질의 물

193) Fisher, Irving, *The Nature of Capital and Income*(1906), 15.

리적 단위의 숫자가 변하면서 **비례적으로** 변하는 사용-가치 산출량의 크기이다. 이것은 10억 부셀의 밀이 1부셀의 밀의 10억 배에 해당하는 사용-가치를 지니는 것과 같다. 그래서 교섭 거래에서 언제나 고려되는 사용-가치의 세 가지 차원은 물리적 단위들로 측정되는 종류, 등급, 수량, 감가상각, 가치상실이다.

그렇지만 희소-가치는 반대 방향으로 변동한다. 그것은 수량과 **반대 방향으로** 변동한다. 카알 멩거가 말했듯이, 화폐와 재산을 제거하면, 희소는 원하는 수량과 이용 가능한 수량 사이의 사회적 관계이며,[194] 이 관계는 물론 수요와 공급이라는 사회적 관계의 한 유형이다. 따라서 희소-가치는, 객관적으로 측정될 수 없는 두 가지 변동하는 크기들 사이의 관계이다. 이 관계 자체는 앞서 고전 경제학자들이 인간에 대한 자연의 저항단위로 측정했고, 쾌락주의 경제학자들은 인간에 대한 자연의 체감하는 쾌락의 단위로 측정했다. 그러나 이것들은 인격화한 것이었다. 희소의 소유적인 척도는 가격이다. 나의 한 학생이 제안한 바와 같이, 가격은 "희소-표식"이다. 여기서 우리는 수요나 공급을 직접 측정하는 것도 아니고 멩거가 원하는 크기나 이용 가능한 크기를 측정하는 것도 아니다. 우리는 개별 교섭 거래에서 드러나는 양자의 변하는 관계가 낳는 **효과들**을 측정한다. 약간 비슷한 방법으로 우리는 열의 크기를 직접 측정하지 않고 수은의 팽창과 축소를 통해 간접적으로 측정한다. 온도계는 열의 효과들 중 어떤 효과를 측정하는 인공적인 고안물이다. 이것은 화폐가 희소의 효과들 중 어떤 것을 측정하는 인공적인 고안물인 것과 같다. 전자는 기계이고, 후자는 제도이다. 기계는 기계적인 크기를 측정하고, 제

..

194) 본서 656쪽, 멩거.

도는 소유의 크기를 측정한다.

그렇더라도 크기를 직접 측정하든 그것의 효과만을 측정하든, 모든 측정체계에서 그렇듯이 측정수단은 측정되는 크기의 차원과 비슷한 차원을 가지고 있어야 한다. 야드는 길이를 직접 측정한다. 파운드는 비슷한 효과와 비교해 간접적으로 무게를 측정한다. 어떤 경우에든 차이들과 변동을 숫자의 언어로 세고 비교할 수 있도록 자의적인 단위를 수립한다. 희소에 대해서도 이와 같다. 그 인공적인 크기는 지불수단인데, 그것의 희소는 원하는 수량과 이용 가능한 수량 사이의 사회관계이기도 하다. 원하는 수량은 지불을 통해 원하는 것이다. 이용 가능한 수량은 정부, 은행 그리고 사업체들의 공동 활동으로 공급된다. 역시 우리는 원하는 수량도 이용 가능한 수량도 직접 측정할 수 없다. 우리는 여러 가지 교섭, 신용, 그리고 "자본" 거래들에서 양자 사이의 변하는 관계로 인한 결과들을 측정할 수 있을 뿐이다. 그래서 가격은 두 가지 희소 관계들 사이의 관계이다. 이 두 가지 중 하나인 화폐는 다른 것을 측정하기 위한 명칭들로 표시된다.

크기의 상대적인 변동에 대한 이 모든 측정에서, 우리가 해왔던 대로 의도성을 지닌 용어로 원인과 결과를 사용할 수 있다. 그 이유는 우리가 세계의 총체적인 복합체에 관심이 있는 것이 아니라 인간행동의 즉각적인 지침과 통제를 위해, 제약적인 요인과 보완적인 요인의 원리에 따라 전체 세계에서 끄집어낸 특정 요소의 특정 변동을 측정하고 있기 때문이다.

사실상 교섭 과정에서 볼 수 있듯이, 가격은 희소의 결과이자 원인이며, 측정치이다. 여기서 의도적인 과정은 잘 알려져 있으며 당연한 과정으로 간주된다. 우리는 희소의 측정과 수량의 측정이라는 두 가지 측정체계를 사용한다. 하나는 희소-가치의 측정이고, 다른 하나는 사용-가치의 측정이다. 밀의 가격은 부셸당 1달러. 희소를 측정하기 위해 우리는 자동으로 사용-가치의 수량이 1부셸로 일정하다고 상정한다. 그리고 그것을 구입하는 데 이용 가능한 화폐에 상대적으로 밀의 희소는 그것의 가격인 달러의 숫자와 소수점에 따라 변동한다. 그러나 이제 사용-가치의 수량을 측정하기 위해서, 우리는 자동으로 그 가격이 일정하다고 상정함으로써 희소를 제거한다. 그러면 사용-가치는 부셸의 숫자와 소수점에 따라 변동한다. 우리가 이 두 가지를 하나의 크기로 결합하면, 그것은 희소-가치 또는 가격과 사용-가치 또는 물체의 수량이라는 두 개의 변수를 지닌 가치가 된다.

앞에서 주목했듯이, 가치의 의미는 피셔가 가격과 구분되는 의미로 사용한 가치에 깔린 원리에 해당된다.[195] 그 지점에서 하나의 "단위"에 관한 페터의 피셔 비판은 측정이론 자체에 내재해 있다. 측정될 물체가 두 가지 이상의 가변적인 차원들을 지니고 있으면, 이들 중 하나를 분리시켜 측정할 수 있는 유일한 방법은 다른 것들이 변하지 않는다고 상정하는 것이다. 다른 변수들은 사라지는 것이 아니다. 그들은 여전히 거기에 있는데, 그들의 변동성이 제거되는 것이다. 교섭 과정에서는 이것이 본능적으로 또는 명시적으로 이루어진다. 가격에 합의하고, 별도로 이 가격에 받아들일 수량이 합의된다. 가격은 단위-수량의 가격이고, 가치는 이 가격에서 받아들인 단위-수량들의 전체 숫자이다. 따라서 단위수량의 경우 가치와 가격이 동일한 크기를 의미한다.

그러나 "단위들의 총계"의 경우 총합의 가치를 총합의 가격이라고 말

195) 본서 656쪽, 피셔와 페터.

하는 것은 통상적인 사용법에 반한다. 자동차 한 대의 "가격"은 1,000달러다. 이것이 합의된 자동차의 "가치"이기도 하다. 그러나 만약 이것이 두 대의 자동차라면, 두 개의 가격이 존재하고 두 가격의 합이 두 자동차의 가치이다. 비슷한 용법이 하나의 단위로 삼은 농가나 사업체 전체에도 적용된다. 농가나 기업 전체에 지불된 "가격"은 농가나 기업의 "가치"이기도 하다. 그러나 만약 이것이 농가들이나 기업들의 총계라면, 그것은 총합의 "가치"이지, "가격"은 아니다.

가치와 가격의 이런 차이가 발생하는 이유는 시장가치와 시장가격의 유일한 차이가 수량의 차이이기 때문만은 아니다. 그것은 (미래성을 생략하면) 가치가 두 가지 서로 다른 인과들을 지닌 두 차원의 개념이기 때문이다. 하나는 수요와 공급에 따라 결정되는 희소-가치 또는 가격이고, 다른 하나는 거래 후에 노동 과정에서 창출될 사용-가치의 크고 작은 산출량이다.

모든 단위가 정확히 같아 전용 가능한 재화들에도 같은 추론을 적용할 수 있다. 밀의 "가격"은 1부셸로, 일정한 사용-가치의 수량을 상정해 합의된 수요와 공급 또는 가치의 희소-차원이다. 그렇지만 이 1부셸에 대해서만 가격과 가치는 동일하다. 반면 1부셸 이상이거나 수확량 전체에 대해서는 사용-가치 또는 물리적 차원이라는 다른 차원이 가변적이고, 이런 단위들의 총합을 위한 용어는 가치이다.

따라서 교섭 과정의 가격책정과 가치책정의 모든 경우에서 당사자들은 명시적으로 또는 습관상 아마도 자동적으로, 가치의 두 차원을 측정한다. 희소-차원은 사용-가치의 관습적이거나 법적인 단위를 가정하고 가격으로 측정한다. 그리고 물리적인 차원은 단위당 합의한 가격을 상정하고 이런 물리적 단위들로 측정한다. 이 두 가지의 결합이 가치책정이고, 그 결과는 미래성 할인을 포함해 가치, "자본", 그리고 이에 상응하는 부채이다.

이것이 화폐가 상품과 종류에 있어 다른 한 가지 이유이다. 이것은 측정의 표준이다. 각각의 거래는 지불의 단위와 이행의 단위라는 두 가지 합법적인 측정단위들을 수반한다. 이행의 단위는 거래에서 합의된 대로 인도할 상품의 수량을 측정한다. 지불의 단위는 지불해야 하는 단위당 가격을 측정한다. 이 둘의 곱이 거래가 창출한 두 가지 부채에 상응하는 가치이다. 이 두 가지 합법적인 측정단위들 없이는 현대적인 사업을 수행할 수 없다. 그리고 왕들이 이 단위들을 자의적으로 변경하던 시절 이후의 사업을 해석하면, 경제학자들이 이 합법적인 측정단위들 이외에 다른 것을 활용한다는 것은 허용될 수 없다. 가정경제학에서는 이같이 할 수 있으나, 기업경제학에서는 이같이 할 수 없다. 측정단위들이 강제적인 제도이고 심리나 낭만적인 역사의 환상이 아니기 때문에, 이는 "제도" 경제학이 그것의 운영규칙을 가지고 심리경제학이나 노동경제학을 밀어낼 수 있는 특별한 사항들 중 하나이다.

피셔가 1부셸의 밀로 "수량, 가격, 그리고 가치"에 대한 자신의 분석을 예시할 때, 그의 모든 실제 측정에 화폐단위가 사용되기 때문에, 가치 측정을 위한 공통단위를 가질 필요를 예시한다는 점을 우리는 이해하고 있다.[196]

심리학 영역에서 비이저조차도 마찬가지이다. 피셔는 페터의 도전에 대해 답하면서 그의 "새로운 제안"에 대한 "선례"로 비이저를 인용했을

----

196) Fisher, I, *op. cit.*, 14.

수 있다. **가치의 역설**에 대한[197] 비이저의 주목할 만한 장은 정확히 피셔의 개념이지만 재화의 수량증가에 따른 한계효용체감의 관점에 있다. 그러나 그의 "한계효용"은 단지 가격의 인격화이므로, 그의 "가치역설"은 가격과 수량이라는 두 변수에 의존하는 친숙한 가치개념에 불과하다. 수량이 증가하면서 가격 또는 "한계효용"이 감소하므로, 만약 가격이 하락하는 정도보다 수량이 더 증가하면 총합의 **가치**는 증가하고, 수량이 증가하는 것보다 가격이 더 빨리 하락하면, 총합의 가치는 하락한다. 이것이 두 세기 이상 전에 그레고리 킹(Gregory King)이 화폐의 관점에서 만들어낸 공식인 "가치의 역설"이다.[198] 이것은 모든 사업과 통계에서 가격, 수량 그리고 가치 사이의 잘 알려진 관계이다. 19세기의 노동이론과 심리이론이 경제학자들을 환상과 신비로 빗나가게 만든 것은 옛 그레고리의 사업적인 감각을 깜박한 것이었다. 그리고 이것이 피셔로 하여금 1907년에 이르기까지 자신의 공식이 "경제적 사용법에서 다소 벗어난다고" 말하게 만들었다. 그것은 사업이나 법적인 사용 또는 상식이나 그레고리 킹으로부터 벗어나지 않았다.

그렇지만 가치에는 다른 의미들도 있다. 화폐의 구매력이 불안정하기 때문에 경제학자와 일반인이 필요하는 의미가 있다. 수량을 측정하는 야드나 부셸과 달리 희소를 측정하는 화폐는 안정적인 단위가 아니다. 오히려 화폐는 해발의 고도가 바뀌면서 기압지표를 매번 수정해야 하는 기압계와 비슷하다. 화폐적인 수정의 방법은 잘 알려져 있다. 이는 모든 현

∙∙

197) 본서 656쪽, 비이저.
198) King, Gregory, "The British Merchant", *Natural and Political Observations*(재인쇄, 1802).

행 가격들을, 예를 들어 1860년이나 1913년과 같은 기준점의 수준으로 환산함으로써 화폐의 전반적인 구매력이 지닌 불안정성을 계산을 통해 없애는 것이다. 이 전반적인 구매력의 역수가 편의상 "화폐의 가치"라고 불린다. 이것은 가격들의 평균이 오르면 하락하고 평균이 하락하면 오른다.

그러나 이런 의미의 가치는 밀이 생각하는 "전반적인 구매력"의 의미가 아니다. 밀의 의미로는 어떤 물체에 대한 소유가 지배할 수 있는 "구매력 있는 상품들"에 화폐가 포함된다. 그것은 "어떤 물건의 가격이 언제나 화폐로 표현되는 데 비해 가치는 어떤 종류의 부, 재산 또는 서비스로도 표현될 수 있다"는 언술에 포함된 의미도 아니다.[199] 여기서 "부, 재산 또는 서비스"라는 용어들은, 추정컨대 화폐를 포함하고 가격은 종류가 다른 것이 아니라 부와 재산의 가치의 특별한 경우이다. 그 자체로 가치는 의미상 화폐를 구매 가능한 상품들 중 하나로 포함하므로 밀의 가치와 같다. 이와 반대로, "화폐의 가치"라는 용어는 화폐가격들의 합의 역수에 대한 약칭이고 측정의 단위로서 화폐가 안정성에서 벗어나는 정도를 나타낸다. 이것을 우리는 구매력이라는 가치의 의미라고 명명할 수 있다.*

가치의 거래적인 의미 그리고 구매력이라는 의미와 분명히 연결되어 있지만 이와 다른 것이, 명목 소득이나 명목 임금과 대비되는 실질 소득이

••

199) Fairchild, F. K., Furniss, E. S., and Buck, N. S., *Elementary Economics*(1926), I, 24.

---

* 밀에게 가치는 화폐를 포함하는데, 다른 것들의 가격을 나타내는 화폐의 가치 또는 그것의 역수인 물가를 말할 때 가치는 화폐를 평가의 대상으로 삼지 않는다.

나 실질 임금을 말할 때 흔히 표현되는 바와 같은 **명목 가치**와 **실질 가치**의 구분이다. 실질 가치의 이런 의미는 교환가치로서 가치라는 밀의 의미와 "부, 재산, 또는 서비스"의 관점에서 본 가치의 의미에 가장 근접한다. 그러나 이런 의미들이 화폐 자체를 구매가 가능한 상품 중 하나로 포함하기 때문에 실질 가치라는 의미는 이런 의미들과 본질적으로 다르다. "실질 가치"는 종류가 달라 화폐를 완전히 제거하고, 이에 따라 "명목적인 것"도 제거한다. 이에 비해 거래적인 의미와 구매력의 의미에서 화폐는 명목적이지 않으며, 화폐는 구매, 판매, 부채 그리고 현대적인 의미의 자본과 마찬가지로 "실질적"이다.* 물론 농부나 임금소득자는 자신이 파는 밀이나 노동을 주고 자신이 구입하는 상품들을 얼마나 획득할 수 있을지를 알고 싶어 한다. 그는 화폐가격을 제거해야 이 수량을 계산할 수 있다. 그리고 이런 의미의 "명목 가치"가 고전 경제학자와 효용경제학자가 화폐를 노동이나 쾌락으로 대체해 실제로 제거하려고 노력했던 바이다. 현대 통계학은 이것을 외견상 제거하지만 실제로는 그렇지 않다. 그렇게 되는 이유는 화폐가 명목적이기 때문이 아니라 화폐를 수단으로 부의 분배상 변동을 측정한다는 다른 목적을 의도하기 때문이다.

"품위 가치(esteem value)"와 같은 윤리적이거나 심리적인 요소를 포함해 가치와 가격의 다른 의미는 우리가 협상 심리라고 부르는 것에 속한다.**

---

* 이 절의 제목이 말하듯이, 여기서 커먼스는 거래라는 연구단위에 부합되는 화폐를 개념화하기 위해 이것을 다른 화폐개념들로부터 구분하고 있다. 특히 화폐가 제도로서 제거될 수 없음을 내세우려고 노력한다. 이에 따라 한편으로 커먼스는 밀에서와 달리 화폐가 상품과 같은 부류가 아니라고 주장한다. 다른 한편으로 화폐의 실질 가치를 얻기 위해 외견상 화폐를 명목으로 취급할 수 있지만, 이를 통해 제도로서의 화폐를 명목으로 만들 수 없다는 점을 내세우고 있다.

** 품위 가치(esteem value)는 제품의 가치 중 기능적인 사용-가치나 비용과 무관한 주관적인

그 이유는 어떤 협상에서든 측정 가능한 차원으로 환원하면, 그것은 화폐 평가가 되기 때문이다. 이 모든 것을 고려해 우리는 세 가지 다른 가치의 의미를 지니게 된다. 이들은 그것의 소유권이 화폐와 사고 팔리는 물체와 화폐가 종류에 있어 다르다는 점을 인정한 데 근거한다. 첫째는 가격, 수량, 그리고 미래성 할인의 곱으로 나타나서 부재와 "사본"의 등가물인 거래적인 의미의 가치이다. 다른 하나는 가격들의 총합인 구매력이라는 의미의 가치이다. 셋째는 화폐와 가격들이 부의 분배를 측정하는 수단이 되는 실질 가치로서 분배적 의미의 가치이다. 가격으로 측정되는 희소, 물리적 단위로 측정되는 사용-가치의 수량, 그리고 가격과 수량을 곱한 총합인 가치 등의 여러 원리가 이런 의미들을 관통한다.

그러나 가치의 또 다른 가변적인 차원이 앞선 논의에 내포되어 있다. 그리고 경제학은 **시간**의 측정이라는 이 세 번째 차원으로 움직인다. 그러나 가치에 대한 거래적인 평가 과정에서 시간은 언제나 **미래 시간**이다. 미래성은 기다림과 이윤추구(위험감수)라는 두 가지 차원 속에서 작동한다. 이들은 모두 할인의 차원인데, 할인은 화폐의 수량으로 따져 어떤 미래수량의 현재 가치가, 거래가 법적인 효력을 발휘하는 현재 시점과 결과가 기대되는 미래 시점 사이의 간격이 없을 때보다 더 적은 것이다. 우리는 미래성의 결과를 이자-할인과 이윤-할인으로 구분해왔다. 이들은 모두 매우 가변적이다. 이들 중 어느 하나가 100% 할인에 이르면,

---

가치이다. 이것은 컴퓨터나 자동차 등이 동일한 기능을 지니고 생산에 동일한 비용이 들었더라도 외양(금박)이나 상표가 달라지면서 바뀌는 것으로 예시할 수 있다. 주지하듯이 신고전학과 경제학은 시장의 가격에 집중하므로 이런 식의 가치분석에 더 이상 관심을 가지고 있지 않다. 반면 경영학에서는 가치사슬 등 가치분석을 통해 이런 문제에 관심을 보이고 있다.

현재가치는 완전히 사라지고 산업은 정지된다. 1929년 7월에 거의 모든 산업을 축소시키도록 이끈 것은 이윤할인이지, 이자할인이 아니었다.

위험부담과 기다림은, 이자로부터 이윤을 구분하지 않았던 데서 확인할 수 있듯이 상품경제학자가 구분하지 않았던 두 가지 서로 다른 시간의 의미에 따라 작동한다. 하나는 사건이 발생하리라고 예상되는 시점의 반복이다. 다른 하나는 이자가 발생하는 두 시점 사이의 간격이다. 이것은 시간의 "흐름(flow)"과 시간의 "경과(lapse)"에 대한 구분인데, 언제나 양자가 구분되지는 않는다.* 예측은 예상되는 위험이지만 기다림은 기대되는 연기이고, 양자가 합쳐져 은행을 창출한다. 은행가는 예측가이기도 하기 때문에 미래성의 이 두 가지 차원을 실제로는 분리할 수 없다. 그러나 이 두 가지는 측정에서, 그리고 은행가와 여타 사업가의 분업에서 분리가 가능하다.

"욕구"나 "갈구"라는 단어가 의미하듯이, 사실 가치를 지닌 모든 상품은 공간적으로 서로 어느 정도 거리를 두고 있고, 시간적으로 서로 어느 정도 간격을 두고 있다. "충족"이라는 말이 의미하듯이, 더 이상 원하지 않을 때 이들은 현재 시점을 이미 지나 과거로 움직인 것이다.

가치에 대한 이런 미래성의 차원에서는 분명히 "거리를 지닌 행위"가 있고, 이것이 심리적인 가치이론의 계기가 된다. 그러나 "효용"과 "비효용"이 희소에 대한 심리적 인격화임을 일단 깨달으면, 경제학자가 필요하는 심리는 오로지 미래성의 차원에 관한 것이 된다. 미래성이 수반되기 때문에 가치의 거래적인 차원이 목적에 합당한 정의가 된다. 가치가

---

* 제품이 판매되지 않거나 투입물이 도착하지 않는 등 상황이 전개되는 불확실성이 있으면 시간의 흐름이고, 그렇지 않으면 시간의 경과라고 이해할 수 있다.

즉각적이든 단기적이든 장기적이든, 미래에 예상되는 그 무엇에 대한 현재의 추산이므로, 진실로 가치의 전체 개념은 기계적이라기보다 의도적이다. 이런 심리적 기능이 어떤 방식으로든 가변적인 요소들을 모두 묶는 의지의 통일적인 원리이다. 그리고 의지 자체가 매우 가변적이므로, 아마도 이것을 가치의 또 다른 변수라고 부를 수도 있을 것이다. 그러나 심리적 가변성은 측정할 수 없으며 그것이 미친 모든 영향은 이미 미래성에 대한 여러 측정의 도움을 받는 협상에 포함되어 있으므로, 이런 일은 불필요하다.

진정으로 미래성은 주관적 심리에 근거해야 하는가? 그것이 기반으로 할 "객관적인" 심리가 있는가? 객관성에 대한 철학적이거나 합리적인 이론에 호소할 필요 없이, 심리적이고 객관적이지만, 상품이 아닌 경제적 물체가 존재하는가? 이런 물체는 평가하는 개인의 감정이나 의지에 의존하지 않는 방식으로 미래와 현재를 연결하는 것이어야 한다. 만약 매번의 교섭 거래에서 개인의 의지와 독립적으로 미래를 현재와 연결시키도록 구축된 그런 물체가 있다면, 그것이 객관성의 본래적 의미에 속한다. 어떤 물체가 "객관적"이기 위해 반드시 물리적일 필요는 없다. 개별의지로부터 독립적일 필요가 있을 뿐이다. 이렇게 이해하면 이 물체는 집단행동이고, 이것을 정치경제학의 주제로 만들 수 있다.

이 주제가 물리적인 물체가 아니라 재산임을 처음으로 주장한 사람은 매클라우드였다. 매클라우드는 직업상의 목적 때문에 재산을 재산권과 동일시해도 충분하다고 생각하는 변호사의 의지가 담긴 언어로 말한 것이었다. 그러나 경제학에 맞는 분석에서 재산이라는 용어에는 세 가지 분리가 가능한 개념, 즉 희소, 미래성, 그리고 집단행동으로 창출되는 권리, 의무, 자유 및 노출이 수반된다. 희소하리라고 예상되지 않는 것은 어떤 것도 재산이 아니고, 희소하리라고 예상되는 것은 어느 것이나 집단행동로 신속하게 재산권의 의미 안으로 끌려 들어온다. 파장의 기대되는 희소가 사용권에 대한 분쟁을 낳는 경우 공기조차 개인들이 배타적으로 사용하도록 할당된다.

우리가 주목했듯이, 재산의 희소-미래성 차원은 공공시설에 대한 미국의 평가에서 "무형 재산" 또는 "무형 가치"라는 나름의 특정한 이름을 획득했다. 무형 재산은 상품이나 서비스의 예상되는 판매로부터 파생될 가치로 측정된 예상되는 경제적 수량을 가질 권리이다. 그리고 공공시설 관리청에서 미래에 부과할 가격을 "부당하게" 삭감하는 입법부의 행위를 법원은 재산 몰수로 간주하고 있다. 그것은 예상되는 희소-가치에 대한 압수이다.

이 "무형 재산"은 매클라우드의 "무체 재산"과 확연한 차이가 있다. 이제 무체 재산은 과세능력을 지닌 국가를 포함해 채무자로 하여금 특정 수량의 돈을 지불하도록 강제할 수 있는 채권자의 권리인 부채로서 구분되어야 한다. 그러나 무형 재산은 영업권, 특허권, 철도가액, 사업지속의 권리, 노동시장에의 접근권리 등과 같이 전적으로 다른 기대들이다. 이들의 현재 가치는 집단행동의 통제하에 있는 미래거래로부터 도출될 수량과 가격에 달려 있다. 따라서 무체 재산조차 유통가능성을 통해 "무형 재산"이 될 수 있다. 그 이유는 이제 부채가 장기, 단기, 요구불 부채의 상대적인 희소가 변하면서 오르고 내리는 부채의 "가격"이라는 시장가치를 지니기 때문이다. 부채의 이런 시장가치는 그것의 희소-가치 또는 가격이다. 그리고 상품, 서비스 또는 노동의 기대가격이 다른 시장에서 다른 판매자의 무형 재산이자 무형 가치이듯이, 바로 이 시장가격이 부채 시장에서 "무형 재산"이다. 이들의 무형적인 성격이 이들의 희소와 미래성이다. 이것들에 대한 기대가 재산이고, 이것들에 대한 측정치가 가격이며, 이것들의 "객관성"이 현대적인 의미의 자본이자, 개별 의지와 독립적으로 재산권을 창출하는 집단행동이다.

따라서 그것이 유체 재산이든 무체 재산이든 무형 재산이든, 재산의 의미는 유용성, 희소, 미래성, 그리고 권리, 의무, 자유 및 노출의 집단적인 법적 관계라는 네 가지이다. 이것은 보유, 보류, 양도, 획득하는 권리이자 간섭으로부터 자유로울 권리이다. 이것이 교섭 거래의 정의이다. 재산을 구입할 때 소유관계 중 전부나 일부가 이전된다. 교환되는 것은 물리적인 물체 즉 노동 과정이 아니다. 이전되는 것은 권리, 의무, 자유 및 노출이다. 그리고 심리학적으로 말해, 이들은 현재의 교섭 거래에서 할인가치를 지니고 있으면서 미래에 대한 예상을 이전한다.

매클라우드는 무체 재산을 그 권리가 청구하는 미래의 상품이나 화폐와 별도의 독립적인 존재를 지닌 상품이라고 부르는 실수를 저질렀다. 그리고 변호사들이 흔히 그렇듯이, 그도 다같이 판매가 가능하다는 이유로 영업권과 특허의 무형 재산을 부채라는 무체 재산으로부터 구분하지 않았다. 양도할 수 있다는 이유로 그런 무형 재산도 "상품"이라고 불렀다. 매클라우드의 이중적인 실패는 **시간**에 대한 그의 잘못된 개념에서 발생했다. 그러나 매클라우드를 포함해 모든 변호사가 알고 있듯이, 재산권은 미래의 기대를 확실하게 만들어서, 미래에 다른 사람들이 상품을 인도하거나 화폐를 지불하거나 아니면 시장과 가격에 간섭하지 못하도록 강제해, 미래 상품, 미래 가격, 미래 화폐를 현재에 묶어두기 위한 제도적인 장치에 불과할 수 있다. 만약 그렇다면, 재산권이 상품을 인도하거나 지불하는 데서 타인의 미래행위를 말하고 상품이 단지 미래의 상품을 말하므로, 재산권은 상품만큼이나 객관적이다. 타인의 이런 미래행위는 이것이 물리적인 상품이라는 의미에서가 아니라 어떤 개인의 의지로부터도 독립적이라는 의미에서 객관적이다. 나아가 이렇게 정의된 재산권은 상품을, 한 번은 상품으로, 한 번은 상품에 대한 권리로, 이중계산하지 않는다. 이것은 상품에 대한 동일한 소유권의 미래와 현재를 계산한다.

시간의 기능과 객관성의 의미에 관해 이같이 수정하면, 매클라우드의 기본 명제는 옳다. 기술경제나 가계경제와 구분되는 제도적인 경제의 주제는 상품, 노동, 모종의 물리적인 물체가 아니라 재산과 관련된 권리, 의무, 자유 및 노출을 위한 운영규칙들을 정하는 집단행동이다. 그리고 이것들은, 상품, 노동, 화폐 또는 미래에 유용성과 희소를 가지게 되리라고 예상되는 어떤 것과 관련해, 사회가 이들이 협상에서 보인 평가들을 이들이나 다른 사람들이 미래에 이행하도록 배려할 것이라고 협상가들이 현재 지니고 있는 기대이다.

바로 이것이 가치의 또 다른 가변적 차원이다. 이것은 발권력을 가진 중앙은행을 포함해 법원, 행정부, 이사회, 위원회가 관리하는 관습, 법, 권리, 그리고 자유를 통해 집단행동이 무엇을 할 것인지에 대한 기대이다. 가치는 명사이고 평가의 과정이 아니기 때문에 이런 가치의 가변적인 차원을 흔히 상수로 간주한다. 그러나 러시아가 그것이 가변적임을 보여줄 뿐만 아니라 미국의 법적인 역사가 그것이 매우 가변적임을 보여준다. 우리는 그것을 직접 측정하지 않는다. 우리는 현재의 거래에서 이루어지는 금전적인 평가에 대한 효과를 통해 그것을 측정한다.

따라서 우리는 상품을 사고파는 것이 아니다. 우리는 이것의 가치를 사고팔며, 이 가치는 경제적 수량에 대한 금전적인 측정이다. 물리적인 물체가 아니라 미래의 물체에 대한 법적 통제와 관련된 기대를 측정한 것이다. 이 법적인 통제가 기대되는 집단행동이다.

경제학자는 당연히 가치와 가격에 대한 이 법적인 정의가 피상적이라고 반대한다. 경제학자가 요구하는 것은 밑에 깔린 현실이다. 그러나 법적인 현실이 있다. 그것은 모든 인간이 원하는 모든 "재화들"이라는 **미래**의 현실이다. 이 기대되는 현실은 교섭의 평가를 따른다. 두 가지 주가적인 단계가 필요하다. 지불, 이행, 그리고 불간섭을 요구하는 법적인 과정과 소유자의 지휘하에 상품을 제조, 수송, 그리고 인도하는 기술적인 과정이다. 이들의 평가가 평가과정에서 사업을 거래하고 현재의 거래에 공식화되어 있는 그 친숙한 협상 심리가 된다. 거래의 참여자들은 희망하는 바 정부, 산업과 금융의 안정하에서 견고한 현실을 미래에 취득하리라고 고대하고 있다.

가치에 대한 합의에 따라 법적인 통제권을 사고파는 것은, 그 본질이 미래성이기 때문에 대단히 심리적인 과정이고, 심리학의 언어만이 이것을 해석할 수 있다. 그런데 필요한 심리학은 상품이 주는 고락이 아니라 설득, 압박, 복종, 애원, 주장의 협상심리학이다. 거래의 각 당사자는 자신의 경쟁자들과 상대방의 경쟁자들에 직면해 있고, 자신의 필요들과 대안들에 의해 추동된다. 이것은 예비적인 협상을 말하는데, 법적인 분석으로 이것을 설득 또는 압박, 공정한 경쟁 또는 불공정한 경쟁, 동등한 기회 또는 불공정한 기회, 합당한 가격과 합당하지 않은 가격으로 나눈다. 이들 모두는 희소, 기대, 그리고 시간과 장소의 관습적이고 법적인 규칙들에 지배된다. 그래서 만약 설득, 공정성, 동등성과 합당성의 조건들이 충족되지 않거나 무시되면, 묵시적 계약에 따른 이행의 역사적인 원리에 따라, 협상 속에서 부채를 창출하며, 앞서 언급한 가치의 차원들로 규정되고 측정되는 제안과 수락을, 집단성을 대표하는 법원이 읽어낸다.

이와 같이 가치의 경제적 개념, 그리고 진정으로 현대적인 **자본**의 경제적 개념은, 다른 과학의 개념들과 같이 숫자로 표시되는 순전한 상대성의 이론에 이르기까지 여러 역사적 단계를 거쳐왔다. 그것은 물리적으로 객관적인 것이라는 대중적인 원시적 개념에서 시작해 지극히 주관적인 것으로 옮아갔다가 미래 시간이라는 차원을 덧붙였고, 그런 후에 재산개념을 받아들였다. 재산개념은 희소, 미래성, 그리고 희소의 집단적인 결과와 원인인 권리, 의무, 자유 및 노출의 객관적인 상응이다. 이어서 이전에 받아들인 측정단위들에 기초한 수학이 들어오면서, 이 가변적인 차원들이 직접적으로나 간접적으로, 그것의 원인으로나 결과로, 인간과 자연, 그리고 인간과 인간의 변동하는 경제관계의 변동하는 수량에 대한 수량적인 측정으로 결합되었다. 이 과정에서 세 가지 측정체계가 사용된다. 그것은 사용-가치에 대한 물리적인 측정치, 희소에 대한 금전적인 측정치, 그리고 기대되는 위험과 기다림에 대한 금전적인 측정치이다. 이런 기대들을 통해 결합적인 평가가 이루어진다.

평가의 아홉이나 열 가지 요인과 이에 상응하는 부채는 세 가지로, 그리고 세 가지 측면으로 나타나는 희소로 환원된다. 이것은 상품의 희소, 지불수단의 희소, 기다림이라는 서비스의 희소이다. 수량은 사용-가치의 질과 양으로 나타나고, 미래 시간은 기다림과 위험부담의 할인으로 나타난다. 위험부담은 자연의 위험, 개인들의 위험, 그리고 집단행동의 위험으로 세분화된다.

따라서 우리는 가치와 이에 상응하는 부채, 그리고 현대적인 자본에 대해서도 거래적으로 정의한다. 이들은 희소, 사용, 할인에 대한 이런 가변적인 차원으로 구성되고, 이들의 가변성들이 결합되어 융자나 인출로 전환된다.

그러므로 우리는 심리로부터 현대의 **자본주의**와 **자본**인 유체 재산, 무체 재산, 무형 재산으로 이동한다. 미국의 법원이 무형 재산이라는 개념을 구축하고 있는 바로 그 시점에, 경제심리학자들은 이와 평행으로 심리학을 구축하고 있었다. 이것은 페터에서 절정에 도달했다. 페터의 심리경제학은 무형 재산의 여러 속성을 가지고 있었지만 개인주의적이었기 때문에, 기회균등, 공정 경쟁, 동등한 협상력 또는 법의 정당한 절차 등의 제도적 개념을 지닐 수 없다. 화폐의 거래적인 체계, 가치의 화폐적인 의미, 그리고 사회의 집단행동에는 이 모든 것이 얽혀 있다.

VII. 이윤차익

국가경제나 세계경제에서 이윤이 발휘하는 역할과 관련해 두 가지 서로 다른 문제가 있다. 하나는 동태적이다. 무엇이 활동체가 지속되게 만드는가? 다른 하나는 정태적이다. 활동체가 지속되게 만드는 데 대해 국민소득 중 얼마만큼을 이윤창출자들이 받는가? 전자를 우리는 **이윤차익**이라 부르고, 후자를 **이윤몫**이라 부른다.

이로부터 도출된 부차적인 두 가지 이윤관계를 우리는 **이윤율**과 **이윤수익**으로 구분한다. 이윤율은 발행된 주식의 액면 가치에 대한 비율이고, 이윤수익은 주식의 시장가치에 대한 주식 수익 또는 배당금의 비율이다. 만약 주식의 액면 가치에 대한 이윤율이 6%이면, 이윤수익은, 주식이 200에 팔리는 경우 시장가치에 대해 3%이고, 50에 팔리는 경우

12%이다.[200)

　이런 이차적인 문제들은 투기자나 투자자의 사적인 관점에서는 대단히 흥미롭지만, 사회적인 관점에서는 두 가지 의문이 생긴다. 어떻게 이윤차익이 국가를 계속 굴러가게 하거나 정지시키는가, 그리고 이런 기능에 대해 사회는 너무 많이 또는 너무 많이 지불하고 있는가? 하나는 과정에 관한 의문이고, 다른 하나는 과정에 대한 정당화 및 비난에 관한 의문이다. 두 가지는 흔히 분리되지 않는다. 이윤창출자가 다른 모든 계급에게 지불하는 주체이기 때문에 모두 사회적 중요성에 대한 의문이다. 기업이 굴러가게 만드는 것과 정당하게 분배하는 것 중 어느 것이 더 중요한가?

　이 쟁점에 관해 갈라졌던 리카도와 맬서스의 시기부터 19세기와 20세기를 관통해, 호황과 불황의 교차에 대해 근본적이지만 반대되는 두 가지 이론을 구분해 낼 수 있다. 하나는 **이윤몫**의 이론이라고, 다른 하나는 **이윤차익**의 이론이라고 부를 수 있다. 모두 산업에 대해 법적인 통제권을 가진 사업가들이 이 통제권으로 인해 생산과 고용이 지속될지, 확장될지 또는 중단될지를 결정한다는 궁극적인 사실에 근거하고 있다. 이들을 지배하는 유일한 동기는 **이윤**이다. 현재 제조업에서조차 총생산의 90% 정도를 통제하고[201) 농업을 제외한 다른 모든 산업을 실질적으로 통제하는 기업체들은 오로지 이윤동기를 수용하기 위해 법으로 설립된다. 개인들은 다른 동기를 가질 수 있지만, 이들이 기업체에 들어가면, 다른 모든

• •
200) 투자-수익에 대해서는 Epstein, Ralph C., *Industrial Profits in the United States*(1934), investigation and publication by The National Bureau of Economic Research 참조.
201) 국립산업회의이사회, *The Shifting and Effects of the Federal Corporation Income Tax*(1938), I, 24.

동기는 제거된다. 교회가 숭배를 위한 제도이고, 집이 사랑을 위한 제도이듯이, 기업체는 이윤을 위한 제도이다.

법적인 통제권이라는 이 궁극적인 사실에 근거해 이윤몫의 이론가들은 국민소득 중 너무 많은 것이 지대, 이자, 그리고 이윤과 같은 소유에 의한 수입으로 돌아가고, 너무 적은 것이 임금과 봉급을 위시한 소비자의 수입으로 돌아간다고 주장해왔다. 따라서 소비자가 노동자로서 생산한 제품을 모두 사들일 수 없다. 그러므로 과잉생산이 발생해 경기불황과 실업으로 이어진다. 이것이 맬서스적인 이론이었다.

이윤차익의 이론가들은 경기불황과 실업의 원인은 사업가들이 이윤을 남기고 손실이나 파산 없이 사업을 계속할 수 있을 정도로 모든 비용을 넘어서는 충분한 수입을 얻을 수 없다는 데 있다. 이것이 리카도의 이론이었다.

맬서스적인 **이윤몫**의 주장이 거쳐온 네 가지 단계를 우리는 **소비, 저축, 배당-시차, 판매-시차**로 구분할 것이다.

다른 한편으로 **이윤차익**의 주장은 두 가지 주요 단계를 거쳤다. 첫 번째 단계에서는 임금을 삭감해야만 이윤차익이 유지될 수 있다고 가정했다. 이에 비해 나중 단계에서는 임금이 증가해도, 물가수준이 하락하지 않고 안정적으로 유지되거나 임금보다 더 빨리 증가하면, 이윤을 유지할 수 있다고 주장했다. 전자는 리카도적인 이론이었고, 후자는 빅셀의 이론에서 추론된다.

이윤차익은 온갖 목적으로 초래된 부채들의 총합과 제품들의 전체 매출로 얻은 총수입 사이의 차이이다. 이 차익은 흔히 "판매 이윤"이나 "순이윤"으로 기술되고, 매상을 올리기 위해 발생한 모든 부채의 총합은 흔히 "판매된 재화의 비용"이나 생산비용으로 서술된다. 그러나 이윤과 손실은 자산과 부채의 변동으로 인한 잔고이므로, 고전학파적인 "비용"이라는 명칭 대신에 "발생된 부채"라는 제도적인 명칭을 사용한다.

그러나 이 점에서 우리는 영업의 차익과 이윤 및 손실의 차익을 구분할 것이다. 영업의 차익은 여기서 조세, 이자. 그리고 이윤이 나오는 순영업수입이다. 이윤과 손실의 폭은 운영비, 조세, 이자를 지불하고 남는 순이윤이나 순손실의 순수입이다. 따라서 우리에게 몇 가지 부차적인 이윤의 차익이 생긴다. 이 중 세 가지를 우리는 각기 **과세가능차익**(이자 지불 후), **재무적인 차익**(납세 후), **가격의 차익** 또는 이윤차익에 대한 가격 변동의 효과라고 부른다.[202]

전형적인 손익계산서의 다음 백분위 비율표는 우리의 목적과 관련해

전형적인 손익계산서(백분위)

총수입		100
총판매고	98	
다른 수입(이윤완충)	2	100
생산비용		90
운영비용	85	
감가상각과 가치상실	5	90
순운영수입(98-90)		8
조세		1
과세 가능한 이윤차익(조세와 이윤을 위한) 8-1=7		
이자비용		1
재무적인 이윤차익(이자와 이윤을 위한) 8-1=7		
이윤과 손실의 차익		6
(판매에 대한 이윤) 8-1-1=6		
이윤완충(다른 수입)		2

여러 차익 사이의 관계를 보여주어, 어느 정도 **이윤차익**에 대한 이후 논의의 개괄적인 모습을 제공할 것이다. 이들 가변적인 이윤차익을 **이윤의 몫**과 비교해야 한다.

1. 이윤의 몫

이윤의 몫은 우리에게 **이윤**이 무엇을 의미하는가에 따라 결정된다. 공산주의자와 초기 경제학자는 이윤을 이자로부터 구분하지 않았다. 그러나 우리는 이제 구분한다. 이자는 법이 강제하고 계약에 명시된 지불이다. 법으로 채무자가 자금을 가지고 있는 경우 그에게 지불할 것을 보장한다. 그렇지 않으면 법으로 그에게 파산을 선고한다. 이자는 채권자와 채무자 사이의 법적인 관계이다. 그러나 이윤은 법으로 보장되지 않는다. 이윤은 구매자와 판매자, 대출자와 대부자, 고용주와 임금소득자 사이의 관계인데, 이들은 각기 거래할지 말지에 관해 자유를 지니며, 거래여부를 결정할 수 있는 타인의 자유로 인해 이윤이나 손실에 노출되어 있다. 이것이 법이 허용하고 집행하는 자유 및 노출의 관계이다. 이윤은 재료에 대해 낮은 가격으로 구입하거나 낮은 임금, 낮은 이자율이나 지대로 구입해 높은 가격에 팔아서 얻는다. 이 과정이 뒤집어지면 결과는 손실이다.

따라서 일반적으로 법인기업체와 사업에 대한 법적인 통제권을 가진

∴

202) 다른 이윤차익들은 다음에서 취급될 것이다. 본서 1025쪽, 자동적인 회복과 관리된 회복; 1362쪽, 사고와 실업; 1049쪽, 전략적인 거래와 일상적인 거래.

사람들은 이윤을 추구하고 손실을 두려워한다. 그렇다면 이들의 사업은 예측과 계획이라는 두 가지이다. 순전히 이자를 받는 사람들은 단지 저축하고 기다릴 뿐이다.[203] 그렇기 때문에 사유재산체제에서 이윤을 창출할 수 있는 사람들은 산업에 대한 법적인 통제권을 가지며, 이윤을 창출할 수 없으면 파산을 통해 법적인 통제권을 잃게 된다. 따라서 이윤의 **몫**이 무엇인가를 묻는 것은 우리가 예측과 계획에 대해 국가가 얼마나 지불하느냐를 묻는 것이 된다. 그러나 이윤의 **차익**이 얼마인가를 묻는 것은 개별 사업가와 기업체가 부채를 지불하고 나서 얼마만큼을 가지는지를 묻는 것이다.

코프랜드는 킹의 계산을 받아들이면서, 1925년에 상품과 서비스의 전체 국민소득이 820억 달러라고 추산했다. 그러나 이것은 소유한 집의 임대가치, 추산했지만 돈으로 지불하지 않은 이자, 그리고 집에서 소비한 농산물과 같이, 아직 금융체계 안으로 들어오지 않아 "현금화되지 않은" 항목들을 포함했다. 이런 비현금 항목들은 80억 달러로 평가되는데, 추산된 화폐 수입은 나머지 740억 달러였으며 이는 다음과 같이 나뉘었다.[204]

이 계산에서 피고용인들이 임금과 급여로 화폐국민소득의 63%로 거의 3분의 2를 받았고, 지대와 각종 사용료가 8%였으며, 5%가 이자였다. 이에 대해 이윤의 몫은 국민소득의 4분의 1(배당금 6%, 이윤 18%) 정도였다.

그러나 국민소득 중 4분의 1은 기업체의 주주가 아닌 농부나 비법인

..

203) 앞서 주목한 바와 같이, 주주들은 위험을 부담할 뿐만 아니라 기다린다. 이것은 채권보유자가 기다릴 뿐만 아니라 위험을 부담하는 것과 같다. 통계자료가 상당히 정교하다면 우리가 더 세분할 수 있을 것이다. 그러나 배당금은 이윤의 일부이고 융자에 대한 이자는 순수한 이자라고 상정하는 데 만족해야 할 것이다.

204) Copleland, M. A., *Recent Economic Changes*, National Bureau of Economic Reserach (1929), II, 767.

화폐 수입의 분할비율, 1925년

항목	10억 달러	백분위
1. 임금	30.8	42
2. 급여	14.9	20
3. 연금, 혜택, 보상	1.1	1
4. (중간 총액) 피고용인들의 전체 몫	46.8	63
5. 지대와 사용료	5.8	8
6. 이자	3.9	5
7. 배당	4.1	6
8. (중간 총액) 재산수입	13.8	19
9. 인출된 기업가 이윤	13.7	18
10. 총액	74.3	100

업체의 소유자들이 고용되었더라면 **받았을** 임금이나 급여를 포함하고 있다. 킹에 의하면, 만약 이들이 임금소득자, 변호사, 의사 또는 주주로 받았을 노동수입에 대비시켜 이들의 이윤을 **순수이윤**으로 분할하면, 순수이윤은 40억 달러에 불과했을 것이고, 이들의 노동소득은 95억 달러이었을 것이다. 그렇다면 배당금을 포함한 순수이윤은 11%(배당 6%, 이윤 5%) 정도였을 것이다. 또한 이윤수령자의 노동수입은 총국민소득의 13%였을 것이다(24-11=13).

그렇지만 이윤과 임금 및 급여에 대한 이 비교를 무시한 것은 올바르다. 기업소유자는 자신에게 임금이나 급여를 빚지고 있지 않다. 그는 이윤을 받지 못할 위험만큼이나 임금이나 급여를 받지 못할 위험을 지고 있다. 그는 이윤이라는 형태로 실제 자신이 다른 사람들에게 지불할 임금이나 급여보다 더 많지 않거나 심지어 이보다 훨씬 더 적게 받을 수도 있다. 그러나 이것은 숫자가 집계된 이후에 뒤돌아보는 것이고, 사업이 수행되는 방식은 아니다. 사업소유자는 앞을 내다보며, 그의 임금이나 급여라고 불릴 만한 것을 그가 받는다면, 그것은 그 자신의 모든 부채를 지불하고 남는 기대되는 이윤차익에 합쳐진다. 달리 말해 이윤을 목표로 사업을 수행하기 위해서 그는 다른 사람들에게 임금, 급여, 지대, 사용료와 이자를 빚진다. 그리고 나서 그는 예측과 계획으로 자신의 임금이나 급여를 그 자체로서가 아니라 이윤으로 미래에 받게 될 가능성에 걸게 된다. 이윤차익은 순수이윤일 뿐만 아니라 이윤의 모습으로 나타난 사업가의 귀속된 임금과 급여의 폭이기도 하다.

그러므로 우리는 킹의 계산으로 되돌아가, 1925년 같은 경우 굳이 정확하게 계산하려고 하지 않더라도 노동자가 임금과 급여로 국민소득의 60%를 받았고, 재산소유자와 기업가가 40%를 받았다고 추산할 수 있다. 이 40%를 세분하면 지대 9%, 이자 6%, 이윤 25%가 된다. 달리 말해 달러로 환산한 국민총소득이 750억 달러이었다면, 노동의 몫은 450억 달러 정도 되고, 재산소유자의 몫은 300억 달러인데, 이 중에서 지대는 70억 달러, 이자는 40억 달러, 그리고 이윤은 190억 달러가 된다.

만약 노동자가 생산물의 60%밖에 받지 못한다면, 화폐 형태로 임금과 급여로 주어지는 **몫**으로 생산물을 모두 사들일 수 없다는 것은 명백하다.

이 명백한 사실에 근거해 매튜 월은 미국노동연맹에서 연설할 때 다음과 같은 추론을 끌어냈다.

"생산규모는 대량생산이 도래한 이후에 지속적으로 상승해왔다. (……) 임금의 전체 규모는 내려가고 있다. (……) 이런 추세의 결과는 구매력의 규모가 체감해 점점 더 자신의 필요를 충족시킬 수 없고, 구매를 통해 늘어나는 생산량의 흐름을 움직일 수 없다는 것이다. (……) 노동자계급의 정책은 몇 단어로 진술할 수 있다. 대량소비가 대량생산에 발맞출 수 있게 해야 한다. (……) 국가의 우선적인 필요사항은, 고용을 충분하게 그리고 늘려서 제공할 뿐만 아니라 국가정책으로 사회발전을 촉진시키기 위해서 일반 대중의 생활 수준을 더욱더 높이는 것이다."[205]

이런 식의 주장은 1837년 이후 로베르투스(Johann Karl Rodbertus)에서 시작되었다. 우리는 이 주장의 두 단계를 사회주의 단계와 맬서스적 조류의 이론인 노동조합 단계라고 부를 것이다. 칼 맑스보다 로베르투스를 따르는 사회주의자들은 정부의 조치를 통해 구매력 증대를 성취할 것이나, 노동조합주의자들은 노동의 자발적인 조직을 통해 이것을 성취하리라는 점이 양자의 차이이다.

맬서스는 1815년 이후의 불황과 실업으로부터 **회복**하는 수단으로 자신의 이론을 수립했으나, 나중에 홉슨 등이 추종한 로베르투스는 이것을 불황과 실업의 **원인**으로 정립했다.[206] 로베르투스에 의하면, 지주와 자본가가 기술적인 생산성 때문에 증가하는 산출물을 저축과 투자로 흡수해서, 노동자가 자신들이 생산한 것을 소비하기 위해 사들일 수가 없었다. 결과로 나타난 과잉생산, 실업, 그리고 물가하락을 방지하는 유일한 방법은 정부를 통해 정상적인 노동시간을 정립하고, 노동시간과 임금을 수시로 조정해 노동자에게 증가하는 노동생산성에 비례해 그 몫을 보장하

:.

205) Woll, Matthew, *Annals of the American Academy of Political and Social Sciences*, CLIV(March 1931), 85.
206) Cf. Malthus, T. R., *Principles of Political Economy*(1821); *Letters of Malthus to Ricardo*(1813-23, J. Bonar판); Rodbertus, A. J. C., *Die Forderungen des arbeitenden Klasssen*(1837 그리고 이후의 판들); Hobson, J. A., *Economics of Unemployment*(1922).

는 것이었다.

　보다 최근의 사회주의 학자 알프레드 베이커 루이스(Alfred Baker Lewis)
는 실업을 방지하려면 재산에 돌아가는 몫을 줄여서 노동에 돌아가는 몫
을 늘려야 한다는 취지에서 사회주의적인 주장의 세 단계를 찾아냈다.[207]
그의 용어들을 약간 수정하면, 이 주장의 세 단계를 소비 단계, 저축 단
계, 배당시차 단계라고 부를 수 있다. 우리는 첫 번째를 공산주의 단계로,
두 번째와 세 번째를 사회주의 단계와 노동조합 단계로 규정할 수 있다.
여기에 우리는 포스터(William Trufant Foster), 캐칭스(Waddill Catchings)와*
헤이스팅스(H. B. Hastings)가 협동해서 만든 네 번째 단계를 추가할 수
있다. 우리는 이것을 이 주장의 판매-시차 단계라고 부른다. 이윤-몫 이
론의 이런 연결된 흐름을 우리는 맬서스-로베르투스 연계라고 지칭하
고, 이와 구분해 이윤-차익 이론을 손턴(Henry Thornton)-빅셀 연계라고
지칭한다.[208]

∴

207) *The New Leader*, November 9, 1930.
208) 본서 995쪽, 세계지불사회.

---

* 윌리엄 트루판트 포스터(1879~1950)는 미국의 교육자이자 경제학자이며, 와딜 캐칭스
(1879~1967)는 미국의 기업가, 금융가이자 경제학자이다. 포스터와 캐칭스는 자유방임주의
를 거부하고 경제적 균형을 유지하는 적극적인 연방정부의 개입을 주장하며, 공공 사업에 대
한 정부의 전략적 지출로 과소소비를 극복할 것을 촉구했다. 이들은 케인즈주의가 등장하기
이전부터 절약의 역설과 경제적 개입주의와 같은 케인즈와 유사한 문제의식을 가지고 있었으
나 케인즈에 가려져 현대 경제학에서 거의 언급되지 않는다.

(1) 소비와 저축

이 주장이 공산주의 단계에서 도달한 결론은 노동이 생산물의 모든 가치를 임금이나 급여로 받도록 지대, 이자, 그리고 이윤을 포함하는 모든 재산수입을 공동으로 소유해 이를 폐지해야 한다는 것이었다. 주장하는 바에 의하면, 이 치유책이 실업도 없앤다는 것이다. 이 공산주의 단계에 대해 루이스가 말하기를,

"가장 끈질기게 부각된 주기적인 경기불황에 대한 설명은 우리의 산업적인 삶에서 이윤이 차지하는 위치와 존재로 인해 발생하는 전반적인 과잉생산에서 불황이 비롯된다고 보는 것이다. 초기의 사회주의자들이 조악하게 진술한 바에 의하면, 이 이론은 임금 및 급여뿐만 아니라 지대, 이자, 배당 그리고 이윤이 생산물로부터 지급되기 때문에 노동자가 스스로 생산한 모든 가치를 받지 못하므로, 노동자가 스스로 생산한 모든 것을 되살 수 없다는 것이었다. 산업체의 소유자들이 재산수입으로 생산물의 큰 덩어리를 가져가기 때문에 임금과 급여의 합이 생산된 것의 전체 가치보다 적다는 것은 더할 수 없이 진실이다. 그러나 이 초기 사회주의의 주장에 대한 답이 즉시 주어졌다. 그것은 지대, 이자, 배당 그리고 이윤의 형태로 수입을 받는 사람도 재화를 소비하고 산업체의 소유자에 의한 소득지출이 총생산물 중 노동자의 임금과 급여가 살 수 없는 부분을 되사는 데 충분하다는 것이다."[209]

루이스에 의하면, 재산소유자도 소비자라는 앞선 주장에 처해, 사회주

••
209) Alfred Baker Lewis, *The New Leader*, Nov. 9, 1930.

914

의자들은 "산업체의 소유자가 노동자보다 훨씬 더 적은 부분을 지출하고 더 많은 부분을 투자하는 경향이 있다고 대답했다. 그리고 바로 이들의 저축과 투자가 총생산물과 비교했을 때 소비자의 구매력에 부족을 초래하는, 달리 말해 전반적인 과잉생산을 낳는 경향이 있다고 대답했다." 해당 주장의 두 번째 단계에 관해, 루이스는 말하기를,

"이 이론이 지닌 근본적인 어려움은 저축이 단순히 다른 물체에 대한 지출이라는데 있다. 화폐 지출이 마땅히 과잉생산을 낳을 수 없으므로, 과잉생산이든 과소소비이든 어느 것에 대한 책임을 저축에게 지울 그럴듯한 이유가 없어 보인다. 저축하고 투자하는 사람은, 비록 자본장비나 집과 같은 내구적인 소비재에 지출하지만, 소비행위를 통해 즉각 또는 아주 빨리 파괴되는 소비재에 자신의 돈을 지출하는 사람만큼이나 진정으로 자신의 돈을 지출한다. 기업체에서 자본장비를 증가시켜 저축하는 경우에도 자본장비를 생산하고 건립하는 산업에서 일하는 사람들에게 단순히 임금을 지불하는 데 그 돈을 지출하는 것이다. 이것은 이 돈을 주주들에게 배당금으로 지불해 주주들이 구입하겠다고 결심한 물건들을 생산하는 산업에서 일하는 사람들의 임금을 지불하는 데 이 돈을 간접적으로 지출하는 것과 다르다. 달리 말해 단순히 보아 저축은 소비재를 위해 지출하는 대신 자본장비를 전형으로 삼는 생산재를 위해 지출하는 것이다. 따라서 저축의 순효과는 소비재를 생산하는 산업이 아니라 자본재를 생산하는 산업에 노동이 유입되게 만드는 경향을 낳는 것이다.

예를 들어 부자가 돈을 쓸 때 수입 중 일부로 요트를 살 수 있고 이것이 요트를 만드는 조선현장으로 노동이 흘러들어가게 만들 것이다. 또는 그가 국제상선회사의 증권을 구입할 수도 있다. 이렇게 되면 노동은 놀이용 선박이 아니라 운송선이나 여객선을 생산하는 조선소로 유입될 것이다. 저축과 지출의 유일한

근원적 차이는 나라의 생산력 흐름에 부여하는 방향의 차이이다. 그리고 어떤 경우에든 이들 생산력이 낳는 산출물에 대한 총수요에는 필연적인 감소가 없다. 따라서 자본장비를 늘리는 행위가 그 자체로 전반적인 과잉생산이나 소비자 구매력의 전반적인 결핍을 초래하지 않는다는 것이 명확해 보인다.

다른 해와 비교해 어떤 해에 자본장비를 증가시키기 위한 저축이 현저하게 증가했다면, 순효과는 아마도 자본장비를 생산하는 어떤 산업의 활동 둔화가 될 것이나, 그것이 어려운 시기가 주기적으로 반복되는 상황이 지닌 특징은 아니다. 왜냐하면 이런 반복되는 불황의 지배적인 특징이 일부 산업의 불황과 함께 다른 산업의 호황이 나타나는 것이 아니라 모든 산업이 정상적인 활동 이하의 침체를 겪는 것이기 때문이다."[210]

(2) 배당-시차

그래서 노동과 자본에 **동시에** 주어지는 몫들의 변화가 고용이나 실업의 크기에 차이를 낳는다는 주장을 버리면서, 루이스는 이 주장의 배당-시차단계라고 우리가 부른 것을 이윤이 지출되는 **시점**에서의 차이로 제시한다.

그가 말하기를, "파생된 생산물이 판매되기 전에는 이윤을 획득하지 않거나 심지어 이윤이 존재하지도 않기 때문에 그 이전에 이윤을 지불할 수 없다. 이윤뿐만 아니라 배당도 마찬가지이다. 왜냐하면 배당은 단순히 기업에서 획득한 이윤 및 부분적으로는 지대와 이자를 지불하는 방식이기 때문이다. 주어진 해

••
210) *Ibid.*

(또는 주어진 분기)에 나온 생산물 중 그해에 지불한 임금이 살 수 없는 부분을 구입하는 데 사업에서 발생한 이윤을 사용할 수 없기 때문에 이 사실은 중요하다. 달리 말해 1928년에 생산된 제품 중 반은 임금과 급여로 지급하고 반은 이윤과 배당으로 지급한다면, 이윤에 해당되는 반은 1929년까지 분배되지 않기 때문에 1928년의 생산물을 구입하는데 사용할 수 없다."

이윤이 반년이나 분기별로 분배되어도 동일한 원리가 적용된다. 따라서 그가 말하는 "연도"를 "주어진 기간"으로 바꾸더라도 주장의 유효성에 영향을 주지 않는다.

그러나 루이스는 다음과 같이 반대할 수 있다고 말한다. "전년에 벌어 그다음 해에 분배된 이윤을 이 목적에 사용한다고 반박할 수 있다. 달리 말해 1927년의 이윤이 1927년이 아니라 1928년에 지급되어, 1928년의 생산물 중 임금이 되살 수 없는 부분을 1928년에 되사는 데 사용한다."

루이스가 말하기를, 만약 한 해의 생산물이 그전 해의 생산물과 동일하고 분배의 몫들이 두 해에 동일하다면, 이와 반대의 결론이 나올 수 있다.

"1928년의 생산물이 500억 달러이고, 이 중 2분의 1인 250억 달러는 임금으로, 2분의 1은 이윤과 배당으로 분배되었다고 하자. 비록 250억 달러의 이윤이 지급되지 않아 1929년까지 시장에서 유효수요로 작용할 준비가 되어 있지 않더라도, 1927년에 이윤으로 벌었지만 1928년까지 지급하지 않은 250억 달러가 차이를 메워주기 때문에 전체 생산물이 판매될 수 있을 것이다."

그렇지만 실제로는 이어지는 두 해의 생산물이 이같이 동일할 수 없다. 루이스가 말하기를,

"이어서 1929년에 생산이 증가해 생산물이 500억 달러가 아니라 600억 달러이고, 이것이 예전과 같이 이윤으로 2분의 1, 그리고 임금과 급여로 2분의 1씩 분배되었다고 하자. 그렇다면 1929년에 구입이 가능한 산출물은 600억 달러이고, 임금은 300억 달러이며, 전 해에 벌어 1929년에 분배한 이윤이 250억 달러다. 이로 인해 50억 달러어치는 팔리지 않게 된다."[211]

그는 이 예를 삼 년째로 끌고 나가서, 매년 산출의 증가로 인해 팔리지 않은 재화들이 누적됨을 보여주고 다음과 같이 결론을 내린다.

"생산이 전년에 비해 계속 늘어나는 한, 판매되지 않은 재화들의 수량이 이런 식으로 매년 늘어날 것이 분명하다. 이 재화들은 증가된 재고로 소매업자의 가게와 도매업자의 수중에, 그리고 창고에 이월될 것이고, 제조업자의 수중에 완제품과 재료 모두의 재고를 늘릴 것이다."

이어서 루이스는 소매업자의 수중에 있는 판매되지 않은 재화들이 어떻게 반대 방향으로 이어져 작동하게 되는지를 아주 정확하게 보여준다.

"물론 최종적으로 손에 있는 미판매 재화의 증가가 가져오는 결과는 소매업자가 도매업자에 대한 주문을 삭감하고, 도매업자도 제조업자에 대한 주문을 줄이며, 제조업자는 생산을 중단하고, 사람들을 해고하거나 작업시간을 단축하며, 채취산업에 대한 재료 주문을 크게 줄인다는 것이다."

••

211) *Ibid.*

그리고 루이스는 더 나아가 왜 사업이 다시 살아나는지를 보여준다.

그에 의하면, "물론 제조업자들이 의존하는 해고나 작업시간 단축정책이 생산뿐만 아니라 구매력을 줄여 경기침체를 악화시키고 연장한다. 그러나 실업자들도 먹어야 산다. 일자리를 잃은 상태에서도 그들은 소비한다. 그들은 은행의 저축계정을 끌어당기거나 생명보험을 근거로 빌려서 어떤 경우에나 어느 정도는 재화들을 움직일 돈을 얻는다. 상당한 정도로 노동자들은 동네 가게에서 외상으로 물건을 얻어, 비록 반대 방향으로는 상당 기간 돈이 돌지 않지만, 재화들이 움직이게 한다.

나아가 일부 사업은 침체기에 이윤 없이 심지어 손해를 보면서도 계속 수행되어, 소비자들에게 지급되는 구매력이 이런 상황에서 생산되는 산출물의 해당 부분의 가격보다 크다. 이런 모든 방식으로 쌓인 재화들은 점차 줄어들고, 처음에는 하루하루 연명하던 구매의 규모는 늘어나 산업이 다시금 일어나게 된다."[212]

마지막으로 루이스는 앞서 자신이 유효성을 반증했던 사회주의 주장의 첫 번째와 두 번째 단계에서 제안되었던 것과 **동일한 치유책들**로 결론지었다.

그에 의하면, "이윤 및 이윤과 마찬가지 방식으로 분배된 배당과 같은 지급액들에게 자본주의를 유별나게 특징짓는 주기적인 과잉생산에 대한 책임이 있다.

이런 추론의 실제적인 결과는 배당과 이윤으로 돌아가는 산업의 몫을 줄이

:.

212) *Ibid.*

고 임금과 봉급으로 지급되는 몫을 늘리는 경향이 있는, 정치적이거나 산업적인 계획이 어떤 종류이든 우리의 주기적인 경기침체의 심각성을 줄이거나, 이들 사이의 호황이 유지되는 기간을 늘리거나, 이 두 가지 모두를 초래하는 경향이 있다. 이윤에 대한 세금이 커지도록 하는 조세 부담의 변동, 이윤에 대한 추가적인 세금으로부터 제공되는 사회적 서비스의 증가, 이윤을 줄이는 방향으로 세율을 규제하는 조세체계의 변화 등 이 모든 것이 실업을 줄이는 경향이 있을 것이다. 노동조직의 힘을 강화시켜 유리한 단체협약으로, 임금형태로 지불되는 산업생산물의 비율을 늘릴 수 있게 하거나, 생산자협동조합이나 소비자협동조합 또는 국유나 국영을 통해 비영리적으로 산업을 어어가는 비영리적인 방식의 확대로도 동일한 바람직한 결과를 얻을 수 있을 것이다."

배당-시차 이론에 대한 이 진술에서, **배당되지 않은 이윤**과 **기업잉여**에 대한 처분에 관해서는 거의, 또는 전혀 이야기하지 않았다. 아직 배당금으로 선언되지 않은 이윤이 퇴장화폐와 같이 분명히 기업의 금고에서 놀고 있는 것이 아니다. 이것은 공장의 확대나 감가상각의 복구를 위해 상품과 노동을 구입하는 데 기업이 사용하거나, 아니면 은행의 예금계정에 있다가 다른 기업의 상품이나 노동을 구입을 위해 융자되거나, 아니면 상품과 노동을 구입하고 있는 다른 기업의 증권에 일시적으로 투자된다. 배당으로 지급한다고 선언했을 때 일어나는 유일한 일은 그만큼의 구매력이 기업체로부터 주주로 **이전된다**는 것이다. 배당으로 분배되었을 때의 이윤과 같은 수량만큼 배당되지 않은 이윤이 상품과 노동을 구입하는 데 활용되기 때문에 배당-시차 이론은 오류가 있다.

(3) 판매-시차

따라서 이윤-시차 이론의 두 번째 공식, 즉 판매-시차 이론을 포스터, 캐칭스, 헤이스팅스가 개발했다.[213] 헤이스팅스가 가장 완전하게 출간한 바와 같이, 그 진술은 간략하게 다음과 같다.

"(……) 사업체는 전체적으로 외부의 출처에서 받아들인 돈 이외에 자신이 생산한 물건의 가치와 동등한 수량의 화폐를 지급하지 않는다. (……) 재화 생산자들이 동시에 산출물의 총판매가격의 증가액과 같은 수량의 지급액을 늘리더라도, 이런 구매력의 증가가 재화만큼 신속하게 시장에 도착하지 않을 수 있다. 따라서 이 새로운 흐름의 화폐가 소매시장에 완전히 도달할 때까지 재화들이 판매되지 않고 쌓일 수 있다. (……) 이윤을 추구하는 재화 생산자는 재화가 생산되었을 때가 아니라 재화가 팔린 후에야 이윤을 지급하므로, 생산이 증가되기 시작했을 때 재화의 판매가격과 같은 액수를 지급하지 않는다. (……) 이윤의 규모가 생산 규모보다 일시적으로 뒤지는 시차와 재화의 상대가치의 일시적인 조정이 (……) 판매되지 않은 재화가 쌓이게 만드는 경향이 있다. (……) 재료의 가격은 항상 현재 시점에 지불되지 않는다. 이 사실로 인해 때때로 채권자의 지급액이 자신이 생산한 재화의 전체 비용과 이윤에 미치지 못할 수 있다. (……) **재료의 조직화된 생산자, 반제품의 생산자, 유통업자**, 그리고 **서비스와 무형 재화의 생산자**도 현재 생산되는 재화나 서비스의 가치와 동등한 액수를 지급하지

213) Hastings, H. B., *Costs and Profits; Their Relation to Business Cycles*(1923); Foster, W. T., and Catchings, W., *Money*(1923); *Profits*(1925); *Business without a Buyer*(1927); *The Road to Plenty*(1928).

못한다. (……) 그래서 (……) 경기의 회복과 활성화의 시기에 벌어들인 이윤의 상당 부분을 이루는 이윤을 사용하지 않는 것과 '부적절하게' 사용하는 것에 그런 시기에 팔리지 않은 재화가 누적되는 데 대한 책임이 있다. 이렇게 되면 상업 공황이 불가피하고 궁극적인 결과로 발생하게 되는데, 같은 결과를 낳는 다른 요인들이 없더라도 이런 결과가 나오게 된다."[214]

포스터와 캐칭스는 이 주장을 확장시키고 있다.

"'과잉생산'이라고 불리는 실망스러운 결과는 '과소소비'로 부르는 것이 더 나을 것이다. 뭐라고 부르든 그것은 주로 두 가지 원인 때문이다. 첫째, 산업체가 증가된 생산물을 구입할 수 있을 만큼 충분히 많은 돈을 소비자들에게 지불하지 않는다는 사실, 둘째, 소비자들이 저축의 필요성 때문에 산업체로부터 받는 만큼도 지출할 수 없다는 사실이 그것이다. 그리고 그들에게 다른 출처의 수입은 없다."[215]

이윤에 대한 판매-시차 이론으로부터 얻은 결론은 소비, 저축, 배당-시차 등의 이론으로부터 이미 주목한 바와 충분한 소비자 구매력으로부터 얻은 결론과 비슷하다. 생산물이 판매될 때까지 구매력으로 이용 가능하지 않은 사업가의 이윤에 **앞서**,[216] 전체 생산물을 구입하도록 임금소

••
214) Hastings, H. B., *op. cit.*, ix, 6, 9, 11, 14.
215) Foster, W. T., and Catchings, W., *Business without a Buyer*, 167.
216) 소비능력이 일당이나 시간급의 높은 비율에 있다고 주장하는 것 같으나 실상은 지속적인 고용의 과다에 있다. 즉 소비능력은 일당이나 시간급이 아니라 **연소득**에 있다. 본서 1025쪽, 자동적인 회복과 관리된 회복.

득자들의 소비능력을 늘려야 한다.

그러나 이윤에 대한 이런 판매-시차 이론은 배당-시차 이론과 마찬가지로 잘못된 것 같다. 그래서 우리는 이것을 이와 대비되는 이윤의 **판매-예측이론**이라고 부르는 것 또는 이와 같은 것으로서 이윤에 대한 **위험할인이론**으로 대체한다.

2. 판매 예측

임금과 급여가 제품의 판매에 앞서 지급된다는 것은 명백하다. 이것이 어떤 때는 30일 앞서기도 하고, 어떤 때는 30년 앞서기도 한다. 그렇다면 어떻게 사업가는 생산물의 판매에 **앞서** 임금과 급여를 지불하는 돈을 얻는가? 분명히 생산물이 판매될 때까지 이윤을 확정하고 배당을 선언할 수 없는 것만큼이나 생산물이 판매될 때까지 임금과 급여는 지불할 수 없다.

바로 은행체제가 생산물의 판매에 앞서 임금과 급여를 지불해 구매력으로 사용할 수 있게 만든다. 또한 임금, 급여, 이자 그리고 지대뿐만 아니라 이윤이 나오는 생산물의 판매에 앞서 이윤을 구매력으로 사용할 수 있게 하는 것도 은행체제이다. 은행체제는 상업은행업과 투자은행업의 두 가지 방식으로 작동한다. 상업은행은 산업의 **작동**에 금융을 제공하고, 투자은행은 산업의 **자본장비**에 금융을 제공한다.

상업금융은 사업가가 생산물의 판매에 **앞서** 재료를 구입하고 임금을 지불할 수 있게 해준다. 이것은 우리가 서술한 예측체계를 통해 이루어진다. 미래의 이자지불뿐만 아니라 미래의 이윤도 위험을 고려해 재료와 임금에 대해, 생산물이 팔릴 때 받을 예상가격보다 현재 덜 지불하는 과정을 통해 할인된다. 우리가 사용했던 단순한 공식을 활용하면,[217] 60일 후에 6만 달러에 팔릴 것으로 예상되는 생산물은 이자와 이윤의 이중적인 할인으로 5만 8,800달러(이자 600달러, 이윤 600달러, 총 1,200달러)이 된다. 불확실성들이 있지만 우리는 단순화하기 위해 그것들을 생략한다. 여기서 우리는 이윤이 생산물이 판매된 **후**에 비로소 구매력이 되는가, 또는 판매되기 **전**에 구매력이 되는가에 대한 일반원리에 오로지 관심을 두고 있기 때문이다. 현재의 상품과 노동에 대한 구매력을 구성하는 것은 오로지 매번의 거래에서 **실현된** 이윤인가 아니면 매번의 거래에서 **기대된** 이윤인가? 만약 오로지 매번의 거래에서 **실현된** 이윤이 구매력이 된다면, 이윤으로 가는 몫이 생산에 뒤져서 점차 판매되지 않은 여분의 재화들이 누적되리라는 점이 분명하다. 그러나 만약 **기대이윤**이 **현재**의 구매력의 크기를 결정한다면, 구매력으로서 임금에 시차가 없는 것과 같이 구매력으로서 이윤이 생산에 뒤지는 시차도 없을 것이다.

그렇지만 이윤에 대한 이윤-시차 이론과 이윤-예측이론 사이의 문제를 이해하기 위해서는 다시 은행체계의 작동방식을 검토할 필요가 있다. 우리는 다음과 같이 물을 수 있다. 이자-시차는 없는가? 은행가는 자신의 이자 600달러를 언제 받으며, 받으면 그것으로 무엇을 하는가? 분명히 그는 할인과정을 통해 상품이 팔리기 60일 전에 그것을 받는다. 그는 자신의 고객에게 60일 후에 받을 수 있도록 6만 달러를 융자해 주었으나, 은행가는 상품의 판매자에게, 요구에 응해 자신이 단지 5만 9,400달러를 지불하도록, 자신의 장부에서 스스로 빚을 지게 만들었다.[218] 차액

∴

217) 본서 877쪽.

인 600달러는 그만큼 사용하지 않은 은행의 신용으로서 은행가가 다른 제조업자에게 빌려줄 수 있고,[219] 그래서 다른 제조업자는 그것을, 당좌계정에서 즉시 재료를 구입하거나 임금을 지불하는 데 사용할 수 있다. 이런 할인과 은행예금의 이전을 통해, 특정 생산물의 판매에 60일 앞서서 이자 600달러를 **다른** 고용주들이 **다른** 재료에 대한 대금과 **다른** 임금을 지급한다. 이 특정 생산물의 판매로 상품을 6만 달러에 구입해 60일 후에 지불하기로 한 첫 번째 제조업자의 고객이 은행가에게 원금과 이자를 지불하게 될 것이다.

따라서 사업이 번창하고 있다면 이자-시차는 없다. 이자액은 최종생산물의 예상가격보다 **적은** 재료가격과 임금에 따라 미리 제공된다. 그리고 이 이자는 실제로 다른 데서 다른 제조업자가 자신의 공장에서 직접 노동에 대한 수요를 창출하거나 간접적으로 재료에 대한 수요를 창출하는 데 사용한다.

이윤도 이와 마찬가지이다. 그러나 여기서 우리는 지속적인 활동체라는 개념을 도입해야 한다. 앞선 예에서 우리는 60일의 기한을 가진 단 하나의 융자거래를 끄집어냈다. 사업이 통상적으로 계속되고 다른 지속 활동체들과 거래가 발생하면, 이것은 계속적으로 반복되고 있는 수없이 많

••

218) 이에 더해 필립스의 추산에 따르면, 은행업의 관행에 따라 대출자는 융자액의 평균 20%를 잔고로 유지할 것으로 예상된다. 이 예시에서 이는 1만 2,000달러에 해당되므로, 대출자에게 4만 7,400달러만 남겨주고 은행들에는 1만 2,600달러가 남게 된다. 은행들은 이 돈을 다른 제조업자들에게 융자해줄 수 있다. 실제로 해당 제조업자는 5만 9,400달러를 당좌계정에 지니기 위해 7만 2,000달러를 빌릴 것이다. Phillips, C. A., *Bank Credit*(1920) 참조. 그러나 이러한 단순화한 예에서는 이를 고려할 필요가 없다.

219) 호트리의 "지출되지 않은 차익"에 해당되는 것이다. Hawtrey, R. G., *Currency and Credit*, 6 passim.

은 비슷한 거래들 중 하나에 불과한 것이다. 이 특정 기업의 생산액과 판매액이 매일 6만 달러어치의 완제품이라고 해보자. 그렇다면 60일 이전에 이루어진 대부와 이행사항에 근거해 연중 매일 600달러의 이윤이 실현된다. 매일 600달러 이윤이 실현되는 이유는 앞서 말한 이윤-할인 때문에 60일 이전에 제조업자가 현재 완제품에 대해 받는 것보다 훨씬 적게 원료와 임금에 대해 미리 대금을 지불했기 때문이다.

일상적으로 발생하는 이윤차익 600달러로 그는 무엇을 할까? 그는 지출하거나 저축한다. 그는 이것을 자신의 은행에 자신의 계정에 대한 신용으로 예치한 것으로 다수의 은행에서 인출한 수표들로 받는다. 그가 이것을 개인적인 소비를 위해 인출하면, 그는 직접적으로나 간접적으로 노동을 고용하는 데 지출하게 된다. 그러나 만약 그가 저축한다면 그는 두세 가지 방법으로 그렇게 한다. 그가 은행에 자신의 계정의 차변에 예금으로 놔둘 수 있는데, 이 경우에 은행은 이것을 다른 사업가들에게 융자해 노동을 고용하게 할 수 있다. 만약 그가 융자로 인해 이미 이 은행에 빚을 지고 있다면, 그가 차변에 예금을 추가한 것이 은행에 대한 그의 순채무상태를 줄일 것이다. 그러나 이것이 같은 수량만큼 은행의 요구불 부채를 줄여서, 만약 이 은행이 지불준비금의 법적인 한계에 다다르지 않으면, 첫 번째 제조업자가 자신의 순채무상태를 줄인 액수인 600달러를 다른 제조업자에게 대출할 그만큼의 여유를 가지게 된다. 어떤 경우든 이 제조업자는 자신의 이윤을 저축했고, 상업은행을 통해 다른 제조업자들에게 이것을 융자해 이들이 즉시 노동을 고용하고 재료를 구입할 수 있게 한다.

포스터, 캐칭스에 동조하며 헤이스팅스는 은행의 이런 지불이 재화의 구입과 노동의 고용을 위한 화폐지급과 동일하다는 것을 부인한다. 그는 말하기를,

"기업이 은행에 갚는 돈을 재화의 생산을 위해 또 다른 제조업자에게 융자(또는 동일한 제조업자에게 재융자까지) 할 수 있다. 그래서 **궁극적으로** 그것이 소비자의 손에 다다를 것이나, 추가적인 재화를 생산하는 데 지불해야 비로소 그렇게된다. 생산된 재화의 가치와 재화의 생산자가 지급하는 구매력 사이의 부족은 아직 존재할 것이다. 이런 이유로 우리는 은행의 지급을 화폐의 지급으로 간주하지 않았다."[220]

분명히 여기에 소비가 상품과 노동에 대한 수요를 창출하지만 저축은 그렇지 않다는 오류가 남아 있다. 은행이 다른 제조업자에게 융자하는 것은 이윤의 "저축"이고, 즉각 그 다른 제조업자가 나중에 판매할 상품의 생산에서 재료를 구입하고 노동을 고용하는데 구매력으로 사용된다. 이것은 소비자의 손에 도달할 때까지 기다리지 않는다.

더구나 지급된 구매력은 (예측의 오차를 감안하면) 대략 생산된 재화의 할인된 미래 판매가치의 **현재** 가치와 같다. 우리의 예에서 현재 가치는 (이자할인과 이윤할인을 모두 공제하면) 5만 8,800달러였다. 이것은 판매 60일 이전에 재료와 노동에 지불된 액수로서, 지급된 구매력은 당연히 **구입했을 때** 구입한 재료와 노동의 가치와 동일하다. 그것은 60일 후에 더 가치가 있게 될 것이나 은행체제와 예측할인이 이 차이를 처리한다.

또는 제조업자는 자신의 이윤에 해당하는 것을 은행이 융자하도록 허용하는 대신, 자신의 사업에 지불하려는 목적으로, 개인적인 소비를 위해 인출할 때와 마찬가지로 자신의 계정에 의존할 수 있다. 그는 그것을 "배당하지 않은 이윤"으로 자신의 사업에 "되돌려" 사용할 수 있다. 이렇

220) Hastings, H. B., *op. cit.*, 95-96. 고딕체는 원문에 있는 것이 아님.

게 되면 공장의 확대 등 확장 공사에서 노동을 고용하기 위해 이것을 사용하게 됨을 의미한다. 또는 은행에서 빌리지 않고 생산물이 판매되기 전에 작업하는 노동자들에게 미리 직접 지불하는 데 사용할 수도 있다. 이 경우에는 그의 장부의 자산 쪽에, 아마도 이들에게 그가 지불한 가치로 "진행 중인 재화들"이나 "재고" 같은 항목들이 등장하게 될 것이다.

또는 마지막으로 그가 완제품을 30일이나 60일 후에 소비자들에게 판매했다면, 그의 장부의 자산 쪽에 "수령할 계정"이라는 항목이 등장할 것이나, 부채 쪽에는 이에 해당되는 은행에 대한 부채가 등장하지 않을 것이다. 그 이유는 600달러라는 그의 일간 이윤이 실제로 고객들에게 융자되어 은행에 대한 그의 부채가 그만큼 줄었기 때문이다. 그러나 장부의 부채 쪽에는 아직 지불하지 않은 재료의 구입으로 인해 "지불할 계정"이라는 항목이 등장한다.

만약 채무자들이 그에게 부채를 지불해서 "수령할 계정"이 줄어든다면, 그들은 그가 자신의 은행에 예치해 재료와 노동을 구입하는 데 즉각 이용 가능한 당좌계정을 늘린 다른 은행의 수표들을 통해 이같이 하는 것이다. 다른 한편으로 만약 그가 다른 제조업자에게 진 빚을 갚아 자신의 "지불할 계정"을 줄인다면, 그 또한 다른 제조업자가 자신의 은행에 예치해 재료와 노동을 구입하는 데 즉각 사용할 수 있게 만든 거래 은행의 수표로 동일하게 한다.

헤이스팅스는 다시 "지불할 계정"의 감소가 구매력으로서 화폐의 지급임을 부인한다. 그가 말하기를,

"마지막으로 (현금의 증가분인) 이 100달러를 지불할 계정을 줄이는 데 사용할 수 있다. 이 화폐를 지불받은 기업이 생산된 재화의 전체 비용과 이윤 때문에

이전에 화폐를 지급해오고 있었다면, 이 기업은 현 시기의 전체 지급에 더해 이 돈을 지급할 필요가 없을 것이다. 심지어 구매력의 흐름과 재화의 흐름 사이의 균형을 흔들지 않으면서도, 이 100달러를 은행융자를 갚는 데 사용할 수도 있다. 그러나 채무자인 기업은 이 구매력이 자신의 **수령할 계정**에 묶여 있었기 때문에 요구되는 수량을 완전히 지급하지 않았을 가능성이 없지 않다. 그리고 비록 이 기업이 그런 부족을 메울지라도, 마치 재화의 생산과 동시에 화폐를 지급한 상황과 같지는 않을 것이다."[221]

여기에도 은행체계와 예측할인을 인식하지 못해서 판매-시차의 오류를 뒷받침하려는 저축의 오류가 남아 있다. 제조업자가 지불할 계정을 줄이기 위해 자신의 100달러를 사용할 때 그는 자신의 은행에서 수표를 써서 자신의 채권자에게 100달러의 예금을 이체하고, 채권자는 이것을 예치함으로써 자신의 은행에서 자신의 계정을 100달러 증가시킨다. 이 것은 채권자가 자신에 대한 은행의 부채를 100달러 늘려 자신의 은행융자를 100달러 줄이는 것과 같다.

오류는 채권자인 기업의 구매력이 수령할 계정에 묶여 있었기 때문에 이 기업이 이전에 전체 액수를 지불하지 않았다는 생각에서 발생한다. 수령할 계정에 묶여 있어야 할 유일한 이유는 그것들이 "악성 채무"라는 점이다. 만약 그것들이 우량 채무라면 이것들은 묶여 있는 것이 아니다. 그렇다면 그것들은 그의 자산들 중 일부여서, 그것들의 힘에 근거해 그의 은행이 그에게 구매력을 할인해 미리 대부해줄 수 있을 것이고, 그는 이것을 재료와 노동을 구입하는 데 즉시 사용할 수 있다.

••
221) *Ibid.*, 96. 고딕체는 원문에 있는 것이 아님.

이런 선급은 흔히 "고객융자"나 수령할 계정을 은행에 할인해 판매하는 두 가지 방식으로 획득할 수 있다. 미국의 국내은행 금융의 대부분을 구성하는 고객융자의 경우, 수령할 계정이 은행에 판매되지는 않지만 알려져 있다. 그리고 수령할 계정들이 지불될 때까지 필요한 수량에 따른 융자와 상응하는 당좌계정을 통해 은행이 고객을 "모시고 나너야"하는 힘이 되는 고객의 자산들을 이 수령할 계정들이 구성한다. 그래서 수령할 계정들은 재화들이 판매될 때까지 구매력을 "묶어놓지" 않는다. 이들이 바로 은행금융장치가 판매된 재화에 대금이 지불되기에 앞서 구매력을 보내주는 기반이다.

은행선급의 다른 방법은 이자 위험에 대한 할인으로 실제로 계정을 은행에 판매하는 것이다. 은행은 판매자의 계정에 계정의 미래가치에서 할인을 공제한 것과 같은 액수의 예치금을 창출한다. 이런 예는 재화의 판매자와 구매자 모두가 만료된 어음의 지불에 대한 책임을 지는 교역 수락증서 또는 "이인 기명 어음"이다. 여기서는 "수령할 계정"이 은행가 고객의 자산에서 사라지고, 대신 재료와 노동을 구입하기 위해 즉각 이용이 가능한 "은행에 있는 현금"이 자리잡게 될 뿐이다. 여기서도 이윤-시차도 없고 이자-시차도 없다. 그런 구매력의 시차를 방지하려는 명백한 목적으로 은행금융기제가 생성된다. 그것이 생산과정 중에, 그리고 재화들이 팔리기 전에, 구매력의 창출을 허용한다.

나아가 다시금 이 구매력이 (예측 오차를 감안하면) 생산된 재화의 **현재가치**나 현재 값어치와 대략 같다. 왜냐하면 현재가치는 생산과정에서 재료와 노동에 현행가격으로 실제 지급한 구매력의 크기와 다르지 않기 때문이다. 이것이 현재 생산된 것을 **그들의 현재가치로** 모두 "되사게" 될 것이며, 미래가치가 현재가치가 될 때도 마찬가지일 것이다. 예측할인과 은행금융기제는 생산물의 현재가치로 지불수단을 제공해왔다.

따라서 사업이 통상적으로 진행되고 있으면, 재화들이 팔릴 때까지 기다리거나 배당으로 전환될 때까지 기다리지 않고, 상업은행을 통해서나 자신의 사업에서 활용해서 모든 이윤을 노동의 고용을 위한 구매력으로 즉각 이용할 수 있다. 이윤-시차 이론에서 우리는 두 가지를 변화시켰다. 하나는 배당의 공고가 아니라 **거래의 종결**이라는 것이고, 다른 하나는 고립시켜 그 자체로 취급한 단일 거래가 아니라 지속 활동체에서의 **거래들의 반복**이라는 것이다.

배당공고를 거래들로 대체함으로써 앞서 말한 거래의 의미를 강화시킬 수 있었다.[222] 거래에는 시간상의 시작과 끝이 있다. 우리는 시작을 **협상의 종결**로, 끝을 **거래의 종결**로 구분한다.

시작은 협상이 두 소유권의 이전 속에서 발효된다고 간주될 때 이루어진다. 거래의 끝은 이행이나 지불 중 어느 것이든 나중에 오는 것이 완결되는 때 이루어진다. 이 마지막 일시가 거래의 종결일시이다. 그 이유는 거래가 두 가지 부채를 낳는데, 이행의 부채는 상품이 물리적으로 인도되고 수락될 때 해소되고, 지불의 부채는 지불이 수락될 때 해소되기 때문이다.

거래가 즉각 종결될 수도 있는데, 이 경우 두 부채에 대해 즉각 지불해 "현금"으로 파는 것이다. 여기서 이행과 지불 사이의 간격은 통상 부채로 간주되지 않을 정도로 아주 짧다. 그럼에도 이는 여전히 할인율이나 이자율을 계산하기 위해 측정할 가치가 없을 정도로 시간 간격이 짧은 부채이다. 또는 이행과 지불 사이의 시간 간격이 경과되지 않으면 거래는

222) 본서 763쪽, 교섭의 종결과 거래의 종결.

종결될 수 없을 것이다. 그런 부채는 융통이 가능한데, 앞의 예에서 거래는 60일이 끝나면서 종결되었다. 미국에서 상업적인 거래의 평균 회전속도는 약 15일 또는 연 26회의 회전으로 추산되고 있다.[223] 이것은 평균 15일마다 그사이에 발생하는 거래에 대한 이윤차익을 알 수 있음을 의미한다. 그동안 이 이윤차익들은 다른 제조업자에게 융자할 수 있도록 예치금으로 전환되고 있거나, 규모의 확장에 재투입되고 있거나, 대체를 포함해 운영경비로 활용되고 있다. 어떤 경우에든 이들은 "저축되고", 이 저축은 이윤을 저축하는 계속적인 반복이어서, 이윤을 가지고 생산이나 건설을 위해 연속적으로 반복해서 고용하도록 만든다.

건설을 목적으로 하거나 기계구입을 위해 발행되는 장기채권의 경우에도 마찬가지이다. 이런 거래는 경우에 따라 10년, 20년, 30년이 지날 때까지 종결되지 않는다. 여기서는 제대로 계산하면 융자기간이 장비의 내구기간에 어느 정도 상응할 것이다. 이 장비의 운전을 통해 생산물이 만들어지는데, 이것은 다시 상업융자의 단기거래를 통해 금융을 제공받는다. 이 새로운 장비는 감가상각되고, 수명이 10년으로 예상된다면, 매년 지불이 가능한 이자를 지니고 채권을 위한 연간 상환기금이나 원금의 10분의 1에 해당되는 자본의 감가상각기금으로 뒷받침되는 10년 만기의 채권이, 장비가 완전히 가치상실되어 소멸할 때까지 이 융자거래를 종결지을 것이다.

커다란 자동차 기업체는 매년 20%의 비율로 기계를 "상각해" 5년이 지나면 완전히 "폐기 처리"하는 정책을 지닌 것으로 알려져 있다. 가치상실이 주요 원인이다. 경쟁사들이 새롭고 더 효율적인 기계를 갖추고 있

••

223) 본서 525쪽, 순환에서 반복으로.

는데, 이 회사가 5년 된 기계를 사용하면서 경쟁할 수 없다. 만약 이 회사가 5년짜리 채권에 근거해 돈을 빌리면, 이 회사가 매년 원금의 20%를 상환기금으로 배정해 놓으리라고 예상된다.[224] 그러나 이 회사가 돈을 빌리지 않으므로, 자신의 자산들에서 연 20%로 감각상각과 가치상실을 이유로 이 기계를 "상각"한다. 어느 경우든 이 회사는 개별 자동차에 할당된 전체 감가상각과 가치상실액을 간접비로 자동차에 부과해 비용을 보전해야 한다. 만약 원래 기계비용의 20%를 상각해 이것을 마련한다면, 이 액수는 대차대조표의 자산과 손익계산서의 이윤에서 그만큼 공제되어 나타날 것이다. 만약 상환기금을 통해 이와 같이 한다면, 이 계정이 5년짜리 채권으로 발생한 부채로부터 그만큼 상쇄하는 자산으로 나타날 것이다. 그러나 이윤에 배정된 것을 줄여서 상환자금자산을 얻는 것이다.

어떤 경우든 발생하는 일은 이윤이 주주들에게 배당으로 이전되지 않고 유보되었다는 것이다. "기계를 장부상 상각해" 이 계정에 이윤을 "저축하는 것"이다. 기대되는 시간의 간격을 제외하면, 이 과정은 사업대부를 하는 것이나 이윤을 재투입하는 것과 다르지 않다. 은행금융기제와 함께 현재가치로 할인한 자동차나 여타 생산물의 미래가격과 수량이 현재의 이윤이 "저축"될 수 있게 만든다. 일반적으로 이것이 재료를 덜 사고, 기계나 건물을 덜 건설하고, 노동을 덜 고용하거나 가격과 임금을 덜 지불해서 현재의 총채무나 부채를 미래의 완제품 판매로부터 파생되는 미래의 기대되는 총수입보다 적게 유지하는 과정이다. 이윤은 벌리자마자 "저축"되고, 저축되면서 완제품의 판매에 앞서 노동에 지출된다. 그리고 저축되지 않은 잔고만이 배당금으로 공고되어 주주들이 "지출"하거나

224) 복리는 이것을 약간 바꿀 것이다.

"저축"하게 한다.

따라서 우리는 이자를 위한 은행제도와 이윤에 대한 예측할인에 따라, 구매력으로서 임금에 시차가 없듯이 구매력으로서 이윤에 아무런 시차가 없다고 결론을 내린다. 임금이 생산과 동시에 상품을 구매하는 데 이용이 가능하고, 사용되는 것과 똑같이 이윤이 생산과 동시에 구매력으로 이용이 가능하고 실제로 사용된다.

이윤의 판매-시차 이론은 화폐의 "순환"이론에 따라 그럴듯해졌다. 이 이론은 1758년 당시 상업은행을 알지 못했고 오로지 금속화폐가 "통화"를 이루었던 프랑스의 케네에게서 생겨났다. 케네에게 화폐는 옥수수나 밀과 같은 상품이었고, 생산물을 교환하는 데서 구매자로부터 판매자로 "유통"되었다. 지폐가 금속화폐를 대신하기 시작하면서, 지폐가 "순환의 매개체"로서 손에서 손으로 유통되며 반대 방향으로 상품들이 유통될 수 있게 했다.

케네의 유추는 꽤나 훌륭한데, 그는 이를 혈액의 순환에서 생각해냈다. 분명히 금속화폐나 지폐만 통용된다면, 소비자는 주머니 속에 물적인 동전이나 종이돈을 실제로 가지고 있지 않는 한 살 수 없다. 기업의 주식보유자도, 배당이 주화나 지폐로 선언되지 않는 한 자신의 이윤을 구매력으로 활용할 수 없다. 그리고 제조업자는 자신의 생산물이 실제로 팔려서 주화나 지폐를 받지 않는 한 자신의 판매이윤을 가지고 아무것도 살 수 없다.[225] 금속화폐의 시대로부터 이어받은 그런 이론을 끝까지 밀

••

225) 이것이 1626년 토머스 먼(Thomas Mun)의 주장이었다. 당시 그는 상인이 추가적으로 구매해 회전율을 높이기 전에 주화를 획득할 때까지, 그 시점을 굳이 기다리지 않기 위해 부채의 융통가능성을 주창했다. Mun, Thomas, *England's Treasure by Foreign Trade*(1664)(1628년 이전 집필로 추정) 참조.

고 나가면, 임금소득자만이 그들이 생산했을 때에 자신들의 생산물을 구입할 수 있다. 그들이 상품을 소비재라는 최종 형태로만 구입하기 때문에, 그들에게는 소비재를 생산하는 데 사용된 모든 재료의 구입이 가능하지 않다. 그들의 소비재 구입으로는 원료만을 생산한 다른 노동자들에게 그들이 생산하고 있을 때에 모든 임금을 지불하는 것도 가능하지 않다.

이런 현대형태의 순환에 대한 물리적인 개념은 케네 이래 수세기 동안 지속되었고, 상업금융과 투자금융의 기제를 파악하지 못한 모든 사람의 상식적인 경험이기도 하다. 이것은 포스터와 캐칭스의 다음 인용구에 등장한다. 이들은 175년 전에 나온 케네의 유명한 〈경제표〉와 상당히 비슷한 "화폐의 회로 유통" 도표를 그린 후 말하고 있다.

"화폐 중 일부는 회로를 신속하게 채우고 일부는 이보다 느리게 채운다. 도표가 보여주듯이, 소비자의 수입 중 일부는 개인적인 접대에 직접 지출되고, 일부는 중고자동차와 다른 '중고품들'을 구입하도록 개인들에게 지불되어, 한 소비자로부터 다른 소비자로 직접 넘겨진다. 그러나 소비자가 지출하는 화폐의 대부분이 소비자에게 되돌아가는 길을 찾을 때까지 더 긴 경로를 거친다. 예를 들어 신발 한 벌처럼 새로운 상품에 지출되는 화폐 중 일부는 도매업자에게 돌아가고, 일부는 제조업자에게 돌아간다. 일부의 화폐는 피혁관리자에게 가고, 일부는 가축을 키운 농부에게 가며, 일부는 수확하는 기계의 생산자에게 간다. 일부는 공장의 기계공에게 갔다가 소비자에게 되돌아간다. 소비자로부터 소비자로 되돌아가는 회로에서 한 벌의 신발에 지출된 돈의 일부는 우리의 예에서 보다 더 많은 손들을 거쳤다. 신발의 소매업자가 자신의 점원에게 주급으로 직접 지불한 부분은 빨리 회전했다. 제조업자가 배당하지 않은 이윤이어서 현금으로 남겨놓은 부분은 회전하는 데 오랜 시간이 걸렸을 것이다. 소비의 한 가지 사용으로부터 또 다른 사용으로 유통되는 데 걸리는 모든 화폐의 평균시간을 우리는 화폐의 회전시간이라고 불러왔다."[226]

이런 물리적인 유추는 금속화폐나 지폐의 시대에만 타당하며, 상업금융과 그것의 당좌계정에는 맞지 않는다. 이것은 산업에 대한 "현금휴대" 계획이다. 이 "순환 중인 화폐"는 놀라울 정도로 다양한 주화와 지폐로 구성되어 있는데, 이들은 각기 공급이 제한되어 금과의 가치비율을 유지하고 있다. 그리고 이들은 각기 특별한 연구의 대상으로서 과거 70년 동안의 법령들 속에서 조사될 수 있는 각자의 역사로 거슬러 올라간다.

이 "순환 중인 화폐"는 모두 상품구매와 부채지불로 손에서 손으로 물리적으로 이동한다. 그러나 이상하게도 이 순환하고 있는 40~50억 달러가 지불하는 부분은 모든 구매의 10~20%에 지나지 않는다. 전국의 매매거래의 총가치 중 80~90% 이상은 예금에 대한 은행의 수표를 통해 이루어진다.[227] 그렇더라도 순환 중인 모든 화폐는 은행들로부터 나왔고, 이미 예금자 계정의 대변에 포함되어 있다. 이 "예금들"은 과거에 만료된 은행가들의 부채들로 요구하면 지불된다. 이들은 은행들이 **아직 만기가 되지 않았지만** 지정된 미래 시점에 지불이 가능한 사업가들의 부채들을 구입하려는 명시적인 목적으로 생성되었다. 이런 예치금을 근거로 한 수표는 승인을 받는 일부 경우를 제외하면 유통되지 않는다. 이것은 은행가에게 자신의 장부에 은행가의 당좌부채(예금)를 또 다른 사람의 차변에

..

226) Foster, W. T., and Catchings, W., *Money*, 306.
227) 칼 스나이더(Carl Snyder)는 자신의 *Business Cycles and Business Measurements*(1927), 134쪽에서 이것을 80%로 추정하고 있다. 다른 사람들은 90%나 95%까지로 추산했다.

이체하라는 명령이다. 그리고 이 순전한 명령은 실제로 모든 거래의 모든 가치에서의 구매력이다. 통상 수표는 단지 하루나 이틀 동안 존재하지만, 수표를 가능케 하는 융자나 할인은 1일, 30일, 90일 또는 그 이상도 존재한다.

따라서 융자거래는 각기 자신의 화폐를 창출한다. 예를 들어, 한 명의 판매자와 한 명의 구매자를 상대하는 거래수령증 한 장과 은행 하나를 생각해보자. 철강 제조업자가 농기구 제조업자에게 1톤당 40달러에 4,000톤의 강판을 판매하고 60일 후에 지불하기로 했다. 농기구 제조업자가 "수락한" 부채는 4만 달러다. 은행가는 이 부채를 연 6% 또는 60일에 1% 할인해서 구입하고, 자신의 장부상 39,600달러를 철강 제조업자의 입금계정에 예치금으로 넣어준다. 60일이 지나면 동일 은행의 계정에 예금을 쌓아온 농기구 제조업자가 은행에 지불이 가능한 자신의 계정에서 4만 달러의 수표를 끊어 이 부채를 지불해서 거래가 종결된다.

이 거래는 농기구 제조업자가 지불할 수 있는 시점에 앞서 철강 제조업자에게 3만 9,600달러의 구매력을 창출했다. 이에 더해 400달러는 은행가가 (자신의 법적인 준비금의 한도를 넘어서지 않았다면) 즉각 사용할 수 있도록 또 다른 제조업자에게 융자할 수 있다. 60일 동안에 철강 제조업자의 예금을 인출해 구매력으로 쓸 수 있으나, 은행으로 돌아와서, 입금이 되고, 다시 인출될 수 있다. 그러나 60일이 지나면 농기구 제조업자는 4만 달러의 융자를 그만큼 자신의 예금을 줄여 소멸시켰고, 은행은 그것으로 예금자들에게 갚았다. 이 거래가 진행되는 한, 거래가 시작될 때 은행의 장부에 4만 달러의 융자, 3만 9,600달러의 예금, 400달러의 잉여가 나타날 것이고, 융자를 상환하기 직전까지 이런 상태에 있을 것이다. 그러나 농기구 제조업자가 상환하면, 융자와 예금이 모두 지워지고 은행에

400달러의 잉여만 남게 된다. 거래는 그 거래를 위한 화폐를 창출했다. "순환"은 없다. 가격과 수량에 대한 기대에 따른 구매력의 창출, 지속 그리고 소멸, 줄여서 "회전"이 있을 뿐이다.

가정으로 과도하게 단순화된 은행 하나의 거래를 일 년 동안 발생하는 수십억 건, 심지어 수조 건의 비슷한 거래들로 늘리고, 결제소를 가진 모든 은행들을 합치면, 우리는 화폐의 **순환** 체계가 아니라 화폐의 **예측** 및 **반복** 체계를 얻게 된다. 개별 융자 및 할인 거래는 각기 생산과 판매로 추가될 가치의 증가를 예상하면서 자신의 화폐를 창출하고 소진한다. 또는 반대로 말하면, 생산물의 현재가치가 **생산시점**에서 종료되지 않은 상태에서 **판매시점**에서 가지게 될 할인된 미래가치이다. 기초산업들의 농부, 광산소유자, 산림업자는 제분업자, 용광로, 가구 제조업자에게 판매하리라고 예상한다. 후자는 다시 도매업자에게, 도매업자는 소매업자에게, 그리고 이들은 마지막으로 최종소비자에게 팔 것이라고 예상한다. 이렇게 연결되어 이들은 최종소비자에 이를 때까지 그다음 생산과정에 재료를 제공하고 있다. 그리고 이렇게 연결되어, 완성되지 않은 재화의 전 단계에서 지불되는 보다 낮은 가격과 임금에서 할인되는 것은, 미래의 생산과정에서 그다음에 있는 사람이 구입할 이런 재료의 **예상되는** 가격과 수량이다.

은행업은 이런 생산과정과 평행을 이루면서, 각 생산자가 빌리지 않고 자신에게 주어진 기금에 더해, **미래 가치에 대한 예상 속에서 현재 가치로 미리** 필요한 구매력을 획득할 수 있게 해준다. 소비자의 화폐는 순환하지 않는다. 그것은 자연자원의 근원으로 소급되는 매번의 거래에서 예상되고, 할인되고, 소진된다. 그리고 은행금융제도의 도움으로 자신의 화폐를 창출하고 소멸시키는 것은 이 각각의 거래이다.

결과적으로 임금소득자가 자신이 생산한 가치 전체를 임금으로 받지 못하거나, 저축이 동일 액수의 소비만큼 고용을 늘리지 못하거나, 배당금이 실제로 지불될 때까지 구매력이 되지 못하거나, 매번의 판매로 발생하는 이윤이 재화에 대한 대금이 지불될 때까지 구매력이 될 수 없다는 이유 등에도 불구하고, 생산되는 모든 제품을 되사는데 아무런 구매력의 부족도 없다. 이윤의 **몫**이 너무 큰 것이 팔지 않는 재화의 누적과 이어지는 실업의 원인이라는 데 근거한 이 모든 주장은 잘못되었다. 우리는 과잉생산과 실업의 원인을 다른 데서 찾아야 한다. 우리는 그 원인이 이윤의 **몫**에 있는 것이 아니라 이윤의 **차익**과 화폐의 예측체계상의 오산에 있음을 확인하게 될 것이다.

3. 고용-시차

이제 우리는 부적당한 구매력에 대한 고용-시차 이론이라고 불릴만한 것을 고려할 위치에 있다. 만약 기술적인 실업으로 노동자들에게 일자리가 없다면, 국민총생산에서 임금의 몫이 그들이 고용되었더라면 받았을 임금의 액수만큼 감소된다. 결과적으로 효율의 개선은 노동자들을 대체할 뿐만 아니라 이 대체가 고용된 노동자들이 생산하는 것을 계급으로서 구입할 그들의 힘을 줄이는 방향으로 작용한다.

폴 더글러스(Paul H. Douglas)는 영구적인 기술적 실업과 일시적인 기술적 실업이라는 중요한 구분을 제시했다.[228] 첫 번째와 관련해 그는 "영

228) Douglas, Paul, H., "Technological Unemployment", *American Federalist*(August,

구적인 기술적 실업은 불가능하다"라고 결론짓는다. 그는 말하기를, "장기적으로는 개선된 기계와 경영상의 효율 증가가 노동자를 직장으로부터 내몰지 않으며, 영구적인 기술적 실업을 낳지도 않는다. 오히려 이것들은 국민소득을 올리고 수입과 개인소득의 수준이 오르게 만든다."

만약 기술발전이 기술적 실업을 초래하지 않고 모든 계급의 생활 수준을 끌어올리는 것이 사실이더라도, 종종 말하듯이 인간은 "장기에" 살지 않는다. 인간은 하루하루를 살아가므로, 개선된 기술적 효율로 인한 일시적인 실업이 생활 수준을 낮춘다.

그러나 이 두 가지 문제를 분리해야 한다. 하나는 보다 높은 생활 수준이 그 자체로 바람직한지에 대한 문제이다. 다른 하나는 보다 높은 생활 수준을 뒷받침하기 위해 필요한 더 높은 임금이 낮은 생활 수준의 낮은 임금보다 노동에게 더 많은 고용을 제공하는지에 대한 문제이다. 우리는 자본과 노동에 돌아가는 몫에 대한 앞선 논의에서 이 문제들에 대답했다. 보다 높은 생활 수준은 정치적이거나 사회적인 이유로 인해 그 자체로 바람직하다. 그러나 보다 높은 임금이 낮은 임금보다 노동자에게 더 많은 고용을 제공하지는 않는다. 그 이유는 임금이 낮으면 지대, 이자와 이윤으로 돌아가는 더 큰 몫이 동일 액수가 임금으로 지불될 때만큼의 고용을 제공하기 때문이다. 그러나 이제 우리는 국가의 효율 증가라는 또 다른 관점에서 이 두 가지 문제를 고려한다.

더글러스가 인용한 연방준비은행의 계산에 의하면, 일인당 산출이 1919년과 비교해 1929년에 약 45%, 연평균 4.5% 더 높았다.

∴

1930). 그의 논문 "Technological Unemployment", *Bulletin of the Taylor Society*, December, 1930도 참조.

더글러스가 말하기를, "이 증가와 함께 제조업에 고용된 임금소득자의 숫자는 10% 감소했다. 1919년에 900만 명이 고용된 데 비해 1929년 말 대공황 이전에도 대략 810만 명이 고용되었기 때문이다. (……) 그리고 제조업만이 아니었다. 광업의 일인당 산출은 40%에서 45%까지 증가했다. (……) 이에 더해 역청탄 산업에서의 고용에는 노동시간의 상실이 훨씬 더 컸다. 노동자당 1,000마일을 단위로 측정하면 철도노동자의 효율은 이 10년 동안 현저하게 증가했으나, 고용된 사람의 숫자는 대략 30만 명 또는 15% 줄었다. 끝으로 트랙터, 콤바인, 그리고 다른 종류의 농기계들이 도입되고 보다 나은 농사법과 가축사육법을 사용함으로써, 농업에서 일인당 산출은 25% 이상 증가했다. 그렇지만 농무성의 추산에 따라, 이 시기에 거의 380만 명이 농촌을 떠나 도시로 갔는데, 이들 중 적어도 150만 명이 고용될 수 있는 남녀였다.

따라서 이 네 가지 기초산업에 고용된 숫자는 280만 명 정도 하락했다. 만약 1919년과 같은 인구의 비율로 고용했더라면 이 생산영역에서 200만 명 넘게 노동자가 고용되었을 것이다."[229]

만약 300만 명의 노동자들이 생산효율의 증가로 해고된다면, 그리고 만약 노동자들이 하루에 4달러 또는 연 1,200달러를 받는다면, 고용된 노동자들이 생산하는 것을 노동자들이 계급으로서 구입할 수 있는 힘이 하루에 1,200만 달러 또는 매년 36억 달러씩 감소해왔을 것이다. 이런 구매력의 결핍은 노동자들이 확장되는 산업들에서 일자리를 찾을 때까지 계속될 것이다. 그러나 새로운 산업들이 생겨나고 새로운 일자리가 창출될 때까지 상당한 시간이 걸리므로, 계급으로서 노동의 구매력이 고

..
229) Douglas, Paul, H., *American Federalist*(August, 1930).

용을 유지하고 있는 사람들의 증가된 생산물을 구입하는 데 부적합한 고용-시차가 남게 된다.

더글러스는 이런 고용-시차에 대해 네 가지 이유를 제시하고 있다. ① 공장에서 재화의 낮은 가격이 낮은 소매가격의 형태로 소비자에게 이를 때까지 시간이 걸린다. ② 새로이 확장되는 산업이 축소된 산업에서 해고된 숫자만큼 고용할 수 있을 정도로 일자리를 창출하는 데 시간이 걸린다. ③ 노동자들이 위축되는 산업들로부터 확장되는 산업들로 이동하는 데 시간이 걸린다. ④ 노동자들이 확장되는 산업들에서 생기는 다른 종류의 일자리로 전직하기를 싫어하거나 전직할 수 없고, 주거를 바꾸기를 싫어하거나 바꿀 수 없다. 그리고 그는 실업이 아니라 생활 수준이 감소하는 원인으로 다섯째를 추가하고 있다. ⑤ 노동이 확장되는 산업으로 결국 이전되더라도 흔히 낮은 임금을 주는 일자리가 되어 떠난 직장보다 만족스럽지 않을 수 있다.

마지막으로 더글러스는 일시적인 기술적 실업으로 인해 발생하는 손실을 줄이기 위한 일곱 가지 방법을 제안하고 있다. ① 더 나은 예측 ② 더 나은 계획 ③ 더 느린 노동 대체 ④ 공공고용기관의 존재 ⑤ 직업 훈련 제공 ⑥ 해고 임금 제공 ⑦ 실업 보험, 그리고 공공사업을 추가할 수 있다. 최근 들어 이런 치유책들이 많은 주목을 받는 것은 정당하다. 이것들의 목적은 고용-시차를 줄이는 것과 가능한 한 빨리 새로운 산업이나 확장되는 산업에 노동자들이 고용되게 하는 것이다. 이렇게 해서 이들의 생활 수준이 회복될 뿐만 아니라 이들의 증가한 구매력이 상품과 노동에 대한 수요를 창출할 것이다.

그렇지만 **고용-시차**는 **생산-시차**이기도 하다. 우리의 예시로 돌아가서, 노동자들의 구매력이 300만 명의 기술적 실업으로 연 36억 달러 감소한다면, 그리고 우리가 확장되는 산업에서 노동자의 몫이 여전히 60%이고 재산소유자의 몫이 여전히 40%라고 상정한다면 완전고용을 회복하기 위해서는 이들 신규산업이나 확장되는 산업으로부터 새로운 생산물이 생산되고 그것의 판매가치가 60억 달러이어야 한다. 만약 우리가 계산했던 1925년에서처럼 모든 생산물의 총판매가치가 750억 달러이면, 이것은 판매가 810억 달러로 늘어나는 것을 의미한다. 그렇지만 분배의 몫은 동일하게 유지되어야 한다. 즉 노동자에게 60%로, 이제 450억 달러가 아니라 486억 달러가 되고, 재산소유자에게 40%로, 이제 300억 달러가 아니라 324억 달러가 된다. 새로운 생산물은 이전처럼 임금, 지대, 이자 그리고 이윤으로 모두 구입해야 한다. 그러나 이제 일어나는 일은 효율의 증가로 인해 동일한 숫자가 완전히 고용된 상태에서 모든 계급의 생활 수준이 향상된다는 것이다. 자본의 일시적인 실업이 사라지기 때문에 노동의 일시적인 실업은 사라지지만, 국가의 효율증가 때문에 보다 높은 생활 수준을 기반으로 이것이 사라진다.

따라서 "고용-시차"는 "이윤-시차"와 전적으로 다르다. 이윤-시차는 생산되는 시점에서 모든 생산물을 되사는 데 이윤을 사용할 수 없다는 것으로, 잘못된 이론이었다. 그러나 고용-시차는 지불된 임금의 시차뿐만 아니라 생산물 자체의 시차이다. 여기서는 노동자들이 살 어떤 물건도 생산하지 않기 때문에 구매력이 없는 것이 사실이다. 그렇지만 같은 이유로 구매력으로 사용할 이윤도 없다. 그리고 은행의 상업적인 융자도 증가하지 않아서, 역시 구매력을 가질 수 있는 상업적인 이자 상환에도 이에 상응하는 시차가 생기게 된다. 달리 말해 기술적인 개선으로 고용-시차는 단순히 산업이 충분히 신속하게 스스로 확대되지 못하는 것이다. 실업이 있는 한 이윤도 떨어진다.

물론 이런 일시적인 실업은 실제로는 일시적이면서도, 기계 발명의 거대한 파도로 아주 빨리 다가와서, 노동이 조정할 시간을 가지지 못하기 때문에 마치 영구적인 것처럼 보일 수 있다. 이런 시기의 어려움은 심각하기 그지없으나, 노동의 몫이 너무 적어서가 아니라 신규산업들이 충분히 신속하게 커지지 않기 때문이다. 이것은 또 다른 문제이다.[230]

문제는 이제 다시 이윤차익으로 옮아간다. 왜 산업이 전체적으로 계속 늘어나, 새로운 제품들이 축소되는 산업들에서 해고된 실업자들을 수용할 뿐만 아니라 임금은 물론이고 이윤, 이자 그리고 지대를 위한 새롭고 확대되는 기회들을 제공하지 않는가? 우리는 먼저 이른바 공급과 수요의 "법칙"이 지닌 두 가지 의미를 고려한다.

4. 공급과 수요

앞선 절들에서 우리는 산업과 금융을 전체적으로 고려했으나, 이제 우리는 개별 산업들로 내려가 개별 상품들의 공급과 수요를 고려한다. 이들은 통상 "공급과 수요의 법칙"으로 알려져 있지만, 더 정확하게는 공급과 수요의 함수적인 관계를 나타내는 언어로, "공급과 수요의 탄력성"이라고 알려져 있다. 어떤 용어로 제시하든 우리는 "공급과 수요의 기업 법칙" 또는 "공급과 수요의 기업 탄력성"을 "소비자의 공급과 수요 법칙" 또는 "소비자의 수요 탄력성"과 구분할 것이다.[231] 이 구분을 명확히 하기 위해 이미 언급한 더글러스의 논문에서 우리가 소비자의 공급과 수요의

••
230) 본서 1287쪽, 물가; 합당한 가치

법칙이라고 부른 것을 요약할 것이다. 그리고 투기적인 법칙이 지배적인 기업의 영역으로 옮겨다 놓으면, 이것이 정확히 어떻게 뒤집히는지를 보여줄 것이다.*

(1) 소비자의 공급과 수요 법칙

더글러스는 인쇄업을 예로 들고 있다. 노동자들의 노동시간으로 본 효율이 두 배로 늘어난다고 상정해 1,000명이 60만 권의 잡지를 생산하던 곳에서 동일한 숫자의 노동자들이 같은 시간에 이제는 120만 권을 생산할 수 있다.

그런 다음 그는 서로 다른 세 가지의 "수요 탄력성", 즉 소비자의 수요공급법칙의 여러 측면을 상정하고 그런 상황에서 일어날 일을 예시한다. 만약 소비의 탄력성이 "1"이면, 그 의미는 가격을 반으로 줄이면(10센트에서 5센트), 수요량은 두 배로 늘어나서(60만 권에서 120만 권), 총수입은 여전히 6만 달러일 것이다. 동일한 숫자의 노동자 1,000명이 (앞서 처리한 일시적인 기술적 실업을 제외하면) 주당 평균 60달러에 계속 고용될 것이다. 만약 수요의 탄력성이 1이면, **총판매가 동일하게 6만 달러이므로**, 어

••

231) Working. Holbrook, "The Statistical Determination of Demand Curves", *Quar. Jour. Econ.*, XXXIX(1925) 503, 519 참조.

---

* 커먼스가 공급을 앞세워 수요공급(의 법칙)이 아니라 (주로) 공급수요(의 법칙)으로 부른 것이나 이 법칙을 소비자에 적용되는 것과 기업에 적용되는 것으로 구분한 것은 신고전학파의 생각과 부합되기 힘들다. 무엇보다 교과서와 달리 그는 소비자의 공급수요와 기업의 공급수요를 구분하고 투기를 중시한다. 신고전학파가 소비자 위주로 경제를 상정하는 데 비해 그는 사업이나 기업 위주로 파악하고 있다.

떤 기술적인 실업도 없다.

그러나 더글러스는 말하기를, 수요의 탄력성이 1보다 크다고 상정하면, 가격이 권당 5센트로 줄 때 판매고는 세 배(180만 권으로) 증가한다. 그래서 총매출도 가격이 60만 권에 대한 권당 10센트였을 때의 6만 달러에서 180만 권에 대해 권당 5센트인 9만 달러로 증가했다. 노동자의 숫자는 일인당 60달러에 1,000명으로부터 1,500명으로 늘어난다. 물론 수요의 탄력성이 1보다 크면 기술적 실업은 없다. 오히려 노동에 대한 수요가 증가한다.

그렇지만 세 번째로, 수요탄력성이 1보다 적다고 상정하자. 가격이 권당 5센트로 하락했는데 판매부수는 단지 90만 권으로 증가한다고 상정하자. 총매출은 이제 (10센트에 60만 권이 팔리는) 6만 달러에서 (5센트에 90만 권이 팔려) 4만 5,000달러로 하락한다. 그리고 노동자의 숫자는 주급 60달러에 1,000명에서, 60달러에 750명으로 줄어든다.

그러나 최종 소비자인 잡지 구독자들의 호주머니 속에 이전에 읽을거리에 지출되던 1만 5,000달러가 남아 있다. 원래의 독자들이 이 돈을 "지출"하든 "저축"하든, 이 1만 5,000달러는 정확히 동일한 주급 60달러에 (같은 개인들이 아닌) 250명의 실업 노동자들을 고용할 것이다. 만약 이들이 1만 5,000달러를 "지출"하면, 이들은 주당 60달러에 250명의 실업노동자들에 해당되는 사람들을 자동차, 항공기, 껌, 영화, 무도회 등 "확장되는" 산업들과 수많은 확장되는 사업들에 고용하게 된다. 만약 이들이 화폐를 "저축"하면 이들의 저축은행은 1만 5,000달러 가치의 새로 발행된 채권에 투자해, 이것이 주당 60달러에 동일한 숫자인 250명의 노동자를 고용할 것이다. 이들도 철도의 복선설치, 용광로 건설, 공장 건축 등과 같은 확장되는 산업들에 고용될 것이다. 따라서 수요의 탄력성이 1보다 적더라도, 소비자들이 돈을 "지출"하든 "저축"하든 이와 관계 없이 기술적 실업은 없다.

물론 여기서 영구적인 기술적 실업과 일시적인 기술적 실업에 대한 더글러스의 구분을 잊지 말아야 한다. 앞선 그의 예시들은 영구적인 기술적 실업에만 적용된다. 이미 언술한 바와 같이, 이것들은 기술적 실업이 "불가능"함을 보여준다. 그러나 단순히 노동자 고용을 줄이는 "축소되는" 산업들로부터 노동자 고용을 늘리는 "확장되는" 산업들로 바꾸는 데 시간이 걸리기 때문에 이런 기술변동들로 인한 일시적인 기술적 실업이 남아 있다. 원리를 예시하기 위해, 그리고 처방이 다르기 때문에 일시적인 실업은 무시한다.

(2) 사업의 수요공급법칙

이제 잡지를 소매가격에 사는 최종소비자에서 이윤을 위해 인쇄업을 운영하는 사업가로 예를 변경하자. 이제 소비자의 법칙과 사업가의 법칙이라는 두 가지 수요탄력성의 법칙이 등장한다. 이들은 서로 반대방향으로 작용한다.

만약 잡지의 가격이 오르면, 일반적으로 (수요탄력성이 1보다 적을 경우) 잡지에 대한 소비자들의 구매량이 준다. 그리고 이들은 가격이 오르지 않은 다른 물건을 더 많이 구입한다. 따라서 이 예에서 가격이 10센트에서 15센트로 오르면, 소비자들은 잡지를 적게 사고 가격이 오르지 않은 신문을 더 살 것이다. 또는 가격이 10센트에서 5센트로 내리면 소비자들은 잡지를 더 사지만, 탄력성이 1보다 적으면 더글러스가 보여주듯이 그들은 잡지가 아닌 다른 물건에 지출하거나 저축하려고 1만 5,000달러의 잉여금을 남기게 된다.

이것이 소비자의 수요탄력성 법칙이다. 이 법칙은 최종 소비자가 이전에 받은 임금, 지대, 이자, 이윤으로부터 단지 **제한된 크기의 구매력**을 가지고 있다는 데서 생긴다. 이들은 제한된 구매력을 최대한 활용하기 위해 가격이 오르는 재화는 덜 사고 가격이 내리는 재화는 더 산다.

이 원리를 기회선택과 동일한 대체의 원리라고 불러왔다.[232] 이것은 비슷한 상품들의 가격들이 같은 방향으로 움직이는 경향이 있다는 흥미로운 사실을 설명한다. 만약 잡지의 가격이 오르면, 소비자들은 잡지에 대한 수요를 줄이고 신문에 대한 수요를 늘려서, 잡지가격의 상승이 줄어든 수요로 저지되고, 신문가격의 상승은 수요증가로 조장된다. 대체의 원리는 이 두 가지 가격이 함께 오르거나 함께 내리도록 만드는 경향이 있다.

이 대체의 원리는 보편적으로 적용될 수 있다. 사과의 가격이 오르면, 일반적으로 사람들은 사과를 덜 사고 가격이 오르지 않은 대체재를 더 많이 산다. 그래서 수요를 줄여 사과 가격의 상승을 억제하고 수요를 늘려 대체재의 가격을 끌어올리는 경향이 생긴다. 또는 사과의 가격이 하락하면, 사과를 더 사서 가격하락이 저지되고, 대체재는 덜 사서 그것의 가격하락을 강화하는 경향이 생긴다. 결과적으로 대체재들의 가격들은 함께 오르고 내린다. 그리고 대체원리의 보편성으로 인해, 비록 물가가 각기 나름대로의 수요, 공급, 대체의 탄력성들을 가지고 있는 수백 가지 가격들의 평균이지만 소비재나 생산재의 물가가 오르고 내린다고 말할 수 있게 된다.

∵

232) 본서 578쪽, 대체의 법칙.

이 점에서 투기적인 수요공급법칙은 소비자의 법칙과 같다. 비슷한 재화들의 가격들은 대체원리에 따라 비슷하게 오르고 내린다. 그러나 투기적인 법칙은 이동의 **방향**에서 소비자의 법칙과 반대이다. 만약 가격상승이 **예상되면**, 사업가는 더 높은 가격에 팔아 이윤을 남기려는 의도로, 덜 사는 것이 아니라 더 산다. 그러나 가격하락이 예상되면, 더 사는 것이 아니라 덜 사고, 낮은 가격으로 예상되는 손실을 피하려는 의도로, 가능한 한 빨리 판다.

그래서 가격이 **올랐기** 때문에, 상승세를 타는 시장에서, 소비자가 더 사지 않고 덜 살 때, 사업가는 가격이 오를 것으로 **예상되기** 때문에 비슷하게 상승세에 있는 시장에서 덜 사지 않고 더 산다. 소비자는 **팔 것을 예상하지 않는다**. 단지 자신의 제한된 구매력으로 자신의 필요를 최대한 충족시키려고 노력한다. 사업가는 **팔 것을 예상한다**. 그는 상승세의 시장에서 이윤을 남기려는 의도를 가지고 있다.

하강세의 시장에서는 이와 반대 현상이 발생한다. 소비자는 가격이 **하락했기** 때문에 더 **많이** 사서, 그의 제한된 자원이 자신의 필요를 더 많이 충족시키게 만든다. 그러나 사업가는 가격하락을 **예상하기** 때문에 덜 **사고 더 판다**. 더 많이 살수록 팔 때 손실이 더 클 것이다. **지금** 더 많이 팔수록 나중에 그의 손실이 적을 것이다.

그리고 상승세의 시장에서 가격상승이 예상되는 것을 다른 사람들이 사지 못하도록 배제하기 위해 **먼저 사려고** 경쟁할 때, 또는 가격하락이 예상되는 것을 구매자들에게 "떠넘겨" "빠지는 데서 탈출"하려고 **먼저 팔려고** 경쟁할 때, 각자의 이익에 이해의 충돌이 겹쳐져 상승이 "호황"이 되고 하강이 "불황"이 되도록 강제한다.

이것이 사유재산에 근거해 이윤을 목적으로 운행되는 자본주의 체제의 특징이다. 이것이 자본주의체제가 지속되는 한 호황과 불황의 경기변동을 방지할 수 없다고 많은 사람들이 확신하게 만드는 삐뚤어진 특징이다. 따라서 사유재산과 이윤을 폐지하자는 사회주의와 공산주의의 요구가 힘을 받게 된다. 사회주의자들은 이윤이 아니라 소비를 위해 생산할 것이다. 만약 자본주의가 진실로 이런 내재적인 왜곡을 방지하는 "운영규칙"을 받아들일 수 없다면, 아마도 공산주의가 더 나을 것이다. 그러나 운영규칙에 근거한 대안을 연구하고 실험해보아야 한다.

우선 자본주의 체제에서 소비자의 공급수요의 "법칙"과 사업적이거나 투기적인 공급수요의 "법칙"은 희소라는 일반원리의 두 가지 서로 다른 측면이다. 두 가지 모두 개인에게 강제적인데, 이것은 희소와 유사한 행동의 강제이다. 최종소비자는 한계효용의 원리에 따라 자신의 제한된 자원들을 절약하도록 강제된다. 그의 가정은 자신이 받는 수입에서 지불하는 가격들에 달려 있다. 사업가는 상승하는 시장에서 먼저 사도록 강제된다. 그렇지 않으면 자신이 가져야 할 것을 다른 사람이 사게 될 것이다. 또한 그는 하강세의 시장에서는 손실이나 파산으로부터 자신을 구해내기 위해 일찍 팔도록 강제된다. 따라서 공급과 수요의 "법칙"을 말하는 것은 단순히 표현의 문제가 아니다. 개인들이 따르거나 아니면 무너져야 하기 때문에 이것은 법칙이다. 이런 종류의 강제적인 법칙을 우리는 "관습"이라고 칭한다.

물론 최종소비자들이 **예상되는** 가격변동으로부터 제한적이지만 어느 정도 영향을 받는다는 점을 인정해야 할 것이다. 석탄 가격이 상승하리라고 그들이 예상하는 경우에는 구매력이나 신용을 가지고 있다면 겨울에 대비해 석탄을 재고로 비축할 것이다. 석탄가격이 하락하리라고 예상하는 경우에는 비축하지 않을 것이다. 그러나 그렇다고 하더라도 이들의

"투기"는 산 것을 팔아 이윤이나 손실을 얻으리라는 전망을 따르지 않고 자신들이 예상하는 소비상의 필요에 국한된다.

그렇다면 사업가는 소비자의 공급수요법칙을 넘어서 투기적인 법칙을 수립하는 돈을 어디서 얻는가? 그는 이것을 은행으로부터 얻는다. 상인은 톤당 30달러에 1,000톤의 철강을 또 다른 상인에게 판매한다. 이를 통해 3만 달러의 부채가 생성된다. 이것은 교섭 거래의 두 가지 가변적인 차원으로 인해 생성된다. 하나는 톤의 숫자이고, 다른 하나는 톤당 가격이다. 두 가지의 곱이 미래가치이다. 바로 이 가치가 3만 달러라는 동일 가치의 부채를 낳는다.

그러나 부채는 30일이 될 때까지 만료되지 않으며, 그동안은 융통될 수 있다. 은행가가 그것을 산다. 만약 30일 후에 연 6%로 지불이 가능하다면 30일 후의 가치는 3만 달러지만, 현재는 2만 9,850달러에 불과하다. 은행가는 자신의 장부에 3만 달러의 "대부"와 2만 9,850달러의 예금이라고 적을 것이다. 잔고인 150달러는 은행가에 대한 철강판매자, 철강구매자 또는 양자 모두의 빚(거래수락증)이고, 이것을 다른 은행가에게 판매할 수 있다. 파는 경우 다른 은행가는 첫 번째 은행가에게 2만 9,850달러와 발생한 이자를 빚지게 된다.

그렇지만 은행가는 철강판매자에게 2만 9,850달러의 신용을 주었는데, 이것은 요구가 있으면 철강상인에게 이 액수의 돈을 지불한다는 약속이다. 이 은행부채가 현대적인 화폐이다. 상인이 이에 근거해 역시 융통이 가능한 수표를 끊을 수 있으며, 이 수표로 재료, 노동 그리고 이자에 대한 부채를 상환할 수 있다.

그러나 철강업이 호황이라고 상정해보자. 상인들은 철강의 가격이 상승하고 철강에 대한 수요가 늘어나리라고 예상할 것이다. 이들은 톤당

60달러에 2,000톤을 팔고 산다. 이제 가치는 3만 달러가 아니라 12만 달러다. 가격과 수량이 모두 두 배가 되었기 때문에 네 배로 증가했다. 이에 상응하는 부채도 네 배로 증가했다. 은행가가 이것을 산다. 상인들이 번성하고 있어 자신의 준비금이 낮은 수준에 있기 때문에, 이제 은행가는, 예를 들어 8%를 부과할 수 있다. 만약 상인이 지불할 수 있다면, 그것은 30일에 12만 달러의 가치를 지니게 될 것이다. 은행가는 8% 할인해 11만 9,200달러라는 현재가치로 그것을 구입해, 이 액수에 상응하는 구매력을 창출할 것이다. 이 두 거래가 창출한 돈은 네 배로 증가했다. 모든 다른 산업이 그 결과를 느낀다. 투기적인 공급수요법칙도 작동한다. 그것은 가격상승에 대한 희망이다.

그러다가 어떤 이유로든 철강의 가격이 25달러로 하락하고 더욱 하락할 것으로 예상된다. 상인은 단지 500톤을 구입할 것이다. 가치와 이에 상응하는 부채는 이제 단지 1만 2,500달러다. 은행가는 4% 할인해서 이것을 구입한다. 30일 후에는 1만 2,500달러의 가치를 지니겠지만, 그것의 현재 가치는 단지 1만 2,457.66달러다. 이것이 상인이 구매력으로 이용할 수 있는 은행부채의 액수이다. 투기적인 공급수요법칙이 다시 작용한다. 그것은 가격하락과 지불불능에 대한 두려움이다.

모든 융자거래나 할인거래는 자신의 화폐를 창출했고, 그것도 판매될 것이고 비슷하게 창출된 다른 화폐로 지불될 상품들의 예상되는 가격과 수량에 따르는 수량의 화폐를 창출했다. 정확한 날짜에 지불하도록 강제되어 있다. 그렇지 않으면 파산의 고통을 겪어야 한다. 그리고 이 지불은 화폐가 아니라 같은 은행가가 다른 은행가에 근거해 상인이 끊은 다른 수표로 이루어진다. 이 다른 수표는 단순히 은행가의 장부에 있는 자신의 계정에 대한 신용으로 은행가에 대한 원래의 부채를 소멸시킨다.

그러나 이 또 다른 수표 자체가 같은 은행가나 다른 은행가의 장부에 있는 또 다른 상인의 차변이 된다. 따라서 부채가 부채로 상쇄되고, 은행의 수표가 부채지불의 화폐가 되는 이유는 주권자가 그렇게 만들기 때문이 아니라 사업 관행이 그렇게 만들기 때문이다. 우리는 이것을 법적인 화폐가 아니라 관습적인 화폐라고 호칭했다.

따라서 채권자가 받아들여서 채무자를 추가적인 지불의무로부터 해방시켜야만 하는 두 가지 "화폐"가 있다. 하나는 단순히 주권의 명령인 법적인 화폐이다. 다른 하나는 사업가들의 관습적인 행위인 법 바깥의 관습적인 화폐이다. 이런 사업의 관습을 위반하는 사람은 사업가일 수 없다.

그러므로 두 개의 시장이 신용체계로 묶여 있는데, 어떤 사업가나 농부 또는 임금소득자조차도 신용체계의 노고를 벗어날 수 없다. 이들은 상품시장과 부채시장이다. 상품시장은 소매상점과 도매상점, 농산물거래소, 부동산거래소, 그리고 노동시장까지인데, 여기서 사람들은 합의된 가격으로 재화와 서비스에 대한 소유권을 이전한다. 부채시장은 부분적으로 상품시장에서 그렇게 창출된 단기부채가 사고 팔리는 상업은행이다. 부채시장은 주식시장과 같이 미래 화폐에 대한 장기적인 권리를 위한 증권시장이기도 하다. 이들은 부채의 융통가능성을 통해 상업은행과 연결되어 있다. 철강시장의 거래에 대한 우리의 예시를 모든 시장에서의 수백만 건이나 수십억 건의 거래들로 늘려보자. 이들은 모두 신용체계와 연결되어 있고, 이들 중 어떤 것들은 대체원리로 인해 비슷한 방향으로 움직이고 있다. 늘린 후에 우리의 예를 통계로 교정하면, 우리는 주가, 토지가치, 그리고 상품가격의 움직임을 파악하게 된다.

은행부채나 예금은 화폐와 같고, 더구나 수시로 놀라울 정도로 탄력적이므로, 가격이 오르면 사업가가 상품과 노동에 대한 자신의 수요를 늘리고 가격이 내리면 수요를 줄이는 확장적인 구매력으로 기능한다. 이것은 소비자 법칙과 정반대로 작동한다. 가격이 하락할 때 미래의 판매로 장사를 하지 않는 소비자는 더 사는 데 비해 가격이 상승할 때 사업가가 더 사도록 **강제하는** 가장 큰 요인이 신용이라는 제노이나.

소비자의 수요탄력성은 소비자가 임금, 지대, 이자 또는 이윤으로 획득했던 구매력의 크기에 의해 제한된다. 이에 비해 사업가의 수요탄력성은 미래 가격으로 판매할 때 얻을 미래 이윤을 예상해 은행을 통해 사업가에게 즉각 창출될 수 있거나 다른 사람의 저축으로부터 그에게 이전될 수 있는 불확정적인 수량의 구매력에 의해 제한된다.

5. 차익들*

(분배된 소득의) "몫들"에 대한 앞선 논의에서 전체 국민소득은 지대, 이자, 임금, 이윤이라는 네 가지 몫들로 나누어진다. 그러나 이것은 사업이 진행되는 방식이 아니다. 사업가는—이윤과 배당을 받는 한 우리가 이 명칭을 부여하는데—무엇보다 먼저 모든 다른 계급에 대한 채무자이다. 그는 임금소득자에게 임금으로, 은행가와 채권소유자에게는 이자로, 지주에게는 지대로, 정부에게는 세금으로, 다른 사업가에게는 작업해서 또 다른 사업가에게 완제품으로 팔 재료로 각기 채무자가 된다. 몫들에

---

* 커먼스와 같이 이윤차익을 중시한 것은 역시 단기적인 상황을 중시한 후기케인즈학파이다. 그렇지만 경제학의 역사에서 커먼스와 같이 다양한 이윤차익 개념을 내세운 학자는 없는 것 같다.

대한 계산에서 숨겨진 것은 부채들을 낳는 이런 협상들이다. 사업가는 다른 사업가로부터 **재료**를 구입한다. 이런 재료에 지불한 가격 안에 숲, 농부, 철도, 제조업자, 중개인과 은행가로 소급되는 그 이전의 모든 참여자가 받은 임금, 지대, 이자, 이윤이 숨겨져 있다. 사업가는 **세금**도 지불하며, 이 세금을 수입의 몫으로 분해하면 주로 정부에 고용된 사람들의 임금과 급여가 된다.

이 몫들에 대한 계산에서 경제학자가 국가 전체를 위해 하는 일은 국가 전체를 들어서 전체 수입을 네 가지 몫으로 나누는 것이다. 이렇게 함으로써 모든 **재료**와 **세금**은 사라지고 이것들이 지대, 이자, 임금과 이윤으로 분해된다. 그리고 통계가 수집된 후에 이와 같이 된다.

그렇지만 통계가 수집되기 **전**에 개별 사업가(또는 기업체)의 입장에서 이것을 바라보자. 그는 임금, 이자, 지대**뿐만 아니라 재료**와 **세금**에 대한 채무자이다. 그의 이윤은 이런 모든 목적을 위한 부채와 그의 총수입 사이의 **차익**이다.

부채와 총수입 사이의 차익에 대한 이런 분석은 전략적 거래와 일상적 거래 사이의 차이가 얼마나 중요한지를 보여줄 것이다. 우리는 이것을 다음(본서 1049쪽)에서 보여줄 것이다. 사업가의 이런 여러 부채 중 하나와 이윤차익의 관계는 변동할 것이다. 이런 변화 속에서 우리는 사업가의 문제들을 보게 될 것이다. 변하는 요인은 처음에는 그가 다루는 여러 부채 중 어떤 하나이고 그다음에는 다른 하나가 될 것이다. 어떤 시점에서 그것의 변화가 가장 중요한 것이 그 시점에서 사업가가 자신의 좁은 이윤차익 때문에 처리해야 할 전략적 요인이 된다.

이것을 구분하기 위해 우리는 전혀 다르게 시작한다. 우리는 한 기업의 손익계산서와 대차대조표로부터 시작해야 한다. 1927년에 고기 통조

림회사인 스위프트사는 제품판매로부터 총수입 9억 2,500만 달러를 기록했다. 이 총수입을 얻기 위해서 먼저 살아 있는 가축에 대해 4억 7,000만 달러를 지불했다. 재료에 지불된 이 큰 액수로부터 이 재료를 제공한 사람들에게 지불된 그 이전의 모든 이윤, 이자, 지대 그리고 임금이 지불되었다. 그리고 스위프트사는 채권자, 채권소유자, 그리고 은행가에게 직접 425만 755달러를 이자로 지불했다. 그들의 재무제표는 임금소득자에게 얼마만큼 지불했는지를 보여주지 않는다. 그러나 이것은 우리의 목적에 중요치 않다. 임금, 이자, 세금, 재료, 감가상각, 그리고 기타 모든 것을 포함하는 그들의 전체 부채 상태인 총생산비용은 9억 1,300만 달러여서, 단지 1,200만 달러를 가능한 이윤으로 남겼다.

그러나 1,200만 달러라는 액수의 이윤은 ① 이윤율(rate of profit), ② 이윤수익(profit yield), ③ 이윤차익(margin for profit)이라는 세 가지 방향으로 나타난다.

이윤율로서 그것은 2억 달러라는 주식의 액면 가치와 비교한 배당이다. 따라서 이윤율은 6%이다. 이윤수익 또는 "주식 수익"으로서 그것은 주식의 시장 가치에 대한 비율이다. 만약 시장 가치가 3억 달러였으면 그것은 4%였고, 시장 가치가 1억 2,000만 달러였다면 10%였다.

그렇지만 이윤차익으로서는 같은 1,200만 달러를 총판매고인 9억 2,500만 달러와 비교한다. 따라서 이윤차익은 1.3%에 불과하다.[233]

∴

233) 스위프트사의 『연보』(1927, 17쪽)에서 이 회사는 가축과 소의 두당 이윤을 이자를 지불하기 전에 1.95달러로 추산했다. 가축에 지불한 평균가격은 60.08달러였다. 운임을 포함한 총비용은 12.63달러였고, 부산물로부터 얻은 순수익은 두당 11.25달러였다. 따라서 1924년에 이윤과 이자 모두의 차익은 생산운영비용의 2.7%였고, 두당 수입의 2.6%였다. 이자를 빼면 이윤만의 차익은 이보다 적었을 것이다. 이 회사는 비교할 도표를 제공하고 있어, 우리는 이로부터 가축과 소의 두당 재무차익 또는 이윤과 이자 모두의 차익을 다음과

이윤율과 이윤수익은 우리의 목적에 중요하지 않으나, 이윤차익은 중요하다. 이 차익을 달리 말하면, 고객들이 지불한 매 달러에 대해, 이 회사는 98.7센트의 빚을 지고 이것을 지불해 수입 1달러당 겨우 1.3센트, 즉 총매출의 1.3%를 이윤차익으로 남겼다.

원료에 지불한 막대한 금액 때문에 이 경우는 극단적으로 보이는데, 많은 것이 부기, 회전, 숨겨진 이윤 등에 달려 있다. 어떤 연도에는 이윤차익이 더 크고, 다른 연도에는 이윤 대신 손실이 난다. 어떤 회사에서는 이윤차익이 매우 크지만, 다른 회사에서는 이윤차익이 아니라 **손실차손**(loss margin)이 생긴다.

모든 산업에 대해 평균 이윤차익을 계산하는 적절한 조사방법은 없다. 제조업체에 대한 이용이 가능한 최선의 출처는 재무성의 내국세청이 (우리의 이윤차익의 의미인) **순이윤**에 대한 세금을 산정하려는 목적으로 작성하는 "소득통계"이다. 이 통계에 근거해 우리는 제조업체의 이윤차익을 추산할 수 있을 것이다. 이들은 전체 제조업 제품의 90% 정도를 생산하고 판매해, 단지 10%를 개인이나 동업자 회사에 남겨놓는다고 추산되어 있다.[234] 우리는 다섯 가지의 차익을 구분한다. 이들은 **운영차익, 이윤차익과 손**

..

같이 계산한다.

회계년도	이자 지불 이전의 이윤 또는 손실	회계년도	이자 지불 이전의 이윤 또는 손실
1915	1.64달러	1920	0.06(손실)
1916	1.65	1921	1.13
1917	1.29	1922	2.52
1918	1.02	1923	1.10
1919	0.70(손실)	1924	1.95

234) 국립산업회의이사회, *The Shifting and Effects of the Federal Corporation Income Tax*(1928), I, 172.

[표 1] 제조업체, 명시된 항목들의 역수(단위 100만 달러)[235]

	1918	1919	1920	1921	1922	1923	1924	1925	1926	1927	1928	1929
1. 총수령액	44,167	52,290	56,649	38,442	44,763	56,309	53,995	60,921	62,584	63,816	67,368	72,224
2. 총판매액	44,167	52,290	56,082	37,645	42,576	53,889	51,436	57,084	59,863	60,932	64,361	69,236
3. 운영비용[a]	38,782	46,557	52,295	37,488	40,752	51,293	49,801	55,661	57,148	59,023	61,605	65,814
4. 감가상각	1,272	1,017	1,155	1,151	1,339	1,425	1,409	1,507	1,757	1,819	1,922	2,018
5. 운영차익[b]	5,385	5,733	3,787	157	1,824	2,596	1,635	1,423	2,715	1,9C9	2,756	3,422
6. 세금	2,424	1,769	1,384	703	860	986	937	1,078	1,139	1,065	1,118	1,161
7. 이자	539	470	633	633	622	611	608	622	657	6?7	710	712
8. 총비용[c]	41,745	48,796	54,312	38,914	42,234	52,890	51,346	57,361	60,765	60,765	63,433	67,143
9. 이론순실차익[d]	2,422	3,494	1,770	-1,269	342	999	90	-277	167	167	928	2,093
10. 조세기능차익[e]	4,846	5,263	3,154	-476	1,202	1,985	1,027	801	1,232	1,232	2,046	2,710
11. 금융적 차익[f]	2,961	3,964	2,403	-636	964	1,610	698	345	844	844	1,638	2,251
제조업체 수	67,274	67,852	78,171	79,748	82,485	85,199	86,803	88,674	93,415	93,415	95,777	96,525

a. 감가상각 포함. 1925년의 경우 그해의 내국세를 고려하기 위해 원래의 출처에서 도출해 이 숫자로부터 5억 3,100만 달러를 공제. 5억 3,100만 달러는 1925년의 세금 액수에 포함 / b. 줄 20에서 줄 3을 뺌 / c. 줄 3, 6, 7의 합 / d. 줄 20에서 줄 8을 뺌 / e. 줄 50에서 줄 7을 뺌 / f. 줄 50에서 줄 6을 뺌

235) 미국 재무성이 발행하는 소득통계(Statistics of Income)에서 얻음. 이 숫자들이 답녀의 해당년도를 대표한다고 생각할 수 있다. 보고한 기업체들은 상대적으로 작은 숫자에서 이 답녀의 연도와 회계년도가 다르다. 우리의 목적으로 숫자들을 활용하는 네 이것이 큰 영향을 미치지는 않을 것이다.

[표 2] 제조업체, 명시된 항목들의 비율[236]

	1918	1919	1920	1921	1922	1923	1924	1925	1926	1927	1928	1929
1. 총매출/총수입	100.0	100.0	99.0	97.9	95.1	95.7	95.3	93.7	95.2	95.5	95.6	95.9
2. 총매출이외소득/총수입			1.0	2.1	4.9	4.3	4.7	6.3	4.8	4.5	4.5	4.1
3. 운영차익/총매출	12.2	11.0	6.8	0.4	4.3	4.8	3.2	2.5	4.5	3.1	4.3	4.9
4. 감가상각/운영비용	3.3	2.2	2.2	3.1	3.3	2.8	2.8	2.7	3.1	3.1	3.1	3.1
5. 이윤이나 손실/총매출	5.5	6.7	3.2	3.4^a	0.8	1.9	0.18	0.5^a	1.5	0.27	1.4	3.0
6. 매출 이윤이나 손실/총매출	5.5	6.7	3.1	3.3^a	0.76	1.77	0.166	0.45^a	1.46	0.26	1.37	2.89
7. 총매출의 최종이윤(손실)	5.5	6.7	4.1	1.2^b	5.6	6.1	4.9	5.8	5.8	4.8	5.8	7.0
8. 과세기능차익에 대한 조세	50.0	33.6	43.9	∞^{b}	71.5	49.7	91.2	134.6	55.3	86.4	54.6	42.8
9. 운영차익에 대한 조세	45.0	30.9	36.5	505.1	47.1	38.0	57.3	75.8	42.0	55.8	40.6	33.9
10. 총비용에 대한 조세	5.81	3.62	2.54	2.37	2.36	1.86	1.82	1.88	1.93	1.75	1.76	1.73
11. 금융적 차익에 대한 이자	18.2	11.8	26.3	∞^{b}	64.6	37.9	87.1	180.3	41.6	80.2	43.3	31.5
12. 운영차익에에 대한 이자	10.0	8.2	16.7	403.1	34.1	23.5	37.2	43.7	24.2	35.5	25.8	30.8
13. 총비용에 대한 이자	1.29	0.96	1.17	1.63	1.47	1.16	1.18	1.08	1.11	1.11	1.12	1.06

a. 손실 / b. 과세기능차익과 재무차익이 영이라고 가정하면 무한대

236) 표 1로부터 계산함.

실차손, 과세가능차익, 재무차익, 그리고 **가격차익**이다.

표 1과 표 2는 여러 차익에 대한 우리의 분석이 나중에 도출되는 통계 자료를 제시하고 있다.

(1) 총수입과 총판매

기업의 총수입 또는 총소득은 주로 그들의 제품과 서비스 판매에서 나온다. 그러나 지난 10년 동안 이들은 수입을 다른 기업의 주식과 채권, 그리고 정부의 공채, 정기예금, 지대 그리고 특허수수료, 이에 더해, 기타 잡다한 영업외의 소득들로부터 얻었다. 이 두 가지 소득의 출처 사이의 관계는 도표 8이 보여준다.

이 도표는 윗부분에서 절대적인 수량을 보여주고, 아랫부분에서는 총수입에 대한 판매고의 비율과 총수입에 대한 다른 수입의 비율을 보여준다. 1922년의 보고 이전에는 총수입의 수치들만 재무성 보고서로 발표되었는데, 여기에는 판매와 다른 소득의 출처 사이에 구분이 없었다. 그러나 그해 이후로 총수입의 최고 6.3%(1925)가 판매와 다른 여타 소득원으로 나왔다. 1922년 이전에 우리는 총판매액과 여타 소득과 관련해 국립산업회의이사회(National Industrial Conference Board)의 추산을 따랐다.[237]

∴∴

237) 국립산업회의이사회, *The Shifting and Effects of the Federal Corporation Income Tax*(1928), I, 173. "총판매 이외의 출처로부터 발생하는 늘어나는 소득의 비율에 가장 큰 비중을 부여하기 위해, 1919년의 총판매액이 그해의 총소득과 동일하다고 추정되었다. 1921년의 총소득은 다른 출처의 소득을 1923년의 반 정도 비율로 추산해 메웠다." *Ibid.*, I, 173. 우리는 1918년에 총판매가 총수입과 동일하다고 상정한다. 1920년에는 총소득의 1%가 판매 이외의 출처에서 발생한 것을 감안하고 있다.

[도표 8] 총매출과 총수입의 규모

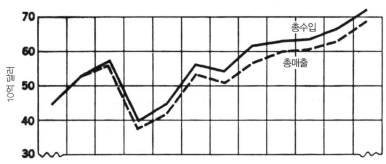

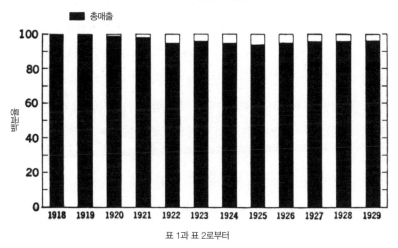
표 1과 표 2로부터

이 "다른 소득"은 부분적으로 판매소득의 예상치 못한 하락을 관리하려
는 의도를 지닌 완충으로 이해할 수 있다. 그것의 영향은 "이윤완충"에
대한 우리의 분석에서 확인될 것이다. 우리는 판매로부터의 소득에 일차
적으로 관심을 두고 있다.

(2) 운영차익

도표 9와 도표 10은, 표 1과 표 2에서 도출된 대로, 1918년부터 1920년까지 제조업체의 평균 운영차익을 보여주기 위해 그린 것이다. 우리에게서 운영차익은 감가상각과 가치상실을 포함해 모든 운영비용을 지불한 후에 남는 이자, 조세 그리고 이윤차익이다. 도표 9의 윗부분에서 제조된 생산물들의 총판매액이 화폐가치로 크게 변동했음을 확인할 것이다. 1918년의 440억 달러에서 1920년의 560억 달러로 올랐다가, 1921년에 370억 달러로 떨어졌고, 1923년에 540억 달러로 빠르게 상승했다가, 1924년에는 약간 내려갔고, 1929년에는 690억 달러로 절정에 이르렀다.

이들 총판매액은 가격과 판매된 수량의 두 변수로 구성되어 있으므로, 우리는 이것을 "가치" 또는 "생산물의 가치"라고 부른다. 따라서 "가치"라는 용어는 하나의 금전적인 숫자로 경제학의 화폐적인 요인과 비화폐적인 요인을 모두 포함한다. 기업 용어로는 그것이 "총매출"이다. 경제학의 용어로는 그것이 "가치"이다.

다른 한편으로 총운영비용은 임금, 급여, 재료, 그리고 유지, 보수와 고정자본의 감가상각에 지출된 화폐를 포함한다. 총매출과 운영비용 사이의 차익이 도표 9의 다음 부분에 총매출에 대한 비율로 나타나있다. 매년 총매출이 100이면, 이자, 조세, 이윤을 위한 운영차익은 1918년에 총매출의 12%였으나, 1921년에 0.4%로 떨어졌고, 1922년에 4.3%로 상승했으나, 1923년에 4.8%로 약간 더 상승했다가, 1925년에 2.5%로 하락했고, 1926년에 다시 올랐다. 그리고 1927년에 3.1%로 떨어졌다가, 1928년에 4.3%가 되었고, 1929년에는 4.9%였다.

도표 10은 **감가상각**비용으로 영향을 받는 것과 관련해 운영비용을 더

분석하기 위해 그린 것이다. **감가상각**은 흔히 **간접비용**으로 기술되는데, **조세, 이자**와 함께 운영비용이 변동하더라도 변동하지 않는 고정비용이기 때문이다. 그렇지만 우리는 **기술적인 간접비용**(감가상각), **정부 관련 간접비용**(조세), **금융적인 간접비용**(이자)을 구분한다. 그리고 우리는 **허구적인 감가상각**과 (마모, 유지보수로 관리하지 않아 생긴 물리적인 공장시설의

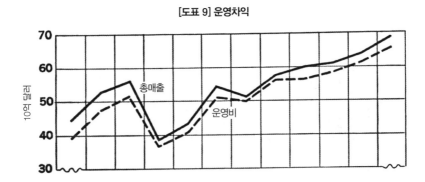

[도표 9] 운영차익

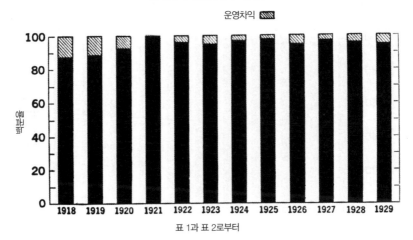

총매출 대비 운영차익 백분율

표 1과 표 2로부터

고갈과 상실의 기술적인 간접비용인) **진정한 감가상각**을 구분한다. 허구적인 감가상각에는 진정한 감가상각을 넘어서는 은폐된 이윤이나 잉여가 포함된다. 이 구분은 개별 사업체마다 조사할 문제이므로, 비록 부분적으로 허구적이라고 드러나더라도 연방소득세관리청이 감안하는 것, 즉 기술적 감가상각이 "진정한 것이라고" 가정한다.

진정한 감가상각은 운영비용에서 간접비용의 항목으로 간주할 수 있다.

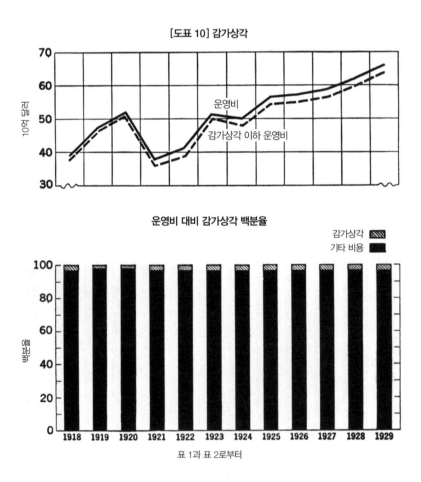

[도표 10] 감가상각

운영비

감가상각 이하 운영비

운영비 대비 감가상각 백분율

감가상각 ▨
기타 비용 ■

표 1과 표 2로부터

도표 9, 도표 10에서는 이렇게 간주했다. 그러나 그것은 다시 임금과 운영재료로 분해되므로 부분적으로 운영비용으로 간주할 수 있다. 도표 10에서 감가상각 간접비는 운영비용에서 작은 비율에 불과함을 알 수 있다. 1918년과 1922년의 3.3%에서 1919년과 1920년의 2.2%에 이른다.

(3) 이윤차익과 손실차손

앞선 논의는 감가상각을 포함한 운영비용과 관련되지만, 전체 사업비용과는 관련이 없다. 우리가 말하는 총비용은 운영비용, 조세, 그리고 이자의 세 가지 항목을 포함한다. 그리고 감가상각을 운영비용의 간접비로 이미 다루었기 때문에, 우리는 조세와 이자를 **총비용**의 간접비로 간주할 것이다. 도표 9에서 우리는 운영비용과 총매출 사이의 관계를 보았다. 도표 11은 **총비용**과 **총매출**의 변동하는 관계와 그것이 평균적인 **이윤**과 **손실**에 미치는 결과를 보기 위해 그린 것이다.

도표 11에서 총매출곡선은 도표 9에서 보여준 것과 같다. 그러나 **총비용**곡선은, 표 1의 줄 8에서 나타났듯이 운영비용에 조세와 이자라는 간접비용을 합한 것이다. 그 결과는 총매출의 비율로 표시되는 **이윤차익**과 **손실차손**이다. 그래서 1918년에 판매로부터의 수입 1달러마다 평균 5.5%가 남았다. 달리 말해, 이 해에 제조업체들은 1달러의 수입을 얻기 위해 평균 94.5센트를 지불했고, 이들의 평균 이윤차익은 판매로 얻은 수입 1달러에 대해 5.5센트였다.

그러나 가장 좋지 않았던 1921년에 이들의 순손실은 평균적으로 판매로부터의 수입 1달러당 3.4센트였다. 이 해에 이 기업들은 판매수입 100센트를 얻기 위해 평균 103.4센트를 지불했다. 다른 해에 대한 이들의 이윤과 손실은 이 도표들과 표 1, 표2를 통해 알 수 있다.

도표 11에서 "정상적 이윤"이 없다는 것은 명백하다. 그러나 "연평균 이윤차익"에 해당되는 "연평균 매출이윤"과 연평균 매출이윤차익의 "중위수"를 말할 수 있다. 따라서 최고의 연간 이윤치익은 1919년에 6.7%였고, 1921년에 최고의 연평균차손이 3.4%였다(표 2의 줄 6, 도표 11). 중위수는 매출에 대한 이윤차익 1.7%인데, 이것은 1923년의 평균차익

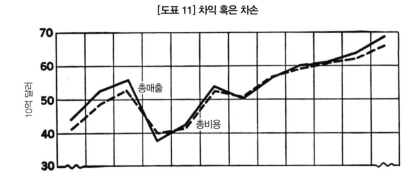

[도표 11] 차익 혹은 차손

총매출 대비 차익 혹은 차손 백분율

표 1과 표 2로부터

966

(1.85%)과 1926년의 평균차익(1.5%)에 가깝다. 12년 동안의 가중평균을 계산하면, 매출에 대한 차익은 1.6%이다.

이는 앞서 스위프트사에 대해 계산한 이윤차익의 수치에 가깝다는 것을 확인할 수 있다. 따라서 예외적이라고 추정했던 이 기업의 매출 10억 달러에 대한 매우 적은 차익이 매출액이 370억 달러에서 640억 달러에 이르는 중위에 있는 6만 7,000개에서 9만 6,000개의 제조 관련 기업들의 평균차익을 상당히 대표한다는 것이 드러난다.(표 2의 줄 9, 도표 11)

그렇지만 여러 가지 이유로, 그리고 세세하게 정확히 할 수 없기 때문에, 우리는 소득세 신고서에서 계산된 1.7%가 아니라 최고의 평균차익과 최저의 평균차익의 중위수를 매출의 3%로 추정할 것이다. 달리 말해 제조업체에 대한 3%의 중위 평균 이윤차익이 기준이 되어, 호황기의 높은 평균치와 불황기의 낮은 평균치뿐만 아니라 번창하는 기업들의 높은 차익들과 "한계"기업의 낮은 차익을 비교할 수 있다.

이 추정치의 의미는 다음과 같다. 호황의 정점과 불황의 저점 사이에 있는 중간적인 시기에는 제조업의 평균차익이 매출의 3% 정도이다. 그러나 1918년이나 1919년과 같이 예외적인 호황기에는 차익이 두 배를 넘었을 것이다.[238] 다시, 1921이나 1924년과 같은 불황기에는 평균차익

238) 한계분석의 예는 보리스 에멧(Boris Emmet)의 *Department Stores*(1930)에서 찾아볼 수 있다. 사용한 용어는 상업부기 용어이지만, (국립건조재소매협회의 통제관 회의의 분석을 따르고 있는) 에멧의 분석은 우리가 제조업체에 대한 한계분석에서 활용하는 것과 비슷하다. 에멧의 "순이윤"은 우리의 이윤차익이다. 매출이 100만 달러 이상 되는 백화점의 경우, 매출에 대한 비율로서 이 숫자가 높으면 1923년의 3.6%부터 낮으면 1928년의 1.5%에 이른다.(표 16, 본서 204쪽과 도표 2, 본서 207쪽 참조) 그래서 우리는 백화점의 차익이 제조업체의 "중위수" 차익 추정치보다 낮다는 것을 알 수 있다. 에멧은 빠른 회전이 매출에 대한 비용을 줄이므로, 백화점의 차익이 주로 회전에 달려 있음을 보여준다. 그의 표 37, 135쪽, *Ibid.* 참조.

이 차손이 된다. 다른 해에는 "이윤 없는 호황"을 말할 이유가 있었다.

다음으로 과세 문제에 속하는 과세가능차익과 은행금융 및 채권에 속하는 금융적 차익에 관심을 두고자 한다.

(4) 과세가능차익

소득세든 재산세든, 소비자가 지불하는 가격으로 전가되든 그렇지 않든, 사적인 개별 사업체는 모든 종류의 세금을 당연히 정부가 강제하는 고정된 간접비용으로 간주한다. 이자도 이와 마찬가지이다. 이자는 채권 소유자와 은행가에게 지불할 상대적으로 고정된 비용이어서, 우리는 이 것을 금융적 간접비라고 부른다. 그렇다면 조세와 이자에 대한 이 두 가지 간접비를 분리해 각각이 앞서 말한 최종적인 이윤차익(도표 11)에 미치는 영향을 추정하기 위해서, 우리는 하나하나 따로 다룰 필요가 있다. 그렇게 하면 우리는 **이자를 지불한 후**에 계산되는 과세가능차익과 **세금을 지불한 후**의 재무차익을 얻게 된다.

더구나 모든 세금은 이자와 같이 현재의 수입, 이 경우 총매출에서 지불해야 한다. 결과적으로 우리는 네 가지 서로 다른 비율을 계산해야 한다. 그것은 ① 총매출에 대한 세금의 비율, ② 총생산비용(운영, 이자, 조세)에 대한 세금의 비율, ③ (이자, 조세, 그리고 이윤이 될) 운영차익에 대한 세금의 비율, ④ 과세가능차익(세금과 이윤)에 대한 세금의 비율이다. 우리는 표 1에서 연이은 연도들에 대한 조세총액을 보여주었다. 이 표로부터 우리는 도표 12와 표 2에 조세와 총비용, 조세와 운영차익, 조세와 (이윤공제 후) 이윤 및 조세 차익의 여러 관계를 계산하고 있다.

우리는 총매출에 대한 조세의 비율을 생략했다. 그 이유는 (도표 9에서 보듯이) 총매출과 총비용은 대단히 밀접하게 함께 움직이고 심지어 서로 교차하므로, 매출에 대한 조세의 비율곡선이 도표에서 총비용에 대한 조세의 비율곡선과 크게 다를 수 없기 때문이다.

총비용에 대한 비율로 나타낸 조세 곡선은 총생산비에서 모든 조세가 차지하는 몫이 진정으로 대단히 적다는 것을 보여준다. 1918년에 잉여 이윤에 대한 높은 전시 조세가 겹쳐, 총세액(24억 달러)은 총생산비용의 5.8%였다. 그러나 전후의 조세가 감축되고, 1921년에 이윤이 손실로 전환되면서(도표 11), 전체 조세부담(7억 9,300만 달러)은 겨우 총생산비용의 2%로 하락했다. 1926년에는 이보다 낮은 소득세와 매출증가로 조세가 증가해 10억 달러를 넘었지만, 총생산비용의 겨우 1.9%였고 1928년에는 1.8%에 불과했다. 전체적으로, 전시를 제외하면 내국세는[239] 총매출이나 총비용의 2% 정도에 불과했다.(도표 12)

그러나 이 2%가 산업과 이윤에 대한 조세의 **부담**을 측정하지 않는다. 산업에 대한 부담은 운영차익에 대한 세금의 관계로 측정되어야 하고, 이윤에 대한 부담은 과세가능차익에 대한 비율로 측정되어야 한다.

운영차익은 **순운영수입**이다. 이것은 표 1에서 1918년의 53억 8,500만 달러로부터 1921년의 1억 5,700만 달러에 이른다. 이 운영 순수입 또는 운영차익으로부터 이윤, 이자, 그리고 조세가 나온다. 도표 12는 전시인 1918년에 조세부담(24억 달러)이 운영차익의 45%였으나, 1921년에 운영차익의 약 500%였음을 보여준다. 이것은 후자의 경우 1921년에 조세부담이 조세, 이자 그리고 이윤을 위한 평균적인 순운영수입보다 다섯 배

∴

239) "대외적인 세금" 또는 수입에 대한 관세는 원료가격에 흡수되었고 생산운영비에 숨겨져 있다.

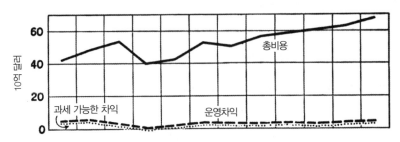

[도표 12] 과세가능차익

총비용

과세 가능한 차익

운영차익

10억 마르크

조세 백분율

A 과세 가능한 차익 대비　　B 운영차익 대비　　C 총비용 대비

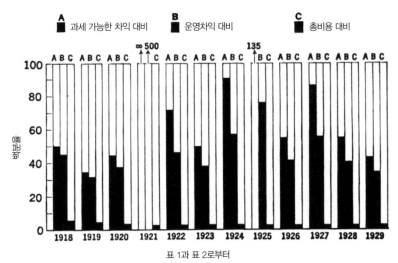

표 1과 표 2로부터

컸음을 말한다.

　도표 12와 표 1, 표 2가 보여주듯이, 1925년에 조세부담은 (이윤, 이자 그리고 세금으로 나갈) 평균적인 운영차익의 70%인 데 비해, 10년 동안에 최저의 조세부담(1919년)은 평균적인 순운영수입의 30%였다. 중간적인 부담은 1923년의 38%와 1924년의 57% 사이에서 변동했다. 그러나 조세

부담의 범위를 결정한 극단치는 평균 운영차익의 30%인 1919년과 500%인 1921년였다.

그러나 운영차익에 대한 조세의 이런 관계는 조세부담의 중요성을 완전히 드러내지 않는다. 우리가 그 부담을 운영차익과의 관계에서뿐만 아니라, 운영비용에 이자를 더해 공제한 後에 이윤과 조세를 위한 차익에 대한 관계에서도 추정할 때, 그것의 중요성을 상당히 확대하게 된다. 이것은 이자가 조세에 우선하는 비용이기 때문이 아니다. 실제로 이자는 조세에 우선하는 비용이 아니다. 그 이유는 기업이 "지속적인 활동체"라면, 이자와 조세 모두를 지불해야 하기 때문이다.

이자를 공제한 이후의 이 차익을 우리는 과세가능차익이라고 부른다. 그 이유는 이 차익에서는 운영경비와 이자가 모두 지불된 후 오로지 이익이나 손실과 조세가 마주 대하기 때문이다.

도표 12는 이윤 및 조세를 위한 차익(또는 순수입)의 관점에서 부담이 제일 적은 시점(1919년)의 과세가 **이자를 지불한 후의 순수입의 평균 34%** 였다는 것을 보여준다. 1921년에는 세금을 지불하기 전에 손실이 있었다. 이윤과 조세를 위한 차익이 사라졌으므로 세금을 지불하기 위해 이용할 수 있는 (이자는 그 이전에 지불된) 수입에 대한 조세의 부담이 그해에 평균적으로 무한히 컸을 것이라고 우리는 말할 수 있다. 또 다른 관점에서 보면, 침체기인 이 해에 조세가 매출 손실의 62%를 차지한다고 말할 수 있다. 이 해는 "비정상적"이었다. 나머지 해들의 가장 무거운 부담을 받아들이면서, 우리는 조세가 조세 및 이윤차익의 134%였던 1925년에 가장 큰 부담이 있었음을 확인한다. 이 해(1925년)에 매출 손실이 발생한 부분적인 이유는 재산세가 침체기에 전혀 조정되지 않는다는 것이다.

따라서 제조업 제품의 90%를 생산하는 제조업체에 대한 **세금**이 총생산비용의 평균 2% 미만인 데 비해, 이윤에 대한 조세의 부담은 이자를 지불한 후 조세와 이윤으로 남는 순수입의 34%에서 134%에 이른다. 그래서 조세간접비를 공제하기 전에 이미 과세가능차익이 아니라 평균적인 손실이 있었던 최악의 해(1921년)에, 도표 12가 보여주었듯이 조세가 손실의 평균 62%를 차지했다.

(5) 금융적 차익

우리는 이자의 비율이 미국인의 모든 소득을 합한 것의 약 6%이고, 액수로 1925년에 39억 달러라는 추산을 확인했다.(본서 907쪽) 표 1로부터 제조업체가 은행가와 채권소유자에게 지불한 이자는, 연방소득세관리청에 보고된 바에 따라 1918년의 5억 3,900만 달러에서 1928년의 7억 1,000만 달러의 좁은 구간 사이에 놓여 있다. 호황과 불황에 관계 없이 전체 산업에 이같이 거의 고정된 부담이 되기 때문에 우리는 이자지불액을 금융적 간접비라고 부른다. 우리가 전체 수입에서 이자가 차지하는 **비중**으로부터 금융적 차익이라고 부르는 **세후** 이윤차익으로 관심을 돌리면, 조세의 경우와 마찬가지로 네 가지 이자의 비율을 계산해야 한다. 이자의 ① 총매출에 대한 비율, ② 총생산비용에 대한 비율, ③ (이자, 조세, 이윤으로 나뉘는) 운영차익에 대한 비율, ④ (이자와 이윤으로 나뉘는) 금융적 차익에 대한 비율이 그것이다. 표 2의 줄 11에서 나온 도표 13이 이 비율들을 나타낸다.

조세의 경우처럼, 또다시 총매출에 대한 이자의 비율에 대한 계산은 생략하고, 거의 같은 **총운영비용**에 대한 이자의 비율만을 고려했다.(도표 9)

도표 13으로부터 이자지불액이 (운영, 조세 그리고 이자라는) 총생산비

용의 지극히 일부분이어서, 이것을 나타내는 곡선이 이자의 재정적인 부담을 나타내기 위해 필요한 척도에서 거의 식별하기 어렵다. 생산비의 일부로서 이자는 평균적으로 평균생산비용의 1%라는 1919년의 저점으로부터 평균생산비용의 1.6%라는 정점에 이르는 정도의 변화를 보인다. 자료가 있는 지난 4년 동안에 총생산비용에 대한 평균이자율은 1.1%였다.

조세에 대한 논의에서처럼 운영차익에 대한 이자의 관계는 산업에 대한 이자의 부담으로 간주되는 데 비해, 이윤에 대한 부담은 금융적 차익에 대한 이자의 관계로 측정된다.

(이윤, 이자, 그리고 조세로 나뉘는) 운영차익에 대한 이자의 비율은 평균적으로 1919년의 저점 8%로부터 1921년의 정점 403%까지 변동했음을 확인할 수 있다. 이는 1921년의 이자가 이윤, 이자, 그리고 조세를 지불하기 위해 남은 매출순수입보다 네 배 이상 컸음을 의미한다. 도표 13은 보다 정상적인 1921년부터 1929년까지의 이 비율의 변동 폭이 24%에서 37% 사이였음을 보여준다. 거칠게 일반화하면, 이자는 평균적으로 운영차익의 4분의 1에서 3분의 1을 차지한다.

"이자가 이윤에 어떤 효과를 가지는가?"라는 질문에 답하려면, 금융적 차익에 대한 이자의 비율을 봐야 한다. 금융적 차익을 얻기 위해 운영차익으로부터 조세를 공제하고(또는 운영비용에 그것을 가산하고), 남은 달러 액수들을 도표 1의 줄 11에 보여주었다. 부담이 제일 적었던 1919년에 이자가 세후 순수입의 12%를 차지했음을, 최고점인 1921년에 이윤 및 이자를 지불하기 위한 차익이 사라졌음을 확인할 수 있다. 그리고 조세의 경우와 마찬가지로, 평균적으로 이윤 및 이자를 위한 순수입이 없고 (조세를 미리 지불했다고 보면) 오히려 손실이 생겼기 때문에, 이자가 이윤에 가하는 부담이 무한히 컸다고 말할 수 있다. 그러나 이 해의 매출손실

[도표 13] 금융차익

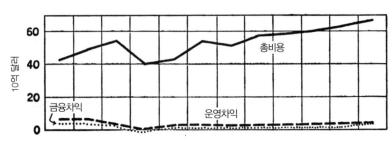

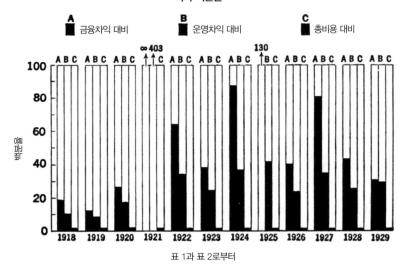

표 1과 표 2로부터

이라는 관점에서는 이자가 손실의 50%를 차지한다고 말할 수 있다. 이 해(1921년)가 비정상적이었으므로, 부담이 가장 컸던 1926년으로 가보면 이자가 금융차익의 180%였음을 확인하게 된다.

따라서 이자부담이 (세후에) 이자 및 이윤을 위한 수입, 즉 우리가 말하는 금융차익 중에서 12%에서 180%에 이른다는 것을 확인할 수 있다. 최악의 해(1921년)에 순소득이 아니라 손실이 있었음을 확인할 수 있다.

그러므로 사업가의 부채와 그의 기대수입 사이의 협소한 차익이 이 모든 부채의 중요성을 강화시킨다는 것을 알 수 있다. 이들 중 어느 하나의 사소한 변화로 보이는 것일지라도 그의 이윤에 미치는 잠재적인 효과와 비교하면 대단히 중요해진다.[240] 바로 이 중요한 효과가 융자를 협상하는 시점에서 이자율을 한계적인 수준으로 끌어올린다.

(6) 가격차익

과세가능차익과 금융차익보다 훨씬 더 중요한 것이 **가격차익**이다. 가변적인 조세 차익과 금융차익을 결정하는 것이 가변적인 가격차익이기 때문이다. 앞선 도표는[241] 140년 동안의 도매가격들을 보여준다. 이 도표는 프랑스 대혁명이 시작된 이후 25년 동안 영국과 미국에서 가격들이 상승했다가 갑자기 폭락한 후 약간 회복되어 1849년까지 이것이 지속되었음을 보여준다. 바로 1810년부터 1820년까지 리카도와 맬서스 사이의 분배비율과 분배차익 문제에 대한 논쟁이 발생했다. 또 하나의 세계전쟁 이후에 가격들이 하락했기 때문에 상품의 가격들은 떨어지고 있었다. 가격하락에는 실업이 수반되었다. 맬서스는 모든 것이 너무 많이 생산되어 노동자들이 스스로 생산한 것을 소비할 수 없다는 사실이 실업의 원인이

••

240) 물론 사업가는 이윤차익의 어떤 변동을 자신이 그 당시에 다루고 있는 그 요인의 변동이 초래했는지를 정확히 알 수 없다. 그러나 그는 어떤 변화라도 자신의 이윤차익을 줄이거나 늘리는 데 크게 중요하다는 것을 알 정도로 자신의 이윤차익이 극히 협소하리라는 점을 충분히 확신할 수 있다.
241) 본서 244쪽.

라고 주장했다. 이것이 가격을 떨어지게 만들었다. 그는 경쟁적인 시장에서 생겨서 가격을 낮추지 않을 일에 노동자들이 고용되도록, 공공사업을 위한 과세와 장원에서 지주의 풍족한 지출을 제안했다.

그렇지만 리카도는 사업가들이 거의 또는 전혀 이윤을 내지 못하는 바로 그 시점에 세금을 늘리라고 제안한 것에 대해 경악했다. 그리고 그는 노동자에게 지불되는 세금이 고용하는 것만큼 많은 노동자를 납세자들이 고용할 것이라고 올바르게 주장했다. 그의 주장에 따르면, 실업의 원인은 당시에 전체적으로 조직화되지 않은 노동자들이 낮은 임금에 일하지 않겠다고 고집을 부리는 데 있었다.[242] 만약 노동자들이 낮은 임금을 수용하면 고용주들은 낮은 판매가격에서도 이윤차익을 누릴 수 있을 것이므로, 실업자들을 고용할 것이다. 그리고 그는 맬서스에 반대해 어떤 한 상품의 생산이 다른 모든 상품에 대한 수요를 늘리므로 전반적인 과잉생산이란 것은 있을 수 없다고 주장했다. 그러나 임금이 가격하락과 비례적으로 하락하지 않는 한 이윤차익이 전반적으로 감소할 수 있다.

100년도 더 전인 리카도의 시대 이후 공산주의자, 사회주의자, 그리고 노동조합주의자는 맬서스를 추종해왔다. 이들은 분배비율의 관점에서 주장했는데, 리카도와 사업가들은 차익의 관점에서 주장했다. 1837년에 로베르투스가 사회주의의 주장을 처음으로 불충분한 노동자의 몫이 산업적인 침체의 원인이라는 형식으로 제시했다.[243] 같은 시기에 칼 맑스는 1848년의 혁명이 시작되는 시점에 공산당선언을 통해 자신의 이론을 구성했다.

• •
•

242) *Letters of Ricardo to Malthus*(ed. by Boar, J., 1887), 187-192.
243) Rodbertus, A. J. C., *Die Forderungen des arbeitenden Klassen*(1837).

그러나 1849년 금이 발견되어 세계의 물가는 다시 오르기 시작했다. 이런 상승은 약간의 침체를 거치면서도, 미국의 지폐 물가 상승이 추가되면서 1863년까지 지속되었다. 그리고 나서 세계의 물가는 떨어지기 시작했고, 역시 약간의 회복세를 거치면서, 1897년까지 계속되었다. 그런 후에 또 다른 반등이 있어 1929년까지 계속되고, 또 다른 침체가 회복과 더불어 지속되어 1929년의 침체에 이른다.

이와 같은 평균 도매물가수준의 세계적인 움직임을 가지고 우리는 **가격차익**의 문제에 접근한다.

인쇄산업의 한 기업에 대한 예시로 돌아가보자. 권당 10센트에 60만 권이 팔려 6만 달러 또는 일인당 한 주에 60달러의 수입을 올렸다. 그런데 이제 이 60달러를 모든 임금, 이자, 재료비에 체현된 다른 사업가들의 이윤에 앞선 지대, 조세 등 모든 생산비용으로 분해해보자. 그리고 이 개별 기업체의 중위 이윤차익으로 판매가격의 3%를 감안하자. 이것은 1,800달러에 이르므로 5만 8,200달러가 주당 총비용으로 남는다. 이 총 생산비용은 주당 6만 달러의 총수입을 올리고 1,800달러를 이윤차익으로 남기기 위해 만든 새로운 전체 부채이다.

판매가격에 대한 이 3%의 이윤차익은 얼마나 많은 주식이 발행되었는가에 따라 주식소유자가 지닌 주식의 액면가격에 대해 10%, 20%, 또는 30%의 이윤율이 된다.(도표 14) 이는 부기의 문제로서 여기서는 우리의 관심 사항이 아니다. 그렇지만 화폐의 평균 구매력이 세계적으로 상승해 모든 상품의 가격들이 월 1%씩 하락한다고 상정해보자. 도표 14가 보여주듯이, 이것은 1920년 여름 이후와 다시 1929년 이후에 물가가 하락한 비율에 가깝다. 우리의 예시에 부합되도록 이달 초에 58,200달러의 부채가 발생했고, 생산물이 그 달 말에 판매되었다고 상정하자. 이는 고객들

에게 흔히 허용되는 30일의 외상에 부합된다. 그사이에 세계의 물가수준
이 1% 하락한다.

그래서 예시한 달에, 효율의 기술적인 증가를 떠나 판매수입이 6만 달
러에서 5만 9,400달러로 줄어든다. 그러나 이 600달러는 이윤차익(1,800
달러)의 3분의 1 또는 33%이다. 그래서 물가의 전반적인 하락이 모든 상
품에 실질적으로 똑같이 영향을 미치면서 판매가격의 1% 하락을 통해
이윤차익을 33% 감소시킨다.

만약 다른 기업체에서 차익이 2%로 단지 1,200달러였다면, 개별 사업

[도표 14] 미국의 도매물가(1919~1933년)

미국 노동통계청 550개 상품 지표. 1931년에 대해서는 각각의 평균치를 비율을 적용해 새로운
784개 지표를 550개 기준으로 변환. 연방준비은행 이사회의 1931년 보고서와 연방준비은행 보
고서(1932년 1월~1933년 5월)로부터 얻음.

체가 전혀 통제할 수 없는 전 세계적인 원인들로, 판매가격이 1% 하락하면 차익은 50% 줄어든다. 또는 더 번창하는 기업체의 경우 이 차익이 10%였으면, 판매가격의 1% 하락으로 이윤차익은 10% 줄어든다.

만약 물가가 1% 하락해 총매출이 6만 달러에서 5만 9,400달러로 줄면, 소비자들은 그만큼 더 많은 돈(600달러)을 가지게 될 것이다. 이들은 이 돈을 다른 상품들에 지출해 그만큼 더 많은 고용을 노동자에게 제공할 수 있을 것이다.

이윤**차익**이 아니라 국민소득의 **몫**에 주목하는 앞서 언급한 환상의 또 다른 측면이 여기서 끼어든다. 잡지 구입자들이 다른 상품에 지출할 6만 달러나 5만 9,400달러를 어디서 얻었는가? 동일 액수만큼 이들에게 채무를 지고 있는 사업가들로부터 그것을 얻었다. 이들 중 일부는 **직접** 임금, 지대 그리고 이자로 받고, 일부는 판매된 재료나 지불한 조세에 체현된 임금, 지대, 이자, 그리고 이윤으로 **간접적으로** 받는다. 결과적으로 모든 상품의 가격들이 평균 1% 하락해 모든 상품에 대한 이윤차익이 33% 감소하면, 이 잡지 구입자들은 그들의 구매력을 가지게 될 가능성이 없다. 그들은 **실업 상태**에 있기 때문에 더 이상 잡지 **소비자들**이 아니다. 그리고 이들은 이윤차익에 발생한 상황 때문에 실업 상태에 있게 된다.

물가의 **전반적인** 상승과 하락의 이런 보편적인 사실은 전 세계의 모든 사업가에게 모든 이윤차익에 대해 실질적으로 똑같이 작용한다. 이들은 모두 실제로 거의 같은 시점에 고용을 줄인다. 이 보편적인 원인은 수요의 탄력성이 1이든 1보다 크든, 또는 1보다 적든 실제적으로 동일하게 작용한다.

"실질적으로 동일하게" 또는 "실질적으로 동시에"라고 말할 때, 우리는 여러 기업체와 여러 상품에 있어 시간이나 장소의 변동을 허용하려는 의도를 지니고 있다. 여기서 이런 변동들과 시차들에 대해 자세하게 파고들 필요는 없다. 이들은 실업으로 나타나는 그 효과들이 물가가 하락하기 시작한 이후 수개월이 지날 때까지 나타나지 않을 그런 것이다.[244]

여기서 요점은 평균으로부터의 변동도 아니고 시차의 변동도 아니다. 요점은 우리의 자본주의체제가 놀라울 정도로 협소한 이윤차익에 의존해 움직이고 있다는 것이다. 그래서 평균적인 물가에 변화가 생기면, 그 원인이 화폐적이든 비화폐적이든, 그것이 의미하는 바는 이윤차익이 3%이면, 세계의 이윤차익에 미치는 영향이 실제로 상품들의 도매물가에 미치는 영향에 서른세 배의 힘을 가진다는 점이다. 이윤으로 돌아가는 **몫들**은 완전히 고려에서 벗어난다. 이윤**차익들**이 모든 것이 된다.

그리고 이 이윤차익이 우리의 잡지 구입자들이 잡지를 사기 위한 돈을 구할 곳이다. 이들은 모두 사업가로부터 그들의 돈을 얻으며, 사업가들은 그것을 다시 은행들로부터 얻어서 사업가들은 현대의 상황에서는 협소한 이윤차익에 의존해 움직인다. 사업과 고용이 계속될지 확장될지, 또는 둔화될지 정지될지는 예상되는 이윤차익에 달려 있다. 사람들의 고용을 유지하는 데 중요한 것은 이윤으로 돌아가는 **몫**도 아니고 임금도 아니다. 이것들은 다른 목적들에는 중요하다. 그러나 더글러스가 보여주듯이, 자본과 노동을 계속 고용한다는 목적에는, 기술적인 개선이 있더라도 그들의 **몫**으로 노동이 2분의 1이나 3분의 2 또는 5분의 4를 얻느냐, 또는 자본이 2분의 1이나 3분의 1 또는 단지 5분의 1을 얻느냐는 아무런 차이를 가져오지 않는다. **몫**에 관해 더글러스가 보여준 것은 맞지만, 중요한 것은 **차익**이지 **몫**이 아니다.

∙∙
∙

244) 본서 1025쪽, 자동적인 회복과 관리된 회복.

정면으로 이 문제를 제시한다면, 만약 1923년에서 1929년 사이에 효율의 증가에 상응하는 임금인상이 있었다면 1930년에서 1933년 사이에 세계의 실업이 방지되었을까? 만약 세계의 주요 중앙은행들이 1925년 이후에 1926년의 도매물가수준에 화폐의 구매력을 안정시키기 위해 협력했다면 이것이 방지되었을까? (이 지점에서 실천가능성의 문제는 고려하지 않지만, 두 가지 방지책이 실행될 수 있었다고 가정해야 한다.)

첫 번째 의문에 대해서는 더글러스가 올바르게 대답했다. 이윤, 지대, 그리고 이자로 돌아가는 **몫**을 희생해 임금으로 가는 **몫**을 증가시키는 것이 1929년의 실업을 방지하지 못했을 것이다.

그렇지만 더글러스의 대답이 축소되는 산업에서 해고된 실업자들을 수용할 **확장되는** 산업이 있으리라는 가능성에 의존하고 있음을 주목해야 한다.

무엇이 확장되는 산업들의 가능성을 결정하는가? 그것은 **이윤을 위한 투기적인 차익**이다. 만약 모든 가격이 하락하고 있고 하락할 것이라고 예상되면, 모든 이윤차익은 물가하락의 10, 20, 25, 30배 또는 그 이상으로 감소할 것이다. 따라서 산업들은 확장되지 않는다. 기술적 실업인 양 보이는 것은 산업이 확장하지 못한 결과이다.

다른 한편으로, 만약 모든 가격들이 상승하고 있으면 이윤차익은 물가상승의 20, 25배 또는 그 이상으로 증가한다. 물가 상승과 더불어 산업들이 확장되면서, 더글러스가 일시적이라고 서술한 것 이외에 기술적인 실업은 없다.

그러나 모든 노동이 완전히 고용되는 지점에 다다르면, 물가 상승으로 인한 추가적인 이윤차익의 증가가 이미 고용되어 있는 노동자들에게 더 많은 일을 시킬 수 없기 때문에, 추가적인 가격들의 증가는 단순한 인플레이션이다.

따라서 화폐의 구매력을 안정시키자는 제안은 개별산업들이 그들의 서로 다른 투기적인 수요공급의 탄력성에 따라 확장되거나 축소되는 것을 허용한다. 그러나 이것이 모든 투기적인 이윤차익에 작용하기 때문에 전반적인 과잉팽창을 방지한다. 물가가 하락하고 있을 때 리카도라면 임금을 줄여 통상적인 이윤차익을 유지했을 텐데, 전반적인 구매력의 안정화가 효율이 증가하면서 증가하는 임금으로 이윤차익을 유지할 것이다.

더 높은 생활 수준과 기술적인 효율의 증가 같은 것이 초기 이론이 인정하지 못했던 다른 요인이다. 리카도는 이윤차익을 늘리기 위해 임금을 줄여서 **낮은** 생활 수준을 임금소득자들에게 부과하자고 제안했다. 낮은 생활 수준을 부과해야 할 그의 유일한 이유는 1815년 이후에 발생한 상품가격의 전반적인 하락이었음이 드러난다. 만약 그가 안정적인 물가의 가능성을 고려했다면 생활 수준을 낮추지 않고도 이윤차익들을 유지할 수 있음을 알 수 있었을 것이다.

우리가 상정한 인쇄업의 예시를 도표 14를 참고로 모든 산업에 대한 통계적인 평균으로 전환시킬 수 있다. 도매물가의 이런 평균들은 이윤이 나오는 산업들을 장악하고 있는 제조업자, 농부, 광산소유자, 그리고 기타 사람들이 받는 가격들에 상응한다. 이런 상품들이 평균적으로 30일 후에 판매된다고 가정하고, 이런 변동에 한계원리와 투기원리를 적용하며, 이윤을 위한 중위수 차익이 판매가격의 3%라고 가정하자. 그러면 1919년 2월 판매자들에게 가격 130달러에 총생산비용은 124.10달러였고 이윤차익은 3.90달러였다. 그렇지만 당시에 가격들이 월 2%의 비율로 상승하고 있었으므로, 30일 후의 예상가격은 132.60달러였다. 이것은 판매가격(130달러)에 대해서는 2%에 불과하지만 이윤차익에 대해서는

66%의 증가이다.

또는 만약 평균가격이 168달러인 정점에서 판매가 이루어졌고 가격이 월 3.6% 하락하기 시작했다면(실제로 그랬듯이), 30일 후에 가격은 6달러 줄어 163달러로 떨어진다. 그리고 만약 생산비용이 158.01달러로 올라, 전과 같이 판매가격의 3%(5달러)를 이윤차익으로 남겨놓았으면, 이 가격 하락은 판매가격의 3.6%에 불과하지만, 이윤차익으로는 136%의 하락이었다.

예시에 불과하고 물가가 상승하거나 하락하는 이례적인 기간에 행한 것이지만, 이런 계산은 여전히 사업가들이 비용이나 가격의 작은 증감에 부여하는 중요성을 생각할 수 있도록 해준다. 이것은 사업가들이 "주식에 대해 장사"하지, 상품들의 총가격이나 총비용에 대해 장사하지 않기 때문이다. 지불가격이나 수령가격에서 평균 2%의 변동은 이윤차익에서는 30% 내외의 변동이 될 수 있다. 만약 그것이 상향의 변화라면, 이윤이 그만큼 커진다. 그러나 만약 그것이 하향의 변화라면, 완전히 이윤을 말소시켜 적자를 남길 것이다.[245]

(7) 이윤완충

지금까지 제조업체의 **매출**에 대한 이윤차익을 검토해왔다. 이제 이윤차익의 불리한 변동이 가하는 충격을 완화시키려고 기업체들이 개발한

245) 실제로 적자가 생길 수 있는 이유는 간접비용의 압도 때문이다. 제조비용의 많은 부분은 생산이 진행되든 진행되지 않든 기업체를 지속적으로 유지하기 위해 그대로 소요될 것이다. 이 비용을 지불하려면, 차익이 완전히 말소되어 매출이 간접비용을 충당하는 데 그치더라도, 제한된 수량의 생산을 수행해야 할 것이다.

수단을 다루겠다. 도표 8이 총매출과 총소득(총수입)의 관계를 보여주었다. 매출이 총수입의 93% 이하로 내려간 적이 없으며, 통상 매출이 수입의 95%나 96%였음을 확인했다. 다른 원천에서 얻은 상대적으로 적은 수입액을 우리는 이윤완충제라고 부르는데, 도표 15와 같다.

1919년 이전에 제조업체들이 이윤을 만드는 수단으로 다른 원천은 실질적으로 배제하고 운영수입이나 판매에 의존했는데, 이것이 일반적인 관행이었다.[246] 1920년경에 배당금으로 지불하지 않은 기금을 투자해 다른 수입원을 개발하는 관행이 생겨 빠르게 성장했다. 우리는 총매출과 총수입에 대한 절(본서 961쪽)에서 이런 새로운 수입원이 다른 기업의 주식과 채권, 정부채권, 정기예금, 지대와 사용수수료 등이라는 것을 언급했다. 미국 국세청의 보고서에 나온 이 수입원들에 대한 첫 번째 숫자들은 1922년에 관한 것이다. 이 해에 총수입의 4.9%가 매출과 다른 원천에서 나왔다. 도표 11의 아랫부분에 보여준 매출 이윤차익은 1922년에 0.8%까지 내려갔으나 다른 수입이 주는 완충액을 추가하면(도표 15의 음영된 영역), 이 곡선이 보여주는 최종이윤은 총수입의 5.7%이다. 1921년에 우리가 활용한 완충액에 대한 추정을 통해 그해의 손실이 총수입의 3.2%에서 약 1%로 감소했는데, 이것은 매출손실의 거의 30%에 해당되는 감소이다. 완충액의 사용이 1925년에 손실을 방지했고, 1922년에서 1928년까지 평균적인 최종이윤을 총수입의 4.8%에서 7.0% 사이에 유지시켜, 매출이윤과 손실의 변동을 상당히 약화시켰다.

이런 관계들은 도표 15에 나와 있는데, 여기서 매출차익과 차손 그리고 최종이윤과 손실은 연간 총수입의 백분위로 표시된다. 이윤완충은 이

246) 국립산업회의이사회, *op. cit.*

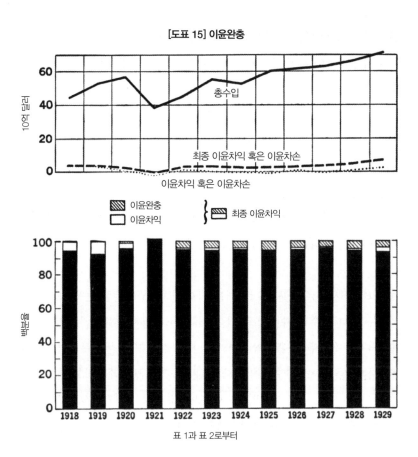

[도표 15] 이윤완충

총수입

최종 이윤차익 혹은 이윤차손

이윤차익 혹은 이윤차손

이윤완충
이윤차익
최종 이윤차익

표 1과 표 2로부터

곡선들의 사이에 있는 면적으로 나타나 매출변동의 완충으로 기능한다.

　이 관행이 기업체로 하여금 주식소유자에게 돌아가는 배당금의 흐름을 사업이 잘 될 때나 잘 안 될 때나 어느 정도 일정하게 유지할 수 있게 해준다. 따라서 이 관행을 지칭하는 데서 우리는 **이윤완충**이라는 용어를 사용하게 된다.

　이윤완충의 사용은 이윤차익의 변동으로 고용과 생산량에 미치는 영향에 대한 우리의 이전 추론에 어떤 실질적인 변동이 요구되지 않는다. 왜냐하면 사업가나 제조업체가 자신의 운영이 결과적으로 손실을 낳고 있으며, 우리가 보여주었듯이 생산과 고용을 줄이는 경향을 보이리라는 데 확신을 가지게 되기 때문이다. 따라서 이윤완충이 손실을 방지하거나 줄여 주주들에게 이익이 되고 사업을 재정적으로 더 건실하게 만들지만, 물가가 하락할 때 실업을 방지하는 데는 상대적으로 거의 아무것도 하지 않음이 확인된다.

(8) 기득권과 이윤차익

이러한 논의는 평균적으로 이윤에 대해 다소 측은한 점을 보여준다. 이것들은 진정으로 자유-노출의 관계이다. 사업가가 똑똑하다면 되도록 빨리 자신의 이윤이 흘러가버리기 전에 그것을 기득권으로 만들려고 노력하는 것은 놀랍지 않은 일이다. 그는 가격이 떨어지리라고 예상하고, 자신이 잘 모르는 상품이나 증권을 팔아서 이를 적절한 시점에 다른 사람들에게 "떠넘기고" "가라앉는 데서 빠져"나온다.

사업에서의 큰 성공은 상당수가 이런 데서 나온다. 세인들은 일반적으로 효율로 부유해지는 것과 쓸모없는 것을 타인에게 팔아넘겨 부유해지는 것을 구분하지 않는다. 사업의 관행과 **매수자 위험부담**이라는 법적인 원칙에 따라 이 행위들은 같은 정도로 명예롭다.

떠넘기기는 통상 협소한 차익에 노출되는 것으로부터 자유로운 그 무엇을 획득하는 데 있다. 이런 것들 중 잘 보장된 채권과 성장하는 지역에서 증가하는 토지가치가 가장 확실하다. 밴더빌트 가문은 전자의 예이고, 애스터 가문은 후자의 예이다.*

자신의 취약한 이윤을 기득권으로 전환하는 데 성공할 수 있는 사람은 이윤이 깨지기 전에 두 가지를 성취한다. 그는 미래를 위해 자신과 자손들을 구한다. 그리고 그는 다른 사업가들에게 전가된 고정된 비용을 지불하도록 강제하기 때문에 미래의 사업가가 이윤차익을 위해 더 예리하게 노력하도록 강제한다. 이윤차익은 늘어나지 않지만, 채권에 지불할 이자와 토지의 지대를 지불할 의무가 늘어난 나머지 이윤차익이 크게 요동치게 된다.

부풀려진 채권을 지닌 기업은 그렇지 않은 기업보다 낮은 이윤차익을 보일 것이다. 과거의 오용에 대해 고정된 비용을 부과해 돈을 벌고 있는 기업은 자유롭게 시작하는 경쟁기업보다 그것의 차익이 적을 것이다. 이런 것은 사회적으로 크게 중요한 문제이고, 차익과 과거로부터 전승된 기득권 사이의 차이를 일반적으로 이해하지 못하기 때문에 더욱더 중요하다. 이것은 몫을 차익으로부터 구분하지 못한 또 다른 예이다. 이 몫은 전적으로 올바른 것일 수도 있고 정당화할 수 없는 것일 수도 있다. 그러나 기업이 계속 움직이거나 정지하게 만드는 것은 차익이다.

따라서 이윤차익은 자본주의 문명에 많은 사회적 함의를 지니고 있다. 그것의 중요성과 측정가능성은 최근에 기업재무에 대한 과학적인 연구가 부상하면서 전면에 등장했다.[247] 이것은 모든 형태의 주식투기에서 오래전부터 익히 알려진 "주식으로 장사하기"나 "차익으로 장사하기"이다.

••

247) 특히 Lyons, W. H., *Corporation Finance*(1916), Gerstenberg, C. W., *Financial Organization and Management of Business*(1924) 참조.

---

* 밴더빌트는 19세기 중엽에 형성된 미국의 부유층 가문이고, 아스터는 19세기와 20세기에 미국과 영국에 형성된 부유층 가문이다.

그러나 이것은 사유재산의 전체 체계에 걸쳐 모든 생산과정에 보다 깊게 확산되어 있다.

우리는 오로지 제조업체와 관련해 그 계산을 예시하려고 노력해왔다. 그리고 우리는 평균만을 다루었지만, 이윤차익의 중요성은 차이에 적용되지 않으면 완전히 드러나지 않는다. 50억 달러에서 60억 달러 사이의 매출에 대한 평균차익은 3%에 불과하다. 그렇지만 이런 평균적인 개별기업체 중에 때로는 아마도 50%와 같이 높은 차익을 지닌 기업과 분명히 3% 이하의 차익을 지닌 기업도 포함되어 있다. 이런 차이는 누진과세의 복잡한 문제와 개인소득에 대한 누진세, 기업소득에 대한 누진세의 중요한 구분을 시사한다. 개인소득과 보장된 소득에 대한 누진세는 현대적인 분배의 불평등하에서 정당화되며, 이들은 서로 경합적이지 않은 다양한 출처로부터 도출된다. 그러나 유사 업체와의 경쟁 속에서 단일 출처에서 발생한 순법인소득에 대한 누진세는 생산의 효율을 늘리기 위해 이윤동기를 활용하는 자본주의 문명의 사회적 목적을 패퇴시킬 수 있다. 배당금으로부터 얻은 순개인소득은 모든 법인비용을 지불한 후에 개인들에게 남겨진 것이므로, 경쟁에 노출된 이윤차익이 아니다. 여러 세대에 걸쳐 산업에 고정된 비용을 부과해 이윤차익을 줄이는 장기채권과 과거로부터 누적된 기득권들에 대한 공공정책도 중요하다. 채권은 감가상각과 가치상실로 줄어드는 현대적인 자본장비의 수명보다 더 긴 기간으로 발행하지 않아야 한다는 설이 있다. "죽은 손"이 부과한 부담들이 증가하고 있다는 설도 있다. 이것이 어떠하든, 이윤차익은 자본주의 문명이 계속 움직이게 만드는 살아 있는 손이고, 뇌이며, 감정이다.*

(9) 차익과 생산비용

고전 경제학자의 더 오래된 이론은, 변동하는 가격이 정상적인 비용으로 되돌아가게 만드는 경향이 지닌 자동적인 균형의 개념에 지배되어, "생산비"에 주목했다. 현대의 제도주의 이론은 전혀 "정상적인 수준"을 지니지 않은 채 고비에서 고비로 추가 움직이듯이 요동치는 이윤차익에 주목한다. 평균치라는 환상이 이런 추락을 상당히 부드럽게 만들지만, 적어도 이윤차익 이론으로부터 생산비론을 구분하는 크기가 어느 정도인지 가늠하게 해준다. 그래서 사고보험이나 실업보험으로 급여를 1~2% 올리는 것이, 생산비용의 1% 이하에 해당되므로, 사고를 방지하고 고용을 안정시키려는 고용주의 유인으로 거의 또는 전혀 효과가 없으리라고 생산비론자는 주장할 것이다. 그렇지만 고용주들이 스스로 너무 잘 알고 있는 한계분석은 그것이 생산비용을 증가시키는 것의 10배에서 30배까지 이윤차익을 감소시킨다는 점을 드러낸다. 사고를 방지하거나 실업을 방지하게 유도하는 전략은 생산비용의 덩어리가 아니라 예민한 이윤차익이다.[248]

이와 비슷하게 비용이론가는 중앙은행의 재할인율이 1~2% 변동하는

248) 본서 1362쪽, 사고와 실업.

---

* 사업가에 대한 유인으로서 단기적인 이윤차익이 경제에 미치는 영향을 가장 중시하는 커먼스는 소득분배를 강조하는 칼레츠키 및 케인즈, 소비자수요를 강조하는 한계효용학파뿐만 아니라 장기적인 이윤율을 강조하는 고전학파 및 맑스와도 구분된다. 그런데 커먼스는 당시의 상황 때문에 그중에서도 칼레츠키 및 케인즈의 임금주도성장론에 상응하는 것을 가장 의식하고 있다.

것에서 거의 사회적 결과를 발견하지 못한다.[249] 그렇지만 만약 화폐시장과 주식거래시장의 모든 거래 중 가장 경쟁적인 것의 좁은 이윤차익이 판매가격의 1% 미만이면, 생산비용의 1% 변동이 이윤차익의 100% 변동일 수 있다.

이와 유사하게 날카로운 경쟁이 과거에 보지 못했던 식으로 이윤차익을 감소시키는 자본주의 문명에서는 공공시설관리청이 경쟁자들에게 부과하는 공공요금이나 정부가 부과하는 세금의 아주 미세한 차등이나 환급이 한 기업을 파산으로 몰아갈 수 있다. 이렇게 되는 이유는 이 기업의 비용이 약간 높거나 비효율적이어서가 아니라 그것의 이윤차익이 소멸되기 때문이다. 이윤차익이 협소해지고 있는 최근 30년에 이르러서야 미국의 대법원이 이런 새로운 차별의 지렛대 역할을 인정해 이에 맞도록 관습법의 의미를 확장했다.[250]

분명히 독점적인 기업의 경우에는 다른 원리가 적용될 것이다. 이 문제는 주로 기업이 효율을 늘려서 이윤을 얻는지, 아니면 경쟁에 노출되지 않는 독점적이고 차별화된 우위를 향유함으로써 이윤을 얻는지에 달려 있다. "효율 이윤"이냐 "희소 이윤"이냐가 문제이다.[251] 이것은 변동하는 이윤차익들 때문에 세계적인 규모로 발생하는 문제이다.

• •

249) Lawrence, J. S., *Stabilization of Prices*(1928), Chap. XXII

250) 본서 1265쪽, 희소, 풍요, 안정화.

251) Foreman, C. J., *Efficiency and Scarcity Profits*(1930). 찾아보기 참조.

(10) 연계와 탄력성

요인들 중 하나를 아주 조금 변화시키면 이윤차익을 소멸시킬 수 있다는 이유로, 좁은 이윤차익에 근거한 앞선 분석이 때때로 환상이라는 공격을 받는다. 우리는 이자, 조세, 그리고 판매가격에 대한 고정적인 부과비용으로 차익을 없애버렸다. 임금이나 재료구입비용을 변화시켜도 동일하게 된다. 만약 구입비용 중 어느 하나가 1~2% 오르면, 이윤차익은 10배에서 30배 감소할 수 있다. 그래서 전체 분석이 환상이고 순환논리에 빠져 있다고 말한다.

이 비판은 시간 속에서의 연속과 수요나 공급의 서로 다른 탄력성을 간과하고 있다. 모든 요인들이 동시에 같은 방향으로 움직이지 않으며, 그렇게 움직이더라도 이들 중 일부는 높거나 낮은 변화의 탄력성으로 변동한다.

이런 모든 문제가 사업가나 정치인에게 동일한 시점에 발생하지 않는다. 어떤 요인이 변동하는지, 그리고 어떤 요인이 가장 많이 또는 가장 적게 변동하는지, 그리고 그 시점에서 어떤 요인이 가장 통제될 수 있거나 통제될 수 없는지에 따라 이들은 여러 시점에서 발생한다. 이들은 일거에 등장하는 모든 요인의 문제가 아니라 서로 제약하고 보완적인 요인들의 문제이다. 여기서 제약요인이 그 시점에 다른 모든 요인을 실제로 제약한다고 판단되면 이 요인에만 주목한다. 또한 경우에 따라 한 요인이나 다른 요인이 제약하게 될 미래에 보완적인 요인들이 존재하게 된다.[252]

이 원리는 사적인 기업뿐만 아니라 공공기업에도 적용된다. 우리가 적

252) 본서 1049쪽, 전략적인 거래와 일상적인 거래; 1362쪽, 사고와 실업.

시성의 재능이라고 부르는 이것이, 행동하는 사람들에게는 의심할 여지 없이 인간에게 주어진 가장 큰 재능이다. 그리고 이것은 가장 위대한 전사, 사업가, 그리고 정치가의 탁월한 재능으로, 경박한 자들의 국가를 이들 모두의 지배하에 놓이게 만든다. 정치가에게 한 시점에는 세금이, 다른 시점에는 과도한 비관주의가, 또 다른 시점에는 외국무역이, 더욱 다른 시점에는 국내 상업이, 다른 시점에는 보건이나 신용이 제약요인이 되는 등 제약요인이 놀라울 정도로 다양할 것이다. 이제 우리가 말하려는 점은 수천 가지 요인들 중 하나하나가 각기 적절한 시점에 진정으로 예민하고 전략적이며 협소한 이윤차익에 자신의 강제력을 지니게 된다는 것이다.

집단행동의 이 새로운 거래적인 단계에서 경제 이론은, 수학과 통계학을 가지고 반복적으로 경제적인 체증을 일으키고 풀어내는 제약요인들을 발견하는 데 더욱 집중하고 있다.

밀즈(F. C. Mills)는 국립경제연구소(National Bureau of Economic Research)와 협력해 시간적인 연계에 대한 이런 연구를 실제적으로 진전시켜왔다.[253] 그는 통계가 있는 한 가격, 생산, 신용 그리고 증권을 최종 소비자로부터의 원근에 따라 분류했다. 이것은 뵘바베르크의 우회생산 단계에 상응한다. 그러나 뵘바베르크처럼 단지 이자 문제에 주목하지 않고, 밀즈는 40년 동안의 모든 요인을 고려해 경기변동의 기복들에서의 시간의 연속과 가변성의 크기 속에서 이 요인들의 변동에 따라 이들을 서로 관련지었다.

∴

253) Mills, F. C., *The Behavior of Prices*(1927); *Economic Tendencies in the United States*(1932). 계산은 1929년으로 끝난다.

우리는 표와 도표를 통해 밀즈가 제시한 해법을 따라가면서 1919년부터 1929년에 이 변동하는 요인들 대부분을 모아놓으려고 노력해왔다. 그가 가격과 생산의 "가변성"이라고 부른 것을 우리는 공급의 탄력성이라고 부른다. 이것은 소매가격과 소비된 수량으로 측정한 소비자 수요의 변동이 멀리 있거나 가까이 있는 생산단계의 가격과 생산물을 예측하는 정도를 의미한다.

앞서 지적한 바와 같이, 우리는 가격과 가치를 구분한다. 생산자의 산출물의 가치는 가격과 그 가격에 판매된 수량이라는 두 가지 요소로 구성된다. 이들의 결합으로부터 생산자는 총가치 또는 "총매출"을 구하고, 이로부터 여러 비용요인에 대해 지불할 수 있다. 판매되는 생산물이 증가하지 않거나 심지어 줄면서 가격이 오르거나, 가격이 오르지 않고 생산물이 늘어나면 그의 총매출이나 생산물의 가치는 오른다. 그리고 그 반대도 마찬가지이다. 우리는 총매출(생산물의 가치)을 총수입 및 운영비용과 비교한 도표들에서 이를 보았다. 그리고 이런 **가치** 변동을 우리는 공급의 탄력성이라고 부른다. 이것은 가격과 수량의 두 방향으로 탄력적인데, 이들의 결합은 언제나 화폐적인 것으로 환원된다.

가장 멀리 있는 것들을 포함해 모든 다른 가격이 향하고 있는 소비자의 가격에서 출발하면, 소매상의 산출물 탄력성이 소비자의 화폐적인 수요탄력성에 정확히 상응하고, 진정으로 이것과 동일하다는 것이 명백하다. 우리는 도매가격을 제조업자가 도매상들에게 부과하는 가격의 지수로 사용한다.

(11) 요약

화폐국민소득의 **분배몫** 이론이 번갈아 나타나는 호황과 불황을 설명하지 못하는 근본적인 이유는 한 계급의 몫을 늘리면 다른 계급들의 몫들이 줄어서 모든 계급의 전체 구매력이 변하지 않기 때문이라고 우리는 결론을 내릴 수 있다. 저축으로 지출되든 소비로 지출되든 모든 계급의 구매력은, 일시적인 조정의 어려움을 제외하면 노동에 동일한 고용을 제공한다. 노동의 구매력을 늘리려면, 맬서스가 제안했듯이 납세자의 기존 구매력을 노동자에게 **이전하거나** 투자들을 이전시킬뿐 늘리지 못하는 정부가 돈을 빌리는 것이 아니라, **새로운 화폐를 창출**해서 실업자들에게 일을 시켜야 한다.

이 새로운 돈을 상업은행이든 투자은행이든 중앙은행이든, 은행가들이 창출하고 발행할 수 없다. 그 이유는 침체기에는 이윤차익이 사라졌고, 새로운 돈을 창출하는 데 은행가들과 협조할 의사가 있는 기업의 대출자들이 없기 때문이다. 기업이 매출을 위해 의존하는 소비자 수요를 창출하려면, 전시에 하듯이 정부 자신이 새로운 돈을 창출해 은행체계 전체를 뛰어넘어 직접 실업자들에게 구호금으로 지급하거나 공공시설 건축을 위해 지급해야 한다. 이에 더해 이 새로운 돈이 임금소득자뿐만 아니라 농부, 기업체, 그리고 실제로 모든 사업에 돌아가야 한다. 왜냐하면 이들 모두가 소비자수요 전체를 이루기 때문이다.

은행신용을 불리거나 정부지폐를 발행해 소비자 수요를 늘리는 곤경 때문에 빅셀이 1898년에 새롭게 마련했고 전후에 세계 여러 국가의 중앙은행들이 어느 정도 실행한 중앙은행 정책의 이론과 실제를 다루어야 한다. 우리는 이것을 손턴-빅셀의 이윤차익 이론이라고 호명한다.

VIII. 세계지불사회

손턴-빅셀 이론의 연계는 이윤차익의 연계이다. 이것은 1802년 헨리 손턴에서 시작되었고, 그 연계를 1844년의 투크(Thomas Tooke), 1898년의 빅셀, 전후의 경제학자인 1919년의 호트리, 1930년의 케인즈, 1932년의 피셔, 1921년 이후 연방준비은행의 정책, 1931년 9월의 정화지불 정지와 함께 영란은행과 스웨덴은행이 실시한 정책에서 추적할 수 있다.

손턴의 이론은 중앙은행의 할인이론이었다. 1797년에 영란은행의 정화지불이 정지되었다면,[254] 지폐신용(은행권)의 수량에 대한 상한이 주로 영란은행이 받아들이는 이자율과 당시의 상업이윤율을 비교해서 결정되었을 것이라고 손턴은 말했다. 만약 은행이자율이 이윤차익 **아래에** 놓여 있으면, 상인들은 더 많이 빌릴 것이다. 또한 영란은행은 더 이상 법적인 금보유요건의 제약을 받지 않고, 오로지 빌리는 사람들의 상환능력에 따라 은행신용창출을 판단하므로, 상승하는 물가를 타고 상환능력이 사업의 "정당한" 수요를 충족시키기 위해 계속 지폐발행량을 늘릴 것이다. 그러나 만약 은행이자율이 인상되어 유통하는 매개체의 수량이 더 이상 늘어나지 않으면, "추가적인 이윤은 끝이 난다." 이 이론은 투크에서 다시 등장했고,[255] 스웨덴의 경제학자인 빅셀의 손에서 1898년에 새롭게 시작되었다. 화폐시장의 단기적인 이자율을 증권시장과 부동산시장의 장기

254) Thornton, Henry, *Paper Credit of Great Britain*(1802). "Price Stabilization"에 대한 커먼즈의 논문 *Encyclopedia of The Social Sciences* 참조

255) Tooke, Thomas, *A History of Prices*, 1793-1856(6권). 6권의 여러 군데에 있는 논평들과 요약들.

적인 이자율로부터 구분한 시즈위크로[256] 되돌아가면, 그것의 중요성이 드러날 것이다. 증권시장과 부동산시장의 낮은 이자율이 에드워드 켈로그가 1848년에 처음 내세운 미국의 "그린백" 이론에 근거가 되었다.

1. 이자와 물가의 장기적인 비율

1919년에 연방준비은행은 그 이전에 "그린백주의"로 알려졌던 지폐이론을 실행했다. 그린백주의는 원래 1849년에 에드워드 켈로그가 창시했고, 1876년에 "그린백" 대통령 후보였던 탁월한 제조업자 피터 쿠퍼(Peter Cooper)가 그것을 주창해 유명해졌다. 켈로그는 당시 유럽의 프루동과 맑스에 해당된다. 이들은 모두 이자율을 은행업을 운영하는 노동비용 수준으로 낮추자고 제안했다.

켈로그와 쿠퍼의 이론은 화폐의 상호태환채권체제로 알려져 있었다.[257] 그 목적은 이들이 주장하는 금과 은행권에 대한 은행가의 독점으로 부과되는 고리대적인 이자율을 줄이는 것과, 켈로그의 주장으로는 1837년 이후, 쿠퍼의 주장으로는 1865년 이후 급격히 하락하고 있던 기업과 지주

••

256) 본서 780쪽, 화폐와 자본.
257) Kellogg, Edward, *Labor and Other Capital: the Rights of Each Secured and the Wrongs of Both Eradicated; or, an Exposition of the Cause Why a Few Are Wealthy and Many Poor, and the Delineation of a System Which, without Infringing the Rights of Property, Will Give to Labor Its Just Reward*(1849)(원래 1843년에 발행되었으나 1961년에 *New Monetary System*이라는 제목으로 재발행되었다. 여기서는 1883년의 8판을 인용); 1868년에 캠벨이 *The True Greenback*이라는 제목으로 대중화시켰다. 1867년에 시작된 피터 쿠퍼의 저작들과 독립당의 입장은 1883년에 모아서 발행된 그의 *Ideas for a Science of Good Government*에 들어 있다.

의 재산가치를 회복시키는 것이었다.

이 이론은 화폐의 "가치"가 이자율이나 할인율과 화폐의 일반적인 구매력이라는 이중적 의미를 지닌다는 점을 간과했다. 켈로그와 그의 추종자들은 전자의 의미를 채택하면서 주장하기를,

"화폐의 가치는 그것이 누적하는 이자로 결정된다. 그리고 모든 재산의 가치는 그것으로 얻을 수 있는 지대로 결정된다. (……) 만약 어떤 재산의 지대가, 돈을 빌려준 것과 같은 짧은 기간에 재산자체의 추정된 가치와 같은 액수를 누적하기에 충분치 않다면, 이자와 원금 사이의 비율과 같은 비율을 지대가 재산의 가치와 지니게 될 때까지 재산의 가격은 하락할 것이다. (……) 재산의 가치는 그것을 측정하는 달러 가치의 증가와 비례해 떨어진다. 화폐의 가치가 이자의 상승으로 늘어날 때마다 이에 상응해 재산의 가치는 하락한다. (……) 재산이 자신이 지불한 화폐만큼 좋은 수입을 낳는다고 생각하지 않는 한, 누구도 자신의 돈을 재산에 투자하지 않을 것이다. 따라서 재산의 가격은 화폐에 대한 이자가 증가할 때마다 떨어져야 하고, 재산으로부터 얻는 수입과 화폐로부터 얻는 수입이 동일해야 한다."[258]

켈로그는 이자율이 은행체제를 관리하는 노동비용으로 자신이 추산한 1%를 넘어서지 못하게 하자고 제안했다. 이 추산치를 1867년에 전국노동 연합과 1876년에 그린백 정당은 3%로 인상했다.[259] 정부는 3%의 이자

..

258) Kellogg, P., *op. cit.*, 153-154.
259) Commons, John, R.과 동료들, *Documentary History of American Industrial Society*, IX, 180, 213 ff.

율에 토지를 담보로 빌려주는 법적인 지폐를 토지가치의 50%에 해당하는 수량만큼 발행한다. 그러면 빌리는 사람은 상품을 구입하고 노동자에게 임금을 지불하는 데 이 지폐를 사용함으로써 이 지폐가 통상적인 유통에 들어가게 된다. 이 법적인 지폐를 받은 사람은 누구나 상품을 구입하지 않고 타인에게 융자하거나, 법적인 화폐는 아니지만 3%의 이사를 낳는 정부의 재무성 공채에 투자할 수 있다. 재무성 공채를 소유한 사람은 농업이나 공업에서 3% 이상 벌 기회를 발견하면, 다시 나름대로 재무성에 요구해 그것을 법화로 전환해서 재료와 노동를 구입하는 데 지불할 수 있다.

만약 빌리는 사람이 민간융자자로부터 3% 이상을 요구받으면, 정부로부터 3%에 빌리거나 3%에 빌릴 수 있는 또 다른 사람으로부터 다시 빌릴 수 있기 때문에, 이런 방식으로 이자율이 3% 이상으로 오를 수 없을 것이다. 다른 한편 대부자들이 언제라도 3%를 낳는 재무성공채를 자신의 법화로 구입해 3%를 얻을 수 있으므로 이자가 3% 이하로 내려가지 않는다. 이런 방식으로 이자율은 요동치지 않고 전국적으로 3%에서 안정될 것이다. 실제로 이자율은 어려운 시기에는 1~2%에서 움직였고, 번영기나 화폐가 궁색한 시기에는 부동산, 상업융지나 초단기 융자에서 10%, 15%, 100% 이상이었다.

켈로그가 제시한 화폐와 채권의 상호태환계획은 의회나 지폐제안에서 자주 다시 등장해왔으며, 1849년인 그것의 기원을 깨닫지 못해서 종종 새로운 발견인양 취급했다. 최근에는 1929년의 가격하락 이후에 이자를 낳지 않는 미국지폐 법화(그린백)를 사용하면서, 이 법화를 농지담보들을 수용하기 위해 발행된 3%의 정부채권으로 전환할 수 있도록 함으로써, 이것이 농업구제계획으로 다시 등장했다. 만약 채권의 시장가격이 액면가를 넘어서면, 재무장관은 채권을 팔아 동일한 수량의 미국 지폐를 퇴장시키게 되어 있다. 그리고 만약 채권의 시장가격이 액면가 아래로 내려가면, 재무장관은 법적인 화폐와 교환해 채권을 사들여야 한다. 예상컨대, 켈로그의 계획에서는 이런 방식으로, 채권가격이 액면가를 상회하면, 채권을 발행하고 지폐와 교환해 일시적으로 화폐를 퇴장시킴으로써, 채권의 공급을 늘려 채권가격이 액면가로 내려오게 한다. 또한 채권의 가격이 액면가보다 낮으면, 지폐를 다시 발행하고 채권과 교환해 채권을 일시적으로 퇴장시킴으로써 그 가격이 액면가로 올라가게 한다.

켈로그는 프랑스의 아시냐 화폐나 독립전쟁 때 미국이 발행한 컨티넨탈 화폐와 달리, 자신의 지폐가 가치를 잃지 않을 것이라고 주장했다. 그 이유는 이런 화폐는 "재산을 대표하지 않는 데" 비해 자신의 상호태환적인 화폐는 부동산을 담보로 삼는 방식으로 재산을 대표했기 때문이다. 그에 의하면, 만약 정부가 "융자액의 두 배 가치가 있는 생산적인 토지를 담보로 돈을 빌려주고 이 돈을 마련하기 위해 은행권을 제공했다면, 그런 지폐는 재산을 대표했을 것이므로 반드시 좋았을 것이다."[260]

그러나 켈로그는 만약 화폐를 3%에 자유롭고 연속적으로 빌릴 수 있으면, 실제 이자나 지대가 3% 이상 되는 토지나 어떤 채권의 가치기 즉시 오르리라는 것을 인정했다. 그러나 그는 이것을 추적해 인플레적인 결과가 발생한다는 데까지 나가지 않았다.

만약 시장의 이자율이 연 6%인데, 1,000달러 가치를 지닌 토지가 연간 60달러의 지대를 낳거나 채권이 액면가로 60달러를 낳는다면, 이자율이 3%인 경우 이 토지와 채권의 가격은 2,000달러로 오를 것이다. 재무

260) *Ibid.*, 280, 281.

성 공채에 2,000달러를 투자해 얻는 것과 같이 토지나 채권의 구매자는 2,000달러의 지폐를 투자해 일년에 동일한 60달러를 벌 것이다. 그런데 이것은 6%가 아니라 3%이다.

그러므로 만약 토지의 가격이 2,000달러로 오르면, 담보목적인 그것의 가치는 이전의 두 배일 것이며, 그것의 소유주는 다시 새로운 토지가치에 이전의 두 배를 빌릴 수 있다. 토지가 1,000달러의 가치를 지닐 때 그가 500달러를 빌렸다면, 토지의 가치가 2,000달러일 때는 1,000달러를 빌릴 수 있다.

켈로그도 인정했듯이, 법화가 더 많아져서 그사이에 밀, 옥수수, 가축과 같은 토지 생산물들의 상품가격도 올랐을 것이다. 만약 토지의 가격이 100% 올랐듯이 이 가격들도 100% 올랐다고 하면, 60달러의 지대는 이제 지폐로 따져 아마도 120달러가 될 것이다. 만약 지대가 120달러라면 토지의 가치는 4,000달러로 오를 수 있으나, 여전히 시장가치로 3%의 지대를 낳을 것이다. 시장가치의 반인 그것의 담보가치는 이제 2,000달러여서 대출자는 3%에 2,000달러를 빌릴 수 있을 것이다. 법적인 지폐의 수량과, 3%의 이자가 붙는 상호 전환 재무성 공채의 수량에 제한이 없는 한, 이런 상승효과는 계속되어 먼저 토지의 가치를 올리고, 이어서 토지 생산물의 가격을 올리며, 다시 토지의 가치를, 그리고 다시 가격을 올리는 식으로 무한히 이어진다.

켈로그의 추론이 지닌 오류는 두 가지다. 하나는 화폐가치의 이중적인 의미인 이자율과 구매력을 혼동한 것이고, 다른 하나는 고전학파처럼 **생산력과 구매력**을 혼동한 것이다. 그가 해석한 생산력은 생산물의 수량일 뿐만 아니라 생산물의 가격이기도 하다. 그리고 화폐의 가치를 안정적인 **이자율**로 안정시키는 것은 **구매력**으로서의 화폐가치를 불안정하게 만들어 정확히 반대 방향으로 작동한다.

1919년에 연방준비은행은 켈로그의 이론을 실행했다. 시장의 평균이
자율이 5.75%에서 6%인 상황에서 재무성은 빅토리 론*을 4.25%에 상장
했다. 이 채권은 회원은행들을 통해 매각되었고, 구입자는 채권의 대금
을 지불하기 위한 돈을 빌릴 수 있고 안전을 위해 채권을 은행에 맡기는
것이 허용되었다. 액면가의 채권에게 유리한 시장을 조성하기 위해, 연
준은 회원은행들의 연준에서 차입하는 것에 대해 정부채권으로 보장이
되면, 재할인율을 상업어음의 할인율(4.75%)보다 0.5% 낮게(4.25%) 정한
다는 규칙을 채택했다.[261] 결과는 그들의 차입 중 85%에 대해 정부채권을
담보로 활용했고, 15%에 대해서만 상업어음을 담보로 삼았다. 정부담보
에 대한 할인율이 유효한 비율이 되었다.

담보로서 상업어음에 대한 뉴욕의 재할인율은 1917년에 4%였다가,
1918년과 1919년 동안에 4.75%로 올랐다. 1917년에 3.5%였던 정부담보
에 대한 비율은 같은 시기인 1918년과 1919년 동안에 4.25%로 올라, 정
부담보에 유리한 0.5%의 차이를 1921년 5월까지 유지했다.[262]

그 결과 만약 은행가가 정부채권을 담보로 예치하면 연방은행으로부
터 4.25%에 융자를 받지만, 이것을 일반적인 회폐시장에서 6%와 8% 사
이에 다시 융자할 수 있었다.(공개시장 상업이자율은 도표 16)

이런 방식으로 정부의 의무로 보장된 대부의 액수가 1917년에 거의

••
261) 본서 1014쪽, 도표 16.
262) 도표 16에 표시되지 않음.

---

* 제1차 세계대전의 전비를 지불하기 위해 미국정부가 1919년에 발행한 채권.

전무하다가 빅토리 론이 상장된 1919년 5월에는 17억 달러로 늘어났다. 결과적으로 1919년 3월부터 1920년 5월까지 연준이 회원은행들에게 대부한 신용이 25억 달러에서 32억 달러로 늘어났다. 연준의 지폐는 24억 달러에서 32억 달러로 늘어났고, 모든 회원은행의 요구불 예금은 127억 달러에서 153억 달러로 늘어났다.[263]

물가에 대한 효과는 주목할 만하다.[264] 도매물가는 1919년 말까지 15% 올랐고, 그 힘으로 1920년 5월까지 추가로 13% 치솟았다. 전쟁의 역사를 보면 이전에는 결코 전쟁 후에 인플레이션이 없었다. 이것이 인위적으로 단기이자율을 시장이자율 이하로 유지한다는 켈로그 이론의 결과였다.

마지막으로 빅토리 론이 팔린 후 1919년 11월에 뉴욕의 연준은 할인율을 반복해서 인상하기 시작해, 1920년 6월에 상업어음의 경우 그것이 위험스런 수준인 7%에, 정부담보의 경우 6%에, 이르렀다(도표 16).

만약 연준이 실제로 이 비율들에 처음 도달하기 12개월 전인 1919년 4월에 이 비율을 5%나 6%로 올리기 시작했다면, 그들은 상품가격의 인플레이션을 방지할 수 있었을 것이며, 심지어 1921년이 아니라 1919년에 물가를 떨어뜨렸을 것이다. 그러나 이들은 서로 태환이 되는 채권과 화폐라는 켈로그의 이론에 따라 움직이고 있어서, 액면가에 채권을 팔기 위해, 전체적으로 상업융자와 자본에 대한 시장이자율 이하로 빅토리 채권에 대한 이자율을 유지하려는 의도를 가지고 있었다. 그와 같이 이자율을 인위적으로 낮추지 않았다면, 켈로그가 보여주었듯이, 은행들과 대

••
263) 도표 16에 표시되지 않음.
264) 본서 978쪽, 도표 14.

부자들이 그들의 다른 융자에 대해 6%를 얻은 시점에 4.5%짜리 채권의 시장가격이 액면가격 밑으로 크게 떨어졌을 것이다. 이것을 피하기 위해 물가를 상승시킬 낮은 이자율을 채택했다.*

2. 단기이자율과 물가

켈로그의 이론과 정반대가 손턴으로부터 이어져 내려온 빅셀의 이론이다.[265] 빅셀은 화폐를 이자율이 아니라 화폐가치의 또 다른 의미인, 일반적인 구매력으로 받아들였다. 그는 화폐에 대한 이자율이 아니라 화폐의 구매력을 안정시키려고 한다.

매클라우드는 1856년에 은행이자율의 변동이 금의 수출입에 미치는 효과에 대한 이론을 발전시켰다. 빅셀은 1898년에 이 변동이 물가에 미치는 효과에 대한 이론을 발전시켰다. 빅셀의 이론은 세계의 금본위가 대부분 사라진 1922년까지 주목을 받지 못했다. 그리고 이제 남은 금을 보유하고 있는 연방준비은행은 공개시장의 채권판매로 뒷받침된 중앙은행의 이사율이 인플레이션을 방지하는 데 활용될 수 있음을 발견했다.

빅셀은 개인주의적인 물리적 이론과 중앙은행의 단합된 행동에 관한

••

265) Wicksell, Knut, *Geldzins und Güterpreise*(1898).

---

* 익히 알려져 있듯이, 채권가격과 이자율은 서로 반대 방향으로 움직인다. 액면가격 100달러에 이자가 4.5%(4.5달러)인 채권에 대한 수요가 줄거나 공급이 늘어 그것의 가격이 75달러로 하락하면 이 채권의 실제 이자율은 6%가 된다. 채권 수요와 공급은 자금 공급과 수요이므로 이것은 자금공급이 줄고 자금수요가 늘어 이자율이 오르는 상황에 해당된다.

전후의 이론 사이에서 과도기적인 위치를 차지하고 있다. 이 중 더 오래된 이론의 영향은 빅셀이 "자연"이자율을 리카도, 튀르고, 그리고 뵘바베르크의 한계생산성과 동일시한 것에 남아 있었다. 이것은 1802년에 제시된 손턴의 이론을 넘어선 진전이었다. 빅셀은 중앙은행의 이자율을 **상인들**이 지불하는 손턴의 상업이자율뿐만 아니라 기술적인 **생산**의 전체 과정 및 이에 대한 금융과 연결시키려고 노력했다. 현대이론은 생산성에 근거한 자연이자율의 변동, 상품가격들의 평균적인 변동, 그리고 이자율의 변동을 통제하는 세계적으로 일치된 중앙은행들의 행위 사이에 그가 수립한 삼중적인 관계에서 나타난다.

만약 세계적으로 단합된 행동을 통해 중앙은행의 이자율을 자본의 한계생산성, 즉 "자연"이자 아래로 낮추면, 은행의 고객들은 은행신용에 대한 수요를 늘릴 유인이 생기게 되어, 상품과 노동에 대한 수요를 늘리면서 물가를 끌어올리게 된다.

이와 반대 방향으로, 만약 세계적으로 단합된 행동을 통해 중앙은행의 이자율을 자본의 물적인 한계생산성, 즉 "자연"이자 위로 높이면 기업인 고객들이 협소한 이윤차익 때문에 빌리는 자금을 줄여서 상품과 노동에 대한 수요를 줄이므로, 물가와 고용이 하락하는 결과를 낳는다.

그러나 만약 유사한 전 세계적인 행위로 중앙은행의 이자율이 자본의 물적인 한계생산성과 비슷하게 유지되면, 평균적인 가격들과 고용량은 안정세로 접어든다.

이 이론은 재무성과 연방준비은행이 1919년과 1920년에 수행한 공식적인 조치와 반대였다. 우리가 주목했듯이, 이들의 조치는 켈로그의 이론에 부합될 수 있었다. 빅셀에 의하면, 1919년에 연준의 재할인율은 시장이자율보다 훨씬 더 낮아서, 물가 상승을 초래하게 되어 있었고, 실제로도 이후에 물가가 상승했다. 그러나 1920년과 1921년 초기에 할인율은 시장이자율보다 높아서 빅셀에 의하면, 물가가 하락하게 만들었다.[266] 공식적인 이론과 일반적으로 주장된 이론은 이자와 물가의 관계에 대한 이론을 담고 있지 않기 때문에, 연준의 이자율이 시장이자율을 **따라가야** 한다는 점을 제시했다. 빅셀은 물가의 등락을 막으려면 연준의 이자율이 시장이자율보다 **앞서가야** 한다고 주장했다.

빅셀에 의하면 세계적으로 단합된 행동의 필요성은 1857년 이후 잘 알려진 매클라우드와 영란은행의 원리를 따라간 것이었다. 이 원리는 다른 국가들보다 어떤 국가의 할인율이 높으면 통상 타국으로부터 금이 유입되지만, 만약 모든 국가가 함께 행동해 할인율을 올리거나 내리면, 개별국가들은 국제수지와 금의 유출입 압박 때문에 각자의 할인율을 세계적인 비율의 위아래로 조금밖에 올리거나 내릴 수 없다.

이런 금의 유출입 자체는 은행보유준비금에 나타나므로, 피셔는 빅셀의 사상이 "다른 비율들에 맞게" 할인율을 유지하는 데 의존한다고 말해 빅셀의 공헌을 요약했다. 피셔가 주장하기를, 이 점에서 "다른 어떤 사람보다" 빅셀은 "금보유고를 제외하고, 예금화폐가 물가를 지배하므로 물가는 전적으로 은행들의 할인정책에 맡겨진다"는 귀중한 공헌을 제공했다.[267]

따라서 빅셀의 공헌이 지닌 중요성은 금속화폐와 지폐가 모두 상업은행의 계산화폐에 종속된 문명의 단계에서 세계적인 물가수준의 안정을 위해 여러 국가의 집단행동을 제안했다는 데 있다. 어떻게 빅셀이 35년 전에 이런 이상향적인 이론에 도달하게 되었는지, 어떻게 그것이 실험적

••
266) 도표 14와 16.
267) Fisher, Irving, *Proceedings, Amer. Econ. Assn.*, March 1927, 106.

인 연구와 검증을 위해 전후 자본주의 문명의 비극을 기다렸는지, 그리고 어떻게 그것이 이런 실험에 맞도록 수정되어야 하는지는 경제 이론의 재구축에 있어 탁월한 경제적인, 정치적인, 그리고 외교적인 문제들이다. 이와 평행을 이루는 사례는 100년 이상 전의 또 다른 세계 전쟁에 이어 나타난 이론의 재건에서 찾을 수 있을 뿐이다.

3. 한계생산성으로부터 자본수익으로

예측과 중앙은행의 통제에 관한 빅셀의 이론에는 세 가지 결함이 나타났다. 그것은 한계생산성의 측정 가능성, 공개시장의 이자율과 고객이자율의 괴리, 그리고 위험할인이다.

역사적으로는 이자율에 대해 세 가지 유형의 한계생산성이 있었는데, 여기에 빅셀이 네 번째 유형을 추가했다. 튀르고의 해석은 저축의 풍요로움과 희소함에 의존해, 풍요로움은 낮은 이자율로 이어져 낮은 수익으로도 생산이 가능하게 확장시킨다. 이것의 인과는 저축 쪽에 있었다. 리카도의 해석은 반대의 관점에서 인구의 확대로부터 출발해 노동과 자본이 낮은 수준의 농업생산에까지 밀려가게 되고, 이에 상응해 이자와 이윤이 하락한다. 그의 인과는 자연과 인구 쪽에 있었다. 뵘바베르크의 이론은 현재 재화가 지닌 기술적인 우위의 이론인데, 현재 우회적인 방법에 투입된 주어진 수량의 노동이 처음 고용된 후에 경과한 시간이 길어지면서 더 많은 산출물을 생산한다고 가정한다.[268]

..
268) 본서 772쪽, 심리경제학에서 제도경제학으로.

이 이론들은 어떤 것도 발명과 조직의 개선에 의한 자본의 기술적 효율의 변동을 적절히 고려하지 않았다. 이것들은 주로 자본의 수량에 관심을 두었다. 튀르고는 자신의 "온도계"인 장기융자에 대한 이자율로 자본의 수량을 측정했다. 리카도와 뵘바베르크는 생산하기 위해 필요한 노동시간의 숫자로 자본의 수량을 측정했다. 빅셀은 노동시간에 의한 자본수량의 측정을 거부하고 튀르고의 화폐적인 측정으로 되돌아갔다. 그러나 그는 자본수량과 구분되는 자본수단들의 **효율 변동**을 도입했다. 사실 리카도는 효율의 변동을 이론의 기반으로 삼았으나, 그것은 인구가 농업의 낮은 한계지로 내몰리면서 발생하는 효율의 하락이었다. 리카도는 모든 산업에 있어 실제로 농업을 한계지로 내모는 인구의 압박을 노동의 효율을 늘려 극복하는 발명에 관한 유효한 이론을 가지고 있지 않았다. 칼 맑스는 리카도의 효율 체감을 노동의 효율 증가로 대체했지만, 그것은 노동자가 아니라 소유자에게 속하는 잉여 생산물의 상향 추세였다.

그렇지만 빅셀은 혁명적인 발명의 시기에 자본의 한계생산성, 즉 효율이 증대되어 저축에 대한 수요가 늘고, 자연이자율이 증대된다는 것을 주목했다. 그렇지만 기술적인 개선이 느려지고 저축이 계속 늘면, 한계생산성이 내려가는 경향이 있어서, 저축에 대한 수요가 줄고 자연이자율이 하락한다. 따라서 빅셀은 튀르고처럼 자본의 수량을 화폐로 측정하면서 자본재들의 기술적인 효율의 변동으로 자본에 대한 "자연이자율"을 측정했다.

그러나 빅셀은 더 나아가 주관주의 학파의 심리적인 관심을 한계생산성과 저축에 대한 이자와 동일시했다. 빅셀과 똑같이 카셀도 측정이 가능한 수량으로서의 "기다림"과 기다림에 지불되는 가격을 동일시했음을 우리는 주목했었다. 이것이 빅셀에서 효율 **변동들**로 수정되지만 튀르고의 하락하는 "이자의 가격"과 동일한 것으로 판명된다. 그렇더라도 빅셀은 튀르고의 "이자 가격"을 묘사하기를, 낮은 이자율은 농업, 공업, 상업에 있어 빠져나가는 해수면의 위로 노동의 섬들과 계곡들이 드러나 활동하게 만들며, 이자율(또는 "가격")의 상승은 솟아오르는 해수면의 아래로 그들이 사라지게 만든다.

이제 빅셀이 사회적 효율 개념으로 변환시킨 한계생산성 개념은 사회적 산출물이 늘어나는 비율의 증감과 새로운 저축이 축적되는 비율의 증감이라는 두 변수로 구성된다. 자연이자율은 사회적 산출이 증가하면서 늘어나고 사회적 산출이 감소하면서 줄어든다. 그리고 그것은 저축의 공급이 줄면서 늘어나고 저축의 공급이 늘면서 줄어든다.

또 다른 변수가 고려되었는데, 그것은 물가변동이다. 물가변동은 상품의 가격과 모든 서비스, 기술적인 과정에 들어가는 상품과 노동의 가격을 모두 변화시킨다. 그러므로 자신의 이론적 발제를 마련하려고, 리카도, 뵘바베르크 그리고 모든 이론가와 마찬가지로, 그도 물가가 불변이라고 가정함으로써 이 변수를 제거했다. 이어 이렇게 가정하면, 우리는 사회생산물, 자본 또는 저축의 수량, 시장이자율, 그리고 중앙은행이자율이라는 네 개의 변수를 지니게 된다. 사회적 생산물은 효율의 변동에도 불구하고 불변의 가격으로 판매된다고 상정한다. 따라서 자본저축과 이자율들도 화폐의 일정한 구매력으로 측정된다. 그래서 이런 가정들로, 물가의 어떤 상승이나 하락이 사회적 산출물과 산출물 생산에 참여한 모든 사람의 화폐소득이 생산이 등락하는 한계지점에서 균등화되는 것을 방해하지 않는다. 이에 따라 안정적인 물가로 측정된 물리적 생산성의 잉여가, 역시 물가변동의 영향을 받지 않는 저축에 대한 이자와 동일해지는 균형수준이 한계생산성이 된다.

그런 후에 빅셀은 소비자물가(소매물가)의 **변동**, 생산자물가의 변동 (도매물가와 임금), 은행이자율과 시장이자율의 변동, 그리고 화폐량의 변동을 도입한다. 이런 변동들은 서로 다른 **변화의 비율들**로 서로 다른 **변화의 시점들**에 발생한다. 그리고 서로 다른 변동들의 이런 후행과 선행을 그는 관찰하고 측정해 발권하고 재할인하는 중앙은행의 합의된 예측이 물가를 안정시키는 수단들에 대한 이론을 도출한다.*

빅셀의 한계생산성이론은 1931년과 1932년에 케인즈, 하이에크, 호트리 사이에 주목할 만한 논쟁을 낳았다.[269] 케인즈가 화폐이론에서 이윤의 자리를 남겨놓지 않았으며, 그의 이론이 순전히 화폐적인 이론으로 기술적인 자본의 물적인 생산성이 비화폐적으로 변동하는 것을 고려하지 않았다고 하이에크는 주장했다.

후자의 주장에서 하이에크는 생산기간, 즉 우회생산의 과정을 늘리는 더 커다란 기술적 우월성이라는 뵘바베르크의 이론에 다시금 의존했던 것이다. 만일 더 많은 기술적 자본의 투자로 인해 우회생산과정이 늘어나면, 자본의 미래 한계생산성은 늘어난다. 그러나 만일 더 적은 기술적 자본의 투자로 인해 우회생산과정이 줄면, 자본의 미래 한계생산성은 줄어든다. 빅셀이 보여주었듯이, 이런 대안적인 상황들이 경기변동 속에서

∴

269) Hayek, F. A., "Reflections on the Pure Theory of Money of Mr. J. M. Keynes", *Economica*, XI, 270; XII, 23; Keynes의 "Rejoinder", *Economica*, XI, 378. Hayek, *Prices and Production*(1931)과 Hawtrey의 리뷰, *Economica*, XII(1932), 119 그리고 그의 *Art of Central Banking*(1932)도 참조. Keynes, J. M., *Treatise on Money*(1931)와 *Essays in Persuasion*(1932).

---

* 경제학의 역사에서 빅셀의 가장 잘 알려진 공헌은 한계생산성으로 결정되는 실물의 자연이자율과 화폐의 시장이자율의 차이를 물가변동과 연결시킨 것이다.

실제로 발생한다. 장기이자율(채권이자율)이 낮은 불황기에는 신규건축을 위한 채권이 더 많이 발행되고, 호황으로 이자율이 높거나 채권의 수익률이 높으면 채권이 적게 발행된다.

그러나 뵘바베르크가 주장한 바와 같이 우회과정을 늘리면 생산성이 올라가고 우회과정을 줄이면 생산성이 내려가는 것이 아니다. 현대적인 발명이 지닌 천재성은 전적으로, 낙후된 방법으로는 수년이 걸리거나 현실적으로 불가능할, 예를 들어 마천루를 10개월에 건설해 우회과정을 **단축시키는** 데 집중한다는 데 있다. 이같이 예상되는 산출에 대비하면, 효율적인 자본장비에 대한 투자가 낙후된 장비보다 훨씬 더 적다. 증기기관과 낙후된 기계 등 전체 장비가 생산하는 산출물에 해당되는 생산물을 만들어내는데, 발전기와 이에 수반되는 개선된 기계를 건설하는 것이, 예상되는 산출물 단위로 따져 비용이 훨씬 덜 들고 시간도 덜 든다. 우리가 우회생산이 미래의 **주어진 산출비율**을 뜻한다고 보면, 한 관점에서는 현대적인 기술이 우회과정을 단축시키며, 다른 관점에서 보면 과거보다 신규건축에 위해 발행해야 할 채권을 줄인다.

그렇지만 이런 미래의 산출비율이나 미래의 한계기술생산성 또는 미래의 이윤은 이제까지 도입된 어떤 통계적인 장치로도 전혀 측정이 가능하지 않다. 이런저런 이유로 호트리는 "생산기간"을 제거하고 대신 시간 간격이 주로 생산자의 실행계획, 채워지지 않은 주문, 현재 있는 재고, 추가적인 자본과 노동을 가동하는 시설 등에 달려 있다고 올바르게 설명했다.

그러므로 우리는 빅셀과 호트리가 강조한 기대되는 변동뿐만 아니라 현재의 모든 상황을 고려하는 사업계의 실제 예측에 대한 수량적인 증거를 다른 데서 찾아야 한다. 협상이 진행되고, 호트리가 상정했듯이, 가깝거나 먼 미래를 위해 실행계획과 상품 및 노동에 대한 구매가 진행되고 있는 현재 시점에 우리를 위치시켜보자. 그러면 우리는 각 기업체에, 예측을 위한 지침으로서 각자의 경험과 현재의 운영, 그리고 비슷한 기업체과 일반인이 미래에 대한 기대들에 관해 내리는 판단을 지니고 있다.

은행가가 현재의 구매력을 미리 빌려줄 의사가 있을 미래의 이윤차익을 얻기 위해, 이런 예측에는 기대되는 물적인 산출과 그것이 팔릴 것으로 예상되는 가격이라는 두 개의 변수가 개입된다. 왜냐하면 은행체제가 움직이는 근거는 물적인 생산성이 아니기 때문이다. 그것은 **기대되는** 물적인 산출과 기대되는 가격의 **곱**이다. 달리 말해 그것은 예상되는 "총매출"이다. 산출 **그리고** 가격에 대한 이런 예측들은 계속 변하고 있지만, 장거리 예측들의 현재 흐름은 주식시장에서 기업들의 주식 및 채권과 토지시장에서 토지소유권에 대해, 배당, 이자, 지대의 현행 순수입을 비교해 지불하는 현재 가격들로 결정된다. "주식수익", "채권수익" 그리고 토지가치의 "지대수익"에 대한 이런 계산들이 **예상되는** 수량과 가격의 **곱**에 대한 가장 근접한 측정치이다. 주가와 채권가격은 대단히 투기적이고 가변적이며 때때로 조작과 선전에 휘말린다. 그럼에도 불구하고 당분간 그리고 어떤 이유로든, 투자하고 투기하는 사람들이 미래의 생산을 어느 정도로 산출물과 가격의 **곱**의 낮은 차익으로까지 확장할 의사가 있는지, 또는 현재의 이자율들에 대해 어느 정도까지 만족할 의사가 없는지를 이들이 보여준다. 만약 액면가가 100달러인 5%의 채권이 시장가격이 200달러 정도로 철저하게 방어된다면, 이 채권을 구입하는 투자자들은 이 기업의 소유자들이 장비를 늘리고 보다 높은 수준의 매출로 생산을 확장하도록 허용할 의사가 있을 것이다. 이것은 2.5%의 채권수익에 불과하므로, 미래의 물적인 생산성과 보다 높은 미래가격을 **곱한** 보다 낮은 차익이 될 것이다. 그러나 만약 시장가치가 50달러에 불과하다면, 채권수익이 10%여서 투자자들은 이 기업이 장비를 늘리고 기대되는 가격에 기대되는 산출을 10%의 한도를 넘어서 확장하는 것을 허용할 의사가 없을 것이다.

같은 원리가 주식이나 토지가치에 투자할 의사에도 적용된다. 그러나 여기서는 이자보다 훨씬 더 가변적이고 진정으로 기대되는 이윤의 요인인 위험요인이 아주 결정적이 된다. 기대되는 위험으로 인한 할인이 100%로 상승할 수 있는데, 이런 경우 액면가격이 100달러인 주식의 현재가치가 영으로 가라앉아, 비록 투표권 때문에 "보유될" 수는 있지만, 시장에서 사라진다. 또는 만약 기대되는 위험이 기대되는 가격인상으로 기대되는 산출물 증가 때문에 줄어들면, 주식의 가격은 액면가를 훨씬 넘어서 상승할 수 있다.

이런 원리들은 단순하기 그지없어서 쉽게 이해되지만, 여기서 주목할 점은 이들이 기대되는 산출과 이 산출물에 대해 받으리라고 기대되는 가격을 하나의 평가(총매출)로 결합한다는 것이다. 그러므로 이들은 "자연적인" 이자의, 단지 기술적 자본이나 우회과정의 증가나 감소에 근거한다고 이것을 격하시키고 있다. 이런 모든 미래의 가변적인 물적인 산출물들이 미래의 가변적인 가격, 이윤 그리고 이자와 함께, 이미 주식과 채권을 매매하는 현재의 과정 속에서 자본시장으로 변환되었다.

우리는 시즈위크를 따라 이런 모든 장기적인 투자로부터 발생하는 수익을 빅셀의 "한계생산성" 대신에 "자본수익"이라고 명명한다. 왜냐하면 이것은 이자와 배당 모두의 기대되는 장기 수입에 대한 소유권에 대해 현재 구입자가 내리는 모든 평가에 있어서, 이자가 지배적인 가장 안전한 것에서부터 이윤이 지배적인 가장 덜 안전한 것에 이르는, 이윤과 이자 모두를 위한 결합된 수익이기 때문이다. 평균적인 자본수익에 대해 가중적인 지표를 구축할 수 있다면, 우리에게 금융과 투자목적으로 측정이 불가능한 빅셀의 "자연이자"라는 지표가 아니라 모든 참여자가 현재 내리는 현명하거나 어리석은 판단 또는 지닌 희망으로 가득하거나 불안으로 가득한 판단에 따라 생산을 확장하고 제한하는 제도적인 체계 전체에 대한 지표가 있어야 한다.

현재의 통계자료를 가지고 우리가 이런 자본수익에 가장 근접할 수 있는 것은 신규발행에 따라 가중치를 부여한, 뉴욕증시에서 거래되는 선별된 보통주와 우선주와 채권의 평균수익이다. 이런 지표는 기대되는 공급과 수요, 또는 가격뿐만 아니라 이런 가격에 팔릴 것으로 예상되는 기술적인 산출물을 포함한다. 우리의 계산은 도표 16의 "자본수익"에서 확인할 수 있다.

이 계산은 완성되지 않았기 때문에 여러 가지로 불완전하다. 그렇더라도 있는 그대로 통계적인 연구의 현재 상태에서 개략적인 실마리를 제공한다. 만약 이 지표를 도표 16에서처럼 공개시장의 상업이자율 및 뉴욕준비은행의 재할인율과 비교하면, 우리는 빅셀의 분석이 지닌 중요성에 대해 실마리를 얻기 시작한다. "자본수익"은 비화폐적인 요인을 제거하지 않는다. 자본시장이 실제로 하고 있듯이, 그것은 기술적인 산출과 이 산출의 가격을 곱해서 결합한다.

그래서 기술적 자본의 한계생산성에 근거한 빅셀의 "자연"이자율을 자본수익으로 대체하면, 그의 이론은 다음과 같이 된다. 우선 그는 화폐의 평균적인 구매력의 안정성을 유지하려는 목적에 이끌려 발권 및 재할인을 담당하고 있는 중앙은행들이 전체적으로 일치된 조치를 취한다고 가정한다. 이런 일치된 조치로 잔액을 지불하기 위한 금수송이 끼어들어, 한 국가에서 다른 국가로, 신용의 이전이나 할당으로 상쇄될 수 있다. 이

렇게 되면 금보유고는 실질적으로 갇혀서 국내교역뿐만 아니라 무역에
서도 사라질 수 있다.

　그렇다면 이 가정으로, 만약 세계적인 평균 자본수익(그의 자연이자율)
이 낮아서 투자와 투기활동이 많음을 보여주면 증권이 높은 가격에 팔릴
것이며, 이 높은 가격이 신규증권의 발행량을 늘려서 주어진 임금과 가
격에서 확장과 신규건설을 위해 구입할 수 있는 노동과 재료의 수량을
늘리는 유인이 될 것이다. 이를 통해 구입한 노동과 원료의 수량으로 측

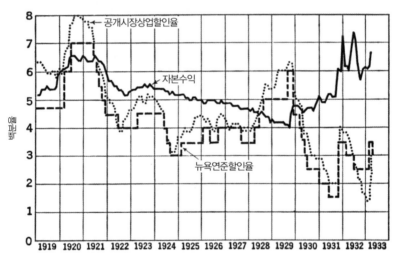

[도표 16] 자본수익, 공개시장이자율 그리고 재할인율(1919~1933년)

"자본수익", 15개 공공시설기관의 채권, 15개 철도채권, 15개 민간산업 채권, 20개 민간산업의 우선주, 그리
고 90개 민간산업의 보통주의 평균수익; 1919~1933년의 *Commercial and Financial Chronicle*에 주어진
기업채권, 우선주, 보통주의 신규발행에 따른 가중치 부여; 스탠다드 스태틱스사가 계산했고 현재 *Survey of
Current Business*에 등재된 여러 부류 증권들의 수익.
"공개시장 이자율" 4~6개월짜리 주요 상업어음에 대한 평균 월리, 1927~1928, 1931년의 *Annual Report of
Federal Reserve Board*와 1932년 1월부터 1933년 5월까지 *Federal Reserve Bulletin*.
"뉴욕 연방준비은행 재할인율" 1924년 및 1931년의 *Annual Report of Federal Reserve Board*과 1931년
1월부터 1933년 5월까지 *Federal Reserve Bulletin*; 1919~1921년의 이자율은 60일에서 90일까지의 어음
에 대한 것; 1922~1933년의 이자율은 모든 종류의 어음에 대한 것.

정한 전체 사회투자와 사업이 늘어나서 산출물의 증가가 결과로 나타날 것이다.

이제 만약 증권의 가격이 높아 자본수익(빅셀이 말하는 자연이자율)이 낮으면, 은행이자율은 자본수익보다 더 낮아서, 같은 경향이 현재의 활동으로 이전될 것이다. 이 더 낮은 은행이자율에 자극되어 융자를 받는 사람들은 장기증권에서 벗어나 완제품의 즉각적인 인도를 위한 단기차입을 늘릴 유인을 가지게 된다. 이런 단기차입의 증가는 대출자들이 노동과 자재에 대한 수요를 늘리게 할 수 있다는 점에서, 증권의 높은 가격과 같은 효과를 지닌다. 이것은 먼저 즉각적인 생산을 위해 구입해 활용할 노동과 재료의 수량을 늘리는 경향을 낳는다. 이렇게 되면 모든 노동이 완전히 고용되어 산출량을 추가할 수 없는 시점에서 가격과 임금을 올리는 경향이 생긴다. 우리가 보았듯이 이것이 1919년의 경우이다.

그러나 만약 자본수익(자연율)이 낮은 데 비해 은행이자율이 자본수익보다 높게 인상되면, 이 더 높은 은행이자율이 낮은 자본수익을 상쇄하는 경향이 있다. 대출자들이 현재의 영업을 위해 은행에서 빌리는 돈을 줄여 장기증권에 더 많은 돈을 투입하는 경향이 있다. 이렇게 되어, 은행이자율이 자본수익보다 낮을 때 발생하는 물가의 상승이나 산출물의 증가가 발생하지 않는 경향이 생기게 된다.

동일한 추론을 철저하게 끌고 나가면, 산출과 물가의 평균적인 움직임에 영향을 미치는 것은 은행이자율의 **절대적인** 등락이 아니라 자본수익과 비교한 은행이자율의 **상대적인** 등락이 된다. 만약 자본수익이 6%이면, 1919년에서처럼[270] 은행이자율 4.5%는 낮은 비율이어서 평균적인 상

----

270) 도표 16.

품가격이 상승하는 경향을 발동시킬 것이다. 만약 1929년에서처럼 자본수익이 4%로 하락하면, 5%라는 동일한 이자율이 **높은** 비율이어서 물가하락의 경향을 발동시킬 것이다.

여기서 화폐차입과 재화구입의 함수적인 관계에 대한 빅셀의 활용이 지닌 중요성이 확인될 것이다. 이 관계는 모든 기업제에는 잘 알려져 있지만, 고전학파나 쾌락주의 경제학의 이론에서는 활용되지 않는다. 이들은 화폐가 생산과정이나 쾌락 및 고통의 과정에서 먼저 결정된 교환가치에 대해 아무런 영향을 미치지 않는 "교환의 매개체"로서, "형태"에 불과하다며 이것을 제거했다. 그러나 빅셀에 의하면, 화폐는 오로지 수동적인 역할을 하는 단순한 "형태"의 차이가 아니라 능동적인 역할을 하는 "실제"의 차이이다.

고전학파와 공산주의 경제학자들은 재화를 수송하는 수단인 고속도로와 다르지 않게 화폐가 단지 재화의 이전에 있어 편리한 교환의 수단으로서 수동적인 역할을 수행하므로, 이자율을 또 다른 보편적인 상품인 화폐로 지불이 가능한 "자연"이자율로 묘사할 수 있다고 상정한다. 만약 다른 상품의 가치를 결정하고 측정하는 노동력의 동일한 노동시간으로 화폐의 가치가 결정되고 측정되어 화폐가 상품의 단순한 한 형태, 즉 금과 은이라는 그들의 가정이 맞는다면 이런 상정이 현실에 근접했을 수도 있다. 그러나 금속화폐체제를 은행의 계산화폐가 대신한 상태에서는, 시즈위크기 앞서 보여준 바와 같이 은행이자율은 자본의 한계생산성이 결정한다고 가정한 "자연"비율이나 자본의 시장가치에 대한 수익의 변동과 달리 움직인다. 달리 말해 여기서 빅셀은 시즈위크의 두 가지 정태적 이자율들 사이에 다중적인 인과관계를 도입하고 있다. 이 관계 속에서는 은행이자율이 반드시 자본수익과 일치하지 않으며, 이런 불일치가 생산의 수량과 가격의 변동에 반영된다.

은행이자율과 자본의 한계생산성 사이의 상대성에 관한 빅셀의 이론은, "빅셀의 놀라운 할인정책"이라고 부르면서 페터가 비판한 것을 해명할 수 없게 만든다.[271] 페터는 "가치"생산성이라는 이유로 빅셀의 한계생산성을 거부한다. 그것이 실제로 가치생산성이라는 것은 분명하다. 이에 비해 한계생산성이 언제나 기술적인 산출의 생산성이라는 것이 인정된다. 빅셀의 "한계생산성"은 산출과 이 산출에 대해 수령하는 가격 모두를 포함한다. 이것은 자본수익으로 측정할 수 있는 금전적인 가치-생산성이다. 그렇게 되는 이유는 물리적인 생산물이 돈을 받고 팔려서, 가치는 심리적 가치가 아니라 화폐가치이기 때문이다.

더욱 설명할 수 없는 것은 페터가 여러 이자율의 **상대성**이라는 빅셀의 근본적인 이론을 놓쳤다는 사실이다. 페터는 빅셀의 이론 중 은행이자율이 "자연"이자율을 하회하는 반쪽만을 주목하면서, 이런 상황이 물가를 상승시킨다는 데 대해 빅셀에 동의하고 있다. 그래서 페터는 시장이자율이 **언제나** 자연이자율보다 낮게 유지되어야 한다는 것이 빅셀의 의도였다고 가정한다. 페터가 말하기를, 이런 경우 "지속적인 은행의 신용팽창과 물가 상승이 발생해, 러시아와 독일의 지폐 인플레이션과 마찬가지로 상업융자를 더 많이 받으려는 동기가 무한히 생겨난다." 페터는 빅셀의 이론 중 다른 반쪽을 간과하고 있다. 은행이자율을 "자연"이자율보다 끌어올리면 물가 상승을 중지시키거나 심지어 물가하락을 가져올 수 있다.

페터에 대한 답변에서[272] 피셔가 빅셀에 대한 더 나은 이해를 보여주었

∴

271) Fetter, Frank A., "Interest Theory and Price Movements", *Proceedings Amer. Econ. Assn.*, March, 1927, 62, 98.

다. 여기서 그는 은행이자율을 자연이자율 아래로 낮추면 신용팽창과 물가 상승이 초래된다는 빅셀의 이론을 승인했다. 뿐만 아니라 그는 은행이자율을 "자연"이자율보다 높게 올리면 신용위축과 물가하락이 발생하리라는 점과 "다른 이자율들에 맞추어" 할인율을 유지하면 평균적인 물가를 안정적인 수준으로 유지하는 경향이 생길 것이라는 점을 지적했다.[273]

4. 공개시장이자율과 (기업) 고객의 이자율

빅셀은 단기이자율과 장기이자율이 시장에서 일치되는 경향이 있다고 주장했기 때문에 두 이자율의 차이를 강조하지 않았다. 만약 그가 말하는 단기이자율이 "(기업) 고객의 이자율"이라면, 이런 그의 주장은 상당히 옳았다. 사실 우리의 "자본수익"을 리플러가 주목할 만한 저작에서 발전시킨[274] 평균적인 "고객의 이자율"과 비교하면, 이 두 가지 이자율이 도표 16에서 구분될 수 없어서, 이 도표에서 고객의 이자율이 생략되고 있음을 알 수 있다. 이것은 우리의 "자본수익"과 거의 동일하다.

그러나 도표에서 보여준 대로, 이것은 공개시장 이자율과는 다르다. 공개시장이자율은 수수료를 받는 중개소들을 통해 크고 잘 알려진 제조업체들의 단기어음이 수천 개의 은행들에게 판매되고, 은행들은 이것을 달리 투자하지 않은 자신의 잉여자금에서 구입해서 형성된 전국적인 비

· ·

272) *Ibid.*, 106, 107.
273) *Ibid.*, 108.
274) Riefler, W. W., *Money Rates and Money Markets in the United States*(1930), 62 ff.

율이므로 가장 경쟁적인 시장이자율이다. 따라서 도표 16이 보여주듯이, 이것은 직접적으로 중앙은행 이자율로부터 영향을 받는다.

다른 한편으로 고객의 이자율은 실제적으로 단일 은행과 개인 고객 사이에 합의된 비밀스러운 비율이다. 여기서 은행은 고객을 "떠안고" 가리라고 기대되며 고객은 자신의 잔고를 은행으로 가져온다. 은행은 증권들에 대한 대안적인 수익들로부터 보다 직접 영향을 받는다. 그래서 고객의 이자율은 중앙은행 이자율보다 "자본수익"과 더 가깝게 일치된다. 고객이자율과 공개시장 이자율의 이런 차이가 빅셀 자신이 물리적 생산성의 **자연적인** 비율과 대비시킨 평균적인 **시장** 이자율로 모든 단기이자율과 장기이자율을 합친 것을 대체로 설명해준다. 이에 비해 호트리 같은 사람은 장기적인 투자이자율과 비교한 단기적인 공개시장 이자율의 괴리를 더 강조하고 있다. 중앙은행의 할인정책으로 가장 즉각적이고 직접적으로 영향을 받는 것은 공개시장 비율인 데 비해 고객의 비율과 그것의 실제적인 등가물인 자본수익률은 더 천천히 영향을 받는다.

따라서 우리는 운영차익과 건설차익이라는 생산성에 근거한 두 가지 차익을 고려해야 한다. 운영차익은 대략 "화폐"시장의 단기융자에 상응하지만, 건설차익은 "자본"시장에서 장기적이 주식과 채권에 싱응한다. 비록 단기이자 및 위험이 장기이자 및 위험과 동조적으로 움직이더라도, 이들의 움직임에는 괴리와 시차가 있기 때문에 두 차익은 통상 일치되지 않는다. 만약 단기적인 이자와 위험의 이중적인 할인이 장기적인 할인보다 낮으면, 제조업은 현재의 상품생산을 단기적인 계획으로부터 얻는 운영수익이 보다 낮은 데까지 확장하고, 장기적인 계획으로부터 훨씬 더 높은 차익을 낳는 데로부터 시설과 장비를 유보할 유인을 가지게 된다. 장기이자율이 단기이자율보다 낮으면 이와 반대 현상이 일어난다. 한 시점에서 공장이 전체 가동능력 이하로 운영되고 있으면 **운영을 위한 돈을** 덜 빌리고, 주식과 채권의 가격이 높고 자본수익이 낮으면 채권과 주식을 더 발행해 **생산능력을 확장한다**는 것은 익히 알려진 사실이다.

5. 위험할인-과잉채무상태와 불황

그러나 빅셀이 변하지 않는다고 가정해 제거한 크게 가변적인 다른 요인이 여럿 있다. 이들을 위험으로 요약할 수 있다. 빅셀은 여러 **이자** 비율의 변동이 물가에 미치는 영향만을 고려하고 있었다. 따라서 그는 "신뢰" 또는 "신뢰부족"의 변동인 위험의 변동은 제거했다. 100%의 "위험할인"은 사업을 완전히 정지시킬 것이다. 그리고 이렇게 되는 이유는 위험이 전체 생산비가 아니라 다소 협소하지만 크게 요동치는 이윤차익에 작용하기 때문이다.[275]

이런 위험할인은 사업가가 장기든 단기든 부채를 짊어지거나 짊어지지 않을 의사로 나타난다. 위험과 부채의 관계에 대한 생생한 서술을 검토하기 위해 우리는 어빙 피셔의 최근 작업으로 가본다.

어빙 피셔는 자신이 제시한 호황과 불황의 아홉 가지 주요 요인에서 적절히 기반을 제시한 부채시장이 발휘하는 역할을 잘 묘사했다.[276] 우리

..

275) 본서 1025쪽, 자동적인 회복과 관리된 회복.
276) Fisher, Irving, *Booms and Depressions*(1932), 82. 이것은 이 주제에 관해 현재까지 발행된 것 중 가장 중요한 책이다. 독자에게 이 책을 참고하게 하면 우리의 논의를 크게 줄일 수 있다. 그는 로열 미커(Royal Meeker)의 계산에 근거해, 미국의 전체 부채상태를 국부의 반에 해당되는 2,340억 달러로 규정하고 있다.

의 해석이 피셔의 해석과 일치되므로, 독자는 이것을 참고할 수 있다. 다만 우리는 호트리와 같이 **부채를 낳는 거래**에서 출발한다. 그러나, 중요도의 따른 순서는 아니지만 통화량, 물가, 기업자산 및 부채의 순가치, 이윤차익, 생산지수, 낙관주의와 비관주의의 심리적인 원인과 결과, 퇴장과 이자율을 포함하는 통화유통이 다른 요인들이라고 피셔는 말한다.

위험이 적을 때 상승세의 시장에서 보다 빨리 부채가 창출된다. 만약 채무자들이 너무 많이 빌리면, 특히 만기일을 잘못 판단했을 경우, 그들은 함정에 갇힌다. 첫 번째 증상은 상대적으로 약한 채무자의 "궁박 판매"인데, 이것은 가격의 하락을 강제한다. 이것은 모든 경쟁적인 가격에 영향을 미치며, 궁극적으로는 사회전체가 궁박 판매에 휘말려서, 결과적으로 물가를 낮추게 될 것이다. "궁박 판매는 공급수요의 법칙을 왜곡시킨다." 그 이유는 이것이 이윤을 얻기 위한 판매가 아니라 부채를 지불해 지불능력을 유지하기 위한 판매이기 때문이다.

이런 매각의 쇄도는 현대적인 사업의 10분의 9를 수행하는 은행의 예금통화를 실제로 줄인다. 상업은행에 대한 부채를 예치금 잔고로부터 수표로 지불하면, 이만큼의 예금통화가 사라진다. 정상적인 시기에는 반대경향이 새로운 차입을 통해 은행예금을 회복시킨다. 그러나 위험이 커서 물가가 하락하는 시기에는 이같이 회복되지 않으며 "신용통화"도 위축된다. 따라서 우리는 신용화폐의 크기와 물가를 모두 변화시키는 주요 요인으로 피셔의 "부채순환"을 겪게 된다.

기대위험이란 산업을 관리하고 다른 모든 참여자들에 대한 지불책임을 짊어지고 있는 사람들의 두려움이나 신뢰가 의미하는 바이다. 현재의 평가에 있어 위험-할인이 가장 중요한 요인이다. 만약 기다림의 형태로 시간할인이 모든 가격에 스며들면, 페터가 보여주듯이 **이윤-예측** 형태의 시간할인은 더욱 강력하게 모든 가격에 스며든다. 이윤-예측은 크게 요동치는 보통주의 가격에서 가장 명확하게 드러나고, 정부채권의 가격에서 가장 덜 드러난다. 그렇지만, 너무나 잘 알려져 있듯이, 이것은 모든 가격, 증권, 상품에 영향을 미친다. 가격이 오르리라는 좋은 전망이 위험할인을 줄이고 모든 다른 참여자의 서비스에 대한 수요를 확대시킨다. 나쁜 전망은 이윤-할인을 늘리고 수요와 다른 참여자에게 지불하는 가격을 모두 줄인다.

업계에서 다른 시점과 장소에 이자-할인과 위험-할인에 배정하는 상대적인 가중치는 가장 심각한 중요성을 지니므로, 특히 전후에 예측을 전문으로 하는 새로운 직업을 낳았다. 경제학 역사상 처음으로 미래성이 경제 이론에서 수량적인 차원을 획득하고 있는 것이다.[277] 빅셀이 제안한 세계적인 수준에서의 중앙은행들의 단결된 행동과 최저 1%에서부터 최고 6%나 10% 이상의 폭넓은 할인율로, 이 제안이 인플레이션을 일으키는 데보다 디플레이션을 일으키는 데서 더 강력해질 수 있음은 의심할 여지가 없다. 현대의 좁은 이윤차익으로는 10%의 세계적인 이자율에서 존속할 수 있는 산업은 별로 없을 것이다. 이에 비해 위험이 높으면 1%와 같이 낮은 은행이자율 자체로는 물가 상승을 자극할 수 없음이 명백하다. 빅셀에 대한 비판은 은행이자율이 영구히 낮다는 가정이 아니라 예측 전문직이 현재 신생이라는 점과 은행들에 대한 통제같이 커다란 권력을 중앙은행들의 단결된 행동에 맡기는 정치적 위험을 근거로 삼아야 한다.

••

277) *Encylopedia of the Social Sciences*에 있는 Garfield V. Cox의 논문 "Forecasting"과 거기에 있는 참고문헌 참조.

6. 실험적인 검증

손턴-빅셀 이론에 대한 앞선 분석은 금태환이 정지된 1931년 9월의 시점에 영국과 다른 국가들의 정책으로 어느 정도 확인된다. 영란은행은 1797년 이후 손턴이 그것의 정책을 비판했을 때는 그러지 않았다가 이때는 1802년에 나온 손턴의 이론으로 되돌아갔다. 스웨덴 중앙은행은 보다 직접적으로 스웨덴 경제학자인 빅셀을 따르면서 손턴의 이론으로 되돌아갔다. 그러나 이들은 인플레이션을 방지하려는 결의로 손턴-빅셀 이론을 과장했다. 이들은 은행이자율을 각기 6%와 8%로 인상했고, 이 비율에서 기업들은 좁은 이윤차익으로 인해 빌리거나 확장할 여유가 없었다. 진실로 이들, 특히 스웨덴은 2년 동안 당시 1931년 9월 수준으로[278] 물가를 안정시키는 데 성공했으나, 완전고용과 생산을 되돌려 놓지는 못했다. 이에 비해 미국의 금본위제하의 물가는 고용 및 생산의 하락과 더불어 빠르게 계속 하락하다가 1933년 3월, 이번에는 대통령의 행정명령으로 이루어진 또 다른 금태환 정지로 그 하락이 저지되었다.

7. 전쟁순환주기

그러나 모든 국가가 금본위제도에서 벗어나게 압박하고 있는 1920년 이후의 디플레이션이 어떤 "자연적" 요인이 아니라 전시 인플레이션과

278) Cf. 월간 *Skandinaviska Kreditaktiebolaget*, Gothenburg. 1933년 10월호는 2년 동안 도매물가와 소매물가의 실질적인 안정을 보여주고 있다.

그 이후에 발생한 인플레이션의 결과임을 주목해야 하는데, 이것은 잘 알려져 있다.

빅셀은 진정으로 자신의 물가안정이론에서 전쟁과 전시목적을 위한 금의 감금을 명시적으로 배제했고, 전후에 중앙은행에 의한 금의 감금을 예측할 수 없었다. 우리는 주로 물가의 장기적인 등락추세의 상하로 오르락내리락하는 단기적인 "신용순환"에 대한 설명이라는 관점에서 그의 이론과 다른 이론들을 고려해왔다.

그렇지만 만약 이른바 이런 장기적인 물가를 검토하면, 이들도 약 30년의 주기를 지닌 신용순환이라는 것이 드러난다. 이들은 금이나 은의 채굴이 안고 있는 우연에 달려 있다기보다 지폐와 중앙은행의 상업신용을 수단으로 전쟁목적의 상품과 노동에 대한 수요를 창출하는 전시재정에 달려 있었다. 1815년부터 1849년까지의 하강세가 손턴의 "지폐신용"으로 영국이 재정을 제공한 25년의 세계전쟁에 이어 나타났다.[279]* 1865년부터 1897년까지의 하강세는 미국독립혁명, 남북전쟁, 미국에서 정부신용으로 대체시켜 정화가 타국에 방출된 이후에 나타났다. 신용으로 재정이 제공된 전쟁이 있은 다음 1920년 이후에 나타난 하락세는, 세계적인 단결된 행동으로 정지되지 않는 한 비슷하게 1950년까지 또 다른 30년동안 계속될 것으로 예상된다. 이 글을 쓰고 있는 1933년 11월 현재, 국가들은 경제적이든, 화폐적이든, 군사적이든 국내적이고 국제적인 이해

· ·

279) 본서 244쪽, 도표 1.

---

* 25년간의 세계전쟁은 프랑스 대혁명(1789)으로 인한 전쟁과 나폴레옹의 등극으로 발생해 워털루전투(1815)로 끝난 나폴레옹전쟁을 포함한 기간이다.

갈등의 모든 문제에 대해 함께하는 데 확실하게 실패해왔으므로 미래를 예측할 수 없다. 위험할인은 100%이다.

빅셀의 제안 이후에 모든 이론이 실제적으로 동의하는 바는 한 가지이다. 단결된 행동으로 오랜 기간의 경기침체로부터의 회복에 시동을 거는 것이 비슷한 행동으로 추후에 디플레이션을 초래하면서 인플레이션을 정지시키는 것보다 더 어렵다는 점이다.

8. 자동적인 회복과 관리된 회복

우리는 1933년 11월에 이 책의 저술을 마친다. 지난 8개월 동안, 역사상 처음으로 거대한 국가가 지난 모든 경기침체 이후의 자동적인 회복 대신에 관리된 회복을 위한 길을 보여줄 것을 자신의 지도자에게 명령했다. 두 개의 커다란 전쟁주기의 종료시점인 1847년과 1897년에 단지 두 번 비슷한 깊이에 도달했었다. 그러나 이번에는 결정적인 전시 중의 호황 이후, 30여 년은커녕 13년도 안 되어 국가들이 자연법칙에 맡기지 않고 손수 관리된 회복을 가져오려고 노력하고 있다. 레닌의 공신주의, 무솔리니의 파시즘으로 시작해 루즈벨트의 민주주의, 히틀러의 나치주의, 일본의 군국주의에 이르기까지, 여러 국가는 나름대로 그들의 자본주의 문명의 전쟁들로부터 관리된 회복을 강구했다.

미국에서는 프랑스 대혁명의 세계전쟁으로부터 이어져 내려온 위대한 두 가지 이윤이론 중 한 가지나 두 가지 모두를 수단으로 자본주의체제를 보호하는 일시적인 권한을 의회가 대통령에게 부여했다. 이들은 이윤 몫 이론과 이윤차익 이론이다. 위기의 시기에 모든 위대한 지도자와 같이 그는 그 시점에 전략적인 요인으로 보이면 어느 것이든 선택한다. 그리고 이에 대해 결심하면, 그것의 일상적인 적용은 자신의 부하들에게 맡기고, 그는 즉시 그다음 전략적인 요인으로 옮아간다. 그러나 이런 것들이 너무 많고 너무 복잡해서 적대감이 매번 일어난다. 자본주의적인 분자들은 자신들의 이윤차익을 보존해줄 파시즘으로 향하고 있다. 다른 분자들은 늘어나는 이윤차익에 대항해 자신들의 몫들을 재분배하거나 심지어 이윤차익을 폐지할 공산주의나 자발적인 집단교섭과 강령들로 향하고 있다.

만화경적인 변화들 한가운데서, 매일 어떤 한 권의 책 또는 일련의 책들이 문명의 회전을 좇아가는 데 충분할 정도로 빠르게 나올 수 없다. 문제는 일별, 시간별 또는 주별 간행을 위한 것이다. 책은 일반원리와 조사방법을 개발할 수 있을 뿐이다. 이 책의 저자와 모든 다른 저자들은, 원리와 방법의 인도를 받으려고 선택하면서도 자신들 모두에게 어느 정도 똑같이 몰려오는 즉각적인 긴박한 문제들에 주의를 돌려야 한다. 누구도 어떤 위대한 지도자가 무엇을 할지 또는 국가가 무엇을 할지를 미리 말할 수 없다. 이 지점에서 이들을 떠나서, 우리는 기회가 주어질 때 각자의 작은 구석에서 매일 또는 매주 참여하고 주시한다.

IX. 사회

1. 비용으로부터 분배의 몫으로

한계생산성의 물리적인 개념을 자본수익의 제도적인 개념으로 대체한 것은 위에서 논의한 실용적인 이론들보다 훨씬 더 깊은 사회철학에 기반을 두고 있다. 그것은 경제과학이 활용할 개념으로서 사회의 본질 자체로 들어간다. 이것은 우리로 하여금 누가 사회인지, 자본가인지 지주인지 노동자인지에 대한 질문을 던지게 만든다. 리카도, 제번스, 뵘바베르크로부터 계승한 빅셀의 이론은 사회를 이자와 이윤을 추구하는 자본가들로 의인화하고 있다. 그러므로 사회는 하나의 생산비용을 가지며, 그것의 순수입은 이런 이자와 이윤이다.

개인주의자든 공산주의자든 파시스트든 자본가이든 또는 기타이든, 사실 모든 경제학자는 사회적 관점을 취한다. 물리적인 현실에 도달하기 위해, 이것은 경제학자로 하여금 구입, 차입, 화폐, 관습, 법, 자본화 등의 제도적인 거래의 배후로 가보라고 요구한다. 모든 사회적 재생산이 향하는 가장 중요한 현실은 소비재이다. 그러나 이 동일한 소비재가 전체 인구가 더 많은 소비재를 생산하는 기반이 되는 필수적인 생계조건이다. 소비재가 이 사회적 과정의 시작점이자 종착점이다. 바로 이것이 명목적이거나 제도적인 임금, 이윤, 이자, 지대와 구분되는 실질임금, 실질이윤, 실질이자, 실질지대를 구성한다.*

리카도는 사회적 자본이 도구나 기계가 아니라 자본가와 지주가 노동자에게 제공하는 소비재의 수량이라는 생각을 발전시켰다. 이것이 사회의 생산비용이었다. 그러나 이윤, 이자, 그리고 지대는 자본가와 지주가 획득하는 소비재의 "순수입"이었다. 그래서 리카도에게 "사회"는 자본가와 지주로 구성되어 있지, 노동자로는 구성되지 않은 것으로 묘사되었다. 자본가가 노동자에게 제공하는 소비재의 수량은 실질 자본인 데 비해 기계와 비옥도는 노동의 생산을 늘리는 인간의 발명이어서, 노동의 생계비용을 넘어서 이윤, 지대, 그리고 이자의 순소득을 획득할 수 있게 한다. 그는 "노동, 자본, 그리고 기계"를 구분했다. 비옥도가 자연의 생산성이듯이, 기계는 자본이 아니라 생산성이었다. 그리고 사회적 자본은 자본가가 제공하고 노동자가 소비하는 재화들이었다.[280]

칼 맑스도 동일한 견해를 채택했다. 그에게서 자본가와 지주는 소비재의 "총수입"을 소유해 노동자에게 생존유지를 위해 필요한 최소한의 소비재를 미리 지불한 소유자들이었다. 자본가와 지주는 생산이 끝나면 원래 제공한 것을 넘어서는 소비재의 잉여를 자신들을 위해 지대, 이자, 그리고 이윤으로 간직한다. 맑스의 잉여는 리카도에서 자본가와 지주의 "순수입"이었지만, 맑스에서는 이것이 완전히 불로소득이었다.

제번스는 리카도와 맑스를 따랐지만, 인간의 노동시간이 아니라 화폐를 측정의 단위로 삼았다. 또한 제번스에서도 사회적 자본은 자본가의 "투자"에 상응하는 것으로, 노동자에게 제공되는 소비재의 수량이었다. 하지만 지대, 이자, 그리고 이윤은 노동자가 소비재를 구입하도록 지불

∶∶

280) McCulloch, J. R., *Works of David Ricardo*(1888), 5. 서문.

---

* 교과서에 나와 있는 대로 신고전학파에서 화폐가치는 재화에 대한 구매력으로 나타나는 실질 가치와 대립되는 명목 가치에 불과하다. 이에 비해 커먼스에서 화폐가치는 단순히 명목적이 아니라 (오히려) 제도적이다. 신고전학파와 달리 커먼스가 화폐를 제도로 간주하기 때문이다.

한 화폐임금을 초과해 자본가와 지주가 끌어낸 소비재의 사회적 순소득이 지닌 화폐가치였다.

그렇지만 제번스는 노동시간이 아니라 화폐를 사용해서, "고정" 자본과 "유동" 자본이라는 고전학파와 공산주의의 개념을 "자유로운" 자본과 "투자된" 자본이라는 새롭고 중요한 개념으로 대체했다. 제번스의 개념에 의하면, 나중에 빅셀이 채택한 자유로운 자본 또는 투자되지 않은 자본이 이전 경제학자들이 포함시켰던 원료, 소비재, 화폐, 재고 등 모든 잡다한 유동하는 상품들을 포함한다고 정의해서는 안 된다. 이렇게 포함한 경제학자들은 물리적으로 이동이 가능한 것에 관한 유비로 오도되었다. 이 개념은 자본가가 지불한 화폐임금으로 노동자가 구입하는 소비재의 수량만을 포함해야 한다. 이 화폐임금이 자본가가 투자한 모든 것이었지만,[281] 이것으로 구입한 소비재의 수량은 **실질임금**일 뿐만 아니라 생산의 사회적 비용이었다. 따라서 이것은 "자유로운" 자본이라는 의미에서 사회적 자본이었다. 노동자의 소비재들은 자유로운 자본이었다.

그러나 일단 자본가가 소유한 자연재료에 노동자가 노동가치를 부가하고 이 부가된 가치가 자본가의 재산이 되면, 노동자의 소비재들이 대표하는 그만큼의 자유로운 자본은 사라졌고, 이에 상응하는 것이 모든 자본가의 투자된 자본이 되었다. 리카도와 맑스에서와 마찬가지로, 이제 제번스와 빅셀의 이론에서 이자, 이윤 그리고 지대가 노동자가 자신의 앞선 소비 이상으로 생산한 추가적인 소비재의 수량이 되었다. 이 추가적인 소비재가 자본가의 "잉여"이다.

이제 뵘바베르크가 리카도, 맑스, 제번스의 이론에 두 가지 변화를 들

281) Wicksell, K., *op. cit.*, 117 ff.

고 나타났다. 이윤을 "경영의 임금"으로 받는 사람을 포함해 노동만이 부를 생산할 수 있다. 노동과 경영은 자연이 제공하는 "물적인 봉사"의 도움을 받아야 한다. 따라서 자랑스럽게 재산권을 제거하는 사회적 관점에서 보면, 노동자와 경영자에게 생산 이전에 미리 소비재를 제공해야 할 뿐만 아니라 자연의 물적인 힘을 사용하도록 제공하는 사람에게도 생산이 시작되기 전에 소비재를 지급해야 한다. 물적인 힘에 대한 이런 "사용"을 뵘바베르크는 "지대"라고 불렀다. 여기서 지대는 스스로 벌지 않은 증가분이라는 리카도의 좁은 경제적 의미가 아니라 주택의 지대, 기계의 지대, 농토의 지대, 말의 고용, 노동자의 고용 등 어떤 것의 **사용**에 대한 지불이라는 역사적인 의미의 지대이다. 그렇지만 자본의 사용에 지불하는 이자가 아닌, 그런 역사적인 의미이다. 그러나 그가 화폐를 제거했기 때문에 이 지대는 화폐지대가 아니었다. 그렇다면 그의 지대는 자본재에 대한 사용이 시작되기 전에 미리 소비될 수 없는 소비재들이어야 한다.

뵘바베르크의 이 개념을 빅셀이 채택했다. 따라서 소비재들은 임금기금(경영기금 포함)일 뿐만 아니라 토지-지대 기금이다.[282] 이것의 중요성은 노동자와 노동자가 생산을 위해 필요하는 자연의 물적인 힘에게 일을 시키려면 이것을 생산에 앞서 제공해야 한다는 점이다. 뵘바베르크가 말하기를, 자본주의경제는 미래의 소비재를 창출하기 위해 경영을 포함해 노동을 고용할 뿐만 아니라 토지와 이에 대한 개간을 활용한다. 그리고 반대로 현재의 소비는 대부분 노동과 토지에 대한 과거의 사용에서 파생된다. 물적인 고정자본과 유동자본은 노동과 자연력 모두의 생산물이다.

∴

282) Wicksell, K., "Lohn- und Grundrentenfund", *op. cit.*, 114, 115.

노동력을 소유한 노동자에게 생산에 앞서 소비재들을 제공해야 하듯이, 자연의 생산력을 소유한 사람에게도 생산에 앞서 소비재를 지급해야 한다. 하나는 소비재로 구성된 임금-기금이었고, 다른 하나는 소비재로 구성된 지대-기금이었다.[283]

뵘바베르크가 이런 임금 및 지대 기금과 연관시켰고 빅셀이 채택한 생각이 미래의 소비재들에 대한 현재의 낮은 평가이다. 결과적으로 적은 수량의 **현재의** 소비재들이 더 많은 수량의 **미래의** 소비재들과 동등하다. 임금소득자와 지대수입자가 현재의 소비재들을 같은 종류와 수량의 미래 소비재보다 높게 평가하므로, 현재 그들의 평가로 더 많은 미래 소비재와 교환해 그들에게 현재의 소비재를 제공하는 자본가는 차익으로 이자를 얻는다.

구분의 시금석은 소비재들을 미리 받는가 아니면 생산기간이 끝난 후 받는가이다. 만약 미리 받으면 그것들은 소비재들로 구성된 사회적 자본이다. 만약 생산기간이 끝난 후에 받으면 그것들은 생산에 앞서 소비된 소비재들의 수량보다 넘치는 소비재들의 자연이자율이다. "자연 이자", 즉 자본가를 위한 소비재들은 미리 받지 **않는다**. 그것은 생산과정이 필요한 잉여를 낳은 **후**에 받는다. 그러나 "자연" 임금과 지대, 즉 임금 및 급여수입자와 지대수입자의 소비재들은 미리 받는다. 따라서 이것들은 제번스의 "자유로운" 자본이다. 그러나 이자로 받은 소비재들은 어떤 것도 미리 받지 않아서 사회적 자본이 아니다.

이런 미래성의 도입이 뵘바베르크를 위대한 경제학자들 중 하나로 규정짓는다. 그의 통찰이 없었다면 현대적인 문제들에 대해 실마리를 찾는

..

283) Böhm-Bawerk, E. v., The Positive Theory of Capital(1891 번역), 420 ff.

것이 불가능했을 것이다.

그러나 결과는 사회에 대한 물적인 관념으로서, 이 안에서는 리카도, 맑스, 그리고 제번스의 이론과 마찬가지로 노동자는 자본가에게 더 많은 소비재를 생산하도록 자본가가 소비재를 연료로 투입한 동력기였다. 그러나 미래성을 구도 속에 도입한 뵘바베르크에서는, 생산이 진행될 수 있으려면 미리 "지대"나 "물적인 사용"도 어느 정도 제공되어야 한다. 그러므로 뵘바베르크는 지주, 임금소득자 그리고 재료를 제공하는 다른 모든 사람을 자신의 수입을 미래 생산으로부터 얻는 자본가와 구분했다.

그렇지만 이것은 "권리와 관계"를 경제학으로부터 제거해서 경제학을 오로지 물체와 쾌락에 근거해 수립하기 위한 매우 절묘한 재주였다.[284] 물체의 측면에서 뵘바베르크는 인간과 함께 노동하는 리카도 이전의 자연력의 생산성으로 되돌아갔고, 노동자체도 석탄과 다른 소비재를 투입해야하는 동력기였다. 심리적인 측면에서는 일정 간격의 시간 동안 소비재를 기다리는 사람들을 소비재의 미래 증가분에 대한 유일한 수혜자로 만들었다. 따라서 그는 연속적인 시점을 따라 거래를 통해 이윤을 만드는 사람들을 위해 유효한 자리를 남겨놓지 않았다. 그는 이윤이 만들어지는 시점이라는 관점으로부터 이자가 발생하는 시간 간격이라는 관점으로 완전히 옮겨갔다.

생산적 노동과 마찬가지로 자연을 생산적으로 만들어서, 그는 자비로운 자연이라는 케네와 스미스의 생각으로 되돌아갔다. 이것은 현대경제가 리카도, 시니어, 그리고 맑스의 "고통 경제"로부터 18세기 이성의 시대에 등장한 신의 은혜, 세속의 풍요, 세상의 행복에 상응하는 "쾌락 경

:.

284) Böhm-Bawerk, E. v., Rechte und Verhältnisse(1881) 참조.

제"로 변했다는 그의 전반적인 철학과 부합된다. 그러나 그는 신의 은혜를 우회생산의 더 높은 기술적인 생산성으로 바꾸었다.

그리고 그는 자신이 경제학으로부터 정교하게 배제했던 사유재산의 권리와 관계를 옆문으로 다시 끌고 들어왔다. 왜냐하면 소비재들은 "자연"에 지급하지 않는 것이 확실하기 때문이다. 이것들은 자연의 **소유자들**에게 지급된다. 따라서 재산을 제거함으로써 그는 희소를 경제학으로부터 제거했다. 단지 희소한 것들만이 소유되므로, 이것도 쾌락과 풍요라는 그의 철학에 부합된다.

이런 동일한 기술적 풍요의 철학으로부터 뵘바베르크는 효용-비용의 이름으로, 또는 보다 큰 쾌락과 작은 쾌락 사이의 선택으로, 이 경우 현재 소비의 쾌락과 미래 소비의 쾌락 사이의 선택으로 자신의 선택이론을 도출했다. 이 도출에서 그는 크고 작은 고통 사이의 선택에 대한 케리-바스티아의 희소이론에 마음을 쓰지 않았다.

왜 소유자들을 기다리게 하기 위해 소비재의 형태로 이자도 미리 지불하지 않는가? 라는 문제가 제기된다. 사실 개인의 입장에서는 이자를 받는 사람은 현재의 소비를 거르고 미래의 소비를 기다려야 한다. 그는 소비재로 구성된 자신의 **실질** 이자를 미래가 도착할 때까지 얻지 못한다. 그러나 이것이 사회적인 관점에서도 적용되는가?

이윤도 고려해야 한다. 초기의 이론에서 "이윤"이라는 용어는, 한편으로 이자나, 다른 한편으로 경영의 임금으로부터 명확하게 구분되지 않았다. 경영의 임금으로 이것은 나중에 노동과 함께 경영적인 노동에 대한 보상으로 분류되어 그 자체로 미리 지불되어야 했다. 이것이 맑스, 제번스 그리고 뵘바베르크의 분류였다. 그렇게 하더라도 이자가 오르면 이윤이 오르고 이자가 내리면 이윤이 내려서, 이윤이 이자와 평균적인 관계를 지닌다고 계속 가정하면서 이윤을 이자로부터 분명히 구분하지 않았다. 이 가정은 옳지 않다.

그럼에도 불구하고 이윤은 **미래** 이윤이다. 개인의 관점에서는 이윤도 이자와 마찬가지로 미래가 도착할 때까지 지불되지도 않고 심지어 알지도 못한다. 이때가 되어야 비로소 그것이 소비재의 **실질** 이윤이 된다. 그러나 사회적인 관점에서 보면, 왜 사업능력을 가진 사람이, 다른 사람에게 임금, 지대, 그리고 이자뿐만 아니라 융자의 미래 원금을 미래에 지불할 위험과 책임을 짊어지도록 유도하기 위해, 이윤을 임금이나 지대와 같이 생산에 앞서 미리 지불하지 않는가?

아무리 사소하게 보일지라도 이런 질문은 사회 자체의 성격에 대해 파고든다. 만약 사회가 인격화하면 사회는 생산에 앞서 미리 지급할 소비재의 모습으로 생산비용을 지니게 되고, 사회는 이자와 이윤을 구성하는 소비재를 기다리는 자본가들이라는 것이 드러난다. 그러나 만약 사회가 단지 지속적인 활동체에 참여하는 사람들의 일치된 행위를 의미한다면, 그것의 비용들은 비용들이 아니라 기업이 계속 유지되려면, 참여자들이 개인적으로나 집단적으로 지배할 수 있는 총생산물의 **몫**들에 불과하다. 그리고 노동자도 더 이상 자연의 힘과 같은 동력기가 아니다. 그도 지주와 자본가가 지닌 모든 법적인 권리와 의무를 지닌 시민이다. 물론 사회는 고통, 비용, 기다림, 수입, 가치 또는 이윤 같은 것을 전혀 모른다. 사회는 아무것도 모른다. 알려진 것은 오로지 개인들이 아는 것이고 개인들이 이에 따라 행동한다는 것이다. 개인들이 아는 것은 그들이 기업의 부분으로 간주되고 그들이 기업이 계속 움직이도록 하는 데 참여하면 사회생산물 중 얼마큼의 **몫**을 그들이 얻을 수 있는가이다.

그래서 사회적 비용은 비용이 아니라 개인들이 현존하는 재산제도하에서 획득할 사회적 생산물의 몫이다. 이것은 미리 지급되지 않고 자신들이 소유하고 타인이 필요하는 것을 유보하지 않도록 모든 계급을 유도하기 위해 미리 **협상되는** 몫이다. 몫이 "스스로 번 것인가", "불로소득인가"는 중요치 않다. 그럼에도 불구하고 이것은 기업이 계속 유지되려면 재산, 자유, 그리고 정부의 제도가 지불하라고 요구하는 몫이다. 자본가뿐만 아니라 모든 참여자는 미래를 예상하면서 행동하고 있다. 따라서 가장 호사스런 생활이든, 가장 빈곤한 노동자의 가장 미천한 소비이든, 심지어 어린이, 거지 그리고 미친 사람의 재화소비이든 **예상되는** 모든 소비재들은 사회적 비용이 아니라 생산에 대한 사회적 몫들로 간주되어야 한다. 제도적으로 마지막 것은 세금으로 나타날 수 있다. 사회적으로 이것들은 세금으로 구입할 수 있는 소비재들이다. 결과적으로 모든 소비재는 현재의 재산 및 통치제도하에서, 생산이 실제로 지속되든 그렇지 않든 생산이 지속되게 하려면 계속적으로 소비되어야 할 사회적 자본이다.

따라서 기계적인 견해와 제도적인 견해라는 사회에 대한 두 가지 견해가 드러난다. 기계적인 견해는 사유재산을 제거하지만, 사람들이 일하고, 저축하고, 미래의 소비재를 생산하기 위한 위험을 부담하도록 이끄는 유인을 수립하기 위해 소유권이라는 옆문으로 그것을 다시 끌어들인다. 제도적인 견해는 조직된 사회가 사업이 지속되게 하기 위해 내놓은 유인을 수립하는 소유권 자체이다. 기계적인 견해는 처리되고, 소비되며, 향유되고, 생산될 수 있는 물적인 것에 대한 유형적인 실재를 간직하고 있다. 이것은 상식에 호소하고 물리적인 경제학파와 심리적인 경제학파에게 견고한 근거이다. 제도적인 견해는 상당이 무형적이다. 왜냐하면 이 견해가 이런 물적인 것에 대해 생각하는 모든 것이 즉각적이거나 먼 미래에 있고, 오로지 집단적인 행동의 안정성에 대한 현재의 기대에 존재하기 때문이다. 이런 현재의 기대들을 우리는 협상적인 심리라고 부르는데, 이것은 집단적인 예측이다.

그럼에도 불구하고 참여자들 중 누구도 미래의 소비재를 먹고 살 수는 없다. 이들은 각기 현재 그 재화를 가지고 있어야 한다. 순조롭게 작동한다면 현대의 제도적인 틀이 이자와 위험할인을 통해 현재에 소비재를 제공한다. 뵘바베르크의 미래성은 재산-권리이다.

2. 전체와 부분들

(1) 기제, 유기체, 활동체

18세기의 과학방법은 변동하는 부분들과 전체의 관계 속에 있는 전체의 유기적인 일체성에 대한 관념을 전혀 가지고 있지 않다고 화이트헤드*는 말했다. 따라서 현대과학의 방법을 공식화하는 데서, 그는 한순간에 발생하는 하나의 "사상(event)"과 변동하는 사상들의 시간적 연속으로서 하나의 "유기적인 기제"라는 공식을 구축하고 있다. "사상"은 지속, 내성, 반복의 속성을 지니고 있으며, 말하자면 주어진 시점에서 움직이는

---

* A. N. 화이트헤드(1861~1947)는 영국의 수학자이자 철학자이다. 그는 실재(reality)를 고정불변으로 보는 이성 중심의 서구철학을 비판하며, 정신과 육체가 동등한 존재로 상호 협력하는 유기체 철학과, 실재를 변화와 생성의 과정(process)으로 보는 과정철학(process philosophy)을 주장했다. 그에 따르면 사물이나 사실은 세계 전체의 창조적 과정으로서 의미가 있으며, 사물 각각이 전체를 반영하는 과정으로 간주된다. 따라서 세계는 인간이 필수적 부분으로 있는 상호연결된 과정들의 연결망으로서 바라봐야 하며, 인간의 모든 선택과 행동이 세계 전체에 결과를 가져온다고 이해될 수 있다.

기제의 횡단면이다. 그러나 기제자체는, 화이트헤드가 말하듯이 현재의 사상들 속에 과거, 현재의 실현, 그리고 미래의 생을 지닌, 일종의 변동하는 사상들의 연장된 얽힘이라는 점에서 "유기적"이다.[285]

화이트헤드가 "유기적인 기제"와 "미래의 생"을 물리학에 주입했을 때 분명히 그는 생명체와 인간의 마음으로부터 이전된 비유를 도입했다. 따라서 우리는 물리적 기제를 살아 있는 유기체로부터 구분하고, 유기체를 상응하는 사회적 제도로부터 구분할 필요가 있다. 이 사회적 제도를 우리는 지속적인 활동체라고 부른다. 화이트헤드의 "유기적 기제"는 덜 비유적으로는 움직이는 기제이다. 그러나 미생물로부터 인간에 이르는 생명체는 지속적이면서 죽어가는 유기체이다. 이에 비해 사회적 제도는 미래에 살면서도 현재에 움직이는 합목적적인 지속적 조직이다. 만약 우리가 비슷한 모습을 끝까지 찾으려고 하면, 하나의 기제는 죽은 사상들의 연속이다. 살아 있는 유기체에서 물리학의 사상에 해당하는 것은 죽은 물체를 살아 있는 물체로 바꾸고 다시 반대로 바꾸는 신진대사이다. 그리고 사회조직에서 상응하는 "사상들"은 거래들이고 그것의 예상되는 반복과 운영규칙들이 지속 활동체인 그런 거래들이다.

만약 우리가 부분-전체 관계의 이런 다른 유형들을 나름의 영역에서 통일할 수 있는 두드러진 표식들을 찾고 있다면, 우리가 각각에 고유한 원리들을 찾아야 할 것이다. 이 분석은 앞선 논의에서 이념형들에 대해

285) Whitehead, A. N., *Science and The Modern World*(1926); Smuts, J. C., *Holism and Evolution*(1926), Akeley, L. E., "Wholes and Prehensive Unities for Physics and Philosophy", *Jour. of Phil.* XXIV(1927), 589, 그리고 "Knowing Something without Knowing Everything Else, as a Prerequisite in Electricity and Heat," *Jour. of Engineering Education*, XVIII(1928), 207도 참조.

수립한 방법론적인 유형을 따른다. 이 목적을 위해 자연의 기제의 원리는 순수한 압력이고, 유기체의 원리는 생존을 위한 투쟁이며, 지속적인 활동체의 원리는 미래에 예상되는 목적을 위한 단합된 행동이다. 달리 말해 자연 기제의 원리는 에너지이고, 유기체의 원리는 희소이며, 지속적인 활동체의 원리는 자발적인 의사이다.

이런 통일적인 원리들을 찾는 이유는 부분들과 전체의 관계에서 확인되는데, 이것은 상대성의 이론을 서술하는 또 다른 방법에 불과하다. 긱 부분은 전체라는 존재를 유지하는데 하나의 기능을 발휘한다. 그래서 한 부분에서 발생하는 변화가 다른 모든 부분의 변화로 이어져서 전체 기제, 유기체 또는 조직의 변화로 이어진다. 부분들 사이에 진행되고 있는 이런 기능적인 변화는 그 자체로 각기 사상, 신진대사 또는 거래이다. 어떤 것이든 각각의 특유한 행동규칙하에서 이들의 반복이 기제, 유기체, 그리고 조직이다. 물론 에너지, 희소 그리고 의사라는 용어는, 우리에게 실체나 실재가 아니라 실제로 부분들을 하나의 지속적인 통일의 원리에 묶어두려는 연구자의 마음이 구축한, 변화하는 모든 부분을 관통하는 유사성의 원리를 의미한다.

그러나 이런 지속적인 활동체는 두 부분을 지니고 있다. 이들은 각기 인간 의지에 의한 두 가지 통제를 나타내기 때문에 어느 것도 기제나 유기체가 아니다. 우리는 그 하나를 지속적인 공장 또는 자연에 대한 예상되는 기술적인 통제라고 부른다. 다른 하나는 지속적인 사업 또는 이해의 충돌과 상호의존에 적용되는 예상되는 연속적인 거래들과 충돌로부터 질서를 가져오는 운영규칙이다.

따라서 "지속적"이라는 용어는 우리가 위에서 물리학에 적용된다고 제시한 "움직이는 기제"와 다른 의미를 가지고 있다. 지속적인 활동체는 기대가 존재하는 한에서만 존재한다. 그것은 미래의 결과를 향해 현재 행동하는 인간 의지이므로, 실제로 그것은 미래에 살면서 현재에 행동한다. 그렇지만 자연력에 적용되는 움직이는 기제에는 그런 원리가 없다. 그것은 단순히 "갈" 뿐, 이 방향이나 저 방향으로 갈 것으로 예상하지 않으며, 미래에 어느 것으로 인도할 어떤 수단을 현재에 사용하리라고 예상하지도 않는다. 이에 비해 지속적인 기술적 공장과 지속적인 사업은 인간의지에 의해 구축되어 의지에 의해 어디론가 가도록 예상된다. 만약 기대들이 정지되면 그들은 가기를 멈춘다.

지속적인 공장과 지속적인 사업이라는 이 부분들의 각각은 나름대로 특정 시점에서 각자의 "사상들"을 지닌 하나의 독자적인 전체로 취급될 수 있다. 다만 이 두 가지를 각기 이들이 부분을 이루는 더 커다란 전체인 지속적인 활동체와 독립적이라고 생각하지는 않아야 한다.

이렇게 미리 주의하고 나면 인간의 통제하에 있는 자연력에 적용되는 "기제"라는 용어에는 오해의 소지가 있다. 적절한 용어는 석기로 시작해 무선으로 끝나는 "기계 시대"와 같은 용어로 절정에 이르는 인공적인 기제이다. 이 모든 것과 함께 있는 것이 또 다른 인공적인 기제인 지속적인 사업이다. 각기 모두 집단적인 의지에 의존한다. 이런 이유로 우리는 서로에게 의존하는 두 가지 유형의 경제를 구축한다. 원리가 효율인 공학적인 경제와 원리가 희소인 소유적인 경제이다.

"경제"라는 단어는 최대의 결과를 얻거나 최소의 노력을 들이기 위해 부분들의 비율을 정하는 전체 활동을 의미한다. 따라서 "경제"라는 용어는 항상 부분과 전체의 관계를 의미하는 것이었다. 그렇지만 이 부분과 전체의 관계에 대한 보다 정확하고 측정이 가능한 공식은 지난 40년 동안 경제학자들의 손을 거쳐 유통과 제한적 요인 및 보완적 요인이라는 두 가지 연관된 공식으로 발전해왔다.* 첫 번째는 물리적 순환이라는 보다 오랜 생각으로부터 반복의 속도라는 현대적인 생각으로 이행한 것을 나타낸다. 두 번째는 균형의 기계적인 이론으로부터 자연력과 타인의 활동에 대한 의도적인 통제로 이행한 것을 나타낸다. 유통은 반복의 속도이지만, 제한적 요인들에 대한 통제는 미래의 변화가 원하는 목표를 향하도록 만드는 데서 이런 느리고 빠른 반복을 활용하는 징도이다.

(2) 반복의 속도

유통에 대한 앞선 논의에서[286] 뵘바베르크가 도입한 평균생산기간에 대한 추산치가 참여자에게 제공되는 소비재로부터 그의 "우회적인" 생산 방법으로 생산된 소비재에 이르는 5년이라는 점을 주목했다. 뵘바베르크는 이것을 리카도의 노동력 수량으로 제시했으나 제번스는 노동력 사용을 위해 노동자에게 지불한 화폐투자로 제시했다. 빅셀은 제번스의 개념을 채택해 평균 투자기간이라는 개념을 수립했다. 이 기간은 자본건설을 위해 발행되는 장기채권의 평균길이이다.

그렇다면 이것이 빅셀의 평균투자기간이다. 왜냐하면 임금, 이윤, 지대 그리고 이자를 지불하고 이를 통해 생산된 물적인 것이 즉각 재료로

286) 본서 525쪽, 순환에서 반복으로.

---

* 이 주장에서 로크의 원자주의에 대한 서두의 비판을 책의 거의 끝까지 이어가는 커먼스의 놀라운 일관성을 확인할 수 있다. 더구나 이 주장은 좌우를 막론하고 유일하게 커먼스에서 발견되는 독창적인 착상인 것 같다. 신고전학파의 대체보완은 원자주의, 개인주의, 개체주의에 근거하기 때문에 커먼스의 제한보완과 구분된다.

다 사용되거나 감가상각으로 점차 다 사용되고 나서 자본가에게 남는 것이 무엇이겠는가? 그에게는 그가 지불한 화폐는 남아 있지 않으며, 물론, 공헌에 따라 지급받아 모든 사람이 구입해서 소비한 소비재도 남아 있지 않다. 기술적인 자본의 생산을 위해 그것들의 당시 가격들로 이루어진 모든 지출의 장부계산만 남아 있다. 이 장부계산이 빅셀의 개인적인 "투자"이지만, 그런 모든 투자의 평균 기간이 생산과 투자의 평균 기간이다.

빅셀은 자신의 사회적 회전개념으로 인해 자연자본으로 등장하는 소비재들의 총수량을 회전 기간 동안에 자연소득으로 등장하는 더 큰 소비재들의 총수량과 비교해야만 했다. 이 기간의 끝에 있는 **초과된** 더 큰 수량은 자본의 한계생산성에 의해 결정된다. 이것이 그의 자연이자율이었다. 여기서 그가 자연자본으로 안정적인 소비재의 크기라는 개념을 얻기 위해 안정적인 평균가격을 도입한 중요성이 확인된다.[287] 생산기간 중에 평균가격이 안정되게 유지된다고 가정함으로써, 화폐가 실질적으로 제거되어 기간의 시작과 끝 사이에 소비재의 수량변동만 남게 된다. 크고 적은 확장은 자본의 한계생산성에 달려 있으며 투자자와 기업가에게 이자와 이윤으로 돌아갈 것이다. 따라서 빅셀의 예를 들어, 투사사가 기간의 처음에 임금과 지대로 100만 달러를 지불하고, 노동자와 지주가 그 돈으로 100만 달러 어치의 소비재들을 구입한다고 상정하자. 그러나 물가가 안정적이라는 가정하에, 노동자와 지주에게 자본가가 판매한 소비

⋮

287) 리카도에서 가격들의 안정성이라는 가정은 특정 가격과 관련된 것이지 가격들의 평균과 관련된 것이 아니다. 그 이유는 그가 화폐가격을 노동시간과 같은 의미로 사용했기 때문이다.

재들이 기간이 끝난 후에 단지 100만 달러를 수입으로 가져다준다고 상정하자. 이런 경우 이자와 이윤을 위해 남는 것이 아무 것도 없을 것이다. 그렇지만 만약 한계생산성이 노동자와 지주에게 판매한 소비재들이 기간이 끝난 후에 110만 달러를 가져다주는 수준이었다면, 안정된 물가를 가정하는 경우, 한계생산성은 소비재의 수량을 10% 증가시켰고, 이 10%의 증가는 투자자들에게 "자연이자"로 주어진다. 만약 한계생산성이 소비재들의 수량을 단지 6% 증가시켰다면, 물가가 안정적인 경우, 자연이자는 6%가 된다. 기타 이와 같을 것이다.

그러나 리카도, 맑스, 그리고 뵘바베르크는 그들의 "평균노동력"으로 빅셀이 평균가격들의 안정성으로 달성한 일정한 자본의 수량이라는 개념을 구축하는 것과 동일한 목적을 달성 했음을 주목해야 한다. 그들은 화폐의 일정한 구매력을 가정하는 동일한 방책을 통해 이와 같이 했으나 평균구매력을 평균노동력으로 대신했다.

그러므로 흔히 주장해왔던 것과 같이,[288] 빅셀의 자연이자이론이 물리적인 생산성을 가치생산성과 혼동하고 있지 않다는 것을 주목해야 한다. 그는 가치의 두 가지 차원, 즉 수량과 가격을 충분히 고려하고 있다. 물리적인 생산성은 수량들의 생산이지만, "가치" 생산성은 이 수량을 현재 가격으로 팔아서 얻는 화폐 수입이다. 빅셀의 이론에서 가격은 제거되지 않고, 안정적인 평균가격을 가정해 변동하지 않는다고 가정할 뿐이다. 이 가정으로 가변적인 수량은 한계생산성이다. 안정적인 평균가격이라는 빅셀의 개념을 간과하면, 빅셀이 가치생산성을 물리적 생산성과 혼동했다는 생각으로 오도될 수 있다. 그가 그것들을 혼동시킨 것은 아니

288) 본서 656쪽, 페터와 피셔.

1042

라 불변의 평균가격을 가정해 그의 가치생산성이 물리적인 생산성과 비례적으로 움직였다.

리카도의 "자연자본"은 노동자들을 향하고 그것을 생산하기 위해 필요한 평균 노동시간의 숫자로 측정되는 소비재들의 수량이었다. 그는 기계나 비옥도가 자본임을 고려하지 않았다. 이들은 평균노동시간으로 측정해 제조업과 농업에 고용된 노동의 생산성을 이 과정에서 소비된 재화들의 수량 이상으로 증가시키는 수단에 불과했다. 리카도에게 자본은 노동자들이 요구하는 소비재들의 수량이었고, 그것의 변동하는 크기는 그것을 생산하는 데 요구되는 평균적인 노동력이라는 불변의 단위로 측정되었다. 이 일정한 크기를 넘어서 기계의 생선성이나 토지의 비옥도가 창출하는, 초과되는 소비재들이 지대, 이자, 그리고 이윤을 제공한다.[289]

그렇지만 부의 전통적인 의미와 같이, **자본**의 물리적인 의미는 물체와 소유라는 이중적인 의미를 지니고 있다. 맑스는 리카도를 따랐지만 물리적인 의미 대신에 소유의 의미를 취했다. 그는 비슷한 불변의 측정단위로 평균노동시간을 가지고 있어서, 그에게 비슷한 산출물의 노동가치를 부여했다. 그러나 그의 "자본"은 리카도의 물체들의 가치가 아니라 소유의 가치였다.

이 책에서 우리는 이런 정태적인 이중적 의미들을 활동의 용어들로 대체해 교정하려고 노력하고 있다. 물체에 상응하는 활동의 용어들은 노동의 투입과 사용-가치의 산출이다. 소유에 해당되는 활동의 용어들은 투자인 화폐의 지출과 산출물의 판매인 화폐의 수입이다.

왜냐하면 결국 노동을 투입해 생산하는 것은 물체가 아니기 때문이다.

∴

289) Cf. *The Works of David Ricardo*, 본서 609쪽에서 인용한 바와 같음.

그것은 물체의 사용-가치이고 이 사용-가치는 팔리는 산출물이다. 총 사회적 산출은 토지에서 소매상에 이르기까지 마모되고 상각되며 소비된 것을 대신하는 새로운 모든 사용-가치의 창출이다. 그렇다면 만약 기술적인 회전이 5년에 한 번 이루어지는 경우, 그것은 모든 육체적, 정신적, 경영적 노동이 생산한 모든 사용-가치가 평균 5년에 한번 또는 일년에 전체의 20%에 해당되는 비율로 마모, 상각, 그리고 소비됨을 의미한다. 마모, 상각, 그리고 소비를 대신하려면 모든 종류의 전체 사용-가치들이 5분의 1이 평균 생산기간 동안 매년 창출되어야 한다.

그러나 우리가 제시한 대로 소유권의 이전은 아마도 70배에서 100배 정도 더 빠르게 진행된다. 국가 전체로는 소유의 회전이 물적인 산출물의 회전보다 100배 더 빠르다고 상정하면 충분하다. 투기의 시기에는 200배 정도 빠르고 극도의 침체기에도 50배 빠르다.

우리가 기술적인 회전과 구분해 소유적인 회전이나 금융적인 회전이라고 부른 것에 관해 세 가지를 관찰해야 한다. 하나는 화폐와 소유권의 동일성이다. 또 하나는 계정의 회전이다. 세 번째는 계정을 부여하는 부채의 회전이다.

소유권 또는 법적인 통제권의 회전은 이런 소유권의 화폐가치의 회전과 동일하다. 증권시장에서 100만 달러의 수표는 상품시장과 노동시장에 있는 1000달러짜리 수표 1,000장의 속도와 같다. 또는 5,000명의 종업원에게 월급봉투로 분배될 현금으로 인출된 10만 달러는 증권들에 지불된 10만 달러짜리 수표 한 장과 같다. 주로 노동자들과 소매상들에 지급되는 이른바 "순환 중인 화폐"가 그 액수만큼 예금자들의 계정들에 추가된다. "손에서 손으로의" 순환은 부차적이어서 계정들의 출금과 입금에 압도된다.

따라서 각각의 차변은 증권, 상품 또는 노동산출물의 소유권과 교환되어 예금자의 자산으로부터 "지출"된 것이다. 그리고 노동 과정이 느리게 물체에 사용-가치를 부가하는 동안 동일한 물체는 소유로 인해 이제 상품이 되고, 물체에 어떤 물적인 변동이 가해지기 전에 중간상인들의 손에서 열 번에서 열다섯 번 소유권을 바꿀 수 있다.

화폐시장에서 일어나는 일은, 예를 들어 500억 달러와 같은 예치금의 수량이다. 이것은 화폐의 수량처럼 보이지만, 평균 15일에서 20일마다 일어난다고 추정되는 부채거래의 반복이다. 부채의 수량은 거래에서 이루어지는 소유권에 대한 평가로 생성되며 다른 소유권의 구입에서 계약한 여타 부채를 지불하기 위해 은행을 상대로 발행한 수표로 대표된다. 만약 은행가들이 지고 있는 예금부채의 평균 규모가 500억 달러이고 회전이 연간 20회이면, 교섭 거래로 이전되는 소유권의 실제 가치는 연 10억 달러다.

소유권에 대한 모든 판매는 은행에 하나의 새로운 신용이고, 계정들의 새로운 차변들의 모음이다. 이 계정의 차변은 부분적으로만 상품에 대한 지출이다. 연구를 보면 확인할 수 있듯이, 아마도 이것들의 3분의 1이나 2분의 1은 무형 재산이나 무체 재산에 대한 지불이다. 주식거래는 빠른 회전으로 많은 수량의 대변과 차변을 필요로 한다. 만기가 된 이자의 지불은 상품가치의 이전을 나타내지 않는다. 조세의 지불도 이와 같다. 사실 어떤 종류의 거래로 창출되는 모든 부채의 모든 지불이 "차변에 상당하는 평가로 이루어지는 소유권의 이전"이라는 하나의 용어로 압축될 수 있다. 만약 완전하다면, 이 이전된 가치의 기록은 계정의 차변 전체가 될 것이다. 이 차변은 교섭 거래에서 이루어진 소유권에 대한 평가에 상당하는 부채의 생성, 판매 그리고 소멸을 나타낸다.

재무적인 회전이나 재산회전의 나머지 다른 부분은 예금을 창출하는 융자 자체의 회전이다. 우리는 융자의 회전속도를 일 년에 열두 번 또는 한 달에 한 번으로 추정할 수 있다. 그래서 기술적인 회전은 아마도 1,500일에 한 번이고 융자의 회전은 30일에 한 번인 데 비해 차변은 15일에 한 번 회전한다. 각각은 모두 시간, 장소, 그리고 종류에 있어 대단히 가변적이지만, 이 숫자들은 이들의 통상적인 상대수입들을 짐작한 것이다.

계정의 차변은 지적한 평가로 이루어진 소유권의 이전으로 환원될 수 있지만, 이들은 소유된 대상들 사이의 차이들을 감추고 있기 때문에 추가적인 분석을 요한다. 새로운 상품의 창출과 기존 상품에 대한 소유권의 이전 사이에 중요한 차이가 있다. 새로운 상품의 창출은 자연의 물체에 형태, 시간, 그리고 공간의 사용-가치를 추가하는 노동 과정에 불과하다. 그것을 측정할 수 있는 등가물은 노동시간의 투입이다.

그러나 이 동일한 노동자들은 노동력의 소유자들이므로, 이들의 산출이 아니라 이들의 노동력 투입에 대해 지불해야 한다. 이들의 산출물은 상품시장에 출하된다. 그들의 노동력 투입에 대한 소유권은 노동시장에 특화되어 있지만, 자영업과 같은 모든 경우에서는 그것이 산출물의 가격에 숨겨진다. 이들을 은폐되거나 전환된 임금이라고 부를 수 있다.

이것은 주식시장에 잘 알려진 "신규주식"의 상장과 기존 주식의 재기금화의 구분이다. 신규주식은 장비의 신축이나 확장을 의미한다. 따라서 명시적이든 은폐되었든, 임금은 새로운 사용-가치의 창출을 위한 "새로운 발행"이다. 그러나 이들은 새로운 사용-가치에 대한 소유권의 이전을 통해 상품시장에서, 이윤, 이자, 그리고 지대를 고려한 자금을 제공받는다.

이것은 투자개념에 있어 빅셀과 제번스가 수행한 구분과 동일하다. 투자는 명시적이거나 은폐되어 새로운 사용-가치를 생산하는 노동력 또는 투입물에 지불된 임금이었으나, 상품의 판매는 과거 발행된 것에 대한 일종의 재기금화로 투자의 이전이다.

따라서 회전이나 반복의 속도라는 개념을 통해 우리는 사회의 모든 소비재가 사회적 자본이면서 사회적 수입이라는 외견상의 역설에 대한 해결책에 도달한다. 우리가 뵘바베르크의 평균 생산기간을 유용한 경제개념으로 활용하지만 여기에 소유권의 제도적인 개념을 추가하자. 그러면 그것은 돈으로 구입하면 투자에 상응하고 우리가 기술적 자본이라고 부르는 온갖 고정자본과 유동자본이, 모든 참여자에게 수입으로 돌아가는 소비재로부터 전환되어, 모든 참여자가 예상되는 소비재에 유도되어 공헌하는 모든 도구를 사용해 판매가능한 산출물로 재생산되는 기간이 된다.

예를 들어 5년이라는 평균생산기간에 우리가 이제 물적인 재화들에 대한 소유권이라고 부를 수 있는 모든 화폐의 "저축들"도 사라진다. 그러나 이들은 새로운 제품에 대한 소유권으로 다시 등장한다. 1년이 아니라 추정된 5년을 채택함으로써, 투자라는 소유권의 형태뿐만 아니라 기술적인 형태의 모든 사용-가치조차 사라지고, 평균적으로 아마 5년 후에 갱신된다. 반면 이들의 소유권 변동은 평균 15일에 한 번씩 갱신된다. 그래서 서로 다른 속도로 진행되는 시작도 없고 끝도 없는 이중의 과정이 있을 뿐이다. 소비, 생산, 소비의 과정과 투자, 채무지불, 채무갱신의 과정 또는 소유와 해소의 과정이다.

우리가 말했듯이 회전속도의 개념은, 모든 인간의 해석들과 마찬가지로 시작도 없고 끝도 없는 것의 시작과 끝을 수립하는 정신적인 고안물이어서, 이것을 통해 우리는 그것에 더 잘 대비할 수 있다. 만약 평균적으로 모든 인간의 생산물이 5년 안에 생산되고 사라지는 것으로 알려져 있다면, 감가상각과 가치상실을 위한 많은 지출에 대해 더 잘 이해하게 된다. 그리고 미래 세대에게 빚을 연장하는 것뿐만 아니라 가면서 감가상각과 가치상실에 대해 지불하기에 충분한 가격을 유지하지 않고 가격을 깎아 부채이 부담을 늘리는 것의 해악에 대해서도 잘 알게 된다. 그래서 만약 화폐가 융자거래에 의해 1년에 30회 창출되고 새창출된다면, 그것은 인간의 통제를 벗어나는 물적인 것의 순환이 아니라 집단적인 인간의 의지에 의해 다시 등장하거나 등장하지 않게 할 수 있는 계속 사라지는 수량이다.

이제 우리는 은행이자율을 변화시키는 데서 은행들의 단합된 행동으로 물가를 규제하는 빅셀 이론의 중요성을 알 수 있다. 예를 들어 이자의 인상이나 인하로 예금의 총량이 변하는데 30일밖에 걸리지 않는다. 이런 예금의 변동은 소유권 이전의 규모 변동이거나, 이들이 이전되는 가격들의 변동이거나 단기대부와 할인의 수량변동을 반영한다.

따라서 사회의 제도적인 체계는 개인과 조직의 변동하는 자산과 부채이며 이들은 다시 작업, 대기, 그리고 위험수용을 낳는 경제적 유인이다. 이것은 집단적인 행동으로 유효해진 협상, 과세, 그리고 예측의 체계인데, 이것이 여러 방향으로, 그리고 가깝거나 먼 미래에 여러 시점으로 투입물과 산출물을 확장시키거나 제한하거나 이동하게 만든다. 이것은 법에 규정된 교섭 거래와 배급 거래의 체계로서, 사회적 산출물의 몫을 결정할 뿐만 아니라 사회적 조직이 계속 앞으로 나가게 하거나 나가지 못하게 한다. 그러나 사회의 공학적인 체계는 물리학, 생물학, 그리고 심리학의 행진으로서, 이들은 인류에게 자연과 인간 본성에 대한 지배력을 부여해, 세계의 지불사회 및 이행 사회의 집단적인 행동에 따라 행복이나 파괴에 활용될 것이다.

3. 전략적인 거래와 일상적인 거래[290]

회전의 공식이 경제적 거래들 사이에 존재하는 부분-전체의 관계에 대한 통계적인 측정치를 우리에게 부여하지만, 전략적인 요인과 일상적인 요인으로 변화시켰을 때 이런 결과를 달성하는 의도적인 과정 자체를 나타내는 것은 **제한적이고 보완적인 요인**의 공식이다. 전략적인 요인과 일상적인 요인의 이런 공식이 리카도시대 이후로 서서히 구축되어왔다. 그래서 현재에 이르기까지 거래를 통해 인간의 능력이 물리적 환경과 사회적 환경을 통제하는 현실의 과정에 보다 오랜 균형의 유비가 자리를 내주는 것을 조사하는 매우 중요한 도구가 되었다. 따라서 이 공식은 두 가지로 활용된다. 투입물에 대한 산출물의 비율로 측정되는 효율의 다과로 이어지며, 관리 거래를 통한 물리력에 대한 통제와 수입에 대한 지출의 비율로 측정되고, 교섭 거래를 통한 다른 사람들에 대한 통제이다. 하나는 지속적인 공장이고, 다른 하나는 지속적인 사업이다. 그래서 우리는 전자를 **제한적**이고 **보완적인 요인**의 공식의 **효율**이라는 의미로, 후자를 이런 요인들의 **희소라**는 의미로, 지칭할 것이다. 하나는 자연에 대한 **통제**이고, 다른 하나는 다른 사람들에 대한 **통제**이다. 선략석인 거래와 일상적인 거래의 의도가 들어간다는 의미에서, 이 두 가지의 결합이 지속적인 활동체의 의미이다.

∴

290) 본서 142쪽, 거래와 조직; 1362쪽, 사고와 실업.

(1) 효율

종종 말해왔듯이, 물론 인간은 무에서 유를 창조하지 않는다. 인간은 단지 자연의 힘들이 자신을 위해 작용하도록 이들을 통제할 뿐이다. 이런 작업의 결과가 사용-가치이다. 따라서 사용-가치는 외적 물체의 수동적인 어떤 속성이 아니다. 이것은 인간의 목적을 위해 인간이 통제해 얻은 적극적인 자연의 에너지이다. 이것의 화학적, 물리적, 그리고 생물학적인 에너지는 자연의 요소이거나 사용-가치의 "실체"인데, 이것은 통상 "기본적인" 효용 또는 이보다는 기본적인 사용-가치로 알려져 있다. 그러나 이것은 단지 이용되지 않은 자연의 활동이다. 이것은 사용될 때까지 적절하게 사용-가치가 되지 못한다. 이것은 인간이 이들을 통제하기 위해 뇌, 손, 관리를 작동시키기 전에는 이들이 사용-가치가 아님을 의미한다. 만약 자연에 알려지지 않은 화학적인 복합체가 20만 개 존재한다면, 사용-가치는 바로 이것들이다. 자연의 요소들은, 인간이 정신적이고, 육체적이며, 관리하는 힘을 활용해 인간이 원하는 방식으로 이들이 작동하도록 만들지 않는 한 인간에게 쓸모가 없다. 인간이 하는 일은 이들의 형태, 시간, 또는 장소를 변화시키기 위해 이들을 이동시키고 이들이 자신의 결과를 만들도록 내버려두어야 하는 시간 동안 이들이 방해받지 않도록 유지하는 데 불과하다. 육체노동을 통해 인간은 자신의 물리력으로 그것들을 직접 움직인다. 정신적 노동을 통해 다른 것들을 움직임으로써 그것들을 간접적으로 움직여서, 그것들의 자체 활동이 더 넓은 공간과 미래에 원하는 결과를 만들어내게 한다. 관리노동을 통해 인간은 다른 사람들이 그것을 움직이도록 그들을 움직인다.

노동력을 통해 하나의 전략적 요인을 통제해 그것이나 그것의 에너지가 다른 많은 자연의 에너지를 통제할 수 있게 하는 의도적인 과정은 인간이 처음으로 도구를 발명했을 때부터 공기의 파장이 인간의 명령을 따르게 될 때까지 보편적이다. 그것의 보편성이 "제약적인 요인과 보완적인 요인"의 원리이다. 제약적인 요인은 그것에 대한 통제가 올바른 형태로 올바른 시간과 장소에서 이루어지면 의도된 결과를 낳도록 보완적인 요인들이 작동하게 만드는 그런 것이다. 만약 탄산칼륨이 제약적인 요인이라면, 아마도 아주 적은 양의 탄산칼륨으로도 곡식을 에이커당 5부셸에서 20부셸로 늘릴 것이다. 현명한 기계공은 보완적 요인들이 원하는 결과를 가져오리라는 점을 알고 있어 제약적 요인에 대한 통제로 바쁘다. 경솔한 사람은 보완적 요인들에 시간을 낭비한다.

그러나 제약적인 요인들과 보완적인 요인들은 계속 자리를 바꾼다. 제약적이었던 것이 보완적이 되고, 그것이 일단 통제되면 또 다른 요인이 제약적이 된다. 자동차의 운행에 있어서 제약적인 요인이 한때는 전기발화이다가, 다른 때는 가솔린이고, 또 다른 때는 운전대를 잡은 사람일 수 있다. 이것이 효율의 의미이다. 보완적인 요인들의 예상되는 작동에 의해 산출물을 늘리기 위해 가변적인 제약적 요인들을 적절한 시점에, 적절한 장소에서, 적절한 정도로, 그리고 적절한 형태로, 통제하는 것이다.

우리는 이런 가변적인 통제요인들을 자발성이 들어간 용어인 적시성으로 압축한다. 이상적인 효율의 정점에서 이것은 가변적인 제약적 요인들을 정확히 적절한 시간, 장소, 형태, 그리고 수량으로 통제함으로써 모든 보완적 요인들을 통제하는 것이다.

모든 것이 생산의 전체 작동에 필요하기 때문에 제약적인 요인들과 보완적인 요인들 사이의 이 관계로부터 모든 요인을 시간과 장소에 있어 최선의 비율로 배정하는 것이 최대의 효율이라는 결과가 나온다. 농가나 기업의 지적인 경영자는 어느 것이 제약적인 요인인지를 즉각 아는 사람이고, 그가 이것을 즉각 통제해 모든 요인들이 부드럽게 함께 움직일 때, 그는 그가 "좋은 조직"이라고 부르는 것이 어떤 것인지를 자랑스럽게 적시할 수 있다. 그가 의미하는 바는 다른 것들 중 어느 하나가 모든 것을 지체하게 만드는 제약적 요인이 없다는 것이다. 그가 제약적인 요인들을 모두 통제하에 두어 모두가 이제 보완적인 요인들이 되었기 때문에, 과학과 기술의 현재 상태에서 이런 최대의 효율을 획득하고 있다.

따라서 인간 의지의 작동에 관해 전체는 부분들의 합 이상이라고 우리가 말하는 것이 올바르다. 전체는 총합이 아니라 승수이다. 만약 한 무더기의 석탄을 적절한 시점에 적절한 수량으로 적절한 배열과 수량으로 불길에 넣어주면, 자연의 힘은 화부의 조그만 노력을 배가시켜 시속 60마일의 기관차를 만든다. 자연은 제약적인 요인들과 보완적인 요인들을 모른다. 인간이 자연 속에서 이것들을 읽어낸다. 이들은 전적으로 인위적이다. 자연의 힘은 맹목적이고 불가피하게 계속 움직인다. 그러나 인간은 자신의 목적을 위해 이것을 중지시키고, 전체가 의존하는 부분들이 어떤 것인지 알면, 그것이 결코 의도하지 않았던 산출물로 그 효과를 배가시킨다. 그러나 만약 인간 자신이 얼마나 배가시켰는지 알면 그 결과를 달러나 센트가 아니라 노동시간으로 측정할 것이다. 최대의 효율은 시간당 최대의 산출물이거나 주어진 산출 당 최소의 노동시간 투입이다. 이것은 노동과 자연의 힘들을 단순히 합해진 것보다 훨씬 더 많이 배가시킨다. 인간의 활동 과정에서 전체는 그것의 부분들의 합을 넘어선다.

(2) 희소

그러나 제약적 요인과 보완적 요인에 대한 희소의 의미는 자연의 힘을 배가시키는 것이 아니라 소유권을 이전시킬 뿐이다. 전체의 크기는 현존하는 효율이 결정한다. 그러나 전체에 필요한 부분들 중 일부는 다른 것들보다 희소가 더 클 수 있다. 그리고 이 부분들을 여러 사람이 소유하고 있기 때문에 이들의 상대적인 희소가 그것들이 구입되는 가격을 결정한다. 지속적인 활동체에서는 많은 숫자의 제약적이고 보완적인 요인들이 필요하므로, 타인을 배제하고 이들을 소유, 사용, 그리고 통제하는 법적인 권리에 대해 가격을 지불해야 한다. 이제 제약적인 요인은 상대적으로 희소한 것이 되어서, 보완적인 요인들이 계속 진행하게 하려면, 더 많은 수량이나 더 높은 가격으로 구입해야 한다. 우리는 이 구매를 전략적 거래라고 부른다.

이로부터 여러 요인의 상대적인 희소에 따라 다양한 가격이 지불되어야 한다는 결과가 나온다. 기관차 기술자나 전체 관리인 또는 시장으로의 접근이 가능한 입지는 철도를 유지보수하는 노동자들, 심부름꾼 또는 농업에 사용될 토지와 비교해 상대적으로 희소하다. 따라서 제약적이거나 보완적인 요인들의 희소라는 의미로부터 도출되는 보편적인 원리는, 패튼(S. N. Patten) 교수가 말했듯이[291], 교섭 거래에서 더 느리게 증가하면서 상대적으로 대체할 수 없는 생산요소들이 더 빨리 증가하고 즉각 대체가 가능한 요소들보다 생산물의 전체 화폐가치에 있어서 더 많은 몫을 차지한다는 것이다. 제약적인 요인은 상대적으로 희소하고 대체할 수

291) Patten, S. N., *The Theory of Dynamic Economics*(1892), 18.

없는 것이고, 보완적인 요인은 상대적으로 풍부하고 대체할 수 있는 것이다. 이들의 상대적인 희소와 풍부함은 노동시간이 아니라 달러와 센트로 측정된다.

따라서 제약저인 요인과 보완적인 요인 또는 그것들의 의도적인 상응인 전략적 거래와 일상적 서래의 보편적 원리가 지닌 두 가지 의미 사이에 일정하거나 인식할 만한 연관이 없다. 사실 이들은 관리 거래의 공학적인 경제와 교섭 거래의 소유적인 경제라는 두 가지 서로 다른 경제에 속한다. 소량의 탄산칼륨이 **산출물**을 크게 늘린다는 사실은 탄산칼륨의 **가격**이 독점가격이나 할인가격이어야 함을 의미하지 않는다. 공학적인 경제는 인간과 자연의 관계이다. 여기서는 소량의 탄산칼륨이 커다란 역할을 발휘한다. 소유적인 경제는 인간과 인간의 관계이다. 여기서는 소량의 탄산칼륨이 낮은 가격 또는 높은 가격의 비용을 치르게 할 수 있다. 공학적인 경제에서 제약적인 요인의 가격은 그것의 효율과 아무런 관련이 없다. 그것의 가격은 그것의 희소와 관련이 있을 뿐이다. 단지 그것들의 소유자들이 판매나 사용으로 더 높은 가격을 받는다고 해서, 기술자의 노동, 경영자의 노동 또는 도시토지의 일정 면적이 보통 노동자의 노동, 심부름꾼의 노동, 그리고 농지의 일정 면적보다 더 많은 부를 생산한다고 우리는 말할 수 없다. 우리가 말할 수 있는 것은 기술자, 경영자, 그리고 도시의 토지가 희소하다는 것뿐이다. 우리가 생산성을 노동시간으로 측정하고 희소를 달러로 측정할 때, 이 차이가 유지된다.

그러므로 제약적이거나 보완적인 요인들이 지닌 효율이라는 의미와 희소라는 의미 사이의 차이는 전자의 경우 제약적인 요인에 대한 통제가 산출을 배가시키지만, 후자의 경우에는 타인의 몫을 희생시켜 더 큰 몫을 이전하는 데 불과하다.

이 문제가 멩거와 비저 사이에 논쟁거리가 되었다. 멩거는 제약적인 요인에 대한 통제가 산출물을 배가시킨다고, 비저는 그렇지 않다고 주장했다. 명백히 멩거는 희소를 말하고 비저는 효율을 말하고 있으면서도, 이들 중 누구도 희소로부터 효율을 구분하지 않았다는 것이 이에 대한 해명이다. 이들 중 누구도 제약적인 요인과 보완적인 요인이라는 용어를 사용하지 않고 있다. 양자 모두 "보완적인 요인들"을 말하고 있다.[292] 그러나 만약 우리가 이들의 언어를 자발적인 과정으로 옮겨 놓으면, 제약적인 요인은 간접적으로 두 가지 의미에서 보완적인 요인을 통제하기 위해 통제하려는 그런 것이다. 이 두 가지 의미는 산출을 배가시키는 효율과 소유권을 이전하는 희소이다.

여기서 다시 교섭 거래에서 등장하는 **적시성**의 원리가 관리 거래에서는 부의 증가가 아니라 한 사람에게 자산의 증가이면서 다른 사람에게 이에 상응하는 자산의 감소로 다시 등장한다. 쌀 때 사고 비쌀 때 팔며, 가격이 떨어질 때까지 구입을 미루고 가격이 오를 때까지 판매를 유보하며, 적기에 적절한 수량을 매매하는 사업가는 잘못된 시점에 사고파는 자신의 경쟁자보다 자산을 더 늘린다. 그가 필요하는 모든 요인은 사업 전체에 보완적이지만, 이들의 가격은 가변석이다. 제약석인 요인에 대한 구매와 보완적이거나 대체가능한 요인에 대한 판매의 적시성을 결정하는 것은 그의 판단이다. 그러나 이것을 행함에서 그는 공동의 부를 늘리지 않고 소유권을 이전할 뿐이다.

효율과 희소에 대한 이런 구분이 "마케팅"이라는 단어의 이중적인 의

••
292) Menger, Carl, *Grundsätze der Volkswirtschaftslehre*(1871), 11 *passim*; Wieser, F. von, *Natural Value*(Malloch 번역, 1930년 판), 101 ff.

미를 이해시켜준다. 그것은 노동 과정과 협상과정이다. 노동-경영적인 과정은 다른 노동자에게 제품을 인도해 장소의 효용을 창출하지만, 협상과정은 제품의 소유자와 구매력의 소유자 사이의 가격과 가치에 대한 합의를 낳는다. 이 구분이 "협동적인 마케팅"에 대한 논의에서 중요해진다. 협동이 노동시간으로 측정해 대체된 중간상인보다 더 효율적인 마케팅을 의미하는가 아니면 달러로 측정해 공급을 유보할 수 있는 더 큰 힘으로 더 큰 희소-가치를 의미하는가? 만약 첫 번째를 의미한다면, 협동적인 마케팅은 부의 협동적인 생산이다. 두 번째를 의미한다면, 협동적인 마케팅은 집단적인 교섭이다. 전자를 의미한다면, 그것은 장소-효용(사용-가치)을 추가해 사용-가치를 늘리는 경영적인 과정이다. 후자를 의미한다면, 그것은 상대적인 협상능력으로 일방의 희소-가치를 늘리면서 타방의 희소-가치를 줄이는 소유권의 과정이다.[293]

따라서 제약적이고 보완적인 요인들의 공식이 지니는 이중적인 의미는 그것의 효율이라는 의미와 희소라는 의미이다. 생산과정에서 제약적인 요인은 그것을 통제하면 보완적인 요인들이 사용-가치의 산출량을 증대하는 방향으로 움직이게 되는 그런 요인이다. 협상과정에서의 제약요인은 그것을 소유하면 소유자가 타인에게 적은 몫을 준다는 비용을 낳으면서 총수입 중 더 많은 몫을 수입으로 얻게 되는 그런 요인이다.

어느 경우에나 전체와 부분의 관계는 회전과 제약요인이라는 그것의 두 가지 공식으로 나타난다. 전자는 통계적인 결과를 나타내고, 후자는 이런 결과를 활용하거나 낳는 의도적인 통제를 나타낸다. 왜냐하면 "원인과 결과"가 자연력에는 적용되지 않기 때문이다. 자연에서는 사물들이

••

293) 본서 1260쪽, 정치.

"발생하고 있을" 뿐이다. 그러나 인간은 다중적인 복잡한 일들 중에서 자신의 목적에 대한 제약적인 요인을 선별한다. 만약 인간이 이것을 통제할 수 있으면, 다른 요인들이 의도하는 결과를 만들어낸다. "원인"은 관리적이거나 교섭 거래에 의한 제약요인이나 전략요인에 대한 의도적인 통제이다. "결과"는 보완적인 요인의 작동과 일상적인 거래의 반복이다.

어느 경우에든 의도적인 통제는 부분과 전체의 관계에 대한 지식에 의존한다. 부분들이 크고 적은 속도로 변동하더라도 전체는 상대적으로 일정하다. 변동하는 제약요인에 대한 통제가 신중하고 시의적절해야 전체가 일정하다. 균형과 회전의 유비에 있어 오해의 소지가 있는 것을 제거하면, 가변적인 제약요인을 전략적으로 통제함으로써 관리에 의해 부를, 그리고 협상을 통해 자산을 창출하고 대체하며 확장하거나 축소하는 관리 및 교섭 거래의 반복적인 의도적 과정을 우리는 얻게 된다.

(3) 활동체

제약적이거나 보완적인 요인의 효율이라는 의미와 희소라는 의미는 적적으로 다르지만, 지속이 가능한 활동체는 관리 기래와 교섭 거래가 모두 부분들을 이루는 전체를 의미한다. 농업에서 체감하는 노동생산성을 내세운 리카도의 시대나 모든 산업에서 자본재의 체감하는 효율을 내세운 튀르고의 시대 이후, 경제학자들은 조금씩 제약적이거나 보완적인 요인들에 내포된 부분과 전체의 관계라는 원리를 감지해왔다. 칼 멩거는 1871년에[294] 보완재에 대한 자신의 공식적인 이론을 통해 이 원리를 결

··
294) Menger, Carl, *Grundsätze der Volkswirtschaftslehre*(1871); 2판(1923), 23.

정적으로 내세웠다. 이 이론에서는 토지, 노동과 자본의 전체적인 보완에서 빠진 요소가 다른 모든 요소를 고용되지 않게 만든다. 이것이 한계생산성의 효율 의미였다. 그렇지만 이것이 즉각 만족의 한계효용이론으로 전환된다. 한계효용이론은 제약적이거나 보완적인 요인의 원리가 지닌 희소 측면이다. 각각은 모두 바람직한 결과를 생산하기 위해 필요한 모든 보완적인 요인의 수량을, 최대의 사용-가치나 최대의 희소-가치를 얻을 수 있는 방식으로, 배정하는 비율의 원리이다. 그리고 수학적으로 이 비율은 한계단위들이 같아지게 하는 비율이다. 각 요소의 공급이 늘면서 그것의 주관적인 효용이 하락한다. 만약 공급이 너무 많으면 그것이 제공하는 주관적인 추가효용이, 만약 (이제 제약적인 요인이 된) 다른 요인의 수량이 늘어나서 이들의 주관적인 효용이 줄어든다면 얻을 수 있을 효용보다 더 적게 된다.

만약 주관적으로 인격화된 효용을 가격이 대신하면 이 원리는 명백히 진실이다. 만약 보완적인 요인 중 하나의 가격이 하락하면 이 요소를 더 생산하는 경향이 생기지만, 만약 더 많이 생산된 것과 다른 것 사이에 비율이 맞지 않으면 이 모든 것으로부터 얻는 전체 순소득은 줄어들 수 있다. 이에 대한 치유책은 이 보완적 요인에 대한 현재의 구입을 제한하거나 현재의 제약적 요인에 대한 구입을 늘리는 것이다. 따라서 매 단위의 화폐로부터 얻는 한계적인 증가들이 같게 되어서 총지출에 대한 최대 순수입을 얻는다. 이것은 잘 알려진 보편적인 기술의 원칙이다. 이것은 "적정" 또는 "요인들의 최선의 배정비율" 또는 "좋은 조직"으로 알려져 있는데, 보다 기술적인 용어로 모든 보완적인 요인들이 최대의 순 생산물을 생산하도록 제약적인 요인을 통제하는 과정이다.

그러므로 지속적인 공장의 실제 거래에서 이런 구체적인 효율 가치의 의미는 그것에 대한 통제가 현 시점과 현 장소에서 바람직한 보완적 요인들에 대해 통제하게 되거나 그런 통제를 유지할 뿐만 아니라 작동하는 기업 전체로부터 최대의 순산출물을 얻을 것으로 기대되는 제약적인 요인으로 드러나리라고 믿을 만한 것에 부여되는 상대적 중요성이다. 이 요인들 자체는 서로에 대한 상호관계를 계속 변화시키고 있다. 현재의 제약요인이 일단 통제되면 보완적이 된다. 그러면 이전에 제약요인이었으나 이제는 보완요인이 된 것으로부터 얻는 결과를 유지하거나 확장하기 위해서는 또 다른 요인이 제약요인이 된다.*

객관적인 의미에서 제약요인과 보완요인의 원리 또는 의도라는 의미에서 전략적 거래와 일상적 거래의 원리는 정치경제학 이론의 모든 것이라고 말할 수 있다. 이 원리가 환경을 통제하려는 활동에 있어 그것이 인간 의지의 모든 것이어서 의지에 대한 하나의 경제 이론이기 때문이다. 이 점에서 이 원리는 세부적으로 크게 다르지만 사실상 분리할 수 없는 세 가지 적용, 즉 희소, 효율 그리고 지속적인 활동체로 차별화될 수 있을 것이다. 희소와 효율의 적용에 대해서는 희소라는 의미와 효율이라는 의미를 구분하지 않으면 혼란을 자초하게 됨을 우리가 이미 논의했다. (우리가 법원에서도 혼동을 발견하) 지속적인 공장과 지속적인 사업 사이의 이 구분들이, 보다 넓은 범위의 제약적이거나 보완적인 요인들에서 함께 작동하면서, 단일 기업뿐만 아니라 심지어 일국 전체의 지속적인 활동체를 구성한다.[295] 최선의 지속적인 공장은 관리 거래에 의해 기술적인

---

* 커먼스의 제약 및 보완은 신고전학파의 대체 및 보완과 비슷하게 보인다. 그렇지만 그의 개념은 전체와 부분의 관계 속에서 이것을 파악한다는 점에서 개인주의 및 개체주의에 근거한 신고전학파와 기본적으로 다르다. 또한 그의 개념은 비가역적인 시간의 흐름을 상정한다는 점, 소비가 아니라 생산에 적용한다는 점, 보완을 강조한다는 점에서도 차이가 있다.

요인들이 적절한 비율로 배정되는 공장이고, 최선의 지속적인 사업은 교섭 거래에 의해 생산과 판매가 적절한 비율로 배정되는 사업이며, 최선의 지속적인 활동체은 기술과 사업이 적절한 비율로 배정되는 기업이다. 최선의 국가는 권리, 의무, 자유 그리고 위험노출이 개인들과 계급들 사이에 최상으로 배정되는 국가이다. 기술적인 경제가 효율이고, 사업상의 경제가 희소이며, 국가 경제가 정치경제이다. 각각은 전략적이고 일상적인 거래들의 특별한 경우이다.

기술적인 경제는 자연의 기제(mechanism)와 구분되는 하나의 "기계(machine)"이다. 왜냐하면 제약적이고 보완적인 요인의 원리가 뭔가 하려는 의사에 전적으로 근거하고, 심지어 환경을 통제하려는 그것의 구체적인 측면에서는 이 의사의 모든 것이다. 이 원리는 아무런 목적이나 미래에 대한 계획이 없어서 그것을 통제하는 것에 미래의 사건들이 의존하는 그런 제약적인 요인 없이, 단지 원심력과 구심력 또는 에너지의 보존과 발산만이 있는 자연의 기제에는 적용되지 않는다. 원자나 우주와 같은 자연의 장치는 희소, 필요, 과잉인구, 제한된 자원, 경제, 목적, 미래성을 전혀 모른다. 따라서 그것은 이행하고, 회피하거나 없이 지내기로 선택할, 그런 제약적인 요인과 보완적인 요인을 가지고 있지 않다. 이것은 뉴턴의 운동법칙이나 아인슈타인의 시공의 상대성 또는 열역학의 법칙, 또는 에너지보존의 법칙이 설명하는 에너지이다. 그렇지만 인간의 관점에서 보면 이것들은 모두 놀라울 정도로 낭비적이다.

그러나 인간의 마음이 어떤 기제를 구축하고 작동시키면, 그것은 더 이상 **기제**가 아니라 **기계**이다. 기계는 언어, 숫자, 관습, 무게, 도량형

295) Commons, John R., *Legal Foundations of Capitalism*.

등의 제도를 통해 세대 간에 계승된 인간의 의지이다. 여기서는 인간의 의지로 인해 미래성, 목적, 경제, 효율이 작동되었기 때문에 화이트헤드의 자연적인 기제가 아니라 인공적인 기계의 요인들이 제약적이거나 보완적이 된다. 있는 그대로 모든 보완적 요인으로 구성된 전체의 작동이 이 시점에서 의존하는 지렛대, 조절판, 전선 또는 가솔린 같은 요인이 이제는 제약적인 요인이다. 만약 작동하는 사람이 적절한 시점에, 적절한 장소에서, 적절한 수량으로 제약적인 요인을 물리적으로 통제하면, 그리고 만약 그가 다른 기계들에 제약요인이 되는 기계를 통제하면. 그는 기제 이상을 가지고 있는 것이 된다. 그는 하나의 기계 전체 또는 지속적인 공장 전체를 가자고 있는 것이다. 예를 들어 농업공장에서는 어떤 한 시점에 탄산칼륨이 제약요인이었다가, 그다음에는 질소가, 다시 그다음에는 인간의 노동이, 그러고 나서 다시 경영능력 등등이 제약요인일 수 있다. 이들 각각은 "투입물"이고 이들 사이의 최선의 관계는 "효율"으로 측정이 가능한 총 투입에 대비한 산출의 최대치로서 "적정함"을 낳는다. 그리고 원인과 결과가 동등하다는 18세기의 오랜 사상 대신에 우리는 인간이 도입하면 자연에 알려진 어떤 것을 훨씬 넘어서 바라는 결과를 배가하는 제약요인을 원인으로 지니게 된다. 자연이 우연히 공급하지 않을 때 토지에 아주 소량의 탄산칼륨을 넣으면, 에이커당 1~2부셸에서 20~30부셸로 모든 요인이 결합한 산출물을 몇 배로 늘린다. 그러나 이것은 인간의 의지이지 자연의 "경제"가 아니다.

아메바로부터 인간에 이르는 생물학적인 기제에서는 기제에서 사상에 해당되고 지속적인 활동체에서 거래에 해당되는 것이 신진대사인데, 그것의 반복과 상관이 유기체(organism)이다. 여기에는 전적으로 새로운 **생명**과 **죽음**의 과학이 있으며, 뉴턴의 기제에 대한 과학으로부터 어떤 유비도 빌리지 않고 유기체의 과학을 시작한 것은 다윈의 위대한 공적이다. 기제로부터 유기체의 기원을 설명하는 어떤 과학적인 원리도 아직 발견되지 않았다. 그러므로 다윈의 문제는 **종의 기원**이지, **생명의 기원**이 아니었다. 그의 개념은 기제의 개념과 불연속적으로 다른 새로운 개념으로서 살아 있는 유기체에 대한 개념이다. 그리고 만약 다윈의 유기체 개념을 구성하는 상세한 내용을 검토하면, 그것이 우리가 아무것도 모르는 "생명"이 아니라 생명이 움직이는 여러 가지 방식들임을 우리는 발견하게 된다. 생명이 움직이는 이런 방식들은 능력 자체가 제한되어 있는 하나의 유기체와 우리가 "제한된 자연자원"이라고 부르는 기제와 유기체의 역시 제한된 환경 사이의 상호작용을 조건으로 삼는 가변적인 운동이다. 유기체와 환경의 이런 작용과 반작용을 우리는 **생명**이 아니라 **희소 원리**라고 부른다. 이들은 **유전, 과잉인구, 변이, 투쟁, 사망** 그리고 최종적으로 당분간 이 제한된 자연자원을 얻고 사용하도록 적응된 유기체의 **생존**이다. 이런 유기체 개념은 기제의 개념과 전적으로 다르다. 기제 개념의 기저에 있는 원리인 **에너지**는 **압력, 용량, 시간**이라는 세 가지 구성요소의 일반화로 표현될 수 있다. 뉴턴과 그의 후계자들이 **에너지**의 원리를 기제가 움직이는 방식으로 만들어냈다면, 다윈은 희소의 원리를 유기체가 움직이는 방식으로 발전시켰다.

그렇더라도 다윈은 "자연적인 선택"과 "인위적인 선택"을 구분했다. 인위선택과 자연선택의 관계는 **기계**와 **기제**의 관계와 같다. 이것이 "인위적인" 이유는 단순히 그것이 생존투쟁에 투입되어 이것을 상당히 통제하는 **목적, 미래성, 계획**이기 때문이다. 다윈은 "자연선택"이라는 자신의 용어가 잘못되었음을 인정했고, 자신이 비유에 호소한 것을 후회했다. 보다 적절하게 그것은 맹목적인 선별이었고, 인위적인 것은 합목적적인 선별이다. "적자"의 자연적인 생존인 자연선택은 늑대, 뱀, 독, 파괴적인 미생물을 낳았다. 그러나 인위선택은 늑대를 개로, 자연의 독을 의약으로 변환시키고, 사악한 미생물을 제거하며, 좋은 미생물을 늘린다. 자연선택에 맡겨두었다면 홀스타인 암소는 생존할 수 없었다. 이 소는 미래의 인간에게 할 수 있는 좋음을 위해 인위선택으로 창조된 괴물이다. 이 소는 화이트헤드의 유기적 기제가 아니라 자연의 희소 원리로부터 해방되어 인간의 사유재산제도로 전환된, 인간의 유기적 기계이다.

그렇지만 다윈의 자연선택이 달성한 바가 워낙 강력해서 경제학자와 사회학자가 사회와 문명의 문제에 이르면, 다윈의 자연선택개념이 다시금 유비를 통해 사회에 대한 이들의 개념에 기초가 되었다. 이것은 허버트 스펜서의 손을 거치면서 불합리함의 극에 이르렀다. 사회가 "사회적 유기체"였고, 그것을 계속 움직이게 하는 에너지는 모두 자연선택의 원리에 근거해 작동하는 식량, 감정, 본능, 생리, 그리고 나중에는 분비샘이었다. 이는 보다 적절한 유비가 늑대와 뱀을 포함하는 어떤 자연적인 유기체가 아니라 인간의 목적에 따라 변형된 지극히 인위적인 개나 암소라는 수사적 수칙을 간과한 것이다.

저드(Charls Hubbard Judd)*가 여러 사회과학에서 앞선 학자들의 저작을 비판하고 요약하면서 명확하게 드러냈듯이,[296] 여기서 역시 다윈의 유

∵

296) Judd, C. H., "Social Institutions and the Individual"의 장, *The Psychology of Social Institutions*(1926), 56-77.

---

* 찰스 허바드 저드(1873~1946)는 미국의 교육심리학자이다. 그는 교육 문제 연구에 과학적 방법을 적용을 주장했다. 커먼스가 인용한 저드의 *The Psychology of Social Institutions*(1926)에서 기대는 자연적인 것이나 본능이 아니라 사회 제도에 의해 생성되는 개인의 심리적 특성이며, 그렇기에 인간 본성에서 일어난 진화적 변화는 사회 제도에 의한 것이라 말하고 있다.

기체와 불연속적으로 다른 제도주의라는 또 다른 개념이 뉴턴의 **에너지**나 다윈의 **희소**와 구분되는 자체 원리를 지니고 등장한다. 우리는 이 원리를 무언가 행하려는 **의사**라고 부른다. 왜냐하면 **제도주의**라는 개념을 구성하게 되는 요소들을 검토하면, 우리는 지배적인 특징이 경제적인 목적을 위해 **미래성, 관습, 주권, 희소** 그리고 **효율**로 구분될 만한, 미래에 대한 기대임을 발견하기 때문이다. 이들은 **에너지** 원리를 갖춘 뉴턴의 기제를 구성하는 **압력, 용량, 시간**과는 완전히 구분되면서도 이들에 근거한다. 그리고 이들은 다윈의 **희소** 원리를 구성하는 유전, 변이의 가능성, 과잉인구, 투쟁, 죽음 그리고 생존과 다르면서도 이들에 근거하고 있다.

따라서 경제 이론이 기제와 유기체의 단계를 거쳐 지속적인 활동체의 단계에 이르게 한 것은 시적인 비유를 넘어선다. 심지어 이 비유적인 이론들은 유사한 함수적 관계에서 생기는 유사성의 과학적인 의미로 유비를 정확히 사용한 것이었다. 그러나 유비들이 너무 협소했다. 이것들은 인간의 목적으로 도입되는 인위성을 포함하지 않았다. 그래서 이것들은 비유가 되었다. 현대 경제학은 실질적으로 이런 에너지와 희소의 원리들을 의사라는 더 큰 원리의 하부로 복속시키고 있다. 그리고 그것의 주요 문제는 이것들을 다시 기능하는 전체의 부분들로 끌어모으는 것이다.

그러므로 지속적인 공장은, 자연의 저항을 극복해 사용-가치를 생산한다는 관점에서 하나의 "기제"가 아니라 하나의 기계이다. 그리고 사용-가치의 산출에 대한 인간 에너지의 투입비율이 전기 에너지의 산출에 대한 수력투입의 비율과 똑같은 방식으로 계산된다. 이것은 지속적인 활동체의 효율 차원이고, 공학적인 경제학자들이 전체라고 가정하는 것이다. 이것은 기제(mechanism)가 아니라 기계체(machinism)이다.

이와 같이 하나의 지속적인 사업도 희소의 원리가 그것의 모든 거래를 관통하고 있다는 점에서 하나의 유기체이다. 이 원리는 갈등, 변이가능성, 경쟁, 생존의 형태를 취할 뿐만 아니라, 흄이 지적했듯이 윤리, 재산, 그리고 정의의 형태를 취한다. 따라서 이것은 인위선택이지 자연선택이 아니다.

그 이유는 합쳐지면 **의사**의 원리와 다르지 않은 여러 측면을 지닌 **미래성**의 원리를 통해서 지속적인 활동체가 효율과 희소의 원리를 받아들이는 고유한 방식 때문이다. 이들 분리된 영역들의 실제적인 분리는 불가능하다. 그러나 다윈이 유기체에 대해서, 그리고 뉴턴이 기제에 대해서 그랬듯이, 그들은 생각 속에서 그들 자체의 용어로 분리된다. 그리고 이들은 지속적인 활동체의 기능적인 과정 속에서 생각과 사실 모두에서 모아질 때까지, 실제로도 스미스의 분업에 의해 분리되어 있다. 모든 유기체는 기제이지만 그것에 희소가 부가되어 있다. 모든 조직은 유기체이고 기제이지만, 그것에는 목적이 부가되어 있다. 이 부가된 목적이 각자의 영역과 용어로 만들어나가야 할 일반적인 원리가 된다. 이렇게 해서 부가된 기제와 유기체의 원리 자체가 이에 복속되고 크게 변경되지만 여전히 수정된 형태로 필요하게 된다.

생각과 사실에서 이같이 분리되어 있고 전체 개념 속에서 다시 결합하는 것이 세부적으로 거래에 적용되는데, 이런 거래의 기대되는 질서정연한 반복이 지속적인 활동체이다. 관리 거래는 조직의 기제와 효율과 관련되고, 교섭 거래는 조직 전체적으로 희소의 원리와 관련되며, 행정적인, 입법적인, 사법적인 절차는 편익과 부담을 배정해 구성원들을 전체에 복종시킴으로써 조직의 일체성 및 연속성과 관련된다. 그리고 희소의 원리가 관통하고 있기 때문에 이런 거래는 다윈이 유기체에서 발견한 요인들과 신기한 유비를 지니고 있다. 거래의 반복인 관습은 유전과 비슷하고, 거래의 복제나 증식은 인구의 압력으로부터 발생하며, 이것의 변이 가능성은 명백하고, 변이 가능성으로부터 관습과 생존의 변화가 생긴다. 그러나 여기서 생존은 좋은 관습에 대한 "인위선택"이고 나쁜 관습에 대한 징벌이다. 그리고 이 인위성은 바로 활동하고 있는 인간의 의지이고, 이것이 기제를 기계로, 살아 있는 유기체를 제도화된 마음으로, 조직화되지 않은 관습이나 습관을 질서 있는 거래와 지속적인 활동체로 변환한다.

왜냐하면 인간의 마음은 살아 있는 조직을 넘어서기 때문이다. 유기체로서 그것은 단지 매우 발달된 뇌이다. 이 뇌는 제도화되기 이전에는[297] 동물 유기체의 한 부분에 불과했다. 제도화되면서 뇌는 우리가 마음과 의지라고 부르는 보다 넓은 활동 범위를 획득한다. 그것의 첫 번째 제도는 기호, 단어, 숫자, 말, 글인데, 우리는 이것들을 단어와 숫자의 언어라고 부른다. 이것은 개인에게는 습관이고 개인들의 세대들 사이에 전승된 강제적인 관습인데, 줄이면 제도이다. 인간의 다른 제도들은 불, 도구, 기계, 가족, 정부 등등이다.[298] 제약요인과 보완요인들의 인위적인 원리에 근거한, 이들의 항구적인 반복을 우리는 지속적인 활동체라고 부른다.

따라서 인간은 유기체를 넘어선다. 인간은 제도체(institutionism)이고, 우리가 미래성이라는 이름을 부여한 경제활동의 놀라운 시간 차원을 진화시키는 유일한 제도화된 마음이다. 미래성은 제도적이다. 고립된 아동

::

297) Jordan, E., *Forms of Individuality, an Inquiry into the Grounds of Order in Human Relations*(1927), 133-187. 여기에 있는 "제도화된 마음"에 대한 명쾌한 논의 참조.

298) 제도들에 대한 포괄적인 연구로는 Sumner, W. G.와 Keller, A. S., *The Science of Society*, 4vols.(1927-28) 참조.

과 사람은 동물과 같이 이것에 대해 거의 모르거나 전혀 모른다. 유기체의 뇌를 먼 미래 시간으로 이같이 제도를 통해 연장하는 것은 먼 공간으로 연장하는 것과 불가분의 관계에 있다. 그리고 이 두 가지 제도화된 뇌 활동의 연장들이 전 세계적으로, 그리고 태어나지 않은 세대들에게, 명령을 내리는 산업과 정부에 있어 고도로 발달된 현대의 지속적인 활동체를 가능케 한다.

시간과 관련해 기제의 에너지는 흐름과 전혀 관련 없이 작용하고, 산출물의 측정에 도입되는 **시간** 요인은 인간 마음의 외적인 작동에 불과해, 기제 자체에 내적이지 않다. **시간** 개념은 제도화된 마음에 의해서만 구축된다.

그러나 희소는 본질적으로 유기체 자체가 지닌 시간 흐름의 문제이다. 그 이유는 최하등의 유기체에게도 제한된 식량공급의 몫을 얻으려는 노력과 이 몫으로부터 도출되는 필요의 충족 사이에 언제나 간격이 있기 때문이다. 이것이 **미래성**의 맹아이다. 동물의 생활에서는 이런 시간의 간격이 너무 짧아서 필요의 자극에 대한 반응이 본능적이라는 서술이 적절하다. 본능적인 노력은 유전과 희소가 제공하지만 노력과 만족 사이의 간격이 너무 짧아서, 기계물리학의 유비에 따르면 이 반응이 자동적이거나 직접적이라고 말하게 된다. 그러나 시간의 간격이 없어 엄밀하게 자동적이거나 직접적인 반응은 아무런 필요나 노력을 경험하지 못하고 노력과 충족 사이의 간격을 경험하지 못하는 기제에만 타당하다. 필요를 충족시키는 외적인 물체와 그렇지 않거나 회피해야 할 물체를 구분할 필요성과 무관하게 이들의 에너지는 계속 흐른다.

따라서 유기체에는 대안에 대한 선택의 맹아도 있는 데 반해, 기제는 선택하지 않는다. 나아가 이런 시간의 간격은 물론 현재와 미래의 간격인데, 반응으로서의 현재의 행동과 자극이 나오는 미래의 충족 사이의 간격이다. 그렇지만 이성이나 사회적 제도의 도움 없이 유전이나 본능이 메울 수 있을 정도로 그 간격은 아주 짧다. 이것은 본능적 시간이지 제도적 시간이 아니다.

그러므로 살아 있는 유기체와 더불어 이 세상에 나온 희소의 원리에서 우리가 나중에 **의사**의 원리라고 규정하는 모든 것의 맹아가 발견된다. 그리고 여기서 제도의 과학을 유기체의 과학과 연속적으로 만들 수 있는데, 유기체의 과학은 죽은 물체를 살아 있는 육신으로 변환시키는 신진대사의 경우에는 아직 이해되지 않고 있다. 그러나 제도에 대한 기대가 제공하는 현재 활동의 미래성-차원들에서는, 인간 유기체가 미래의 사건을 현재의 행동으로 전환시킨다. 이것이 생리적으로 어떻게 일어나는지에 대해서는 우리가 모른다. 시간에 대해 우리가 말하는 것이 공간에도 적용된다. 세계를 포괄하는 것은 제도화된 뇌들이며, 이들이 도구로 봉사하는 지속적인 활동체들과 기계들을 통해 이같이 한다.

미래 시간과 먼 공간으로의 이런 두 가지 외연 속에서, 거의 죽지 않고 어디에서나 조직은 기제를 넘어서고 유기체를 넘어선다. 이것은 일상의 사람의 언어가 그렇다고 말하고 법원이 받아들인 바로 그것이다. 그것은 이익이 되는 거래에 대한 이 사람의 기대를 체현하고 충성, 애국 그리고 인격화를 이 사람에게 요구하는 매우 소중한 지속적인 활동체이다.

우리는 앞서 행동을 이행, 회피, 자제로 분석할 때 이른바 "행태주의적인 심리학"이 경제 이론에서 차지할 실현 가능한 위치를 지적한 바 있다. 이행, 회피, 자제는 법과 경제학을 통합하는 행동하는 의지의 차원들이다. 개인을 순전히 개인주의적인 방식으로 생리적이고 해부학적인 기제로 취급하는 사람들이 "행태주의"라는 단어를 선취해왔다.[299] 그러나 경제학에서 개인은 거래의 참여자이고 지속적인 활동체의 구성원이다. 여기서 우리의 관심을 끄는 것은 그의 생리, 그의 "분비샘들"과 "뇌의 유형들"이라기보다 그가 인격체로서 이행하고, 절제하거나 회피하는지 여부이다. 최근의 "행태주의"는 아동심리와 광고에서는 많은 일을 했으나, 지속 조직의 행태주의에서는 별로 일을 하지 않았다. 여기서 의지는 이행, 회피, 절제라는 세 가지 물리적이고 경제적인 차원에서 개인과 집단의 행동을 의미한다. 이런 종류의 행동은 어떤 물리학에도 알려진 바가 없고 단지 생물학에서 태동하고 있지만, 자체의 고유한 언어로 전기나 중력처럼 분석되고 측정될 수 있다.

　물리학은 "힘"이나 "에너지" 같은 비유적인 존재로부터 벗어났지만, 분석되지 않은 정신, 정령, 그리고 존재를 운동의 가변적인 차원으로 전환시킴으로써 그와 같이 했다. 의지에 대해서도 이와 같다. 우리는 의지를 거부함으로써가 아니라 의지의 운동을 분석하고 측정함으로써 의지로부터 벗어난다. "형이상학적"이라는 이유로 의지로부터 벗어나는 데서 "행태주의자들"은 의지의 외적인 행태로부터 신진대사의 내적인 행태로 건너뛴다. 이들은 하나의 행태로서의 의지와 유사한 종류의 행태로서의 생리 사이에 아무런 형이상학적인 간격을 자신들이 남기지 않았다고 생각하면서 이같이 했다. 그러나 건널 수 없는 간격이 있다. 이들은 연속적이지 않다. 오로지 형이상학으로 또는 오히려 비유로 이 간격이 메워진다. 다른 과학이 주는 교훈은 이런 형이상학적인 비약을 감행하지 않아야 한다는 것이다. 우리는 개인의 의지를 그것 자체의 행태주의적인 차원들에서 하나의 전체로 취급해야 한다고 말해야 한다. 그리고 생리학자

299) 예를 들어 Watson, J. B., *Behaviorism*(1924).

와 해부학자가 유기체의 내부들을 또 다른 전체로 취급하도록 내버려두어야 한다.

그러나 우리의 목적을 위해 생리학과 해부학은 잊자. 또는 차라리 일종의 주관인 마음이 또 다른 종류의 주관인 생리적인 신체에 어떻게 들어가고 나오는지는 잊자. 그리고 의지 이외에 다른 것이 아닌 결과적인 전체가 실제로 하는 것이 무엇인지를 분석하자. 그것은 전체적인 유기체로서 이행하고, 회피하고, 절제하고, 다른 의지와의 관계 속에서 거래와 지속적인 활동체를 통해 결합된 결과를 기대하면서 이같이 한다. 그래서 이행, 회피, 절제를 통해 전체적인 조직으로 행동하면서, 개인의 의지는 우리가 거래와 지속 활동체의 운영규칙이라고 부르는 특정 적용 모두를 통합하는 일반원리, 우리의 호칭으로 뭔가 하려는 의사의 원리로서 이들 모두를 연결하는 개인의 행위적인 결합이다. 이 거래와 운영규칙은 기회, 경쟁, 힘, 권리, 의무, 자유, 노출, 활용, 효율, 희소, 기대가능성으로 표현된다.

인간의 행위에 대한 분석에서 시간과 운동의 개념은 다른 모든 과학의 시간과 운동의 개념과 완전히 다르다. 우리는 매클라우드의 모든 오류가 그의 시간개념이 지닌 하나의 근본적인 결함에서 나온다는 점을 찾아냈다. 베블런의 오류들이 그가 시간을 분석하지 않은 데서 비롯됨을 찾아낼 것이다. 역설적이지만, 매클라우드는 미래 시간의 개념을 가지고 있었으면서도 운동 개념을 가지고 있지 않았다. 우리는 물리적인 유비에 따라 운동을 **시간의 흐름**으로 묘사한다. 수학적으로 시간의 흐름은 영 시점인 **현재**로서, 현재는 들어오는 **미래**와 나가는 **과거** 사이에서 차원 없이 앞으로 나아가므로 존재하지 않는다. 매클라우드는 한 지점에서 **현재**를 영으로 표시했지만, 이런 개념을 가지고 있지는 않았다. 그러나 퍼어스

(C. S. Peirce)가 서술했듯이, 심리학적으로 **현재**는 **과거**와 **미래**의 두 방향으로 덜 생생하게 퍼지는 시간의 순간이다. **과거**는 **기억**이고, **현재**는 **감각**이며, **미래**는 **기대**이다. 이들은 곡조의 음표들처럼 현재 시점에서 마음속에서 모두 함께 존재한다. 현재 **시점**은 영이 아니라 현재의 사건이고 그것은 현재의 거래이다. 이런 방식으로 퍼어스는 흄의 회의주의를 실용주의로, 수학을 의사로 전환시켰다.

이런 실용적인 시간개념이 오랜 사용에 상응하는 미래 시간의 측정 가능한 여러 차원을 구분할 수 있게 해준다. "현재"는 제도적으로는 초, 분, 또는 아마도 한두 시간으로 측정 가능한 **즉각적인 미래**이지만, 실질적으로는 기다림이나 위험부담의 감정이 개입되기에는 너무 짧은 시간 간격이다. 이 단기간의 미래는 주식시장의 일일 대출의 비율부터 기다림이 상당해서 측정이 가능한, 통상적인 상업대출의 기간인 30일, 40일 또는 90일까지 이른다. 장기간의 미래는 단기적인 미래를 넘는 어떤 기간이다. 이런 구분은 자의적이라기보다 관습적이어서 행동에 대한 실제적인 분석에서 더욱 유용하다. 매클라우드는 **시간**이 그의 판매 가능한 상품인 부채의 여러 차원 중 하나로 체현되어 어떻든 객관적이므로, 시간이 사용-가치나 희소-가치처럼 부채의 기간에 따라 가변적인, 시간의 덩이리들로 다가온다고 가정했다. 그렇지만 **시간**은 전적으로 제도적이다. 기제와 유기체는 시간에 대해 아는 바가 없다. 이것은 여러 부류의 사람이 지닌 관습에 따라 현재 행위를 지배하고 여러 거래에서 동일한 부류를 지배하는 기대들 속에서 온다. 미래 시간에 대한 가장 정확한 측정은 단기적이고 장기적인 미래성에 대한 부채시장에서 이루어진다. 그러나 소비, 놀이, 운동, 노동 등 여타 익숙한 상황의 과정에서는 측정할 가치가 없을 정도로 짧은 순간적인 미래에 대한 기대가 활동을 지배한다.

따라서 객관적으로 "시간의 흐름"은 **순간의 움직임**이다. 이에 비해 주관적으로 이것은 살아 있는 몸의 생리적인 신진대사일 뿐만 아니라 순간의 기억, 감각, 기대의 흐름이다. 우리가 이런 주관적인 운동을 오로지 생명체의 생리적인 신진대사를 통해서 파악할 수 있기 때문에 시간의 흐름은 이행, 회피, 절제의 차원에 있어 개인의 행위이다. 따라서 우리는 두 가지 다른 종류의 움직임 사이에 놓여 있고 이들을 연결하는 개인의 이행, 회피, 그리고 절제라는 한 가지 종류의 움직임을 가지고 있다. 이 두 가지 종류의 움직임은 다른 인간들을 포함해 우주의 외적인 움직임과 어떤 식으로든 **기억, 감각**, 그리고 **기대**에 수반된 내적인 생리적-논리적 움직임이다. 우주와 타인의 외적인 움직임의 흐름과 어떤 식으로든 기억, 감각 그리고 기대에 수반된 생리의 내적인 움직임 사이에 놓인 인간 행위의 전체적인 흐름이 바로 경제학에서 **의사**를 동인으로 삼는 **거래와 지속 활동체**라고 우리가 부르는 것이다. 이것은 미래를 향한 **시간의 인간적인 흐름**이다. 그리고 이에 근거한 경제 이론은 상품에 대한 물적인 이론이나 감각 및 생리의 주관적인 이론이 아니라 미래의 목적을 지향하는 경제활동의 자발적인 이론이다.

고전학파와 쾌락주의 경제학자에 관해서도 비슷한 고려가 요구된다. 미래를 바라보는 이행, 회피, 절제로서 행동하는 의지에 대한 우리의 분석은 대단히 피상적이지만, 언제나 가장 가까이 있는 것이 가장 나중에 연구된다. 이 분석은 고통, 쾌락 그리고 한계효용을 통해 상품과 비유적으로 연결되고, 이 비유에 근거해 경제 이론의 수학적 체계를 구축해 의지의 한 가지 성질만을 뽑아내는 부적절한 단순화에서 벗어난다. 그러나 인간의 의지는, 그 자체 인격으로서 거래를 통해서, 그리고 기업 안에서 작동하는 하나의 총체이다. 물론 기업은 그 자체가 단합된 행위의 다른 총체이다.

따라서 **의지**에 대한 거래적인 분석은 한편으로 윤리와 법의 이원주의를 회피하고 다른 한편으로 스미스와 벤담에서 시작된 경제학을 회피하는 경제 이론을 가능하게 만든다. 그 이유는 이것이 뭔가 할 의사라는 한 개념 안에 권리, 의무, 자유와 이행, 회피, 절제의 노출들의 윤리적이고 법적인 관계들을 **미래**의 할인된 위험-가치와 희소-가치로서 **가치**와 **평가**에 대한 경제적 분석과 결합시키기 때문이다.

이런 예비적인 사항들이 거래와 지속 활동체에 경제적이면서 법적인 요인들로 제약적이고 보완적인 요인들의 원리를 적용할 수 있게 해준다. 희소와 미래성의 두 가지 원리가 이 적용을 설명한다. 왜냐하면 자신에 대한 이익을 얻으려는 개인에게 제약요인은 그 시점과 그 장소에서 자신과 다른 사람들이 보이는 특정 행위이고 다른 사람들의 보완적인 행위가 이것에 달려 있기 때문이다. 법적인 소송에서 제약요인이 어떤 때는 재판관이고, 어떤 때는 배심원이며, 또 어떤 때는 보안관이다. 제조업체에서는 제약요인이 기계공, 공장장, 감독관, 심지어 여자청소부일 수도 있다. 명령과 복종의 관리 거래를 통해 이들을 통제하는 것에 거래 전체가 걸려 있다. 통제의 결과는 효율이라는 측정 가능한 결과를 지닌 총체적으로 "지속적인 공장"이다. 집단행동의 규정으로 지원받는 개별 행위에 대한 이런 통제의 사회관계로부터 복종을 명령하는 권리가 즉각적인 "행동의 권리"라는 의미에서 제약적인 요인이 될 수 있다.

"효율" 관계는 "희소" 관계와 분리될 수 없다. 그것은 필요할 때 제약요인과 보완요인의 풍부함이나 희소가 문제가 되고, 이에 따라 이들을 얻기 위해 지불해야 하는 가격이나 조세가 여기서 문제가 되기 때문이다. 효율과 희소를, 분석에서는 분리할 수 있으나 현실에서는 지속 활동체를 구성하는 데서 이들이 기능적으로 서로에게 작용하고 있기 때문에 분리할 수 없다. 자동차 한 대를 운행하기 위해 필요한 가솔린의 양이나, 공장 하나를 운영하기 위해 필요한 기계공이나 공장장의 숫자, 또는 법정 하나를 운영하는 데 필요한 판사의 숫자는 생각 속에서는 가격, 임금 또는 급여와 분리될 수 있지만, 실제로는 그럴 수 없다.

따라서 제약요인과 보완요인의 원리가 지닌 일반적인 성격은 인간의 의지가 어떤 목적을 위해 대상을 작동시키려고 노력하는 한 모든 과학에서 등장한다. 다른 요인에 비해 상대적으로 수량이 제한되어 있는 요인이 중요하다고 생각된다. 기대 속에 모든 요인이 틀림없이 존재하지만, 행위 속에서는 제약적인 요인만이 존재한다. 행위에 관한 한 보완적인 요인은 미래에 존재한다. 만약 필요할 때 이용할 수 있어서 이것이 안정적이라면, 이것에 대해 아무런 주의를 기울이지 않는다. 이것은 기업에서 특정 상황의 일상적인 거래가 된다. 그러므로 특정인의 권리들은 현재에 존재하고 그는 "권리들을 가지고" 있으나, 수십억 건의 거래들에서 이것들은 일상적이지 전략적이지 않다. 만약 이것들이 안정적이면, 단지 수십 억건 중 하나에서 이것들이 제약요인이 된다. 만약 불안정하면, 다른 모든 것을 포기하고 이 제약요인을 통제하는 데 전력을 다해야 한다.

제약적이거나 전략적인 요인, 그리고 보완적이거나 일상적인 요인과 효율, 희소, 그리고 미래성으로 측정할 수 있는 거래의 이런 원리가 "본질"과 "존재"의 형이상학적인 문제에 들어 있는 모든 것인 것 같다. 본질은 보완요인에 대한 안정적인 기대이지만, 존재는 그것의 현재 통제에 다른 것들의 안정성이 달려 있는 제약요인의 불안정성이다. 그렇지만 플라톤의 "본질"은 현실에서 실현될 수 없는 영원한 존재이기 때문에 이런 기대로부터도 상당히 멀리 떨어져 있었다. 그래서 이들은 그것의 가변적인 부분들과 분리된 영원한 전체의 관계 속에서 현실에 서 있었다. 그러나 현대적인 의미의 "본질"에서는 이들이 외적으로 존재하는 그 무엇이고, 심지어 하강해서 실제 행위 속에 체현될 때를 기다리는 "절대자"이다. 만약 이런 의미라면, "본질"은 단지 보완요인에 대한 기대이다. 이같이 "본질"을 단지 기대로 대체하는 일이 칸트의 순수이성, 산타냐의 순수한 본질, 본질과 존재에 대한 신칸트적인 구분에서 수행된 것으로 보인다. 매클라우드와 변호사들의 "자연권"도 실제 거래에서 존재로 발견되기를 기다리는 미리 존재하는 유사한 본질인 것처럼 보인다.

그러나 만약 우리가 이 비존재가 거래의 실제 과정에서 지니는 의미를 검토하면, 하나의 본질이나 추상이 단순히 필요할 때 반복될 것으로 기대되는 유사성임을 발견하게 된다. 하강해서 체현되는 것은 영원한 절대자나 이전에 외적으로는 존재하지 않는 어떤 것에 대한 생각이 아니다. 그것은 현재의 가치와 평가에 하강해서 자신을 체현하고 현재의 기대가 능성을 구성하는 미래성이다. 이것은 진정으로 실재하는 기대이지만, 안정적이기 때문에 돌보지 않는 그런 기대이다. 이는 마치 너무 뜨겁거나 차갑거나 희소하지 않은 한 돌아보지 않는 공기가 실재하는 기대인 것과 같다.

그래서 켈젠(Hans Kelsen)*은 법적인 관계의 "본질"은 "작용하는 사실"

---

* 한스 켈젠(1881~1973)은 오스트리아 출신 미국 법학자이다. 그가 주장한 법실증주의는 헌법과 하위 법령 및 규칙들이 법적 체계로서 연속적인 단계를 전제하여 헌법은 모든 실정법의 근거가 되며 헌법을 벗어나는 타당성의 근거는 법학의 영역 밖이라 보는 것이다. 이것은 법적 타당성이 논리적 타당성과는 다른 것이며, 규범은 오직 상위 규범에 의해 타당성이 부여될 수 있다고 보는 것이다. 따라서 켈젠은 사회정치적으로 나타나는 사실의 기술은 법학의 역할이 아니며, 이론적으로 경제적 상황을 개선시키는 사회보장과 개인의 자유가 양립할 수 없을 때 자유가 사회보장보다 더 높은 가치인지에 대해서는 주관적 답만 가능하다고 밝혔다.

과 공무원에 의한 "이행"이라는 두 가지 항목에서 발견된다고 올바르게 주장하고 있다. 또한 그에게 권리, 의무, 권력, 책임 등의 용어는 순수한 법의 의미에서 "법적인" 용어이다. 이들은 법적인 관계가 아니라 사회적이거나 윤리적인 관계들을 지적한다.[300] 이 분석에서 켈젠은 해명과 정확성에서 많이 기여하지만, 우리는 **미래성**이라는 실용직인 원리와 **제약요인** 및 **보완요인**이라는 경제적 원리를 통해 비슷한 결과에 도달한다. 현존하는 매클라우드의 추상권리는 타인으로부터 청구해 상품, 서비스 또는 화폐를 얻기 위해 필요한 경우에 "행위의 권리"가 지적하는 바로서 켈젠의 법적인 강제에 대한 기대가 된다. 기존의 법체계가 계속되리라는 예상을 가정하면, 법적인 관계의 본질은 단지 시민들의 복종이 요구되는 강제적인 거래에서 공무원의 반복되는 유사성을 기대하는 것이다. 그렇게 기대되면 수십억 건의 거래들에서 가치는 제약적인 조건에 귀속되지 않는다. 제약요인은 경우에 따라 약속, 경제재의 종류, 품질, 수량 등 사적인 당사자들의 즉각적인 행위이다. 공식적인 행위의 예상되는 유사성은 현재 가치에 대한 추정에서는 매우 결정적이지만, 기대가 안정적이라면 행위의 시점에서는 제약요인이 아니다. 법원의 결정은 가치의 커다란 변화를 가져오고, 개인들과 계급들 사이에 가치를 크게 이전시킨다. 이렇게 창출된 기대들이 권리, 의무, 자유, 노출로 지칭된다. 이것들이 진정으로 입법자, 법원, 그리고 행정공무원을 통제하는데, 집단적으로나 개인적으로 시민들의 기대되는 정치적 힘에 근거한, 사회적이고 경제적인 기대들이다. 이것은 플라톤주의나 신칸트주의나 절대주의가 아니라 **분석적 실용**

··

300) Voegelin, Erich, "Kelsen's Pure Theory of Law", *Political Science Quarterly*, Vol. XLII, June 1927, 276; Kelsen, Hans, *Allgemeine Staatslehre*(1925).

주의이다.

본질과 존재 사이의 화해는 **미래성**에 대한 실용적인 원리에 있다. **권리**와 **가치**는 행동하는 시점인 **현재** 존재하지만, 미래성으로 존재한다. 이들은 기대하는 상황을 만든다. 법적인 힘은 행사되지 않으면 현재 행동 속에 존재하지 않지만, 그만큼 좋거나 훨씬 더 좋은 기대의 안정성이라는 상황 속에 존재한다. 바로 미래의 행위에 대한 권리가 현재 기대의 이름이다. **법적인 힘**은 미래 자체이다. **권리**는 그것의 미래성이다. 가치는 권리를 통해 얻게 될 미래 재화의 제한된 공급에 대한 현재의 기대이다.

이것은 추상이 아니고 기대이며 집단적 행위에 대한 기대이다. 이 권리, 가치, 그리고 힘은 모두 현재 시점에 존재하지만, 기대의 현재 상황으로서만 이들이 존재한다. 이들은 필요하면 거래에 "체현될" 준비가 되어 있는데, 이 시점에서 이들은 그 시점의 현재에서 제약요인이 될 것이다. 이런 정신적인 기대가, 시간과 관계 없이 로크의 "관념"이고, 플라톤과 칸트의 "본질"이므로, 이들은 화이트헤드의 "영원하고" "시간이 없는" 원리와 개념이다. 그러나 구체적으로, 실용적으로, 그리고 시간이 넘치게, 이들은 행동의 시점에서 제약적이거나 보완적인 요인으로 존재한다. 그때조차 보완적인 요인은 단지 미래성으로 존재하지만, 미래싱은 인간이 행동하는 유일한 "대상"이다. 이들은 퍼어스의 "현실"이고, 이들의 "본질"이 **미래 시간**이며, 이들의 현재 "존재"가 **기대**나 **상황**이다. 그래서 이들의 현존하는 외적인 현실은 거래와 지속 활동체의 흐름이다.

이런 미래성과 제약요인 및 보완요인의 원리가 데이비드 흄의 시대 이래 철학자들의 형이상학적인 문제에 대한 경제학자들의 대답이다. 흄은 버클리를 확장시키면서, 우리는 주어진 순간에 물체에 대한 감각만을 알고 있으며, 물리적인 감각으로는 감각들 사이의 관계나 감각들을 발생시키는 외적인 대상들의 관계를 모른다고 주장했다. 흄 이후 한 세기 반 동안 모든 철학의 변치 않는 주제는 관계에 우아한 지위를 부여하는 것 이외에 다른 것이 아니었고, 가장 탁월한 해결책은 칸트의 초월주의였다. 그러나 그의 해결책은 오로지 관계로 구성된 절대의 세계를 오로지 경험으로 구성된 경험주의의 세계와 분리시켰다. 그러고 나서 피어스의 실용주의의 연장인 제임스의 급진적인 경험주의에서 스튜어트, 호지슨, 그리고 퍼어스의 앞선 원리들이 심리학으로 발전했다. 여기서 내적으로 "알려진 것"과 외적으로 "알려진 것"은 동일한 기능적 과정의 양면으로서, 감각이 감지되는 대상과 동일할 뿐만 아니라 대상들의 관계도 관계에 대한 감각과 동일하다. 추가적인 발전들은 최근의 게슈탈트 심리학에서 이루어지고 있는데, 이것은 미국 실용주의의 독일적인 변형이다. 그렇지만 경험주의, 합리주의, 실재주의, 실용주의, 그리고 게슈탈트주의 등 이런 다양한 철학과 심리학이 인간의 의지에 관해 어떤 것으로 드러나든,[301] 의지의 경제적 원리는 솔직히 제약요인과 보완요인 사이의 변하는 관계가 경험의 교훈을 통해 직접 알려지거나 기대되는 하나의 환경적이거나 제도적인 의지이다. 이 안에 해당 경우에 가장 가깝게 맞는 듀이의 심리학이 있다. 인간의 의지는 요인들 사이의 **관계**뿐만 아니라 이 요인들 자

∴

301) Cf. Stewart, Dugald, *Collected Works*(1854-1860); Hodgson, Shadworth H., *The Theory of Practice*, 2vols.(1870); Peirce, C. S., *op. cit.*; James, Wm., *Essays in Radical Empiricism*(1912); Dewey, John, *Human Nature and Conduct*(1922); Bradley, F. H., *The Principles of Logic*, 2vols.(1883, 1922); Evans, D. L., *New Realism and Old Realism*(1928); Smuts, J. C., *Holism and Evolution*(1926); Köhler, W., *The Mentality of Apes*(Ellis Winter 번역 1927), 그리고 *Gestalt Psychology*(1929); Koffka, K., *Growth of the Mind*(R. M. Ogden 번역 1924); Peterman, Bruno, *The Gestalt Theory and the Problem of Configuration*(번역 1932).

체를 경험할 것이다. 그렇지 않다면 어떻게 전략적 요인을 통제해서 멀리 있는 결과를 얻는지 알 수 없다. 그리고 개인이 성취할 수 있는 훨씬 더 큰 결과는 실제로 기계와 제도가 성취한다.

바로 이 제약요인과 보완요인 사이의 관계로부터 마음이 인과에 대한 생각을 도출한다. 적절한 시점에, 적절한 정도로, 적절한 장소에서 제약요인을 통제함으로써 마음이 다른 요인을 통제한 결과 지속적인 기계, 지속적인 사업, 지속적인 활동체가 생긴다. 이 통제는 **적시성**이라는 하나의 포괄적인 명칭을 지닌다. 적시성은 진정으로 경험을 통해 배우며, 단순히 지성을 통해 전달될 수 없는 적합성에 대한 감정의 일부이다. 이것이 **기술**과 **과학**의 차이, 그리고 **의사**의 추상적인 개념들과 특정 시점, 장소, 그리고 환경에서의 **구체적인 의지** 사이의 차이를 제공한다. 과학자나 철학자는 **시간**에 관계 없이 추상적인 개념에 전념할 수 있으나, 일을 처리하는 사람은 이것들의 적시성을 돌보아야 한다. **원인**과 **결과**가 물상과학으로부터 적절히 제거되어, 방정식이 이를 대신하게 되었다. 수리경제학자도 원인과 결과를 경제학으로부터 제거하고 싶어 한다. 그러나 원인과 결과는 경제학에 본질적이고 현재의 제약요인들을 적절히 통제해 미래의 목표들을 달성하는 경제학의 (뭔가 하려는) 의사리는 원리에 본질적이다.

따라서 우리는 목적과 기대로 인도되는 행동 속의 **의지**, 즉 **의지**에 대한 경제학적인 개념을 지닌다. 밀이 설명한 인과에 대한 경험적인 이론과 브래들리가 설명한 절대주의 이론이[302] 제약요인들을 통제하는 **의지**에

302) Mill, J. S. A System of Logic,(1판, 1848; 인용은 8판 1925), 211-241; Bradley, F. H., The Principles of Logic(2판 1922), 583 ff.

대한 경제 이론에 실현되어 있다. 이렇게 하는 목적은 모두를 위한 미래 산출물을 배가시키거나, 다른 사람들의 수입을 줄여서 자신에게 더 큰 수입을 획득하게 하거나, 또는 기업체나 다른 조직체들을 통제해 먼 곳이나 미래로 의지를 확장한다. 이들은 각기 각자의 영역에서 거래를 통해 의도한 것에 비추어 모든 제약요인과 보완요인에 대한 최선의 배분에 의존한다.

제10장

합당한 가치[*]

* 신고전학파가 강조하는 합리성과의 혼동을 피하기 위해 'reasonable value'를 합당한 가치로 번역했다. 'rational'과 'reasonable'은 번역뿐만 아니라 개념에서 혼동의 여지를 안고 있다. 시블리(W. M. Sibley)와 롤즈(J. Rawls)를 참조하면, 전자는 오로지 각자의 목적에 대한 충실한 추구와 관련되어 경제적이다. 반면 후자는 타인의 이익이나 타인과의 협동을 고려해 윤리적이고 법적이다. 법을 강조하는 커먼스가 후자로 기울어진 것은 당연하다.

I. 베블런[1]

1. 유체 재산으로부터 무형 재산으로

1890년 이래 현대의 무형 재산에 대한 두 가지 다른 이론이 발전했다. 하나는 베블런의 착취이론이고, 다른 하나는 법원의 합당한 가치라는 이론이다. 모두 재산이 미래의 수익성이 있는 거래의 현재가치라는 새로운 이론에 기반을 두고 있다. 그렇지만 베블런은 1901년 미국 산업위원회에서 이루어진 제조업과 금융업 총수들의 증언을 자신의 자료에 대한 출처로 삼았고,[2] 1904년에 그것을 자신의 『기업의 이론(*Theory of Business Enterprise*)』에 출판했다. 법원의 사법적인 개념은 서서히 발전했고, 1890년 이래 대법원의 판결들에서만 확인할 수 있다.

•••

1) Cf. Teggart, R. V., *Thorstein Veblen, a Chapter in American Economic Thought*(1932).
2) *Report of the United States Industrial Commission*, I(1900), XII과 XIV(1901), XIX(1902). Veblen, Thorstein, *Theory of Business Enterprise*(1904, 1927).

미국 산업위원회의 청문회와 조사에서 다음과 같은 예들이 나온다. 앤드류 카네기의 생산비용이 가장 낮았고, 그가 철광산과 석탄광산 그리고 그 재료를 피츠버그에 있는 자신의 용광로와 공장에 가져오는 데 필요한 호수의 수송선과 철도를 소유하고 있었다는 점에서, 그는 철강업에서 전략적인 위치를 점하고 있었다. 그는 자신의 제품을 산업의 최종 단계인 양철산업에까지 끌고 가지 않았지만, 이리호변에 최신의 개선된 설비를 갖춘 공장을 설립하겠다는 의도를 발표했다. 카네기가 구사하는 파괴적인 경쟁의 방법을 아는 모든 사람에게 새로운 공장이 그들을 시장에서 몰아내리라는 점이 명백해졌다. 제이 피어펀트 모르건사와 이 회사의 변호사들은 그때 이 산업의 모든 분야에서 모든 사업체가 전체적으로 결합되도록 모든 공장을 인수할 거대한 지주회사를 세우라는 요청을 받았다. 이 결합체는 재건축비용을 근거로 할 때 유체 재산으로 가치가 약 7,500만 달러인 카네기의 지분을 모두 매입할 필요가 있었다. 그러나 시장에서의 위협적인 위치 때문에, 카네기는 3억 달러 상당의 금환채권을 끌어 올 수 있었다. 전통적인 경제 이론에 근거하면, 2억 2,500달러의 이런 차이는 유체 재산의 가치로 돌릴 수 없었다. 그것은 카네기에게 진 빚도 아니므로 무체 재산도 아니었다. 유일하게 이에 대해 부여할 수 있는 다른 이름은, 금융총수들이 스스로 부여한 이름인 "무형 재산"이다. 베블런은 이 "무형 재산"이 단지 착취나 "인질"의 가치라고 올바르게 해석했다. 그 이유는 그것이 오로지 카네기가 주도할 것으로 알려진 가격 후려치기의 경쟁으로부터 카네기를 내보내려는 모든 경쟁자의 필요에서 생겼기 때문이다.

이 지주회사가 인수한 다른 모든 회사는 그들의 주식을 지주회사의 주식과 교환할 의사가 있었다. 지주회사의 주식으로 이들에게 주어진 평가도 이들 재산의 유체적인 가치를 훨씬 넘는 것이었다. 그래서 미국철강사가 최종적으로 조직되었을 때 총 20억 달러의 자산을 가지게 되었다. 이것은 카네기에 대한 3억 달러의 부채와 17억 달러의 보통주 및 우선주를 포함하고 있는데, 재생산비용으로 따지면 유체 재산의 가치는 아마도 10억 달러도 되지 않았을 것이다. 이런 무형적인 것에 대한 평가는 이윤으로부터 쌓아 올려 이 무형가치와 동일한 유형적인 공장으로 전환되었다. 유체 재산의 가치를 넘어서는 10억 달러의, 원래의 초과 평가에 "무형 재산" 또는 "무형가치"라는 명칭이 부여되었다. 그 이유는 지주회사의 증가된 향후 수익능력이 이만큼의 평가를 정당화하기 때문인데, 최종적으로 이것이 사실로 증명되었다.

1904년에 베블런은 기대되는 수익능력에 근거한 이 무형가치가 문자 그대로 "금전적인" 평가에 불과하며, 가치가 공장과 상품의 재생산비용에 접근하는 경향이 있다고 항상 주장한 전통적인 경제학의 "산업적인" 평가가 아니라고 적절하게 말할 수 있었다. 철강기업은 명백히 독점이 아니었다. 따라서 지주회사가 하나의 결합된 산업을 만들어내기 위해 필요한 숫자의 회사들만을 매입했으므로, 그것은 생산비용이라는 경제학자의 경쟁적인 표준에 속해야 한다. 그것은 독점화가 없는 순전한 사유재산권의 행사였고, 대법원이 1920년에 그런 것이었다고 판결했다.

따라서 베블런은 유체 재산의 가치로 "자본"을 규정했지만, 무형가치 또는 무형 자본는 사업가들이 사회를 인질로 삼아 "아무것도 주지 않고 무언가를 얻는" 전략적인 힘에 따라 이들이 내린 순전히 금전적인 평가라고 차별화했다. 이 점에서 그는 옳았다.

그래서 무형 재산이라는 현대적인 개념을 근거로 삼은 최초의 사람으로서 베블런은 이 용어를 사용하는 사업가들의 관습으로부터 직접 이 개념을 도출했다. 베블런은 실제로 고대사회와 고전학파, 맑스주의 그리고 쾌락주의 경제학자의 유체 재산뿐만 아니라 매클라우드의 부채라는 무체 재산도 고려하지 않았다. 그는 자본가의 미래 협상력이 지닌 현재가치인 무형 재산이라는 새로운 개념에만 의탁했다.

그러나 그는 대법원의 판결은 연구하지 않았다. 소송이 생기면 미국의 대법원은 무형 재산이라는 새로운 동일현상을 근거로 판결했다. 그러나 그것은 베블런의 착취가 아니라 합당한 가치라는 대법원 자체의 역사적인 개념에 근거한 것이었다. 미국 철강 해체 소송(1920)에서처럼 일부 판례에서는 이 원리가 자본가들의 주장을 인정했다. 다른 판례에서는 자본가들이 주장한 가치를 크게 삭감했다. 또 다른 판례들에서는 자본가들의 주장과 반대로 훨씬 더 높은 가치를 재산에 부여했다. 얼마나 심하게 원고와 피고 양측이 싸우든, 무형 재산에 대한 법원의 평가는 언제나 공적인 목적을 포함하고 있다. 반면 베블런은 다른 학문처럼 경제학이 목적의 개입을 적절하게 수용할 수 없음을 강하게 주장했다.

무형 재산이라는 새로운 개념을 법원이 인정하기 시작한 것은 1890년이었다.[3] 이때 미네소타 철도위원회의 철도요금 인하가 유체 재산이 아니라 가격을 정하는 능력이라는 무형 재산을 선취한 것이었음에도 불구하고, 법원은 "재산의 접수"라고 선언했다. 또한 법원은 재산의 접수가, 적절한 법적인 과정 없이 국가가 재산을 접수하지 못하게 금지시킨 연방헌법에 대한 14차 수정사항에 따라 사법적인 문제이지 입법적인 문제가 아니라고 선언했다. 그 이전의 비슷한 소송인 먼 대 일리노이(1876)에서는, 법원이 의미하는 재산이 유체 재산이었던 때였으므로, 법원은 입

3) Chicago, Milwaukee & St. Paul Railway Co. v. Minnesota, 134 U. S. 418(1890).
Commons, John R., *Legal Foundations of Capitalism*(1924), 15.

법부에 의한 요금 인하는 재산의 **접수**가 아니라 재산의 **사용**에 대한 규제에 불과하다고 주장했었다.[4] 그러나 1890년에 이 철도회사의 변호사들은 헌법에서 요금을 줄여서 재산의 "가치"를 취한 것도 재산을 "취한 것"으로 번복해 줄 것을 법원에 청원했다. 이때 취한 것이 회사의 유체 재산이 아니라 기업체가 원하거나 할 수 있는 가격을 부과하는 권리라는 무형의 권리였다는 점에서 이들은 옳았다. 달리 말해 변호사들은 무형 재산이라는 베블런의 의미를 지지하고 있었다. 새로 정의된 무형 재산의 접수가 대법원이 결정할 사법적인 문제이고 미네소타정부가 결정할 문제가 아니어서, 주정부의 요금이 무효인 한에서 법원은 이들의 주장을 받아들인 것이다.

이런 식으로 1890년에 유체 재산으로부터 무형 재산으로 재산의 의미를 변경하는 방향으로 첫발을 내디뎠다. 이런 의미의 변화와 함께 대법원은, 먼의 소송에서 인정되었고 전에 주정부의 권리로 간주되었던 부과 요금에 대한 공공기관의 규제권리를 빼앗았다.

무형 재산을 경제학자들이 말하는 유체 재산의 의미와 전혀 다른 의미의 가치로 인정하는 두 번째 발걸음은 아담 익스프레스사 대 오하이오의 사례에서 등장했다.[5] 이것은 과세와 관련된 소송이었고, 대법원은 기업의 항변에 반해 오하이오주의 과세를 목적으로 문제의 재산가치를 2만 3,000달러에서 44만 9,377달러로 인상했다. 경제학자들과 관습법에서 유체 재산은 말, 마차, 금고, 자루, 그리고 이와 비슷한 형체를 지닌 재산

••

4) Munn *v.* Illinois, 94 U. S. 113, l. c. 139(1876). Commons, *Legal Foundations of Capitalism*, 15.

5) Adams Express Co. *v.* Ohio State Auditor, 165 U. S. 194(1897); 재심리 166 U. S. 185 (1897). 커먼스, *op. cit.*, 172.

이었다. 무형 재산은 지속적인 활동체로서 기업에게 기대되는 수익창출 능력에 근거한 주식과 채권의 전체 시장가치였다. 여러 주 중에서 이에 대한 오하이오주의 적절한 몫은 44만 9,377달러였다. 이 경우 무형 재산이 유체 재산의 18배나 되었다. 법원이 재심리에서 언도하기를, "형체가 없지만 존재하고, 가치를 지니며, 수입을 낳고, 세계의 시장에서 통용되고 있는 재산이라는 것으로 충분하다."[6]

이 경우 법원이 진정으로 경제학자들의 지배적인 이론에 상응하는 유체 재산의 가치(2만 3,000달러)로서의 자본과 무형 재산의 가치(44만 9,377불)라는 새로운 현상에 대한 베블런의 구분을 정확하게 인정했음을 확인할 수 있을 것이다. 그렇지만 베블런처럼 이 문제를 아무것도 해서는 안 되는 경제학의 순전히 과학적인 가설로 내버려 두지 않고, 법원은 더 나아가 과세문제에서 동등한 대우를 요구하는 공공목적의 원칙에 따라 과세목적을 위해 합당한 가치를 유체 재산의 오랜 가치로부터 무형 재산의 18배 더 높은 가치로 인상했다.

또 다른 사례가 무형 재산에 대한 베블런의 "과학적인" 처리와 공공목적을 위한 법원의 처리 사이의 차이를 나타낸다. 샌 호어퀸과 킹 운하 관개회사는 관개시설을 건설했는데, 베블런의 무형 재산의 원리에 따라 그것의 가치는 1,800만 달러였다. 더구나 캘리포니아주는 이 평가액에 18%의 수익을 낳게 물에 대한 요금을 부과하도록 이 회사에 인가했다. 만장일치로 회사에 유리한 판결을 내린 하급법원으로부터 올라온 항소심에서, 대법원은 가치를 1,800만 달러에서 600만 달러로 삭감하고, 이 삭감된 무형 재산에 대한 수익률을 원래의 계약비율인 18%에서 6%의 합

<hr/>

6) 166 U. S. 219.

<hr/>

당한 비율로 삭감했다. 달리 말해 법원은 이 회사의 허용 가능한 수익능력을 90% 정도 삭감했고, 물의 요금도 이에 상응하도록 삭감했다. 따라서 무형 자본을 쌓기 위해 실제로 자본가가 하는 일에 대한 베블런의 과학적인 관찰을 인정하면서, 대법원은 이 경우에 그것이 수탈적이라고 판단해 수익능력을 합당하다고 생각하는 수준으로 삭감했다. 이 판결을 정당화하면서 법원은 다음과 같이 말했다.

"비록 앞서서 이 회사가 이 공사에 실제로 투입한 자본에 대해 월 1.5%를 확보하게 요금을 책정하도록 허용했다고 하더라도, 법에 규정된 물을 공급한다는 목적에 실제로 사용된 재산의 당시 가치에 근거해 6%의 수입을 제공하도록 물의 요금을 정하는 것은 법의 적절한 절차를 거치지 않은 몰수나 재산의 접수가 아니고, 재산에 대한 법의 동등한 보호를 부정하는 것도 아니다. (……) 원래 비용이 너무 컸을 수 있고, 정직했더라도 건축의 실수들이 있었다면 필히 비용이 올라갔을 것이며, 의도된 목적에 필수적이거나 필요한 것보다 더 많은 재산을 획득했을 수 있다."[7]

따라서 우리는 1890년이라는 해에 법원이 인징한 후 동시에 연구하고 있던 무형 재산이라는 새로 도달한 개념에 근거해 베블런과 대법원이 다 다른 매우 다른 결론을 확인할 수 있다. 베블런의 결론은 착취이론에 이르고, 법원은 합당한 가치 이론에 이른다. 베블런은 한 책에서 착취이론

..

7) Stanislaus County v. San Joaquin and King's River Canal and Irrigation Co., 192 U. SD. 201, 24 대법원 241(1904). Whitten, R. H., *Valuation of Public Service Corporations*, 59(192). 합당한 가치를 정하는 데서 법원의 언어가 1907년 필자가 초안을 마련했고 다른 주들에서 복제한 위스콘신의 공공시설법에서 사용되었다.

에 갑자기 도달하고, 법원은 변화하는 조사와 판사석의 변하는 징벌들에 따른 실수들과 교정들을 통해 실험적으로 합당한 가치 이론에 도달하고 있다.

우리가 새로운 자본주의의 동일한 현상에 대한 결론들이 지닌 이 현저한 차이의 근거를 찾는다면, 그것이 과학개념 자체의 차이로 구성되어 있음을 발견하게 될 것이다. 과학에 대한 베블런의 개념은 사실에 대한 연구에서 어떤 목적도 거부하는 물상과학의 전통적인 개념이었다. 과학에 대한 법원의 개념은 연구가 과학 자체의 일차적인 원리로 공공목적에서 시작해야 한다는 제도적인 개념이었다. 그것은 물상과학과 사회과학의 차이이다.

과학의 범위에서 베블런이 목적을 제거한 근거는 제임스와 듀이가 당시에 제시한 실용주의에 대한 그의 해석이었다.[8] 그는 물상과학만을 다루었던 퍼어스의 실용주의나 듀이를 보다 가깝게 따랐던 법원의 실용주의를 몰랐던 것 같다. 제임스와 듀이가 실용주의라는 이름을 이어받았을 때, 제임스는 이것을 개인심리학에 적용했고 듀이는 사회심리학에 적용했다. 이 영역에서 이들은 목적이 인간과학의 압도적인 문제임을 인정했다. 그래서 이들을 퍼어스 자신조차[9] 거부했고, 이와 비슷하게 베블런도 거부했다. 베블런은 과학이 현대의 기계 발명에서 발생하는 "사실만을 문제로 삼는" 과학이라고 생각했다. 여기서는 과학자가 목적이라는 종전의 모든 생각이나 연금술이나 신령의 개념에 포함된 "정령주의"를 제거

∙∙

8) Veblen, T., "Why Is Economics Not an Evolutionary Science"(1898); "The Place of Science in Modern Civilization"(1906); "The Point of View"(1908). *The Place of Science in Modern Civilization and Other Essays*(1991)에 재인쇄.

9) *The Monist*, 15:161 ff., 481 ff.(1905); 16:142 ff., 494 ff., 545 ff.(1906).

하고, "인과"와 "궁극적인 종말"이나 "목적"이 전혀 없는 "이어진 변화"니 "과정"을 채택한다. 베블런이 말하기를, **현대**기술은 "현대의 과학과 같은 범위의 개념들을 사용하고, 같은 용어들로 사고하며, 같은 유효성의 시험을 적용한다."[10]

만약 그렇다면 인간 본성에 대한 과학은 있을 수 없다. 과학은 오로지 물상과학이 된다. 따라서 베블런에 의하면, 인간본성에 적용하는 경우 실용주의는

> "편의에 따른 행동의 준칙을 창출할 뿐이다." 반면 "과학은 오로지 이론을 창출할 뿐이다. 그것은 정책, 효용 또는 더 낫고 더 못한 것, 그 어느 것에 대해서도 전혀 모른다. (……) 실용주의적인 종류의 지혜와 능률은 사실에 관한 지식의 진보에 기여하지 못한다. (……) 세속적인 지혜의 정신적 태도는 공평무사한 과학적 정신과는 목적이 엇갈리며, 이것을 추구하면 과학적인 통찰과 부합되지 않는 지적인 편향을 유발한다."[11]

그렇지만 제도경제학은 바로 이 편향을 우리가 전체 경제적 과정의 일부로 연구한다. 베블런이 실용주의라는 이름하에 분류하는 세속적인 지혜의 이런 태도들을 명시하는 시점에 이르러서도, 이들이 제도적인 행위라는 그의 일반적인 개념의 특별한 경우들이라는 것이 드러난다. 왜냐하면 그는 말하기를, 세속적인 지혜의 지적인 산출물은

* *
10) Veblen, T., *The Place of Science in Modern Civilization and Other Essays*, 17.
11) *Ibid.*, 19.

"대부분 인간의 취약함을 이용하기 위해 고안된 일단의 영리한 행동규칙이기 때문이다. 그것의 표준화와 유효성의 습관적인 조건은 인간본성의 조건이고, 인간의 선호, 편견, 열망, 노력 그리고 능력 부재의 조건이고, 그것과 함께 가는 인간의 마음은 이런 조건에 부합되는 그런 것이다."[12]

우리가 "세속적인 지혜"의 이런 조건들을 검토하면, 우리는 이것들이 막연한 인간본성이 아니라 집단행동이 개별 거래를 지배하는 거래 및 지속적인 활동체의 운영규칙 개념에 요약되어 있음을 확인하게 된다. 사법 분야에서 이것들은 언제나 공적인 목적을 염두에 두고 결정되는 이해충돌의 규칙들을 제정하는 당사자들의 집단적인 과정에 의해 고양되는, 합당한 가치와 법의 적절한 절차에 대한 이론으로 종결된다. 그러나 사법적인 결정에서 이론이 도출되지 않고 법의 규제를 받지 않은 채 내버려둘 때 자본주의적인 거래에 대한 명백한 착취에서 이론이 도출되는 베블런에게는, 제도주의가 자본가들이 발명하고 활용할 수 있는 온갖 착취의 장치들이 된다.

달리 말해 우리는 언제나 퍼어스의 과학적인 의미에서 연구방법으로 "실용주의"라는 용어를 사용한다. 그렇지만 퍼어스가 이것을 미래도 없고 목적도 없는 물상과학에 대해서만 사용한 데 비해 제임스와 듀이는 주제 자체가 언제나 미래를 바라보기 때문에 이것을 언제나 목적으로 유도되는 실용적인 존재인 인문과학에 사용했음을 우리는 고려하고 있다. 그러므로 우리는 열거된 모든 착취의 특별한 경우들을 허공에 내버려두지 않고, 여러 관습과 조직의 진화하는 운영규칙에 따라 개별행동을 통

12) *Ibid.*, 19-20.

제하는 모든 종류의 집단행동에 대한 일반개념 안에 이것들을 모두 모아 놓는다. 물리학의 기술적인 규칙을 연구할 수 있듯이, 이런 규칙과 조직도 실용적인 과학의 방법에 따라 연구할 수 있다. 그래서 베블런의 규제되지 않은 착취에서뿐만 아니라 법원과 중재재판소의 진화하는 결정들 안에서, 그리고 합당한 가치의 진화하는 의미 안에서 이것들을 "사실의 문제"로 연구할 수 있다.

베블런이 발견한 바와 같이, 우리는 바로 관습과 지속적인 활동체 그리고 모든 종류의 사회철학을 포함해 이런 집단적인 규칙들의 변화 속에서 경제학의 진화적인 이론을 발견한다. 전통적인 이론이 진화이론을 발전시킬 수 없었던 이유를 인간성에 대한 오스트리아학파의 잘못된 개념에 대한 베블런의 규정보다 더 잘 보여주는 것은 없다. 이것을 우리는 앞에서[13] 벤담의 개념과 같은 것으로 인용했지만, 개인들의 거래들과 집단적인 행동의 지속적인 활동체를 경제학의 주제로 삼아서 이 잘못된 개념을 회피하고 있다.

2. 부의 누적으로부터 생각의 누적으로

우리는 1830~1840년대의 수십 년 동안에 사회라는 개념이 도래한 것과 현재의 물적인 재화와 고정자본에 체현된 과거의 무한한 사회 서비스들의 증가라는 이에 수반된 순진하고 마술과 같은 공식들을 주목했다.[14]

••

13) 본서 403쪽, 벤담.
14) 본서 624쪽, 노동의 분업으로부터 노동의 연합으로.

그러나 과거의 체현된 모든 서비스가 그 이후 오랫동안 마모되고 상각되며 가치를 상실해, 계속적으로 새로운 노동으로 갱신되고 개선된 발명들로 갱신되어 회전한다는 생각을 낳는 상황에서 과연 이것이 물적인 증가인가? 오히려 이것은 문명의 새벽에서부터 현재의 증기, 가솔린 그리고 무선에 이르는 **체현된 생각들**의 축적이 아닌가? 오늘날의 과학자, 기술자 또는 기계공은 아르키메데스의 지렛대, 갈릴레오와 뉴턴의 중력, 프랭클린의 전기 그리고 수세기 동안의 문명이 낳은 과학자, 기술자 그리고 기계공의 수천 가지 생각들을 단순히 반복하고 있을 뿐이다.

"작업자의 본능"이라는 제목으로 베블런은 물리적 자본의 증가라는 물리적 개념을 생각들의 진화적인 제도적 과정으로 대체해서, 최근의 회전 개념에 대한 바탕을 깔았다.[15] 그렇지만 그의 작업자의 "본능"을 우리는 관리 거래의 관습과 법이라고 불러야 한다. 그것은 수량, 가격 그리고 소유권에 관계없는 정연한 상품의 생산으로 이어진다. 그러나 우리가 보았듯이, 이 관습과 법은 묵시적 계약에 의한 이행, 상당액 지불의 현대적인 변형들과 자신의 가계에 받아들이는 사람들의 행위를 지배할 소유자의 권리로 통제된다.

베블런은 물체와 물체에 대한 소유라는 부나 자본의 고전적인 이중적 의미를 두 가지 적대적인 존재로 분리하려는 칼 맑스의 노력을 보았다. 이것은 사회적 노동력과 이 노동이 사용-가치로 전환하는 물체에 대한 집단적인 자본주의적 소유였다. 그러나 베블런은 맑스가 그와 같이 구축한 두 가지 존재가 각기 헤겔의 변증법과 경제학자의 자연법 및 자연적 자유로부터 도출된 두 가지 형이상학적인 실체에 불과하다는 것을 통찰

..
15) 본서 525쪽, 순환에서 반복으로.

했다.[16] 이 헤겔적인 도식은 예정된 목표를 향하고 있었는데, 이것은 헤겔 자신의 정신적인 측면에서는 일체성과 자유의 게르만 세계왕국에 이를 때까지 진행되는 정신의 발현이었다. 이에 비해 (포이에르바하가 주도하는[17]) 이단적인 측면에서는 이 목표가 무산자들의 세계왕국에 이를 때까지 진행되는 맑스의 유물적인 생산양식의 발현이었다. 맑스의 근본적인 해석은 자본주의 소유체제의 예정된 붕괴와, 베블런이 해석한 맑스에 의하면 내내 자신의 노동이 낳은 모든 생산물을 차지할 자연권을 가지고 있었던 무산자이자 실업자의 계급이 이것을 혁명적으로 접수하는 것이다.

따라서 베블런에 의하면, 다윈의 진화는 미리 정해진 목표를 가지고 있지 않고, 어떤 경향이나 최종기한 또는 완결이 없는 원인과 결과의 연속성이므로, 맑스의 도식은 다윈 이전의 것이다. 다윈의 진화는 "맹목적으로 누적적인 인과"이다. 이것은 문명들의 흥망성쇠이지 어떤 문명이 맑스가 예정한 노동자 소유로 전개되는 것이 아니다. 그것은 궁극적으로 노동자의 지배뿐만 아니라 자본가의 지배로 드러날 수도 있다. 여기서 베블런은 공산주의뿐만 아니라 파시즘의 가능성을 예언했다. 이런 가변성들은 미리 정해지지 않은 다윈적인 진화이므로, 베블런은 목표가 없는 단순한 과정으로 이것들을 전개시키려고 노력했다.

그러나 다윈은 가변성들 중에서 **자연선택**과 **인위선택**이라는 두 가지 "선택"을 가지고 있었다. 우리의 선택은 인위선택이론이다. 베블런의 선택은 자연선택이다.

베블런에 의하면, "자연선택"의 다윈주의 이론이 당시 경제학에 진입

· ·

16) Veblen, T., *The Place of Science in Modern Civilization and Other Essays*, 411.
17) Feuerbach, L. A.에 대한 논문, *Encyclopedia of the Social Sciences*, VI, 221-222 참조.

하고 있었기 때문에 맑스주의자들은 억압할 수 없는 계급갈등의 불가피성에 대해 의심하는 시기에 이르고 있었으며, 힘에 대한 호소를 깎아내렸다. 지도자적인 맑스주의자들은 애국주의와 자신들이 내던져진 변화하는 국제적 상황에 양보하고 있었다. 여기서 베블런은 세계대전의 발발 시점에 이들의 태도가 변하리라고 예언했는데, 이 시점에 애국주의자들이 계급투쟁과 무산자에 의한 궁극적인 세계지배라는 자신들의 생각을 극복했다.

연속적인 변화라는 이 새로운 다원적인 생각과 예정된 목적에 대한 포기를 맞이하기 위해, 베블런은 단순히 확인할 수 있는 목적이 없는 과정으로 대체했다. 그러나 이렇게 하면서 그는, 국가의 물적인 재화들을 증가시키는 노동과정과 유보하고, 보류하며, 노동자들을 일자리에서 몰아내는 자본주의 과정 사이에 맑스 자신이 만들어낸 것보다 훨씬 더 큰 적대주의를 만들어냈다.

헤겔의 형이상학으로부터 도출된 예정된 진화라는 다윈 이전의 개념이라고 베블런이 맑스를 비판한 것은 올바르지만, 유체 재산이라는 고전적인 생각에만 집착하는 맑스가 다른 근거를 기반으로 삼을 수 있으리라고는 거의 생각할 수 없다. 만약 재산이 단지 물체의 소유에 불과하고, 이 재산의 가치가 그것에 체현된 사회적으로 필요한 노동량에 불과하다면, 맑스가 도입할 수 있는 **변화**의 개념은 당연히 소유권의 증가가 따르는, 노동이 생산한 물체의 증가뿐이었다.

그러나 이것은 궁극적으로 다른 종을 낳는 미세한 변동들의 다원적인 과정이 아니다. 그래서 베블런은 단지 맑스주의와 전통적인 경제학의 유체 재산 개념으로부터 무형 재산이라는 새로운 맑스 이후의 개념으로 옮겨옴으로써, 예정된 목표를 지닌 존재의 형이상학으로부터 다원적인 과정의 개념으로 이동할 수 있었다. 후자는 재산권의 금전적인 가치를 구매, 판매, 차용, 대부, 그리고 증가시키는 과정 자체이다. 이에 비해 물적인 재산은 그 자체로 사고 팔릴 힘을 가지고 있지 않아서, 그것의 증가는 단지 작업과 발명의 노동과정에 의한 사용-가치의 증가이다.

따라서 만약 맑스의 주장처럼 물체에 대한 이런 단순한 소유권이 소수의 손 안에 집중되어 있다면, 소유권 자체가 사회적 노동력이라는 다른 존재로부터 완전히 분리된 존재와 같아진다. 베블런이 존재들로부터 과정들로 옮겨왔을 때, 그는 매매의 금전적인 과정을 전혀 담지 않은 유체 재산으로부터 금전적인 과정 자체와 다르지 않은 무형 재산으로 옮겨와야 했다. 따라서 그가 맑스의 사회적 노동력으로부터 옮겨올 때, 금전적인 과정으로 통제될 수 없는, 물적인 부를 창출하는 질서정연한 과정을 대체해야 한다. 우리는 이것을 관리 거래의 기대되는 **정연한 반복**이라고 지칭한다. 베블런은 이것을 **작업인의 본능**이라고 불렀다.

프레더릭 테일러의 과학적인 경영이론이 헨리 데니슨으로부터 우리가 인용한 관리 거래의 분석에 포함된 인본주의적인 내용에 이르기 전인 그것의 시작 부분에 대해서만 베블런은 알고 있었다.[18] 또한 과학적인 경영이 최근 경영경제학자들의 목표인 전반적인 사회적 후생을 추구하는 수준에 아직 도달하지도 못했다.[19] 과학적인 경영에 대한 테일러의 생각은 기계에 적용되었던 것과 같은 기술자의 측정개념을 노동에 적용한 것에 불과했다. 경영자는 자신의 우월한 지위로 단지 노동자가 얼마만큼, 그리고 어떻게 생산할지를 결정한다. 베블런은 1914년에 이런 생각에 반

••

18) 본서 160쪽, 관리 거래.
19) 더 테일러 소사이어티, *Scientific Management in American Industry*(1929).

기를 들고, 훌륭한 작업인의 전통을 내세우면서, 육체적이든 과학적이든 경영적이든 이상적인 작업인이라는 모순적인 생각을 구축했다.

이런 이유들로 인해 베블런은 사회적 과정의 머리 부분에 자본가가 아니라 기술자를 배치하는 모든 현대적인 계획의 지적인 창설자가 되었다.[20]

여기서 베블런의 이론은 다시 균형과 경제적 사실들의 조화라는 전통적인 정태이론을, 자본가의 소유권에 대한 저항과 무관하게 지식, 과학, 예술, 습관 그리고 부의 생산자의 관습에 대한 진화적인 이론으로 대체한 것이었다. 따라서 기계, 상품, 천연자원 등과 같은 전통적이거나 맑스주의적인 경제학자들의 물체 자체가 경제학의 주제로서 사라지고, 기술자가 이끄는 작업인의 본능의 응용된 지식과 후천적인 습관으로 다시 등장한다.

이 점에서 베블런은 진정 옳다. 왜냐하면 전통적인 경제학자의 물체는 우리가 관리 거래로 분해하는 것의 연속적인 반복이나 회전으로 등장하고, 다시 등장하며, 갱신되고 발명되는 사용-가치에 불과하기 때문이다. 그러나 지속적으로 존재해 새로운 물체를 재구축하는 것은 지식, 습관 그리고 발명이다. 그 이유는 이것들이 발명, 전통, 경험, 실험, 연구를 통해 여러 시대를 통해 펼쳐지는 인간의 능력이기 때문이다. 이 지식은 단지 기술적이고, 베블런이 말하듯이,

"인간이 생계를 구하는 과정에서 다루어야 할 물체의 물리적 행태에 대한 사실 그대로의 지식이다. (……) 물체, 식물 그리고 동물이 유용하다고 말하는 것은, 달리 말해 이들이 경제재라고 말하는 것은, 이들이 방법과 수단에 대한 사

:.
20) 그의 *The Engineers and the Price System*(1921) 참조.

회 지식의 범위 안에 끌려 들어왔음을 의미한다."[21]

바로 이것이 전통적인 경제학의 기반을 형성해왔던 물체들에조차 제
도적 성격을 부여한다. 이런 이유로 우리는 "물체"와 "노동"이라는 물리
적인 개념을 "관리 거래"로 대체한다. 물체는 빠른 회전으로 감가상각,
가치상실 그리고 소비로 왔다가 간다. 그러나 이것의 갱신과 증가하는
효율을 유지하는 것은 관리 거래의 진화적인 성격 속에서 한 세대에서
다른 세대로 전승된 전통, 관습 그리고 발명이다. 그러나 베블런은, 일
종의 "물화"를 통해 이것을 "산업의 비물질적인 장비, 사회의 형체가 없
는 자산"이라고 이름 지었다.[22] 이 "비물질적인 장비"는 "문제의 본능이
가치 있게 만드는 객관적인 목표의 의식적인 추구이기" 때문에 계승되고
이전이 가능하다.

이런 이유로 베블런은 이런 반성이나 사려가 없는 동물과 인간의 행
동에 대해 "향성" 또는 "자극 활동"이라는 이름을 붙이고, 인간의 자발적
인 의사에 "본능"이라는 말을 국한시킨다. 이런 이유로 우리는 그것을 본
능이 아니라 그가 의도한 바에 따라 관습이라고 부른다. 그가 말하기를,
이런 본능은 "과거로부터 전해진 전통의 문제이고 과거 세대들의 경험
을 통해 누적된 사고방식의 유산"이다. 그것은 "전통적인 경계 안에 들어
가고, 관습과 소유관행의 일관성을 획득해서 제도적인 성격과 힘을 얻게
된다."[23]

∴

21) Veblen, T., *The Place of Science in Modern Civilization and Other Essays*, 325 329.
22) *Ibid.*, 330.
23) Veblen, T., *The Instinct of Workmanship, and the State of the Industrial Arts*(1914), 7.

이런 익숙해진 행위의 사고방식이 "사회적 관습으로 규정되어 올바르고 적절해지며 행위의 원리를 낳는다. 관습으로 이것은 상식의 현행 틀에 체화된다." 그래서 유전되었다기보다 교육된 것이지만, 본능은 경쟁과 투쟁을 통해 주로 생명의 물적인 요건과 문명의 문화적인 변화에 대처하기 위한 적응으로서 변형, 선별 그리고 생존의 과정에 처하게 된다.[24]

베블런에 의하면, 작업인의 본능 또는, 우리가 좀 더 정확히 말한다면 작업인의 관습은 어떤 궁극적인 목적을 성취하는 방법과 수단에 관한 적합성의 감각이므로 다른 모든 성향을 관통하고 있다. "미에 대한 감각이 주요 동력인" 예술에서 작업인의 본능은 그 기술을 의미하고, 종교에서는 그것이 의식이며, 법정에서 그것은 절차와 법적인 세부사항이고, 산업에서는 생산과정과 일단의 피고용인들에 대한 조직이다. 사업가도 이윤을 얻으려는 목적으로 시장과 인간의 필요를 조정하면서 작업인의 본능을 보여준다. "그래서 일부 경우에는 이 본능이 어느 하나 주어진 궁극적인 목적이라기보다 생활의 방법 및 수단과 관련되어 있어, 다른 모든 것에 비해 보조적이라고 말할 수 있다." "이것은 하나의 목표에 대한 집착을 동반한다." 이것은 "실질적인 편익, 방법과 수단, 효율과 경제의 도구와 고안, 능률, 창조적인 작업과 사실에 대한 기술적인 지배에 관심을 둔다. 이것은 수고를 겪으려는 성향이다."[25]

따라서 베블런은 작업인 본능에 **목적**을 도입해서 다윈의 "자연"선택으로부터 다윈의 "인위"선택으로 옮겨오지 않으면 안 된다.

물리적 자본을 진화적인 과정으로 전환시키는 베블런의 두 번째 보완

24) *Ibid.*, 16 ff.
25) *Ibid.*, 29-33.

적인 개념은 지속적인 활동체라는 개념이다. 그렇지만 그의 개념은 우리가 기술적으로 "지속적인 공장"이라고 부른 것에 해당된다. 우리는 "지속적인 활동체" 개념이 지속적인 공장과 지속적인 사업 모두를 포함하도록 한정했다. 베블런의 "지속적인 활동체" 또는 정확히 말해 지속적인 공장은 사용-가치를 산출하는 관리자, 전문가, 공장장 그리고 노동자의 조직이 운영하고 유지하는 물체, 기계, 건물의 회전이다. 칼 맑스는 "체현된 노동"의 물리적인 재료와 장비를 주목했고, 베블런은 공장 내 작업능력의 조직을 주목했는데, 우리는 이것을 관리 거래의 위계라고 부른다. 따라서 맑스는 "자본의 유기적 구성"이라는 수동적이고 비유적인 용어로 이 개념을 표현했으나, 베블런은 "종류, 속도, [그리고] 물량의 측면에서 작업에 대한 공장장과 같은 감독과 상호 관련하에 있는 하나의 경영적인 과정으로, 그리고 기술적인 상황 전반에 대한 공장장의 지배력과 산업의 한 과정을 다른 과정의 요건과 결과에 비율을 맞추는 그의 능력으로 나타낸 하나의 함수로" 이것을 표현했다.[26]

이것이 "효율"이고, 베블런은 "목적"을 거부하면서도 "인과"라는 형이상학적인 개념이 담겼다는 이유로 효율과 같은 단어를 거부하는 "현대의 과학자들"과 결별한다. 우리가 동의하는 바와 같이, 효율은 진실로 인과의 개념이다. 그 이유는 그것이 "장인인 작업인, 기술자, 감독이 발휘하는" 의도적인 통제이기 때문이며, 이것이 "주어진 물리적인 장비가 '자본재'로 유효하게 평가될 수 있는 정도를 결정하기 때문이다."[27]

이것을 우리는 확실히 목적이라고 불러야 하고, 베블런의 자본은 물체

••
26) Veblen, T., *The Place of Science in Modern Civilization and Other Essays*, 345.
27) *Ibid.*, 345.

의 수량이 아니라 "지배적인 사고습관"이 지휘하는 유용성의 변화 과정이다. "물체의 물리적인 속성은 일정하고", "변하는 것은 인간이라는 행위인자이다." 자본은 저장된 노동의 과거 생산물의 축적이 아니다. 이것은 지나가는 것이고 목적을 가지고 있지도 않다. 자본은 인류에 봉사하기 위해 장인인 작업자가 계도하는 산업적인 지식과 경험의 지속적인 공장이다. 자본은 헨리 포드와 그의 수십만 노동자이고, 포드의 책『나의 인생과 일(*My Life and Work*)』이 행동하는 베블런이다.

그러나 베블런과 포드는 또 다른 본능을 인식했고, **자본**의 또 다른 의미를 가지고 있었다. 이 본능은 아담 스미스가 말한 "한 물건을 다른 물건과 교환하는 본성"에서 도출되었을 가능성이 있다. 스미스가 거기서 편익의 보이지 않는 손을 발견한 데 비해 베블런이 "아무것도 주지 않고 무언가를 얻기 위해" 기술적인 과정을 망치는 악한 손을 거기서 발견하지 않았다면 말이다.[28] 이 "금전적인 본능"은 **재산**이다. 재산은 **자본**이고, 베블런의 자본가는 "사용권"이라기보다 "오용권"을 구사해 금전적인 이익을 얻듯이, 법원의 결정에 따른 결과로서[29] 포드는 작업인의 본능에 따라 움직이는 베블런의 "장인-작업인"이 진정으로 되기 위해 주주들의 주식을 사들이고, 이윤과 이자에 대한 그들의 법적인 청구권을 제거함으로써 베블런에 부합하게 된다.

베블런에 의하면, 아담 스미스의 재산개념은 기계 과정이 성숙되기 이전에 작업자가 장인-작업자로서 자신의 제품을 만들고 팔던 때에, 그리고 상인이 스스로 전혀 통제하지 못하는 수요와 공급의 변동에 자신을

••
28) Veblen, T., *The Vested Interests and the State of the Industrial Arts*(1919), 100.
29) Dodge et al. v. Ford Motor Company etal., 204 Mich. 459, 170 N. W. 668(1919).

적응시킴으로써 이윤을 얻던 때에 수공업과 소규모 무역으로 구성된 체제에 속한다. 그러나 현대의 사업재산은 생산자와 소비자 사이를 이동하는 상품이 아니라 산업 자체의 기계적인 과정에 대한 투자이다.[30] 우리가 주목했듯이, 스미스의 재산개념은 세속의 권위로부터 신적인 권위로 되돌아가는 탁월한 기량, 봉사, 충성서약에 근거한 상위자의 권위를 작업인의 인격과 노동의 생산물에 근거하는 재산과 자유에 대한 자연권으로 대체한 존 로크로 거슬러 올라간다.[31] 스미스 시대의 경제생활은 "작업인의 존재와 가격으로" 표준화되었다. 그렇지만 자연권과 자유라는 이런 생각들을 계속 지니면서도, 현대적인 사업은 재산의 기원을 작업자의 창조적인 효율에서 찾는 로크를 버렸고, 기대되는 수익능력의 자본화에서 그 기반을 찾는다. 재산은 소유권과 생산한 것을 처분하는 자유가 아니다. 그것은 생산할 다른 사람들로부터 획득하리라고 기대되는 것의 현재 가치이다. 따라서 재산은 수익능력의 화폐적인 자본화이고, 이런 자본화가 현대의 **자본**이다.

이것은 기계 과정이 수공업 과정을 계승했기 때문이다. "기계 과정"은 기계보다 더 크다. 이것은 나라 전체이다. 이것은 가용된 힘에 대한 체계적인 지식에 근거한 절차이다. 농축산업도 기계 과정이다. 과정 중 어느 하나도 자족적이지 않아 이것이 단일 공장보다 더 크기 때문에 "산업 운행들의 전체 협조가 기계 과정으로 취급되어야 한다." 따라서 베블런을 요약하면, 공장 내에서, 공장들 사이에서, 그리고 산업들 사이에서 조정이 이루어져야 하고, 재료와 도구, 상품과 서비스뿐만 아니라 시간, 장

..

30) Veblen, T., *The Theory of Business Enterprise*, 22, 80.
31) *Ibid.*, 74-80.

제10장 합당한 가치 | 1103

소, 상황의 표준화된 크기, 모양, 등급, 치수에 대한 측정도 이루어져야 한다. 이것은 세계 전체에 걸친 "포괄적이면서 균형잡힌 기계적 과정"이다. 이것은 기술자이지 자본가가 아니다.

이 과정은 아주 훌륭하게 균형이 잡혀 있어 어떤 지점에서 어떤 교란이 발생하면 그것이 다른 지점들로 빠르게 확산되어 전체 과정을 나태, 낭비, 그리고 장애로 내려앉게 만들 수 있다. 베블런이 말하기를, 여기서 사업하는 사람이 끼어든다. "바로 사업거래를 통해 여러 산업 단위 사이에 작업 관계의 균형이 유지되거나 회복되고, 조정되고 재조정되며, 동일한 기초에 의존해 동일한 방법으로 각 산업 단위의 일이 규제된다." 사업가는 그 자체가 산업 장비로서 "공장"에는 관심이 없고 금전적인 "자산"으로서 공장에 관심이 있기 때문에, 이 모든 관계는 "언제나 금전적인 단위로 환원될" 수 있다.[32] 그에게 이것은 하나의 "투자"이고, 투자의 목적은 가치와 소유권의 관점에서 금전적인 이익인 하나의 금전적 거래이다. 그는 사회에 유용한 작업인의 기량을 통해서가 아니라 유용하지 않은 사업을 통해서 이익을 얻는다.

그 구분은 "유형" 자산과 "무형" 자산이라는 두 가지 종류의 자산에서 발생한다. 전자는 "고유하게 유용한 자본재"이고, 후자는 "물적이지 않은 부의 항목, 소유로부터 발생되는 이익의 산정에 대한, 소유되고 평가되며 자본화된 물적이지 않은 사실"이다. 이런 무형 자산은 그 사회의 물적인 장비에 대한 소유권이 자본가를 "사실상 방법과 수단에 대한 사회 전체 지식의 소유자"로 만든다는 사실에서 발생한다. 다시 말해 그것은 기술자와 작업자의 기술적인 능력에서 발견되는 사회의 "물적이지 않은

••
32) *Ibid.*, 18.

장비"에 대한 소유자이다. 그러나 소유권은 자본가에게 노동자의 기술적 역량을 사용할 권리뿐만 아니라 "오용하고 방기하며 저지할 권리"도 부여한다.[33]

따라서 법적으로 금지된 "무역의 억제"는 유일한 오용의 형태가 아니다. 특징적이고 지배적인 오용은 "공장을 의도적으로 놀게 하거나", "교통수단이 견딜 수 있는 수준까지 과적되거나", "사업상의 적수가 지닌 완전한 효율을 방해하기 위해 고안된 방해전력이나", 가격을 올려 적수들이 "꼼짝없이 진입하지 못하게" 하는 등의 방법으로 금전적인 이익을 취하는 것이다. 이렇게 해서 "자본의 체제하에서는 가격들의 흐름이, 물적인 장비의 소유자에게 차등적인 우위를 제공하는 시기와 그렇게 하는 한도를 제외하면 사회가 생계를 위해 방법과 수단에 대한 지식을 활용할 수 없게 된다."

그 이유는 "활용의 불가능성도 활용의 가능성만큼이나 즉각 자본화될 수 있기 때문이다." 무역을 보호하기 위한 해군시설 및 군사시설이나 경마장과 사교장 등에 대한 투자 또는 "기술적인 방편들을 왜곡되게 활용한" 낭비적이고 허구적인 재화들은 말할 것도 없고, "영업권"이라는 무형 자산에 대한 특징적인 자본화도 있다. 이것이 "고객이 보이는 신뢰와 존중의 원초적인 친절한 감정"뿐만 아니라 독점이나 사업체들의 결합에 발생하는 보다 현대적인 의미의 특별한 우위를 포함하는, 차등적인 사업상 우위의 자본화에 대한 베블런의 명칭이다. 공급을 유보하는 힘으로 창출되는 상품과 경쟁자들에 대한 이런 차등적인 우위가 무형 자산의 대부분을 구성하며, 이 속성이 우리로 하여금 유형 자산과 무형 자산을 구

:.
33) Veblen, T., *The Place of Science in Modern Civilization and Other Essays*, 352 ff.

분할 수 있게 해준다. 유형 자산과 무형 자산은 모두 소유자에게 수입을 낳는 능력 때문에 가치가 있지만, 전자는 사용-가치를 제공하는 "물적으로 생산적인 작업"을 대변해 잠재적으로 사회적으로 유용한 데 비해 무형 자산은 소유자에게 단지 화폐가치를 제공하므로 "합해서, 그리고 평균적으로", "아마도 사회에 유용하지 않다고" 추정된다.

실질적인 차이는, 유형 자산은 사회의 기술적인 능률, 즉 생산과정의 자본화인 데 비해 무형 자산은 산업들과 시장들 사이의 조정이나 잘못된 조정, 공급의 차등적인 통제력, 즉 "부를 생산하지 않고 그것의 분배에만 영향을 미치는 취득의 편법과 과정"의 자본화이다. 따라서 무형 자산은 오로지 공급에 대한 통제와 가격이 만족스럽지 못하면 공급을 유보할 수 있는 힘으로부터 생기는 사업의 금전적 특권이다. 따라서 이것들은 공급을 늘리는 노동자들의 생산적인 효율과 정반대이다.

따라서 "산업적"인 고용과 "금전적인" 고용 사이에 구분이 생긴다.[34] 토지, 노동, 자본이라는 고전적인 생산요소의 분류는 부적절하다는 것이 드러났고, 네 번째 요소인 기업가를 특별한 종류의 임금을 받는 특별한 종류의 노동자로 경제학자들이 도입했다. 베블런이 말하기를, 동시에 "생산적인 서비스와 보수 사이의 등가성"을 만들어내는 자연적이거나 정상적인 균형의 정리와 함께 신적인 자연질서의 원래 전제들이 남았다. 따라서 지대, 임금 그리고 이자가 토지, 노동 그리고 자본의 등가물인 것처럼 경제학자들에게 이윤은 사업의 등가물이 되었다.

이후에 "어떤 주어진 산업의 기업이나 공장에 대한 관심이나 연관"은 전혀 가지지 않은 투기자로 불리는 특별한 종류의 기업가가 눈에 띄게

••

34) *Ibid.*, 279 ff.

되었다. 반세기 이전에 기업경영자는 "기계적인 과정에 대한 감독을 맡은 행위자"로 해석되었을 것이다. 이때에는 투기적인 기능이 산업적인 기능과 분리될 수 없었을 것이므로, "정당한" 투기와 "정당하지 않은" 투기 사이에 구분이 가능했었다. 전자는 "어떤 구체적인 공장의 성공적인 운영"과 연관되고, 후자는 사회에 아무런 유용함을 제공하지 못하는 것이었다. 그러니 베블런에 의하면, 최근에는 이런 연관이 끊어져서 완전한 하나의 사업이나 금전적인 활용이 산업적이거나 기계적인 활용으로부터 완전히 분리되었다. 따라서 "정당한 금전적 거래와 부당한 금전적 거래 사이에 선을 긋지 않고 사업과 산업 사이에 선을 긋는다." 즉 공급을 유보할 힘과 공급을 늘릴 힘 사이에 선을 긋는다.

베블런은 더 이어가기를, 사업 활동은 "사회에 반드시 유용하지 않으면서도 금전적으로 이익이" 될 수 있다. 이런 것에는 증권투기, 부동산업자, 변호사, 중개인, 은행가 그리고 금융인의 활동이 포함된다. 이들은 "궁극적으로 봉사할 만한 산업적인 효율을 목적으로 지니지 않은 진정한 투기꾼으로부터 시작해 느끼지 못할 정도로 차츰 변해 경제 편람에 전통적으로 제시된 산업의 수장이나 기업가에 이르는 사람들이다." 이들의 특징은 "주로 교환이나 시상가치 그리고 매매 같은 가치 현상에 관심을 두고 있어서 기껏해야 간접적으로, 그리고 이차적으로만 그런 기계적인 과정에 관심을 둔다는 것이다." 이들은 생산이나 소비에 관심이 없고 분배와 교환, 즉 재산제도에 관심이 있는데, 사적 재산의 기능이 오로지 공급을 유보하는 힘의 기능이기 때문에 이것을 "경제 이론에서 결코 생산적이거나 산업적인 활동으로 구분해서는 안 된다."

재산의 소유가 "부에 대한 재량적인 통제력"을 의미하므로, 진정으로 산업은 "사업으로 밀접하게 규정된다." 사업가가 무엇을 생산할지와 얼마큼 많이 또는 적게 생산할지를 결정하지만, 그의 목적은 생산이나 유용성이 아니라 "판매가능성"이다. 그리고 그는 종종 산업을 촉진하는 것만큼이나 산업을 교란시켜 이익을 얻거나 적어도 손실을 회피한다. 간단히 말해 베블런의 금전적인 고용으로부터 얻는 이이은 재산제도가 보장하는 생산을 방해하거나 유보하는 힘으로부터 발생하는 데 비해 산업적인 고용으로부터 얻는 이익은 작업인의 본능이 보장하는 생산증대로부터 발생한다.

이런 금전적인 이익을 베블런은 기득권의 이익이라고 정의했다. "기득권의 이익은 아무것도 주지 않고 무언가를 얻는 판매 가능한 권리이다." 기득권의 이익은 "비물질적인 부"이고, "무형 재산"이다. 이들은 세 가지 주요 사업 경로, 즉 공급제한, 수송방해, 번지르르한 홍보로부터 파생되는데, 모두 이윤을 남기는 판매를 목적으로 삼는다. 이들은 "판매인의 장치이지 작업인의 장치가 아니다." 그렇지만 이것들은 부정직하지 않고, "엄격하게 상업적인 정직의 테두리 안에서 수행된다." 이것들은 단순히 법이 허용하는 불로수입이다. 이런 이유로 수혜자들이 공급과 기회를 유보할 힘을 가지고 사회 전체의 기계적인 생산으로부터 얻지만, 상품의 공급이나 고용의 기회를 늘려서 상응하는 유용함을 제공하지 않는다는 점에서 이것들은 "자유로운 수입"으로 불린다.

그렇다면 금전적인 일이 집중하는 목적은 무엇인가? 초기의 물리적인 경제학자들, 케네, 리카도 그리고 맑스는 화폐를 완전히 없애버리거나 상품으로 환원했고 지대, 이윤, 임금을 물물교환경제에서 교환되는 상품의 수량으로 나타냈다. 여기서 화폐는 다른 무게나 측정단위와 다르지 않은 계산단위에 불과했다. 그렇지만 베블런의 현대적인 사업가는 오로지 화폐 자체를 얻는 것이나 이보다 교환을 통해 상품과 노동을 지배할 수 있는 주식, 채권, 은행의 당좌계정 등 여러 법적인 도구를 획득하는 데 종사한다. 이런 법적인 도구들은 소유의 증거이지 작업인의 생산물이 아니다. 이들은 상품과 필연적인 연관을 지니고 있지 않으며, 실제로 상품이 아니지만 상품의 공급을 통제하는 법적인 수단이다. 과거의 작업인과 상인은 앞서 생산된 실제 상품을 시장에 가지고 왔다. 그렇지만 베블런에 의하면, 현대의 무형 재산은 전체적으로 아직 생산되지 않은 어떤 것에 대한 소유권이나 청구권이다. 이것은 기대되는 순수익능력, 다시 말해 공급을 제한해 가격을 높게 유지하고 노동에 대한 수요를 제한하고 공급을 늘려서 임금을 억제하는 과정으로 결정되는 기대되는 임금지출을 넘어서는 차등적인 이익이다. 이런 설명에 근거해 베블런의 무형 재산은 청구권자에게 분배되면 이윤, 이자 그리고 지대의 형태를 취할 차등적인 판매상의 우위에 대한 청구권이 된다. 이것들은 산업의 기계적인 과정에서는 필연적인 기반을 가지고 있지 않으며, 소유권과 이에 따른 공급에 대한 통제에 전적으로 의존한다.

나중에 확인할 수 있듯이, 이 점에서 베블런은 역사적인 계보들을 따랐고, 미국 대법원이 1896년에 아담스 익스프레스사의 소송에서 최종적으로 내린 것처럼 구분했다.[35] 법원과 마찬가지로 그는 유체 새산으로부터 기대되는 수익능력에 이르는 재산과 자본의 정의를 상세하게 설명했다. "판매 가능한 자본의 교통"을 구성하는 것은 이런 수익능력의 매매이다.[36] 아담스 익스프레스사의 사례에서 보았듯이, 이 판매가능한 자본은 물리적 자본과 아무런 명확한 관계도 가지고 있지 않다. 베블런에

··

35) 본서 142쪽, 법인체에서 지속 활동체로.
36) Veblen, T., *The Place of Science in Modern Civilization and Other Essays*, 380.

의하면, 이것은 "화폐가치의 자금"이어서 "산업자본이라는 오랜 개념의 (……) 산업장비와 단지 막연하고 변동하는 관계를 지니고 있을 뿐이다." 자본화의 오랜 기반은 "어떤 주어진 기업이 소유한 물적인 장비의 비용이었고, (……) 그 기반은 이제 더 이상 소유한 물적인 장비의 비용이 아니라 지속적인 활동체로서 법인의 수익능력에 의해 주어진다." 달리 말해 "자본화의 핵은 공장의 비용이 아니라, 말하자면 기업의 영업권이다."

그리고 베블런이 말하기를, "영업권"의 의미가 현대기업의 요건을 충족시키기 위해 확장되어왔다. "다양한 성격의 여러 가지 항목이 영업권에 포함되어야 한다. 그렇지만 포함되는 항목들이 '물적이지 않은 부', '무형 자산'이라는 점만큼은 공통적이다. 이것은 무엇보다 이 자산이 사회에 유용하지 않고 단지 그것의 소유자에게만 유용함을 의미한다는 점을 추가할 필요가 있다." 그리고 그는 그것의 현대적인 적용이라고 간주하는 것에서 영업권의 구성요소들을 열거한다.

"영업권은 (……) 정립된 관습적인 사업관계, 정직한 거래에 대한 명성, 영업 허가권 그리고 특혜, 상표, 브랜드, 특허권, 저작권, 법으로나 은밀하게 보호되고 있는 특별한 공정의 배타적인 사용, 특별한 원료의 출처에 대한 배타적인 관리 등이다. 이런 모든 항목이 소유자에게 차등적인 이익을 부여하지만, 전체적으로 사회에는 아무런 이익을 주지 못한다. 이것들은 관련된 개인에게는 부, 즉 차등적인 부이지만 국부의 일부분을 이루지는 않는다."[37]

그래서 만약 자본이 판매 가능하든 물적이 아니든 영업권과 동일하고

:.

37) Veblen, T., *The Theory of Business Enterprise*, 130-140.

영업권이 소유권의 지칭에 불과하다면, 소유되는 물체들은 무엇인가? 소유권의 실체적인 기반이 있어야 한다. 오래된 장인-작업인은 건물, 재료, 도구 그리고 제품을 소유하는데, 현대의 사업가는 물적인 공장을 소유하면서도 그것의 기술적인 속성들에 대해서는 관심을 가지지 않는다. 그는 "판매가능한 자본"을 소유하고 있지만, 이것은 동시에 집, 말, 그리고 기계와 같이 보유되고 소유되는 형체가 있는 그 무엇을 지칭해야 한다. 그래서 피셔로 하여금 사업가가 자신의 고객들을 소유하고 있다고 주장하도록 유도한[38] 재산에 대한 베블런의 물적인 개념은 베블런으로 하여금 사업가는 자신의 노동자들을 소유한다고 주장하게 유도한다.[39] 무형 자본 또는 영업권은 물적인 자본이나 상품과 비슷하다. 유일한 차이점은 무형 자본의 소유자는 자신의 노동자들을 소유하는 데 비해 물적인 자본의 소유자는 건물과 도구를 소유한다. 노동자들을 소유함으로써 그는 지속적인 공장과 분리되지 않는 생산조직을 소유하는데, 생산조직은 지속적인 공장에 부착되어 있다. 그것의 교통량(유통량)이 판매 가능해서 무형 자본이고, 물적인 생산물의 교통량보다 훨씬 더 큰 규모로 이루어져 더 큰 이윤을 낳는다는 점에서 이것이 양적인 차이를 낳는다.[40]

우리는 히치맨의 사례에[41] 대한 법원의 의견에서 "황견"계약으로 알려진 것을 확인하는 동일한 모습의 웅변을 보았다.* 여기서 "영업권"은 고

••

38) Fisher, Irving, *The Nature of Capital and Income*(1906), 29.
39) Veblen, T., *The Place of Science in Modern Civilization and Other Essays*, 346.
40) Veblen, T., *The Theory of Business Enterprise*, 166; *The Place of Science in Modern Civilization and Other Essays*, 380 ff.
41) Commons, John R., *Legal Foundations of Capitalism*, 296.

---

* 황견계약은 글이나 말로 노조탈퇴나 노조가입금지를 고용의 조건으로 내세우는 노동계약이다.

용주에게 피고용자들이 서비스를 제공하는 데서 강박과 압박뿐만 아니라 노동조합의 설득에 대항해서도 소유권을 부여하는 방식으로 정의되었다. 베블런의 개념은 이 사례에서 법원의 개념으로부터 멀리 떨어져 있지 않다.

그렇지만 등등한 권리라는 우리의 공식으로부터,[42] 주장컨대 소비자와 노동자의 소유권이 전혀 소유권이 아니라 구매자와 판매자의 자유-노출 관계임을 기억해야 한다.

어떻게 소유권이나 "판매 가능한 자본"이라는 단순한 권리가 수입획득 능력을 지녀서 작업인의 기계적인 과정이 대상에 부여하는 가치와 별도의 가치를 가지는가? 베블런에 의하면, 현대적인 "대기업" 형태에서 소유권은 생산자와 소비자로부터 물적인 재화를 유보하는 힘이라는 오로지 한 가지 가치의 원천을 지니고 있다. 작업능력은 재화의 공급을 늘리는 데 반해 소유권은 공급을 유보한다. 이것은 산업을 의지에 따라 중단할 수 있는 힘이며, 이 힘은 생산자와 소비자로 하여금 소유자와 타협해서 신용 이외에도 토지, 기계 그리고 재료를 사용하는 허가 자체에 대해 소유자에게 가격을 지불하게 강제한다. 원하면 거절할 수 있으며 그것 없이는 아무것도 할 수 없기 때문에 이 사용할 허가는 막대한 가치를 지닌다. 만약 허가에 대한 가격이 당도하지 않으면, 산업이 중단될 수 있고 노동자들을 언제라도 해고할 수 있다. 그러나 이것은 여전히 자유-노출의 관계이지, 권리-의무의 관계가 아니다.

따라서 이런 사용허가권 자체를 다른 물적인 대상과 마찬가지로 사고 팔거나 빌리고 빌려줄 수 있다. 눈앞의 목적에 따라 이것들은 여러 가지

∴

42) 본서 180쪽, 경제적 및 사회적 관계의 공식.

이름을 지닌다. 신용체계의 관점에서 이들은 주식, 채권, 채무증서, 은행 예금인데, 이들이 이 사용허가권들의 기대되는 수익능력에 대한 청구권들의 기금을 구성한다. 이것은 베블런에 의해 "대부기금"으로 알려져 있다. 그러나 산업 자체의 운영이라는 관점에서 이들은 임금으로 지급되는 것을 넘어서는 차등적인 우위들이며, 이들 중 바로 "영업권"으로 알려진 무형 재산이 가장 포괄적이다.

차등적인 이익에 대해 칼 맑스가 리카도의 지대 법칙을 설명하면서 도입한 것과 같은 설명을 베블런이 반복하고 있다는 점을 확인하게 될 것이다. 그러나 베블런은 이것을 모든 차등적인 이익과 모든 순소득에 확장했다. 리카도에서 토지 지대는 더 나은 땅에 대한 노동의 더 큰 생산성 때문에 발생하지만, 맑스에서 토지 지대는 토지의 사적인 소유 때문에 발생한다. 어떤 경우든 소유자는 자신이 받는 지대에 상응하는 어떤 것도 생산하지 않았다. 리카도에 의하면, 지대는 부의 "이전"이지, "부의 창출"이 아니다. 이 점에서 리카도, 맑스 그리고 베블런은 일치했다. 그러나 리카도가 토지의 불로수입을 더 나은 토지에 고용된 노동의 더 큰 생산성으로 설명하는 지점에서, 맑스와 베블런은 노동이 더 큰 생산성을 낳는 도구를 소유했기 때문에 생산을 중단시킬 수 있는 사적 소유자의 더 큰 힘으로 그것을 설명했다. 맑스는 공유재산을 사유재산과 대비시키는 헤겔적인 과정을 통해 자신의 결론에 도달했다. 만약 모든 토지가 공유라면, 차등적인 생산성이 어떤 개인에게도 지대를 낳지 않을 것이다. 그렇다면 마치 농부가 자신의 농가 안에서 좋은 토지와 나쁜 토지의 총 생산물에 대해 평균을 내듯이, 총생산물도 평균화될 것이다. 맑스도 비슷하게 나라의 총자본에 평균화 과정을 확장해 적용했다. 이렇게 해서 그는 이윤, 지대 그리고 이자를 평균이윤율로 환원했고, 나라의 총 사회적 노동력에도 비슷하게 연장해 숙련노동을 미숙련노동의 몇 배로 환원했다. 자본은 개별 자본가들이 아니라 나라의 총 소유의 쪼개지는 부분들이 되었고, 노동은 개별 노동자들이 아니라 나라의 총 사회 생산력의 쪼개지는 부분들이 되었다.[43]

반면 베블런은 물론 평균의 오류를 범하지 않았다. 그는 지대에서 나오는 차등적인 이익에 대한 리카도의 원리를 확장해 영업권, 특허, 영업허가권, 토지 또는 어떤 종류의 소유권에서 도출된 것이든 모든 범위의 이윤, 이자 그리고 지대를 포함시켰다. 맑스가 자본을 평균적인 수취의 힘으로 만든 데 비해 베블런은 그것을 일련의 차등적인 취득들의 힘으로 만들었다. 그러나 이 모든 경우들에서 이는 정확히 리카도의 지대이론과 같다. 즉 "아무것도 주지 않고 무언가를 얻는" 차등적인 힘의 정도들이거나, 리카도가 말했을 텐데, 부를 "창출"하지 않고 부를 "이전"하는 차등적인 힘의 정도들이다.

따라서 베블런은 그 이전에 프루동과 맑스가 공격했던 부에 대한 고전학파와 쾌락주의의 정의에 내재된 물체와 소유권의 이원성을 드러냈다. 한 방향에서는 이 이원성이 관리 거래로 나가고, 다른 방향에서는 교섭 거래로 나간다. 우리는 먼저 관리 거래를 검토한다.

베블런이 자산의 효율 개념을 개발하고 있던 때와 같은 수년 동안에 기술자인 프레더릭 테일러는 자신의 시간과 동작에 대한 연구를 개발하고 있었다.[44] 아담 스미스처럼 테일러는 노동의 생산성을 크게 증대시

..

43) 본서 486쪽, 평균.
44) Taylor, Frederick, W., *Principles of Scientific Management*(1911): Copley, F. B., *Frederick, W. Taylor*, 2vols.(1923); Hoxie, R., F., *Scientific Management and Labor*(1918); *Bulletin of Taylor Society*; Clague, Ewan, *Theory and Measurement of*

켜 달성하는 **이익들의 조화**라는 하나의 "공준"을 가지고 있었다. 조합주의의 조직된 형태가 아니라 능률급의 삭감에 대한 두려움과 실업에 대한 두려움이라는 본능적인 형태로서, 생산의 제한이라는 노동자들의 사상에 그는 대항했다.[45] 그는 노동자와 고용주의 대립적인 관습을 보았고, 설득 대신에 힘의 구사를, 효율 대신에 협상을 보았다. 그리고 사람들이 실제로 산출하는 것과 사람들이 편안하게 산출할 수 있는 것 사이의 괴리를 보았다. 그는 피로의 최고 한계와 서툴고 낭비가 많은 작업방법을 보았다. 그의 주요 관심은 피로의 생리적인 문제와 최대 생산물의 공학적인 문제였다. 그 이전의 학자들은 생산성의 넓은 개념을 넘어서지 못했다. 테일러는 측정이 가능하고 보편적으로 적용될 수 있을 정도로 좁게 정의된 어떤 것을 발견해야 했다.

이런 한계들은 인간능력을 개선하는 공학적인 문제와 더 많은 의사를 유도하는 경제적인 문제에서 발견되었다. 테일러에서 전자는 기계적인 공학의 문제와 다르지 않았다. 인간은 상품이 아니라 기계이다. 그러나 이원 클레이그(Ewan Clague)의 표현에 따르면, 경제적 문제는 과학적 경영을 노동자들에게 "파는" 것이었다.

테일러가 말하기를, "고용주의 최대 번영과 함께하는 노동자들의 최대 번영은 공장의 작업이 결합된 인간노동의 최소지출로, 자연의 자원들이 더해지고 기계, 건물 등의 모습으로 자본을 사용하는 비용이 더해져 이루어질 때만 달성된

Physical Productivity(MSS). 이어지는 것은 주로 테일러에 대한 클레이그의 박사논문 초록이다.

45) Mathewson, S. B. 등, *Restriction of Output among Unorganized Workers*(1931).

다는 것은 완전히 명백하다. (……) 과학적인 경영을 전반적으로 채택하면 미래에 즉각 산업직장에 종사하는 평균적인 인간의 생산성이 배가될 것이다. 전국에 이용 가능해지는 필수품과 사치품의 증가, 바람직한 경우에 노동시간을 줄일 가능성 그리고 이것이 내포하는 교육, 문화 그리고 오락을 위한 기회들의 증가를 생각해보라. 과학적인 경영이 (……) 거의 모든 산업상의 분쟁을 제거함을 의미한다. 무엇이 공정한 하루의 노동을 구성하는지는 실랑이나 협상의 대상이 아니라 과학적인 연구의 주제가 될 것이다. (……) 우리는 동쪽에서 해가 뜨는지 협상하지 않는다. 우리는 그것을 측정한다."[46]

그러므로 경제학은 인간과 자연의 관계에 대한 공학적인 문제로 환원된다. 맑스와 베블런처럼 테일러는 생산성에 관한 물리적인 경제학자의 관념을 혼동시킨 토지, 자본, 기계 등 이른바 생산요소들을 신중하게 배제하고 있다. 이것들은 도구에 불과하다. 생산성은 경영과 공장의 설치를 포함해 산출과 노동의 관계이다. 그것은 노동시간당 산출비율이다. 이것은 효율이다.

효율 증대는 피로를 증가시키지 않으면서 잉여를 증가시킨다. 자본가가 그것을 노동자와 나누어야 하지만, 노동자가 현행 임금을 받는다면 이것을 받을 자격이 없게 된다. 이것은 권리의 문제가 아니라 경영의 문제이다.

맑스의 형이상학적인 사회적 노동력, 베블런의 작업인의 생물학적인 본능 그리고 테일러의 노동의 기계화로부터 관리 거래의 사회적 문제로 이행하는 데서 그다음 단계를 위해 우리는 고용주 겸 소유자 겸 경영자

46) Taylor, F. W., *op. cit.*, II, 142

였던 헨리 데니슨으로 옮아간다. 데니슨의 분석은 앞에서 제시했었다.[47] 포드와 같이 데니슨은 주주의 청구권을 매입했고, 더 나아가 이사와 경영자의 선출을 "투자자-경영자"가 아니라 "노동자-소유자" 상층부의 기능으로 만들었다. 여기서 경영은 단순히 테일러의 공학적인 과학이 아니고, 베블런과 포드의 작업인의 능력이나 권위만도 아니다. 이것은 자발성이 수반된 과정이고, 공장장과 공인 사이의 거래인데, 여기서는 노동자도 선택하지 않고 공장장도 선택하지 않으며, 선택이 단순히 "공동의 도구"이다.

3. 관리 거래로부터 교섭 거래로

관리 거래는 법적인 하급자에 대한 법적인 상급자의 관계에서 발생한다. 법에서 이 심리적인 관계는 명령과 복종이다. 그렇지만 교섭 거래는 법적으로 동등한 사람들의 관계에서 발생한다. 심리적 관계는 설득 또는 압박이다. 베블런의 작업인 본능이 나중에 데니슨의 지속적인 공장의 "합당한" 관리 거래들로 분해되듯이, 베블런의 금전적인 소유욕은 나중에 지속적인 활동체의 교섭 거래들에서 "의사가 있는" 구매자와 판매자가 합의할 만한 미국 대법원의 합당한 가치들로 분해된다. 지속적인 활동체라는 개념을 구축하려면 상대방에게 서로 작용하는 둘이 요구된다. 생산조직이나 매매조직이 그런 것이다. 그리고 이 두 가지 종류의 거래를 억압적이거나 몰수적이거나 착취적이지 않고 합당하게 만들 수 있다.

∴

47) 본서 160쪽, 관리 거래.

그러므로 베블런의 작업본능이 소유욕과 금전적인 평가의 본능이기도 하다는 점을 관찰해야만 한다. 파업, 휴업, 이직, 방해, 태업과 협상 등 베블런의 기술을 지닌 작업인들이 만들어내는 존중할 만한 일련의 교란들과, 고숙련도의 작업인들이 보다 높은 임금을 위해 벌이는 협상은 동일한 소유의 본능이 작업인과 사업가 모두에게 속한다는 생각을 시사한다. 그가 제시한 효율과 협상의 대립은 타당하다. 효율은 공급의 증가이고, 협상은 공급의 유보이다. 그러나 작업인의 본능은 임금에 관계없이 계속 재화를 생산하지 않는다. 조건이 만족스럽지 않으면 공급을 유보할 힘이 진정으로 베블런의 금전적인 동기이자 그의 재산권이다. 또한 이것은 제도적이고 역사적인 사실이다. 더불어 그것은 진화하는 관습을 지니고 있다. 공장장이나 노동자는 자연이 제공하는 재료와 노동이 언제나 준비되어 있지 않다는 것을 확인하게 된다. 그들은 각기 재료의 소유자와 노동의 소유자가 그것들을 보유하고 있음을 확인한다. 자신이 그것을 사용하기 이전에 그는 소유자로부터 허가를 얻어야 한다. 아마도 이런 이유 때문에 베블런은 자본의 결합에 대해 반대하는 것만큼 노동조합에 반대했다. 모두 교역에 대한 집단적인 제한이었다. 모두 금전적인 본능이고, 모두 협상력의 무형 재산이다. 자본가와 작업인의 차이는 자본가가 금전적인 본능을 지니고 있고 노동자는 이것을 지니지 않은 데 있는 것이 아니라 재산법규와 관습으로 보장된 유보할 힘이 노동조직에서보다 자본가조직에서 더 클 수 있다는 데 있다. 그러나 이것은 정도의 문제이고, 정도의 문제는 합당성의 문제이다. 만약 이것이 관리 거래나 교섭 거래에 있어 힘의 정도라는 문제라면, 이것을 그런 근거에서 다룰 수 있다. 그리고 이것들을 이상화된 작업본능과 비난받은 소유본능이라는 두 가지 별개의 존재로 분리할 좋은 이유가 없다.

베블런이 사업과 산업을 냉소적으로 대립시킨 것에 대한 역사적인 설명은 그가 기술적인 관습을 추적한 것처럼 그가 법원의 판결로 사업 관습의 진화를 추적하지 않았다는 데 있다. 그런 연구는 그가 말하는 "무형 재산"의 진화를 드러낸다. 베블런이 하지 않은 것으로, 이것은 영업권과 특권을 구분하는 데 있는데, 영업권은 유보의 힘을 합당하게 행사하는 것이고 특권은 이 힘을 부당하게 행사하는 것이다. 교섭 거래에 대한 분석을 통해서만 이런 진화의 경제적 기초를 찾을 수 있다. 심리적으로 이것은 설득과 압박의 차이이고, 법적으로는 권리, 의무, 자유 그리고 노출의 구분이며, 경제적으로는 자유경쟁과 공정경쟁의 차이, 기회균등과 차별의 차이, 그리고 합당한 가격과 부당한 가격의 차이라는 세 가지 차이이다. 이들 모두는 적절한 법적 절차라는 의미의 진화에 포함되어 있다. 시장에 대한 경제학자의 개념과 법적인 관계에 대한 사법관의 개념으로부터 도출된 교섭 거래에 관한 우리의 앞선 분석에서 알 수 있듯이, 이런 심리적, 법적, 그리고 경제적 측면은 분리될 수 없다.[48] 이것들은 소유욕을 지니고 돈을 추구할 뿐만 아니라 작업인과 비슷한 노동자와 자본가 모두에게 동등하게 적용된다. 베블런이 합당한 가치라는 개념에 이르지 못한 것은 오로지 법원의 판결에서 그가 이런 진화의 사실을 관찰하지 않았기 때문이다.

48) 본서 153쪽, 교섭 거래.

4. 시간의 흐름과 시간의 경과

관리 거래와 교섭 거래의 구분은 효율과 희소의 구분이다. 양자에 공통적인 진화적 사실은 정복과 관습에서 법으로 발전한 재산제도이다. 관리 또는 경영은 노예, 농노, 부채에 의한 노예, 주인, 그리고 하인으로부터 공장장과 노동자에 이르고, 협상은 물물교환과 화폐로부터 신용에, 그리고 개인적인 협상으로부터 단체협상과 안정화에 이른다. 그러나 양자 사이에는 시간개념에 대한 또 다른 차이가 있다.

케네, 맑스 그리고 매클라우드로부터 베블런에 이르는 물적인 이론의 두드러진 결함은 시간의 **흐름**(flow)과 시간의 **경과**(lapse)에 대한 구분을 다룰 수 없다는 점이다. "흐름"은 들어오는 미래와 나가는 과거 사이의 측정 가능한 차원들이 없는 움직이는 시점이다. 그러나 시간의 경과는 두 시점 사이의 간격이다. 이 구분이 과정과 평가, 관리와 협상, 효율과 희소, 이윤과 이자, 위험과 기다림, 무형 재산과 무체 재산 사이의 차이의 기저에 있다.*

어떤 물상과학도 미래 시간을 다루지 않기 때문에 시간의 흐름과 경과에 대한 구분을 필요로 하지 않는다. 이에 반해 의도가 개입된 과학인 경제학에게 시간은 오로지 미래 시간일 뿐이다. 그러나 경제 이론에서 시간의 흐름은 기대되는 시간의 흐름일 뿐만 아니라 현재 시점과 미래 시

---

* 시간의 흐름과 경과에 대한 구분은 다른 어떤 경제학자보다 추상적으로 커먼스가 시간을 개념화하면서 등장한 구분으로 추정된다. 무형/무체 재산의 구분과 함께 시간의 흐름/경과의 구분은 모두 경제학의 역사에서 전무후무하며 커먼스에 고유하다. 시간의 흐름은 이윤을 낳는 투자로 불확실성이 개입된 무형 재산과 관련되고, 시간의 경과는 이자를 낳는 부채로 위험이 적은 무체 재산과 관련된다.

점 사이의 예상되는 간격이기도 하다.

균형이론으로부터 과정이론으로 나가는 진정한 과학적 진보를 이룬 베블런은 바로 이런 진보 때문에 더 나아가 인간의 과정을 물리적인 과정으로부터 구분할 수 없었다. 그의 물리적인 전제들은 기대되는 시간의 흐름으로부터 기대되는 시간의 경과를 능히 구분할 수 없었다. 이것이 무체 재산과 무형 재산의 차이이다. 매클라우드와 다른 모든 물적인 경제학자와 마찬가지로, 베블런에서도 시간에 대한 이런 잘못된 개념화는 근본적인 오류였다.

그의 "무형 재산"*은 실제로 미래의 수익능력을 바라보고 있어서 적절하게 형체가 없다는 이름을 지니고 있다. 그러나 그 수익능력은 시간의 위험한 **흐름**을 따라 진행되는 사업거래의 예상되는 **반복**일 뿐 시간이 **경과하는** 동안에 예상되는 수입의 **연기**가 아니다. 그가 사용하는 "경과"라는 용어의 의미는 실제로는 "흐름"의 의미이다. 우리는 이것이 정확히 무형 재산과 무체 재산의 차이임을 보았다. 무체 재산은 부채가 지불될 때까지의 기다림이고, 무형 재산은 미래의 거래로부터 이윤을 얻으리라는 기대이다. 주식과 채권에 대한 구분에서 보듯이 양자 모두 진정으로 "판매 가능한 자본"이고, 각각에서 이윤과 이자는 분리할 수 없을 정도로 얽혀 있다. 그러나 이들은 자유 및 노출의 법에 지배되는 이윤이 있는 거래에 대한 기대되는 반복과 권리 및 이에 상응하는 의무의 시행으로부터 도출

---

* 커먼스는 법원에서 판결을 내리기 위해 판사가 법규를 검토하는 과정을 서술하고 있다. 그것은 기존의 법규가 지닌 의미가 무엇인지 확인하고 필요하면 배제와 포함을 통해 그 의미를 변경하는 과정이다. 그리고 그런 변경들이 누적되어 실질적으로 법규의 내용이 바뀐다고 보는 것이다. 경제학에서는 주어진 이론에 근거해 모형을 만들 때가 아니라 사상이나 이론을 받아들일 때 이와 비슷한 일이 일어난다.

되는 수입을 기대하는 기다림이라는 차이를 지닌다.

이 차이의 미묘함은 의심할 여지가 없으며 현대 물리학이나 법적인 융통가능성을 통해 사고하는 사람들에게는 이에 대한 설명이 어렵다. 베블런이 이 구분을 거부한 방식은 앞서 지적한 "시간의 경과"가 지닌 이중적 의미뿐만 아니라 그가 "판매 가능한 자본"에 대해 "판매 가능한 제품"을 대비시킨 것에서도 확인된다. 제품이나 무형적인 것뿐만 아니라 무형적인 영업권과 무체 부채도 모두 매매되며, 매매를 통해 얻는 것이 이윤이나 손실이다. 그가 말하기를, 이익은 두 가지 경우에 "단위시간당 백분율로 나타나서 경과시간의 함수이다." "그러나 (……) 사업거래들 자체는 시간경과의 문제가 아니다. 시간이 상황에 본질적이지 않다. 금전적인 거래의 크기는 이를 체결하는 데 소비되는 시간의 함수가 아니며, 거래로부터 발생하는 이익도 이 함수가 아니다."[49]

이를 데 없이 맞는 이야기이다. 매매거래의 조건은 마음들이 만나서 소유권을 넘겨주는 시점에 합의된다. 그러나 만약 협상과 미래의 이행이나 지불 사이의 시간 간격에 합의한다면, 시간의 경과가 상황의 본질이 된다. 매 시점에 각 거래에 있어 이윤이나 손실의 증가가 발생하고, 이런 증가들의 연속이 시간의 흐름이다. 따라서 시간의 간격은 이윤의 본질이 아니다. 그러나 만약 제품이 현재 구입되고 현재로부터 30일 후에 판매된다면, 시간의 간격은 이자의 본질이다.

진정으로 이 간격은 위험과 기다림으로 등장하고, 각각이 현재의 평가에 영향을 미친다. 그러나 베블런은 기다림을 제거하고 오로지 위험감수에 집중한다.

..

49) Veblen, T., *The Place of Science in Modern Civilization and Other Essays*, 379.

그가 말하기를, "'현재재를 미래재보다 선호한다'는 뵘바베르크의 명제에 들어 있는 약간의 진실은 (……) '전망되는 안정을 전망되는 위험보다 선호한다'는 공식을 통해 더 잘 표현할 수 있을 듯하다. (……) 다른 한편으로 '현재재를 미래재보다 선호한다'는 명제는 생각해보면 상당히 잘못되었다고 평가해야만 한다. (……) 개인의 이익으로 보더라도 재산권이 안정적인 곳에서, 그런 한에서, 그것도 미래의 사용에 대해서만, '현재재를 미래재보다 선호한다.' (……) '현재의 재화'가 아니라 '현재의 부'가 욕망의 대상이고, 주로 전망되는 이익 때문에 현재의 부를 추구한다."[50]

베블런에서 "현재의 부"는 현재의 재산권이 지닌 현재의 가치를 의미한다. 그러나 이 현재가치는 기대되는 위험과 기대되는 연기라는 두 가지 차원을 지니고 있다. 명백히 가변성이나 위험을 포함하는 예상되는 반복과 재화나 지불의 예상되는 연기 사이의 차이에 상응해, 베블런에게 "시간의 경과"가 지닌 두 가지 의미를 구분할 필요가 있다. "균형"을 "변동"으로 대체해 베블런은 경제 이론에 진정으로 주목할 만한 공헌을 했다. 이에 따라 그는 시간을 경제활동의 본질적인 사실로 만들었다. 그렇지만 그는 **변동**과 **기다림**의 차이를 보지 못했다. 이것은 변동이 발생하는 완전한 현재의 움직이는 시점과 기다림이 발생하는 현재 시점과 미래 시점의 간격 사이의 차이이다. 첫 번째는 시간의 흐름으로, 두 번째는 시간의 경과로 부를 수 있다. 이 두 가지는 함께 가지만, 베블런이 부채라는 무체 재산을 기대되는 이로운 거래의 무형 재산과 동일시해 무체 재산을

:.

50) Veblen, T., *The Instinct of Workmanship, and the State of the Industrial Arts*, 46 n., 47 n.

제거하도록 허용한 것은 바로 이 구분을 그가 인식하지 못했기 때문이다. 1932년 피셔의 『호황과 불황(Booms and Depressions)』이 출판될 때까지, 경제 이론에서 부채의 무체 재산에 적절한 자리가 부여되지 않았다.[51]

그래서 베블런은 매클라우드에 이어 제도경제학의 개척사였지만, 이후 15년 동안 입법기관과 법원이 발전시킨 결론들이 주는 장점을 누리지 못했다. 그의 비판적이고 건설적인 작업은 1898년부터 1914년까지를 다루었으므로, 그의 저술은 주로 그가 탁월한 통찰로 앞서 수행했던 바를 설명한 것이었다. 자신의 개척적인 시기에 물체와 그것에 대한 소유권이라는 부의 이중적인 의미가 법원이 무체 재산에서 무형 재산으로 이행함으로써 실질적으로 막 무너져내리기 시작하고 있었지만, 합당한 가치를 확정하려는 행정적인 연구체계는 아직 시동되지 않았다. 주간 상업 위원회가 1908년 연장되고, 이어 공정 경쟁, 합당한 차별, 그리고 합당한 가치에 대한 수백 개의 주위원회들이 이어 생길 때까지, 그리고 1911년 노사분규에서 합당한 관계들을 규명하기 위해 수백 개의 산업위원회들이 이어질 때까지 이것은 시작되지 않았다.

또한 과학적인 경영을 향한 움직임은 막 시작된 데 불과해서, 관리 거래의 모든 부분에 있어 합당한 조건을 확인하고 설치하는 데 전념할 전문적인 계층이 아직은 발견되지 않았다.

특히 가격의 안정화와 같은 무형 재산의 원리에 대한 다른 적용들은 아직 전혀 생각조차 하지 않았고, 행정적인 장치를 고안하는 것은 더욱 그랬다. 그리고 차등적인 이자율을 포함해 부채의 무체 자산을 자신의 체계로부터 베블런이 배제한 것이 (동시대 스칸디나비아인인 빅셀이 했던 것

..
51) 본서 1020쪽, 위험할인-과잉채무상태와 불황.

과 같이) 할인율과 공개시장조작을 통해 물가를 안정시킴으로써 이 동일한 무형 재산에 대한 규제안을 마련하기 위한 기초를 깔 수 없게 만들었다.

경제학에 존재하는 물체와 무형 재산 사이의 이원성이라는 베블런의 문제는 최근에 들어서야 경제학자들로부터 공격을 받고 있는데,[52] 우리는 이들의 작업을 거래, 지속 활동체, 물가안정 그리고 합당한 가치라는 용어들로 압축하고 있다. 매번의 거래는 물체가 아니라 베블런이 말하는 물체에 대한 소유에 대한 평가이다. 각각의 기업은 베블런의 지속적인 공장이자 사업가의 지속적인 사업이다. 매번의 물가변동은 베블런의 착취이고, 합당한 가치의 더 낮은 이해를 향한 개별 접근이 이런 착취를 줄인다. 그리고 이들은 베블런의 물상과학이라는 의미가 아니라 행동하는 인간의지라는 의미에서 과학적이다.

II. 개인으로부터 제도로

베블런은 물체와 소유권의 냉소적인 이원론으로 끝났다. 쾌락적인 인간이 지배했던 19세기 말과 쾌락주의를 집단적으로 억압했던 전후 20세기에 걸쳐 살아온 이탈리아, 오스트리아 그리고 미국의 다른 탁월한 경제학자들도 이 이원성을 화해시킬 수 없었다. 이들은 묵시적으로나 공개

..

52) Cf. Taylor, Horace, *Making Goods and Making Money*(1928). "(……) 시간이 지나가면서 제조업에서는 돈을 벌기 위해 재화를 만드는 일이 점점 더 필요해지고 있다."(서문, vii.)

적으로 이전에 자신들이 가지고 있던 개인주의 이론을 버리고, 이익의 충돌에 있어서 개인들에 대한 집단적인 통제로 몸소 넘어갔는데, 제도경제학은 이에 기초해 있다.

탁월한 오스트리아학파의 경제학자인 프리드리히 폰 비이서는 1889년에 『자연적 가치(*Natürliches Werth*)』를[53] 저술했고, 거의 40년 뒤에 『힘의 법칙(*Das Gesetz der Macht*)』(1926)을 썼다. 첫 번째 책에서 그는 멩거의 위대한 저술을 수정하고 조명했다. 제1차 세계대전 후에 나온 두 번째 책에서 그는 전전에 이루어진 자신의 역사적 연구로 되돌아갔다. 이 두 책은 두 세계만큼이나 다른데, 그는 두 번째 책에서 이 둘을 화해시키거나 각각에 적절한 자리를 부여하는 하나의 총체적인 정치경제학을 세우려고 전혀 노력하지 않았다.[54] 첫 번째 책은 개인주의적이고, 두 번째 책은 집단주의적인 것으로 드러난다. 첫 번째는 인간과 자연의 관계였고, 두 번째는 인간과 인간의 관계였다. 첫 번째의 단위는 필요를 만족시키는 상품이었고, 두 번째의 단위는 집단적으로 개인을 제압하는 도덕적, 독점적 또는 폭력적인 힘이었다. 하나는 **가치**의 법칙이었고, 다른 하나는 **힘**의 법칙이었다. 가치의 법칙에서는 모든 개인이 고립되어 있고 자연에

..

53) *Natural Value*(1893 역). 전쟁 이전에 투간-바라노프스키, 오펜하이머 등이 발휘한 역할에 대해서는 Takata, Y., "Macht und Wirtschaft", 7 *Kyoto University Economic Review* (1932), 136 참조.

54) 『사회적 경제 요강(*Grundriss der Sozialökonomik*)』(1914; *Social Economics*, 1937 영역)에서, 대비의 문제로, 추정컨대 고립된 존재의 "단순 경제"에서 시작해, 이와 대비되는 "사회", "국가" 그리고 "세계" 경제로 넘어간다. 이것은 우리가 크루소로부터 지속적인 활동체로 옮아갈 때 행한 바와 약간 비슷하다. 그러나 이것은 예시적이고 학습적인 것에 불과하다. 과학적으로 우리는 베블런과 마찬가지로 주어진 시점에서 시작도 끝도 없는 한 과정의 횡단면에서 시작해서 이 과정의 변하는 복잡성으로 나아간다. 이는 마치 회계사가 주어진 시점에는 대차대조표에서, 일정 길이의 시간에는 손익계산서에서 하는 바와 약간 비슷하다.

대해 비슷한 관계를 지니고 있기 때문에 비슷하고, 동등하며, 자유롭다. 이에 비해 힘의 법칙에서 개인들은 민첩한 지도자들이 조직한 욕정적이고 우둔한 대중이다. 가치법칙에서 비이저는 모든 역사적이고 제도적인 변화 속에서도 영원하고 지속적인 것을 추구했다. 힘의 법칙에서 그는 시대 속에서 변할 수 있고 강제적이었던 것을 추구했다. 가치법칙에서 그는 자신이 개인주의 학파에 부합되고 있음을 발견했다. 힘의 법칙에서 그는 고전적이거나 쾌락적인 개인주의 또는 인간 신체에 대한 유기체적인 유비를 따를 수 없다고 선언하고 있다. 그는 자신이 실제로 역사 속에서 발견한 사물들만을 받아들일 수 있고, 그는 역사가 개인들에 대한 집단적인 억압의 역사임을 발견한다. "모든 역사적인 **구축물**은 **힘의 구축물**이었다."

아주 비슷하게, 그리고 유사한 강조와 함께 무솔리니가 파시즘의 경제학적인 창시자라고 존중한 탁월한 이탈리아의 경제학자 파레토(Vilfredo Federico Damaso Pareto)*는 두 가지 적대적인 사회철학을 구축하고 있다. 『정치경제학의 편람(*Manual of Political Economy*)』(1909)에서 사회는 서로에게 작용하는 "분자들"의 세계이다. "효용"이 이런 분자들의 개체적인

---

* 빌프레도 페데리코 다마소 파레토(1848~1923)는 이탈리아의 토목공학자, 사회학자, 경제학자, 정치학자, 철학자였다. 이탈리아 부의 80%가 인구의 20%에 속해 있다는 것에 기인하여, 결과의 80%는 전체 원인의 20%에서 비롯된다는 파레토의 법칙은 널리 알려진 그의 분석이다. 경제 문제에 대해 그는 자유무역을 옹호했고, 다른 사람을 더 가난하게 만들지 않고는 부유해질 수 없을 때 최대의 경제적 만족이 향유될 수 있다는 주장을 하였고, 이는 오늘날 후생경제학과 게임이론에서 자주 다루어진다. 더불어 그는 민주주의는 환상이며 지배계급은 항상 출현하며 스스로를 풍요롭게 한다고 주장했다. 그런 점에서 파레토는 국가의 과감한 축소를 주장하며, 경제적 힘을 해방하기 위한 최소국가로의 이행으로서 무솔리니의 통치를 환영했다. 사회주의를 버리고 엘리트주의로 나아가는 무솔리니의 파시즘도 파레토의 사상에서 기인했을 것이라는 주장도 있다.

필요이고, 강도가 체감하면서 이들이 행동하도록 유도한다. 이런 상호작용들로부터 수리경제학자들의 "균형"이론에 대한 세계적으로 유명한 파레토의 공헌이 나온다.

그렇지만 10년 후에 『사회학론(*Treatise on Sociology*)』에서 파레토는 사회에 대한 자신의 "분자적인" 개념을 명시적으로 거부하고 있다. 개인의 "효용"과 개인의 필요를 그는 "사회적 효용"과 "집단적 필요"로 대체했다. "사회적 효용"은 "비논리적"이고, "비수학적이며", "측정불가능하고", "개인 효용"의 정확히 정반대이다. 그래서 그는 이것이, 특히 이탈리아, 프랑스 그리고 미국에서 현대 민주주의를 "선동적인 금권주의"로 바꾸고 있는 정치적인, 그리고 금융적인, 부패에 대한 포장으로 사용된다는 점을 확인하고 있다. 그것은 국내외에서 폭력으로 전락한다.[55]

파레토는 진실로 **이성의 시대**에서 **우둔함의 시대**로 넘어가는 또 다른 맬서스적인 변이이다. 그리고 사회적 효용이 비논리적이고, 비수학적이며, 측정 불가능하고, 우둔하며, 욕정적이지만, 집단적으로 개인들을 압도한다는 바로 그 이유 때문에 그는 자신이 말하는 "선동적인 금권주의"를 복종시킬 파시스트적인 독재를 요청한다. 미국에서 우리는 우리가 향하고 있는 파시즘과 함께 **합당한 가치**의 사회적 이론과 관행을 요구하는 그런 사회적 효용의 형성과 분배라는 대안적인 문제를 가지고 있다.[56]

파시스트 철학이 근거로 삼는 궁극적인 연구의 단위를 찾는다면, 우리는 그것을 독일 파시즘의 주도적인 경제학으로 인정받는 오트마르 쉬판

..

55) Pareto, Vilfredo, *Manuel d'économie politique*(이탈리아어로부터 번역, 1909); *Traité de Sociologie Générale*(번역, 2vols, 1919), 12장, "Forme Générale de Société."
56) 셀리그먼의 "Social Theory of Fiscal Science"에 대해서는 본서 1313쪽 참조.

(Othmar Spann)에게서 발견한다. 그의 경제"구조"는 **이행**과 **가치**(Leistung und Wert)라는 두 가지 기반 위에 구축되어 있다.[57] 쉬판이 상세하게 설명한 이 기반을 분석하면, 우리는 이들이 **상급자**와 **하급자**의 사회관계인 **관리 거래**나 **배급 거래**로 분해된다는 것을 발견하게 된다. 만약 그것이 사적인 경제를 위한 개인의 가치라면, 그 관계는 관리 거래의 관계이다. 만약 그것이 국가 경제를 위한 사회적 가치라면, 그 관계는 배급 거래이다.

이 점에서 파시즘의 궁극적인 사회적 단위는 맑스의 **공산주의**의 사회적 단위와 같다. 이들은 단지 누가 경영자와 배정자가 될지, 무산자인지 자본가인지에 대해서만 차이를 보인다. 베블런은 물론이고 파레토, 쉬판 그리고 비이저에게도 사람들의 관습에서 발생한 법인 관습법의 영미적인 의사결정에서 발전해온 것과 같은 교섭 거래에 대한 분석이 없다. 법적으로 **상하관계**에 근거한 관리 거래와 배급 거래는 독재의 사회철학과 그것의 사회심리학인 **명령**과 **복종**으로 이어진다. 그러나 교섭 거래는 의사가 있는 구매자와 판매자의 개념에 근거하고, 이에 따라 법 앞에 동등하게 존중되는 사람들 사이의 설득 대 압박이라는 이념에 근거하고 있다. 그래서 차별하지 않는 기회의 선택 속에서, 그리고 공정한 경쟁과 합당한 협상력 속에서 적절한 법적인 과정의 보호를 받으면서 의지의 자유라는 사회적 철학으로 이어진다.

개인주의 심리의 관점에서 집단적인 관점으로의 이행에 관한 후자의 영미적인 측면은 미국 경제학자 페터가 40년 동안 진행한 작업에 현저하

••

57) Spann, Othmar, *Fundament der Volkswirtschaftslehre*, 75 ff.(1923, 1929). 피히테에서 유래하는 "보편주의 대 개인주의"라는 그의 기본적인 철학은 그가 쓴 *History of Economics* (독일어 19판에서 번역, 1930)에 요약되어 있다.

게 드러난다. 다른 어떤 사람보다 페터는 개인주의 경제학의 심리학적인 기초들을 눈에 띄게 발전시켰다. 그러나 그가 현실의 경제학과 법원의 판결들로 넘어갈 때, 그는 『독점의 가장무도회(*The Masquerade of Monopoly*)』 (1931)에 열정적으로 제도경제학을 적었다. 이 책은 파레토의 선동적인 금권주의와 베블런의 자본가의 방해에 상응한다.

이런 제도적인 변동에 여전히 무감각한 경제학자들이 많으며, 우리가 지금 언급한 사람들이 소수파에 속한다는 점은 의심할 여지가 없다. 그렇지만 이들은 스스로 인정하든 인정하지 않든 20세기의 대대적인 집단적 움직임으로 인해 경제학으로 끌려 들어온 유형이다.

그러나 개인주의적이고 분자적이며 균형 위주의 오랜 이론을 비이저의 힘, 파레토의 **사회적 효용** 또는 페터의 **가장무도회**와 같은 최근의 집단적인 이론에 손쉽게 적응시킬 수 있는데, 이들을 절망과 역겨움 속에서 버려야 할 필요가 있을까? 물의 파동은 수위를 댐으로 10피트 올리거나 배수로로 10피트 낮추면 호수가 "자연적인" 수준에 머무르는 것과 아주 마찬가지로 자연스럽게 균형을 찾는다. 예전 이론이 지닌 어려움은 "한계효용"이 어느 정도 위에 높게 또는 아래에 낮게 설정되느냐에 있었다. 그것을 어디에 설정하든 "균형"과 "한계효용"은 거기서 발생한다. 만약 노조가 임금을 100% 올리면 자본가, 고용주 그리고 노동자는 그들의 개별적인 경쟁을 이 높은 수준에 맞춘다. 또는 만약 고용주조직이 임금을 50% 낮추면 자본가, 고용주 그리고 노동자는 그들의 경쟁을 이 낮은 수준에 맞춘다. 언제나 개별 분자들 사이에는 균형으로 향하는 경향이 있다. 그렇지만 집단적인 행위 또는 파레토의 선동적인 금권주의, 사업가들의 선동적인 민주주의는 경기규칙을 강제하는 자신들의 힘에 따라 사회적 효용의 수준을 누르거나 낮춘다.

우리는 예전의 분자적인 이론과 한계효용 이론이 **동동한 기회**라는 윤리적 원리를 **동등한 개인**이라는 경제적 원리로 확장했음을 확인하고 있다. 어떤 개인들이 다른 개인들보다 기회들을 사용하고 향유할 능력이 훨씬 더 클지라도, 모든 개인에게 동등한 기회가 주어질 수 있다. 그리고 인간의 본성에는 지극히 적응력이 있어서, 이 동등한 기회들의 수준이 얼마나 높거나 낮든지, 개인들 사이에 상당 기간 경쟁적인 조정이 어느 정도 가능할 수 있다. 개인주의 경제학의 예전 이론을 집단적인 경제학의 새로운 이론에 조정할 필요가 있는 시점에 예전 이론을 거부할 필요가 없다.

III. 자연권으로부터 합당한 가치로

합당한 가치의 원리가 자연권의 원리를 대체하고 있다. 필자는 50년의 경험을 통해 이것이 일어나고 있음을 보아왔다. 앞선 장들은 이 결과에 대한 전조를 보여주었을 가능성이 있다. 자연권의 원리는 18세기와 프랑스대혁명에서부터 진정 미국의 혁명이었던 19세기 미국의 남북전쟁에 이르기까지 지배적이었다. 자연권 원리는 20세기 초기에 낡아질 때까지 자신에 대한 대립되는 해석을 이어갔다. 단일세의 주장자들은 자연의 선물에 대한 인간의 자연권을 자신들의 제안에 대한 근거로 삼았다. 케네는 자연적 질서를 지주의 소유권에 대한 자신의 주장에 근거로 삼았다. 지주들은 자신들이 획득한 토지에 대한 자연권을 가지고 있었다. 사업가는 자신들이 적절하다고 보는 방식으로 자신들의 사업을 운영할 자연권을 지니고 있었다. 개인은 생명, 자유 그리고 나중에 재산을 의미한다고 해석된 행복에 대한 모든 자연권을 가지고 있었다. 유언자는 자신이 제시한 조건에 따라 죽은 후 여러 세대를 통해 자신의 재산을 처분할 자연권을 지니고 있다. 자연권은 수정과 해석을 통해 헌법으로 적혀졌다.

여러 사건이 자연권의 주장이 지위를 잃는 데 기여했다. 철학자들이 그것을 의심했는데 이에 대한 문헌은 풍부하다. 그러나 철학자들은 서로 충돌해 어떤 작동할 만한 대안을 가지고 있지 않았다. 하층계급들이 조직되기 전까지, 그리고 제1차 세계대전의 혁명들이 발생하기 전까지, 우리가 가진 그런 권리들이 국가나 다른 집단의 행위에서 나오기 때문에 "자연적"이지 않다는 점이 수백만 명에게 절실하게 느껴졌다.

이 책의 앞선 절들은 우리를 **공공 정책**과 **사회적 효용**의 문제들로 데려갔다. 이것들은 **합당한 가치**와 **적절한 법**의 절차라는 문제들과 동일하다. 문제는 모든 거래의 기저에 있는 갈등, 의존 그리고 질서라는 세 가지 원리에서 발생한다. 하나하나의 경제적 거래는 참여자들이 합동으로 평가하는 과정이다. 이 과정에서 각자는 이익의 다양성, 타인에 대한 의존성, 그리고 당분간 거래가 집단적인 행위에 부합되도록 요구하는 운영 규칙에 따라 움직인다. 그러므로 합당한 가치는 합당한 거래, 합당한 관행 그리고 공공목적에 상응하는 사회적 효용이다.

합당한 가치라는 용어가 흔히 제시하는 첫 번째 생각은 존 로크가 만들어냈고 18세기라는 **이성의 시대**를 통해 현대생활에 전달된 개인주의적이고, 주관적이며, 합리주의적인 생각이다. 인간은 합리적 존재이고 복종하기 위해서는 진리를 배우기만 하면 된다. 이성은 오로지 개인의 마음에 존재하며, 합당한 가치는 개개인이 합당하다고 생각하는 것이다.

그러므로 합당한 가치의 의미는 개인들의 숫자만큼이나 많다. 이 이론은 논리적으로 프랑스의 혁명과 고드윈의 무정부주의로 끝났다.

그러나 **이성**은 **합당성**과 다르다. 인간은 18세기 사상이 생각했던 바와 같이 이성적인 존재가 아니다. 맬서스가 생각했듯이, 인간은 어리석고, 욕정을 느끼며, 무식한 존재이다. 따라서 **합당한 가치**는 많은 어리석음, 욕정 그리고 실수를 포함하고 있다. 맬서스의 역사적인 분석에 따르면, 이성과 도덕적인 성격은 인구과잉, 이해갈등 그리고 결과적으로 갈등을 규제하기 위한 합법적인 정부를 보유할 필연성으로부터 생기는 느린 진화이다.

그렇지만 **이성의 시대**의 이 모든 세월 동안 관습법의 법원들은 이해의 충돌에 대해 결정하고 생겨나는 무정부성으로부터 질서를 가져오려는 과정 속에서 합당성과 합당한 가치에 대한 제도적인 생각을 발전시키고 있었다. 이성과 합당한 가치에 대한 제도적인 생각은 집단적이고 역사적인 데 비해, 합리주의적인 생각은 개인주의적이고, 주관적이며, 지적이면서 정태적이었다. 제도적인 생각은, 그 당시에 지배적인 비율의 사람들의 변동하는 관습을 받아들여, 합리주의적인 정당화의 과정을 통해 그것을 개별행위를 통제하는 향후의 집단행동을 위한 운영규칙으로 형식화함으로써, 새로운 법을 만드는 관습법의 방식에서 의심할 여지 없이 가장 명확한 진화적인 변화에 이르게 된다. 이 과정이 미국 대법원의 주권 속에서 절정에 이르렀기 때문에 합당한 가치라는 생각의 진화는, 그것의 제도적인 배경으로서 행정적인 주권에서 입법적인 주권으로, 그리고 다시 사법적인 주권으로의 역사적인 진화에 대한 이해를 필요로 한다.[58]

..

58) 본서 1136쪽, 주권.

이런 제도적인 발전에서 더 거슬러 올라가면, 수공에서부터 기계 작업으로의 기술적 발전이 있으며, 그다음에는 기계들이 대량생산으로 모이게 되는데, 이것은 땅을 파는 인디언으로부터 헨리 포드로 나간 것이다. 그리고 이와 함께 상업자본으로부터 고용주 자본주의와 세계 수준의 은행가 자본주의로의 흐름 속에서 농업 위주의 봉건주의 단계로부터 **자본주의**의 판매를 위주로 하는 단계로 이행했다. 정복과 과잉인구로 토지가 구획된 것도 이만큼 중요한데, 이로 인해 독립적인 정신을 위한 출구가 닫히고 전국적이고 세계적인 경쟁으로 이윤차익들이 줄었다. 이것은 다시 증기, 전기, 가솔린 그리고 무선통신에 의한 시장과 시장정보의 확장이라는 또 다른 기술적 과정으로부터 진행되었다.

　이 역사적인 단계들의 각각에서 권리들과 합당한 관행들의 새로운 개념들이 빠르게 오랜 것들을 침범해왔고, 이에 따라 우리는 오랜 것을 계승하지만 경제적 조정의 불량함으로 낙후된 **오래된 것**으로부터 미래의 **새로운 것**이 진화하도록 강제하고 있는 세상에서, 이의를 제기하며 등장하는 합당한 가치라는 현재의 개념들에 다다르게 되었다.

　쓰인 역사의 상당 부분에는 역사적인 의미가 결여되어 있다. 그것은 앞선 사건들 속에서 인간 활동의 인과를 찾는다. 그러나 만약 전기의 현대사가 어느 정도 그렇듯이, 우리가 우리 자신을 참여자들의 위치에 놓고 행위자들이 행동했을 때 그들이 예상했던 바를 상상하게 만드는 협상적인 심리학의 관점을 취하면, 인과는 미래에 있게 된다.[59] 이 행위자들은 교섭 거래의 설득과 압박이든, 관리 거래의 명령과 복종이든, 배급 거래의 간청과 주장이든 그들이 예상하도록 유도된 것에 직면하게 된다.

∵

59) 자끄 뱅빌의 『나폴레옹(*Napoleon*)』(1933년 역)이 좋은 예이다.

이들은 동기이든 이론이든 사회적 철학이든 자신들이 상대하는 사람들의 인간성을 고려하는데, 이들의 인간성은 그들의 경험들에 그들이 원하거나 두려워하는 결과들을 "적재"해왔다. 이들은 선택의 자유나 부자유를 위한 기회들을 제공하는 자신과 다른 사람들에게 열려 있는 대안들과 그 시점에 그들의 선택을 제한하는 조건들을 형성하고 이들의 모든 거래에 적용되는 여러 다른 상황을 고려한다. 행위를 결정하는 것은 합리적인 사회의 상태가 아니고, 거래의 참가자들이 직면하는 것은 놀라울 정도로 비합리적이고 복잡한 기대들의 집합이다. 그리고 이것은 매일매일 변하고 세기마다 변하는 상황이다. 이런 변동하는 복잡성과 불확실한 미래성 안에서 그들은 **현재** 행동해야만 한다. 바로 이런 복잡성과 불확실성으로부터 합당한 관행과 합당한 가치라는 개념이 생겨나, 매일매일 그리고 시대가 바뀌면서 제도들을 변경시킨다.

　미국 대법원은 스마이드 대 에임스 소송에서[60] 합당한 가치에 대해 당혹스러운 정의를 제시했으나, 이것은 모든 합리적이고 준합리적인 존재들이 가능한 최선으로 작동할 수 있을 상식적인 정의이다. 이것은 다양한 상황에서 수많은 변형을 지닌 법의 적절한 절차라는 법원의 생각과 일치한다. 철도 가치평가에 대한 한 소송에서 관련자들이 제시한 여러 충돌되는 가치이론에 대해 언급하면서, 법원은 각각에게 상황에 따라 "적절한 가중치"를 부여해야 한다고 말했다. 일단 법원이 이런 적절한 평가의 과정으로, 최종적으로 이 소송에 대해 판결했을 때 그 판결은 미국의 제도적인 틀 아래서 당시로서는 합당한 가치에 대한 최종적인 발언이

..

60) Smythe *v.* Ames, 169 U. S. 466(1898); Commons, John R., *Legal Foundations of Capitalism*, 196 참조.

었다. 모든 관련자는 비슷한 상황 하에서 이를 따라야 한다. 합당한 가치는 변동하는 모든 정치적, 도덕적, 그리고 경제적 상황과 이로부터 대법원 판사석에 오르는 인간성에 비추어 본 합당한 것에 대한 진화적인 집단적 결정이다. 자연권은 그것의 경직성을 잃고 심지어 합당한 가치의 결정에 있어 사라지기 시작한다. 역사적으로 변동하는 합당한 가치에 대한 개념들의 배후에 있는 제도 등의 변동들에 대해 우리는 윤곽을 제시할 수 있을 뿐이다.

IV. 주권

주권은 사적인 거래로부터 폭력을 추출해 우리가 국가라고 부르는 조직체가 그것을 독점토록 한 것이다. 그렇지만 주권은 존재뿐만 아니라 과정으로 간주되어왔다. 존재로서 주권은 국가로 인격화되었고, 국민과 별도로 존재하는 것처럼 보인다. 과정으로서 주권은 사적인 일로 간주되는 것으로부터 폭력의 제재를 추출해 그 제재를 운영규칙과 습관적인 가정을 지침으로 삼는 위계를 지닌 관리들의 손에 특화한 것이다. 그래서 주권은 인간사에서 물리적 힘의 사용에 권위를 부여하고 금지하며 규제하는 가변적인 과정이다.[61]

..

61) 이에 대한 앞선 논의로는 Commons, John R., "A Sociological View of Sovereignty", *Amer. Jour. of Sociol.*(July 1899와 July 1900) 참조.

이 과정에서 세 가지 주목할 만한 변화의 시기가 영미의 주권 발생을 특징짓는데, 이들은 행정적인 주권, 입법적인 주권 그리고 사법적인 주권의 시기로 구분할 수 있다. 첫 번째는 1066년의 노르만인의 잉글랜드 정복으로 시작되었는데, 이것은 왕을 위계 속에 있는 관리들보다 최상위로 올려놓았다. 두 번째는 1689년의 영국 혁명으로 시작되었는데, 이것은 의회를 최상위로 만들었다. 세 번째는 1787년의 미국 헌법과 5차 및 14차 수정(1791년과 1868년)으로 시작되는데, 사법부 구성 이후 미국의 대법원을 연방정부와 주정부의 관리들 보다 위의 최상위로 만들었다.

1. 행정적인 주권

첫 번째 시기의 초기에는 물리적 제재와 경제적 제재 사이에 구분이 없었다. 주권은 재산과 동일했다. 왕이 유일한 주권자이면서 유일한 재산소유자였다. 그가 경작자에게 토지를 주거나 법인체에 허가를 내주는 것은 토지의 임차인에 대한 주권을 내주거나 전문적 또는 비전문적 직업에 종사하는 사람들에 대한 주권을 내주는 것이었다. 나중에 주권과 재산에 대한 구분이 생기기 시작했다. 이에 따라 이제 주권이 아랫사람의 신체에 대한 물리적인 관할권으로 구분되고, 왕에게서 권위를 부여받은 사람들이 이 주권을 잃게 되면서, 이들에게는 이들의 거래에 대한 소유적이거나 경제적인 관할권만 남게 되었다. 물리적인 관할권을 가지고 있는 법원을 세우는 힘을 가진 토지의 부여나 관할권 내에서 사람들에 대한 물리적인 통제권과 경제적인 통제권 모두를 가진 길드 설립권의 부여를 이런 종류의 원래 사례로 인용할 수 있다.[62]

이런 주권부여의 잔재의 현대적인 사례는 미국에서 나타난다. 여기서 법인체들은 법인의 관할 아래에서 그들의 피고용인들이 폭력을 행사할 수 있는 부보안관 허가증을 보안관으로부터 얻는다.

2. 입법적인 주권

1689년에 시작되는 두 번째 시기에 앞서 언급한 보넘의 경우에서와 비슷한 일련의 결정들로 재산은 이미 주권으로부터 확연히 구분되었다. 혁명으로 이제 왕과 그의 위계적인 사법 및 행정 공무원들보다 우월한 재산소유자들의 의회가 생겼다. 이것은 1700년 왕위계승법으로부터 인준을 받아서, 사법부를 왕으로부터 독립적으로 만들었고, 의회에서 다수를 점하는 내각이 모든 공무원을 임명하기 위한 길을 마련했다.[63]

3. 사법적인 주권

세 번째 기간에는, 미국헌법에 독특한 것으로, 재산과 자유의 정의가 대법원의 관할 아래 놓이게 되었다. 대법원의 해석에 의하면, 5차 수정헌법은 국회에 대한 관할권을 대법원에 부여했고, 사법적인 해석에 따

:.

62) 보넘 박사의 판례(8 Co. 113b, 114a, 77 Eng. Rep. 646). 여기서 투옥의 물리적인 관할권을 헨리 8세가 내과 의사와 외과 의사에게 부여했으나, 법원이 1608년에 이것을 취소시켰다. Commons, *Legal Foundations of Capitalism*, 228.
63) Commons, *op. cit.*, 50.

라 14차 수정헌법은 다음과 같이 국가에 대한 관할권을 대법원에 부여했다. "어떤 국가도 미국 시민의 특권이나 면책을 축소시킬 어떤 법을 제정하거나 시행할 수 없다. 또한 어떤 국가도 법의 적절한 절차 없이는 어떤 사람으로부터 생명, 자유 또는 재산을 박탈할 수 없다. 더불어 그것의 관할권 안에 있는 어떤 사람에게도 법의 동등한 보호를 거부할 수 없다."

"국가"는 국가의 공무원을 의미한다. 따라서 어떤 시민이라도 자신에게 주권의 물리적인 관할권을 행사하는 공무원과 법 앞에서 동등한 위치에 놓인다. 그는 일반시민에 대해 소송을 제기할 수 있는 것과 완전히 마찬가지로 공무원에 대해서도 소송을 제기하거나 변호할 수 있다. 그러나 이제 주제는 복종을 이끌어내는 데서 물리적인 힘의 행사가 된다. 그래서 사법적인 주권의 단계에서는 시민 먼이 일리노이 주가 자신에 대해 제기한 소송에서 변호하고 항소한 것이나 시민 홀든이 보안관 하아디에게 소송을 제기한 것을 우리는 확인할 수 있다. 사법적인 주권이 무엇을 의미하는지를 처음 선언한 것은 1803년의 민간 시민 마베리가 미합중국의 국무장관인 매디슨에게 제기한 소송이었다.[64]

시민에 대한 물리력의 행사라는 문제에 대해 법 앞에서 시민과 공무원이 이렇게 동등함에 비추어서, 우리는 헌법에 대한 5차 수정과 14차 수정에서 사용한 "특권"과 "면책"의 의미를 해석한다. 위의 독해로부터 특권이 면책과 다른 의미를 지닌다는 점이 명백하다. 특권이나 면책이나 축소될 수 없다. 우리는 이것들이 시민에 대한 정부관리의 물리력 사용과 관련해 관리와 시민 사이의 두 가지 서로 다른 관계라는 결론을 내린다.

∴

64) Munn *v.* Illinois (94 U. S. 113, 1876); Holden *v.* Hardy (169 U. S. 366, 1898); Marbury *v.* Madison (1 Cranch U. S. 137, 2 L. ed. 60, 1803).

상정할 수 있는 그런 관계는 두 가지, 즉 권리와 자유뿐이다. 각각은 동등하게 상응하는 것을 가지고 있다. 시민의 권리는 관리의 의무이다. 이 경우에 관리로 하여금 자신을 대신해 물리적인 힘을 행사하도록 요구하는 것이 시민의 권리이다. 그것은 경찰권으로 하여금 도둑을 체포해 재화를 돌려주도록 요구할 권리인데, 이것은 그렇게 해야 하는 경찰관의 의무와 상관관계에 있다. 또는 법원에서 소송을 열어서, 판결하고, 판결이 우호적으로 나오면, 채무자의 재화에 대해 집행하도록 보안관에게 명령을 요구하는 것은 채권자의 권리이다. 그리고 보안관이 법원의 명령을 수행토록 하는 것도 이어지는 시민의 권리이다. 필요한 경우 부채를 수거하기 위해 물리적인 힘을 사용하도록 요구할 채권자의 권리는 이 사건에 판결하고 그를 위해 힘을 사용하는 법원과 보안관의 의무보다 크지도 않고 적지도 않다. 이 권리와 이 의무는 상관관계에 있으며 동등하며, 실제로 이들은 하나이고 동일하다. 만약 의무가 이해될 수 없다면, 권리는 존재하지 않는다. 그렇다면 헌법에 적힌 "특권"이라는 단어는 필요한 경우 다른 사람들에게 물리적인 힘을 사용함으로써, 시민에 대한 의무를 수행하도록 관리에게 요구하는 시민의 권리를 의미한다는 점이 명백하다.

그러나 권리와 의무라는 용어는 통상 한 시민의 권리와 다른 시민의 의무를 내포하는데, 누구도 자위의 경우를 제외하고는 물리적인 힘을 사용하도록 허용되지 않는다. 공적인 관리만 그렇게 하도록 허용된다. 따라서 물리적인 힘의 사용이 문제이고 경제력의 사용이 문제가 아니므로, 비록 권리라는 용어가 관리에 대한 시민의 권리라는 의미로 사용될 수 있었고 종종 사용되고 있지만, 우리는 권리라는 용어가 특권이라는 용어로 대체되었다고 추론한다. 그렇더라도 정확히 하려면 권리라는 용어는 물리적인 힘을 사용하는 공적인 능력이 아니라, 다른 민간 시민과의 경

제적이거나 여타 사적인 거래의 사적인 능력에 있어서, 공무원에 대한 권리라는 의미로 사용해야 한다.[65]

이 해석은 면책이라는 반대 의미를 지닌다고 확인된다. 여기서 면책은 관리가 행사하는 물리적인 힘으로부터 자유로움을 의미한다. 먼과 일리노이의 사례에서 국가가 복종을 강제하기 위해 필요하다면 먼에게 물리적인 힘을 행사하라고 제안했고, 먼은 법원에게 관리들이 이 힘을 행사하지 못하게 금지해달라고 항소했다. 그는 자신이 언제나 시민의 면책 중 하나였다고 주장한 바를 요구했다. 마찬가지로 고용주인 홀든도 자신이 원하는 대로 사업운영을 막기 위해 물리력을 사용하겠다는 보안관으로부터 면책을 요구하면서, 보안관 하이디에 대해 소송을 제기했다.

그렇지만 법적인 용어로 종종 사용되는 "특권"이라는 용어는 면책에 상응하는 또 다른 의미를 지니고 있다. 그 자체로서 그것의 의미는 "의무 없음"으로, 경제적인 의미로는 자유무역, 시장에 대한 자유로운 접근 등의 용어들이 나타내는 행위의 자유이다. 따라서 자유는 의무 부재라는 이유로 향유되는 "특권"이다.

"특권"의 이런 삼중적인 의미로 인해 우리는 이들 중에 선택하거나 아니면 다른 단어들로 대체해야 한다. 특권은 물리적인 힘을 사용할 관리의 의무에 상응하는 권리, 또는 관리가 행사하는 물리적인 힘으로부터의 면제, 또는 다른 시민과의 거래에 참여할 자유이다. 우리는 첫 번째 의미를 힘이라는 단어로 표현하고, 두 번째는 면책으로, 세 번째는 자유로 표현한다.

첫 번째는 법원, 행정부, 입법부가 주권의 합쳐진 물리력을 사용함으

65) 본서 180쪽, 경제적 및 사회적 관계의 공식.

로써 타인에게 자신의 의지를 행사하도록 요구하는 시민에게 부여된 힘인 **정치적 힘**을 의미한다. 시민의 특권에 대한 "축소"는 자신의 의지를 타인에게 행사하는 데 공무원이 힘을 행사하도록 요구할 수 있는 정치력의 몫을 축소하는 것이다.

두 번째는 주권의 물리력으로부터 면세됨을 의미한다. 시민의 면책을 줄인다는 것은 **자신**의 의지를 시민들에게 행사하는 데서 공무원이 주권의 물리력을 사용하도록 요구하는 **타인**의 정치력의 몫을 줄이는 것이다.

세 번째는 주어진 시점에서 자신의 성향, 환경, 그리고 대안들에 따라 다른 사람과 사거나 사지 않거나, 팔거나 판매를 유보하거나, 고용하거나 말거나 하는 시민의 자유인 **경제적 자유**이다.

그래서 그것을 보는 방식에 따라 **힘**이라는 용어에 **능력, 역량, 자유, 시민의 자격** 또는 **회원의 자격**으로 알려진 것의 의미가 주어진다. **능력, 역량** 또는 **힘**이라는 의미에서 그것은 자신의 권리와 자유라고 주장하는 것을 이행하는 데 주권의 법원과 관리를 가동할 수 있는 시민의 힘이다. 이것은 "도시의 자유", 길드의 자유, 그리고 법인체의 자유라는 오랜 의미의 **자유**와 같다. 이것은 의무 부재인 자유가 아니라 주로 자신을 위해 조직의 집단적인 힘을 가동할 역량을 포함한다. 그리고 이것은 **시민의 자격**과 **회원의 자격**의 의미이다. 시민이나 어떤 조직의 회원은 조직의 집단적인 힘이 자신을 위해 조직의 규칙이 인정하고 집행할 타인에 대한 모든 요구를 보호하고 선언하도록 요청할 힘이나 공인된 "역량"을 지닌 사람이다. **힘**은 집단적인 힘 중에서 개인이 가진 몫이다.

결과적으로 이런 힘의 전적인 결핍은 회원이 아니라는 것, 시민이 아니라는 것, 무역량 또는 무능력 등 여러 가지로 표현될 수 있다. **무능력**이라는 마지막 용어는 다른 것들을 포괄한다. 무능력은 자신을 위해 주권의 집단적인 물리력을 가동하는 힘을 부여하지 않는 것이다.

그러나 관리들이 상응하는 의무를 인정하지 않는다면 집단적인 힘에 대한 이런 지분이 무의미할 것이다. 이런 의무의 가장 넓은 의미는 책임이다. 그러나 이 용어는 너무 광범위하다. 이것은 관리에게 자신의 명예나 의무 의식의 우연들, 무관심, 정실, 심지어 변덕에 따라 결정하도록 맡긴다. 사실 관리가 움직이도록 강제하는 우월적인 정치력을 지닌 이보다 높은 권위가 필요하다. 이 더 높은 힘이 대법원이다. 이 상위의 권위가 관리에게 하리라고 예상되는 바를 지칭하는 것으로 경제적이거나 법적인 사용을 통해 적절해진 용어는 책무이다.

따라서 **힘**과 상관되어 있고 이에 상응하는 것이 **책무**이다. 관리가 움직이도록 요구하는 시민의 힘은 대법원이 움직이도록 강제하는 책무 이상도 아니고 이하도 아니다.

그러므로 **무능력**과 상관된 것은 **면책**이라는 결과가 나온다. 이 면책은 자신의 면책이 아니라 주권의 물리적 힘이 요청된 대상인 타인의 면책이다. 법적인 무능력이 완전한 사람은, 이 단어가 의미하는 바로, 자신을 위해 타인에 대해 주권의 물리력을 명령하라고 법원에 요청할 아무런 힘도 가지고 있지 않다. 이들의 면책이 그의 무능력이다. 그는 시민이 아니거나 노예이거나 외국인이다.

미국 헌법의 13차 및 14차 수정은 단어들의 이런 의미를 확인시켜준다. 13차 수정(1865)은 노예들을 해방시켰지만 이들을 시민으로 만들지는 않았다. 3년 후의 14차 수정은 이들을 "미합중국과 그들이 거주하는 주의 시민들"로 만들었다. 그는 정치적인 무능력을 정치적 힘으로 바꾸었다. 연방정부의 물리력으로 모든 주의 관리에게 이제 선거권자가 된 시민들을 위해 물리력의 사용을 강제받도록 책무를 부과함으로써 타인의 면책을 책무로 바꾸었다.

그러나 14차 수정은 "법의 동등한 보호"를 요건으로 만들었기 때문에 모든 시민은 관리와의 이런 관계에서 유사한 상황에 처하면 힘, 책무, 무능력, 그리고 면책의 동일한 관계를 지닌다. 이런 동등성으로부터 상호성이 나오는데 이것은 아래의 도식으로 나타낼 수 있다.

앞선 논의는 매클라우드의 "청구권"와 관련되어 있는데, 이제 이것을 우리는 경제적 권리와 구분한다. 청구권은 단순히 "법원에서 자신의 요구를 집행할 권리"이다. 이것은 "권리"라기보다 "**힘**"이다. 그렇지만 경제적 "권리"는 경제적 거래에서 타인에게 자신의 의지를 집행할 권리이다. 시민이 법원에서 행위를 취할 힘을 가지고 있는 한에서만 경제적 가치를 확보할 권리를 가지기 때문에, 경제적 권리는 실제로 행위의 권리와 같다.

따라서 부채를 지불할 의무는 채권자의 행위권리이다. 이런 이유로 그것은 경제적 가치를 지니며 사고팔 수 있게 된다. 이와 비슷하게, 홀든이 하아디 보안관에게 소송을 제기했을 때, 보안관이 유타의 광산소유자들에게 8시간의 노동법규를 강제할 헌법적인 힘을 가지고 있는가가 경제적인 문제였다. 대법원은 홀든을 기각하고 보안관을 옹호하는 판결을 내렸다. 앞선 도식의 용어들로 바꾸어 보면, 고용주인 홀든이 이 특정 경우에

대법원

시민	관리	안건
힘		책무
무능력	물리적인 힘	면책
면책		무능력
책무		힘

자신의 의지를 행사하는데 있어 무능력의 상황에 있었으므로, 보안관은 홀든의 재산에 진입해 법을 집행하더라도 손해배상이나 투옥으로부터의 면제를 향유하고 있었다고 법원은 결정했다. 그러나 이에 상응해 보안관이 헌법적인 힘을 가지고 있었으므로, 만약 8시간의 법규를 어기는 경우 보안관이 강제로 그의 사업장에 진입하는 것에 상응하는 **책무**를 홀든이 짊어지고 있었다고 법원은 판결했다. 경제적 결과는 홀든의 책무가 8시간 이상의 노동을 요구할 "권리 부재"와 같다는 것이다. 경제적으로 우리는 이것을 위험에의 노출이라고 부른다. 또한 이 판결은 홀든의 보안관이 사업장으로부터 추방하는 조치로부터 피고용인들이 상응하는 면책을 지닌다는 것이 8시간 이상 노동할 "의무 부재"와 같음을 의미했다. 그리고 이 의무 부재는 경제적으로 그들의 자유이다. 따라서 홀든의 무능력은 보안관의 면책이었고, 경제적으로 이것은 자신의 종업원들의 자유에 홀든이 노출된 것이었다.

법원의 판결이 이와 반대였다면, 대법원에 요구할 홀든의 **힘**은 보안관이 홀든의 재산을 침범한 경우 홀든에게 가한 피해에 대한, 또는 법원 경멸로 인한 투옥에 대한 책무였을 것이다. 이 경우 경제적인 결과는 홀든이 자신의 의지로 노동자들이 8시간 이상 일하게 만들 권리를 가졌다는 것과, 그들은 이에 상응해 그의 사업장에 들어가 일한다면 그의 의지에 복종할 법적인 의무하에 있었다는 것이었다.

앞선 분석을 달리 적용할 수도 있으며, 헌법에 대한 법원의 어떤 판결에 대해서도 이렇게 할 수 있다. 시민이 법원에서 심리를 벌여 행정관리에게 법원의 의견을 이행하도록 명령하는 결정을 얻을 수 있는 한도 내에서만, 법적인 권리와 의무가 경제적 거래에서 역할을 발휘한다는 점을 우리가 확인할 때 이 분석의 중요성이 발견된다.[66] 심리와 판결은 단지 변론과 주장을 경청하고 단어에 의미를 부여한다. 단어의 이런 변화하는 의미로 변동하는 경제적 조건 속에서 권리, 자유, 의무, 그리고 노출이 변경된다. 그 이유는 시민들 사이의 분쟁에서와 같이 시민과 관리 사이의 이런 분쟁에서도, 변화하는 조건과 충돌하는 습관적인 가정에 비추어 관행, 관습, 선례, 법령, 그리고 헌법을 저울질하는 사법적인 과정으로, 법원이 진행되기 때문이다. 이 과정은 지난 60년 동안의 모든 윤리적인, 그리고 경제적인 변화에 부합되도록 6차 수정과 14차 수정의 모든 단어가 지닌 정의가 변경되게 만들었다. 변화의 이런 과정은 아직 진행 중이다. 추가적인 변화는 예측할 수 없으나, 경제과학을 위해 과거에 더 중요했던 것은 사람, 자유, 재산, 적절한 절차 그리고 동등한 보호라는 단어의 의미 변화였다.

왜냐하면 이 모든 단어의 의미는 사람들과 재판관들의 관행과 관습 그리고 습관적인 가정에서 나오기 때문이다. 그리고 이런 관행과 관습 그리고 가정에 발생하는 변화는 단어가 지닌 의미의 변화와 함께 온다. 그렇다면 시민과 관리 사이에 분쟁이 발생하면 법원 자체가 조건과 가정의 변동에서 발생하는 새로운 분쟁에 적용할 수 있도록 선례, 법령 그리고

∵

66) 의심할 여지 없이 변호사들은 단어의 이런 의미에 대해 직업적으로 통용되는 기술적인 의미의 범위 안에 들어 있지 않다고 이의를 제기할 것이다. 그러나 변호사가 자신의 용어들을 하나의 일관된 논리적 체계로 정리하려고 시도하면, 자기네끼리 서로 의견이 크게 달라서 경제학자에게 의미를 해부해 정리하도록 허용할 수 있을 것이다. 경제학자가 이같이 할 수 있는 조건은 추상화를 보여주지 않고 법원이 하는 것을 보여주어서, 용어들이 경제적 결과에 맞게 만든다는 것이다. 변호사의 주요 이견에 대해서는 Commons, *Legal Foundations of Capitalism*, 91 ff. 참고문헌인 호펠드, 쿡, 그리고 카커렉 참조. 카커렉은 자신의 용어들을 *Jural Relations*(1927)에 정리했다. 이들의 논의는 사법만을 주제로 삼았다. 우리는 헌법을 다루고 있는데, 여기서는 대법원의 사법적인 관할권하에서 정부 관리가 일반 시민과 동등한 위치에 놓인다.

헌법에서 발견되는 단어들의 의미를 변경시켜야 한다. 법원은 모든 시점에 타당한 학술적이거나 과학적인 정의를 만들려는 노력을 통해서가 아니라 언어 자체가 변하는 과정인 인간이 지닌 마음의 보편적인 과정으로 "배제와 포함"의 실험적인 과정을 통해 이와 같이 한다. "배제"를 통해 이 용어의 종전 의미는 현재의 분쟁에 적용될 수 없는 것으로 간주된다. "포함"을 통해 현재의 분쟁 대상인 문제가 그것을 포함한다고 간주되지 않았던 종전의 의미 안으로 끌려 들어온다. 따라서 언어의 일치를 요구하는 관행과 관습의 변화에 언어를 적합하게 만들기 위해 오랜 의미를 배제하고 새로운 의미를 포함시키는 인간 언어의 점진적이지만 보편적인 과정을 통해, 헌법, 법령, 그리고 심지어 선례가 시간의 흐름 속에서 변한다.

이 과정은 답변서, 변론 취지서, 주장, 그리고 변호사와 판사의 의견에서 조용히 진행되며, 몇 년이 지나야 비로소 이 변화가 "주요 판례"로 공식화된다.[67] 그 이유는 미국 대법원이 사람들과 모임의 권리, 의무, 자유, 특권, 그리고 면책을 창출, 수정 또는 확대할 주권의 두 가지 힘을 행사할 수 있기 때문이다. 대중적인 언어로 이것들은 의무화하는 힘과 금지하는 힘 또는 의무화하는 집행과 금지하는 명령이다. 의무화하는 힘은 개인, 개인들의 모임, 그리고 정부의 관리가 **해야 하는** 것을 명령하는 힘이다. 금지하는 힘은 그들이 하지 않아야 할 것을 명령하는 힘이다. 그들은 빚을 **갚아야** 한다. 법원과 보안관은 부채의 상환을 **집행해야** 한다. 이

••
67) 미첼 대 레이놀즈(1711)를 예로 들 수 있다. 이 사례는 공정한 경쟁의 법으로 이어진 이전 300년 동안의 사례들을 합리화했다. Commons, *Legal Foundations of Capitalism*, 266 참조.

들은 다른 사람에게 간섭해서는 **안 된다**. 권리, 사람과 사람들의 모임이 지니는 의무, 특권, 그리고 면책을 구성하는 것이 바로 이런 명령이다. 헌법에 의해 이것들은 개인뿐만 아니라 입법부와 행정부로 확대되어야 한다. 만약 입법부가 지주회사에 간섭해서는 **안 된다면**, 이 회사는 법원이 입법부에 대해 설정한 불간섭의 한계 안에서 자신이 원하는 대로 하는 면책을 지니는 것이다. 이 과정은 지난 60년간 경제조건과 습관적인 가정의 변화에 발맞추기 위해 발생한 단어의 변화된 의미에서 확인할 수 있다.

그러나 힘, 채무, 무능력 그리고 면책에 대한 앞선 분석이 어떤 지속적인 활동체의 행정담당자가 이 조직체의 하부에 있는 구성원들에게 복종을 시행해야 할지 말아야 할지를 결정할 사법체계를 세우는 이 조직체의 운영규칙에도 적용된다는 점이 명백하다. 이것은 주권의 물리적 제재에 호소하거나 호소하지 않는 경제적이거나 도덕적인 제재를 사용하는 자발적인 상업 중재, 자발적인 노동 중재, 종교적인 조직, 주식거래소와 농산물 거래소의 사법 위원회 또는 모든 형태의 집단적인 "자발적" 행위에 적용된다. 모든 조직 내에서 서로의 거래에 대한 회원들의 윤리적 관계는 권리, 의무, 권리 부재 그리고 의무 부재라는 용어로 표현되고, 상응하는 회원의 지위는 보장, 순응, 노출 그리고 자유라는 용어로 표현되는데 비해, 하위자에 대한 상위자의 관계는 힘, 책무, 무능력 그리고 면책이라는 용어로 표현된다. 후자의 용어는 보장, 순응, 자유, 그리고 노출의 승인된 관계를 이행하는 집단행동의 물리적, 경제적, 도덕적 제재의 사용을 의미한다.

4. 분석적이고 기능적인 법과 경제학

법적, 경제적, 자발적 상관관계에 대한 앞선 공식에서,[68] 우리는 법적인 관계를 권리, 권리 부재, 의무 부재, 그리고 의무라는 용어로 구분해 왔다. 이들은 법과 이에 상응하는 보장, 노출, 자유 및 순응의 경제관계들 사이의 기능적 관계로 지칭될 수 있다. 따라서 이 법적인 용어는 준-경제적이고 준-통치적이다. 그러나 만약 법이 경제학과 완전히 분리되고, 각각을 자신의 영역에서 분석하면 준-법적인 관계의 배후에 개인들을 통제하고 있는 주권 자체의 순수한 관계가 자리 잡고 있다. 특히 미국의 체계에서는 정부관리가 법원 앞에서 공적인 권위를 가지고 있지 않은 일반 시민과 동등한 위치에 놓이기 때문에 이렇게 된다. 이로 인해 공법이나 헌법에서 수립되는 관계를 나타내는 일군의 다른 용어들이 필요해진다.

바로 이런 공법이 시민과 관리 사이의 관계를 수립하고 개인이 앞서 주목한 사적인 권리와 의무를 가지려면 없어서는 안 되는 물리적인 제재를 제공한다. "법의 적절한 절차" 없이는, 즉 사법적인 결정 없이는 박탈할 수 없는 시민의 "특권과 면책"이라는 용어가 이런 관계를 나타내고 있다. 실제로 힘을 사용하는 최하급의 공무원과 그 힘이 행사되거나 행사되지 않을 수 있는 시민의 헌법적인 관계를 예로 들어보면 이들에 상응한다. 이것은 시민과 보안관의 관계로서 일종의 관리관계이다. 그러나 이것은 앞선 공식에서 권리, 의무 등의 공식의 연장으로 표현될 수 있다. 동일한 공식이 대법원의 관할하에 있는 모든 다른 관리에게도 적용된다.

∴

(68) 본서 180쪽, 경제적 및 사회적 관계의 공식.

여기서 구분된 두 가지 관계는 힘(force)과 희소로 부를 수 있다. 우리가 이미 보여주었듯이, "거래"라는 용어는 개인들 사이의 상대적인 희소의 관계가 자라난 것을 나타낸다. 권리, 의무라는 용어는 이것들의 반대말 및 상호적인 말과 함께 힘과 희소의 중계석인 관계를 나타낸다. 그러나 이미 말한 비와 같이, 특권과 면책이라는 용어는 헌법에서 사용된 두 단어로서 관리와 시민을 포함하도록 끌어낸다면 힘(특권), 무능력, 면책 그리고 책무와 동등하다. 비록 법조인들은 달리 사용하지만, 우리가 보기에 이 후자의 용어가 모든 관리와 시민에 포괄적으로 대법원의 주권이 적용될 수 있는 논리적으로 상관적이고 상호적인 용어이다.

이런 용어들로부터 법의 적절한 절차라는 전체 체계가 분석적으로 마련되었다. 그런데 기능적으로 그들은 거래에서 개인들의 경제적 관계에 영향을 주는 권리, 의무, 권리 부재 그리고 의무 부재이다. 완전히 경제학으로부터 분리되어 있는 이런 헌법상의 용어들이 순전히 분석적인 힘의 과학에 적용된다고 말할 수 있다. 또한 (비록 분석적인 변호사들은 마치 보안관이 일반 시민이고 일반시민과 같이 법원에 지배되는 것처럼 보안관의 권리와 의무를 말하지만) 보안관은 개인으로서 두 가지 부류의 관계를 지닌

적절한 법의 절차

시민				보안관	
공법	사법	거래	사법	공법
힘	권리	기회	의무	책무
무능력	권리부재	경쟁	의무 부재	면책
면책	의무	협상	권리부재	무능력
책무	의무 부재	힘	권리	힘

다고 말할 수 있다. 일반시민으로서 다른 시민들에 대한 보통의 관계와 시민에 대한 주권의 특별한 관계인데, 이 관계에는 교섭은 없고 상급자와 하급자의 관리적인 관계만 있다. 이런 순전히 관리 거래를 우리는 힘, 책무, 면책 그리고 무능력이라는 용어들로 표현한다. 이 주권의 경우 이것들은 사회의 조직화된 힘의 제재인 관리 거래이다.

(1) 힘

우리는 권리와 의무 등을 부의 생산, 배달, 그리고 소비를 위한 재료 및 기타 자연력에 대한 미래의 통제에 관한 현재의 기대로 지정했다. 그러나 권리는 개인이 자신의 권리를 이행하도록 국가에 요구할 수 있다는 의미에서, "할 수 있다"는 조동사와도 동일하다. "할 수 있다"는 이 단어는 그가 "법적인 절차"를 통해 의무를 지고 있는 상대방에게 자신의 의지를 집행하도록 보안관에게 요구할 힘을 가지고 있음을 의미한다.

따라서 "힘"과 "책무"라는 용어도 미래에 있으며, 보안관이 **그의** 강제적인 힘을 행사하게 만드는 "힘"을 가지고 있지 않으면, 이 시민이 주장하는 권리는 미래에 소용이 없을 것이나.

보안권이 **그의 의무**를 수행하도록 유도되지 않으면, 실질적으로 상대방인 시민이 의무에 구속되지도 않을 것이다. 그렇지만 그가 그 시민으로 하여금 자신의 의무를 수행하도록 강제하지 않으면, 우리는 그의 의무를 그의 **책무**라고 부른다. 반대되는 상호적인 관계는 도표를 통해 분석적으로 전개할 수 있다. 권리를 주장하는 사람이 자신이 **권리-부재**임을 발견할 수 있는데, 그 법적인 근거는 주권의 권력에 요구할 힘을 가지고 있지 않기 때문이다. 달리 말해, 보안관에 대한 그의 관계가 "무능력"

이고, 이와 상관된 것으로, 이 특정 경우에 의무를 가지고 있지 않은 상대방이 보안관의 물리적 힘으로부터 "면책"을 누리고 있기 때문이다. 그리고 보안관과 시민의 상호관계에 대해서도 이와 같다. 시민이 의무를 가지고 있지 않으면, 보안관은 힘의 사용을 거절할 때 면책을 누린다.[69]

보안관이 이런 힘, 책무, 면책 그리고 무능력을 도출하는 대법원에서부터 아래로 하급법원에 이르는 정부조직은 "법의 절차"라는 하나의 용어로 요약된다. 이 조직과 개별 관리에게 적용되는 그것의 힘, 의무 등을 연구하는 학문이 분석적인 법학이다. 이것은 위계적인 관리의 손에 특화된 공동체의 힘의 사회관계이다. 분석적인 법학이 군사학과 정치학을 포함하는 것이 적절하다. 그것은 부족조직에서부터 정복과 질서에 이르는 역사적인 진화를 거쳤다. 이것은 질서의 유지와 법의 집행을 위한 외교, 상비군, 지역경찰대, 경찰, 보안관으로부터의 진화이다.[70]

주권의 물리력을 작동시키는 승인에 불과한 분석적 법학의, 이른바 **"힘"**은 **보상적인 힘**으로 구분되는 벌이나 보상을 요구하는 소송보다 더 나아간다. 이것은 시민이 자신이나 타인의 법적인 관계를 **변화시키는** 특정 명령이나 훈령을 발하도록 승인하는 것도 포함하고 있다. 그리고 이런 명령은 필요하면 마치 주권자 자신의 일반적인 명령처럼 미래에 행사된다. 이것을 시민의 실체적인 힘으로 부를 수 있다. 어떤 시민이 제안을

69) 이런 힘, 책무, 면책 그리고 무능력의 개별 항목에 대해서는 부비어의 *Law Dictionary*에서 "보안관" 항목을 참조. Crocker, J. G., *The Duties of Sheriffs, Coroners, and Constables with Practical Forms*(1890)도 참조.

70) 사법에 대해서는 여러 책이 있다. 예를 들어 Holland, T. E., *On the Elements of Jurisprudence*; Hohfeld, W. N., *Fundamental Legal Conceptions as Applied to Judicial Reasoning and Other Legal Essays*, W. W. Cook편(1923); Austin, John, *Lectures on Jurisprudence*(1832).

받아들여 계약을 맺거나, 유언장을 만들거나 변호사나 대리인을 임명하면, 이것을 통해 그는 필요한 경우 미래에 계약을 집행하고, 임명을 인정하며, 권리를 이양하고, 자신의 사후에 유언을 집행하기 위해 사회의 물리력을 사용하도록 법원과 관리에게 명령을 한 것이다. 궁극적으로 무엇을 하도록 보안관에게 훈령을 내리는 이런 실체적인 힘이 그렇게 해야 하는 보안관의 의무에 상응한다. 이것이 시민의 권리와 의무를 창출하는 현실이다. 비슷한 분석이 **무능력**과 **면책**에도 타당하다. 무능력은 경제적인 노출을 낳고, 면책은 경제적 자유를 낳는데, 우리는 이들을 함께 자유로운 또는 공정한 경쟁이라고 부른다.

경제학에 대한 법의 이런 관계를 우리는 기능적 법학이라고 부른다. 우리는 기능적인 법학을 철저하게 분석적인 법학으로부터 구분하는 것이 얼마나 불가능한지를 확인하게 될 것이다. 주권은 그것의 분석적인 적나라함만으로 존립할 수 없다. 주권은 개인이 자신의 의지를 타인에게 집행하거나 타인이 자신에게 그의 의지를 행사하지 못하게 하기 위해 사용하려고 노력하는 물리적인 힘이라는 조직화된 도구이다.[71]

주권이 대부분의 거래에서는 실제로 사용되지 않는데도 불구하고, 사법에 대한 이런 "기능적인" 견해는 주권이 그것의 행위에서 어디에나 개입되어 있고 언제나 사용되는 일종의 "커다란 법봉"처럼 주권을 제시한다고 종종 비판을 받는다. 인간 행위를 결정하는 데는 경제적, 윤리적, 그리고 여타 사회적 유인이 더 포괄적이라고 말한다.

∵

71) Heilman, Raymond J., "The Correlation between the Sciences of Law and Economics", *California Law Review*, XX(May, 1932), 379; "Bases of Construction of Systems of Legal Analysis", *Illinois Law Review*(April, 1932) 참조.

우리는 이런 반대가 인간의 모든 유인이 작동하는 근거 지점인 미래에 대한 기대를 놓치고 있다고 생각한다. 힘의 전면적인 개입은 주권의 물리력이 모든 거래에서 실제로 동원된다는 것을 의미하지 않는다. 만약 그렇다면 그것은 무정부상태이거나 노예상태일 깃이다. 오히려 그것이 의미하는 비는 힘이 일정한 절차적인 규칙의 범위 안에 끌려 들어와 있다는 것과 이런 규칙에 대한 신뢰로, 만약 경제적 거래에서 스스로 규칙에 따라 행동한다면, 개인과 집단이 보안관을 두려워하지 않고 나아갈 수 있다는 것을 의미한다.

이런 전면성은 지극히 단순하게 시험할 수 있다. 비슷한 법원과 보안관 그리고 이런 관리를 갖춘 국가가 사라지게 내버려 두자. 이렇게 되면 당연히 모든 경제적, 사회적, 그리고 윤리적 유도방법이 달라질 것이다. 주권의 전면적인 성격은 힘이 미래에 취할 모습에 대한 기대에 근거해 현재의 거래를 인도하는 미래성의 인간적인 기능에 불과하다. 법과 경제를 전체 경제사회의 부분들로 서로 연관시키는 것은 미래성이다.

(2) 희소

분석적인 법학이 오로지 힘의 기능과 관련되듯이, 분석적인 경제학은 오로지 희소의 기능과 관련이 있다. 그것의 최고의 이론적인 분리는, 이른바 "경제인"이라는 것인데, 법적인 인간이 힘의 추상화이듯이 이것은 희소의 추상화이다. 각각은 다른 것으로부터 추상화되어 있고, 다른 것과의 모든 기능적인 관계로부터 추상화되어 있다.

고전학파의 분석적인 경제학자들(스미스, 리카도)은 희소를 당연하게 생각했는데, 이 도식을 분석하고 완성한 것은 쾌락주의학파(특히 오스트리아학파)와 "신-고전"학파, 특히 마셜이었다. 이들은 필요와 동등한 사람들이 필요하는 수량 사이의 희소 관계를 시장의 균형에 이르기까지 추출하고, 특화하며, 분리하고, 정리했다. 이는 상급자와 하급자 사이의 힘의 관계에 대해 현대의 법원에 이르기까지 분석적인 법학자들이 행한 바와 같다. 분석적인 경제학자들이 모든 개인이 완전히 자유롭고, 무한히 지적이며, 절대적으로 동등하다는 가정에서 경제학의 "순수" 과학을 발전시키기 위해 모든 "마찰"을 제거했다면, 법학적인 분석은 하급자들에 대해 주권자인 상급자들이 있다고 가정했다.

따라서 법과 경제학이 힘과 희소라는 각자의 영역에서 단순히 분석적인 것이 아니라 서로에게 기능적으로 결합된 법과 경제학 사이의 기능적인 관계가 마련되어야 한다는 점이 명백하다. 시간, 그리고 특히 미래성과 기대라는 요인이 이 관계에 도입될 때만 이것이 가능하다. 이 요인은 언제나 현재의 거래로부터 나오는 기대되는 결과를 내포하는 데 반해 분석적인 방법은 시간도 미래성도 가지고 있지 않다. 이것은 활동이나 기대가 없는 순전히 정태적인 관계이다. 미래성은 사회가 질서정연한 운영규칙하에서 힘을 행사할 때 개인이 당연하게 생각할 수 있는 언제나 기대되는 힘, 책무, 면책 그리고 무능력이 된다. 희소는 개인의 역량이 발휘될 수 있는 현재의 기회, 경쟁, 그리고 교섭력이 된다. 권리, 권리부재, 의무 그리고 의무 부재라는 용어는 시민이 기대되는 경제적 생산이나 소비를 향해 현재 행사하는 의지와 이런 기대에 효과를 가져오거나 가져오지 않을 것으로 기대되는 주권의 힘 사이에 개입되는 기능적 관계이다.

V. 습관적인 가정

이런 이유로 인해 법이 무엇인지 아는 것보다 대법원 판사석에 있는 사람들이 누구인지 아는 것이 더 중요하다. 헌법이 무엇이라고 말하는 것이 아니라 법원에서 헌법이 무엇이라고 말하는 것이 헌법이다. 모든 경제적인 연구는 경제적 활동을 벌이고 있는 사람들에 대한 연구이다. 이들이 왜 이런저런 식으로 행동하는지 이해하려면, 너무 익숙해서 말로 형식화하지 않을 정도로 그들이 당연시하는 가정을 찾아낼 필요가 있다. 우리는 이런 가정이 믿음, 신이 부여한 권리, 자연권, 자연질서와 같은 윤리적이거나 경제적인 사상의 역사에서 여러 단어의 의미들에 상응한다고 간주한다. 이런 의미들은 자연 속에서가 아니라 거래에 참여하는 사람들의 관습과 습관 속에 미리 고정되어 있다.

각 개인은 조직체 안에서 일시적으로나 지속적으로나 상하의 위치를 점하고 있다. 만약 그가 여럿이나 하나의 조직에 대한 경험을 가지고 있다면, 그는 의사를 결정하고, 대안을 선택하며, 거래에서 타인들을 상대할 때 사물을 보는 방식을 획득하게 된다. 사물을 바라보는 이런 방식을 우리는 그의 습관적인 가정이라고 부른다.* 이렇게 갖추어진 그의 "마음"을 우리는, 조던(E. Jordan)에게 빌려와 "제도화된 마음"이라고 부른다.[72]

---

* 모든 사람의 주장과 발언에는 명시적이든 묵시적이든 가정이 있다. 그리고 과학적이 되려면 이런 가정을 되도록 명시해야 한다. 학문이나 학문 사이의 차이는 인간이 어느 정도 이런 가정을 명시할 수 있다고 생각하느냐에 있다. 수학은 가정을 명시해야 하고 명시할 수 있다고 생각한다, 신고전학과 경제학도 이렇게 생각한다. 그렇지만 법학은 그렇지 않다. 커먼스도 경제학보다 법학으로 기울고 있다. 이런 묵시적인 가정이 습관적인 가정이다.

신입 노동자가 공장이나 농지에 갈 때나 초보자가 전문직이나 사업을 시작할 때 이전에 경험을 통해 만나보지 못했기 때문에 그에게 모든 것이 새롭고 예상하지 못한 것이다. 점차 그는 자신에게 기대되는 일의 처리방식을 배운다. 그리고 이들에 익숙해진다. 그는 자신이 신참일 때 이것이 새로웠다는 점을 잊는다. 심지어 그는 그것을 외부인에게 설명할 수 없다. 그것은 일상이 되어 당연시된다. 그의 마음은 더 이상 이에 대해 생각하도록 요구받지 않는다. 자신이 하나나 소수의 작업만을 수행하는 현대의 기계인 극단적인 경우에, 그런 노동자들과 좌담을 해보면 이들은 통상 자신의 작업이 단조롭다고 생각하지도 않는다. 이들의 신체적이고 정신적인 틀이 자동화되어서 그들의 마음은 기억, 상상, 공상 등으로 행복하게 굴러간다.*

우리는 이런 마음들이 제도화되었다고 말한다. 그렇지만 모든 마음은 스스로 획득해서 당연시하는 모종의 습관적인 가정들로 제도화되어 있어서, 어떤 제한적인 요인이 등장해 습관적으로 기대하는 것과 반대로 진행되는 경우를 제외하고는 이 가정들에 대해 전혀 주의를 기울이지 않는다.

그러므로 몸의 물리적인 틀뿐만 아니라 마음의 정신적인 틀도 노동자가 자신의 생계를 얻는 조직에서 일을 처리하는 제도적인 방식에 제도

:·

72) 이례적인 통찰을 지닌 저작 Jordan, E., *Forms of Individuality*(1927), 172; 비판으로 John R. Commons, *Amer. Bar Assn. Jour.*, XIV(1928), 561을 볼 것. 원시사회에서 관습의 사회적 목적에 대해서는 Brown, A. R., *The Andaman Islanders*(1926) 참조.

---

* 여기서 커먼스는 습관적인 가정을 포함하지만 이보다 광범위한 습관, 관습, 묵시적 지식(tacit knowledge), 루틴(routine) 또는 휴리스틱(heuristic)의 형성과정을 설명하는 것으로 보인다. 그런데 커먼스는 이 모든 것을 거래 및 제도와 연결시킨다.

적으로 습관화된다. 잘 알려진 바로, 만약 그렇지 않다면 마음은 예상하지 않았던 것을 처리하는 자유로운 영역을 가질 수 없을 것이다. 일반적으로 습관적인 가정들은 환경의 보완적인 요인이나 일상적인 거래에 적합해져 있는 데 비해 지적인 활동은 제한적인 요인이나 전략적인 거래와 관련되어 있다. 만약 요인들이 계속 변동하면, 전략적인 요인을 통제하기 위해 지성이 활성화되어야 한다. 그렇지만 만약 이들이 평시와 같이 굴러가면, 보완적이고 일상적인 요인을 관리하는데 습관적인 가정들로 충분하다.

그렇지만 만약 습관들이 관습을 따르지 않는다면 이것에 의존할 수 없다. 왜냐하면 관습은 개별행동을 통제하는 집단행동일 뿐만 아니라 개별의견을 통제하는 집단적인 의견이기 때문이다. 개별 의견은 습관적인 가정이지만, 집단적인 의견은 개인들이 함께 일하려면 개별 습관이 따라야 할 가정이다. 습관화되지 않은 마음의 과도한 개성은 필요하지 않다.

그렇더라도 행동이 행동하는 의견이고 과학은 의견을 추론하면서 행동을 측정하기 때문에, 과학적인 연구에서 행위와 의견을 분리할 수 없다. 습관적이고 관습적인 행위에서 습관적이고 관습적인 가정을 읽어낸다. 여기서 연구의 과정은 정신분석학과 비슷하지만, 개별 행위에 대한 설명으로 신경이나 꿈을 연구하는 개인주의적인 과학이 아니라, 사회과학이 거래에 대한 설명으로 습관적이고 관습적인 가정을 연구한다.

습관적이고 관습적인 가정은 기술적인, 소유적인, 그리고 윤리적인 가정이다. 기술적인 가정은 사용-가치의 생산과 관련되고, 종류와 질 그리고 관습적인 수단과 도구와 관련해 문명의 변화와 함께 변한다. 산출물이나 산출물을 생산하는 방법과 재료와 관련해 유용한 것에 대한 현행의 의견에 부합되는 의견을 가지지 않은 사람은, 번창할 수 없거나 심지어 생존할 수 없다. 이윤, 이자, 지대, 또는 임금의 획득에 초점을 맞추는 소유적인 가정에 대해서도 마찬가지이다. 본인의 가정이 다른 사람에게 관습적인 것에 부합되지 않는 사람은 교섭에 참여할 수 없으며, 교섭의 관습이 변할 때 자신의 가정도 변해야 한다. 윤리적인 가정은 이해의 충돌을 결정하는 데서 현행의 관습적인 절차로부터 발생한다. 이런 선례들에 맞지 않는 방식으로 인도하는 그런 의견을 가진 사람은 자신이 규율을 받는다는 것을 확인하게 된다.

이런 윤리적인 가정으로부터 옳음, 그릇됨, 의무, 자유 등의 생각이 나온다. 다른 가정과 마찬가지로 이들에도 목적과 이 목적을 성취하기 위한 도구가 수반된다. 여기서 다시 우리는 윤리적인 가정과 거래적인 현실로 구분할 수 있는 "권리"의 이중적인 의미를 알아차리게 된다. 윤리적인 가정은 흔히 그 반대말이 "그릇됨"인 옳음의 "형용사"적인 의미로 서술된다. 그러나 흔히 "실체적인" 의미로 알려진 거래적인 의미는 의무에 상응한다.[73] 거래적인 의미는 윤리적인 가정이 무엇인가에 따라 옳을 수도 있고 그르칠 수도 있지만, 그럼에도 불구하고 그것은 모든 사업을 수행하고 분쟁을 해결하는데 근거가 되는 의미이다.

이런 기술적인, 교섭적인, 그리고 윤리적인 가정에 대해, 이깃이 습관적이고 관습적인 한에서 칼 맑스는 "계급의식"이라고 명명했고, 베블런은 "본능"이라고 명명했다. 실제 이것은 서로 다른 계급 사이의 습관과 관습의 차이를 특징짓고 있다. 맑스는 자신의 용어를 두 계급에 국한시킬 특별한 선전상의 이유를 가지고 있었지만, 그것을 개인들이 의식하는 이익의 유사성에 따라 이윤의식, 일자리에 대한 의식, 임금의식, 지대의

73) 본서 403쪽. 블랙스톤은 이 두 가지를 혼동해 벤담의 공격을 초래했다.

식, 직업의식으로 세분화할 수 있다. 그러나 우리는 이것을 습관적인 가정들이라고 부르기로 선택한다. 그 근거는 이익의 유사성과 벌인 거래의 유사성으로부터 나오는 습관과 관습이다.

개별 인가과 같이 대법원도 그 시전과 장소에 퍼져 있는 관습들로부터 나오는 이런 습관적인 가정들에 지배되고 있다. 재판관들이 변하거나, 오랜 가정들을 새롭게 비추어 주는 새로운 사례들이 나오거나, 경제적이거나 정치적인 조건들이 변하거나, 심지어 혁명이 일어나면 그것의 의견이 변한다. 1771년에 영국의 최고 법정은, 영국헌법에서 **자유**를 읽어낼 수 있다는 가정에서, 주장컨대 자메이카에 있는 합법적인 소유주의 노예이지만 이송을 위해 일시적으로 영국에 억류되어 있던 한 명의 흑인을 석방했다. 법원은 말하기를,

> "노예라는 것은 정치적이거나 도덕적인 어떤 이유로 도입될 수 없고, 이유가 없어진 이후 오랫동안 그 효력을 유지하고 있는 실정법으로만 도입될 수 있는, 성격의 것이다. 그리고 언제 그것이 생겼는지 그 시대 자체가 기억에서 지워져 있다. (……) 그러므로 이 판결로 어떤 불편함이 생기든지, 이 경우가 영국의 법으로 허용되거나 승인된다고 나는 말할 수 없으므로, 이 흑인은 석방되어야 한다."[74]

1856년에 미국 대법원은, 근소한 다수결로 헌법에서 **노예제도**라는 가정을 읽어내서, 일시적으로 자유로운 상태에 있는 흑인을 노예가 허용되는 주의 법에서 소유권을 주장한 소유주의 손아귀로 돌려보내 노예상태를 되돌렸다. 법원이 말하기를,

••
74) 흑인 제임스 서머셋의 판례, 20 호웰의 주 소송. 1-82(1771-72).

"독립선언 시절과 미국헌법이 작성되고 채택된 시절에 세계의 문명화되고 계몽된 지역에 퍼져 있었던 이 불행한 족속에 관한 여론의 상태를 오늘날 깨닫기는 어렵다. (······) 영국의 정부와 국민이 이행한 것보다 그 의견을 더 확고하고 더 획일적으로 이행한 국가는 없다. (······) 따라서 영국이 지녔고 이행한 의견이 자연히 그들이 대서양의 반대편에 세운 식민지들에 새겨졌다."[75]

이후 행정적인 주권에 의한 노예해방은 약 40억 달러의 재산 가치를 몰수했다. 1856년의 "자연스러운" 권리들이 1863년의 선언과 1865년과 1868년의 13차와 14차 수정헌법에 표현된 북부 주들의 주권으로 "자연스럽지 않은" 것이 되었다.

그래서 관습은 변하고, 이에 따라 사법적인 주권의 습관적인 가정도 변한다. 우리는 개인이 행동하게 인도하는 유도방법을 개인적인가 집단적인가에 따라 구분했다. 우리는 개인에 대한 유인을 단순히 유도방법이라고 부른다. 집단적인 행동에 의한 개인에 대한 유인은 제재라고 부른다.[76] 유도방법은 거래가 결과에 이르기까지 수행하는 개인적인 설득, 압박, 명령이다. 제재는 타인의 행위에 개인의 행위가 부합되도록 그 개인에게 요구하는 집단적인 유도방법이다. 이것은 각기 비슷한 습관적인 가정에 근거하고 있다. 그런데 습관적인 가정이 제도의 의미이다. 제도는 개인의 행위를 유도하는 집단적인 행위이다. 상당히 다양한 제도와 제재가 있고, 이들은 인류의 역사에서 계속 변하고 있지만, 이 모든 것에 공통적

· ·
75) Dred Scott, Plaintiff in Error, *v.* John F. A. Sandford, 19. How. 393, l. c. 407, 408(1856). 법원이 1771년의 서머셋에 관한 판결이 있었음을 알지 못했다.
76) 본서 403쪽, 벤담.

인 일반원리는 관습과 여기서 파생된 습관적인 가정이다.

관습은 **측정**과 **합당성**이라는 두 가지 종류의 **기준**을 수립한다. 처음에 이 기준들은 상충되고 불확실하다. 궁극적으로는 입법부가 측정의 기준을 달러나 부셸과 같이 법원의 지침을 위한 비적인 기준으로 명확하게 만든다. 그러나 합당성의 기준은 대부분 분쟁에 대해 법원이 결정하는 과정에서 서서히 구축된 것이다. 이것은 **거래의 기준**과 **생계의 기준**으로 구분될 수 있다. 전자는 부의 생산, 판매, 그리고 분배에 있어서 관리, 교섭, 배급의 거래와 관련된다. 후자는 **소비의 기준**이다. **제재**는 개인들이 이런 기준들을 따르도록 인도하는 집단적인 유도방법이다.

따라서 **관습**의 원리는 개인이 기준을 따르도록 유도하는 **강제의 유사성**이다. 물리학에서 "운동의 법칙"이나 동물에서 본능 또는 개인에서 습관에 해당되는 것이, 거래와 생활방식에 있어 미래를 바라보는 개인들의 불확실한 의지들 사이의 갈등을 주제로 삼는 학문에서는 관습이고 습관적인 가정들이다. 이것들은 측정의 기준과 합당성의 기준을 요구한다. 과거에 자라난 은행체제를 활용하지 않겠다는 사업가나 다른 노동자들이 다 일터에 나오는데 오지 않겠다는 노동자는 비록 부지런할지라도 산업사회에서 살 수 없다. 이것은 익히 잘 알려진 바이므로 검토하지 않겠다. 그러나 관습이 변할 때, 재판관이나 중재자가 분쟁에 관해 판결해서 관습을 시행할 때, 또는 사업의 관습을 수정하기 위해 노동자들이나 농부들이 파업할 때, 또는 혁명으로 노예나 여타 재산이 몰수되었을 때, 또는 법령으로 관습적인 생활방식이 금지될 때, 또는 지주회사가 오랜 관습을 새로운 영역에 확장시킬 때 관습의 강제가 내내 작용하고 있지만, 의심을 받지도 않고 방해를 받지도 않는다.

이유는 **습관**이다. 개인들은 바닥에서 시작하지 않는다. 그들은 아기로 시작해, 아동으로 계속 존재하며, 그런 후에 직장에 들어가, 관습에 자신을 적응시키는 것을 배우고 있다. 만약 이들의 습관이 맞지 않으면, 그들은 자신의 노력으로 생계를 벌 수 없고, 자선이나 형벌의 수령자 또는 상속법의 수혜자가 된다. 만약 그들이 적응하면, 그들이 적응하는 관습은 그들에게 기대의 안정성을 부여한다.

우리가 본 비와 같이, 관습의 원리는 아담 스미스가 『국부론』을 발행한 해에 블랙스톤에 대한 벤담의 비판으로 인해 경제학으로부터 제거되었다. 이에 따라 경제학은 개인, 상품, 그리고 국가라는 세 가지 단위를 근거로 전개되었다. 한편으로 이것은 개인주의, 심지어 무정부주의로 이어졌고, 다른 한편으로 이것은 공산주의와 독재로 이어졌다. 그렇지만 관습이 개인이나 심지어 국가보다 더 강력하다.

"관습"이라는 단어는 사람들의 생각에 따라 다른 의미를 지니므로, 우리는 두 가지를 구분해야 한다. 하나는 개인에 대한 강제의 서로 다른 **정도**와 관련해 구분하는 것이고, 다른 하나는 이 원리를 그것에 대한 **정당화**로부터 구분하는 것이다. 다양한 사실로부터 도출된 원리로서 관습은 강제의 유사성이다. 이것은 단순히 운영규칙이다. 정당화나 비난으로서 관습은 집단적인 강제로 성취되거나 예방되기를 바라는 어떤 것이다. 벤담이 블랙스톤을 비판했을 때 입법과 사법적인 조치의 지침이 되기를 바랐던 보편적인 행복의 원리에 대한 장애물로 법원들이 영구화시켰다고 생각한 "전통"이나 "조상의 지혜"가 **관습**에 대한 벤담의 생각이었다. 이에 따라 법과 경제학은 분리되었다. 경제학자들은 쾌락을 추구하고 고통을 회피하는 개인들의 사익이라는 길로 나갔지만, 법원은 여전히 관습을 근거로 분쟁에 대해 결정함으로써 블랙스톤을 따랐다.

차이는 인간의 본성 자체에 대한 견해의 차이에 의존하고 있다. 벤담과 초기의 경제학자들은, 사업가들이 달러와 센트로 계산하듯이, 쾌락과 고통의 단위로 최대의 행복을 계산할 수 있는 합리적인 피조물로 인간을 간주했다.[77] 그러나 최초의 위대한 무정부주의자인 윌리엄 고드윈이 이 견해를 받아들여 이것으로 개인들에 대한 모든 강제를 폐시하자고 제안한 철학을 수립한 후, 맬서스는 그의 『인구론』에서 인간 본성에 대한 이 견해를 공격했다.[78] 인간이 합리적인 존재가 아니라고 맬서스는 말했다. 인간은 **이성**이 하라고 충고하는 바와 정확히 정반대로 행하는 정념과 우둔함의 존재이다. 그렇지 않다면 과잉인구, 빈곤, 전쟁 또는 죄가 없었을 것이다. 결과적으로 사람들은 강제 없이는 공존할 수 없다. 이것은 진정으로 무정부주의에 대해 주권 그리고 관습을 정당화한다. 인간 의지는 신뢰할 수 없으므로 관습이나 정부의 강제가 필요하다.

무정부주의의 반대쪽 극단에는 필머로부터 현재에 이르기까지 관습을 **신의 목소리**로 신격화하는 사람들이 있다.[79] 검토해보면 이들이 의미하는 바가 좋은 관습과 나쁜 관습을 구분하는 것임을 통상 확인하게 될 것이다. 좋은 관습은 신의 목소리이고 나쁜 관습은 악마의 목소리이다. 이것들은 관습의 인격화이다.

의미하는 바가 관습적일 때 "자연적 본성"이나 "자연스러운" 같은 단어의 사용도 약간 비슷하다. "인간의 자연권"은 생명, 자유, 행복, 재산, 명성 등에 대한 권리라고 말한다. 그렇지만 이것들은 관습이다. 관습은

..

77) Mitchell, W. C., "Bentham's Felicific Calculus", *Pol. Sci. Quar.*, XXXIII(1918), 161 ff. 참조.
78) Godwin, William, *An Enquiry Concerning Political Justice and Its Influence on General Virtue and Happiness*(1793); 본서 449쪽.
79) Carter, John C., *Law, Its Origin, Growth, and Function*(1907).

변동하지만, 만약 이것들이 서서히 변동하면 개인의 아동기는 관습에 적응된 습관과 바램을 획득하기에 충분히 긴 기간이다. 그런 이후에는 비록 이것들이 인위적이고 집단적이며 변할 수 있고 박탈할 수 있지만, 자연스럽고 변치 않으며 양도할 수 없는 것처럼 보인다.

이런 인격화나 비유보다 더 역사적인 것은 현대의 산업사회가 **관습과 신분의 시대**에서 **계약과 경쟁의 시대**로 옮겨 왔다는 이론이다.[80] 고대사회에서는 사람들이 태생적인 신분이나 사회적인 계급 속에 묶여 있었지만, 현대 **서양**의 문명 속에서는 사람들이 매매, 고용과 해고, 임대, 대부 등의 경쟁적인 계약을 통해 자발적으로 사회 속에서 자신의 위치를 결정하고 종결한다고 말한다.

그러나 만약 개인에게 따르도록 가하는 압박이 관습을 나타낸다면, 지난 300년 동안 계약도 새로운 관습인 셈이다. 다른 사람처럼 계약에 자신을 묶어두지 않으려는 사람은 사업이나 일자리에 진입할 수도 없고 계속 머물러 있을 수도 없다. 계약이 관습화되어서 강제적이 되었다.

경제적으로 발생한 일은 해방될 수 없는 부채로부터 해방될 수 있는 부채로 관습이 바뀐 것이다. 그 이유는 만약 관습이 집단적인 강제라면, 타인에게 의무를 부과함으로써 그것이 작동하기 때문이다. 경제적인 의무는 서비스, 상품, 또는 구매력으로 지불이 가능한 부채이다. 그리고 이전에 타인에게 속했던 서비스, 상품, 구매력에 대한 통제권을 얻어서 생계를 획득하는 사람이라면, 어떤 개인도 채무자가 되는 것을 자유롭게 거부할 수 없다. 현대의 산업사회에서 누구도 다른 방식으로 생계를 획

..

80) Maine, Sir Henry, *Ancient Law, Its Connection with the Early Society and Its Realtion to Modern Ideas*(영국의 2판으로부터 발행한 미국의 초판, 1870).

득할 수 없다. 가장 강력한 제재인 **희소는** 그에게 그 시대와 장소의 관습을 따르도록 강제하며, 이로 인해 그는 자신에게 희소한 무언가를 제공한 사람에게 채무자가 된다.

재판관이나 중재자가 자신의 결정에 대한 지침으로 관습을 찾을 때 그가 하는 일은 관습의 이행에 추가된 제재를 부여하는 것이다. 그는 자신의 습관적인 가정들이 관습에 맞는지를 보려고 둘러보지도 않는다. 상업적인 조정이나 노사 조정에서 추가된 제재는 중재자의 지위를 만들었고 조직의 합의된 경제력으로 중재자의 결정을 이행하리라고 기대하는 사람들의 조직화된 집단적 행위이다.

법원의 경우도 마찬가지이다. 만약 법원이 분쟁에 대해 판결하는데 주변이나 관련인들의 관습에서 기준을 찾거나, 공식적인 증언 없이 "사법적인 선택"을 판결하거나, 습관적으로 그 기준들을 수용한다면 법원은 이 관습에 거래가 부합되도록 강제하는 물리력의 추가적인 제재를 부여한 것이 된다.

그렇지만 중재자나 법원은 분쟁에 대해 결정하는 지침을 찾는 데서 이보다 더 나아간다. 그는 자신의 이전 결정과 비슷한 사례에 있어 다른 중재자나 법원의 결정을 되돌아보고 나서 자신의 현재 결정을 이전 결정과 일관되게 만들려고 노력한다. 이것이 **판례**이다. 만약 판례가 없거나 판례들이 상충되거나 그것이 진부하다고 판단하면, 중재자나 법원은 다시 포함과 배제의 관점을 통해 자신의 결정을 부합되게 만들 수 있는 관습이나 관습에서 도출된 원리를 찾아본다.

만약 그가 판례나 관습을 찾지 않는다면, 그의 대안은 상급의 권위를 가진 사람들의 심리적인 고려를 통해 관습이나 판례를 수정해온 법령, 조례 또는 헌법을 찾는 것이다. 그러나 그렇더라도 이런 성문법령은 추상적이고 일반적이어서, 특정 분규에서 실행되기 전에 특정 분규에서 적용이 가능하도록 이해하고 해석해야 한다. 그러므로 이 해석 자체도 이 법령을 특정 사례에 적용하는 지침으로 관습이나 판례 또는 습관적 가정으로 되돌아가야 한다. 따라서 법령, 헌법 또는 규정은 관습, 판례, 배제, 그리고 포함의 검사를 거친다. 이 과정에서 심지어 관습, 판례 또는 습관적인 가정이 법령이나 헌법을 무효화하거나 수정할 수도 있다. 이렇게 되면 법은 완전히 "사문화"된다. 이것이 불완전하게 발생하면 법은 "해석"된 것이다.

그래서 관습, 판례, 법령과 습관적인 가정은 일반적으로 "운영규칙"으로 불리는 것이 만들어지는 과정이다. 법령은 칙령에서부터 행정명령, 입법적인 제정, 성문화된 헌법, 조례, 그리고 앞서 우리가 검토한 집단적인 교섭의 노동조합 합의에 이르는 것이 다 다르다. 선례는 사법적인 것으로부터 집행적인, 행정적인, 입법적인, 그리고 헌법적인 것에 이르는 것이 모두 다르다. 관습은 봉건적인, 농업적인, 사업적인, 그리고 산업적인 것에서부터 가정과 종교적인 숭배에 이르는 것이 다 다르다. 선례와 법령이 지속적인 활동체의 특징적인 표식들이지만, 관습과 습관적인 가정들이 모든 인간관계의 근저에 있는 원리이다. 이들 각각을, "자연법"이라는 의미가 아니라 인간 본성의 법칙이라는 의미에서, 심지어 하나의 "법"이라고 부를 수 있다. 이런 이유로 우리는 이들을 "운영규칙"이라고 부르며, 이를 통해 경제적, 정치적, 윤리적 조건의 진화에 따른 그들의 일시적이고 가변적인 성격을 나타낸다.

인간이 사회에서 그것 없이는 살 수 없는 근본적이고 궁극적인 원리인 **기대들의 안정성**이라는 원리에 다가가는 한에서, 이것들은 인간본성의 법칙이다. 근본적인 것은 정의도 아니고 심지어 행복도 아니다. 그것은 안정성, 심지어 부정의와 빈곤에 대해서도 그것은 안정성이다. 왜냐하면 불안정성은 자연의 의도되지 않은 힘에서 비롯되는 우연이라기보다 우월한 물리적인 힘이나 협상력을 지닌 사람들이 보이는 의도, 태만, 그리고 변덕의 불안정성이기 때문이다. 전자의 불안정성은 자연의 힘을 통제하에 두는 기술적인 개선을 통해 대부분 피할 수 있고 또한 피해왔지만, 후자의 불안정성은 권력을 가진 사람들의 의지를 안정화시켜야만 피할수 있다. 자의적인 의지의 극단적인 경우가 노예화이다. 새로운 관습, 선례, 그리고 법령이 노예소유자의 의지를 제약하는 한, 이런 한도 내에서만 자유는 노예제도를 침식한다.

선례의 원리는 더 나아간다. 그것은 논리적인 일관성과 동등한 처우의 원리이다. 만약 중재자나 법원이 유사한 이전의 분쟁에 대한 판결과 달리 현재의 분쟁에서 판결하면, 그는 논리적으로 일관되지 못한 것이고, 그는 유사한 상황에서 다른 사람들을 처우한 것과 달리 한 사람을 취급하는 것이 된다. 이것은 차별, 또는 동등하지 않은 기회이다. 따라서 선례의 원리는 안정성, 자유, 그리고 평등의 삼중 원리이다. 과거의 분쟁들에 대한 판결과 같이 향후에 분쟁들에 대해서도 판결하리라는 기대를 낳는다는 점에서 **안정성**이다. 아래에 있는 개인들이 위에 있는 사람들의 변덕에 시달리지 않으리라는 점에서 **자유**이다. 같은 부류의 모든 사람이 유사한 상황에서 동등하게 취급되리라는 점에서 **평등**이다.

따라서 선례의 원리는 권좌에 있는 사람들의 자의적인 의지에 대한 제약으로서 안정성, 자유 그리고 평등이라는 인류의 가장 근본적인 바람들로 이어진다. 이것은 모든 사회관계에서 모든 인류에게 보편적이다. 어린이조차 부모가 다른 자식을 자신과 달리 취급하거나 자신을 오늘과 내일 달리 취급하는 것을 불평할 때 선례에 호소한다. 노동자는 공장장의 친구가 자신이 받지 못하는 이익을 받으면 자신이 희생되었다고 생각한다. 공무원법은 정치인의 친지들에게 맡겨두기보다 공직에서 모든 시민에게 동등한 기회가 열리도록 시도한다. 사업가는 자신이 지불해야 하는 요금보다 낮은 요금으로 철도회사가 자신의 경쟁자에게 이익을 준다고 비난할 때 선례에 호소한다. 법원이 판례에 구속된다는 원리는 누구나 비슷한 상황에서 다른 사람을 자신과 같이, 그리고 서로를 같이 취급해야 한다는 보편적인 도덕률의 특별한 경우에 불과하다. 그렇지 않다면 그는 변덕스럽고, 자의적이며, 일관되지 못하게 된다. 만약 모든 사람이 모든 점에서 같다면, 그리고 무제한의 대안들이 있다면 이것은 악이 아니다. 선례의 원리는 동등하지 않은 사람들을 동등하게 취급하는 원리이다. 이것이 안정성, 자유 그리고 평등의 근거이므로 모든 경제적인 거래에서 근원적이다.

그러나 집행이 활동체를 구성하는 권위적인 기관들의 권위에 따른 것이어야 할 필요는 없다. 이것은 경쟁에 의한 집행이 될 수도 있다. 상품을 구매하고 지불능력을 지닌 은행에서 수표를 끊어 부채를 지불하는 현대의 관행은 개인에게 강제적이다. 왜냐하면 그런 수표는 법화가 아니지만, 이것을 수락하거나 발행하기를 거부하면, 누구도 계속 사업에 머물수 없거나 사업에 진입할 수 없기 때문이다. 수표인출계정은 관습이고, 관습은 경쟁에 모순되지 않는다. 경쟁은 관습을 이행하는 하나의 수단이다. 관습을 이행하는 사람은 비슷하게 행동하는 모든 개인이지만, 선례를 집행하는 사람은 그런 목적으로 선정된 활동체를 구성하는 권위와 행위자이다. 따라서 현대의 경제적 사회는 관습으로부터 계약으로 옮아온 것이 아니라 오랜 관습에서 사업 관습으로 옮아온 것이다.

앞선 논의는 국가든, 경제적 조직이든 윤리적 조직이든, 모든 지속적인 활동체에서 관행, 관습, 선례, 법령, 그리고 습관적인 가정을 분리하는 것이 얼마나 불가능한지를 보여준다. 이것들은 개인에게 선택사항으로 시작된 후, 경쟁자들과 고객들이 개인에게 따르도록 강제할 때 관습이 된다. 그리고 이것들이 분쟁을 결정하게 되면 선례가 된다. 그리고 공식적으로 행정적이거나 입법적인 권위에 의해 선포되면 법령이 된다. 그리고 법령이 개별 분쟁에서 해석되면 그것이 다시 관습이 된다. 그리고 개별 거래와 분쟁에 적용될 때 이 모든 것을 따라 내내 가변적이지만 습관적인 가정들이 존재한다. 이들은 함께 움직인다. 새로운 관행이 기존 관습, 선례 그리고 법령에서 나오는 한편, 법령 자체가 오로지 관행, 관습, 선례 그리고 가정을 매개로 해서 유효하게 된다. 일반적으로 "불문법"이라고 기술되는 것은 선례들이고, 법령, 조례, 법인의 헌장은 "성문"법이다. 그렇지만 성문법은 단어들에 불과하다. "불문"법은 개별 사례들에서 성문법을 해석하는 분쟁에 대한 결정에 쓰여 있다. 살아 있는 법은 관행, 관습 그리고 선례이고, 이것들은 줄여서 불문법이다. 이것이 관습법이 법을 만드는 방식이다.

영미적인 사법에서는 관습법, 상사법, 형사법, 그리고 형평 사이에 모종의 기술적이거나 역사적인 구분들이 있다. 그렇지만 사회경제적인 관점에서 보면 이것들은 관습, 선례 그리고 가정의 특별한 경우들이다. 기술적인 "관습법"은 봉건시대에 농업의 관습으로부터 발생했고, "상사법"은 상인들의 관습을 넘겨받아 법원이 시행하는 것이다. 다른 법의 경우에도 이와 같다. 이들은 모두 습관적인 가정의 인도를 받아 관습과 판례를 찾아보는 과정을 통해 분쟁에 대한 판결로부터 조금씩 자라났다는 점에서 동일하다. 모든 경제적 조직의 운영규칙들에 대해서도 동일하다. 이들은 또한 관행, 관습, 선례, 법령(조례), 그리고 가정의 혼합이자 연계이다.

그러므로 관습법을 말할 때 우리는 법조계의 기술적인 관습법이 아니라 **분쟁을 결정함으로써 법을 만드는 관습법의 방식**을 의미한다. 이 방식은 법원에 국한되지 않는다. 이것은 주권의 제재가 아닌 제재로서 상업적인 중재와 노사중재의 방식이다. 이것은 가정, 교회, 노조, 기업에서 법을 만드는 방식이다. 이것은 선례, 관습 선택, 불문법, 그리고 가정의 방식이다. 분쟁을 판결하는 관습법의 방식을 통해 관습이 관습법이 되어서, 나쁜 관습이나 진부한 관습으로 간주되는 것을 부적합하다고 판정하거나 유죄로 판결하는 행위를 통해 습관적으로 좋은 관습이라고 간주되는 것을 인정한다. 그러므로 관습법은 관습의 불문법이고, 선례들이나 습관적 가정들에서 발견되기 때문에 불문이다.

결과적으로, 주장컨대 관습으로부터 계약으로의 변화는 관습의 강제가 행사되는 방향의 변화이다. 이 변화가 일시적일 수도 있지만, 관습이 사라지기 때문에 일시적인 것은 아니다. 관습은 다른 형태로, 다른 이름으로, 다른 방향으로, 그리고 강제의 다른 정도로, 다른 습관적인 가정으로 다시 등장한다.

개인에 대한 강제의 정도는 극단적인 경우를 제외하고는 명확히 경계가 지어지지 않고, 하나가 다른 하나로 이어지지만, 분류의 세 가지 원리에 근거해 구분할 수 있다. 이것은 제재의 종류, 기준의 명확성과 공개성, 제재를 이행하기 위한 조직화의 정도이다.

① **제재의 종류**는 도덕, 경제, 물리의 세 가지이다. 이들은 통상 분리할 수 없으나, 극단에 있어서는 구분될 수 있고, 관습의 역사 속에서 실제로 차별화되고 전문화된다. 도덕적인 제재는 의견의 유사성이 가하는 강제이다. 그것의 전문화는 국가와 사업목적으로 사용되는 사유재산으로부터 교회가 분리된 나라에서의 교회이다. 이전에는 교회가 경제력을

지닌 거대한 지주나 금융가였거나, 그 자체가 물리력을 갖춘 국가였다. 이런 경제적이거나 물리적인 제재를 박탈당한 교회는 단지 이단에 대한 심판을 갖춘 의견의 강제를 근거로 삼는다. 고드윈의 무정부주의 철학은 모든 사업과 정부를 오로지 도덕적인 제재를 통제할 수 있는 교회의 지위로 축소시킬 것이다. 그렇게 되면 관습의 강제가 좋고 나쁜 의견이 가하는 강제에 불과하므로, 정부 자체도 여론에 불과하다.

무정부주의의 반대편에, 그리고 사실 그것과 모순되지 않는, 폭력의 물리적 제재가 놓여 있는데, 이것의 전문화를 우리는 **국가**라고 부르며, 국가의 제재들을 우리는 **주권**이라고 부른다. 집단적인 의견과 같이 집단적인 폭력은 관습이기 때문이다. 봉건주의로부터 현대국가가 진화하는 것은 사적인 거래로부터 폭력의 유인들을 추출해 이것들의 독점적인 사용을, 폭력의 행사와 규제의 목적을 위해 위계를 이루고 있는 관리들에게 맡기는 과정이다. 이런 관리들은 다른 사람과 차별화된 지역순찰대와 정의의 판관으로부터 대통령과 대법원에 이른다.

의견 및 물리력과 더불어 법인, 업계 협회, 노동조합에 의한 경제적 제재가 이런 통제에 특화되어 있다. 이들은 경제적인 거래를 규제할 목적으로 여러 형태의 이익이나 손실을 통해 희소의 제재를 활용하는 관습을 변화시키고 있다.

윤리적, 경제적, 그리고 물리적이라는 세 가지 제재는 서로 분리할 수 없으며, 극단적인 경우를 제외하면 개인이 행동하거나 행동하지 않도록 규제하는데 이들 중 어느 것이 더 강력한지 알아내기 어렵다.

② **거래 기준**의 정확성과 공개성은 우리가 관행이라고 부르는 가장 부정확하고 잘 알려져서 가장 덜 강제적인 것으로부터, 관례라고 불리는 더 정확하고 잘 알려진 것, 그리고 선례라고 불리는 가장 정확하고 잘 알

려져 있어서 가장 강제성이 있는 것에 이른다. 어떤 개인, 기업 또는 협회의 **관행**은 전반적인 모방을 유도할 만큼 충분히 모방되지 않기 때문에 다른 이들에게는 가변적이고 무차별적이다. 이것은 한 사람은 절약하는데 다른 사람은 사치하는 것과 같다. 그러나 **관례**는 충분히 모방되어 언어나 은행수표와 같이 거래에 참여하는 모든 사람들에게 실질적으로 강제적이다. **선례**는 통제권을 가진 상위의 기관이 분쟁을 결정하고 행위를 규제하는 데 사용하는 기준이라는 고유한 구속력을 지닌다. 선례가 관행이나 관례에서 도출될 수 있으나 관행과 관례를 정확하며 공개적으로 만들고 조직된 조치로 집행한다는 점에서 권위에서 그것들을 넘어선다.

이런 **관행**, **관례**, 그리고 **선례**와 이들로부터 도출되는 습관적인 가정들을 우리는 **관습**으로 정의한다. 관습은 집단적인 행위가 개인적인 행위에 미치는 강제적인 정도에서 가변적이다. 이것은 가장 강제성이 적은 **관행**에서부터 보다 강제적인 **관례**, 그리고 가장 강제적인 선례에 이른다. 관행, 관례, 선례 그리고 가정들이 함께 이해의 충돌에 대해 결정함으로써 법을 만드는 관습법의 방식을 구성한다.

③ 그러나 **협회결성의 관습**이라는 또 다른 관습이 있다. 이것도 느슨한 것으로부터 집중된 것에 이르러 **조직화의 정도**에 따라, 개인의 행위에 대한 운영규칙들의 통제에 있어 가변적이다. 우리는 도덕적, 경제적, 그리고 물리적 제재의 행사와 관련된 협회와 규칙제정이라는 이런 관습을 **지속적인 활동체**라고 부른다. 종전에는 법을 고찰할 때만 존재하는 주권의 산물로 법인체를 간주했다.[81] 그러나 이제 법인화의 헌장은 협회의 보

----

81) The Trustees of Dartmouth College *v.* Woodward, 4 Wheaton 518, 4 Law Ed. 629(1819).

편적인 관습에 주권의 물리적 제재가 보다 정확하고 공식적으로 추가된 데 불과하다는 점이 알려져 있다. 협회결성의 관습이 물리력의 행사를 이끄는 관리들의 제재를 받을 때, 음모로 낙인찍혔던 것들이 다양한 모습으로 법인체나 여타 협회들이 되고 있다.

이런 세 가지 가변성의 방향에 있어서 **관습**이 개인들에게 크고 적은 통제를 행사한다. 이것은 제재가 도덕적, 경제적, 물리적인가 하는 제재의 종류에 따라 변하고, 관행, 관례 그리고 선례라는 정확성과 공개성의 정도에 따라 변하며, 느슨한 것으로부터 집중된 것에 이르는 분쟁을 결정하고 복종을 이행하는 힘에서 조직화의 정도에 따라서도 변한다.

이런 모든 가변성 사이에 발생하는 일은 선택하고 이행하는 힘을 지닌 사람들이 관습을 선택하는 것이다. 그리고 관습의 진화는 수백 년이 경과하는 동안 늑대를 개로 변화시키거나 소를 가축으로 만든 인위적인 선별과 같다. 새로운 갈등과 분쟁을 통해 오랜 관습으로부터 새로운 관습이 생겨나며, 이같이 변화하는 관습들의 총체가 문명을 이룬다.

분쟁에 대한 결정을 통해 관행이나 관례가 선례로 전환되어야 비로소 개인에 대한 통제의 방향과 관련해 논리적으로 분석이 가능할 정도로 이들이 정확해진다. 우리는 방법에 대한 장에서 교섭 거래에 대한 이런 분석을 위한 도식을 제안했다. 비슷한 도식은 **관리 거래와 배급 거래**에도 적용된다.

이 세 가지 유형의 거래에 대립, 상응 그리고 상호성이라는 세 가지 관계가 있다. 어떤 분쟁이 발생하면 집단적인 강제에 의해 결정된다. 의무를 정의해야 그렇게 할 수 있다. 의무를 정의하면 권리는 의무와 같으면서, 상대방에게 이익이 된다는 것이 다를 뿐이다. 한 사람에게는 의무가 경제적인 순응을 요구하는데, 이것은 분쟁의 대상과 관련해 상대방에게는 안정성에 대한 그의 기대이며, 법적으로 **권리**에 상응한다. 사법에서 관계의 동일성이자 이해의 대립에 **상관**이라는 기술적인 용어가 적용된다. 권리와 의무는 상관적이고 동일하지만 당사자들은 대립하고 있다. 신용은 부채이고, 판매는 구매이며, 자산은 부채이고, 수입은 지출이며, 지불은 수령이고, 권리는 의무이며, 의무는 권리이다. 그렇지만 이것들이 반대편의 사람들에게 달라붙는데, 이런 귀착이 이것들의 상관이다.

의무에 대한 정의는 의무에 대한 한정이다. 만약 그것이 무한정이라면 권리도 무한정이고, 관습은 노예에게 주인의 무한한 의지에 순응토록 강제할 것이다. 그러나 만약 의무가 조금이라도 제한되어 있으면, 그 이상으로는 "의무 부재"이며, 물론 상응하는 권리도 없다. 경제적으로 이는 한 사람에게는 자유이고 다른 사람에게는 그런 자유로부터 생기는 이익이나 손실에 대한 노출이다. 의무와 권리가 한정되어 있는 한, 그런 한도 내에서 자유와 노출은 무정부주의의 철학에서 개인들 사이에 유일하게 상정되는 관계가 자유와 노출일 때까지 확장된다.

그러나 이것은 상호의존성의 원리로 수정된다. 노출은 태양에 대한 노출과 마찬가지로 이로울 수도 있고 부담이 될 수도 있다. **거래**라는 용어 자체가 상호성을 내포하고 있다. 각 당사자는 다른 사람을 위해 무언가를 한다. 어느 측도 완전히 만족할 수 없다. 통상 어느 측도 그렇지 못하다. 그렇지만 거래는 "의지들의 만남"이고, 상호성은 평등이나 정의와 같지 않다. 이것은 서로에 대한 의존의 정도이므로 실제 상호성이다. 그러나 만약 돈을 빌리는 사람과 빌려주는 사람이든, 구매자와 판매자든, 지주와 소작인이든, 고용주와 피고용인이든 당사자들이 동등하지 않다면, 이것은 아주 불평등하거나 부정의하다. 누가 결정할 것인가? 관행, 관례, 선례 그리고 가정을 통해 관습이 결정한다. 관습의 제재들이 상호성,

동등성, 상호성, 정의 또는 부정의의 정도를 결정한다.

따라서 관습은 경쟁을 안정시키는 존재이다. 경제사상이 200년 동안 발전시킨 완전경쟁 이론은 개인들의 완전한 자유, 평등, 그리고 지식이라는 가정들에 근거하고 있었다. 이런 가정들 위에서 각 개인은 자신에게 최상의 이익이 무엇인지 알고 있다. 그는 능력, 재산, 그리고 강제로부터의 자유에 있어서 다른 사람들과 동등하다. 그는 오로지 자신의 행위에 대해서만 책임을 지며, 자신의 행위가 낳은 결과를 받아들여야 한다. 이런 가정들은 충분히 적절해서, 교란요인들이 변치 않는다고 가정해 이것들을 제거하고 연구의 대상으로 단 한 가지 요인의 변동만을 도입하는 모든 과학의 방법이다.

그렇지만 이런 가정들은 순수이론의 문제일 뿐만 아니라 실제의 실행과 실험의 문제이기도 하다. 주식거래소, 농산물거래소, 업계 이사회, 또는 이와 유사하게 조직된 시장은 경제학자들이 교란요인과 "마찰"을 제거할 때 가정한 것과 정확히 같은 것을 시도한다. 이 거래소들은 가능하면 완전에 가까운 경쟁이 벌어지게 시장을 정착시키려고 시도한다. 이들의 규칙은 정확성과 공개성을 통해 자유, 평등, 상호성을 수립하는 방향으로 향하고 있다. 이들이 하는 일은 자유경쟁을 방해하거나 불평등이나 은폐로 향하는 경향을 지닌 것으로 보이는 관행과 관습을 제거하는 것이다.

이런 시장들은 각기 그 자체로 하나의 연구거리이지만, 이 모든 것이 근거하고 있는 일반원리는 시카고 상업이사회로부터 미국대법원에 도착한 한 사례로부터 확인할 수 있다. 법원에서 만장일치를 이룬 사실과 의견을 브랜다이스 대법관이 진술한 의견으로부터 요약할 수 있다.[82]

..

82) Chicago Board of Trade *v*. United States, 246 U. S. 231, 1 c 235-241(1918).

연방 법무성은 시카고 상업이사회에 반해서 회원 중개인들이 이사회가 휴회 중인 시간 동안 실제로 비밀판매나 비밀구매를 금지시킨 이 이사회의 규정을 치우려고 노력했다. 문제는 이 규칙이 반독점법이 명시적으로 일체 금지하는 상업에 대한 제한에 속하느냐이다. 법원은 이 제한이 합당하다고 판결해 법령에 있는 그대로의 언어를 기각했다. 브랜다이스 대법관이 진술한 의견으로부터 우리는 다음과 같은 추론들을 일반화할 수 있다.

　① 대법원의 관습법적인 입법의 방식은 충돌하는 이익들 사이의 분쟁이 발생하는 대로 이에 판결함으로써 "불문법"을 구축하지만, 같거나 비슷한 협회들의 선례와 관습에 의뢰해 이같이 하고 있다. 법원은 스스로 미래의 비슷한 분쟁에 대해 법을 만들고 있음을 인정하고 있다.

　② 의회가 제정한 법령(반독점법)은 특정의 분쟁에서 법원이 이것을 해석할 때까지, 그리고 이 해석이 유사한 분쟁을 위한 선례가 될 때까지 법이 되지 않는다. 이 법령은 "사문"이다. 그것의 생명은 관행, 관례, 선례, 그리고 습관적인 가정이다. 법령의 문자는 달성해야 할 경제적 목적보다 아래에 있다.

　③ 협회의 권리는 대법원이 사적인 협회에게 허용한 것으로 구성원들의 거래에 영향을 미칠 규칙을 만들 권위이다. 그런데 이 규칙들은 이익, 손실, 그리고 회원자격 배제라는 경제적 제재로 이행한다.

　④ 규칙을 만드는 사람들의 사적인 목적이 법원의 승인을 받으면 공적인 목적이 된다. 좋은 의도가 아니라 좋은 결과가 기준이다. 문제의 규칙은 개인으로부터 귀중한 재산권을 빼앗아갔다. 그러나 개인도 협회도 그 결과에 대해 결정하지 않는다. 상급의 권위를 지닌 기관이 결정한다.

　⑤ 대법원이 기존 관행과 관습 중에서 선택함으로써 공적인 목적인지

아닌지를 결정한다. 당면한 분쟁에 이해를 가지고 있는 법관은 참여하지 않는다. 지역의 관행이 주어진 상황에서 나쁜 관행으로 간주할 수 있는 것을 제거하므로 국가의 관습법이 된다.

⑥ 따라서 법원이 미국의 **정치경제**를 구성하는 권위를 지닌 힘이 된다. 법원의 대다수가 합당하다고 말하면 당분간 합당하기 때문에 그것이 정통적이지는 않더라도 권위가 있다. 필요한 것은 진리가 아니라 질서 있는 행동이다. 조직은 계속 유지되어야 한다. 법원은 법의 문자 밑으로 들어가 이해의 충돌이 발생하는 경제적 상황을 조사한다. 각각의 분쟁은 모두 나름대로의 사실을 지닌 별개의 사례이지만, 이 사실을 일반원리로 묶을 수 있고 유사한 경우의 특정 선례와 조화시킬 수 있다. 이렇게 조사된 사실에 대해 이런 일반원리와 선례에 비추어 머릿속에서 경중을 따지는 것이 모든 상황에서 합당함을 결정하는 과정이다. 모든 당사자의 가까이 있거나 멀리 있는 경제적 이해는 공적인 목적 전체의 일부로서 평가되어야 한다.

⑦ 경쟁은 자연의 "생존투쟁"이 아니라 집단적인 행위의 도덕적, 경제적, 그리고 물리적 제재로 뒷받침되는 인공적인 장치이다. 경제학자들이 발전시킨 자유경쟁의 이론은 힘들의 균형으로 향하는 자연스러운 경향이 아니라 법원들이 채택한 공적인 목적의 이상으로, 이것은 생존을 위한 자연적인 투쟁에 대한 제한을 통해 달성해야 한다. 경제적인 용어로 "상업에 대한 합당한 제한을 통해 경쟁의 수준을 높이는 것"이다.

⑧ 분쟁에 대한 결정이 내버려 두면 불확실한 관행을 보다 명확하게 하기 위해 만들어지는 경제적 거래의 기준을 수립한다. 상업이사회의 경우 기준은 거래가 허용되는 **시간** 및 **장소**, 적용되는 거래와 상품의 **부류**, 거래당사자의 **자격요건**, 그리고 제공되는 **공개성**에 관한 것이다.

⑨ 법원의 결정에 따라 달성할 목적은 다음과 같은 것을 지향한다는 점에서 좋다. (a) 공개성, 즉 상황이 허용하는 한에 있어서 모든 당사자의 모든 사실 대한 거의 완전한 지식, (b) 동등한 기회, 즉 시장에서 독점, 차별 또는 비밀거래에 대한 금지를 통한 시장에의 동등한 접근, (c) 제품 판매에서의 더 높은 생산성, (d) 상품의 생산자와 소비자의 더 많은 편익, (e) 잘못된 종류의 자유에 대한 더 많은 제한을 통한 올바른 종류의 더 많은 자유.

원래 독재자들이 완결된 로마법을 모형으로 삼아 구축했고 입법부에서만 변경할 수 있는 법체계하에서 움직이는 유럽의 경제학자와 법학자가 이런 관습, 선례 그리고 가정의 미국적인 체제를 이해하는 데는 어려움이 있다. 입법부가 사법부보다 우월한 영국인들조차도 이것을 이해하는 데 어려움이 있다.

이와 비슷하게 미국의 경제학자와 법학자가 유럽의 경제학자와 법학자를 이해하는데도 어려움이 있다. 미국에서 우리는 개별 사례와 선례에 대한 관습법의 방식에 따라 구체적으로 우리의 사법적인 주권에 부합되도록 사고한다. 이에 비해 유럽인은 유스티니아, 나폴레옹, 아담 스미스 또는 리카도로부터 계승받은 연역적인 용어들을 사용해 추싱적으로 사고한다. 이 책에서 시도한 것처럼, 일반화한다면, 우리는 단지 일반원리만 논의하고, 이들의 적용은 개별 사례에 대한 조사에 맡겨두게 된다. 이런 식으로 미국의 관습법이라는 방식이 생겨났다.

48개 주와 법을 제정하는 연방의회, 연방헌법이 막연하게 개괄한 연방법과 주법이 충돌하는 영역들과 더불어, 미국 대법원이 국가 전체를 관통해 법의 획일성을 결정하는 최종적인 권위기관이 된다. 그러므로 법원은 반드시 모든 입법기관보다 우위에 있는 어떤 것을 획일성의 기준으로 찾아야 하고, 이것을 관습, 선례, 그리고 습관적인 가정이라고 폭넓게 서술할 수 있다. 최고법인 헌법 자체도, 집단행동의 도덕적인 제재와 이익 및 손실이라는 이것의 경제적인 제재와 함께 업계 및 산업의 변동하는 관습에 따라 해석된다. 발생하는 분쟁에 대한 판결로 관습은 모든 주에 공통적인 새로운 관습법으로 전환된다. 개별 판결이 비슷하거나 다른 경우로 간주되는 것에서 추종되거나 부각될 수 있는 선례이므로, 시간이 지나면서 소수의견이 다수의견이 될 수 있다.[83]

제니가 프랑스 법원의 "전통적인 방법"이라고 부른 것을 따르는 대륙 법학자들의 글을 살펴보면, 이들이 입법부의 법규와 법령으로부터 스스로 벗어나는 데 독특한 어려움이 있음이 미국인에게 드러난다.[84] 이들이 관습이나 관례 또는 제니의 "자유로운 판결"이나 "자유로운 학문적 연구"를 법의 원천으로 끌어들인다면, 변명하는 것이 될 것이다. 선례는 구속력 있는 권위를 전혀 가지고 있지 않은 것 같으며, 이어지는 사례들은 법규로 되돌아가야만 한다.

반면 법령과 법규로부터의 이런 변형이 미국의 대법원에는 거의 또는 전혀 문제를 낳지 않는다. 법령은 적절한 법적 절차라는 대법원의 선언 없이 재산이나 자유를 빼앗을 때 미국헌법과 충돌한다고 보아 무효라고 선언한다. 무효라고 선언하지 않더라도 문제가 된 특정 분쟁에서 재산,

..

83) 이 과정에 대한 주목할 만한 연구는 Swisher, C. B., *Stephen J. Field, Craftsman of the Law*(1930)에서 발견할 수 있다. 1872년 헌법에 대한 필드의 습관적인 가정이 "적절한 절차"의 의미로 바뀌면서 1896년에 만장일치의 의견이 되었다. 스위서(C. B. Swisher)의 책에 대한 커먼스의 서평 *Jour. of Pol. Econ.*, XXXIX(dec. 1931), 828-831 참조.
84) 이 부분들에 대한 요약과 정교화가 낭시대학의 민법교수인 디앙 프랑소와 제니(Dean Francois Geny)를 기리는 축하용 출판으로 이루어졌다. 제니의 고전적인 검토는 *Méthode d'interpretation et sources en droit positive*(1899)에 있다.

자유, 신체, 그리고 적절한 절차에 대한 법원의 가변적인 의미에 맞도록 그것을 해석한다. 그리고 이어지는 하급법원은 이런 선례를 따른다. 일부 경우에 이견이 있는 대법관은 다수결에 의한 이런 판결을 대단히 정확하게 법령에 대한 "무효화" 또는 "사법적인 찬탈" 또는 "거부권"이라고 불렀다. 프랑스 법규에서는 이어진 판결들이 선례로 되돌아가는 것이 아니라 법규 자체로 되돌아간다. 그러므로 프랑스의 판결은 법규의 무효화가 아니다.

그렇다면 미국에서는, 주장컨대 이런 의미들 자체가 "배제와 포함"의 점진적인 과정으로 종종 변경되어 시간이 흘러가면서 재산, 자유, 신체, 그리고 적절한 법적 절차라는 경제적이거나 사법적인 용어들이 바뀌어 헌법 자체가 수정된다. 4분의 3에 해당하는 주들의 찬성이나 드레드 스콧의 판결에 도전해 노예를 해방한 1861년과 같이 내전이 필요한 헌법수정의 극단적인 과정을 제외하고, 대법원에 대해 재심이 없다. 이 때문에 법원은 분쟁을 판결하는 사법적인 과정에 의해 지속적으로 법을 만들고 또한 다시 만들고 있다. 영미권의 사람들에게 이것이 법을 만드는 관습법의 방식이다. 그러나 법원이 단어에 부여된 의미와 다른 데서 부여된 의미 사이에 차이가 있다고 스스로 주장하면, 언제나 대법원이 입법부, 주정부, 그리고 행정담당자들보다 우월한 최종 권위이기 때문에, 미국에서는 이 방식이 다른 데서는 알려지지 않은 수준의 권위에 이르고 있다.[85]

∵

85) 이 일이 발생해 온 방식에 대한 탁월한 설명이자 미국헌법의 권리장전과 같은 철학으로 법규에 체현된 루소의 철학에 대한 제니의 해석에 평행을 이루는 설명은 그랜트의 논문 "The Natural Law Background of Due Process", *Columbia Law Review*, XXXI(1931), 56이다. 그랜트는 "법의 우위라는 모습하에서 우리는 재판관들의 우위를 수립해왔다"라고 결론을 내린다.

앞선 논의로부터 다른 국가에서보다 미국에서 경제학, 사법, 윤리학의 상관관계에 대한 기본이론을 발전시키는 것이 얼마나 급박한 일인지를 확인할 수 있을 것이다. 헌법의 "적절한 절차" 하에서, 국가와 대법원은 재산, 자유, 그리고 신체에 대한 모든 규제에서 입법부의 법령에 대한 최종 권위이다. 이 문제는 시민이나 조직체가 연방헌법과 권리장전과 충돌한다는 것을 근거로 법의 시행을 방지하는 영장을 요구하면서, 국가, 연방관리 또는 입법부에 대해 대법원에 제기한 소송에서 흔히 발생한다. 그러면 대법원은 발견된 사실과, 주의 대법원이든 연방 하급법원이든, 하급법원의 판결에 근거해 입법부의 법령이나 행정명령에 대해 헌법의 상위법과 충돌하는지에 대해 판결하게 된다. 모든 것은 재산, 자유, 신체, 그리고 적절한 절차에 주어지는 의미에 대한 법원의 가정에 달려 있다.

법을 만드는 관습법의 방식을 통해 최상급의 법원은 사실상 이런 용어에 자신이 부여해온 이전의 의미 중 어떤 것도 정확히 따라야 하는 것은 아니지만, 주장컨대 자신의 방법이 "배제와 포함"의 방법임을 명시하고 있다. 이것은 이전의 결정에서 주어진 의미가 너무 넓거나 너무 좁아서 고려되고 있는 해당 문제에 맞지 않을 수 있음을 의미한다. 너무 넓으면 그 이전의 사례에서 생긴 선례가 적용되지 않아서 법원에 구속력을 가지지 않는다. 이것이 "배제"의 과정이다. 그 이전의 의미가 너무 좁으면 현재 사례에 적용될 수 있도록 그 과정을 넓힐 수 있으므로, 이런 확장이 법원에 구속력을 지닌다. 이것은 "포함"의 과정이다. 물론 이것이 제니가 명시적으로 밝힌 유비의 근원적인 과정이며, 사례를 보고하는 관습법의 방식이 실행했듯이, 법원은 기다란 자신의 의견에서 이런 배제와 포함의 정신적 과정에 많은 주의를 기울인다. 이런 유비의 과정을 통해 재산, 자유, 신체, 그리고 "적절한 절차"의 의미가 점진적으로 변경되어왔다.

이런 의견이 언제나 다수의견과 함께 소수의견으로 공개되고 있다. 그래서 어떻게 개별 재판관의 습관적인 가정들이 사실에 대한 동일한 진술에 관해 다른 결론에 이르게 되는지를 확인하는 일이 가능하다. 이런 다수의견과 소수의견을 비교연구하면 "재판관의 인간성"이 명확하게 드러난다. 진실로 "법적인 절차"라는 용어를 완전하게 설명하는 것은 하나의 사회철학을 완전히 설명하는 것이다.[86]

하위 법원들도 대법원이 긍정하거나 허용하면 새로운 선례가 되는 혁신을 종종 제안하지만, 이들은 다수의견이 정립한 법을 따라야 한다.[87] 그렇더라도 미국의 대법원은 사실상 이런 식으로 속박받지 않고 있다. 대법원은 새로운 법을 만들 수 있고 만들고 있어서, 제니가 말하는 "자유로운 결정의 방법"을 문자 그대로 따르고 있다. 1872년의 도살장 사례들에서처럼[88] 1897년에 소수의견이 다수의견이 되었는데, 궁극적으로 이렇게 될 수 있고 이렇게 되고 있다. 배제와 포함으로 단어의 의미를 변경하는 단순한 과정을 통해 이 일이 일어난다.

작업할 이런 문서자료를 가지고 미국의 경제학자들은 자신의 재산과 자유의 변동하는 의미에서 나오며 궁극적으로 자신들의 사회철학과 습관적인 가정에 기반을 두고 있는 서로 다르고 변화하는 대법원의 가치이

86) 이것이 예를 들어 법의 적절한 절차에 대한 주요 사례에서 이루어졌다. Hurtado *v.* People of California, 110 U. S. 516.(1884). Commons, John, R. *Legal Foundations of Capitalism*, 333 참조.

87) 하급법원이 제안했고(Consolidated Gas Co., *v.* City of New York, 157 Fed. Rep., 849, 1907) 대법원이 수긍한(Wilcox *v.* Consolidated Gas Co., 212 U. S. 1909) "영업권"이 지닌 의미의 변경을 예로 들 수 있다. 그렇지만 대법원은 이렇게 하는 과정에서 대법원의 이전 결정들을 따랐던 동일한 하급법원을 번복했다. 이 사례들에 대해서는 Commons, John, R., *Legal Foundations of Capitalism*, 191 참조.

88) 16 Wall. 36(1872).

론에 상당한 주의를 기울여왔다. 미국의 연방대법원과 주대법원은 제니가 프랑스 법원이 **해야만 하는** 이상으로 설정한 듯 보이는 것을 실제로 수행한다. 이것을 **추론과 평가의 과정**이라고 부를 수 있다.

① 정의와 일반적인 효용을 증진시키는 데 상대적으로 중요한 것에 대한 "직관". 우리는 이것을 습관적인 가정이라고 부른다.

② 배제와 포함의 과정을 통한 사실의 선정. 이것은 이런 가정에 의해 인도되는 유비의 과정이다.

③ 상대적인 중요성에 대한 이런 가정에 따라 정신적으로 사실의 경중을 가늠하기.

④ 선정과 경중에 따라 사실을 분류함.

⑤ 선정, 경중 가늠하기, 그리고 분류를 이끈 습관적인 가정으로부터의 논리적인 연역.

⑥ 전제는 제니의 "실용적인 상식"에 따른다. 그런데 이것은 우리가 가지고 출발했던 습관적인 가정에 대한 또 다른 명칭에 불과하다.

외견상 그렇게 보이듯이, 만약 이것이 사법적인 추론뿐만 아니라 모든 추론과 평가의 순환적인 과정이라면, 습관적 가정과 법원의 연역적인 추론의 밖에 있는 그 무엇인가를 제니가 찾는 것에 대해 현실적인 문제가 발생한다. "과학적인 연구"가 필요하다는 그의 주장은 개인주의로부터 집단주의로, 개인으로부터 법인체로, 인간의 본성에 대한 과거의 이론으로부터 최근의 이론으로 경제적인 조건이 변화한 데서 나온다. 아마도 이런 것들로 인해 오랜 가정들을 "지속적인 활동체"에 적용할 수 없을 것이다. 그러나 법원은 필요한 연구를 수행할 수 있도록 구성되어 있지 않거나 포괄적으로 조사할 기관을 가지고 있지 않다. 따라서 미국의 입법부와 연방의회 중 일부가 위원회들을 만들어 정확히 이런 과학적인 연구를 제공하려고 시도했다.

위스콘신주의 산업위원회가 예시할 만한 사례이다. 이 위원회는 고용주와 피고용인의 거래들 대부분에 대한 관할권을 가지고 있다. 이 위원회는 자체 전문적인 연구관들을 갖추고 있을 뿐만 아니라 합해서 200명에 달하는 고용주, 피고용인, 의사, 기술자, 건축가, 경제학자로 구성된 자문위원회들도 지니고 있다. 보건, 안전, 산재 보상, 아동 노동, 노동시간, 그리고 보다 최근에는 실업에 대한 연구, 조사, 그리고 결론이 법원이 해석한 "적절한 법적 절차"에 지배되고 있다. 따라서 법원이 검토하도록 규정이 있지만, 이 검토에서 이전에 위원회에 제출되지 않았던 어떤 새로운 증언도 허용되지 않는다. 만약 새로운 증언이 제공되면 법원은 이 사례를 위원회로 되돌려 보내게 되어 있다. 이렇게 위원회가 그것이 새로 발견한 것을 재고해서 자체 결정에 따라 수정할 기회를 준다. 이런 방식으로 소송법원은 증거에 대한 엄격한 자체 규칙으로 아무런 조사도 하지 않고 어떤 증언도 받아들이지 않는다. 법원은 변론만을 듣고 위원회의 절차법상 적절한 절차에 대해서만 판결한다.

이 위원회들의 배후에 있는 이론은 사실조사에 적용된 적절한 절차에 대한 법적 이론이다. 이 이론은 법의 영향을 받을 모든 이해당사자가 공인된 대변인을 통해 자유롭게 논의하도록 허용하면, 이들이 결과적으로 합의에 도달하는 사실의 발견은 합당할 것이고, 이에 합당하게 발하는 명령이 시민들의 상호거래를 지배하는 시민들에 대한 국가의 합당한 명령이라는 취지를 담고 있다.

이와 비슷한 방식으로, 앞서 언급한 스마이드 대 에임즈 사례의 의견을 따라 공공 서비스 위원회, 주간 위원회, 그리고 여러 판매 및 상업 위원회는 모든 당사자에 대한 조사와 증언에 따라 이들의 여러 거래에서 합당한 가치와 합당한 관행을 확인하고 있다. 그런 후에 법의 작동에 따라 위원회가 선포한 일반적이거나 특별한 규칙들 아래에서 발생하는 분쟁에서 법원이 이런 조사결과를 수용한다.[89]

이런 미국의 위원회들은 확산되어 맑스가 "계급갈등"이라고 불렀을 거의 모든 분야를 실제로 포괄하게 되었다. 그러나 갈등은 노동과 자본의 갈등, 구매자와 판매자의 갈등, 농부와 도매업자의 갈등, 대출자와 대부자의 갈등, 그리고 여러 계층에 속한 납세자들의 갈등으로 쪼개져 있다. 입법권, 행정권, 그리고 사법권의 전통적인 분립이 성문헌법의 요구에도 불구하고, 하나의 기관에 법적으로 입법적이지도 행정적이거나 사법적이지도 않은 과정을 결합시켜 이것을 회피하려고 시도하는 장치가 위원회이다. 위원회들은 종종 준사법적이거나 준입법적인 기관들로 기술되지만, 이들의 기능은 조사이다. 만약 사실에 대한 발견과 경중에 대한 가늠으로부터 도출한 위원회의 결론이 관련 당사자 모두의 의견 경청을 요건으로 삼는 적절한 절차에 부합함을 법원이 확인하면, 법은 위원회의 결론을 발효시킬 뿐이다. 간단히 말해 이 위원회들은 제니의 "사물의 본성에 대한 과학적인 연구"를 통해 미국이 지난 30년 동안 법, 경제학, 윤리학을 서로 연결시키는 실용적인 방법을 발견한 결과이다.[90]

이런 조사와 발견은 물상과학적인 의미에서 "과학적"이지는 않지만, 정치학과 경제학적인 의미에서 "합당하다." 그 이유는 이것이 물리학에

..

89) 법원을 "사실에 대한 과학적인 조사"로부터 배제함으로써 사법적인 주권을 어느 정도 축소시키는 과정이 뉴욕에서 올라온 연방법원의 중요한 사례에서 의심을 받았다. 이 사례는 New York, Helfrick v. Dahlstrom Metallic Door Company, et al., 256 N. Y. 199, 176 N. E. 141(1931), 284 U. S. 594(1932)이다. Crowell v. Benson, 52 S. Ct 285(1932)도 참조.

90) Commons, John R., and Andrews, J. B., *Principles of Labor Legislation*(3판, 1927) 10장 "행정" 참조.

서는 발견되지 않는 이해의 갈등, 상호의존성, 그리고 공적이거나 사적인 이익과 관련해 산업이 계속 움직이게 하는 데 필요하다고 생각되는 질서의 규칙이라는 세 가지 상황에 근거하고 있기 때문이다. 기술적, 정치적, 경제적, 그리고 윤리적인 변화로부터 새로운 사실이 등장하면 이들은 수시로 변할 수 있다. 이들은 합당한 가치의 의미 변화를 요구한다.

IV. 이념형*

앞선 논의는 **미래성**이 중요한 역할을 발휘하는 학문에서 과학적인 연구가 발휘하는 역할이라는 문제에 이르렀다. 이 주제는 물질은 예측하지 않는다는 점에서 물리학의 주제와 전적으로 다르다. 따라서 연구의 방법이 정확한 자연과학의 방법과 달라야 한다. 그 이유는 그것의 결과가 인간의지의 변동하는 정치적, 경제적, 윤리적 과정 안에서 작동할 수 있는 것을 결정하는 역사적인 진화 속에서 합의되었지만 갈등하는 행위이기 때문이다. 그러나 이것은 모든 과학에 있는 부분-전체의 관계의 특별한 경우이다. 그런데 이것은 현존하는 조직의 참여자들이 자신의 거래와 규정을 어느 정도 이끌어가는 지향인 미래의 사회적 이상 속에서 드러난다.

---

* 베버의 이념형에 대해서는 그동안 여러 사람이 논의했다. 그런데 커먼스의 논의가 가장 상세한 것 같다. 더 특징적인 것은 커먼스가 이념형을 부분과 전체라는 자신의 문제의식과 연결시켰다는 점이다. 이를 통해 그는 서로 멀리 떨어져 있는 생산요소의 전략적 요인과 보완적 요인 사이의 관계 또는 대체보완관계와 베버의 이념형을 동일한 틀 속에 끌어넣고 있다.

우리는 저술을 통해 제도학파의 이어지는 경제학자들에게 많은 영향을
미쳐왔던 독일의 법경제학자인 막스 베버의 이론을 검토해서 이 방법론
에 대한 해법을 얻을 수 있다.[91]

베버가 직면했던 문제는 주로 멩거와 슈몰러가 대표했던 연역적인 학
파와 귀납적인 학파 사이의 독일 내 논쟁이었다.[92] 멩거는 지극히 개인주
의적인 전제를 제시했고 오랜 물리학의 유비에 근거해 모든 다른 현상을
추상화하고 경제학이라는 "정확한" 과학을 구축할 토대로 가장 단순하고
"전형적인" 특질과 "전형적인" 관계만을 골라냈다. 그가 말한 전형적인

∴

91) Weber, Max, "Die 'Objecktivität' sozialwissenschaftlicher und sozialpolitischer
Erkenntnis", *Archiv für Sozialwissenschaft und Sozialpolitik*, XIX(1902), 22. 베버는
리케르트를 기초로 삼고 있다. Rickert, H., *Die Grenzen der naturwissenschaftlichen
Begriffsbildung*(1902). Stammler, R., and Weber, Max, "Überwindung der
materialistischen Geschichtsauffassung", *Archiv für Sozialwissenschaft und
Sozialpolitik*, XXIV(1907), 94.; 야되, Carl, "The Life and Work of Max Weber" 그리고
이 안에 인용된 것들, *Quar. Jour. Econ.*, XXXVIII(1924), 87; Schelting, Alex von, "Die
logische Theorie der Kulturwissenschaft von Max Weber, und im besonderen sein
Begriff des Idealtypus", *Archiv für Sozialwissenschaft und Sozialpolitik*, XLX(192),
623. 베버의 방법은 좀바르트와 토니가 사용하고 있다. Sombart, Werner, *Der Moderne
Kapitalismus*, 6 vols. 개정판(1923) Tawney, R. H., *Religion and the Rise of Capitalism,
a Historical Study*(1926). Commons, John, R., and Perlman, S., review of Sombart's
Kapitalismus, Amer. Econ. Rev. XIX(1929). 78 ff. 참조; Commons, John R., review of
Tawney's *Religion and the Rise of Capitalism, Amer. Econ. Rev.* XVII(1927). 63 ff.
92) Menger, Carl, *Grundsätze der Volkswirtschaftslehre*(1871, 1923); *Untersuchungen
über die Methode der Sozialwissenschaften und der politischen Ökonomie
insbesondere*(1883); *Der Irrtümer des Historismus in der Deutschen Nationalökonomie*
(1884); Schmoller, G., "Zur Methodologie der Staats- und Sozialwissenschaften",
Jahrbuch für Gesetzgebung, Verwaltung und Volkswirtschaft im Deutschen Reich,
VII(1883), 975. 이 호에 대해서는 커먼스 참조 Commons, John, R., "Das Anglo-
amerikanische Recht und die Wirtschaftstheorie", *Die Wirtschaftstheorie der
Gegenwart*, III(1928), 293.

특질은 자신의 이익과 효용이었고, 그가 말한 전형적인 관계는 개인이나 사회가 필요하는 유용한 재화들의 수량(Bedarf)과 그 시점과 장소에서 처분이 가능한 그런 재화들의 수량들(die verfügbare Güterquantitäten) 사이의 관계였다. 이 전형적인 관계는 "비경제적인" 재화와 구분되는 "경제적인" 재화의 의미를 그에게 부여했다. 이 원리를 토대로 멩거는 **경제학**이라는 "정확한" 과학을 수립하려고 했다. 실제로 이것은 **희소**의 과학이었고, 다윈은 이것을 모든 유기체에 대해 수립했었고 다윈의 손을 거치면서 우리가 그것을 **생물학적인 희소**라고 부를 수 있게 되었다. 그런데 멩거는 이것을 인간 유기체로 이전시키면서 우리가 **심리학적인 희소**라고 부를 만한 것으로 전환시켰다. 멩거는 흄으로부터 도출된 것으로 우리가 **소유상의 희소**라고 부르는 희소의 또 다른 측면을 근거로 삼지는 않았다.

그러나 슈몰러는 사익이라는 추상화가 정치경제학의 전체적인 진실을 드러내는 데 요구되는 복잡한 역사적, 사회적, 법적, 그리고 경제적 특질과 관계를 사상한, 단지 "그림자와 같은 환영"이나 "가상적인 로빈슨 크루소"를 우리에게 제공할 뿐이라고 주장했다. 사실 슈몰러는 멩거의 방법에 대한 자신의 비판에서 이보다 더 나아갈 수 있었다. 개인 심리에 대한 "정확한" 과학을 얻기 위해 멩거는 옳음, 그릇됨, 정의, 의무의 윤리적인 감정과 같은 것들을 모두 제거했다. 또한 그는 관습에 대한 순응, 강제에 대한 모든 복종과 모든 행사를 제거했을 뿐만 아니라 무지를 제거해 무오류와 무한정의 지식을 가정했다.* 물론 현실에서는 "실수"를 허

---

* 슈몰러와 멩거 사이의 이런 방법론 논쟁은 사회과학의 역사에서 최초의 방법론 논쟁으로 기록되어 있다. 이것은 20세기에 하버마스(Jurgen Habermas) 등의 프랑크푸르트학파와 포퍼(Karl Raimund Popper) 등의 비판적 합리주의 사이 논쟁으로 이어졌다.

용해 교정이 이루어지도록 했다.

그렇지만 멩거와 슈몰러는 추상화가 필요할 뿐만 아니라 진리 전체를 규명하려면 매우 많은 추상화들이 필요하다는 데 동의했다. 사법관은 소유권을 추상해내고, 생물학자나 경제학자는 희소의 관계를, 심리학자는 감정, 지성, 의지를, 화학자는 원자를 추상화해내는 것 등등이다. 나는 내 방에 있는 나의 탁자를 본다. 과거의 물리학자는 탁자의 다른 물질로부터 무게를 추상화하고, 화학자는 화학적인 구성요소를 추상화하며, 생물학자는 유기적인 구조를, 현대의 물리학자는 전자, 양자, 그리고 동공을, 사법관은 나의 재산권을, 윤리주의자는 이 탁자에 관해 관찰해야 할 권리, 잘못, 그리고 의무를, 경제학자는 사용-가치, 희소-가치, 그리고 이 탁자와 관련된 사람들의 기대를, 심리학자는 이 탁자에 관심을 가진 사람들의 지각, 개념, 감정, 습관, 의도 등을 추상화한다. 이 개념들 각각에 대해 이론가가 추상화하는 속성들이 **현실**로 상정된다. 그는 이렇게 추상화된 현실들을 받아들여서 그것 하나하나를 개별적으로 하나의 정확하거나 거의 정확한 과학으로 전개해간다. 문제는 각각이 독자적인 과학으로 전개된 이후에 이들 추상적인 현실 모두를 **어떻게** 내 방에 있는 그대로의 내 탁자에 관한 하나의 과학으로 모을 수 있느냐이다.

물론 멩거와 슈몰러는 생물학자, 화학자 또는 물리학자가 추상화하는 것과 다른 것을 추상화한다는 데 동의했다. 이들은 슈몰러가 포함시켰고 멩거가 배제한 재산권을 제외하면 심리, 윤리, 습관, 희소, 유용성 등등을 추상화한다는 데 동의했다. 이들은 모두 조만간 경제학자들에게 각기 분리가 가능한 추상적인 문제가 되었다. 그렇다고 하더라도 생물학자와 물리학자로부터 자신을 분리시킨 후 이들이 어떻게 법, 경제학, 심리학, 사회학, 윤리학 등 서로 아주 다른 이 과학들을 경제과학을 위한 진정한 실재를 담고 있을 하나의 전체로 포괄해 이해할 수 있을 것인가?

살펴보면 우리는 이들이 각기 중요성을 부여하는 심리적인, 그래서 주관적인 추상화로부터 시작했음을 발견하게 된다. 멩거는 외적인 물적 대상에 대한 이기적인 욕망과 이 대상으로부터 얻게 될 이기적인 만족에서 시작했다. 슈몰러는 타인의 욕망과 만족에 비추어 욕망과 만족이어야 하는 것에 대한 윤리적인 감정에서 시작했다. 그래서 멩거는 자신의 심리학을 체감하는 효용과 한계효용에 관한 정확한 과학으로 전개시켰지만, 슈몰러는 자신의 심리학을 단지 관습, 법, 그리고 제도의 서술적인 진화로 발전시킬 수 있었다. 그러므로 이 둘을 멩거의 연역적인 의미에서 이론적이면서 슈몰러의 역사적인 의미에서 경험적인 하나의 실재의 포괄적인 단위로 결합하려는 노력은 가망이 없어 보였다. 그리고 이런 이원성은 연역적인 학파와 역사학파 사이에, 경제학과 윤리학 사이에, 이론과 실제 사이에, 과학과 기술 사이에 이어졌다.

여기서 베버가 철학자 리케르트를 추종하면서 자신의 "이념형"을 가지고 개입했다. 그는 이 문제에 대한 서술을 뒤집었다. 문제는 추상화를 통해 개별적으로 전개된 **이후에** 서로 다른 학문들을 **어떻게** 결합하느냐가 아니라 이들이 개별적으로 전개되기 **전에** 이들을 결합하는 문제를 **어떻게** 제시하느냐이다. 이 사전적인 문제가 이념형이다. 이것이 멩거의 "전형적인" 특징이나 관계와 어떻게 다른가?

첫째, 이념형은 **실재**가 아니며 보다 정확하게 실재의 **복사**가 아니다. 멩거에 의하면 실재는 실제로 존재한다는 생각 속에서 포착되는 어떤 물체나 행위였다. 상품, 이용 가능한 상품의 수량, 필요한 수량이 그런 예이다. 간단히 말해 멩거의 전형적인 특징과 관계는 말을 타고 있는 사람만큼이나 실재였다. 그리고 이런 특징과 관계로부터 멩거가 한계효용이론으로 발전시킨 "법칙"은 중력이 끌어당기는 것만큼이나 하나의 실재였다.

베버는 그렇지 않다고 대답한다. 실제로 고립되어 작동하는 중력이라는 하나의 원리를 분리할 수 있었으므로 뉴턴은 이를 할 수 있을 것이다. 그러나 사익이라는 문제는 이보다 더 복잡하다. 멩거가 했던 것은 실재에 대한 개념이 아니라 "이념형"을 마련하는 것이었다. 그의 이념형은 **실제로** 작동하는 것이 아니라 멩거의 개인주의적인 인간을 다른 모든 것으로부터 고립시킬 수 있는 **경우**에 작동할 것이었다. 이것이 불가능하므로 멩거의 생각은 사실상 추상화이지, 모든 복잡성을 지닌 실재에 대한 이해가 아니다.

우리는 이것을 베버가 공헌한 핵심으로 간주한다. 이것은 경제적인 이론화의 전체 과정을 실재와의 논리적인 정합성이라는 의미에서 "이론"으로부터 연구에 쓰일 지적인 도구를 구축하는 방법에 지나지 않는 것으로 전환시키고 있다. 더 이상 이론과 실제의 적대성이라는 문제가 없다. 그 이유는 이론이 사실을 파헤쳐내 이해할 만한 농업체계로 전환시키는 삽과 같이 관행을 연구하는 도구에 불과하기 때문이다. 사실 과학은 하나의 지식체계가 아니라 단지 연구의 방법이고 과학의 이론은 그것의 방법이다.

둘째, 이념형의 이런 형식화는 모든 과학이 하는 일이고 이 점에서 멩거를 비판하지 않아야 한다. 베버의 비판은 사회과학에서는 부분들을 분리할 수 없어서 이념형이 나중에 결합되어야 할 **모든** 특징과 관계를 포함해야 하며, 이 모든 것을 오로지 역사로부터 확인할 수 있기 때문에 이념형이 역사적인 개념이어야 한다는 것이다.

셋째, 그렇지만 역사의 모든 것이 경제적인 이론화에 적합하지는 않다.

따라서 경제학자는 경제학자로서 자신이 관심을 두고 있는 역사의 특정 국면을 위한 전체적인 이념형을 구축하려면 필요한 만큼, 그렇지만 필요한 것보다 적지 않게 역사의 경험적 자료로부터 추상화해야 한다.

넷째, 그렇더라도 역사로부터 추상화한 이런 이념형이 실제에 상응하지는 않을 것이다. 경제학에 적합한 요인들이 전체적으로 그것의 이념화된 모든 관계에서 추상화될 때 역사적인 제도가 **지녀야 할** 모습에 대한 정신적인 구성물로서 그것은 여전히 "이상향"일 것이다. 따라서 그는 중세의 마을이나 길드, 또는 자본주의 조직이나 노조 등에 관해, 실제로 존재하는 것에 대한 이론이 아니라 이것을 이해하려는 정신적인 도구로서, 순전히 이념화된 개념을 구축했다.

다섯째, 베버의 이념형은 존재해야 하는 것에 대한 **윤리적인 이상**(종착점 Endpunkt)이 아니라 과학자가 연구, 사실선별, 그리고 자신이 실제로 발견하는 것과의 비교를 위해 활용하는 연구조사를 위한 도구적인(일처리를 위한) 이상에 불과하다.

여섯째, 따라서 이념형은 경험적인 사실들의 분포를 통과하는 수학적인 선과 같은 "평균"이 아니다. 엄밀하게 그것은 관련이 없는 사실들을 제거하면 사실들이 지닐 모습에 대한 "이상"이다. 이것은 가실도 이니다. 이것은 다음과 같은 문제를 설정하기 때문에 가설을 형식화하도록 도와주는 종합이다. 상호관계에서 활동들의 **의미**는 무엇인가? 그래서 이것은 사실들을 선별하고 이들의 상대적인 중요성을 저울질하는 데 필요한 그런 종류의 가설을 제시한다. 이것은 우리가 그로부터 가설을 형식화하는 모든 사실의 종합이다. 종합이 분석과 다르듯이, 그것은 멩거의 이론과 다르다.

일곱째, 이념형으로 형식화된 인간활동의 **의미**에 대한 이런 모색이

"정확한" 과학 또는 심지어 다른 과학의 수량적인 요건에 근접하는 것을 낳으리라고 결코 기대할 수 없다. 그러나 이것은 어차피 원하는 바도 아니다. 경제학자가 원하는 바는 이해이고, 이해를 위한 도움을 받기 위해 측정을 필요할 뿐이다. 경제학자가 다루는 주제는 연구자가 그것의 동작을 이해할 수 없는 기계나 유기체가 아니다. 그것은 연구자가 "그들의 입장에" 자신을 놓아서 동기나 목적이나 가치라는 의미에서, 모든 가변적인 시공의 조건하에서 이 활동의 "이유들"을 구성함으로써 활동을 상당히 잘 이해할 수 있는 인간들이다.

이것이 물상과학으로부터 사회과학이나 경제학을 분리시키는 근본적인 이유로 리케르트와 베버가 제시한 바이다. 물리학에서는 우리가 이유를 알 수 없기 때문에 유일하게 던지는 질문이 **어떻게, 무엇을, 얼마나**이다. 그러나 경제학에서 우리가 원하는 것은 작동하고 있는 동기에 대한 이해이므로 우리는 **왜**라는 질문을 포함시킨다.[93]

여덟째, 사회과학의 이념형에 고려할 요인의 숫자는 미리 정해져 있지 않다. 그것들은 조사해서 적합하다고 경제학자가 확인하는 모든 것을 포함한다. 따라서 경제학자는 오래된 과거의 조사 없이는 자신의 이념형을 구축할 수 없다. **문명**(Kultur)의 전 범위가 경제학자에게 열려 있지만, 조사해보면 다양한 문명을 서로 다른 이념형을 비교해 서로 비교할 수 있는 방식으로 정돈할 수 있고, 하부유형도 비슷하게 정돈해 비교할 수 있다. 그래서 그는 이념형의 특별한 경우로서 자본주의, 개인주의, 봉건주의, 중상주의의 이념형에 도달할 수 있고, 연구를 통해 검증할 수 있는

••

93) 영(Kimball Young)은 모순적인 견해를 제시하고 있다. Young, Kimball, "Social Psychology and Social Reform", *The Scientific Monthly*, XXXIV(1932), 252.

한 유형으로부터 다른 유형으로의 역사적인 발전이나 조사할 특정의 조직 내에서 요인들 사이의 상호관계에 대한 가설을 발전시킬 수 있다.

베버는 이렇게 자신의 이념형을 구축함으로써 중요한 봉사를 해왔다. 그렇지만 그와 그의 추종자들이 그것을 활용하는 방식으로, 우리는 이것에 들어 있는 유효성의 맹아를 경제적 사건에 대한 과학적인 연구에서 사용하기에 앞서 조심스럽게 분석해야 할 도구라는 점을 확신하고 있다. 그것의 유용성은 사화과학을 물리학으로부터 구분해 그것에 대한 우리의 생각을 명확히 하는 데 있다. 베버는 우리에게 다른 대안적인 방법이 있는지 또는 자신의 방법을 특별히 적용할 수 있는지를 묻도록 인도한다. 이런 방법이나 적용이란 물리학과 유기체 과학의 의미에서 진정으로 과학적이면서도, 베버가 드러내듯이 가치가 본질적으로 주관적이고, 감정적이며, 개인적이며 측정 불가능해서, 과학으로 환원될 수 없다고 생각한 주관적 가치라는 동일한 속성으로 인간 행위의 학문을 비인간의 학문으로부터 구분짓는 그런 것을 말한다. 그래서 그는 "자본주의의 정신", 중세도시의 "정신", 노조의 "정신"을 말하고 있다. 이런 정신의 주위로 그의 이념형이 구축되어 있다.

우리는 특히 베버, 좀바르트, 그리고 토니가 사용한 바에서 등장히는 이념형의 네 가지 서로 다른 의미를 구분해 이 문제에 접근한다. 이들을 우리는 교육, 선전, 과학 그리고 윤리의 네 가지 목적에 따른 이념형으로 구분할 수 있다. 우리는 이들을 교육적인, 선전적인, 과학적인, 그리고 윤리적인 이념형으로 지칭할 것이다.

1. 교육적인 이념형

교육적인 도구로서 이념형은 그것을 통해 역사적인 상황, 제도, 또는 개인의 가장 내저인 혼이나 정신을 그것을 활성화시키는 인간의 동기에 비추어 이해되도록 합리화시키는 지적인 도구이다. 경제학과 여타 사회과학에서 이런 도구의 필요성은 가치평가라는 사실에서 발생한다. 평가는 개인마다 다르고 같은 개인에게도 시점에 따라 달라서 전적으로 감정적인 과정이다. 그것은 단순히 경제적이지 않아서 종교적, 성적, 애국적이기도 하다. 사실 그것은 독일인들이 Kultur라고 부르는 문명 전체가 자극하는 감정들 전체이다. 우리는 문명을 구조로 생각하지, 사랑해야 할 것으로 생각하지 않기 때문에 이에 해당하는 영어 단어는 없다. 평가가 감정들의 내적인 과정이기 때문에 과학이 요구하는 모든 개인의 획일적인 반복으로 환원될 수 없다. 그렇지만 사람들이 행동하는 이유를 있는 그대로 진정으로 이해하려면 바로 이 감정적인 과정에 호소해야만 한다. 그리고 사람들이 **어떻게** 행동하는지뿐만 아니라 선별된 특정 상황에서 **왜** 행동하는지를 드러내는 정신적인 그림을 통해서만 이같이 호소할 수 있다. 이것을 우리는 "역사적인 의미"라고 부른다.

우리는 이런 감정적인 과정이 과학의 획일성으로 환원될 수 없다고 말하지 않는다. 그렇지만 이것은 교육의 기술을 지닌 심리학자의 영역에 속하지, 역사적이든 연역적이든 경제학에 속하지 않는다. 경제학은 사법, 물리, 화학만큼이나 감정적인 과정 위에 구축된다. 그리고 베버가 그 위에 자신의 이념형을 구축할 때 그는 진정한 기초 위에 구축하는 것이지만, 교육의 과학과 기술을 구축하는 것이지 경제학의 과학과 기술을 구축하는 것이 아니다.

그렇지만 이로 인해 우리가 이른바 어떤 경제 이론을 경제학이 아니라 교육학이라고 지칭할 수 있기 때문에 그의 공헌이 더욱 중요하다. 따라서 베버는 이런 의미의 이념형으로 증가하는 공급의 상황에서 작동하는 멩거의 이기심이라는 감정을 올바르게 해석하게 해준다. 멩거의 "체감하는 효용"은, 한계효용의 "정확한" 과학과 함께, 정확하거나 현실이 아니었으며, 결코 현실이 되거나 정확해지지도 않는다. 그러나 그것은 비슷한 상황에서 변동하는 우리의 감정에 대한 경험에 호소하기 때문에, 왜 사람들이 상품이 희소할 때보다 동일한 상품이 풍부할 때 획득하는 데 적은 열의로 행동하는지에 대한 이해를 제공해준다. 따라서 멩거의 공식은 멩거가 생각했던 것과 같이 경제과학이 아니다. 인간행위의 특정 측면을 예시하기 위해 구축된 이념형이었으므로, 말하자면 그것은 교육 방법이었다. 그것은 교육적인 예시를 위해 유용하지만, 그 자체로 작동하지 않기 때문에 모든 요소를 고려해야 하는 과학에서 활용될 수 없다. 그러므로 슈몰러가 서툰 묘사라고 부르면서 역사학파가 수행했던 것처럼, 베버는 멩거의 분석을 통째로 거부하지 않을 것이다. 비록 그것이 환상이고 이상향이라고 하더라도, 단순히 인간행위의 한 측면을 우리가 이해하는 데 도움이 되므로, 베버는 그것을 존치할 것이다. 그렇지만 인간행위 전체의 과학적 실재를 이해하려면 그것을 다른 측면과 결합해야 한다. 그것은 유용한 이상향이지만, 교육적인 목적을 위해서만 그렇다.

그러나 역사학파도 나름의 이상향, 즉 자신의 이념형을 지니고 있다. 여기서 베버가 그들의 경제학이 아니라 교육방법을 추궁했다고 우리는 말해야 한다. 역사학파는 레오나르도 다빈치가 있는 문예 부흥의 그림을 콘스탄티노플의 함락 이후 유럽에 스며든 새로운 정신의 전형적인 모습으로 구성한다. 또는 사도 바울이 있는 그림을 초기 기독교의 전형적인 모습으로 삼는다. 여기서 기독교로 개종한 사람의 행위에 스며 들어가는 이기심이 없는 인간과 사람의 순수한 사랑이 이념형이다. 이 시점의 로마제국 전체 문명에게 이것은 멩거의 "경제인"과 마찬가지로 비현실적이다. 그러나 우리기 중세나 로마제국의 모든 다른 현상을 사상한 이런 정신적인 그림을 그리지 않는 한, 우리는 문예 부흥이나 초기 기독교의 정신을 이해할 수 없을 것이다.

이런 교육목적의 이념형은 모두 환상이고 이상향이지만, 우리가 검토하고 있는 종류의 행위를 이해하려고 하거나 다른 사람이 이해하도록 인도할 때 우리는 바로 이런 것을 동원한다. 이것은 우리가 사실상 다른 사람의 위치에 우리 자신을 놓고, 경제학자가 다른 사람의 행위를 과거뿐만 아니라 현재 자신의 상황과 다른 상황에서 해석하는 경우 지녀야 할, 그런 "역사적인 의미"를 얻으려고 노력할 때를 말한다. 우리는 기계나 유기체가 "왜" 이렇게 저렇게 움직였는지를 이해하기 위해 그것의 위치에 우리 자신을 놓을 수는 없다. 그 이유는 우리와 같이 그것이 나름대로의 감정을 가지고 있지 않기 때문이다. 전기가 릴리 라우 대신 존 스미스를 때린 이유를 지니고 있는지 우리는 알지 못한다. 물체에는 감정이 없기 때문에 그것이 **아무런 이유**를 가지고 있지 않음을 우리는 사실 **알고** 있다. 암탉이 오리알 위에 왜 4주 동안 앉아 있는지를 자신에게 설명할 수 있다고 우리는 알고 있지 않다. 사실 우리가 이해할 수 있는 가치들에 대해 암탉이 아무런 감각을 가지고 있지 않음을 우리는 알고 있다. 그러나 벤저민 프랭클린이 무엇을 추구했는지, 그리고 농부가 왜 닭에게 알을 안겨주었는지는 이해할 수 있다. 그것은 모든 시공의 상황에서 그의 가치에 대한 감각, 느낌, 감정, 목적, 호기심이었다. 이는 경제학을 포함해 사회과학에 독특한 것이며, 물상과학에서는 이를 알지 못한다. 그리고 이것을 사회과학에 포함해야 하며, 그렇지 않으면 단순히 기계적이 된다.

그렇지만 우리는 이것이 교육방법이지 경제학은 아니라고 주장한다. 이런 의미의 이념형은 우리와 같이 감정을 지닌 존재가 행동한 **이유**를 이해하기 위해 우리가 구축한 정신적 도구이기 때문이다. 기제와 유기체의 과학에서 우리는 오로지 그것이 **무엇을 얼마만큼** 했는지 그리고 우리가 무엇을 그것들이 할 수 있으리라고 기대하는지에 대답하기 위해 정신적인 도구를 구축한다. 인간 행위에 대한 과학에서도 우리는 똑같이, 하지만 훨씬 더 나아간다. 우리는 가치, 동기, 목적, 간단히 말해 "왜"와 "정신"을 찾는다. 달리 말해, 우리는 단순히 분류하고, 측정하고, 기계적으로 만드는 것이 아니라 **이해하려고** 시도한다. 이것이 리케르트가 사회철학에 공헌한 바이고, 베버가 제도경제학에 공헌한 바이다.

그러나 문제는 아직 남아 있다. 우리가 베버가 사용한 것과 같은 의미에서 **이해하려고** 노력할 때, 우리는 증거의 영역에 있는 것인가? 베버는 올바르게도 아니라고 말하고, 아니라고 말하는 이유를 명확히 하려는 명확한 목적을 가지고 이념형을 이상으로 구축한다. 만약 그렇다면 이념형은 과학의 도구가 아니라 교육의 도구이다.

그러므로 이념형이 정치경제학의 골칫거리인 의인화라는 방법에 불과함을 이제 주목해야 한다. 우리는 감정들을 밀착되게 이해하려고 의인화하는 것이다. 다른 과학에서는 이런 의인화가 점성술, 연금술, 활력론으로 나타났다. 즉 점성가나 연금술사, 활력론의 주창자가 관찰된 움직임의 자리에서 감정, 의지, 지성, 이성을 지닌. 즉 이념형으로, 자신을 그려냈다. 그리고 나중에 천문학자, 화학자, 그리고 생물학자가 물었던 것과 같이, 이들은 단순히 **어떻게** 그리고 **얼마만큼** 그것들이 움직였는지를 묻는 대신, **왜** 그것들이 그렇게 움직였는지를 물었다.

우리는 희소의 과학적인 원리를 형식화하기 이전에 있었던 두 가지 의인화를 이미 지적했다. 리카도는 희소를 인간노동에 대한 자연의 저항으로 의인화했다. 따라서 "노동"은 희소의 의인화가 되었고 맑스, 프루동, 뵘바베르크, 클라크, 대중 영합주의자, 그린백주의자를 통해 희소이론이 아니라 노동이론의 이상한 흐름으로 끝났다. 이들은 오로지 **어떻게**와 **얼마만큼**을 우리에게 말해주는, 희소의 과학적인 척도인 화폐를 없애려고 노력했다. 그리고 이들은 자신의 주장을 진정한 이념형이자 경제적인 점성술인 왜라는 베버의 이념형에 근거 지웠다.

희소에 대한 다른 의인화는 베버가 이념형이라는 정중한 명칭을 통해 이상으로 규정했던 고센, 멩거, 발라스 그리고 제번스의 한계효용체감이론에 있었다. 벤담이 상품의 비용과 소득에 수반된 고통과 쾌락의 병렬이라는 이념형으로 경제학과 윤리학을 의인화했다면, 이들 다른 쾌락주의적인 연금술사들은 체감하는 쾌락과 그것의 반대인 증가하는 고통이라는 잘 알려진 감정에 호소했다. 그러나 결국 이것은 우리가 실제로는 화폐의 희소 차원으로 측정하고 있는 희소관계에 대한 이상적인 이념형의 형태로 설정된 의인화였다.

2. 선전적인 이념형

앞의 의인화는 고전학파, 사회주의, 무정부주의 그리고 쾌락주의 학파의 연역적이거나 분자적인 경제학에서 화폐를 제거함으로써 생겨났다. 역사적인 측면에서 보면 비슷한 의인화는 좀바르트와 토니가 승계한 베버 자신의 "자본주의 정신"이다. 이제 그것은 화폐가 없는 것이 아니라 화폐가 있는 의인화로서 화폐가치의 무한한 축적을 가능하게 하는데, 리카도 및 멩거와 동일한 이념형을 가지고, 즉 타인에 대한 도덕적이거나 법적인 의무를 전혀 고려할 필요 없이도 자신을 위한 수입을 획득하는 것을 가능하게 한다. 베버와 좀바르트가 말하는 중세 마을 경제의 "수공업 정신"에서는 육체노동자들과 상인들이 길드의 회원이 동료 회원을 희생시키면서 부유해지는 것을 막기 위해 길드의 규칙을 채택해 이와 대비된다.

이런 경우 일어나는 일은 자본주의의 의인화와 길드 및 조합의 의인화이다. 이들은 각기 자신의 독특한 이념형으로 이와 같이 되는데, 그런 "정신"이 그것의 모든 거래와 별도로 존재하기 때문이 아니라 비슷한 감정을 지닌 우리들이 전형적인 자본가나 전형적인 조합주의자의 자리에 우리 자신을 놓아서 그를 "이해"할 수 있기 때문이다.

이것은 충분히 좋고 상당히 바람직하다. 그러나 우리가 이런 동료의 감정이라는 의미에서 타인들의 행위를 "이해"할 때, 우리는 반드시 그들을 싫어하고 폄하하며 사랑하고 찬양한다는 의미에서 그들을 이해하는 것임을 주목해야 한다. 따라서 우리의 이념형을 우리 자신의 감정에 근거해 구축할 가능성이 있다. 베버와 좀바르트가 동료 회원나 조합원에 대해 정의로운 품성만을 선별해 외부인에 대한 길드와 조합의 폭력과 배타성을 간과할 때 그와 같이 된다. 또는 그들이 부채를 양심적으로 상환하거나 고객에게 호의적으로 서비스를 제공하거나 자본가가 보이는 다른 윤리적인 태도를 무시하고 무제한으로 금전적인 이익추구에 열중할 때 그와 같이 된다.

결과적으로 이념형은 교육방법이자 의인화이기 때문에 광고의 매력적인 선전이든 정치의 비방적인 선전이든 정확히 선전을 위해 동원되는 정신적 도구이다. 경제학자는 베버나 좀바르트와 같이 자신이 "노동" 경제학자이거나 "자본가" 경제학자임을 부인할 수 있다. 그러나 그가 수공업자 정신의 이념형을 위해 전체 정신 중에서 자기네 이익을 추구하고 외부인을 배제하는 부분은 생략하고, 조직 회원들 사이의 정의를 바라보는 부분만을 선별한다는 사실, 그리고 자본주의 정신의 이념형을 위해 정의, 평등, 그리고 호의를 바라보는 부분은 생략하고, 화폐라는 도구로 무한한 자신의 이익 추구를 지향하는 부분만을 선별한다는 사실로 인해, 이 경제학자가 스스로 부인하면서도 실제로는 선전의 기초 위에 구축한다고 우리는 규정하게 된다.

이런 선전적인 편향에 대한 베버의 부정은 **어떠해야** 하는가(종착점 Endpunkt)의 궁극적인 목표와 어떤 목표에 도달하기 위한 도구나 수단 사이의 구분에 근거하고 있다. 그의 이념형은 공산주의, 무정부주의 또는 개인주의처럼 그래야만 하는 것에 대한 그림이 아니고, **직관주의자의 미덕**이든 **공리주의자의 보편적인 행복**이든 인류의 궁극적인 상태여야 마땅한 것에 대한 그림도 아니다. 그것은 연구자가 생각하는 궁극적인 목표가 무엇인지에 관계없이 특정 과정의 전개에 적절하다고 생각되는 요소들로부터 얻어낸 도구적인 이념형일 뿐이다. 그는 자신이 연구하는 사실들로부터 객관적으로 이런 도구적인 목적을 발견한다. 자본주의 "정신"이나 수공업 "정신" 또는 초기 기독교의 "정신"은 연구자가 올바르다거나 잘못되었다고 생각하는 것이 아니다. 이것은 만약 다른 정신이나 상황으로부터 방해받거나 도움을 받지 않으면 정신이 작동할 방식이라고 그가 연구를 통해 발견한 바이다. 이것은 엄밀하게 이해를 도와주는 도구적인 이념형이지, 누군가를 전향시키거나 고립시키는 선전적인 이념형이 아니다.

그러나 연구자의 편향이 궁극적인 목표에 대한 이견뿐만 아니라 **무게**, 즉 전체 과정을 구성하는 여러 요인에 배정되는 상대적인 **가치**의 차이에서도 드러난다는 것을 우리는 주목해야 한다. 어떤 연구자는 노동, 임금. 시간에 더 무게를 부여하고, 다른 연구자는 투자, 이윤, 이자에, 또 다른 이는 문명의 장기적인 추세에, 또 다른 이는 단기의 즉각적으로 필요한 것에, 다른 이는 인도적인 것에, 그리고 또 다른 이는 사업에, 무게를 둔다. 사실 이런 평가의 차이는 궁극적인 목표라는 이상의 차이로부터 영향을 받아서, 그것으로부터 분리될 수 없다. 그래서 베버의 이상적인 종착점뿐만 아니라 그의 "도구적인" 이념형은 주관적이고 감정적이기도 하다. "무게"의 차이는 의미의 차이이고, 베버가 피하려고 의도한 바로 그런 주관적인 평가의 차이로 요약될 수 있다. 어떤 사람의 주관적인 평가에 의하면 연구자는 다른 요소를 배제하면서 자신의 이념형을 구성하는 요소들을 **선별**할 뿐만 아니라, 모두가 선별하기로 동의한 요소들에 대해서도 다른 연구자과 달리 크고 적은 **무게**나 **가치**를 부여할 것이다.

결과적으로 능력 있는 연구자들의 동의사항으로, 모든 과학의 목표라는 관점에서 보면 이념형의 구성에서 통상 어떤 합의도 기대할 수 없다. 연구자들은 선별하는 요소들과 각 요소에 부여하는 상대적인 중요성에서 다를 것이다. 이것은 자본주의 정신과 수공업 정신 그리고 노동조합 정신에 대한 베버의 거슬리는 구분에서 확인할 수 있다. 이것은 편향이고 선전이다.

아마도 이런 이유로 이념형은 연구자들 사이의 합의를 얻기 위해 선정하는 요소들과 요소들의 상대적인 중요성에 있어 대단히 탄력적이어야 한다. 베버의 이념형에 있어서 이같이 자발적인 합의가 없다는 것이 그것의 약점이다. 이념형은 각 참여자에게 선별과 평가를 통해 자신의 이상향을 수립하도록 허용하는데, 이것이 역사적인 또는 동시대의 사실에 부합될 수도 있고 그렇지 않을 수도 있으며, 조직을 계속 움직이게 하는 집단적인 노력으로 발전하지 않을 수도 있다. 아주 탄력적인 이념형은 아마도 경제학에서는 가망이 없는 것은 아니다. 그러나 경제학자들이 배심원들과 같이 하나의 판결에 합의하거나 자유로운 국가에서 합의하도록 강제되지 않는다고 해서, 그들이 자유롭게 자신이 선택하는 요소를 선별하고 자신이 원하는 중요성을 부여할 수 있다고 기대할 수는 없다.

그렇지만 경제학자들은 경제학의 대상이 아니다. 주제는 경제활동을 벌이고 있는 인간들이다. 이들은 주관적이고 환경적이다. 감정, 동기, 소망, 고통, 쾌락, 이상에서 주관적이고, 타인과의 거래에서 환경적이다. 모든 인간은 자신의 주관적인 편견을 지니고 있다. 이들의 행동을 이해하려면 활동이나 그 결과를 측정하는 것 말고도, 연구자가 "그들의 처지에 자신을 넣어보고" 특정 시간과 공간의 조건하에서 그들이 하는 일을 상상 속에서 해보아야 한다. 이것이 베버의 이념형이 수행하는 진정한 역할이다. 그러나 여전히 연구자는 자신의 이념형을 만드는 데서 자신이 아마도 이해할 수 있는 자본가나 노동자의 동기나 감정이라는 형태로 그것을 만들어야 한다. 이에 따라 동기는 이 자본가나 노동자에게는 행동의 원인 또는 베버의 "가치"로 간주된다. 만약 연구자가 이들의 동기 중 하나로, 예를 들어 이기심을 선별하면 그는 나름대로의 특징과 관계를 지닌 멩거의 입장으로 들어가게 된다. 그리고 그는 이들의 **모든** 동기를 포함할 수 없다. 만약 그렇게 하면 그는 초인이 될 것이다. 그는 경제학을 위해 충분하면서 필요한 것만을 선별해야 한다. 이렇게 하면 베버의 입장에 처하게 된다.

그러나 경제학에서조차 연구자는 이념형이 너무 광범위하기 때문에 작동이 가능한 이념형을 가지지 못한다. 그는 동기들을 **구분**해야 한다. 이윤의 동기를 이자, 지대, 임금, 생산 또는 소비의 동기로부터 구분해야 한다. 그래서 우리가 지적했듯이, 자본주의의 이념형을 만드는 데서 좀바르트와 토니가 추종한 베버는 자신이 "자본주의 정신"이라고 부른 자본주의의 동기를 수립한다. 자본주의 정신이 자본주의를 "창출"한다. 자본주의가 자본주의 정신을 창출하는 맑스에서는 이것이 정반대이다. 앞에서 지적한 바와 같이, 베버에게서 자본주의 정신은 화폐나 화폐가치의 축적이라는 형태로 무한한 이윤을 추구하는 데 있으며, 이 과정에서 타인에 대한 어떤 책무나 의무를 느끼지 않는다. 타인의 합당한 몫을 박탈하지 않고 필요를 충족시키기에 충분한 재화들만을 추구하는 중세 길드의 수공업 정신은 이와 반대된다. 장인 정신이 길드의 규칙으로 제약을 받듯이, 자본주의 정신이 규칙과 규정으로 제약을 받으면 이념형으로서의 자본주의는 "쇠락"하기 시작한다. 물론 베버는 그의 추종자들과 마찬가지로 이것이 이미 다가오고 있음을 확인한다. 자본주의 정신은 정의에 대한 감각 없이 무한히 이윤을 추구하는 것이고, 노동조합의 정신에도 적용될 수 있는 수공업 정신은 이윤을 대가로 삼아 정의를 추구하는 것이다.

만약 이것이 이념형의 결과라면, 이것은 명백히 결국 자신의 이념형을 구성하는 요인들을 선정하는 데 개입되는 연구자의 편견이다. 그 결과는 아마도 특수한 개별 유형의 행위에 맞추어진 특화된 동기를 찾고, 마치 이상향처럼 그 자체가 분리가 가능한 이념형으로서 행위 속에서 전개된다고 그려질 수 있는 것처럼, 각각의 동기를 취급하려는 노력에서 비롯되는 것 같다.

아마도 이런 결점은 행위의 **모든** 것에서 나타난 **모든** 동기를 포함하는 이념형을 창출함으로써 교정될 수 있을 것이다. 그러나 이것은 교육적이거나 선전용이거나 의인화된 유형이 아니라 과학적인 이념형일 것이다. 과학에서 유용한 것은 바로 이 형태의 이념형이다. 이것은 "~주의"로 끝나는 모든 단어에서 발견된다. 타인에게 미치는 영향에 관계없이 무한히 금전적 이익을 추구하는 동기로서의 자본주의 "정신" 대신에 이런 자본주의 "정신"은 완전히 사라질 것이며, 모든 종류의 동기, 감정, 그리고 상황에 의해 활성화된 특정 역사적인 단계로서의 "자본주의"만이 이념형이 될 것이다. 그렇게 되면 진정으로 감정, 자본가의 주관적인 평가와 자본주의의 좋거나 나쁜 결과에 관한 연구자들의 커다란 견해 차이만이 남게 될 것이다. 그러므로 왜라는 질문에 대해 답변하지는 않겠지만, 모든 과학의 목표, 즉 어떻게와 얼마만큼에 대한 연구자들의 동의에 보다 가까운 접근이 존재하게 될 것이다.

이념형의 이런 의미가 이념형의 과학적인 의미이다. 그렇지만 베버가 이념형을 만들어 해결하려고 노력했던 문제가 제시하는 두 가지 의문이 생긴다. ① 이 과학적인 방법이 주관성을 전적으로 제거해서 경제학을 다시금 고전학파, 공산주의, 그리고 쾌락적인 경제학의 순전히 기계적인 과학으로 환원시킬 것인가? 과학적인 이념형이란 무엇인가? 여기서 우리는 하나의 연구방법을 발견하게 될 것이다. ② 이렇게 확정된 이념형이, 모든 기계적인 유형이 그렇게 했듯이 베버가 불가분하게 경제학에 체현하려고 노력했던 경제학의 윤리적인 측면을 제거할 것인가? 윤리적인 이념형은 무엇인가? 여기서 우리는 합당한 가치를 발견하게 될 것이다. 우리는 먼저 과학적인 이념형을 고려한다.

3. 과학적인 이념형

베버의 이념형의 주요 공헌은 그것이 이미 흔히 사용되고 있는 생각들의 전체 집합에 막연하게 부분-전체의 관계를 지시하는 분류의 기준을 낳는다는 점이다. 이 분류는 자본주의, 노동조합주의, 공산주의, 사회주의, 사업, "경제인", "공급수요법칙" 등과 같은 용어를 포함한다. 이런 개념은 수립된 이념형이라는 보편적인 개념의 특별한 경우로 자리를 잡는다. 이들은 연구의 과학적인 도구가 아니라 나중에 상세한 연구의 대상이 되는 부분들과 전체의 어떤 관계를 상상하도록 그려주는 다양한 정신적 가공물이다. 그래서 이런 막연하고 정의되지 않은 개념이 과학적인 연구의 도구로 환원될 수 있게 하려면, 우리는 이념형으로서 이것들이 적합하지 않은 이유와 어떻게 그것들이 경제학에 사용될 수 있는 정신적인 도구로 변경될 수 있는지를 검토해야 한다. 방법에 관한 장에서 해석한 바와 같이 우리는 이런 종류의 이념형을 공식이라고 부른다.*

베버가 형식화한 이념형을 각자에게 고정되게 하지 않고, 모든 연구자에게 충분히 탄력적으로 만들면 연구자의 편견을 수정할 수 있다. 일차적으로 보다 거래적으로 만들고 이차적으로 동기와 감정에 있어서 주관적으로 만들어서 주제를 위해 그것을 수정할 수 있다. 이와 반대로 나가지 않아야 한다. 이 두 가지 수정이 이루어져 이념형이 탄력적이고 거래적이 된다고 가정하더라도, 여전히 세 번째 결점이 남는다. 베버가 형식

---

* 여기서 커먼스는 후반부의 논의를 자신이 출발점에서 제시한 '공식'과 연결시킨다. 이를 통해 복잡다단한 논의 속에서도 커먼스가 결코 줄거리를 놓치지 않고 있음을 확인할 수 있다. 사실 커먼스는 광범위한 자신의 논의 중 여러 군데서 수시로 이런 일관성을 드러낸다. 맑스에 버금가는 커먼스의 일관성에 우리는 경의를 표할 만하다.

화했고 그와 좀바르트가 사용한 이념형은 탄력적이고 객관적으로 만들더라도 아직 거래적이지 않다. 따라서 그 안에 동작, 반복, 가변성을 지닌 시간을 담고 있지 않으며, 특히 그 자체 안에 미래 시간에 대한 객관적인 공식을 담고 있지 않다. 우리는 이것이 경세학자늘이 심리학으로 돌아갈 때 의미하는 바라고 상정한다. 부분과 전체의 관계로서 이념형은 연구자가 연구의 지침으로 사용하기 위해 구성하는 것이지만, **연구에 앞서서 고정된다.** 따라서 이념형에 맞지 않는 사실이 발견되면, 그런 사실에 맞도록 베버가 형식화한 이념형이 변경되지 않는다. 사실은 이런 이념형의 순수한 진화에 대한, 그의 표현으로 "방해"나 "도움"으로 도입된다. 그렇지만 만약 이념형을 움직이는 가변적인 과정을 연구하기 위한 공식으로 간주한다면, 그리고 특히 그치지 않고 변동하는 현재에서 인간의 활동을 지배하는 미래에 대한 불확실한 기대를 표현하기 위한 공식으로 간주한다면, 이런 방해와 도움은 이 이념형의 본질을 구성한다.

  그러므로 우리는 베버의 이념형에 있어서 이런 시간의 결함이 생기는 이유를 규명해야 한다. 첫째, 거래, 부채, 재산권과 같이 개인들을 묶는 **경제적 유대**에 근거해 경제 이론이 시작되지 않는다. 이런 유대는 역사주의와 사회주의 경제학자가 윤리, 주권, 의인화나 유기체와의 유비를 같은 비경제적인 유대의 형태로 제공했었다. 둘째, 경제학의 세 가지 분리 가능한 이념형을 구분하지 않는다. 이들은 자연에 대한 인간의 관계인 기술적인 경제학과 소비경제학과 인간과 인간 사이의 관계인 소유경제학이다. 셋째, 최근에 들어서야 물리학이 내세운 시간과 공간의 상대성에 대한 이론의 결여이다. 넷째, 미래를 바라보는 그 무엇이 아니라 과거로부터 오는 그 무엇이라는 관습에 대한 잘못된 개념이다. 이런 결점들이 시사하는 수정이 이루어지면 미래성의 개념은 객관적이 되고, 심지어 측정 가능해져서 개인의 알 수 없는 감정에서 내적으로 찾아낼 필요를 완전히 몰아낸다. 미래성은 베버의 내적인 정신에 대한 과학적인 대체물이 된다.

그렇다면 우리가 사실에 맞거나 맞지 않는 이념형이 아니라 모든 연구자가 포함시킬 가변적인 요인을 모두 포함하지만, 전체의 기능에서 시공에 의한 여러 부분의 가변적인 중요성에 따라 가중치가 부여될 수 있는 연구를 위한 수단으로 단순히 하나의 **공식**을 구축한다고 하자. 그렇게 되면 하나의 진화하는 통찰 속에 베버의 이념형에 포함된 성과 있는 연구방법을 결합시킬 수 있을 것이다. 만약 우리가 지속적인 활동체에서 예상되는 반복적이고, 동시에 발생하며, 가변적인 거래들의 적절하고 그래서 복잡한 공식으로 시작한다면, 우리는 이것이 가능하리라고 생각한다.

베버의 이념형이 지닌 또 다른 성과 있는 공헌은 이론과 실제의 관계와 관련된 것에 있다. 이념형은 이론이 아니다. 그것은 이론이 풀려고 하는 문제인 요인들 사이의 관계라는 문제를 형식화한 것이다. 그렇지만 그것을 형식화하려면 이에 앞서 하나의 이론을 필요로 한다. 따라서 그것은 이론을 형식화하는 과정의 한 단계이고, 그 단계에서 우리는 그것을 가설이라고 부른다. 가설은 요인들에 대한 우리의 현재 지식과 이들의 상호연관에 대한 우리의 현재 이해로부터 우리가 현재 **예상하는** 바에 대한 하나의 진술이다. 그리고 이런 예상이 취하는 형태를 과학적인 이념형이라고 부를 수 있다. 그러나 우리가 조사와 실험으로 하나의 공식인 가설을 "시험하고" 정확히 맞지 않음을 발견할 때, 그리고 교육적이거나 교조적이거나 선전하려는 것이 아니라면 우리는 보다 잘 맞도록 공식을 변경한다. 그래서 이렇게 맞추는 것이 수정된 이념형의 또 다른 단계가 되는 것 등등이다. 그리고 나아가 만약 우리가 요소 자체의 가변성을 고려하고 구조가 아니라 **과정**의 공식을 구축하려고 노력한다면, 우리는 또 다른 이념형, 이번에는 움직이면서 변동하는 전체에 대한 이념형을 지니게 된다. 그리고 연구가 밝혀내는 변화에 맞도록 우리는 다시 이것을 반복적으로 수정해야 한다.

그러므로 베버가 이상향이라고 부르며 연구를 진행하면서도 그대로 고정되어 있어 더욱 이상적이 되는 고정된 이념형 대신에, 우리는 새로운 요소를 받아들이고 오랜 요소를 퇴출시켜 우리의 마음이 구축하는 이상향을 언제나 덜 이상적으로 만들려고 노력하면서 변동하는 가설을 지니게 된다. 따라서 이론이 사실을 연구하는 정신적 과정일 뿐만 아니라 사실에 대한 해석, 상관, 그리고 예상이 된다. 짧게 말하면, 이론이 베버의 "이해"에 대한 또 다른 의미가 되어, 동료감정의 교육적인 의미가 아니라 우리가 예측하고 행동하는 근거에 대한 통찰의 교육적인 의미가 된다.

그러나 부분-전체의 관계를 이해하려는 노력의 새로움과 복잡함으로 인해, 그리고 이 관계를 연구하는 도구로서 베버의 이념형이 지닌 의미에 비추어볼 때, 우리는 우리의 정신적인 과정뿐만 아니라 그런 과정이 지칭하는 환경적인 관계의 의미를 보다 정확히 해야 한다. 이것이 존 로크가 의도했듯이, 연구대상으로부터 우리의 정신적 과정을 분리할 수 있는 정신적인 도구를 우리 스스로에게 제공해야 한다. 이것은 우리의 이론으로부터 우리의 개인적인 편견이 끼어들지 않게 하는 장비와 다르지 않다. 따라서 우리는 경제학에서 얻을 부분-전체의 관계에 대한 이해에 도달하는 과학적인 과정의 이론을 내세우려는 목적으로 우리가 단어의 의미로 이해하는 바를 제시한다.

첫째, 우리 이론의 출발점에 관한 하나의 **사실** 자체의 의미이다. 우리는 **사실**을 우리의 이론에 대한 근거로 삼는 것처럼 가정한다. 그러나 사실이 무엇인가? 처음부터 하나의 사실은 우리가 대상이나 관계라고 부르는 외부세계로부터 얻는 첫인상에 불과하다. 이어 이것이 의미를 가지기 시작하는데, 그렇게 되는 이유는 오로지 우리가 습관적인 가정이라고 부르는 우리의 이전 지식과 경험으로부터 의미를 구축하기 때문이다. 우리가 사실 안에서 우리 자신의 인생사를 읽으므로, 우리가 애당초부터 잘못되어 있을 수 있다. 이 단계에서 사실은 지각된 것이다. 이것은 결코 실재의 전체에 상응하지 않고, 전체의 특정 속성에 상응할 뿐이다. 따라서 그것은 다음 단계인 개념의 단계에 접근하는 예비적인 단계에 불과하다.

사용-가치, 거래, 사람, 지속적인 활동체 등 **개념**은 속성들의 유사성이다. 그렇다면 개념이 부분-전체의 관계인가? 그것은 부분들, 즉 지각된 것들이 **전체**로서 다시 구성하는 전체인가? 여기에 **부분**이라는 단어의 첫 번째 이중의미 또는, 보다 정확하게 **부분**의 잘못된 의미가 있다. 지각된 것, 즉 대상이나 관계는 개념이 전체를 이루는 것의 부분이 아니다. 지각은 노랗다는 것과 같은 특정의 속성이거나 노란 꽃과 같이 속성들의 특정 복합에 불과했다. 그리고 개념은 지각들의 유사성을 명사와 같이 한 단어에 우리가 요약하는 단순히 또 다른 실용적인 편리함이다.

이어서 우리는 원리를 구분한다. 하나의 개념은 속성들의 유사성이고, 하나의 원리는 동작들의 유사성이다. 여기서 우리는 원리의 실용적인 의미로부터 주관적인 의미를 구분한다. 주관적인 의미는 내가 "이것은 자연의 법칙이다"라든지 "이것들은 내가 버리지 않을 나의 원칙이다"라고 말할 때와 같이, 말하자면 동작들이 비슷해지게 강제하는 원인, 이유, 법칙이라는 의미이다. 이런 주관적인 의미가 베버의 이념형의 출처였다. 그러나 원리의 실용적인 의미는 기대되는 행위의 유사성에 불과하다. 이런 후자의 의미로 각각의 운동은 단순하든 복잡하든 그 자체로 하나의 사실이었고 지각된 것이었다. 이것은 전체의 운동을 그것의 원리로 삼는 부분의 운동이 아니었다. 원리는 부분-운동들이나 전체-운동들의 반복되는 유사성이다. 이것은 유사성을 한 단어로 요약하는 편리함을 지니지만, 언어의 또 다른 편리함이 그것에 동사가 아니라 명사의 지칭을 부여해 오해하게 만든다. 사용-가치는 개념으로 질들의 유사성이지만, 사용하는 것이나 평가하는 것은 원리로서 운동들의 유사성이다. 거래는 개념이지만 거래하는 것의 유사성은 원리이다. 지속 활동체는 개념이지만, 행할 의사는 그것의 원리, 즉 거래들의 기대되는 유사성이다. 아담 스미스는 사람에 대한 복잡한 개념이지만, 스미스화하는 것은 추론의 어떤 유사성의 원리이다.

그래서 "제한적이거나 보완적인 요인들"이라는 구절에서 사용되는 "요인"이라는 우리의 개념도 마찬가지이다. 개념으로서 요소는 탄산칼륨이나 스미스와 같은 하나의 단위, 개인, 대상이지만, 원리로서 요소는 비슷한 활동들의 방송인이다. 농업에서 제한적인 요인은 탄산칼륨이 아니라 다른 물질들의 활동에 나름의 획일성을 가지고 작동하는 탄산칼륨의 화학적이거나 전기적인 기타 활동이다. 그리고 사람은 명사가 아니라 그가 자연이나 타인과의 교류에서 내뿜을 것으로 예상되는 모든 활동의 동사이다. 제한적이거나 보완적인 요인들은 전략적이거나 일상적인 거래인 이런 활동들이고, 이들의 유사성이 이들의 원리이다.

그러므로 우리들은 아직 부분-전체의 관계에 당도하지 않았다. 복잡성은 부분들과 전체의 관계가 아니다. 그것은 복잡성일 뿐이어서 어떻게, 왜, 그리고 무엇을 위해서인지에 관한 이해가 없다. 꽃들과 같이 비슷한 복잡성들이 있을 수 있고, 노란 것과 같은 비슷한 단순성들이 있을 수 있다. 사실 이것이 개념들이나 원리들의 위계나 분류라는 말로 우리가 뜻하는 바이다. 속은 더 단순한 속성들이나 운동들의 넓은 유사성이고, 종은 속성들과 동작들의 보다 좁은 유사성의 특정 경우이다. 동물은 속이고 인간은 종이다. 인간은 동물이라는 전체의 부분이 아니다. 베블런이 주장할 바로서, 이 관계는 분류학적이지 기능적이지 않다.

그렇다면 부분-전체의 관계로 나아가기 위해서 정신적 과정에 대한 또 다른 명칭이 필요하다. 우리는 그것을 **공식**이라고 부른다. 공식은 베버의 이념형과 어느 정도 비슷하다. 그것은 연구와 행위를 위해 구축된 정신적인 도구일 뿐이며, 부분들의 상호관계 그리고 부분들과 전체의 관계를 형식화한 것이다. 부분들은 그 자체가 전체로서 각각의 공식이 필요한데, 우리의 특정한 과학에 궁극적으로 요구되는 부분들에 이를 때까지 이와 같다.

그렇지만 다음이 문제이다. 그것이 개념들의 공식인가 아니면 원리들의 공식인가?

지속적인 활동체라는 개념을 보자. 이것은 서로 연관된 개인들, 도구들, 기계들, 생산물들의 서로 다른 유사성의 공식인가? 아니면 그것은 행동하는 것과 거래하는 것의 서로 다른 유사성의 공식인가?

또는 조직의 부분인 개인 자체라는 개념을 보자. 그것은 스미스라는 개념인가, 아니면 스미스화하는 것의 원리인가? 또는 거래라는 개념을 보자. 이는 개별적인 의지들의 상호관계인가, 아니면 서로 다른 종류의 비슷한 자발적인 활동들의 상호관계인가?

여기에 베버의 이념형에 대한 실질적인 적용이 있다고 말할 수 있다. 그것은 개념과 원리를 사실을 연구하기 위한 도구로 적절히 수정해 사용할 공식으로 형식화하는 데 있다. 이것은 친숙한 정의의 문제이다. 그러나 최종결과에서 모든 부분이 발휘할 기능에 대한 이론 없이는 정의를 형식화할 수 없다. 우리가 언제나 동일한 의미로 사용하는 한, 우리의 정의가 다른 어떤 정의만큼 훌륭하다고 말하는 것으로 충분치 않다. 모든 정의는 우리가 염두에 두고 있는 연구와 행동이라는 문제에 맞추어져야 한다. 그래야만 의미를 변경시키지 않고 그것을 사용하게 되거나 사용할 수 있다.

그렇지만 먼저 우리가 그것을 개념으로 사용하는지 원리로 사용하는지, 상호의존적인 개념의 공식으로 사용하는지, 상호의존적인 원리의 공식으로 사용하는지를 구분해야 한다. 경제 이론의 근거로 상정하는 다섯 가지 부분-개념과 이들의 상호관계, 그리고 우리가 행할 의사라고 부른 이들과 전체의 관계를 들어보자. 이들은 각기 하나의 개념이자 하나의 원리이다.

앞에서 발전시킨 **희소**라는 개념은 멩거가 형식화한 개념이다. 이것은 오로지 마음속에 존재하는 순수한 숫자의 개념이다. 이것은 원하는 물건의 수량과 주어진 시점, 장소에 이용 가능한 수량 사이에 존재하는 비율이다. 이러한 전형적인 관계나 이념형으로서 그것은 두 가지 상호의존적인 부분들로 구성된 하나의 전체이고, 이 부분들은 각기 그 자체가 자신의 상호의존적인 부분들로 구성된 또 다른 전체이다. 그리고 비율이라는 순수한 숫자는 개념이자 상호의존성 자체에 대한 측정치이다. 그러나 원하는 물건의 수량 및 가격과 관련된 가변성을 지닌 인간의 교섭 거래들이 지닌 유사성으로 간주하면, 희소도 하나의 원리이다. **행할 의사**라는 전체의 공식에서 기능하는 부분이 되는 것은, 개념이 아니라 이러한 원리이다.

효율도 이와 같다. **효율**의 개념도 오로지 마음속에 존재하는 순수한 숫자의 개념이다. 이것도 단위시간 동안의 산출과 투입이라는 두 부분

사이의 비율로 구성되어 있다. 그러나 **효율**의 원리도 사용된 도구들의 화학적, 전기적, 중력적 등등의 움직임과 산출된 생산물들에 대한 가변성을 지니는 관리 거래의 유사성이다.

관습이라는 개념은 개인들의 집단이 개인구성원에 대해 지니고 있는 구속력의 개념이다. 그러나 습관적인 가정에 의해 인도되는 운영규칙의 원리는 이런 집단의 구속력이 계속 작동하는 한에서 가변성을 지닌, 개인들의 행위와 거래의 반복이다. 주권의 개념은 물리력을 구속력으로 배정한다는 차이는 있지만, 관습의 개념과 같다. 그러나 주권의 원리 또한 물리력의 사용에 복종하는 하급자를 향한 상급자의 가변적인 배급 거래의 반복이다.

미래성의 개념은 예상되는 사건의 개념이지만, **미래성**의 원리는 가변성을 지닌 유사한 반복으로, 예상되는 장애, 도움 또는 결과로서 미래의 사건을 고려하며 움직이는 **현재**에 수행되는 거래와 그 평가의 원리이다.

이 다섯 가지 부분의 원리들이 상호의존하면서, **행할 의사**의 원리라는 전체를 구성한다. 개념으로서 이것은 인간이 지닌 복잡한 속성들이다. 원리로서 이것은 희소, 효율, 운영규칙들, 주권, 미래성이라는 원리들의 제한적이거나 보완적인 상호의존 속에서 인간이 행위하고 거래하는 모든 것에 대한 가변성을 지닌, 예상되는 반복이다. 한 차원의 변동이 다른 모든 것을 변화시켜 거래 전체나 조직 전체를 변화시키기 때문에 기능적인 관계가 그와 같다. 만약 효율이 증가하면 희소가 감소하고, 운영규칙이 변동하며, 미래에 대한 예상이나 주권의 사용도 변할 것이다. 교섭 거래의 공식에서는 기회, 힘, 그리고 경쟁의 차원들 중 어느 하나에서 발생하는 변화가 다른 것의 변화임을 주목했다. 그것의 기능적인 부분들 중 어느 하나에 발생하는 변화가 행할 의사 전체에서의 변화이다.

따라서 우리는 상호의존적인 거래의 예상되는 반복으로서의 지속적인 활동체에 대한 개념에 이르게 된다. 그것의 원리는 행할 의사이고, 그것을 위한 공식은 그것의 모든 제한적인 요인과 보완적인 요인의 변동하는 상호의존에 대해 앞서 제안한 정신적인 공식이다.

　　우리가 취한바, 이 공식은 베버의 이념형 개념이지만, 우리는 이것을 교육적이거나 선전용이거나 의인화된 것이라기보다 "과학적"이라고 부른다. 왜냐하면 이것이 소수의 선별된 요소들이 아니라 **모든** 요소를 포함하는 공식이어서 그것을 형식화하는데, 소수의 선별된 주관적인 감정들에 의존하지 않기 때문이다. 또한 이렇게 하면 이들을 부분-전체의 관계로서 그 자체로서 개별적으로, 그리고 제한적이거나 보완적인 요인들로 상호의존적으로, 연구해야 하는 모든 요소들의 상호의존성에 대한 탄력적인 윤곽을 제공하기 때문이다. 정신적인 연구의 도구로서 과학적인 이용이 가능하다는 주장은 베버가 철학이나 형이상학과 방법론 사이에 설정한 구분과 동일한 구분에 근거하고 있다. 이것은 단지 방법의 도구이고, 그것의 방법은 인간 활동의 과학을 기계적 장치와 유기체의 과학들로부터 명확하게 구분하는 데 있다. 바로 이런 과학들에 대한 분리를 통해 베버는 철학과 형이상학을 회피하고 있다. 왜냐하면 방법론이란 개별 학문이 자신의 영역에서 지식이나 지식의 수단을 만드는 개념들과 원리들의 논리적 구조이기 때문이다. 방법론의 경계는 특정 학문이 다른 과학으로 넘어가는 지점이고, 이 경계를 넘어가려는 시도가 철학적이거나 형이상학적인 교란이다. 현재의 지식 상황에서 이런 경계를 지나갈 수 없음을 알게 되면, 방법의 문제는 철학이나 형이상학의 문제와 혼동되지 않는다. 이 구분으로 우리는 형이상학적이거나 철학적인 함의 없이 우리가 하고 있듯이 실용적으로 **행할 의사, 관습, 미래성,** 그리고 **가치**를 정의할 수 있게 된다.

예를 들어 **의지**가 "자유로운가" 아니면 "결정되어 있는가"에 대한 문제는 우리의 실용적인 관점에서는 "형이상학적인" 문제이므로, 정치경제학의 방법론이라는 경계를 넘어선다. 그러나 이것은 자신의 고유한 공식에 따라 마음과 몸의 관계를 연구하는 심리학이나 신경학의 관점에서는 형이상학적이지 않다. 우리는 의지를 우리가 발견하는 바대로, 즉 행위와 거래를 벌이는 인간의 전체 활동으로 수용한다. 그리고 나서 개념, 원리, 그리고 공식을 구축하는데, 이것들은 이른바 자유와 결정의 형이상적인 문제, 실제로는 심리적인 문제를 끌어들이려고 노력하지 않으면서도 현재 우리의 지식에 근거해 정치경제학의 모든 문제를 연구하는 데 도움이 될 것이다.

그렇지만 만약 의지가 전적으로 변덕스럽고 결정되어 있지 않다는 의미에서 자유롭다면, 우리는 정치경제학이라는 과학이 있을 수 없음을 인정한다. 이로 인해 우리가 **행할 의사**에 대한 경제학을 갖추려면, 의지의 작동에서 획일성을 찾아내야 한다. 우리는 물리학에 적용될 수 있는 **어떻게**와 **얼마만큼**의 과학적인 의미에서뿐만 아니라 베버가 제시한, 우리가 "이해"할 수 있는 왜라는 자발성의 의미에서도 그런 획일성을 찾는다. 그렇지만 우리는 베버의 왜와 다르다. 그는 **가치**가 어떤 논리적인 규칙에도 지배되지 않는, 순전히 주관적이고 변덕스러운 감정임을 발견했다. 이것이 개인에게 사실이라는 데는 의심의 여지가 없다. 이 점에서 그것은 주관적인 의지이다. 그래서 우리의 과학이 주관적인 감정을 근거로 삼는다면, 우리는 사회과학을 보유할 수 없으며 형이상학이나 오로지 개인들, 즉 교육적인 것만을 다루는 과학에 호소해야 한다. 이것이 베버의 어려움이었다. 그는 사회과학의 목적을 위해 자신의 방법론에 개인주의적인 존재, 주관적인 가치, 그리고 개인의 의지를 도입했다. 그리고 이 존재는 "자유롭든" "결정되어 있든" 우리가 아는 한 매우 변덕스럽고, 설명할 수 없으며, 특히 개인주의적이다. 그러나 만약 우리가 개인주의적인 감정이 아니라 많은 지속적이 활동체의 거래를 획일성에 대한 탐구의 근거로 삼으면, 우리의 의식 속에서 왜 그것들이 규칙적인지를 이해할 수 있는 많은 유사성을 만나게 된다. 그렇게 되는 이유는 이것들이 우리가 경험을 통해 알고 있는 유사성이기 때문이다.

이런 획일성 중 하나가 **관습**이다. 비록 개인적인 감정이나 주관적인 평가나 주관적인 의지가 변덕스러울 정도로 크게 달라서 이들을 어떤 과학적인 획일성의 근거로 삼을 수 없더라도, 우리가 감정이 아니라 거래를 지켜보면, 우리는 행위의 획일성을 발견할 수 있다. 그렇지만 여기서 경제학이 아니라 형이상학적인 문제 또는 더 정확히는 심리학의 문제가 경제학의 방법론에 한계를 부과한다. 심리학이나 신경학은 **습관**이라고 불리는 개인적인 획일성을 발견하며, 이 획일성들은 흄의 시대에서부터 **관습**과 구분되지 않았다. 그러나 관습은 여러 개인적인 습관의 유사성에 불과하다. 이전에 경제학은 이것을 반드시 탐구하지 않았던 전제로 받아들였다. 그러나 최근 경제학의 방법론은 더 들여다보도록 우리에게 요구하고 있으며, 실상 정도의 차이를 허용하면서 개인에게 순종하도록 강제하며, 습관이라는 전제를 넘어서서 그 이상으로 그 자체가 연구될 수 있는 사회적 힘이나 압력의 이념형이나 공식을 수립하도록 요구한다.

그런 연구는 역사적이며, 이를 위한 자료의 출처는 관습이 관습법으로 전환되는, 법적이거나 중재적인 결정들이다. 여기서 **습관**의 심리적이고 개인적인 기반이 아니라 영역 내에 있는 모든 개인의 유사한 행위를 강제하는 사회적 압력을 기반으로 관습의 정의를 구성하는 것이 방법론의 기능이 된다. 이런 출처에서 도출된 정의가 변덕스러운 감정, 평가나 의지가 관습의 "운영규칙"이라고 우리가 부르는 것에 부합되지 않는 개인에게 부과된 벌이나 제재를 나타낸다. 이런 관습 개념을 가지고 경제학은 조사의 도구로 작동해 설명과 이해에 봉사한다.

그렇지만 **습관**이나 **관습**의 오랜 개념들에서 발견되지 않는 사회과학에 고유한 또 다른 원리를 끌어들이기 때문에 이같이 봉사할 수 있다. 이것은 우리가 **미래성**이라고 부르는 기대의 원리이다. **습관**은 과거에 발생한 생리적인 과정으로 결정되는 동작의 반복이다. "결정된다고" 말할 수 있다면 말이다. 그렇지만 구속력이 있는 관습의 "결정하는" 힘은 미래에 상상할 수 있는 이익이나 손실에 대한 기대의 유사성이다. 이 "미래성"은 주관적인 관점에서 보면 개인주의적인 심리과학에 속하지만, 거래적인 관점에서 보면 현존하는 안정성, 획일성, 자유, 그리고 사회적 제재에 근거한 노출과 다르지 않다.

이런 미래성의 원리는 또한 객관적으로 가치나 목적이라는 개념이 의미하는 모든 것을 제공한다. 따라서 과학이 요구하는 획일성을 낳지 못하는 변덕스럽고 무법칙적인 베버의 주관적 가치나 의지는 법학과 경제학의 주제인 평가와 행할 의사의 유사성으로 대체해야 한다. 그러나 과학이 되기 위해 어떤 과학도 절대적인 획일성을 요구하지 않는다. 천문학도 가변성을 허용하며, 경제학은 더욱 그렇다. 우리가 함께 작용하는 복잡한 힘들 또는, 보다 정확하게는 원리들을 가지고 있는 사실이 바로 그들 중 어느 하나의 정확한 반복을 금지시킨다. 그래서 경제학의 어려운 문제가 가변성이 개별적인 가치와 의지의 설명할 수 없는 변덕이 아니라 행할 의사 전체를 구성하는 여러 원리의 변동하는 상호관계로 표현되고 이해될 수 있도록 다양한 원리들이 서로 관련되게 만드는 것이다.

이 가변성은 아직은 해결되지 않은 요소들의 기능적인 상호의존성의 사례라고 말할 수 있다.

4. 윤리적인 이념형

베버는 윤리적인 이상을 이념형이 허용할 수 있는 의미로 간주하지 않았다. 그렇지만 윤리적인 이상에는 두 가지 의미가 있다. 그것은 **달성할 수 없을 수도 있고 달성할 수 있을 수도** 있다. 우리는 후자가 **합당한 가치**의 의미라고 주장한다. 합당한 가치와 합당한 관행은 주어진 역사적 단계에서 모든 종류의 현재 상황하에 지속적인 활동체에서 발견되는 타인의 복지에 대한 달성이 가능한 최고의 이상적인 존중이다. 이것을 **실용적인 이상주의**라고 부를 수 있다.

베버는 달성할 수 있는 **종착점**과 달성할 수 없는 **종착점**, 즉 윤리적 목표를 모두 거부했다. 그러나 합당성에 대한 관습법의 의미로 보면, 단지 달성할 수 없는 이상주의가 거부된다. 자신의 사회적 책임에 대해 달성할 수 있는 최고의 존중인 달성할 수 있는 최고의 윤리적 목표에 대한 증거는 그 당시에 존재하는 생존투쟁에서 잔존할 수 있는 최상의 조직의 관행에서 그것이 실제로 존재하고 사실로 연구하고 이에 대해 증언할 수 있다는 사실이 보여준다.

고려하지 않을 윤리적 이념형은, 예를 들어 하늘, 영성체, 무정부주의, 보편적인 형제애, 보편적인 미덕, 보편적인 행복과 같이 달성할 수 없는 것뿐이다. 그러나 생존하는 최선의 예들이 보여주는 바와 같이 달성할 수 있다면, 달성 가능한 것의 이론은 달성한 것의 이론만큼이나 과학적인 이론이다. 왜냐하면 그것이 연구를 통해 발견될 수 있는 최상의 개인 적이거나 집단적인 사례에서 달성되었고 유지되고 있기 때문이다. 집단 적 행위의 당시 운영규칙들로 배제되기 때문에 "너무 좋은" 어떤 개인이 나 조직이 사업에서 실패할 수 있고, "너무 나쁜" 것도 실패할 수 있다. 그러나 벤담의 소망과 같은 개인의 소망이 아니라 그것을 실행하면서 생존하는 제도에 대한 연구가 보여주듯이, 합당한 이상주의는 최고의 실행 이 가능한 이상주의이다. 언제나 평균 이상의 개인과 조직이 있고, 집단 행동를 통한 사회적 이상주의의 문제는 "평균"적이거나 평균 이하의 사람을 평균 이상인 사람의 수준으로 끌어올리는 것이다.

타인에 대한 존중에 있어서 평균 이상인 사람에 대해 연구하는 데서 평균이나 평균 이하의 사람의 경우와 같은 제한적인 요인을 연구해야 한 다. 그런 제한적인 요인은 주어진 시점과 장소에서 할 수 있는 것에 윤리 적인 상한을 설정하는 효율, 희소, 갈등, 현존하는 관습과 주권의 운영규 칙, 습관적인 가정 등이다.[94]

따라서 사적인 이익과 사회적 후생 모두를 고려하는 행할 의사의 경제 학은 **달성한 것**의 **상한**에 대한 이론이므로 끝나지 않았지만 달성할 수 있 는 **미래**에 대한 이론이다. **미래**가 **과거**가 됨으로써 끝날 때 행할 의사에 대한 동일한 이론이 **달성한** 것에 대한 역사적인 이론이 된다. 경제적 활 동의 윤리가 **행할 의사**라는 원리의 미래이지만, 역사는 동일한 원리의 과거이다.

이런 **합당한 가치**의 이론, 그리고 **합당한 가치**로 종결되어서 **합당한 관행**이 된 것의 이론은 마음속에 베버의 이상향을 그리는 그런 이상주의

∴

94) 본서 1362쪽, 사고와 실업.

자에게는 대단히 실망스러울 수 있다. 그는 명확히 자신의 이념형이 "존재하지 않는다고" 생각하므로 그것에 "이상향"이라는 명칭을 부여한다. 그러나 그것이 실제로 생존을 유지하고 있는 조직의 최선의 관행에 실제로 **존재하고** 있음을 우리가 발견하는 한, 그것이 이상향이 **아니라고** 우리는 생각한다. 진정으로 이상향적인 것은 달성할 수 없는 것이고, 우리는 너무나 많은 이상주의자가 나중에 환멸을 느끼면서 비관주의자나 반동주의자로 변하는 것을 보았다. 이 때문에 최선의 관행으로 나타나는 것보다 더 사회적 이념주의를 향해 우리가 나가는 것은 정당화될 수 없다. 실행이 가능하다는 것이 논증된 사회적 이상에 대해서조차 맬서스적인 정념과 우둔함이 필사적인 전선을 세워놓았기 때문에 이 제한된 영역에서 감격과 선전의 여지는 넓다.

그럼에도 불구하고 실행이 가능한 최선의 범위 안에서 윤리의 의미는 거래와 지속적인 활동체의 성격을 객관적으로 연구하고 이해하려는 목적으로 구축된 이념형이다. 그렇지만 이것을 변덕스럽고 개인주의적인 주관적 윤리의 이념형과는 구분해야 한다. 윤리적 이념형에 대한 우리의 개념은 거래에 참여하는 모든 사람이 달성할 수 있는 최선의 복지 관계가 작동할 수 있는, 연구에서 도출한 합의에 근거하고 있다. 이것은 **존재하는** 것이나 **존재했던** 것과 대비되는, **존재해야 하는** 것을 의미하지만 변덕스러운 개인의 주관적인 "당위"가 아니다. "합당한 가치"라는 용어에 부딪히면 대부분의 사람은 이것을 개인들이 많아질수록 달라지는 그런 주관적인 감정에서의 개인주의적인 이상으로 생각한다. 그렇지만 합당한 가치에 대한 우리의 생각은 함께 일하고 협동을 유지하기 위해 서로에게 의존적인 사람들의 합의에 따른 이상주의이다. 이것은 존재해야 한다고 "내가 생각하는" 것이 아니라, 존재해야 하고 달성할 수 있다고 지속적인 활동체로서 "우리가 생각하는" 것이다.

베버가 목표나 종착점을 거부했을 때 그는 함께 활동하는 "우리가 생각하는" 것이 아니라 "내가 생각하는" 것을 염두에 두고 있었다. 그렇지만 이런 의견의 윤리적인 합의에 도달하는 공식은, 달성이 가능한 것의 범위 안에 있으면서도 베버가 고안한 것과 비슷한 이념형이다. 이것은 모든 사법적인 추론을 관통해서 발견된다. 이것은 정의를 제공하기 위해 정신적으로 구축된 준칙, 표준, 허구, 의인화, 유비 등에 있다. 아마도 지난 300년 동안 구축되었고 새로운 사례들이 나타나면서 아직도 재건축되고 있는 가장 초보적인 이념형은 의사를 가진 구매자와 의사를 지닌 판매자의 이상이다. 이 이상은 관습법에서 합당한 가치가 나오는 경제관계의 이념형으로 설정되어 있다.

근대적인 신용체계가 반 이상이 근거로 삼고 있는 관습법에 대해 16세기에 만들어진 이념형도 이와 같다. 그것은 "모두가 법의 관점에서 정의롭고 올바른 것을 수행했다고 상정한다는" 묵시적 계약이다. 그것의 가정은 명시적인 계약이 없는 경우 계약이 내포되어 있는 계약이거나 아니면 순전한 허구이다. 이것에 사법의 과학이 근거하고 있다. 사실 거짓이거나 거짓일 수 있는 어떤 것이 여전히 진실이라는 법석인 가정이기 때문에, 제러미 벤담을 그렇게 격노하게 만든 모든 "가공"은 실질적으로 새로운 상황에 맞게 오랜 법의 규정을 조정하려는 목적을 지닌 윤리적인 이념형이다. 그리고 그것은 명백히 변덕스러운 미지의 주관적 의지들이 아니라 의지들의 작동상 유사함에 대한 경험에 근거하고 있다. 따라서 이것은 엄밀하게 과학적이다.

예를 들어 법적인 추론에서 사용된 묵시적 **계약**에 따른 이행이라는 의제는, 기술적인 의미에서 "묵시적인" 계약이든 전적으로 의제이든 오로지 하나의 변덕스럽고 자의적인 의지에 대한 이전의 개념과 대비할 때만 의제이다. 이전 개념은 폭력, 강도, 변덕스럽고 전제적인 정부의 봉건적이거나 전제적인 이전 시대에 적용될 수 있었다. 그렇지만 구매, 판매, 그리고 약속이행에 관한 상인이 관습과 함께 평화로운 시업이 들이오기 시작했을 때, 이런 자본주의적인 거래들의 유사성이 거래의 당사자였던 개별적인 원고나 피고가, 자신의 마음속에서 실제로 의도했든 의도하지 않았든 합당한 행위들의 유사성이라는 원리로부터 내포된 것을 이행하려고 의도했음을 시사하는 근거를 제공했다.

사회과학, 특히 경제학과 법학을 제외한 어떤 다른 학문도 거짓인 것이 실제로 참이라고 주장하면 과학일 수 없다. 물리학과 생물학은 시를 통하지 않고서는 전기나 개미들의 군집에서 무언가를 하거나 하지 않겠다는 어떤 목적, 의도, 내포된 약속이나 계약을 읽어낼 수 없다. 이것이 사회과학에 고유한 이념형을 수립함으로써 물리적인 과학으로부터 사회과학을 구분하는 데서 리케르트와 베버의 통찰이 지닌 견고한 기반이다. 과학이 자신의 방법론을 위해 요구하는 것은 오로지 움직임의 어떤 유사성이다. 예상되었고 실행된 거래들의 유사성이외에 다른 것이 아닌 관습에 기초를 두고 있는 영미의 관습법이 경제학과 법에서 이것을 제공한다.

경제학이나 법학은 개인의 의지에 의한 변덕스러운 주관적인 평가에서 계약을 맺거나 맺은 계약을 이행하는 의존할 만한 어떤 목적도 읽어낼 수 없었다. 그렇지만 만약 거래들의 예상되는 모종의 유사성에 불과한 상인의 관습이 거기서 자라났다면, 이런 유사성에 근거하는 수백 가지의 함의, 가정, 그리고 가공을 개별 원고들과 피고들의 마음속에서 읽어낼 수 있다. 이런 함의들이 이들의 마음의 주관적인 구석에서 진행되는 것과 관련해 진실인지 허위인지와 무관하게 이같이 할 수 있다.

이것은 법에서와 마찬가지로 경제학에서도 사실이다. "경제인"이라는 가공은 단순히 의지의 어떤 획일성을 가정한 것이다. 이 가공의 결점은 이것이 경제 이론에 필요한 **유일한** 유사성이라고 가정한 것이다. 실제로 이것은 유사하기만 하면 우리가 모두 "원리"라고 지칭했던, 제한적이거나 보완적인 요인에 의해 계속 수정된다. 사실 유사성의 원리에 근거해 물리적이거나 유기적인 과학에서는 생각할 수 없는, 경제적이거나 법적인 가공들과 내포된 약속, 목적, 의도, 동기 등은 경제학이나 법학이 그것을 사용해 과학이 될 수 있는 유일한 정신적인 연구 도구이다. 존재했거나 존재하는 것에 적용된 과학적인 유형이든, 최선의 관행의 범위 안에서 존재해야 하는 것에 적용된 윤리적인 측면이든 이 모든 것은 베버의 이념형이라는 개념 속에서 일반화될 수 있다.

윤리적인 이념을 미국에서 가장 무게 있게 활용한 것이 철도 등의 공공시설에 대한, 이른바 "물적인 평가"이다. 여기서 역사 속의 실제 조직이 투자된 자본의 합당한 가치라고 생각되는 것에 부합되게 하려는 목적으로, "현존하는 상황 속에서의 재생산비용"에 근거해 기술자, 회계사, 경제학자, 변호사, 그리고 법원의 단합된 행동을 통해 대안적이지만 존재하지 않는 지속적인 활동체가 상상 속에서 수립된다. 이것은 대중에게 부과되는 합당한 가격과 대중에게 제공될 합당한 서비스에 연장되어 적용된다.[95] 동일한 것을 달성이 가능한 범위 안에서 성취할 수 있다면, 화폐의 구매력 안정화라는 이념형이 또 다른 이념형이다.

이런 이념형과 이와 유사한 이념형이 경제연구의 방법론에 대한 베버

95) Glaeser, Martin, *Outlines of Public Utility Economics*(1927) 102-114, 468-475; Commons, John R., *Legal Foundations of Capitalism*, 143 ff.

의 중요한 기여에 근거하고 있다. 그렇지만 이것은 크게 다르고 변덕스러우며 어떤 규칙성도 지니지 않아 배제되어야 마땅한 주관적인 의지의 가치에 대한 개인주의적인 감정을 기반으로 삼아 구축되지 않는다. 이념형은 그런 부류의 거래에서 이미 이루어지는 것에 대한 윤리적인 이념형으로 간주되는 것에 따라 명령하고 통제하며 어떤 다른 평가를 가져오려는 명시적인 목적으로, 공동으로 행할 의사의 어떤 유사성이라는 가정에 근거해 구축된다. 이런 종류의 유사성이 일어난 일이나 일어날 것으로 예상되는 일이든 미래에 일어나야 할 일이든, 경제적인 활동의 의사에 대한 이론을 가능케 한다.

이제 문제는 우리가 시작한 지점으로 되돌아간다. 거래나 지속적인 활동체에 대한 우리의 공식이 물리적이거나 유기적인 과학에서 사용하는 의미에서 과학적이면서도 이들과 구분되는 경제학에 고유한 특질을 체현하는 그런 베버의 방법론에 대한 대안을 제공하는가? 마술, 연금술, 가치 또는 의지라는 주관적이고 변덕스러운 존재에 근거하지 않고, 모든 과학과 같이 행위의 유사성을 근거로 삼는다는 점에서 우리의 공식이 과학적이라는 것이 이에 대한 답변이다. 또한 물리적이거나 유기적인 과학이 물리적 물체의 작동에서 유사성을 발견하는 데 비해 인간의지들의 경제적인 유사성을 발견함으로써 이런 과학과 구분된다는 점에서, 우리의 공식이 경제적이라는 것이 답변이다. 이런 유사성이 경제학에서는 모두 물리적이거나 유기적인 과학에서는 발견되지 않는 원리인 미래 시간의 원리에 의존하며, 이것이 경제학에서는 기대의 안정성을 유지시키는 언어, 숫자, 재산, 자유, 운영규칙의 제도에 의해서만 가능해진다.

교육적이거나 선전적인 목적을 위해 이런 과학적인 원리가 의인화의 방법이라는 다른 방법론을 필요로 함은 의심할 여지가 없는 진실이다.

그러나 의인화가 바로 과학에 모순된다는 것과 고통스럽게 의인화가 제거되고 있는 최후의 과학이 인간의 의지 자체를 학문의 주제로 삼는 과학이라는 것 또한 진실이다.

따라서 우리는 앞선 철학자 리케르트를 따르는 베버의 정치경제과학과 그것의 주제인 **합당한 가치**에 대한 공헌이라고 우리가 간주하는 것[96]에 도달하고 있다. 그것은 분석과 통찰이다. 물상과학자로부터 수용한 분석이라는 이전 경제학자들의 방법은 **분석**과 **종합**의 방법으로 구분할 수 있다. 이것은 전체를 부분들로 쪼갠 다음 이들을 상관관계나 계수 등으로 다시 결합하는, 순전히 지적이고 수학적인 과정이었다. 그러나 리케르트는 **역사과학**에서 **자연과학**을 구분했다. 역사과학에서는 인간의 의지가 작동하고 있다. 따라서 리케르트와 베버에 의하면, 역사과학은 측정이 가능한 수량으로 환원되지 않는다. 그것은 미래를 내다보는 목표로 작동한다. 그런데 이런 미래를 측정할 수 있고, 실제로도 신용과 부채의 경제에서 측정되고 있으며, 전체적인 작동과정의 모든 부분이 합리화의 과정을 통해 분석되고 종합될 수 있지만, 이 과정은 결코 진행되고 있는 것에 대한 진정한 통찰을 우리에게 주지 않는다. 역사과학의 방법 그리고 이런 이유로 경제학의 방법은 분석, 창출, 그리고 통찰의 과정이다. 우리는 보다 나은 분석과 순차적인 사건들에 대해 보다 나은 지식을 획득함으로써 더 나은 이해에 이른다. 분석과 창출은 합리화의 지적인 과정이다. 그러나 통찰은 생명, 의지, 목적, 원인, 결과, 예상을 그런 분석과 발생 속에서 읽어내는 감정적인 과정이다.

만약 자연과학이 우리에게 일군의 지식이 아니라 자연의 힘들이 작용

96) 참고문헌, 본서 1186쪽.

하는 방식에 대한 더 나은 지식을 통해 이 힘에 대한 통제력을 획득하는 과정을 의미한다면, 역사적으로 이 과정은 자연과학의 과정과 진정으로 다르지 않다. 그러나 이것은 통상적인 과학의 의미가 아니다. 이것은 오히려 **공학기술**의 의미이다. 과학이 오로지 인간의 지식을 의미하는 데 비해 기술이 인간의 통제를 의미한다는 점에서, "기술"은 "과학"과 다르다고 상정된다. 그러나 만약 자연과학의 주제를 일군의 지식이 아니라 실험과 연구를 통해 지식을 획득하는 일군의 과학자들로 간주한다면, 자연과학과 역사과학에 대한 리케르트의 구분은 환상이다. 예를 들어 화학이 자연이 알지 못하는 약 20만 개의 제품을 창출했기 때문에 일군의 과학자들로 간주하는 이런 견해를 옹호하는 주장을 펼칠 수 있다. 특히 아인슈타인과 에딩턴이 갈릴레오의 시대 이래 물리학자들이 경멸해온 철학자들이 상상할 수 있는 가장 극단적인 형이상학으로 물리학을 환원했기 때문에, 물리학자들은 이 주제에 대해 불안해하게 되었다.[97]

이들의 탈출구는 아마도 과학의 주제를 일군의 지식에서 일군의 과학자들로 바꾸는 것이 될 것이다. 그렇다면 자연과학은 경제학자들이 "기계 과정"으로 알고 있는 바와 같아지고, 우주는 더 이상 인간의 의지와 독립적인 무한한 "기제"가 아니라 과학적인 연구자들이 구축한 유한한 "기계"가 될 것이다. 이와 비슷한 일이 실제로 일어나고 있는지도 모른다. 듀이가 그것의 윤곽을 제시한 것 같다. 그가 말하기를, "수행할 작동 계획인 생각은 세상의 모습을 바꾸는 행위에서 뺄 수 없는 요인이다. (……) 과학에 부합되는 진정한 관념주의는 생각이 존재하고 있거나 존재

••
97) Nichols, Herbert, "A Crisis in Science", *The Monist*, XXXIII(1923), 390. 본서 1037쪽 주석의 Akeley, L. E. 참고문헌도 참조.

했던 것이 아니라 수행될 행위에 대한 진술이라는 과학의 가르침을 철학이 받아들이자마자 등장할 것이다."[98]

반면 일군의 지식이라는 물상과학의 통상적인 의미를 받아들이면, 그것의 주제는 미래, 목적, 이념형을 전혀 가지지 않으므로, 경제학과 전적으로 달라진다. 따라서 경제학을 위해서는 우리는 분석과 창출뿐만 아니라 작동하고 있는 인간의 의지에 대한 이해도 필요로 한다.

만약 우리가 이런 구분을 우리의 방법론에 대한 근거로 삼으면, 경제과학의 주제는 서로의 거래와 자연력에 대한 통제와 서로의 힘에 대한 통제, 즉 습관적인 가정, 합리화와 통찰에 있어서 세 가지 가변성에 따라 움직이는 인간이다. 습관적인 가정은 관습으로부터 발생하고, 많은 추론이나 통찰 없이도 지속될 수 있고 지속된다. 합리화는 가정과 통찰과 구분되지만 분리될 수 없는 순전히 지적인 과정이다. 통찰은 감정적이고, 의도적이며, 평가적이고, 직관적이며, 심지어 본능적인 과정이다. 이것은 부분적으로는 관습이고 부분적으로는 합리화로서 최고로 도달할 수 있는 것이 자연력과 타인의 힘에 대한 통제와 적응을 목적으로 삼는, 전략적이고 일상적인 거래들의 적시성이다. 이 세 가지 측면이 함께 우리가 말하는 **행할 의사**를 구성한다.

행할 의사에 대한 분석에서 절대적이거나 근본적인 것은 없다. 우리는 단순히 그것이 경제적인 거래에서 개인의 행위를 이해하는 데 유용한 공식임을 발견한다. 그렇지만 그것이 지극히 논란이 많고 아마도 통과할 수 없는 심리학과 경제학의 간격을 내포하도록 고안되어 있기 때문에, 우리는 심리학과 경제학의 "두 가지 언어의 가설"을 채택했다. **행할 의사**

••
98) Dewey, John, *The Quest for Certainty*(1929), 138.

에 대한 분석에 이 언어를 적용해 우리는 몇 가지 용어들의 이중적인 의미 또는 이중적인 측면을 구분할 수 있다. 따라서 "자본주의"는 (베버, 좀바르트, 그리고 토니가 수립한) 자본주의 정신과 이런 정신의 측정할 수 있는 행위인 사업거래라는 이중적인 측면을 지니고 있다. 습관적인 가정은 사고가 수반되지 않은 인상과 서래의 습관적인 반복이라는 이중적인 측면을 지니고 있다. 희소는 희소−의식과 제한된 자원이라는 이중적인 측면을 갖고 있다. 행할 의사는 기대와 기대되는 거래라는 이중적인 측면을 갖고 있다. 목적은 의도와 의도된 효과라는 이중적인 측면을 지니고 있다. 책임은 양심과 결과라는 이중적인 의미를 지닌다. 이성은 합리성과 합당성의 이중적인 측면을 지닌다. 분석의 합리성은 이론과 수학에서 제시되고, 행위의 합당성은 **합당한 관행**과 **합당한 가치** 같은 용어로 이해된다. 마지막으로 통찰이라는 단어 자체가 **지혜**와 **적시성**이라는 이중적인 측면을 지니고 있다. **지혜**는 주관적이고 미래지향적이어서 측정될 수 없지만, **적시성**은 "적절한" 일이 "적절한" 장소에서 "적절한" 시점에 "적절한" 정도의 힘에 따라 해당되는 것의 "적절한" 수량으로 수행되는 정도에 따라 측정이 가능하다. **적시성**에 대한 근대적인 연구와 그것의 전략적이거나 일상적인 거래들 속에서 경제학은 로크와 벤담의 추상적인 합리화로부터 지속적인 활동체의 작동에 참여하는 사람들의 현실적인 통찰이나 통찰의 부족으로 옮아간다.

VII. 집단행동

이런 이유로 인해, 가능하다면 개인이 그 안에서 움직여야 하는 집단
행동 자체가 작용하는 원리를 연구하고 확인할 필요가 있다. 우리는 이
집단행동을 **정치**로 규정하고, 그것이 통과하는 역사적인 과정을 사회경
제적인 결과로 규정한다.

1. 정치

(1) 인물됨, 원리, 조직

정치라는 말로 우리는 활동체(concern) 안에서 그 활동체와 참여자들
을 통제하고 통제력을 유지하기 위해 고안되는 단합된 행위를 의미한다.
거래는 관리적이거나 교섭적이거나 배급적이다. 활동체는 도덕적이거나
경제적이거나 주권적이다. 도덕적인 활동체는 경제적이거나 물리적인
힘이 없어서, 근대에는 단지 설득이라는 제재에 의존하는, 종교적, 자선
적, 교육적, 공제적 모임 같은 것이다. 경제적 활동체는 사업조직, 노동
조합, 농업협동조합, 농산물이나 주식거래소 등이다. 이들은 거래에 대
한 참여, 이로부터의 배제, 그리고 이에 대한 불간섭을 통해 이익을 보호
하고 손실을 부과함으로써 압박을 가하는 경제 제재에 의존한다. 주권적
조직은 시, 주, 연방 또는 제국의 어느 것이든, 물리적 강제를 통해 압력
을 가하는 제재를 활용한다. 그러므로 활동체의 정치는 운영규칙을 형식

화하고 활동체에 이용이 가능한 제재를 통제함으로써 개인에 대한 관할권을 유지하기 위해 고안된 갈등과 지도력의 내적인 활동이다.

활동체 전체에 대해서와 마찬가지로 활동체의 내부에서는, 기회가 제시하는 바와 같이 활동체의 정치도 도덕적, 경제적 또는 물리저 힘의 세 가지 제재 중 하나나 이 모든 것에 근거한다. 그리고 활동체를 장악하려는 노력에서 이 제재 중 어느 것이 압도하는지에 따라 이에 상응하는 세 가지 이름인 설득, 압박, 강제가 유인을 서술하는 데 부여되며 지도자, 상사, 그리고 우두머리라는 용어가 이에 상응하는 지도자의 역할을 나타낸다.

이런 제한된 의미의 지도자는 추종자를 끌어들이고 이끄는데 오로지 설득과 선전에만 의존하는 사람이다. "상사"는[99] 공장장, 고용주, 그리고 태머니파 정치두목과 마찬가지로, 추종자의 직장, 계약, 생계 또는 이윤을 통제함으로써 압박에 의존한다. 우두머리는[100] 경찰서장이나 군대의 지도자처럼 물리력에 대한 자신의 통제를 통한 강제에 의존한다. 이 세 가지 제재를 동일한 사람이 구사할 수도 있고 그렇지 않을 수도 있으나, 통상 성공적인 우두머리는 압박과 설득을 사용하는 데도 능란하다. 상사도 압박과 설득을 사용하는 데 능란하다. 그리고 지도자는, 단지 설득을 성공적으로 사용해 상사나 우두머리가 될 수 있다. 지도자, 상사 또는 우두머리가 없이 움직이는 대중은 군중이 된다. 지도자, 상사 또는 우두머리와 **함께**하면 그것은 지속적인 활동체가 된다.

..

99) "상사"라는 단어는 네덜란드어 baas가 있는 그대로 이전된 것인데, 경제적 통제와 같은 의미를 지니고 있다. 이 단어는 1836년에 처음 뉴욕에 나타났다. Commons, John, R., and Gilmore, E. A., *Documentary History of American Industrial Society*, IV, 277 ff.
100) 부족의 장을 뜻하는 스코틀랜드어 cheef에서 유래함.

지도력을 달성하는 이런 여러 제재의 결합을 구분하기 위해 흔히 사용되는 세 가지 추가적인 용어는 인물됨, 원리, 그리고 조직구성이다. 인물됨은 어린이와 어른, 여자와 남자, 우매한 사람과 지배적인 개성의 소유자에 이르기까지 그 정도에서 크게 다르다. 떨어지는 사람들의 습관과 가정들에 따라 당시에 탁월한 인물에게 유전된 성질과 획득된 성질이 결합되어 있어 그를 지도자, 상사 또는 우두머리가 되기에 알맞도록 만든다.

원리도 이와 비슷하게 달라지지만, 서로 다른 원리들은 떨어지는 사람들이 합의된 행위에서 결합될 수 있는 성향에 대한 판단에 따라 지도자가 공식화하고 내세우는 서로 다른 정책이다. 이 점에서 우리는 과학적 원리에서 정치적 원리를 구분한다. 사법, 논리, 물리학, 전기, 중력 또는 경제학 같은, 여러 학문의 원리들처럼 과학적 원리는 단지 지적으로 관찰된 행위나 목적의 유사성이다. 그러나 정치적 원리는 의지와 관련되며 자유무역, 보호, 기업윤리, 노조원리, 종교적이거나 윤리적인 원리, 애국심, 충성, 그리고 심지어 경제와 효율처럼 목적이 있는 행위의 방향이다. 이들에 따라 합의 행위가 약속된 목표를 향하도록 자극을 받는다. 여기서 지도자가 지도자가 되는 이유는 다른 사람들이 느끼지만 말할 수 없었던 것을 언어로 형식화할 수 있기 때문이다.

마지막으로, 조직구성은 완벽에 이르면 모든 열등하거나 우월한 지도자, 상사, 우두머리의 부드럽게 작동하는 효과적인 위계라는 점에서 인물이나 원리와 구분된다. 구성원이 바뀌더라도 교체가 가능한 부분품과 비슷하게 계속 움직이기 때문에, 어떤 경우에는 이 위계가 비유로서 "기계"로 알려지게 되었다. 누구도 불가결하지 않지만, 작동이 가능할 것으로 확인되는 선별, 전보, 승진, 그리고 정치의 방법에 따라 개별지도자는 위계 내부에서 솟거나 대체 인물에게 밀려날 수 있다. 조직이 이런 부드러운 완결에 도달하는 정도에 따라 우리는 물리적 명칭인 "기계"나 생물학적 명칭인 "유기체"가 아니라, 그리고 심지어 불확정적인 명칭인 "집단"이 아니라 사회적 활동의 명칭인 "지속적인 활동체"라는 명칭을 그것에 부여한다. 완결된 지속적 활동체이 특징은 사람과 원리가 바뀌어도, 특정 사람이나 원리에 의존하지 않으면서도 계속할 수 있는 능력이다. 그것은 활동체의 지속을 위해 필요한 충성과 후견을 제공하는 다양한 집단의 사람들이 지닌, 가변적이고 충돌되는 성향에 맞도록 사람과 원리를 바꾸어가면서 상황들에 적응한다. 실로 그것은 사람과 같이 행동하며, 종종 진정으로 인격화되지만, 최근에는 이런 비유가 기계라는 용어로 물체화되었다. 그렇지만 비유가 없는 사회적 용어로는 **지속적인 활동체**가 더 적절하다.

따라서 경제적인 사회는 실제 불가분하며 지속적인 활동체라는 개념에 결합되어 있는 인물, 원리, 그리고 조직구성의 변동하는 복잡성이다. 적절하게는 개인주의라고 불리는 경제 이론의 과거 단순성으로부터 구분하기 위해, 활동체 내부의 이런 복잡성에 우리는 정치라는 이름을 부여한다. 동등한 개인들을 가정하는 대신 지도자와 추종자, 상사와 부하, 장교와 사병이라는 크게 서로 다른 사람들이 우리 앞에 놓여 있다. 모든 동등한 개인이 자신의 사익을 추구한다는 과거의 단순한 가정 대신에, 동등하지 않은 개인들이 공통의 이익을 추구하는 크게 다르고 충돌되는 원리가 우리에게 있다. 우리는 규제받지 않는 개인들이 아니라 그들을 규제하는 위계를 가지고 있다. 그것의 복잡한 활동 전체가 정치이다. 무정부주의나 개인주의의 반대는 사회주의나 공산주의가 아니다. 그것은 정치이다.

"정치"라는 단어의 의미는 흔히 지배적인 조직으로 간주할 수 있는 국가에 대한 통제권을 지니기 위해 고안된 활동에 국한되어왔다. 그러나 수없이 많은 형태의 경제적이거나 도덕적인 단합된 행동이 등장하면서 인물, 원리, 그리고 조직의 비슷한 복잡성이 모든 활동체에서 발견되고 있다. "주권"이라는 단어가 지적하는 바와 같이, 주권적인 활동체가 물리력이라는 제재를 사용한다는 사실이 그것을 지배적으로 만든 것 같다. 그러나 우리가 본 바와 같이, 주권은 사적인 거래로부터 폭력을 점진적이지만 불완전하게 추출한 것이고, 다른 활동체들이 국가를 지배하기 때문에, 이렇게 국한하는 것은 환상이다.

그 이유는 사적인 당사자들이 사적인 폭력을 통해 이행하려고 노력할 수 있는 것을 물리적인 제재를 통해 이행하는 것이 국가이기 때문이다. 결과적으로 사적인 폭력에 호소하는 대신 정당이라는 이름의 단합된 행동의 한 형태가 주권조직 내부에서 활동체들로 진화해왔다. 이들은 단합된 행동을 통해 모든 경제적 거래에 연루된 법적인 권리, 의무, 자유, 그리고 위험노출을 결정하는 위계를 이루는 입법, 행정, 사법의 인사들을 선별하고 장악하려는 목적을 지니고 있다. 왜냐하면 이런 용어가 나타내는 법적인 관계는 물리적인 힘보다 더 강력할 수 있고 경제적이거나 도덕적인 힘의 "법외적인" 제재와 구분되는, 통제를 목적으로 특화된 사회의 물리적 제재에 불과하기 때문이다.

정당은 다른 지속적인 활동체와 마찬가지로 인물, 원리, 그리고 조직 구성의 가변적인 결합을 통해 진화해왔다. 인물이 지배적이었던 미국 공화국 초기에 정당은 가책 없는 투쟁으로 그때까지 독립적이었던 식민지역의 국가적인 단결을 위험하게 만드는 것으로 보이는 "파당"으로 간주되었다. 그러나 궁극적으로 해밀턴이나 제퍼슨과 같은 주도적인 인물이 경제적이거나 정치적인 원리들을 지지하고 나섰다는 것이 확인되었다.

그리고 궁극적으로 이런저런 상충하는 원리들이 지속적인 활동체의 단계에 이르렀을 때 이 원리들은 실제로, 그리고 심지어 헌법에 반해서 대통령을 선출하는 방법을 탁월한 시민들의 환상적인 협의회(헌법의 초안자들이 제안한 선거인들의 모임)로부터 선거인들을 임명하고 선출하기 위해 마련된 정당의 협의회로 변경시켰다.[101]

사심이 없는 시민들의 조용한 토론이라는 당초의 환상은 인간이 올바른 것을 실행하려면 그것을 보기만 하면 되는 합리적인 존재라는 18세기 이성의 시대가 지닌 순진한 오류에서 나왔다. 그러나 모든 단합된 행동과 마찬가지로 정당도 대중의 정념, 우둔함, 그리고 불평등함에 기초하고 있으며, 이것은 국가의 의지를 형식화하는 관리들에 대한 통제권을 얻고 유지한다는 아주 실제적인 목적을 지니고 있다. 그래서 국가보다 정당들은 물리적인 힘의 제재가 경제적 이익이나 손실로 향하게 만드는 경제적 조직이 되었다. (기업조직, 노동조직, 농부조직, 은행가조직들처럼) 다른 활동체에서는 활동체에 대한 통제력을 얻으려는, 이런 내적으로 단결된 행위가 "불법조직", "내부자", "기계", "파당", "좌파", "우파"처럼 여러 이름으로 통한다. 그렇지만 이들은 그 총체적인 모습이 활동체의 정치라는 하나의 일반적인 용어로 표현되는 인물, 원리, 조직구성의 비슷한 현상을 지니고 있다.

활동체 내에서의 분업이라는 사실로부터 지도적인 인물이 활동체의 특정 활동을 인도하는데, 경험과 성과를 통해 특별히 적합해진 전문가로

∴

101) 해밀턴과 제퍼슨에 대해서는, 특히 Bowers, Claude, *Jefferson and Hamilton*(1925), 협의회 체제에 대해서는 Bryce, James, *The American Commonwealth*(1921, 1929), II. 직접적인 일차 선거에 대해서는 Commons, John, R., *Proportional Representation*(2판, 1907)를 참조하라.

등장하는 일이 발생할 수 있다. 우리가 기술한 바로, 정치가는 심리학의 전문가이다. 그는 경험과 통찰을 통해 개인들의 욕정, 우둔함, 불평등, 관습, 습관적인 가정을 알고 있고, 대중행동에서 개인들을 결합할 수 있도록 이것들에 대해 작업한다. 기술자가 효율의 전문가이고 사업가가 희소의 전문가인 것처럼, 정치가는 인간심리의 전문가이다. 이런 전문화를 지난 100년 동안 모든 이상향뿐만 아니라 기업경제학자와 경영경제학자는 간과해왔다. 이런 사람들은 사회철학자, "지성인", 사업가, 기술자를 집단행동에 대한 관제탑에 배치할 것이다. 그러나 "자연선택"의 과정은 정치인을 여기에 배치한다. 정치적 감각은 지닌 사람은 바로 정치인이다.

활동체 내에서 정치의 단합된 행동이 욕정, 우둔함, 불평등, 그리고 대중행동에 기반을 두고 있지만, 다른 모든 과학의 복잡성과 같이 이것도 과학적으로 연구할 수 있다. 어떤 특정 상황에 대해 확실히 그 복잡성이 무엇을 의미하는지를 우리는 미리 말할 수 없다. 그러나 다른 과학에서와 마찬가지로, 관찰이나 실험으로부터, 우리는 모종의 과학적 원리나 추정된 행위의 유사성을 구축해서, 특정 상황에서 연구의 목적으로 사용할 수 있다. 과학적인 마음이 모든 연구에서 작용하는 이런 학문적인 방법을 우리는 분석, 발생, 그리고 통찰의 방법이라고 서술해왔다.

분석의 방법은 복잡성을 행위의 추정된 모든 유사성으로 쪼갠 후에 각각의 유사성을 연구를 통해 시험할 제안된 과학적인 원리로 지정해 이것에 이름을 부여하는 것이다. 발생의 방법은 현재의 상황이 현재와 같이 존재하는 이유에 대한 설명으로 과거에 나타났던 변화들을 발견하는 것이다. 통찰의 방법은 지도와 추종의 방법을 이해하는 것이다.

우리는 이미 앞서 인물, 정치적 원리, 그리고 조직구성에 대한 구분에서 이런 학문적인 방법을 제시했다. 각각은 관찰로부터 도출된 획일성으로서, 그것의 진화가 창출이고 그것에 대한 이해가 통찰인 과학적인 원리이다. 그러나 정치라는 총체성에 대한 분석에서 발견될 수 있는, 세부 구분과 주제를 지닌 네 가지 과학적인 원리가 있다. 특정의 구체적인 경우에, 분석, 발생, 그리고 통찰에 있어서 그들의 상대적인 중요성을 발견하기 위해 이것들을 모을 수 있다. 이런 원리는 관할, 배분, 안정화, 그리고 정당화이다.

관할은 영토적인, 인간적인, 그리고 거래적인 관할로 세분된다. 배급 과정은 상호부탁(log-rolling), 독재, 협동, 집단적인 교섭, 그리고 사법적인 결정으로 세분된다. 안정화 과정의 주제는 관행, 가격, 그리고 고용의 표준화이다. 정당화는 선전들과 습관적 가정들로 세분된다. 이들 각각은 사실상 다른 모든 것과 불가분의 관계에 있으며, 보다 일반적인 정치원리에 모두 포괄되는 것이 적절하다. 이들은 활동체를 통제해 개별행동을 통제하기 위해 고안된 어떤 활동체 안에서의 단합된 행동의 일반적인 원리가 지닌 서로 다른 측면이기 때문이다. 이들은 어느 정도 서로 겹쳐 있다. 그렇지만 극단적인 경우를 채택하는 분석적인 과정을 통해, 역사적으로 하나가 다른 것으로 어떻게 변동하는지를 보여주는 창발적인 과정을 통해, 그리고 어느 하나가 전략적인 요인이고 다른 것이 일상적이거나 공헌하는 지점에서 통찰의 종합적인 과정을 통해 이들에 대한 구분이 가능하다.

(2) 관할

관할은 우리에게 개인행동을 통제하는 집단행동의 **범위**를 의미한다.[102] 이것은 오랜 규칙을 해석하고 새로운 규칙을 고안해서 개인들 사이의 분쟁을 판결하는 모종의 권위를 의미한다. 그리고 이것은 규칙 위반으로 개인에게 부과되는 모종의 처벌이나 제재를 의미한다. 가장 극단적인 처벌이나 제재는 주권이 부과하는 물리적인 벌이다. 그렇지만 근대의 경제활동체들이 부과하는 임금상실이나 이윤상실이라는 벌도 있다. 그리고 만약 경제적 통치가 강력하게 조직되지 않으면, 개인이 자신의 생계나 이윤을 얻기 위해 의탁하고 있는 사람들의 좋거나 나쁜 의견도 제재이다. 그러므로 관할이란 물리적인, 경제적인, 윤리적인 힘의 제재로 개인의 행위를 통제하는, 제한된 영역 내의 집단행동이다. 우리는 (그 차이를 이해할 만한) 관할의 세 가지 측면만을 영토적인, 인간적인, 그리고 거래적인 관할이라고 지칭하고 언급하는 데 그친다. 제도경제학에서 우리는 주로 마지막으로 지칭한 것에 주목했다.

(3) 배급

a. 과정

배급 거래는 관할권을 행사하는 과정이다. 이들은 "상호부탁", 독재, 협동, 집단교섭, 그리고 사법적인 결정으로 구분할 수 있다. 모든 것에 공통되는 경제원리는 하위의 참여자들이 그들 사이에 부의 생산에 따른 부담과 향유에 따른 편익을 나누는 데서 이들의 거래를 지배하는 규칙을 마련하는 것이다. 관리 거래가 이같이 권위가 부여된 규칙의 집행이라는 점에서 배급 거래는 이와 다르다. 교섭 거래가 규칙이 허용하고 행정

••

102) Common, John, R., "Jurisdictional Disputes", *Wertheim Lecture Series on Industrial Relations*(1928) 참조.

관이 이행하는 바에 따라, 동등하다고 상정되는 개인들 사이의 합의라는 점에서 배급 거래는 이와 다르다.

배급, 관리, 교섭이라는 세 가지 거래는 서로 다양하게 결합해 경제행위의 전체 영역을 포괄한다. 이들은 서로 구분되지 않는 원시사회나 미개척사회의 단순한 조건으로부터 크게 발전한 산업조직으로 펼쳐져 나아가기 때문에, 이들을 구분하려면 역사적인 분석이 필요하다. 여기서 이들을 구분할 수 있고, 그런 후에 단순한 사회에서의 맹아로 거슬러 올라가며 이들을 읽어낼 수 있다.

배급의 특수한 경우인 "상호부탁(log-rolling)"은 민주적으로 단합된 행동의 원리로 규정할 수 있다. 이 용어는 원래 미국의 속어로 등장했지만, 배우지 않은 일반 대중에게서 나온 "일자리"나 "상사" 같은 모든 그런 용어와 같이, 기존 언어가 달리 제공하지 않는 규정에 적합할 때 비로소 지식인 문헌에 진입한다. 물리학이 그리스어나 라틴어에서 기술적인 용어를 취한다는 것에 비하면, 이런 과정은 사회과학에게 치명적일 것이다. 이 경우 "상호부탁"이라는 용어는 다른 어떤 용어보다 더 정확하게, 원초적인 민주적 과정을 교섭, 관리, 협동 그리고 독재로부터 구분한다. 근원적으로 이것은 동등한 사람들 사이에 공동사업이 낳는 부담과 편익을 공유하는데 동반자로서 자발적인 합의에 이르는 과정이다. 미국의 개척자들이 통나무집을 짓기 위해 통나무를 굴리고 세우는 데 있어 서로 돕자고 합의했다. 최종적으로 유식하게 적용된 많은 용어와 같이, 이 용어는 물리적인 과정에서 시작한 후, 유비를 통해 "투표 거래"의 입법적인 과정을 포함하도록 확장되었다. 그렇지만 여기서 그것은 부정확하게도 무원칙한 도덕을 지닌 사람들의 표를 얻기 위해 자신의 도덕적 원리로부터 이탈한다는 부당한 의미를 얻었다고 추정된다.[103]

그렇지만 상호부탁에 대한 이런 비난은 목적과 과정을 혼동하고 있다. 과정은 보편적이지만, 목적은 좋을 수도 있고 나쁠 수도 있다. 두 사람이 공동사업의 부담과 편익을 나누는 동반자적 합의를 확정할 때, 또는 입법부의 구성원들이 서로의 조치들에 대해 찬성하는 표를 던지는 연합을 확정할 때 이것은 집단교섭이나 협동처럼 보인다. 그러나 만약 진정한 차이에 맞도록 단어의 의미를 정확히 만든다면, 이것은 교섭이나 협동이 아니다. 상호부탁은 협상(negotiation)이지만 교섭(bargaining)은 아니다. 합의가 이행될 수 있는 조건에 관한 협상을 요구한다는 점에서 상호부탁은 협동이나 집단교섭 또는 모든 거래와 비슷하다. 협상은 모든 거래에 공통적이지만, 만약 단지 이 원리에 따라서 분류하면 사회적 구분이 흐려진다. 상호부탁의 결과는 대의민주주의가 의회주의 국가에서 도달할 수 있었던 모든 충돌하는 이익들의 합당한 화해에 가깝다.*

상호부탁은 독재를 반대 극단으로 삼는 하나의 극단이다. 왜냐하면 상호부탁은 합의하라는 압박이나 강제로 강요되지 않은 동등한 사람들 사이의 합의이다. 그러나 독재는 우두머리나 상사가 동의하도록 강제하는 하위자들 사이의 합의이다. 따라서 상호부탁은 경제적 부담과 편익의 배급에 대한 민주적인 과정이라고 밀할 수 있지만, 독재는 전제적인 과정이다.

그렇지만 독재자조차 전적으로 전제적이지 않다. 분명히 그의 인물됨, 원리, 그리고 조직구성으로 기꺼이 복종하게 되어 있는 적어도 유효한

:

103) Bryce, James, *The American Commonwealth*, II, 160(1921, 1929) 참조.

---

* 커먼스에서 중요한 구분은 아니지만, 교섭(bargaining)은 거래의 한 종류이고, 협상 (negotiation)은 교섭, 관리, 배급 등 모든 거래에 요구되는 합의의 조건와 관련된다. 이런 정의에 따르면 협상으로는 세 가지 거래의 사회적인 특징을 구분할 수 없다.

소수가 그에게 있다. 그 자체로서 그는 하나의 사람이라기보다 독재라는 제도이다.

만약 상호부탁이 부담과 편익을 배분하는 민주적 과정이고 독재가 전제적인 과정이라면, 전자의 비효율과 후자의 효율이 명백하다. 동등한 사람들 사이에 부의 생산과 분배에 수반된 부담과 편익을 배급하는 데 시 따를 규칙에 관해 합의에 이르는 상호부탁의 과정에서는 인간의 노력이 낭비되고, 지연되며, 약화된다. 그렇지만 전제적인 과정에서는 공인된 한 명의 상급자에 대한 복종으로 인간의 노동이 보존되고, 신속해지며, 강화된다. 상호부탁의 과정에서는 많은 독립적인 의지들이 합의해야 한다. 전제적인 과정에서는 이 의지들이 독립적이지 않다. 상호청탁과 독재라는 양극단 사이의 곤경 때문에 협동과 집단적인 교섭이라는 중간적인 두 가지의 단합된 행동이 시도되어왔다. 이 용어들의 의미는 명확하지 않았다. 이제 와서 그것들의 의미를 명확하게 만들기 시작한 실험을 마련하는 데 19세기의 4분의 3과 20세기의 러시아혁명이 필요했다.

1850년대 이전, 특히 30년대와 40년대에 스미스, 벤담 그리고 리카도의 개인주의에 근거한 새로운 자본주의에 대한 오용이 너무 극악해서 반대되는 철학인 연대주의가 광범위하게 수용되었다. 그것은 여러 가지 형태를 취했다. 한쪽 극단에는 자발적인 협력을 의미하는 무정부주의가 있었다. 다른 극단에는 강제적인 협력을 의미하는 공산주의가 있었다. 모두의 본질적인 사상은 경쟁을 협력으로 대신하는 것이었다. 노동조직들은 이 생각을 조금씩 받아들여서, 거의 19세기 말에 이르기까지 이것을 실험했다. 이들은 상인 자본가를 몰아내기 위해 자신들의 도매창고를 세워 협동적인 판매를 시도했다. 이들은 고용주 자본가를 몰아내기 위해 자신들이 공장을 조직함으로써 협동적인 생산을 추구했다. 심지어 이들은 금융 자본가를 대신하기 위해 협동적인 은행업을 시도했다. 이들은 소매상을 대신하기 위해 소비자의 협동을 추구했다.

이런 실험 중 일부는 약화된 형태이지만 오늘날까지 살아남았다. 건축협회나 융자협회와 신용조합은 50년대 협동적인 은행업의 잔존이다. 협동적인 기업을 지향한 마지막의 커다란 시도는 1870년대와 1880년대에 노동기사단(Knights of Labor)과 농부들의 집단운동(Farmers' Grange)이 감행했다.* 그렇지만 이런 노동조합과 농업조합은 모두 붕괴했다. 노동자들이 지신들의 현장에서 복종해야 할 상관을 선출할 능력이 없었기 때문에, 대다수 노동협동조합은 성공적이지 못했다. 선출은 조합 내 정치꾼들의 수중에 떨어져서, 경영자를 누가 통제해야 하는지와 그가 구성원에게 집행할 규칙을 누가 만들어야 하는지에 관한 상호부탁의 문제가 되었다.

협동조합이 시장의 얽힌 일들을 지배할 수 있는 사업가를 선출할 수도 없었다. 대중의 투표로 성공적인 사업가를 반복해서 선출할 수 없었다. 이런 사람은 경쟁의 투쟁과 승진을 위한 경합을 통해 자연스럽게 스스로를 선출한다고 보아야 한다.

협동조합은 성공적인 경우에도 여전히 성공적이지 않다고 말할 수 있다. 성공이란 이들의 사업이 확장되어 새로 들어온 노동자를 받아들여야 함을 의미했다. 그러나 안에 앉아 있는 사람들은 새로운 노동자를 협력자로 받아들이려고 하지 않았고, 고용된 일꾼으로 받아들였다. 따라서

---

* 노동기사단은 1880년대에 절정에 달했던 미국의 노동조합운동으로 미국뿐만 아니라 캐나다에서도 활동했고, 영국과 호주에도 지부를 지니고 있었다. 노동자의 사회적이고 문화적인 지위의 향상과 8시간의 노동을 요구했다. 그레인저 운동으로 불리는 농부들의 집단운동은 미국의 남북전쟁 이후 10년 동안 미국의 농부들이 주로 중서부에서 농산물의 독점적인 수송에 반대한 투쟁이다.

성공적인 협동조합은 사업법인체가 되었고, 노동이 계급으로서 과거에 있었던 곳에 남아 있었다. 협동조합은 실패하면 성공적이지 못하고, 성공해도 성공적이지 못하게 된다.

그러나 50년대에 시작된 노동운동은 협동조합을 통해 자본가들을 몰아내려는 모든 시도를 포기했다. 조합주의자들은 단합된 행동을 통해 새로 무언가 할 수 있는 곳, 즉 자본주의체제로부터 더 많은 임금과 더 짧은 노동시간을 얻을 수 있는 곳으로 되돌아갔다. 이들은 생산력으로부터 협상력으로 철학을 바꾸었다. 이들은 고용주가 공장을 관리하도록 내버려두고, 단지 가격을 정하고 노동시간을 줄이며 운영규칙을 수립하려고 노력했다.

그렇지만 이것도 집단적인 교섭이 아니었다. 노동자의 독재였다. 샌프란시스코의 노동조직을 예시하면 우리는 이 이중적인 의미를 가장 잘 보여줄 수 있다.[104] 몇 년 동안 이 노동조직들이 건설업계를 장악했다. 이들이 임금, 노동시간, 그리고 규칙을 정했고, 자신들의 계획을 개별적으로 고용주에게 가지고 가서 점선 위에 개별적으로 서명하게 만들었다. 그들은 이것을 "집단적인 교섭"이라고 불렀지만, 그것은 노동자의 독재였다.

그것은 궁극적으로 고용주들이 노동조합보다 더 잘 할 수 있는 경기였다. 갑자기 고용주들이 노동자들에게 공장을 폐쇄했고, 노동자들이 고용주들의 연합을 깨려고 노력했을 때 노동자들은 자신들이 협상할 독립적인 고용주가 아무도 없음을 발견했다. 은행들이 고용주들과 결탁해서 독립적인 고용주는 신용을 얻을 수 없었다. 상인들과 자재공급자들이 결탁

104) Haber, Wm., "The American Plan in San Francisco", *Industrial Relations in the Building Industry*, 14장(1930) 참조.

해서, 독립적인 고용주는 자신의 제품을 팔거나 자재를 구입할 수 없었다. 고용주는 이것을 "미국식 계획"이라고 불렀지만, 그것은 사실상 고용주 독재였다.

이 집단적 독재는 어느 것도 집단교섭이 아니었다. 집단교섭으로 쌍방은 동등하게 조직된다. 고용주도 피고용인도 개별적으로 행동하지 않는다. 그러나 쌍방의 대표들이 공동의 합의안을 마련해 노동시간, 임금 그리고 운영규칙을 정한다. 그러면 개인인 고용주와 개별 노동자 사이의 개별적인 노동계약이 이 공동의 합의서에 의해 통제된다. 이것이 이른바 노사협약이라는 것이다. 이것은 20세기가 될 때까지 이해를 얻지 못했다. 집단교섭은 노사협약의 운영규칙이다.

이런 노동사는 농업협동조합에서도 반복된다. 이 조합 운동에 대항해 농산물거래소의 중개인들이 전국적인 수준으로 조직되고 있다. 이들은 전국에 있는 수백 개의 상업회의소를 대표하는 전국상업회의소의 지지를 얻고 있다. 이들은 은행의 지지를 얻고 있다. 상업회의소는 의장을 통해 미국 대통령과 연방농촌이사회의 회장에게 항의한다. 이사회의 계획이 중개인들을 완전히 몰아내리라는 점을 그들은 알고 있다. 정부는 이들을 몰아낼 재정적 지원금을 빌려주고 있다.

직책을 맡고 있는 대통령과 농업이사회의 의장이 유능한 한, 농부들은 전국에 있는 자본가 세력 전체의 이런 반대에 저항할 수 있다. 그러나 대통령과 의장이 스스로 은퇴하거나 타의로 은퇴하게 되었을 때, 농부들이 자신들의 경영자를 선출해야 하거나, 정치인들이 능력이 떨어지는 인사가 농업이사회에 앉도록 처리하거나, 의회가 배정된 예산을 삭감한다. 농부들이 자신들의 투쟁을 스스로 수행하도록 내버려두면, 이들이 유능한 경영자들을 선출할 수 있을까? 이것은 정치이다.

문제는 "마케팅"의 이중적인 의미에 달려 있다. 마케팅은 "부의 생산"을 의미하면서 그것의 분배를 위한 교섭을 의미한다.

중계자는 생산자이다. 그는 생산물을 조립해서 물리적으로 분배하는 기술적인 과정을 관리한다. 그는 경제용어로 "장소, 형태, 시간의 효용"을 창출한다. 누군가 이 과정을 수행해야 한다. 살아남았다는 것으로 역량을 보여준 사업가보다 협동조합이 이것을 더 효율적으로 수행할 수 있을까? 대중의 선거를 통해 사업가를 더 효율적으로 교체할 수 있을까? 이런 것들은 모두 집단행동과 제도경제학의 중대한 문제이다.

마케팅의 또 다른 의미는 교섭과 가격결정이다. 집단적인 교섭은 이 경우 조직화된 농부들이 그들의 대표를 통해 가격, 배달, 지불과 여타 조건에 대한 업무협약을 맺을 상대 조직으로 중개인이 인정받음을 의미한다. 협동조합을 통해 중개인들을 몰아내지 않고, 집단적인 교섭으로 이들을 상대해야 한다.

경쟁체제가 지닌 한 가지 커다란 장점은 협동조합의 파산이 사회적 계급의 전체나 일부를 파산시키는 데 비해 경제체제가 파산을 개인들에게 전가한다는 점이다. 만약 개별 사업체가 실패하면 경쟁자들이 이 사업체의 고객을 흡수해 사업은 전체적으로 지속된다. 그러나 만약 협동조합이 실패하면 그 구성원들 모두가 실패하고, 최악의 경우 그들은 서로에 대한 신뢰를 잃고 심지어 그들의 지배체제에 대한 신뢰도 잃는다.

협동조합과 마찬가지로 집단적인 교섭에도 나름대로 어려움이 있다. 그렇지만 이만큼은 하고 있다. 그것은 사업가가 파산할 가능성을 유지하도록 허용한다. 성공적으로 보이는 농업의 단합된 행동의 한 분야가 있다. 낙농업에 종사하는 농부들은 협동조합의 판매를 통해 판매과정을 인수하지 않는다. 이들은 가격이나 관행에 관한 업무협약을 맺을 뿐이며,

중개인들이 여전히 판매를 수행한다. 이들은 자본주의를 몰아내지도 않고, 농업상의 독재를 통해 가격을 자의적으로 결정하지도 않는다. 이들은 집단적으로 교섭하고 필요하면 중재에 호소한다. 중재는 개별적이거나 집단적인 분쟁에서 사법부가 배급하는 것이다.

그러므로 중재는 우리가 사법적인 결정이라고 부르는 다섯 번째 배급 거래의 한 부분이다. 중재자나 재판관이 원고와 피고 사이의 분쟁에 대해 판결할 때, 그는 한 사람으로부터 다른 사람에게 일정 수량의 현재의 재화나 화폐 또는 예상되는 화폐나 재화를 이전시킨다. 그는 소송인들보다 위에 있기 때문에 상호부탁으로 이렇게 하는 것이 아니다. 그는 스스로 관습, 전례 또는 헌법, 세칙 또는 업무협약의 형태로 되어 있는 규정에 묶이기 때문에, 독재로 그렇게 하는 것도 아니다. 권위를 가지고 그렇게 하기 때문에 이것은 협조에 의한 것도 아니다. 그가 소송인의 대리인으로부터 고발과 변호를 듣지만, 집단적인 교섭을 따른 것도 아니고, 뇌물이 수수될 개인적인 교섭에 의한 것도 아니다. 그는 모든 사실과 주장을 저울질한 후 단지 하나의 의견을 제시하는 사법적인 절차로 이같이 한다. 따라서 소송인들에게 공지된 모든 절차에 묶이며, 그들의 증언과 변론을 청취하고, 관습, 전례, 그리고 법령에 비추어 사실과 변론을 저울질한, 사법적인 결정은 부의 사법적인 배급이다.

b. 경제적 결과

우리는 이제 모두 합의된 행위를 통해 규칙을 정하는 다른 방법으로서 다섯 가지 다른 형태의 **배급 거래**를 보았다. 이제 우리는 부의 생산과 분배에서 그것들의 경제적 결과가 **수량배급**, **가치배급** 그리고 **가격배급**임을 주목하려고 한다.

수량배급은 일정 수량의 노동이나 노동생산물을 특정 노동자나 소비자에게, 직권으로 직접 할당하는 것이다. 그런데 이것은 교섭이나 화폐 없이 하위의 관리자가 복종하는 명령을 통해 이루어진다. 사법적인 배급에서는 그것이 "특정 이행"으로 알려져 있다. 그렇지만 이것도 모두 수량 배급의 성격을 지닌다. 이것은 수량에 대한 교섭 없이, 그리고 화폐가 개입되지 않은 상태에서, 개인에게 특정 서비스를 이행하거나 특정 생산물을 전달하도록 지시하기 위해 발포된 명령이다. 수량배급은 특정한 수행이다. 그것의 대규모 조직은 소련의 공산주의이다.

반면 가치배급은 일반적인 화폐의 지불이지만 가변적인 구매력 때문에 노동이나 생산물의 간접적이면서 반대로 움직인다. 화폐 가치가 오르면, 명시된 화폐 지불은 전체 부의 보다 큰 수량을 지불하는 것이 되지만, 화폐 가치가 떨어지면, 그것은 전체 부의 보다 적은 수량을 지불하는 것이 된다. 그러므로 우리는 그것을 가치배급이라고 부른다. **직접적으로** 그것은 화폐배급이고, **간접적으로 그리고 역으로** 그것은 수량배급이다.

가치배급은 수량배급이 특정 **이행**인 경우에 특정 **지불**이라고 부를 수 있다. 가치배급은 교섭 없이 특정 수량의 화폐를 지불하거나 수락하도록 개인에게 지시하기 위해 발표된 명령이다. 그것이 대규모로 작동하면 조세가 되고, 작은 규모로 작동하면 사법적인 포상이 된다. 대규모의 작동은 상호부탁에 따른 입법부의 거래나 독재가 지시하는 것이다.[105]

생산물의 수량에 가격을 **곱한** 것이 가치이기 때문에 가격배급은 수량

··

105) 독일 공화국의 헌법은 대통령이 상호부탁의 절차를 지닌 입법부를 해산하고 상호부탁의 영향을 받지 않는 것으로 추정되는 독재자를 임명함으로써 일시적으로—드러난 것으로는, 심지어 영구히—그것을 독재로 바꿀 수 있도록 만들어져 있다. 이 규정으로 인해 독일 공화국은 헌법을 위반하지 않고도 파시스트 독재가 된다.

배급과 가치배급 사이에 놓인다. 단위당 가격이 정해져 있다는 점에서 그것은 수량배급과 다르지만, 그 가격에 개인들이 매매하는 수량은 선택적이다. 가치배급이 배급되는 화폐량으로 구매가 가능한 서비스나 생산물의 수량에 대한 선택을 열어 놓고 있는 데 비해 가격배급은 특정 생산물의 관습적인 단위의 가치와 관련되므로 가치배급과 다르다. 모든 가격결정은 가격배급이다. 우체국의 경우 여러 서비스의 가격이 의회의 상호부탁 과정을 통해, 서신에는 상대적으로 높은 가격이, 신문에는 낮은 가격이, 농산물 수확 보고에는 영의 가격이, 관리들에게는 요금납부의 소인을 찍어주는 특권이 책정된다. 결과적으로 서신에는 이윤이 많이 남아 신문과 농산물 수확 보고에 대한 손실을 지불하는 데 비해 적자는 납세자에게 배급된다.[106]

가격배급의 가장 포괄적인 체계는 수량배급이 무효한 경우에 소련이 도입한 것이다. 정부의 "신탁기구"는, 농부의 원료에 낮은 가격을 매기고 농부에게 판매하는 완제품에는 높은 가격을 매겨서, 철도를 건설하고, 공장을 세우며, 전기를 가설하는 거대한 5개년 계획을 재정적으로 뒷받침하기 위한 막대한 구매력을 축적하고 있다. 가격배급은 가격결정이고, 이 경우 이것은 채권판매를 통한 자본주의적인 자발적 저축이 아니라 배급을 통한 강제적 "저축"이다.

c. 정당화

배급은 그 과정이나 결과의 이런저런 점에서, 부의 생산 및 분배와 관련된 개인의 관리 거래나 교섭 거래를 위한 규칙을 제정하는 데서 단합

106) 본서 1311쪽, 과세의 경찰력.

된 행동의 고유한 특징이다. 그것이 개인을 침해하는 한에서는 의무를 부과해 개인의 자유를 뺏는다. 반대편에 있는 개인에게는 이것이 그의 노출을 줄이고 권리를 늘리는 이에 상응하는 동등한 효과를 가진다. 이런 경제적 결과가 개인의 동의 없이 발생하지만 부담과 이익에 대한 권위적인 분배이므로, 이 배급하는 거래가 권력을 위한 투쟁을 표시한다고 말할 수 있는 데 비해 교섭 거래는 부를 위한 투쟁이다. 배급이 교섭을 대신해온 소련에서는 다음과 같은 점을 후버교수가 관찰해왔다.

"자본주의 세계에서 유능한 사람들이 부를 쌓기 위해 지출하는 에너지 중 적어도 일부분은 권력에 대한 투쟁이라는 통로로 나간다. 당내에 있는 국가의 신탁기구와 위원회에서는 권력투쟁이 자본주의 제도 안에서보다 더 날카롭다. 오늘 정통적인 당원이 내일은 자신을 미워하거나 두려워하는 동료 당원에게 자신의 정통성이 성공적으로 공격을 받고 있음을 확인하게 되고, 무자비하게 당에서 쫓겨난다. '숙청' 또는 '정화'라는 제도가 진화해왔고, 러시아의 모든 제도에서 이것이 의심, 시기 그리고 가학 등이 자유롭게 움직이도록 사용되고 있다. (……) 대부분의 소련 노동자들은 아마도 어떤 식으로든 자신들이 자유를 상실하고 있다고 느끼지 않을 것이다. 노동자 대중으로부터 솟아나려고 시도하지 않는 한, 보통의 노동자가 느낄 그런 종류의 자유 삭감은 거의 없다. (……) 권력에 대한 투쟁이 자본주의 세계에서 보다 더 강하지만, 다수의 인민들은 보다 책임 있는 자리로 승진해 자신들의 소득 능력을 아끼거나 증대시켜서, 자신들의 개인적인 경제적 지위를 수호하거나 개선할 쓰디쓴 필요성을 느끼지 않는다."[107]

∴

107) Hoover, Calvin, B., "Some Economic and Social Consequences of Russian Communism", *Econ. Jour.*, XL, 422; *The Economic Life of Soviet Russia*(1931).

이것은 배급이 교섭을 대신한 극단적인 경우이다. 그러나 부에 대한 투쟁과 구분되는 이와 비슷한 권력에 대한 투쟁이, 정도상 차이는 있지만 어떤 조직체에서든 배급을 위한 거래를 통제하려는 의도를 지닌 모든 단합된 행동의 특징을 이룬다. 우리는 이에 대해 정치라는 총칭을 부여한다.

이런 이유로 배급을 위한 거래는 그것을 부과하는 데 필요한 단합된 행동을 끌어내기 위해 정당성을 필요로 한다. 그리고 이 정당화에는 부과된 규칙에 순응하지 않는 사람들에 대한 비난이 수반된다. 이런 정당화와 비난이 정치의 언어이다.

우리는 정당화와 명시적이거나 묵시적인 비난을 습관적인 가정들과 기대의 안정성이라는 두 가지 주요 원리에 따라 분류할 수 있다. 우리가 본 바와 같이 습관적인 가정들로부터 옳고 그름에 대한 생각이 도출되는 데 비해 기대의 안정성에 대한 소망으로부터 안정화의 원리가 도출된다. 모든 안정화의 절차가 옳다고 정당화하고 이에 대한 위반이 잘못이라고 비난하므로 양자는 함께 간다. 그리고 습관적인 가정과 기대가 안정적인 범위 내에서만 정치의 단합된 행동이 작동할 수 있다. 우리는 역사적인 발전에 있어 이런 범위들을 표준화나 안정화의 원리가 시닌 다양한 측면들이라고 진술할 수 있다.

안정화의 가장 포괄적인 원리가 관습이다. 과거에 있었던 것이 사람들이 기대하는 것이다. 정치가 자의적으로 관습을 넘어설 수 없다. 따라서 선례가 있다는 것으로 정당화된다. 그러나 관습이 변하거나 서로 충돌하면, 이해당사자들이 은밀하게 도입하는 자의적인 변경 대신에 중요도와 측정치의 표준화에 있어 안정화의 원리가 먼저 다가온다. 이를 통해 명예나 변덕에 맡겨두지 않는 사업상 부채의 발생과 이에 대한 이행이라는 그다음 단계가 가능해진다. 이것은 러시아에서 극도에 이른, 가격, 사업, 고용의 안정화를 지향하는 근대의 정치적인 움직임으로 이어진다. 끝으로 외교나 세계법원에 의한 국제관계의 안정화도 있다.

인정해야 할 것은 이것들이 이념형이어서 우리가 내세운 비판에 노출되어 있다는 점이다. 이들에 대해 모두가 동의하지 않을 수 있다. 따라서 우리는 어떤 규칙이나 모든 규칙이 물리력의 질서 있는 행정이 지닌 최종 권위가 규정하는 정도에 의존하게 된다. 이로부터 존 로크의 "하늘에 대한 항의" 이외에 어떤 추가적인 항의도 있을 수 없다. 사적인 폭력이 제거되는 정도에 따라 도달한 관행과 평가는 그 시점, 장소, 문명에서 합당하다고 간주되어야 한다. 그것들이 개인들이나 후대의 문명에는 아무리 불쾌하고 거슬리더라도, 케네가 "자연권"에 대해 주장했듯이[108] 그들이 명백히 "자연스럽고" 합당한 시간, 장소, 문명에서는 "자연스러우므로" 합당하다. 이들은 활동체를 지속시키는 주요 목적을 달성하며, 만약 혁명이나 정복으로 그것들이 변경되어 이 변화로 또 다른 조직체가 대신하게 되면, 새로운 질서가 습관화되면서 이성과 합당함의 개념이 바뀐다.

왜냐하면 어느 정도의 권위를 내세우는 사람치고, 근대 자본주의 국가에서 수백만 명의 비참함과 빈곤이 안다만섬 주민들의 미신이나* 그리스와 남부미국의 노예제도나 이탈리아와 러시아의 독재보다 우월한, 신적인 권리나 자연권에 대한 인정이나 거래, 평가, 그리고 배급의 합당성 때

∴

108) 본서 251쪽, 케네.

---

* 안다먼군도는 벵갈만의 버마와 인도네시아 사이에 있는 200개의 섬으로 이루어져 있는데, 주민들이 신장 등 유전적으로 특이하고 외부와의 접촉이 없었다. 1922년 인류학자 라드클리프-브라운(Alfred Reginald Radcliffe-Brown)의 연구로 외부에 알려지게 되었다.

문이라고 누가 말할 수 있겠는가? 이것들은 단순히 제도들의 복합체가 그 시간과 장소에서 작동하는 방식이며, 집단행동이 그와 다른 사람들에게 정한 기준과 다른 자연과 이성의 기준을 수립할 수 있을 정도로 어떤 개인도 신적이지 않다. 합당한 가치는 지적이거나 합리적(rational)이지 않다. 그것은 우둔함, 욕정, 무지의 평가이고 개인의 행위를 통제하는 지배적인 집단행동이다. 미국과 세계에 대해 이런 관행이 개선될 것이라고 즐겨 희망하지만, 그렇더라도 그것이 개선인지 쇠락인지에 대해서는 논란이 있을 수 있다.

이 경우 지배적인 제도가 개인들이 생각하는 바에 관계없이 집단행동을 통해 합당한 것을 결정한다. 이런 결정에 이르는 과정을 우리는 정치라고 부른다.

2. 상인 자본주의, 고용주 자본주의, 은행가 자본주의-산업의 단계들

앞서 나온 자연권과 합당한 가치에 대한 상대적인 의미는 **역사**의 진화적인 의미이다. 이것이 진보인지 퇴락인지는 개인이나 집단의 의견에 달린 문제이다. 이것은 주관적인 윤리라는 의미에서 윤리적인 것이 아니라 집단적인 지침을 위한 이념형을 수립해 갈등으로부터 질서를 가져오는 제도적인 윤리라는 의미에서 윤리적이다. 이것은 집단이 계속 움직이게 만들며, 그것이 올바른지 그른지를 결정하는 것은 역사의 운명이다.

생존을 결정하는 역사적인 단계를 **산업적**인가 **경제적**인가로 구분할 수 있다. 양자는 분리할 수 없으며 우리가 나아가면서 이것들을 겹치게 만들 수밖에 없지만, 산업의 단계란 맑스와 그의 추종자들이 사적 유물론이라고 부른 **기술**의 변동이다. 경제적 단계란 우리가 폭넓게 **희소, 풍요** 그리고 **안정화**로 지칭한 제도의 변동이다.

우리가 인류학적인 단계로 되돌아가지 않고 봉건주의로부터 자본주의의 진화에 한정해 다룰 것이다. 여기서 우리는 우리가 사회철학이라고 부르는 그런 "키다란 생각들"과 관련을 갖게 된다.

자본주의는 단일하거나 정태적인 개념이 아니다. 이것은 **상인 자본주의, 고용주 자본주의, 은행가 자본주의**라는 세 가지 역사적인 단계의 진화적인 개념이다.* 신용체제의 압도로 인해 현재 마지막에 언급한 것이 지배적인 데 비해, 첫 번째는 시장의 확장으로 생겨났고, 두 번째는 기술로부터 생겨났다.

여러 산업은 최종적인 완결을 향해 움직이는 속도들이 다르다. 제품의 수송이 가능한 전형적인 미국산업인 제화업자[109] 기술과 소유권의 이런 변동에 따른 이런 단계의 진화를 예시할 것이다. 비슷한 연구들이 다른 산업에 대해서 수행되고 비교될 수 있다. 부가된 도표는 이런 산업단

..

109) "산업단계"라는 부가된 도표를 보기 바람. Commons, John, R., "The American Shoemakers, A Sketch of Industrial Evolution", *Quar. Jour. Econ.*, XXIV(1900) 참조, Commons, John, R., *Labor and Administration*(1913), Chap. XIV에 재발행. 사례들은 *Documentary History of American Industrial Society*, III에 재발행. Bücher, K., *Industrial Evolution*(1901 번역)도 참조. 그는 기술의 진화에서 발생한 마케팅 단계의 진화를 처음으로 발전시켰다. 개인적으로 나는 1900년 이후, 시카고의 남성 의류업계에서, 20년 동안에 "압축적으로 재현된" 비슷한 진화를 목격해왔다. Sombart, W., *Der Moderne Kapitalismus*(현대 자본주의), 6권(1928)도 참조.

---

* 상인, 고용주, 은행가라는 규정은 사회구조에 의존해 자본주의의 단계를 구분하지 않겠다는 의도를 담고 있는 것 같다. 물론 여기서 행위자는 제도화된 인간이지 커먼스가 이론적으로 거부한 개인이 아니다.

산업 단계

1 시장의 범위	2 협상의 종류	3 자본 소유	4 산업 계층	5 작업의 종류	6 경쟁적 위협	7 보호 조치	8 사례
1. 순환	임금	고객=고용주 / 재료, 가게, 숙식 / 도제	농가, 숙련 조원	숙련 감독	가족 노동자	없음	이동형 업자 1648
2. 개인	고객 주문	상인-장인-도제 / 재료, 손도구, 가게 가게	상인-장인-도제	"맞춤" 생산	"불량품"	장인 길드	보스턴 "제화공 회사" 1648
3. 지역	소매	상업 장인 / 재료, 완제품 재고, 단기 신용, 판매 점포 / 연장, 가내 작업장 (도제)	상인-장인-도제	"작업"	"시장" 작업, "광고경주" 경매	소매상 협회	필라델피아 "제화장인 협회" 1789
4. 수도	도매 / 주문	상업 장인 / 재료, 완제품 재고, 장기 신용, 저장실 / 도제	상업-장인	"주문"	"파업 비참여자", 주에 걸친 생산자	도제 협회, 장인 협회	필라델피아 "연방 제화도제 협회" 1794
5. 고속도로	투기적 도매	상업 자본가 / 재료, 완제품 재고, 은행 신용, 창고-"제조공장" / 도제 (연장) | 계약자 / 작업장	상인자본가, 계약자, 도매업자	협력작업	감독, 노동처우 작업장; "외국인", "노동 속도 강화"	도제 협회, 제조업자 협회, 고용주 협회	필라델피아 "제화 도제 연합회" 1835
6. 철도	투기적 도매	상업 자본가 / 재료, 완제품 재고, 은행 신용, 창고-"제조공장" / 도제 발동걸기 | 계약 제조업자 / 작업장	상인자본가, 중개인, 도매업자 | "제조업자"	협력작업	미숙련 노동자, 중국인, 여성, 아동, 죄수, 외국인	노동조합, 고용주 협회, 제조업자 협회	"성 크리스핀의 기사" 1868~1872
7. 세계	공장 주문	제조업자 / 재료, 재고, 신용, 동력기, 공장 / 노동자 없음	제조업자 / 수직적 통합 | 경영진 / 임금 및 봉급 소득자	부품작업	이동 노동, 장시간 노동, 이민자, 외국제품	산별 노조, 고용주 협회, 제조업자 협회*	"제화 노동자 조합" 1895
8. 세계	임차, 주식, 채권	은행가, 투자가 / 노동자 없음	투자자 / 임금 및 봉급 소득자	표준화	가격 및 임금 식감	자주회사, 협회, 카르텔, 특허, 영업권, 연합	제화 기계 (1918) US스틸(1920)

계와 이에 수반된 계급, 소유권, 그리고 조직의 진화에 대한 개괄이다.

초기의 농경시대에 신발제조자는 자신의 도구를 들고 찾아다니다가 농부인 고용주의 집으로 돌아오는 식의 순회하는 숙련노동자였다. 이 농부의 가족은 작업 중 숙련이 필요 없는 부분을 수행했다. 고객은 자본의 소유자였다. 노동자의 임금은 식사, 숙박, 그리고 화폐로 지급되었다.

이어서 도시가 등장하면서 고객이 신발제조자를 찾아왔다. 그는 아마도 자신의 집에 가게를 차리고, 그 안에 소유자, 상인, 고용주, 그리고 숙련공 또는 숙련노동자의 기능을 결합해서 지니고 있었는데, 나중에 이것들이 분리되었다. 그는 자신의 원료, 도구, 그리고 가게를 소유하고 있다. 그는 작업이 이루어지기 전에 질과 가격에 대해 교섭하기 때문에 우리는 이것을 산업의 고객주문 단계라고 부른다. 그는 자신의 고용주이면서 피고용인이다. 그는 자기고용인이다. 미숙련 작업은 견습공이나 조원이 수행하는데, 전자는 서비스계약을 통해 그에게 묶여 있다. 이 계약에서 그는 부모의 권리와 이 업종 및 기초적인 배움을 가르쳐야 하는 의무를 지닌다. 그는 교학의 장인이면서 업무의 장인이다.

이것이 산업의 장인-길드 단계, 장인과 하인의 단계이다. 미국에는 1648년 보스턴에 있는 "제화업자 조직"과 "수선공 조직"이라는 두 가지 길드의 기록만이 남아 있다. 제화업자들이 합동으로 지방법원에 기소해 품질과 작업자자격의 기준을 세우고 "나쁜 신발"과 나쁜 작업자를 억제하기 위한 권위를 부여해 달라는 청원에 따라 이것을 허락했다. 이들은 장화나 신발의 가격 또는 임금을 올리지 못하게 금지되었고, 그 이전의 순회하는 제조업자가 고객이 소유한 가죽에 작업하지 못하게 하지 않도록 금지되었다. 15세기와 16세기에 유럽에서 비슷한 유보가 규정되었다. 나쁜 신발과 무능한 제화업자를 배제하는 것은 의무이자 특권이었다. 그것은 의무로 대중을 보호했다. 그것은 특권으로 비효율적인 작업자들의 경쟁을 배제했다. 결국 유럽에서는 특권이 의무보다 중요해졌고, 길드는 궁극적으로 억압되었으며 그것의 특권은 회수되었다. 보스턴에서는 이런 허가가 3년 동안 이어졌고 갱신되지 않았다.

그 다음은 소매상의 단계로서, 상인의 기능이 장인의 기능뿐만 아니라 노동의 기능으로부터 분리되기 시작했다. 또한 이제 경매, 광고인의 경쟁이나 공개된 시장에서의 할인가격을 방지하기 위한 **상인들의 협회가** 생기기 시작했다. 상인인 장인이 낮은 임금에 일이 한가할 때 만든 신발을 쌓아 두었다가, 고객주문 단계에서와 같이 작업이 이루어지기 **전에** 이윤차익을 책정하기보다 작업이 이루어진 **후에** 이것을 책정한다. 따라서 투기적인 시장이 열리고, 고용주의 기능과 피고용인의 기능 모두를 희생시키면서 상인의 기능이 중요성을 얻게 된다.

그러나 분리는 아직 완전하지 않다. 수로의 확장으로 상인-장인이 원거리에서도 소매상을 구한다. 그는 시제품을 들고 다니면서 나중에 만들어서 배달할 재화를 주문받는다. 이것이 미국 헌법이 형성된 1787년경에 도달한 단계였고, 이 도구를 경배해 "제조업자들"과 기계공들이 보여준 열광과 행진은 이들의 도매주문 사업을 막았던 식민지의 세금을 폐지하라는 이들의 요구를 보여준다. 자유로운 시장의 확대에 커다란 번영이 뒤따라서 헌법의 인기를 확인시켰다.

그렇지만 새로운 문제가 등장했다. 장인이 이제는 세 가지 경쟁수준에서 세 가지 시장을 위해 신발을 만들게 되었다. 모두 같은 품질의 재료 및 작업능력과 같은 도구로 만든 같은 신발이었다. 그렇지만 고객주문시장에서는 소매시장에서보다 가격을 높게 책정할 수 있었던 데 비해, 도매주문시장에서는 수송과 사업유치의 추가비용이 들었다. 품질을 동일하게 유지하기 위해 도구와 작업능력에 있어 변동이 없게 하려고, 수석 장인인 작업자는 고객주문시장에서보다 소매시장에서 보다 낮은 임금을 지불하고 도매시장에서는 이보다 더 낮은 임금을 지불했고, 이렇게 함으로써 이런 서로 다른 수준의 경쟁에 대응할 수 있었다. 이 때문에 동일한 작업에 동일한 근로자에게 동시에 세 가지 가격을 지불한다는 문제가 발생했다.*

동일한 작업에 대한 이런 서로 다른 임금이 1794년과 1804년 사이에 첫 번째 제화업 장인들의 노동조합을 탄생시켰다. 장인들은 "파업불참자들"을 배제하고 수석장인이 모든 시장에서 최고의 고객주문 임금을 지급하도록 강제하기 위해 조직되었다. 이어서 수석장인들은 방어적으로 소매시장과 도매주문시장의 임금을 낮게 유지하고 고객주문 시장에서는 그렇게 하지 않기 위한 **고용주들**의 협회로 조직화되었다. 소송이 생기면, 장인들은 자신들을 이롭게 하든지 타인들에게 해를 주든지, 노동자의 결사에 적대적인 관습법의 지배하에서 음모로 유죄가 되어 벌을 받았다.[110]

다음으로 우리는 이 산업의 도매-투기 단계와 **상인-자본가**와 **상업은행**의 등장에 이르게 된다. 이 단계는 필라델피아에서 보존된 문서들에서 1835년부터 확인된다. 상인-자본가는 도제에서 올라와 장인 그리고

..

110) *The Trial of the Journeymen Boot & Shoemakers of Philadelphia*(1806), *Doc. Hist.* III, 61 ff; Commons, J. R., "The American Shoemakers, 1648-1895", *Quar. Jour. Econ.*, XXIV(1909); Nelles, Walter, "The First American Labor Case", *Yale Law Jour.*, XLI(1931), 165.

---

* 동일 재화에 대한 가격으로는 주문시장 > 소매시장 > 도매시장이다. 또한 동일노동에 대한 임금으로는 주문시장 > 소매시장 > 도매시장이다. 도매시장에는 수송비 등이 들기 때문에 이것을 메우기 위해 임금을 더욱 낮추어야 했다.

수석장인이 된 기계공이 아니라 통상 외부에서 들어왔고, 제조업의 기술에 대해 모르는 상인에 불과했다는 점에서 장인작업자와 다르다. 기술은 이제 작은 가게에서 장인이나 도제와 함께 작업해 생산물을 상인-자본가에게 판매하는 소규모의 계약업자가 된 수석장인에게 맡겨졌다. 상인-자본가는 원료와 창고를 소유했고, 여기서 그는 외형 설계자, 유형 제조자 그리고 재단사를 고용한 후 부분적으로 가공된 모양의 재료를 소규모계약업자들에게 제공했다. 이들은 경쟁하면서 이 재료를 신발로 변환시키는 작업만을 수행했다. 이것이 산업의 착취적인 작업장 단계인데, 전자의 수석장인이 노동착취적인 작업장의 장이 된다. 왜냐하면 그는 연장의 개선이나 원료구입 및 제품판매가 아니라 오로지 자신을 포함해 노동자들의 땀으로 이윤을 만들어내기 때문이다.

이것은 상인-자본가의 교섭상 우위 때문에 발생한다. 시장의 확장으로 상업-자본가는 제조의 온갖 방법들을 선택할 수 있다. 그는 신발을 멀리 떨어진 지역에서 만들 수도 있고 외국 시장으로부터 수입할 수도 있다. 그는 죄수의 노동을 활용하기 위해 정부와 계약을 맺을 수도 있다. 그는 장인, 여자 그리고 어린이를 재택으로 고용할 수 있다. 그는 과거의 수석장인이자 작업자를 소규모 계약자로 고용할 수 있다. 그는 이들의 경쟁을 강화할 수 있다. 그는 소매상인으로부터 고용주의 기능을 박탈한다. 고용주는 이제 자본이 없는 작업장의 장이 된다. 상인-자본가는 상업은행이 생기게 만들어서, 그의 "자본"은 더 이상 고전 경제학자의 "기술적인" 자본이 아니라 주로 소매상에게 미리 지급되고 은행이 자금을 대는 단기신용의 "사업"자본이다. 이런 이유로 우리는 그의 출현을 이 산업의 도매-투기단계라고 부른다.

이 상인-자본주의 단계 동안에 특히 프랑스와 미국에서 고드윈의 "정치적 정의"로부터 무정부주의 철학이 차용되어 경제학으로 전환되었다. 프랑스의 프루동과 1850년 이전에 푸리에로부터 채택된 미국의 이른바 연합주의는 상인-자본가를 대체하기 위해 장인-근로자들과 ─ 농업에서 공업의 장인-근로자들에 해당되는 ─ 소농들이 자발적인 협동을 제안했다. 이들은 협동창고와 원료의 협동구매를 제안했다. 이들은 생산물의 협동적인 마케팅을 제안했다. 이들은 노동착취적인 계약자나 소규모 농부의 소규모 경쟁적인 점포나 농가에서 협동생산을 제안했다. 프랑스와 미국 이외에 아일랜드, 스페인, 이탈리아, 러시아 등 농부가 대지주에게 엄청나게 비싼 소작료를 내고 있는 국가에서는 무정부주의가 사유지를 해체해 소유권을 소규모 소유의 자작농에게 넘겨주는 혁명적인 형태를 취했다. 그러나 이것은 이미 1789년에 프랑스에서 이루어진 데 비해 미국의 북부에서는 농부의 소규모 소유가 식민지 시대 때부터 내려오고 있었다. 따라서 이 국가에서 무정부주의 철학은 지주중심주의의 폐지가 아니라 상인-자본주의의 폐지에 적용되었다.

무정부주의 철학을 실제로 적용한 모든 실험이 실패했다.[111] 그렇지만 이 기간에 매사추세츠의 제화업자들은 필라델피아 사례의 관습법 원리를 수정해, 파업의 목적이 비노조원을 작업장에서 배제해 임금을 인상하는 데 있더라도, 자신들을 이롭게 하기 위한 노동자의 결사가 불법적인 음모가 아니라는 법원의 판결을 얻어냈다.[112] 이 판결 이전에 이미 제화 노동자 조합의 공격에 대해 자신을 방어하기 위해 조직된 고용주협회가 합법적이라고 판시했다.[113] 이제 노동자들의 비슷한 공격적인 결사가 외

··

111) Commons, J. R.와 동료들, *History of Labour in the United States*, I, 496 ff.
112) Commonwealth *v.* Hunt, 4 Metcalf 44-45 Mass. Reports III(1842).

견상 합법화되었다.

　이런 판결들로부터 협회의 무정부주의적인 철학에서 조합주의의 수공업적인 철학으로 이행하는 기반이 깔렸다. 이것의 불어 번역어가 생디칼리즘이다.[114] 조합주의 또는 생디칼리즘은, 고용주와 제조업자의 협회든 피고용인의 협회든, 초기의 무정부주의자들이 오로지 개인에게 적용했던 국가의 불간섭이라는 사상을 협회에 적용한다는 점에서 무정부주의 철학의 연장이다. 법원들의 결정에 의해 국가가 간섭하기를 거부하고 민간인들이 민간결사의 규칙과 규정을 방해하지 못하게 방지하는 한, 무정부주의의 이상이 관습법에 체현되어 있고, 관습법상 음모였던 것이 합법적인 결사의 권리가 된다. 그렇지만 분규에 대한 수천 건의 결정이 결사의 관행과 이에 개입하는 사람에 대해 합법과 불법 사이에 계속 선을 긋고 있다. 그래서 개입을 방지하기 위해 국가가 개입할 때만, 무정부주의자가 국가의 폐지를 통해 제안했던 불간섭 자체가 달성된다.[115]

　철도와 전보의 보급으로 시장이 확장되면서 가능해진 그다음 단계는 기계의 도래이다. 우리는 이미 1850년대에 이 단계가 다가오고 있음을 지적했다.[116] 이것은 모든 산업에 적용되지만, 제화가 전형적이었다. 1860년대 이전에 제화에 있어 혁신은 손도구를 위해 개선된 장치에 불과해, 숙련을 대신한다기보다 숙련을 도와주었다. 1857년의 못을 박는 기계와 1862년의 맥케이 구두창 재봉기계는 전혀 달랐다. 광범위한 시장과

∴

113) Commonwealth ex. rel. Chew *v.* Carlisle, Brightleys' Nisi Prius Cases (Pa.) 36 (1821).
114) 프랑스의 생디칼리즘에 대해서는 Estey, J. A., *Revolutionary Syndicalism, an Exposition and a Criticism*(1913) 참조.
115) 이 절차의 완전한 역사와 분석을 위해서는 Witte, E. E., *The Government in Labor Disputes* 참조.
116) 본서 234~236쪽, 특히.

높은 전시 가격을 기반으로 공장체제가 갑자기 등장했다. 1867년 이후에 이어진 붕괴 속에서 5만 명이 가입한 첫 번째 거대한 노동조직인 성 크리스핀의 기사들은, 임금삭감에 저항하고 "미숙련자들"에게 기계의 작동 방법을 가르치기를 거부한다는 두 가지 선포로[117] 고객주문 짐포, 소매주문과 도매주문 점포, 그리고 상인-자본가의 노동착취적인 점포에서 회원을 모았다. 소규모 계약자가 이제는 "제조자"가 되었으나 시장이나 신용은 가지고 있지 않았다. 그 이유는 이 두 가지를 위해 그가 상인-자본가든, 중매인이든, 매개자든, 도매업자든, 중개인에 아직 의존했기 때문이다. 노동자는 자신의 도구를 잃고, 중개인이 시장과 가격을 장악하고, "제조자"가 문자 그대로의 수공노동자에서 고용주로 자신의 이름이 지닌 의미를 바꾸고, 조직들은 숙련노동자의 수업공자 노조에서 각종 노동자의 산업별 조합으로 변하기 시작한다. 제조자들은 임금을 낮게 유지하려는 고용주협회와 가격을 높게 유지하려는 제조자들의 협회라는 두 가지 협회로 쪼개진다.

이런 동력을 지닌 기계의 단계에서 공산주의 철학이 등장했다. 칼 맑스가 고용주 자본주의의 시작인 영국 공장체제에 대한 최초의 철저한 연구자였다. 이것은 섬유산업과 금속산업에 있어 다른 나라보다 아마도 59년 정도 앞선 체계였을 것이다. 그는 농업까지 포함해 모든 다른 산업도 뒤를 따르리라고 예측했는데, 이것은 다수의 산업에서 실제로 그랬다. 지난 50년 동안 필자는 미국의 남성 의류산업이 상인 자본주의에서 고용주 자본주의로, 노동착취적인 작업장에서 공장으로 이동하는 것을

••

117) Lescohier, Don D., "The Knights of St. Crispin", *Bulletin of U. of Wisconsin*, No. 355(1910).

지켜보았다. 그리고 이에 따라 계약자는 공장장이 되었다.

이 과정에서, 가능하면 최종적인 소비자에 이르기까지, 그리고 다시 반대 방향으로 원료의 공급처에 이르는 자신만의 시장을 구축함으로써 상인자본가로부터 자신을 해방시키기 위해 노력하게 된 것이 제조자이다. 이런 이른바 "산업의 수직적 통합"은 신발업계에서 1880년대에 더글러스사에서 시작되었다. 자신들의 소매상들을 설립해 고객들의 호의를 구축함으로써 그들은 시장에 대한 중개인들의 장악을 피해서 제조자가 장악하는 방향으로 나갔다.

제화업계에서 그다음 산업단계는 기계에 대한 소유권이 신발공장에 대한 소유권으로부터 분리된다는 점에서 특이하다. 유나이티드 제화기계사는 특허법을 이용해 제화기계의 거의 모든 것을 제조하며 소유해, 그것을 신발업계에 빌려주고 있었다. 1918년에 대법원은 정부로부터 이 회사를 해산시켜야 한다는 청원을 접수했으나, 대법원판사 세 명의 반대에도 불구하고 반독점법과 모순되지 않는다며 이 회사를 승인했다. 일곱 명의 제화기계 제조업자가 합쳤고, 이들의 특허를 합하면 특정 종류의 신발들에 대해 서로 다른 기계가 수행하는 최대 백 가지의 서로 다른 작업을 포괄한다는 것, 이런 결합이 비록 실제로 모든 특허의 단일한 소유이지만 경쟁을 억압하지 않는다는 것, 이 회사의 주식에 앞서 투자해 이미 기득권을 획득했다는 것, 이 회사가 노후화된 기계와 만료된 특허 대신에 새로운 기계에 대해 특허를 얻었다는 것, 이 회사가 제화제조자들을 위해 일단의 수리공을 준비해 놓고 있었다는 것, 수천 명의 피고용인에게 기계를 작동하는 방법을 가르쳤다는 것, 이것이 기계의 효율을 증가시켰다는 것, 거래에 대한 원래의 제한들이 발명의 행사에 주어진 특허 자체에 있었지 특허의 공동소유에 있지 않다는 것을 대법원은 확인했다.

또한 기계를 빌린 제조자들이 배타적으로 이 회사의 기계만을 사용하고 특허를 받지 않은 기계를 경쟁회사들이 아닌 이 회사로부터 빌리도록 의무화한 기계임대의 "조건부 구절"은, 빌리는 사람들이 한 회사로부터 모든 기계를 빌릴 "의사가 있고" 그런 기회가 이익이 되므로 억압적이지 않음을 대법원은 확인했다. 이런 임대체제로 자산이 많지 않은 제조자들이 구입자본 없이도 기계를 얻을 수 있었다는 것도 대법원은 확인했다.[118]

제화기계의 제조는 통제되고 있지만 신발의 제조는 매우 경쟁적이라는 점에서 제화산업의 최근 단계는 특징적이지만, 다른 산업도 다소 비슷한 통합의 단계에 이르렀다.[119] 일반적으로 이것은 경쟁적인 주정부들이 시행한 인가를 받는 회사들을 지주화하는 장치로 시작했고, 그 결과 그들의 관행이 미연방 대법원의 관할 하에 놓이게 되었다.[120] 법원은 분쟁에 대한 판결을 통해 법을 만드는 관습법의 방식으로 일부 경우에서는 이런 회사들을 해체했지만,[121] 나중에 제화기계의 사례(1918)와 철강회사의 사례(1920)와 같은 다른 경우에는 이들의 관행을 단순히 승인하거나 승인하지 않았다. 이런 공장의 통합과 결합이 **은행가 자본주의**를 낳았다.

상인 자본주의나 고용주 자본주의 시대인 19세기 동안에는 자신의 단기신용을 지닌 상업 은행가가 전형적인 은행가였다. 20세기에는 통상 상업은행과 연결된 은행 결합체나 투자은행가가 법인과 국가의 증권을 특별히 상장하는 데 수시로 관여했던 것에서 시작해 산업들의 결합, 일반

..
118) U. S. v. United Shoe Machinery Company of New Jersey, 247 U. S. 32(1918).
119) 여러 상세한 내용에 대해서는 Meade, E. S., *Trust Finance*(1903, 1913) 참조.
120) 본서 142쪽, 법인체에서 지속 활동체로.
121) Northern Securities Co. v. U. S., 193 U. S. 197 (1904); U. S. v. American Tobacco Co., 221 U. S. 106 (1911), and Standard Oil Co. of New Jersey v. U. S., 221 U. S. 1 (1911).

인에게 대한 국내외증권의 매각, 그리고 자신들의 증권판매로 상당한 책임을 지고 있는 법인의 이사회에 대한 통제에서 주도적인 위치를 점하게 되었다. 이들은 불황기에 채무불이행의 상태에 다가가고 있는 기업을 인수해 조직을 바꾸고 호황기에 자금을 공급해 이들을 구출했다. 이제는 흩어져 있는 수백만 명의 투자자들이 신뢰받는 은행가들이 추천한 투자처에 자신들의 저축을 이전시켜 은행가들의 지도력 휘하에 입적한다. 1932년에서처럼 은행가들의 능력이 한계에 도달하면, 정부 자체가 은행가들이 책임을 면하도록 거대한 재건금융법인을 조직한다. 그동안에 은행가들이 통제하는 중앙은행이 새로 중요한 위치에 올라서 은행가 자본주의가 산업과 국가를 통제하게 된다.

3. 희소, 풍요, 안정화—경제적 단계들

(1) 경쟁

기술변동으로 발생하는 산업의 단계는 상품의 신속한 내규모 수송과 지식 및 협상의 전 세계적인 순간 전달에서 절정에 이른다. 역사적인 관점을 취하면서 우리는 상응하는 세 가지 경제적 단계를 구분한다. 18세기에 시작해 집단적인 행위를 통해 가속적으로 오늘날 계속되고 있는 "산업혁명" 이전의 **희소**의 시대, 이런 산업혁명에 수반되어 100년 이상 과잉공급과 과소공급이 교차하는 **풍요**의 시대, 그리고 19세기에 자본가와 노동자의 단합된 움직임과 20세기 미국의 "공존공영" 정책인 경쟁적 조건의 평준화로 시작되는 **안정화**의 시대가 그것이다.

이런 역사적인 시대들을 구축한 기초 원리는 물리적인 통제와 법적인 통제의 구분이다. 물리적인 통제는 기술이다. 법적인 통제는 현존하는 효율, 희소, 관습과 주권의 물리적 힘의 상황하에서 사회가 개인에게 할당한 권리, 의무, 자유, 위험노출이다.

비효율, 폭력, 전쟁, 관습 또는 미신 중 어느 것 때문이든 희소의 시대에는 법적인 통제와 이전의 풍요의 시대나 안정화의 시대의 그것과 매우 다르다. 극도의 희소나 전쟁의 시기에는 사회가 통상 인력의 투입과 산출을 배급하는 방법에 의탁하게 된다. 그리고 개인의 자유는 최소화되고, 물리적 강제에 의한 공산주의적이거나 봉건적이거나 정부에 의한 통제가 최대화된다. 그다음인 극도의 풍요와 평화주의 시대에는 개인의 자유가 최대화되고, 정부를 통한 통제는 최소화되며, 개인의 교섭이 배급을 대신하게 된다. 안정화의 시대에는 개인의 자유에 대해 새로운 제한이 존재한다. 이것은 러시아나 이탈리아에서는 주로 정부의 제재로 시행되지만, 미국에서는 이제까지 비밀스럽든 반공개적이든 공개적이든 또는 중재적이든 주로 협회, 법인, 조합의 단합된 행동과 제조업자, 상인, 노동자, 농부와 은행가의 기타 집단적인 움직임들을 통한 경제적 제재에 의해 시행되고 있다.

희소의 역사적 시기에는 재화들에 대한 법적인 통제가 물리적인 통제와 분리되지 않았다. 소유자는 물리적으로 상품이나 서비스를 다른 사람에게 넘겨주었고, 관습과 관습법은 물리적인 이양에서 법적인 통제의 이양을 읽어냈다. 그러나 풍요와 안정화의 시기에 물리적인 통제와 물리적인 이양은, 사업가와 금융가의 명령 하에서 경영진에 의해 전달되어, 노동자의 손에 계속 남아 있게 되면서, 법적인 통제와 이양이 사업가와 금융가의 손에 넘겨져 분리되었다. 두 가지 통제는 철저하게 상관되어 있지만, 상관의 정도, 방법, 효과와 시차가 희소, 풍요, 안정화의 세 가지 시대에 따라 크게 다르다.

우리는 공산주의의 배급체제를 특징으로 삼는 희소의 원시시대로 되돌아가려고 노력하지 않고, 봉건주의에서 근대적인 교섭체제가 출현하는 것과 **중상주의** 또는 **상인-자본주의**로 그것이 처음 등장하는 것에서 시작할 것이다. 희소의 이런 초기 자본주의 시대에서 관습과 관습법이 두 가지 종류의 생산물, 즉 재화와 서비스에서 상당한 차이를 보인다.

상품은 생산자라는 사람을 이동시키지 않으면서도 이전시킬 수 있지만, 서비스는 사람을 통해 이전된다. 또한 초기에 상품이 이전할 때는 서비스가 이전할 때와 마찬가지로 상품과 함께 소유자가 시장으로 이동했다. 정부의 취약함과 사람들의 폭력 및 위증으로 인해 힘이 있는 영주에게 시장을 차리고 강도와 사기꾼으로부터 보호해달라고 촉구할 필요가 있었다. 이런 이유로 시장은 통상 "자유"라고 불리는 독점적인 특권과 함께 생겨났고, 힘이 있는 개인이나 종교적인 거물에게 부여되어, 이들이 판매자와 구매자의 모임을 개최하고, 제공하는 보호를 고려해 통행료를 받는 특권을 가지도록 허가했다. 이렇게 정착된 시장은 궁극적으로 분쟁에 대한 판결을 통해 관습법 법원이 제정한 규칙에 지배받았지만, 원래는 그들 스스로가 만든 규칙에 지배받았다. 우리가 시카고 상업회의소의 사례에서 보았듯이,[122] 법원은 판결에서 "공개된 시장" 또는 공중의 자유롭고 동등한 시장의 원리를 개발했다. 이것이 근대적인 "공개된 시장"의 판례이다. 이후에 이 원리는 소매상에 확대 적용되어, 결국 공개된 시장의 배타적인 특권이 폐지되는데 이르렀지만, 공개성, 동등성과 자유의

122) 본서 1176쪽.

원리는 모든 시장에 확대 적용되었다. 이런 원리는 내재적이고 자연스러운 그 무엇이 아니라 그 시대의 좋고 나쁜 관행에서 실제로 구성되었다. 초기의 중농주의와 고전학파 경제학자는 이것이 신의 섭리나 자연적인 질서에서 전승되었다고 생각했다.

우선 "공개적인 시장"을 개설할 권리를 부여받은 사람은 표준적인 중량과 도량형 그리고 이에 대한 검사관을 제공하도록 의무화되었다. 이 사람은 쟁의를 신속하게 판결하고 계약을 이행하기 위해 특별법원(시장 법원)을 개정할 권한과 의무를 부여받았다. 모든 사람은 공통의 권리로서 "자신의 재화를 팔기 위해 공개된 장에 가지고 갈 자유"를 지닌다고 선언되었으므로, 장터의 소유자나 지역 행정당국은 지대나 통행료를 지불하지 않았다는 이유로 재화 자체를 압류할 수 없었고 대신 "스스로 지대를 청구하는 소송을 제기"해야만 했다. 장터에 물리적으로 장애를 주어 그것의 어떤 부분으로부터 사람들을 배제하는 모든 교란이 금지되었다.[123]

이런 것들이 재화의 물리적인 이전과 관련해 시장의 주인 또는 보호자가 수행할 의무였다. 그렇지만 이보다 더 나아가 시장에서 구매자와 판매자 사이에 법적인 통제권의 이전과 관련된 규칙을 제공할 필요가 있었다. 이 규칙은 모든 소매시장에 이후 확산되었다. 에드워드 코크경(Edward Coke)은 *Institutes*라는 자신의 책을 정리할 때, 300년 전 상태 그대로 공개된 시장의 소유권 이전에 관한 관습법을 요약했다. 그에 의하면,

"관습법은 장터와 공개된 시장이 대중의 필요한 생계와 사용을 위해 장터와 시장이 판매할 수 있는 모든 종류의 상품으로 보충되고 충분히 채워지는 것이

••
123) 코크의 *Institutes*, 2부, I, 220-222(1642).

훌륭한 정책적인 관점으로 영연방을 위해 필요하다고 생각했다. 그리고 이 목적을 위해 관습법은 장터와 공개된 시장에서 판매 가능한 모든 것에 대한 판매와 계약이 당사자들 사이에 유효할 뿐만 아니라 그에 대해 권리를 지닌 사람들에게 구속력을 지닌다고 규정했다(그렇게 하도록 장려했다)."[124]

달리 말하면, 구매자가 시장에 오도록 장려하기 위해 구매자가 사들인 재화에 대한 권리를 획득해 그 재화가 훔친 것이라고 주장할 제삼자로부터 보호할 기준을 법원이 수립할 필요가 있었다. 폭력, 절도 그리고 위증이 흔한 시기에, 공개된 시장은 상품에 대한 명백한 권리를 획득할 수 있는 장소였다. 따라서 코크경이 인용한 판례에서 재화의 판매는 "뒷방의 창고 등이 아니라 공개되고 열린" 장소에서 이루어진 것이 틀림없다. 이 경우 "공개되었다는" 용어는 "접시를 사법서사의 사무실 같은 데서가 아니라 금세공업자의 가게에서 공개적으로 파는 것으로 적절하고 충분하다는" 의미를 내포한다. 판매는 야간이 아니라 "일출과 일몰 사이에" 이루어져야 한다. 야간판매는 "당사자들 사이에는 유효하지만" "권리를 지닌 낯선 사람에게 구속력을" 지니지 못했다. "권리를 지닌 사람을 배제하려는 목적으로 두 사람이 밀회를 통해" 판매를 수행하지 않아야 하고, "계약은 완전히 그리고 원래부터 공개된 시장에서 체결되어야" 하며, "시장 밖에서 시작되어 시장 안에서 완결되지 않아야" 한다. 우리가 알고 있듯이, 이것이 시카고 상업회의소의 사례에서 승인된 규칙이다. 그러나 만약 판매자가 그 재화를 다시 획득하면, 판매자가 "잘못된 행위를 저지른 자이고 자신의 잘못을 이용하지 않아야 하므로" 정당한 권리를 지닌

124) *Ibid.*, 713(1642).

소유자가 배제되지 않는다. 만약 판매자가 잘못된 소유물을 지니고 있다는 것을 구매자가 알았다면, 여기서도 "권리를 지닌 사람에게 구속력을 지니지 않는다."

이런 규칙이 양도가능성 또는 유비로, 이른바 상품의 융통가능성을 확립해 물적인 재화가 실제로 시장으로 옮겨지고 신용세도나 미래의 배달을 위한 생산 및 판매가 없었고 가격이 신문에 공지되지 않았던, 희소와 불안정성의 시기에 적합했었다. 코크경이 말하듯이 분명히 이런 규칙을 법원에서 채택했고, 상업이사회의 사례에서 보았듯이 받은 가치에 대해 호감을 지닌 구매자가 전 세계를 상대로 소유권을 획득할 수 있으리라는 보장으로, 구매자와 판매자가 함께 모이고 자신의 제품을 시장에 가져오도록 격려함으로써 공익을 증진시키기 위해 이같이 했다. 그리고 이런 양도가능성이나 융통가능성이 진정으로 자유롭고 동등하며 공개된 시장을 수립하기 위해 필요한 첫 번째 법규이다. 나중에 이것이 물적인 상품뿐만 아니라 무체 재산을 포함하도록 확장되었는데, 이런 확장에는 "융통가능성"이라는 용어가 기술적인 의미로 적용된다.

여전히 선매입이나 매점매석의 범법이 관습법에서는 금지되었다. 그 이유는 이런 것들이 구매자가 스스로 사용하거나 소매상으로 판매할 수 있는 것보다 많은 수량의 상품을 구매하거나 재구매해 부자들이 가격을 올리려는 시도로서 구매자와 판매자 사이의 동등성을 부정하는 것으로 간주되었기 때문이다.[125]

그러나 관습법에 대한 이런 위반은 외국으로부터의 수입을 제외하고 실제로 모든 도매업을 금지시켰다. 그리고 그런 도매업이 범죄적인 위반

••

125) 코크의 *Institutes*, 195-196; 4 Bla. Com. 158(1765).

으로 판정되었다는 사실이 어느 정도 소규모로 사업이 수행되어야 했는지를 보여주며, 이런 희소의 초기시대에 시장에 당도하는 통상적인 제품의 공급량이 얼마나 보잘것없었는지를 보여준다. 도매업에 대한 이런 규정 중 몇몇은 1772년에 벌써 폐기되었고 선매와 매점매석에 대한 관습법상의 모든 위반사항이 1844년의 법규로 폐지되었다.[126] 이 법규의 서문은 1772년의 서문을 반복하면서, 생필품에 해당되는 상품에 대한 자유무역을 금지함으로써 "생필품의 거래에 부과된 제한이 성장을 저해하고 그것의 가격을 끌어올리는" 경향이 있음이 경험을 통해 밝혀졌다는 점을 폐기의 사유로 들었다. 그것이 실제로 금지했던 것은 도매업이었으므로 1844년의 이 규정은 전면적으로 영국의 도매시장을 개방해, 재화의 가격을 높이거나 낮추기 위한 의도로 거짓 소문을 퍼뜨리는 행위와 힘이나 위협으로 장터나 시장에 재화가 들여오지 못하게 막는 행위에 대한 위반만을 남겨 두었다. 오래된 규칙들은 더 이상 필요가 없었고 이것들은 재화를 도매로 매매하고 원거리에서 수송해야 할 필요가 있는 풍요의 시대에 진정으로 자유와 동등성을 거부하는 것이었다.

　1772년부터 시작해 선매입과 매점매석에 대한 법규들이 중단된 이후 도매시장의 도입은 재화에 대한 법적인 통제권의 이선을 이에 대한 물리적 통제권으로부터 명확히 구분하는 데 기여했다. 판매자는 법적으로 사실상 재화를 손수 소량으로 시장에 가져오도록 더 이상 의무화되지 않았으나, 상업이사회의 사례에서처럼 재화에 대한 법적인 통제권이 전신이나 표본이나 명세만으로 전화를 통해 이전될 수 있는 그런 곳에서 근대적인 농산물 거래소와 도매시장이 생겨났다. 이런 법적인 이전은 어떤

126) 7 and 8 Vic. 24(1844).

장소에서나 어떤 시점에서 "현물"이나 "선물"로 실행되었다.

다른 한편으로 물리적인 배달 또는 물리적 통제권의 이전이 농촌과 공장에서부터 철도와 최종 소비지점에 이르기까지 종업원들의 손을 거쳐 진행된다. 어느 시점과 장소에서든 매매를 위해 재화에 대한 처분을 통제하는 법적인 이전이 생산과 소비를 위한 재화에 대한 종업원과 소비자의 물리적인 전달로부터 분리된다. 따라서 상품의 가격은 상품의 가격이 아니라 시간과 장소가 명시된 이 상품의 물리적 전달에 대한 이행이 가능한 약속의 가격이 된다.

고전학파 경제학이 이론에 포함시키지 않은 것이 이 구분이다. 이들의 "노동가치론"은 열린 시장의 이론이었고, 곧 진부해졌다.

관습법은 선매와 매점매석에 더해 다른 모든 거래에 대한 제한이 공공복지에 해가 된다고 금지시켰다. 개인이 사람들의 편익과 생계를 위해 자유롭게 시장에 오거나 자유롭게 그의 생산물이나 서비스를 제공하거나 자유롭게 동일한 것의 공급량을 늘리는 것을 그것들이 막는다는 점에서 해가 된다는 것이었다. 도매사업에 고유하지 않은 이런 여타 거래제한에 대한 금지가 근대로 내려와 새로운 거래의 제약이 생겨나는 데에 확장되어왔으나, 안정화 시대에는 그것이 크게 수정되었다.

따라서 사업의 나쁜 관행으로 간주되는 것을 배제하고 좋은 관행이라고 간주되는 것을 유효하게 만드는 방법으로 희소의 시대에서부터 18세기 중반에 이르는 시기에 관습법은 자유롭고 동등하며 공개적인 시장의 기본원리를 확립했다. 이것은 단일화된 무게와 측정치, 상품의 양도가능성, 모든 사람과 상품의 시장접근성, 은밀함에 대항하는 공개성 또는 거래의 열린 정보 등이다. 희소와 불안정의 시대에 필요했던 관습법의 규칙 중 일부가 정부가 안정을 확보할 수 있었고 발명이 풍요의 시대를 도래하게 만든 18세기 이후에 폐지되었지만, 자유롭고 동등하며 공개적인 시장의 이 네 가지 속성은 어느 정도 보존되었다. 이것은 단일한 측정의 표준, 양도가능성, 접근가능성, 그리고 공개성이다. 이것이 우리가 무형적인 재산이라고 부른 것을 구성한다.

그렇지만 이런 풍요의 시대는 파괴적이거나 불공정하거나 끝장을 보려는 경쟁이라는 정확히 그와 반대되는 악을 불러왔다. 이 상황은 이미 17세기 초로부터 법원으로 하여금 기다란 목록에 적힌 "합당한" 거래제한들을 지지하고 유지하도록 만들기 시작했다. 이것들은 나중에 영업권, 상품명, 상표라는 일반적인 명칭으로 등장했으며, 최근에는 "부당한 경쟁의 법칙"으로 알려졌다.[127] 그러나 이런 합당한 거래제한들에도 불구하고 19세기와 20세기는 불규칙한 추세와 경기변동에서 발생하는 주기적이고 전반적인 상품의 과잉공급을 경험했다. 이런 과잉공급이 파괴적인 경쟁, 제조업의 가격전쟁과 수송업의 요금전쟁, 허약한 경쟁자의 제거, 거대한 기업결합체로 경쟁자의 흡수통합을 초래했다. 당초에 요금전쟁과 가격전쟁을 방지하기 위한 이런 결합에 대해 독점, 음모 그리고 거래를 제한하는 기타 관행에 대한 오랜 법을 갱신해 대처했다. 이것이 19세기 마지막 10년의 반독점법이다. 그렇지만 이 법은 수송업, 제조입, 노동, 그리고 금융의 네 가지 주요 부문에서 실행되면서 유효하지 않은 것으로 드러났다.

수송 부문에서는 주들 사이의 상업법(1887)에 있는 연방법규가 솔직하게 안정화정책을 채택했다. 그렇게 된 이유는 가격인하와 은밀한 환불의 관행이 독점과 편취의 관행으로서 대중에게 해롭다는 점을 깨닫게 되었

..

127) Commons, John. R., *Legal Foundations of Capitalism*, 263 ff.

기 때문이다. 그렇지만 제조업에서는 과거의 법이 가격인상만큼이나 가격인하를 징벌하는 연방거래위원회법과 클레이턴 법(1914)이 제정될 때까지 이런 안정화의 정책이 완전히 인정되지 않았다. 그리고 끝으로 신발기계연합의 해체 소송(1918)과 미국철강회사의 소송(1920)에서 나온 두 가지 판결이 안정화의 원리를 미국 법원의 현행 정책으로 확립했다. 왜냐하면 철강의 경우, 현재 지주회사로서 벌이는 관행이 이전에 거래제한들로 주장되었던 바와 비슷하게 명백히 합의된 움직임이었지만, 이 회사가 최근에는 대중을 상대하는 데서 경쟁을 제거하는 파괴적인 가격전쟁에 의존하지 않았다는 것이 사법적으로 밝혀졌기 때문이다. 법원은 이 회사가 수송요금을 환불받지 않았으며, 임금을 인하하지 않았고, 제품의 질을 낮추지 않았으며, 인공적으로 희소를 만들어내지 않았고, 경쟁사를 강제하거나 억압하지 않았으며, 한 지역에서 경쟁사보다 싸게 팔면서도 다른 지역에서는 원래 가격을 유지하지 않았고,[128] 은밀한 환불이나 공표된 가격보다 낮은 가격으로 고객을 확보하지 않았다고 선언했다. 법원이 판결하기를, 경쟁사도 고객도 이 회사 측에서 어떤 억압이나 압박이 있었다고 증언하지 않았고, 사실상 이들은 이 회사가 추구한 가격과 배달의 안정화라는 잘 알려진 공개된 정책에 대해 전반적으로 만족한다고 증언했다.

그러므로 수송업과 제조업을 위한 공개성을 통한 안정화 정책이 적어도 부분적으로는 법을 만드는 관습법의 방식을 인도하는 정책으로 채택

..

128) 나중에 이것은 연방거래위원회에서 진행된 "피츠버그 플러스" 건에서 반증되었으나, 연방법원으로 이첩되지 않았다. 이것이 본서 1109쪽의 '개인으로부터 제도로'에서 이미 언급한 페터의 *The Masquerade of Monopoly*(1931)의 기반을 이루고 있다.

되고 있었다.

비슷한 안정화 정책이 노동조직의 역사에서 서서히 발전해왔다. 펜실베이니아, 오하이오, 인디애나 그리고 일리노이의 경쟁적인 부문 전역에서 역청탄 운영자들과 광부들이 공개적으로 하나의 임금과 임금차등에 합의해 운영자들이 은밀하거나 개별적으로 임금을 인하하지 않고서도 시장에 동등하게 접근할 수 있게 했던 1886년에 이런 종류의 노력이 첫 번째로 광범위하게 발생했다. 이런 경쟁적 조건에 대한 안정화가 철도의 고객만큼이나 노동 고용주에게도 중요해져서 철강회사의 유사한 관행만큼이나 완전하게 규정화되는 과정에 있는 것 같다.

풍요의 시대에 관습법이나 성문법으로부터 더 멀리 떨어져 있으면서도 이만큼 중요한 최근의 움직임이 화폐와 신용의 구매력을 안정화시키려는 움직임이다. 이 분야에서 대표적인 경제학자는 미국의 피셔, 스웨덴의 빅셀과 카셀, 영국의 호트리와 케인즈이고, 미국에서 전환점이 된 것이 1914년에 설립된 연방준비은행제도이다.

(2) 차별

수송, 제조, 노동 그리고 금융의 네 분야에서 안정화의 원리는 자유롭고, 동등하며, 공개적인 시장에 대한 부정으로 간주될 관행, 즉 **차별**이라고 일반적으로 불리는 관행에 대한 처방으로 진전되고 있었다.

우리는 앞서 희소의 시대에 개방된 시장을 지배한 법적인 규칙을 언급했다. 그것이 구매자와 판매자의 무리가 시장 통치자의 보호하에 모인 자유롭고 동등하며 공개된 시장의 시작이었다. 그렇지만 생산물을 중앙의 시장으로 가져오지 않고, 고객이 영업장에 오는 대로 대중에게 무차별적으로 서비스를 수행한 또 다른 부류의 판매자들이 있었다. 이들은 이들의 생산물을 흔히 제조장소에서 운임을 포함한 가격에 판매하거나, 피츠버그 플러스의 경우처럼 종종 전달장소에서 판매하는 근대의 제조업자에 해당된다.

이런 유형의 생산자가 초기에 크게 희소했다는 것을 고려하면서, 기계적인 기술과 훈련의 희소함으로 인해, 초기의 관습법은, 오로지 자신을 위해 일하거나 단일의 고객이나 지주에 봉사하는 사람과 대조적으로, 가게를 세워 일반대중에게 무차별하게 서비스를 판매하려는 사람이라면 누구든 이를 통해 세 가지 의무를 짊어진다는 규정을 개발했다. 이는 ① 방문하는 사람이면 누구에게나 ② 합당한 가격에 봉사하고 ③ 만약 기술을 가지고 있지 않거나 발휘하지 않으면 손해에 대한 책임을 진다는 것이다. 이런 규정들이 지배하는 직업을 열거하면 상당히 많아서 외과의사, 양복업자, 대장장이, 목수, 식료업자(식품 가게 주인), 제과업자, 제분업자, 여관업자, 여객선업자, 선창관리인, 그 외에 "일반운수업자"로 분류될 수 있는 모든 직업을 포괄했다. 사실상 이 모든 직업은 일반적으로 찾아오는 누구에게나 서비스를 제공하는 사람이라는 동일한 의미에서 "일반 직업"이다. 법은 어떤 사람이 독점하고 있는지 여부에 대해서는 구분하지 않았다. 사실 이 시절에는 "독점"이라는 용어가, 사유재산에 근거한 경제적 독점이 아니라 활동하려면 정부가 부여하는 인가나 허가가 필요해서 특별한 인가나 "자유"에 근거한 법적으로22 독점인 직업에만 적용되었다.

와이먼(Bruce Wyman)과 애들러(E. A. Adler)는 각주에 언급한 인용문을 통해서,[129] "일반적인 고용"에 관한 당시 관습법의 태도에 대해 외견상

∴

129) Wyman, B. and Beale, J. H. *Railroad Rate Regulation*(1906); Adler, E. A., "Business

반대되는 두 가지 이론을 제시했다. 와이먼은 희소의 원리를 설명의 근거로 삼았고, 애들러는 공개성 또는 일반적인 고용의 원리를 근거로 삼았다. 그러나 이 두 가지 설명은 희소와 관습의 두 가지 가변적인 함수이다. "일반적인 고용"은 봉건주의의 해체와 더불어 등장했고, 단순히 하나의 주인이 관리하는 일자리에 고용되는 것으로부터 (고객으로) 찾아오는 임의의 주인에게 고용되는 것으로 변화하는 데 있었다. 봉건적인 주인을 위해 일했던 대장장이가 이제는 모든 주인이나 어떤 주인을 위해서도 무차별적으로 일하게 되었다. 지배계급의 관점을 대표하기 때문에 법원이 정부의 인가를 받지 않은 노동자에게 찾아오는 어떤 주인에게라도 서비스의 의무를 부과하는 것만이, 관습적이라는 의미에서 자연스러웠다. 비슷한 태도가 미국의 노예제도 폐지와 더불어 드러난다. 13차 수정 헌법에 따라 "자유인"이 되었지만, 과거의 노예들은 그들이 원하는 대로 자유롭게 노동을 거부할 수 없어서, 노예에게 과거의 주인과 동등한 자유를 부여하기 위해 14차 수정 헌법이 필요했다.[130] 따라서 이와 비슷하게 농노에서 자유로 이행한 초기단계에서 서비스의 의무가 모든 계급의 노동자와 상인에게 달라붙었다.

노동자가 넘치거나 과잉 공급되었다면 상호 경쟁으로 이들을 강제적인 서비스의 규정에 구속되게 만들 필요가 없었을 것이므로, 희소의 원리도 적용될 수 있었다. 배타적인 시간과 장소의 특권을 가지고 있는 일반적인 운송업이나 운송 선박업 같은 특정 직업이 일반적인 서비스라는

••

　Jurisprudence", *Harv. Law Rev.*, XXVIII; "Labor, Capital, and Business at Common Law", *Harv. Law Rev.*, XXIX(1919), 24.

130) Commons, John. R., *Legal Foundations of Capitalism*, 119.

오랜 강제적 원리하에 유지되면서도 다른 직업들이 경쟁적인 풍요의 원리에 근거해 자유화된 나중 시점에 이르기까지 관습과 희소의 두 가지 원리는 명확하게 분리되지 않았다. 그런 후 보다 최근에는 구성원의 자유라는 이익을 위해 개인의 자유를 억제하는 연합, 협회, 법인, 노조 그리고 집단과 이와 비슷한 단합 방법으로, 안정화의 원리가 풍요의 교섭 원리에 대한 수정으로서 희소의 배급원리로 어느 정도 되돌아가고 있다.

미국에서 모든 일반적인 직업에 적용되는 이런 원초적인 규정은 때때로 적용되지만, 공공업무의 직업이나 공공법인으로 구별된 경우를 제외하고는 초기에 쓸모가 없어졌다. 공공업무에서는 규정들이 차별금지와 더불어 요금, 서비스, 정부에 의한 자본화의 결정을 완전히 포괄할 때까지 법이 발전했다. 이렇게 된 이유는, 기계적인 발명과 기계적인 힘의 활용을 크게 늘린 풍요의 시기임에도 불구하고 이런 공공직업은 특권의 부여에 근거한 법적인 독점일 뿐만 아니라 다른 사람들이 경쟁적인 사업을 도입할 수 있는 기회가 제한되어 있어 전략적인 위치를 차지하고 있었으므로, 통상적인 사적 재산에 근거한 경제적 독점이기도 했다.

제조업과 상업의 사업들은 이와 달랐다. 풍요의 시대에 공공의 이익을 위해 이런 산업에 종사한 사람들이 모든 방문자에게 합당한 가격으로 봉사하도록 의무화할 필요가 없었다. 언제나 생산자와 생산 장비가 과잉 공급되었고, 그들의 고객이 즉각 대안적인 판매자나 구매자를 발견할 수 있는데, 제조업자나 상인이 모든 방문자에게 합당한 가격으로 봉사하도록 강제해서 어떤 공공의 목적도 충족될 수 없었다. 따라서 이 직업은 엄격하게 사적인 사업으로 취급되어 법은 오로지 자유롭고, 동등하며, 공개적인 경쟁시장의 네 가지 중요한 속성, 즉 측정의 표준, 양도가능성, 접근가능성 그리고 공개성을 유지하는 데 만족했다.

희소의 초기 상황에서 "차별"에 대한 근대적인 윤리적이거나 법적인 개념이 생길 가능성은 없었다. 이 개념은 안정화의 시기에 생겨나서, 새로운 관습과 좁은 이윤차익의 중요성을 표시해준다.

대중 또는 구매자들은 자영업의 초기에 이런 상품이나 서비스를 정기적으로 구입해 생계를 유지하지 않고, 장날이나 스스로 제공할 수 없는 서비스가 필요할 때 가끔 이용했다. 그렇지만 근대의 사업은 언제나 전적으로 현대적인 운송업자, 원료와 반제품의 현대적인 제조업자, 거대한 무리로 모아진 노동자들, 또는 현대적인 은행과 신용회사나 조합이 제공하는 서비스에 의존하고 있다.

그러므로 구매자로서 근대의 사업가는 자신이 지불해야 하는 이례적으로 높은 가격이라기보다 구매의 많은 필수적인 부분에 대해 경쟁자가 자신보다 덜 지불한다는 사실로 피해를 받게 된다. 경쟁자가 본인보다 적게 지불하면 사업에서 완전히 쫓겨날 정도로 사업이 좁은 이윤차익과 커다란 수량으로 진행되고 있다. 그렇지만 경쟁자가 본인만큼 지불하면, 양자가 지불하는 가격이 독점적이고 수탈적일지라도 본인은 이 가격을 최종 소비자에게 전가할 수 있다. 그래서 오로지 안정화를 통해 달성할 수 있는 경쟁적 조건의 균등화를 현대의 사업가는 중요하다고 생각했다.

그렇지만 희소의 초기에는 우리가 이해하는바 차별이 아니라 수탈만이 구매자에게 피해를 주었다. 결과적으로 "차별"이라는 단어가 사용될 때조차 그것은 차별적으로 **낮은** 가격을 의미하지 않았고, 언제나 차별적으로 **높은** 가격을 의미했다. 달리 말해 공개된 시장과 무차별적으로 대중에 봉사하는 모든 직업에 적용된, 초기의 관습법은 모든 차별 자체에 대한 어떤 규정도 가지고 있지 않았다. 그것의 규정은 수탈에 대항한 것이었다.

이것이 1897년에 이르기까지 미국 대법원의 해석이었음은 명백하다. 그해에 대법원에 소송이 제기되어 있었는데, 아이오와에 사는 원고가 네브라스카에 사는 자신의 경쟁자들에게 원고에 부과하는 요금보다 운송 거리에 비례해 낮은 요금을 철도회사가 부과해 편파적으로 우대했다는 이유로 이 회사에 손해배상을 청구한 것이었다.[131] 대법원은 원고에게 그 자체로 수탈적인 운송요금이 부과되었음을 보여주지 못했다고 주장했다. "그는 어떤 부당한 요금부과 때문이 아니라 단지 피고의 잘못된 행위로 인해 지불해야 한다고 자신이 주장하는 돈을 회수하려고 노력하고 있다." 이어 대법원은 주장한 이런 잘못된 행위가 관습법에서 잘못되었는지를 조사했는데, 사용된 시금석은 한 고객보다 다른 고객에게 낮은 요금을 부과하는 차별의 사회적 결과가 아니라 단순히 철도회사의 사적인 수입에 대한 영향이었다. 그래서 법원은 다음과 같이 말했다.

"피고인 철도회사의 직원들이 원고에게 합당한 요금을 부과했고 (……) 동시에 정당한 계기 없이 길 건너편의 이웃에게 무료 수송을 제공해 편파적인 우대의 죄가 있다고 하자. 이 행위는 철도회사의 수입을 줄이고 그만큼 주식보유자들의 배당금을 줄일 것이다. 성문법이 없는 상황에서 철도회사 직원들의 편파성이 있다고 해서 원고가 자신이 지불한 요금을 회수해서 주식보유자들의 배당금을 더욱 줄이는 행위를 유지하도록 정당화하지 않았을 것이다. 주 사이의 상업법 규정을 제외한다면, 철도회사 직원들의 비행이나 편파성으로 네브라스카의 수송자에게 낮은 요금을 부과한 것처럼 보이지만, 원고는 합당한 요금이 부과되는 경우 시카고에 수송한 계정에 대해 회수할 수 없을 것이다."[132]

∴

131) Parsons *v.* Chicago & North Western Railroad, 167 U. S. 447, 453, 455(1897).

이것이 차별에 대한 1897년의 사법적인 개념이었다. 그것은 사회적 결과를 지니지 않는 단순히 사적인 일이었다.

이 의견이 나온 지 4년 후에 동일한 법원은 동일한 대법관(브루어)을 통해 네브라스카주 대법원의 의견을 유지하면서, 이번에는 "관습법하에서" 부과되는 요금이 그 자체로 합당해야 할 뿐만 아니라 "상대적으로도 합당해야" 한다고 선언했다. 그리고 어떤 요금도 "차별할 정당하고 합당한 근거 없이" 다른 요금보다 낮아서는 안 된다고 선언했다. 나아가 요금의 차이가 서비스를 제공하는 비용과 조건의 차이에 상응하는 한에서만 차별이 합당하다고 선언했다.[133]

달리 말해 1897년과 1901년 사이에 대법원은 차별에 대한 관습법의 의미에 관한 견해를 수탈과 차별을 구분하지 않는 분명히 초기의 의미로부터 수탈이 있었든 없었든 차별 그 자체를 불법화한 보다 현대적인 견해로 바꾸었다. 초기의 견해에 따르면 차별에 대한 치유책은 단순히 높은 가격을 낮은 가격에 상응하는 수준으로 낮추는 것이었을 것이다. 나중의 견해에 따르면 차별에 대한 치유책은 낮은 가격을 높은 가격에 상응하는 수준으로 높이는 것(또는 무료 수송을 금지하는 것)으로도 익히 달성할 수 있었을 것이다. 나중의 견해에 의하면, 교정되어야 할 악은 경쟁자에게 무료나 더 낮은 가격으로 서비스를 제공하는 편파성이나 우대이다. 초기의 견해에서 교정되어야 할 악은 단지 부당하게 높은 가격을 부과하는 것이었고, 경쟁자에게 부과한 낮은 가격은 그 자체 차별로 간주

..

132) *Op. cit.*, 455: 이탤릭체는 원전에 없음.
133) Western Union Telegraph Company *v.* Call Publishing Company, 44 Neb. 326, 337(1895); 58 Neb. 192(1899); 181 U. S. 92, 102(1901).

되지 않았다. 단지 불평의 대상이 된 높은 가격이 수탈적인 경향을 보여주는 증거로 인정되었을 뿐이다.

차별에 대한 매우 다른 이 의미들이 구분되지 않았던 이유는 명백히 관습법의 방식이 그 자체로 과거에 인정되지 않았던 새로운 익을 포괄하기 위해 과거의 용어가 지닌 의미를 확장하는 포함과 배제의 느린 과정이기 때문이다. 1901년에 대법원은 판결하도록 자신 앞에 놓인 진정한 오용의 사례를 만나서, 명백히 차별에 대한 관습법의 의미를 확장했다. 그리고 이즈음에는 차별적으로 **낮은 가격**의 악이 너무 창궐하고 있었고 일반 대중에게 너무 잘 알려져 있어서, 1901년의 견해를 1897년의 견해와 조화시키려고 노력할 필요가 없었다.

경쟁자에게 부과된 상대적으로 **높은 가격**뿐만 아니라 상대적으로 **낮은 가격**을 금지하기 위해 차별의 의미를 의식적으로 알면서 확장시킨 것으로 우리가 확인할 수 있는 가장 초기의 견해는 맥뒤피 대 포트랜드와 로체스터 철도회사, 52 N. H. 430(1873)에 관한 것이다. 그리고 법원의 추론이 차별에 대한 오랜 **물리적인** 의미로부터 현대의 **경제적인** 의미로 변화하는 과정을 보여줄 것이다. 여기서 법원은 관습법에서 차별은 무조건 "A를 수송해 주면서 B를 수송하기를" 거부하거나 실질적으로 "어떤 싫어하는 개인의 여행이나 운반을 금지하는" 것에서 발생하거나, 고속도로를 "절대적으로 통과할 수 없게" 만드는 것에서 발생한다는 것을 지적했다. 주목할 것은 차별에 대한 이런 관습법의 개념이 성격상 물리적이어서, 뉴햄프셔 법원이 이것들을 부당한 차별을 "직접적으로" 행사하는 것으로 한정했다. 이어서 법원은 차별의 의미를 이제 법원이 "간접적인" 차별이라고 부른 경제적 차별에 확장시켰다. 이것은 동의하기 힘든 조건, 가격의 차이, 일방이나 타방에 대한 어떤 편리나 편의의 부재와 같은 "우회적

인 침범"으로 발생한다.[134]

결론은 앞서 언급한 1901년에 대법원의 의견이 나오기 전에는 법원이 철도의 경우 차별의 의미를 오로지 어떤 높은 가격이나 여타 불이익이 수탈적이었는지, 즉 "그 자체로" 부당한지를 보여주는 경향이 있는 증거로부터, 두 가격의 절대적인 수준이 높든 낮든 관계없이 차별의 악을 구성하는 **상대적으로 낮은 가격**으로 드러나는, 일부 경쟁자들을 향한, 그리고 다른 경쟁자들에 반하는 편파성이라는 매우 다른 의미로 이동했다는 것이다.

법원이 이 새로운 의미에 도달하는데 느렸던 일반적인 이유는, 앞서 인용한 1897년의 파슨스 사례가 보여주듯이 그들의 초기 견해 때문이었다. 만약 일반적인 수송회사에서 다른 고객에게는 높은 가격을 부과하면서도 일부 고객에게 낮은 가격을 부과해 자신의 수입을 줄일 것을 선택했다면, 그것은 단지 이 회사의 사적인 문제라는 것이다. 또한 자신의 고객들 사이에 경쟁을 억압하고 독점으로 가도록 하는 이런 관행의 사회적 결과를 고려할 필요가 없다는 것이다. 이런 견해는 다음과 같은 결과를 초래했다. 자신의 경쟁자보다 상대적으로 높은 가격을 지불함으로써 차별당한 사람은 주장한 높은 가격이, 그 **자체로** 경쟁자가 지불한 가격과 비교해 **상대적으로** 높은지와 무관하게, 수탈적이었거나 부당했음을 보이지 않는 한 관습법에서 구제를 받을 수 없다. 그리고 일부 법원이 우대를 받은 경쟁자에 대한 저가체계가 경쟁을 억압하고 우대받는 개인들의 손에 수송업의 고객들의 산업을 집중시키는 경향이 불가피하다고 선언했

..

134) 차별의 의미의 이런 발전에 대한 추가적인 논증은 Wyman, *Public Service Corporations*, 1280 ff.에서 찾아볼 수 있다.

음에도 불구하고 이와 같았다.[135] 심지어 한 연방법원은 1889년에도 철도
회사에서 한 목재회사의 경쟁사들에게 수송비용에도 못 미치는, 더 낮은
가격을 부과했을 때 이 회사에 아무런 불의가 가해지지 않았다고 선언했
다. 설령 이런 편파성이 원고회사를 완전히 시장에서 차단시키고 파산으
로 몰아넣을지라도, 원고회사에 "그 자체로 합당한" 가격이 부과되기만
한다면 이와 같다고 했다.[136]

따라서 대법원은 차별의 의미에 있어서 대중적이고 입법적인 변화보
다 15년을 지체했는데, 이것은 일반적으로 관습적인 지체로 간주할 수
있다.

차별의 의미와 관련된 관습법의 지체에 대한 앞선 설명은 일반적인 수
송업자로 알려진 사람에게만 적용되지 않았다. 그것은 "일반적인 직업"
으로 적절히 지칭된 모든 산업에 적용된다. 대법원은 이 원리를 먼 대 일
리노이 사례(1876)에서 부분적으로 채택했고, 다시 뉴욕주 대법원이 뉴
욕주 주민들 대 버드의 모든 사례에 대한 검토로 잘 진술했다.[137] 이 사례
들은 각기 관습법에서 일반적인 수송장치로 분류된 적이 없는 창고 및
곡물창고와 관련이 있었다. 두 사례에서 인정된 바는 창고는 언제나 사
적인 사업으로 간주되어왔다는 것이고, 합당한 가격이 사법적인 과정으
로 결정되어야 한다는 공적인 권리가 담겨 있는 허가나 법적인 독점하에
서 운영되지 않았다는 것이다. 사실 이 사례와 관련이 있는 시카고와 버
팔로의 여러 창고는 표면상은 협조하고 있었지만 이미 서로 활발한 경쟁

••

135) John Hays and Co. *v.* The Pennsylvania Co., 12 Fed. 309(1882) 참조.
136) De Bary Baya Merchants' Line *v.* Jacksonville, T. & K. W. Railway Co., 40 Fed.
392(1889).
137) 117 N. Y. 1(1889).

상태에 있었다고 알려졌다. 그리고 법원은 차별이나 수탈을 금지하는 문제에서 결정적인 것이 경쟁이냐 독점이냐의 문제가 아니라 수송업자, 즉 창고의 고객이 곡물창고회사의 가격과 교역 관행으로 불리한 상태에 놓이는지의 문제라고 주장했다.

이 두 사례의 이견들을 통해 곡물운송기가 곡물창고를 찾아오는 사람이면 누구에게나 서비스를 제공해야 할 의무를 지닌 일반적인 장비가 아니기 때문에 일반대중이 곡물창고를 이용할 독자적인 법적 권한을 가지고 있지 않다는 점을 유능하고 올바르게 주장했다. 그러나 법원은 부분적으로는 이 사업의 성격과 범위 때문에, 부분적으로는 주와 나라의 상업과 관계 때문에, 그리고 부분적으로는 경쟁자들이 있기는 하지만 상황에 따라서 이들이 가격에 대한 양해에 도달할 특별한 편익을 누리고 있었다는 사실 때문에 이런 종류의 "공개성"이라는 요소가 창고업에 존재한다고 주장했다.[138]

따라서 안정화 시대가 도래하면서 차별과 수탈에 대한 구분이 도래한다. 풍요의 시대에는 모든 사람이 대안을 가지고 있으므로 차별이 악이 아니다. 안정화의 시대에 합의된 움직임, 공생의 정책, 그리고 좁은 이윤 차익으로 인해 차별이 심각한 문제가 되었다. 그 이유는 안정화가 대안의 부재를 의미하고, 이것은 다시 공정하고 합당한 가치와 가격의 안정화뿐만 아니라 차별과 수탈의 안정화를 의미하기 때문이다.

그러므로 소송을 판결해 법을 만드는 과정이 변동하는 경제적인 상황

138) People of the State of New York v. Budd, 117 N. Y. 22, 24(1889). 비슷한 논의가 미국 철강회사의 피츠버그 플러스 관행과 관련해 1923년 연방거래위원회에 의해 이루어졌으나, 법원에 의뢰하지 않았다. Fetter, F. A. *The Masquerade of Monopoly* 참조.

과 정의 및 불의의 변동하는 윤리적인 의견에 적합해지는 데는 시간이 걸린다. 그것은 안정화 시대의 가장 중요한 사실인 미래성과 좁은 이윤 차익의 원리를 고려한다. 현대적인 사업은 대량의 대부자본에 근거해 수행된다. 경쟁자들은 채무자들이다. 이들은, 묶어서 사업상의 "영업권"으로 적절하게 요약된, 자재공급자, 노동자, 고객과의 거래연관을 지킴으로써 자신들의 지속적인 사업체가 장래에 채무를 지불할 수 있도록 유지해야 한다. 영업권은 무형 자산이지만 현대적인 사업에서 가장 중요한 자산이다. 이것을 깨고 들어오는 경쟁은 약탈적인 경쟁이다. 따라서 지속 활동체의 미래 안전을 가장 중시하는 "공존"의 정책은 안정화의 관행과 이 관행에 부합되는 소송의 판결을 끌어들이고 있다. 법원이 구성한 영업권의 개념은, 기회들이 제한되어 있고 이윤이 적어서 모든 경쟁자가 현재 고객들과 현재 차지하고 있는 거래비율을 지키기 위해 노력한다고 가정하기 때문에 희소의 원리에 근거하고 있다. 이것이 가격삭감이 고객에게 좋지 않다고 주장하는 현대적인 "기업윤리"의 일부가 되었고, 소송을 해결해 법을 만드는 관습법의 방식으로 인해 어느 정도 "불문법"으로 전환되었다.

희소, 풍요, 안정화에 대한 이런 역사적인 분석이 원시부족의 공산주의라는 "정"으로부터 18~19세기의 개인주의라는 "반"으로 갔다가, 다시 미래의 전 세계적인 공산주의라는 "합"으로 이어지는 칼 맑스의 변증법과 유비성을 지니고 있음을 주목하게 될 것이다. 그렇지만 맑스의 변증법은 우리가 앞 절에서 요약한 바 있는 "산업단계"에 대한 기술에 근거한 유물적인 해석이었다. 이에 비해 우리의 분석은 역시 공산주의와 중상주의를 설명하는 원시적인 희소로부터 개인주의를 설명하는 풍요로 이어졌다가, 다시 개인들을 부분적으로나 전체적으로 집단적인 행동에 복속시킴으로써, 풍요와 희소의 교차를 규제하는 여러 현대적인 계획으로 이어지는 경제적 진화이다. 맑스의 공산주의는 예정되어 있지만, 현대의 안정화는 공산주의, 파시즘, 은행가 자본주의 등 갈등과 불안정으로부터 질서를 얻어내려는 단합된 움직임 중 그 어떤 것일 수 있다.

4. 물가

모든 안정화 중에서 가장 광범위하고 어려운 것이 은행가에 대한 안정화라는 데에는 의심의 여지가 없다. 은행가에 대한 통제에는 전 세계적이고 전 세계 중앙은행들의 단합된 행동이 수반된다. 이것은 국제주의를 요구되고 대중들의 국가주의적인 보호 관세의 항거들을 관통한다. 은행가에 대한 안정화를 위한 첫 번째 움직임은 은행가나 경제학자가 아니라 정치가로부터 나왔다. 전 세계적인 가격하락이 진행 중이던 1833년에, 1833년부터 1868년까지 영국의 하원의원이었던 스크로프는, 자신의 유권자들에게 소책자들을 우송했고, 이어 "모든 상인계급이 도표화된 기준에 따라 자신의 금전적인 활동을 관리할" 수 있도록, "믿을만한 현행 가격"을 정기적으로 발행함으로써 "법적인 가치표준"의 변동을 교정하기 위한 자신의 제안을 책으로[139] 출판했다. 이 도표화된 기준을 이후 제번스가 수학적인 원리에 따라 구성해 가격들의 평균적인 움직임에 대한 지수로 알려지게 되었다.[140]

••

139) Scrope, G, Poulett, *Principles of Political Economy Deduced from the Natural Laws of Social Welfare and Applied to the Present State of Britain*(1833).

스크로프의 착상에는 선례들이 있었지만, 이들은 사업상의 계약을 위한 실용적인 제안이[141] 아니라 호기심에서 나왔다. 또한 스크로프는 장기적인 계약상의 자발적인 합의만을 염두에 두었다. 1898년의 빅셀과 1911년의 피셔에 이르기까지 법적인 화폐의 표준 자체를 인정시키기 위한 제안은 없었다. 빅셀이 할인율에 대한 은행의 통제를 제안하고, 피셔가 달러의 무게변동에 대한 통제를 제안하면서, 장기적인 합의뿐만 아니라 상업금융의 단기적인 합의도 안정화된 물가 자체의 집단적인 관리하에 놓이게 했다.

이런 제안들은 이해의 충돌에서 발생하는 윤리적인 문제의 전 세계적인 측면이므로, 공공정책과 합당한 가치의 모든 문제 중 가장 중요한 문제를 전면에 드러낸다. 이것은 개인들이나 계급들이 그들의 효율을 개선해 부유해져야 하는지 아니면 희소를 측정하는 단위의 가치변동을 이용해 부유해져야 하는지 여부이다. 자본주의 문명의 "지불의 수장"이 모든 것을 통제하는 관행에서 이것은 효율 이윤 대 희소 이윤의 문제이다.

미국의 도매물가는 1929년과 1932년 사이에 33% 이상 하락했고, 농산물의 가격은 55% 정도 하락했다. 그러나 33%를 평균으로 잡으면, 모든 장기 부채의 부담은 50% 증가했다. 이것은 유럽국가들이 미국에 금으로 된 부채를 상환하기 위해서 전쟁부채의 액수가 타결된 1925년에 요구되었던 것보다 50% 더 많은 상품을 세계시장에 수출해야 함을 의미한다.

우리 국민 자신의 상황도 이와 비슷하다. 1929년 이전에 계약된 공적

••

140) Jevons, W. Stanley, *A Serious Fall in the Value of Gold*(1863); *Investigations in Currency and Finance*(1884).

141) Jevons, *op. cit.*의 논평과 팔그레이브의 *Dictionary of Political Economy*(1899) 해당 항목 참조.

이거나 사적인 부채에 대한 이자와 원금을 갚기 위해, 부채가 계약되던 시점에 요구되었던 것보다 1932년에 상품을 적어도 50% 더 생산해 팔아야 했다.

이것은 미국과 외국에서 제품의 50%까지 재정적으로 생산자들을 착취하는 것을 의미한다. 이들은 이제 부채와 조세를 지불하기 위해 제품들을 3~4년 전에 체결된 계약에서 요구되었을 수준을 넘겨서 팔아야한다.

미국 제조업과 농업의 놀라운 효율 증가를 고려하는 사람이면 누구에게나 자연히 떠오르는 첫 번째 가정은 공급과 수요의 "법칙"이 반드시 상응하는 가격의 하락을 가져오리라는 것이다. 만약 예를 들어 철강업이나 밀농사의 효율이 10년에 10% 증가한다면, 이것은 주어진 시간에 동일한 수량의 노동과 경영이 10% 더 많은 산출을 낳는다는 것을 의미한다. 그렇게 되면 우리는 자연히 평균적으로 가격들이 대략 연간 1% 또는 10년에 10% 하락하리라고 예상할 수밖에 없다.

이 숫자들은 예시로 자의적이다. 연방준비 이사회는 1919년과 1927년 사이에 제조업의 효율이 훨씬 더 크게 증가했다고 추정했다. 효율이 총 47% 증가해 연평균 5% 승가했다. 그렇지만 우리의 숫자가 예시로 간주해, 만약 철강업과 밀농사 모두 10년 동안에 10%라는 동일한 비율로 증가했고, 각각의 화폐가격이 같은 10년 동안에 10% 하락했다면 무슨 일이 벌어질지 생각해보라.

우리는 가정을 늘릴 수 있다. 철강이 모든 제조업을 대표하고 제조산업들이 모두 같은 비율로 효율을 증대시켰다고 가정하자. 그리고 밀농사가 농업 전체를 대표하고 역시 농업산업들이 모두 같은 비율로 효율을 증대시켰다고 가정하자. 모든 농부는 이제 자신의 모든 농산물을 모든 제조업자에게 판매하고, 모든 제조업자는 모든 제조업 제품을 모든 농부에게 판매한다. 양측에서 가격들이 동일하게 10% 하락했다.

그렇지만 교환가치들이 하락했는가? 이것은 "명목" 가격과 "실질" 가격의 구분과 관련된다. 명목가격은 한 단위의 상품이 살 **화폐의 수량**이다. 실질기격은 이 상품의 한 단위가 살 **다른 상품들의 수량**이다. 그렇지만 우리는 "명목적"이라는 용어 대신에 "제도적"이라는 용어를 사용한다. 명목가격은 우리가 단순히 가격이라고 부르는 제도적인 가격이다. 실질가격을 우리는 교환가치라고 명명한다. 이렇게 부르는 이유는 명목가격을 측정하는 화폐는 매매제도에 불과하지만, 화폐가 우리로 하여금 소유한 상품을 교환해 우리가 원하는 다른 상품과 서비스에 대한 소유권을 획득하게 해주는 자본주의적인 문명의 근본적인 제도이기 때문이다.*

따라서 우리는 우리가 가진 상품으로 "화폐를 구입한다고" 말하지 않고, "화폐를 얻기 위해 상품을 판매한다고" 말한다. 그리고 상품을 얻기 위해 "화폐를 교환한다고" 말하지 않고 "화폐로 재화를 구입한다고" 말한다. 우리가 먼저 화폐라는 제도와 우리의 상품을 교환해서 우리가 원하는 상품들 중 일부나 전부를 사들이기 시작하기 전까지 실질가격이나 교환가치는 알 수 없다. 그래서 화폐를 제거한 고전 경제학자들이 그랬듯이, 우리는 상품 한 단위를 주고 얻는 또 다른 상품의 수량을 우리 상품의 "가격"이라고 부르지 않고, 그것의 교환가치라고 부른다. 그리고 우리가 우리 상품 한 단위를 주고 얻는 화폐의 수량을 그것의 교환가치가

---

* 이와 대조적으로 신고전학파는 화폐를 제도로 간주하지 않고 화폐가격을 명목가격으로 규정해 실질가격으로 전환한다. 그리고 물가를 예측하고 물가를 고려한 후 실질가격에 근거해 선택하고 행동하는 것을 행위자의 합리성으로 규정한다. 이 점은 시카고학파가 일관되게 유지하고 있는 뇌관이다.

아니라 그것의 가격이라고 부른다. 교환가치가 "실질가격"이다. 가격은 자본주의적인 가격이다. 가치는 상품의 수량에 화폐로 따진 그것의 단위가격을 **곱한** 것이다.[*]

임금, 이윤, 이자와 토지의 지대의 경우도 이와 같다. 그러나 만약 우리가 상품이라고 부를 수 있다면, 여기서 우리가 소유하고 있는 "상품"을 우리는 팔지 않는다. 우리는 일정 기간 이것의 **사용**을 팔 뿐이다. 우리가 파는 진정한 상품은 이 사용이다. 노동, 부채, 그리고 도구의 경우에 우리는 그것을 노동의 서비스, 기다림의 서비스, 그리고 위험부담의 서비스 등 **서비스**라고 부른다. 명목적인, 또는 보다 정확히 말해, 제도적인, 임금은 화폐임금, 즉 한 시간, 하루, 일주일 또는 한 개당 화폐제도와 교환해 노동 서비스 또는 노동력의 사용을 판매함으로써 얻는 가격이다. 명목임금은 노동의 자본주의적인 가격이다.

그러나 실질임금 또는 노동자의 노동력 사용에 대한 "실질" 가격은 화폐 임금으로 구입하는 음식, 의복, 그리고 다른 재화이다. 우리는 그것을 "실질임금"이라고 부르지만 그것은 우리가 여기서 다른 사람을 위해 일하는 서비스의 교환가치라고 부르는 것과 같다.

이와 비슷하게 명목적이거나 제도적인 이자는 화폐의 소유자가 사신의 돈을 일정 기간 구매력으로 **사용한** 데 대해 받는 화폐의 수량이다. 또한 이것은 기다림이라는 서비스에 대한 지불액이다. 이런 기다림의 서비스에 대해 대가를 받는 사람은 자기 돈으로 주로 채권을 사는 채권자이다.

---

[*] 커먼스는 고전학파와 마찬가지로 교환가치를 다른 재화의 수량으로 표현된 교환비율로 간주하므로 고전학파와 동일하다. 반면 그는 고전학파와 달리 가격은 화폐로 표시된 가격으로 간주해 교환가치와 구분한다. 또한 그의 가치개념은 수량까지 고려한 사후적인 개념으로 노동가치와 효용가치 모두와 다르다.

화폐시장에서는 이것을 "화폐의 가격" 또는 "화폐의 가치"라고 부른다. 이것은 명목적인, 또는 화폐의, 이자율, 즉 기다림이라는 서비스에 대해 지불하는 자본주의적이거나 제도적인 가격이다. 그러나 실질 이자율 또는 기다림의 서비스에 대한 "실질가격"은 채권사가 명목 이자로 받는 돈으로 살 수 있는 재화의 양이다. 이 재화의 수량은 기다림이라는 서비스의 실질가격, 즉 교환가치이다.

이윤도 마찬가지이다. 명목 이윤은 사업체가 일정 기간 명목 이자, 명목 임금, 그리고 여타 모든 가격을 지불하고 받는 화폐라는 제도의 수량이다. 그것은 사업의 위험을 부담하는 서비스에 대해 대중으로부터 받은 자본주의적인 가격이다. 그러나 실질 이윤은 이 자본주의적인 이윤으로 시장에서 구입하는 모든 재화의 수량이다. 실질 이윤은 사업의 위험을 부담하는 서비스의 교환가치와 같은 것이다.

지대와 임대료도 마찬가지이다. 명목적인 또는 제도적인 지대, 또는 임대료는 일정 기간 토지, 건물, 말 또는 어떤 물리적인 것을 사용한 것에 대해 받은 화폐 가격이다. 그러나 실질 지대는 명목 지대로 구입하는 재화의 수량이다. 실질 지대는 물리적인 것에 대한 **사용**의 교환가치와 같다. 그렇지만 명목 지대는 물체에 대한 동일한 사용에 지불되는 자본주의적인 가격이다.

그렇다면 일반적으로 가격은 상품, 서비스, 그리고 사용의 모든 판매자가 받는 제도적인 가치 또는 화폐적인 수입 또는 자본주의적인 수입이다. 그렇지만 교환가치는 그런 판매자들이 받는 실질소득인 실질 가치이다.

그런데 가격이 제도적이고 교환가치가 "실질적"이지만, 가격은 자본주의적인 의미에서 매우 실질적이다. 가격이 효율의 결과를 누가 가질지를 결정하기 때문이다. 기술적인 효율의 전반적인 증가가 1921년 이후 이례적인 비율로 진행되면서 이 점이 더욱 중요해지고 있다.

미국 연방 노동조합은 1925년의 총회에서 생산자로서 높은 임금을 받고 소비자로서 저렴한 가격을 지불하는 두 방향으로 노동자가 향상된 효율의 적절한 몫을 가지게 된다면, 산업의 효율을 향상시키는 데 고용주와의 협력을 지향한다는 결의문을 채택했다.[142]

(연간수입과 구분되는) 이런 보다 높은 임금이 요구되는 이유는 노동자들이 더 많은 생산물을 도로 구매할 수 있게 해주기 때문인가 아니면 단순히 이것이 더 높은 생활수준을 의미하기 때문인가? 더 높은 임금이 1930년부터 1933년까지의 실업을 막지는 못했을 것이다. 그러나 두 번째 이유는 확실하다. 더 높은 생활수준과 더 짧은 노동시간은 그 자체로 요구될만한 가치가 있다. 설령 효율이 향상되지 않았더라도 많은 국가에서 이와 같다.

그러나 노동자들이 이런 보다 높은 수준을 **생산자**로서 보다 높은 임금을 통해 얻어야 할까 아니면 **소비자**로서 보다 낮은 가격을 통해 얻어야 할까? 미국 연방노조는 생산자로서의 높은 임금과 소비자로서의 낮은 가격을 모두 요구했다.

여기서 이윤차익이 중요하다. 만약 고용주의 가격이 평균적으로 생산성의 향상에 비례해 하락하면, 이윤차익은 과거 수준에 머물러 있게 되어 고용주는 효율이 향상되지 않았을 때보다 임금을 올리고 가격을 낮추는 데 더 나은 위치에 있지 않게 된다. 노동자의 요구에 대한 고용주

⋮

142) 미국 연합 노동조합의 45차 연례 총회 「회의 보고서」, 1925, 231: "(……) 우리는 모든 곳의 임금소득자에게 모든 임금삭감에 반대할 것을 촉구하며, 경영진에게 판매가격이 낮아지고 임금이 높아질 수 있도록 생산의 낭비를 없앨 것을 촉구한다."

의 답변은 자신이 소비자로서의 노동자에게 효율증가를 이미 넘겨주어서 생산자로서 그들에게 아무것도 남아 있지 않다는 것일 수밖에 없다. 궁극적인 결론은 모든 노동자가 반이나 "배급된 짧은 시간"만 근무하도록 제한된 고용량을 배급하거나 "간격을 두는" 근로체세를 주창해야 하는 슬픈 곤경이다. 이렇게 되면 사회적 계급으로서 노동자들은 완전고용을 안정화하는 대신 자신들의 실업자들을 재정적으로 지원해야 한다. 이것은 평균적으로 상품의 가격은 안정적이어야 하고 노동자는 **소비자**로서 낮은 가격과 실업을 통해서가 아니라 **생산자**로서 더 높은 임금, 더 적은 시간, 그리고 연중 지속적인 고용을 통해서 더 높은 생활수준을 획득해야 한다는 대안적인 결론을 시사하고 있다.

　　시급 및 **일급**과 연간 **총임금**뿐만 아니라 이윤**차익**, 이윤율 그리고 이윤 **몫**을 아주 명확하게 구분하지 못했기 때문에, 이 주제를 다루는 저자들이 스스로 무엇을 했는지 깨닫지 못한 채 한 생각으로부터 다른 생각으로 미끄러져 움직였다. 포스터와 캐칭스는 이윤차익에 대한 생각을 가지고 있어서 물가안정을 제안하게 되었으나, 이윤율로 옮아간 후 다시 소비자들에게 돌아가는 **몫**의 부적절함으로부터 자신들의 결론을 도출했다.[143] 이들이 말하기를, 호황기에는 산업이 소비자들에게 생산된 재화들을 구입할 만큼 충분히 많은 돈을 나누어주지 않는데, 만약 가격이 효율의 개선에 비례해 하락한다면 아마도 이것이 교정될 것이다. 이 점에서 그들은 맬서스, 로베르투스, 공산주의자, 그리고 노조주의자의 19세기 이론들을 추종했다. 그러나 만약 이윤차익을 진정으로 파악한다면, 경기변동에서 물가의 등락이 최대한 방지될 수 있을 뿐만 아니라 1815년으로부터

..

143) 본서 904쪽, 이윤차익.

1849년의 금광발견에 이르는 시기, 그리고 남북전쟁으로부터 1897년의 새로운 채금법의 고안에 이르는 시기, 그리고 1920년에서 1933년의 시기와 같은 물가하락의 장기 추세도 방지해야 한다. 물가의 과도한 하락을 방지하기 위해서는 앞서 이들이 과도하게 상승하는 것을 막아야 한다.

이 예방이 효율의 이중적인 의미를 드러낸다. 그것은 노동자들이 빠르게 움직이게 만드는 것을 의미하면서 노동을 기계로 대체하는 것을 의미한다. 1919년에 물가가 과도하게 상승하고 있을 때 노동자들은 서로 경쟁하는 고용주들로부터 너무도 쉽게 일자리를 구할 수 있어서 자신들의 일에 대해 무관심했고, 경쟁하는 다른 고용주로부터 더 높은 임금을 얻기 위해 심지어 거리에 자신들의 트럭을 버려두었다. 그들은 "자신의 일자리에 드러누웠다." 필자가 알고 있는 한 가지 사례에서는 그들의 효율이 3분의 2로 줄어드는 동안 임금은 세 배 올랐다. 1921년에 불황이 왔을 때 이 동일한 노동자들 중 수백만 명이 실직했다가 다시 1922년에 경기가 되살아났을 때, 노동은 이미 1921년에 실직의 공포로 인해 "해산되어" 있었고 또한 가속화되어 있었다.

따라서 1919년을 비교의 기준연도로 삼을 때 지적한 47%의 효율증가는 기계와 더 나은 공장 조직의 도입만큼이나 육체노동의 속도증가에 기인하는 것으로 보인다. 경기변동이 1919년에 노동자들의 사기를 저하시켰고, 1921년에 이들을 가난하게 만들었으며, 1922년에는 이들을 강압했다. 이것은 고용주의 이윤차익에 발생한 일이 이루어낸 것이다.

그러므로 우리가 가정했듯이, 모든 산업에서 진정한 효율이 연 1%에 해당하는 비율로 10년 동안 **동일하게** 증가했다고 가정하면, 모든 상품의 가격이 동일하게 10% 하락하는 경우 교환가치 또는 실질가격이 10% 하락했는가? 그렇지 않다. 이것들은 정확히 종전 상태에 머물러 있다. 1부셸의 밀은 종전과 정확히 같은 수량의 제조업 제품과 교환되고, 한 벌의 옷은 종전과 정확히 같은 수량의 농산물과 교환된다. 농산물과 제조업 제품의 화폐 가격이 10% 하락했지만, 농산물과 공산물 사이의 교환가치 또는 실질 가치는 전혀 하락하지 않았다.

그렇다면 우리는 물가의 수준이나 물가수준이 변하는 것이 아무런 차이를 가져오지 않는다고 말해야 하는가? 우리가 상정한 경우에는 아마도 아무런 차이가 없다고 말할 수 있을 것이다. 그렇지만 반대로 상정해보자. 모든 상품에서 **동일하게** 10% 효율이 증가했지만, 물가가 하락하지 않고 10% 상승한다고 상정하자. 공산품과 농산물의 교환가치 또는 실질 가치에는 아무런 변화가 없을 것이다. 물가가 10% 더 높지만, 1부셸의 밀은 동일한 수량의 공산품을 구입할 것이고, 한 벌의 옷은 동일한 수량의 농산물을 구입할 것이다. 차이는 모든 가격이 10% 높아졌다는 것인데, 이것은 밀과 옷이 10% 더 많은 화폐에 팔린다는 것을 의미하거나 10% 적은 화폐가 동일한 수량의 밀과 옷을 구입한다는 것을 의미한다.

물가가 10% 하락하더라도 공산품과 농산물 사이의 교환가치 또는 실질 가치에 아무런 차이를 가져오지 않는다면, 물가가 10% 상승하더라도 이와 비슷하게 실질 가치에 아무런 차이를 가져오지 않을 것이다. 그렇지만 누가 효율의 증가를 가져갔는가?

또 달리 상정해보자. 전체적으로 동일하게 효율이 10% 상승했을 때 물가에 아무런 변동이 없다고 하자. 따라서 밀은 종전과 동일한 달러의 수량과 교환되고, 동일한 수량의 달러가 종전과 동일한 옷을 구입할 것이다. 결과적으로 물가가 안정적일 때 화폐가격이 10% 올랐을 때나 10% 내렸을 때와 동일한 일이 교환가치나 실질 가치에 발생한다. 그렇지만 이제 10%의 효율 향상을 누가 가져갔는가?

모든 가격이 10% 하락했고 효율이 모두 동일하게 10% 증가했을 때 증가된 효율은 누구에게 돌아갔나? 우리는 외견상 생산자와 소비자를 구분해야 한다. 이것이 통상적으로 말하는 방식이다. 어떤 사람은 생산자이고, 다른 사람은 소비자이다. 그렇지만 이것은 상황에 맞지 않는다. 우리가 상정한 경우에서 모든 농부와 농업 노동자, 그리고 모든 제조업자와 제조업 노동자는 생산자이면서 소비자이다. 따라서 우리는 마치 서로 다른 사람인 것처럼 생산자와 소비자를 구분하지 말고 아마도, 말하자면 동일한 사람의 생산-판매 기능과 구매-소비 기능을 구분해야 할 것이다.

이 구분은 중요하다. 증가된 효율이 생산-판매 기능과 구매-소비 기능 중 어느 기능에 있는 수백만 명의 참여자들에게 돌아가는가? 물가에 관해 위에서 상정한 세 가지 경우를 살펴보자. 첫 번째 경우를 보자. 효율이 모두 10% 늘어나면서 물가가 10% 하락한다면, 농부와 농업 노동자, 그리고 제조업자와 제조업 노동자가 10%의 효율증가를 얻는 것은 생산자-판매자로서인가 아니면 소비자-구매자로서인가? 명백히 일어나는 일은 양측이 각기 자신의 효율 향상이 아니라 거래의 다른 측의 효율 향상으로 이익을 얻는다는 것이다. 그리고 각자는 **자기 자신의** 향상된 효율로부터 발생할 수 있는 이익은 잃게 될 것이다. 물가하락으로 각사가 스스로의 향상된 효율로부터 발생하는 이익을 얻지 못해서 잃는 것만큼 상대방의 향상된 효율로부터 얻기 때문에, 결과적으로 쌍방은 비기게 된다. 달리 말해, 효율이 증가한 만큼 물가가 하락한다고 상정하면, 양측은 각기 생산-판매 기능에서 잃은 것을 소비-구매 기능에서 얻는다.

효율이 10% 향상되면서 물가가 10% 상승하는 반대 극단을 보자.[144] 우

144) Mills, F. C., *Economic Tendencies in the United States*(1932) 38, 99. 이 책은 제조업 제

리가 보았듯이, 실질 가치 또는 교환가치는 그대로인데 물가는 10% 올랐다. 어떤 기능이 증가한 효율로부터 이익을 얻었고, 어떤 기능이 얻지 못했는가? 분명히 생산-판매 기능이 두 가지 이익을 얻었다. 증가한 효율로 10%의 이익을 얻었고, 물가 상승으로 또 다른 10%의 이익을 얻었다. 그것의 총이익은 20%였다. 다른 한편으로 소비-구매 기능은 물가가 상승해 10%의 손해를 보아서, 구매자에게 **주어진 수량**의 화폐가 이전보다 10% 적은 수량의 상품을 구입할 것이다. 그러나 판매자로서 그들은 10% **더 많은 화폐**를 구매의 수단으로 얻었다. 따라서 다시 우리는 생산자-판매자 기능을 두 부분으로 쪼개야 한다. 생산자-판매자는 효율증가로부터의 10% 이익과 물가 상승으로부터의 10% 이익이라는 두 가지 이익을 얻었다. 이는 생산자 기능으로 10%의 이익을 얻고, 판매자 기능으로 10%의 이익을 얻었음을 의미한다. 생산자로서 효율에 있어 얻은 이익을 상쇄하거나 깎을 어떤 것도 없었다. 그것은 순수한 순이윤 효율이거나 순임금 효율이었다. 그러나 구매자의 역할을 발휘할 때 판매자로서의 이익이 정확히 같은 크기로 상쇄되었다.

여기서 우리는 두 종류의 소비자를 추가적으로 구분해야 한다. 궁극적인 소비자가 있고 사업 소비자가 있다. 궁극적인 소비자는 마지막 구매자이고 사업 소비자는 중간 구매자이다. 기계와 농기구 생산을 위해 철을 산 구매자들은 스스로를 "강판 소비자 협회"라고 불렀다. 그러나 이들은 소비자가 아니라 생산자였다. 이들은 소비를 위해서가 아니라 완제

∴

품의 가격이 22% 올라간 1899년과 1914년 사이에, 제조업 노동자의 일인당 산출이 30% 정도 증가했음을 보여주고 있다. 이것은 적어도 일정 기간에는 가격상승이 아니라 가격하락이 효율증가를 낳는다는 통상적인 생각을 논란거리로 만든다.

품의 추가적인 생산을 위해 필요하는 철강 반제품에 대해 보다 낮은 가격을 지불하는 특권을 얻기 위해 조직을 만들었다. 그러므로 정확히 말하면, 이들은 구매자-소비자가 아니라 구매자-생산자라고 불러야 한다. 우리는 여기서 이들을 구매자-생산자로 취급할 것이다.

따라서 생산자는 세 가지 방향으로 자신의 이윤을 확대시킬 수 있다. 첫째, **판매자**로서 제품의 가격을 높인다. 둘째, **구매자**로서 타인에게 지불하는 노동과 원료의 가격을 낮춘다. 셋째, **생산자**로서 효율을 늘린다.

이윤과 임금을 늘리는 이 세 가지 방법을 측정하기 위해서 우리는 두 가지 측정체계를 필요로 한다. 가격을 올리고 내리는 첫 번째와 두 번째 방법을 위한 우리의 측정단위는 달러다. 생산자로서 효율을 늘리는 세 번째 방법에 관한 우리의 측정단위는 노동시간이다. 첫 번째 방법과 두 번째 방법은 공급과 수요의 관계, 즉 상품의 상대적인 희소에 의존하며, 상대적인 희소를 측정하는 우리의 단위는 달러다. 세 번째 방법은 주어진 노동으로 생산할 수 있는 생산물의 수량을 늘리는 것, 즉 노동과 경영의 효율 증가에 의존하며, 상대적인 효율에 대한 측정의 단위는 노동시간이다.

우리는 앞서 이 측정들을 고려했다. 여기서 우리는, 모든 가격이 동일하게 상승한다고 상정하면, 어떻게 판매자의 기능으로부터 얻은 이익이 정확히 상쇄되는지를 알 수 있다. 이것은 **구매자**로서 지불해야 하는 가격의 10% 상승으로부터 나온다. 따라서 **생산자**로서는 효율증가로부터 쌍방이 모두 10%를 얻고, **판매자**로서는 각자가 추가로 10%를 얻지만, 생산자로서 얻은 것은 지키면서 **구매자**로서는 판매자로 얻은 것을 잃는다.

이런 세세한 구분이 중요하다는 것이 확인될 것이다. 어떤 사업가는 화학과 전기과학을 사업에 도입할 수 있고 이를 통해 큰 이윤을 얻을 것이라고 나서서 보여주기 시작했다. 그의 이상은 명백히 효율 이윤이었고 그는 크게 성공했다. 그러다가 갑자기 그는 자신에게 원료를 공급하던 생산자의 예상되는 파산과 재고처리를 기다리고 있었고 이후에 낮은 가격에 원료를 구입할 수 있으리라고 예상하고 있었기 때문에, 자신이 생산을 중단하고 노동자를 해고하고 있음을 발견했다. 왜 그가 효율을 늘려 이윤을 얻는 첫 번째로부터 생산을 유보하고 원료가격을 후려쳐서 이윤을 얻는다는 두 번째로 그의 이상이 바뀌었을까? 모든 사업가가 1921년과 1931년의 가격하락하에서 동일한 일을 했다. 모든 사람이 서로가 하락하는 가격으로 압박을 받기를 기다리고 있었고 이들은 모두 상대방의 빨래를 해서 생계를 유지하도록 서로를 강제함으로써 불안정한 삶을 이어간 유명한 섬의 주민들과 같은 상황에 있었다.* 이들 모두는 하락하는 가격에 **구매자들로서** 서로에게서 뽑아내는 순환을 따라가면서 불안정한 이윤을 얻으려고 노력하고 있었다.

또는 반대의 움직임이 발생해 물가가 상승할 때는 모든 사업가와 주식 투기자가 시장이 절정에 있을 때 팔아서 가격이 하락하기 직전에 "빠져나온다면" 자신이 매우 똑똑한 사람이 될 것이라고 생각했다. "빠져나온다는 것"은 구매자들이 가격하락을 떠안도록 내버려 두는 것을 의미한다. 그렇다면 왜 가격이 상승하는 시기에는 고용주와 노동자가 모두 "일자리에 드러누워" 효율을 줄이는가? 1919년에 이 일이 일어났다. 그 이유는 이들이 효율적인 생산자로서 자신들로부터 이윤과 임금을 얻어내지 않고, **판매자로서** 이들이 서로에게서 이윤과 임금을 얻어내려고 노력

---

* 여기 나오는 섬은 다이시(Edward Dicey)의 수필 「1886년의 전장(The Battle-Fields of 1886)」에 인용된 북해의 작은 독일 군도 헬리고란트(Heligoland)를 지칭한 것으로 보인다

했기 때문이다. 이번에는 그것이 상승하는 가격으로 서로에게서 뽑아내려는 불안정한 순환으로 귀결되었다.

이윤과 임금을 증대시키는 세 번째 방법은 효율의 방법으로서, 물가의 상승이나 하락으로 서로 상대방으로부터 얻어내는 순환적인 과정을 시도하는 것이 아니라 효율을 높여 스스로에게서 그것을 얻어낸다. 가격이 모두 안정적이고 종전과 같이 실질 가치 또는 교환가치도 안정적인 세 번째로 상정한 상황을 보자. 명백한 것은 어느 쪽이든 판매자나 구매자로 아무것도 얻거나 잃지 않았다는 점이다. 가격과 교환가치가 모두 변하지 않고 그대로 있었다. 그러나 구매자나 판매자가 아니라 생산자로서는 모두가 자신의 10% 효율 상승으로 대표되는 수량의 이익을 확실하게 얻었다.

따라서 평균적인 효율이 획일적으로 상승한다고 상정한 예에서 우리는 세 가지 가능한 가격 상황을 맞게 되고, 우리는 모든 가격이 효율증가와 더불어 하락하리라고 예상된다는 첫 번째 자연스러운 가정을 시험하도록 요청받는다. 이제 문제는 다시 한번 선회하게 된다. 효율이 증가할 때 공급과 수요의 법칙이 모든 가격에 무엇을 할 것이라고 우리가 **자연스럽게 예상해야 하는가**가 아니라 어떤 가격 상황이 모든 당사자에게 최선이라고 우리가 예상할 것인가가 문제이다. 생산자가 얻은 효율의 이익이 구매자로서 다른 사람에게 돌아가는 것이 전반적으로 더 나은가? 그렇다면 물가의 하락이 이렇게 해 줄 것이다. 또는 생산자가 판매자로서 효율에 근거하지 않은 추가적인 이익을 얻는 것이 더 나은가? 그렇다면 물가의 상승이 그렇게 해줄 것이다. 끝으로 효율로 인한 이익을 생산자가 판매자나 구매자로 얻거나 잃지 않고 그대로 가지는 것이 더 나은가? 만약 그렇다면 안정적인 물가가 그것을 해줄 것이다.

그렇다면 이제 우리는 경제적, 정치적, 그리고 행정적인 세 가지 문제에 답해야 한다. 경제적인 문제는 효율이 증가할 때 규제받지 않은 공급 수요의 법칙이 가격에 어떤 영향을 미칠 것인가이다. 정치적인 문제는 윤리적인 문제로서 이익이 충돌할 때 누가 효율의 이익을 가질 것인가이다. 행정적인 문제는 정부가 허가한다면 중앙은행과 재무성이 가격의 평균적인 움직임을 안정시킬 수 있는가이다.

우리는 여기서 첫 번째와 세 번째 문제는 고려하지 않겠다. 세 번째 문제는 우리가 이미 고려했다. 물론 세 번째 문제에 대해 긍정적으로 답변할 수 없음을 확연히 알고 있다면, 다른 문제들을 고려할 가치가 없다. 그렇지만 우리는 전후로 세계적으로 정부와 중앙은행가 평균적인 물가의 엄청난 변동을 줄이기 위해 이 문제에 대해 어느 정도 작업해왔음을 알고 있다. 이제 우리는 이들이 변동을 줄일 수 있는지 여부를 고려하지 않는다. 우리는 단지 세계의 신용체제를 관리하는데 어떤 공공정책을 지침으로 채택해야 할지를 고려하고 있다. 우리는 합당한 가치의 문제를 고려하고 있다. 문제는 그들이 효율의 향상을 지침으로 채택해야 하는가이다. 이것이 공공정책을 위한 유용한 지침인가?

효율이 생산이나 과잉생산과 동일하지 않음을 다시 기억해야 한다. 효율은 단순히 노동시간으로 측정한 생산의 **비율**이다. 효율을 증가시키는 것은 총생산을 늘리는 것과 반드시 동일하지 않다. 그것은 **시간당** 산출물의 증가와 더불어 **노동시간의 감소**를 의미하는 것이지, 낮은 가격에 출시된 총생산물의 증가를 의미하지 않는다.

우리는 아담 스미스와 같이 모두가, 구매, 판매, 생산, 소비 등 자신의 경제적인 활동에 있어서, 타인에 대한 영향은 아랑곳하지 않고 자신의 사익을 추구한다고 가정할 수 있다. 이것은 가능한 많은 이익을 얻고 가능한 적은 손실을 입는 것이다. 자신이 극복할 수 없는 어떤 방식으로든 제약을 받지 않는 한, 모두가 다른 사람에게 미치는 영향은 생각하지 않고 이같이 한다. 만약 공익을 위해 사업을 하고 있다고 어떤 사람이 주장한다면, 스미스가 그랬듯이, 우리는 그것을 헛소리라고 꾸짖을 것이다. 그렇다면 공공정책의 문제는 합당한 가치의 문제이다. 자신을 위한 사적인 최대의 이익과 최소의 손실이 금융제도를 통해 생산자나 판매자나 구매자나 궁극적인 소비자로서 그에게 보장되어야 하는가?

이기적으로 자신의 이익만을 추구하는 사람이 다른 사람으로부터 빼앗아 아무것도 주지 않고 무언가를 얻는 방법이 아니면서 그같이 할 수 있는 방법은 진정으로 한 가지뿐이고, 그것은 자신의 효율을 늘리는 것이다. 이렇게 하려면 속도를 높이거나 속도를 높이지 않는다면 뇌의 활동에 의존해야 한다. 만약 그가 **단지** 다른 사람이 지불하는 가격을 인상해 이익을 얻는다면, 그의 이익은 단지 구매자로서 타인에게 입힌 동일한 양의 손실에서 발생한 것이다. 그는 아무것도 주지 않고 무언가를 얻었을 뿐만 아니라 아무것도 주지 않은 것보다 못한 것으로 무언가를 얻은 것이다. 다른 사람도 생산자-판매자라면 오로지 두 가지 중 한 가지 방법으로 메울 수 있다. 구매자로서 겪은 손실만큼 판매자로서 가격을 인상하거나 구매자로서의 손실과 동일한 효율을 생산자로서 증가시키는 것이다. 만약 그들이 판매자로서 가격을 인상시키면, 그들도 나름대로 타인들로부터 빼앗아 아무것도 주지 않고 무언가 얻어서 결국 비기게 된다. 만약 그들이 효율을 늘리지만 이에 상응해서 낮은 가격을 받는다면, 타인들이 그들로부터 효율의 이익을 가져가서, 비기는 결과가 나오지 않는다. 만약 양자가 모두 가격을 똑같이 올리면서도 효율은 증가시키지 않는다면, 이들은 서로에게서 주지 않고 얻는 도박에서 비기게 된다. 마지막으로 양자가 모두 효율을 높이면서 가격은 인상하지 않으면, 이들이 비기는 결과가 나오지만, 주지 않으면서 타인으로부터 빼앗는 중간과정이 없이, 각자는 자신의 효율로부터 이익을 얻는다.

그렇다면 이런 정치적이고 윤리적인 문제에 대한 답변은, 순전히 자신의 이윤이나 임금의 증가만을 추구하는 모든 사람은, 가격상승에 도박을 거는 판매자나 가격하락에 도박을 거는 구매자가 아니라, 생산자로서 자신의 효율을 증대시켜 자신의 이익을 최대화해야 한다는 것이 될 것 같다.

한 벌의 옷을 제조하는 화폐비용이 앞서 33달러였고, 화폐비용이 24달러로 내렸다면, 화폐비용이 이같이 28% 내린 것이 낮은 임금, 낮은 이자율, 낮은 이윤, 낮은 원료가격 또는 효율의 증가 중 어느 것 때문인지 우리는 말할 수 없다. 그러나 만약 노동의 시간당 비용이 33% 내렸다면, 노동시간의 감소나 높은 임금이나 이윤이나 이자로 분배할 차액이 남아 있다고 우리는 말할 수 있다.

공공정책의 관점에서는 어느 것이 나았을까? 이에 대한 답은 앞서 물어본 다른 질문에 달려 있다. 생산자-판매자와 소비자-구매자가 모두 타인에 대한 의무감이나 책임감 없이 자신을 위해 최대한 얻으려고 노력하는 순전히 이기적인 동기에 따라 행동하고 있어서, 자신의 효율을 높여 스스로부터 얻어내는 보다 힘든 방법보다, 더 높은 가격을 부과하고 더 낮은 가격과 임금을 지불함으로써, **다른 사람들**로부터 뽑아내는 보다 쉬운 방법을 선호할 것이다. 이런 사실에 비추어 볼 때, 사업에 대한 유인을 어디에 설정해야 하는가?

앞의 경우에 이 질문에 옷 한 벌의 가격이 28% 하락했어야 한다고 답하는 사람들은 소비자가 생산자로부터 효율의 이익을 빼앗아가야 한다는 소비자-구매자의 관점을 취하는 것이다. 이것이 합당할까? 가격을 낮추어서는 안 된다고 답하는 사람들은 이기적인 생산자-판매자의 관점을 취하는 것이다. 이것이 모든 상황에서 합당할까? 모두가 타인에 관계없이 자신의 사적인 이익만을 추구하고 있으므로, 어느 쪽도 정의, 올바름 또는 동정의 윤리적인 고려를 받을 만하지 않다. 소비자는 가격을 낮추어 자신이 얻을 수 있는 모든 것을 생산자로부터 얻을 것이다. 생산자는, 할 수 있는 한, 높은 가격으로 소비자로부터 얻어내거나 낮은 가격과 임금으로 원료생산자와 노동자로부터 얻어낼 것이다. 생산자는, 해야 하는 것이 아니라면 자신의 효율을 높이지 않을 것이고, 만약 그가 높은 가격으로 소비자로부터 얻어낼 수 있거나, 낮은 가격으로 그 이전 단계에 있는 원료의 생산자로부터 얻어내거나, 낮은 임금으로 자신의 노동자로부터 얻어내는 보다 쉬운 길로 갈 수 있다면 그는 그렇게 해야 할 필요가 없다.

그렇다면 각자가 우리의 정치경제의 법원에 모두 이기심의 더러운 손을 가지고 입장하기 때문에 어느 쪽도 정의나 윤리, 올바름 또는 동정의 고려를 받을 만하지 않다고 보아야 하므로, 사회적 질문을 다른 데로 이동시켜야 한다. 국가 전체로는 어느 것이 더 좋은가? 국가가 전체적으로 원하는 것 또는 원해야 하는 것은 어느 것인가? 효율의 향상으로 인한 모든 혜택을 소비자가 가져가기를 원해야 하는가? 아니면 생산자가 모든 혜택을 가져가게 해야 하는가?

질문을 이런 식으로 제시하면, 많은 사람들은 이들이 혜택을 나누어야 한다고 대답하고 싶어질 것이다. 그렇지만 여기서 모종의 다른 질문들이 제기된다. 누구의 효율을 나누어야 하는가? 어떻게 나누어야 하는가? 언제 나누어야 하는가? 그중 얼만큼을 나누어야 하는가?

우리는 짐작하거나 답에 대해 추측할 필요가 없고, 공급수요의 "법칙"에 대한 우리의 이론이 우리에게 답을 주도록 허용할 필요도 없다. 우리에게는 짚어볼 경험이 있다. 특허법은 공급수요 "법칙"의 자연스러운 작동에 대한 정부의 인위적인 간섭이다. 이것은 발명을 사용해 얻을 수 있는 효율증가를 통해 다른 어떤 사람도 공급을 늘리지 못하도록 금지해서, 발명가와 그 발명품으로 작업하는 제조업자가 산출물의 가격을 높게 유지할 수 있게 해준다. 의회에 대표된 국가가 합의한 바에 따라 특허법의 목적은 명백히 발명가와 제조업자가 특정의 특허로 인한 효율증가로부터 얻을 수 있는 모든 이익을 그들에게 부여하고 있다. 생산자로서 이들은 이들의 효율은 결코 구매자-소비자와 나누지 않는다. 이들은 전적으로 자신들을 위해 이것을 가진다.

그러나 공급과 수요의 "법칙"이 부과하는 모종의 제한적인 요인이 있다. 그들은 유사한 생산물을 판매하지만 동일하게 특허를 받은 효율의 도구를 지니고 있지 않은 덜 효율적인 경쟁자가 부과하는 수준 이상으로 가격을 올릴 수 없다. 그래서 공급과 수요의 "법칙"이 계속 작동한다. 이로 인해 판매자들로서 이들이 덜 효율적인 경쟁자의 수준 이상으로 가격을 인상해서 그들에게 돌아올 이익이 생기지 않게 된다. 그들은 효율적인 생산자로서의 이익만을 얻어야 한다. 공급과 수요의 법칙이 그것을 관리한다. 공급과 수요의 "법칙"은 없앨 수 없고 그것을 이용할 수 있을 뿐이다.

그렇지만 그들이 원하고 그들의 효율이 허용한다면, 가격을 낮추어 덜 효율적인 경쟁자들을 몰아낼 수 있다. 따라서 그들은 스스로를 위해 가격을 낮추어 자신들의 향상된 효율을 소비자로서 구매자들과 얼마나 나눌지를 결정할 수 있다. 분명히 이들은 원한다면 공급을 늘려, 이 목적을 위해서도 공급과 수요의 "법칙"을 활용한다.

그러나 특허는 법에 따라 일정 기간이 지나면 만료된다. 그렇게 되면 누구라도 효율을 높이기 위해 특허받았던 장치를 사용할 수 있고, 공급과 수요의 "법칙"이 가격을 낮추어 궁극적으로 구매자-소비자에게 증가한 효율로부터 얻는 이익을 전부 넘겨주도록 다시 작동한다.

물론 특허법에는 불완전함과 오용이 개입되어 있지만, 앞에서 말한 것이 그것의 사회철학이고 또한 그것이 실제로 작동하는 방식이다. 처음에는 효율상의 이익을 전부 생산자에게 준다. 그리고 나서는 궁극적으로 모든 이익을 구매자에게 준다. 특허법은 공급과 수요의 "법칙"을 통제해 세 가지 방식으로 이렇게 한다. 첫째, 생산자가 효율을 낳는 장치의 공급을 제한할 수 있게 한다. 둘째, 생산자가 자신의 생산량을 늘리면서 가격을 낮추어 경쟁자들을 몰아내도록 허용함으로써, 증가된 효율을 원하는 만큼 많이 또는 적게 구매자와 나눈다. 셋째, 특허가 만료되었을 때 생산자로부터 공급과 수요의 "법칙"에 대한 종전의 통제력을 박탈해 증가된 효율의 모든 이익을 구매자-소비자들에게 이전한다.

따라서 특허의 경우, 효율증가를 처음에는 오로지 생산자에게 부여했다가 점차 소비자에게 부여하는 데서 국가의 집단적인 목적을 추가하는 경우에만, 그리고 특허를 받은 사람에게 공급과 수요의 "법칙"을 통제하는 힘을 국가가 인가해 부여하는 경우에만, 공급과 수요의 "법칙"이 효율의 증가와 더불어 가격의 하락을 초래하리라고 예상된다는—자연스럽게 누구에게나 떠오르는—첫 번째 생각은 진실이다.

해당 정부가 혼자서는 특허를 받은 사람에게 공급과 수요의 "법칙"을 통제하도록 인가할 힘을 가지고 있지 않음도 경험상 명백하다. 실질적으로 모든 정부가 조약 등을 통해 단결해서 동일한 발명가와 제조업자에게 모든 국가가 동일한 특허를 부여한다는 것을 보여준다. 현대의 교통과 전기체계하에서 공급과 수요의 "법칙"은 전 세계적이고 신속하다. 그리고 생산자가 증가된 효율의 모든 이익을 받으려면, 이런 특허법에 의해 공급과 수요가 전 세계적으로 통제되어야 한다.

그렇지만 특허를 받을 수 없는 효율의 개선은 여러 가지 있다. 공장에 대한 더 나은 설계, 노동력에 대한 더 나은 조직, 자료의 더 나은 구입, 피고용인에 대한 더 나은 유인, 더 커다란 기계장비 같은 것들은 특허를 받을 수 없다. 여기서 생산자가 효율증가로 인한 이익을 받기 위해서는 17년의 특허권조차 이용이 가능하지 않음이 명백하다. 그 이익은 특허법의 도움 없이 다른 방식으로 획득해야 하고, 우리가 지나면서 매일매일 그 이익을 얻어야 하고, 경쟁자들이 개선점들을 복사하기 전에 빨리 얻어야 한다.

그러나 여기에서조차 주로 관습법의 판결이 발전시킨 것으로 이런 매일매일의 효율상 이익을 보호하고 시간적으로 늘릴 수 있는 다른 방법이 있다. 관습법은 교역상의 비밀을 보호한다. 만약 종업원이 비밀로 되어 있는 공정을 경쟁사에 폭로하면, 법은 이 경쟁사에 대해 비밀을 훔쳐 얻은 모든 이윤에 이르기까지 완전한 손해배상을 제공할 것이다. 국가의 법은 공정의 발명가가 효율증가로 인한 전체 이익을 가지지 못하게 공급과 수요의 "법칙"이 작동하지 않도록 보장할 정도로 조심스럽다.

사업의 영업권이나 상표에 주어지는 관습법과 입법의 보호는 효율을 보호하는 또 다른 방법이다. 만약 제조업자가 좋은 품질과 좋은 서비스를 제공한다는 명성을 얻었으면, 법은 경쟁자가 그의 명성을 나타내는 이름이나 기호같이 생긴 것을 사용해 그의 좋은 명성을 "훔치는" 것을 금지시킨다. 품질이나 서비스의 개선이 수량의 증가만큼이나 효율의 증가이기 때문에 이것은 진정으로 효율을 보호하는 것이기도 하다.

이런 방식으로 국가의 공공목적은 효율을 보호하기 위해, 생산자가 낮은 가격을 통해 구매자에게 자신의 효율로 창출한 이익을 넘겨주지 않도록 보호함으로써, 입법과 사법을 통해 순전히 이기적인 동기로 공급과 수요의 "법칙"이 자유롭게 작동하는 데 대해, 모든 가능한 억제와 제한을 활용하는 것으로 나타난다.

이제 화폐의 평균적인 구매력, 즉 물가의 평균적인 움직임을 세계적으로 안정화시켜야 한다는 명제는, 그리고 세계의 정부들이 세계의 중앙은행들에게 화폐의 가치를 안정하도록 인가해야 한다는 명제는, 특허법과 교역상의 비밀, 상표, 영업권, 그리고 사업상의 명성에 깔려 있는 것과 사실상 동일한 윤리적 명제이고 목적이다. 그러나 이것은 더 나아가 자신들의 효율에 대해 법적인 보호를 받지 못하고 있는 사람들을 보호한다. 적어도 이런 안정화의 한 목적은 모든 산업에 있어서 증가하는 효율로부터 얻는 이익이 일차적으로 구매자가 아니라 생산자에게 되도록 많이 돌아가게 하는 것이다. 그리고 생산자가 효율적인 생산자로서 이익을 얻어야 하고 단순히 판매자로서 높은 가격을 통해 구매자로부터 이익을 얻지 않아야 한다는 것이다. 그리고 최종적인 소비자나 중간 소비자로서 그들은 구매자로서 지불한 낮은 가격이 아니라 이후의 효율적인 생산자라는 다른 기능으로 이익을 얻어야 한다는 것이다.

이 명제의 전개는 특허법 및 이와 유사한 법과 법원의 판결만큼 단순하지 않다. 이것은 이론을 단순화하기 위해 우리가 위에서 구성한 가상적인 예만큼 단순하지 않다. 그러나 이것은 공공정책이 개별생산자를 위해 지키는 것을 **모든** 생산자들에게 연장한 데 불과하다. 그것의 합당성은 그것을 **할 수 있을지**를 의심스럽게 만들 계급지배 및 적대성이나 국제관계의 복잡함 같은 추가적인 조건에 달려 있다. 만약 이런저런 이유로 안정화를 "이념형"으로 달성할 수 없으면, 우리는 여전히 모든 상황에서 최고로 실용적인 안정화를 지향할 수 있다. 이것이 합당한 안정화이다. 그러나 모종의 "목표"가 있어야만 한다. 그렇지 않으면 실행이 가능한 최대로 가까이 그것에 접근하기 위해 동원될 단합된 행동이 있을 수 없다.

희소가 아니라 효율로 노동시간을 줄이고 이윤과 임금을 늘리는 이런 사회적 이상은 지침으로 사용할 지수라는 이념형의 문제와 이런 지침을 실행할 행정적인 장치로 우리를 이끌어간다. 일반적으로 자본주의 문명의 가장 심각한 문제는 실업이다. 효율을 두 배, 세 배, 네 배로 늘리면서도 고용과 실업이 크게 교차되는 일을 저지르는 역설은 전쟁이나 공산주의 또는 파시즘을 평화나 자유보다 좋아할 수 있게 만든다. 결과적으로 대다수의 사람들이 무산자가 되면서, 안정화를 위한 모든 지침 중 가장 중요한 것은 완전하고 지속적인 고용의 유지이다. 1919년과 다시금 1923년의 급격한 물가 상승은 신속하게 고용을 회복시켰다. 1920~1921년과 1929~1931년의 급격한 물가하락은 크게 실업을 늘렸다. 이것은 산업이 좁은 이윤차익에 근거해 움직이고, 내내 약간 상승하는 물가가 이윤차익을 넓혀서 수요를 늘리는 데 배가된 효과를 가지고 있는 데 반해 이윤차익의 감소는 노동수요를 줄이기 때문이다.

그러나 만약 1919년의 경우와 같이 물가가 완전고용 수준을 넘어설 정도로 오르도록 허용된다면, 모든 사람이 고용되어 있어서 노동시간을 줄이지 않고는 생산에 의한 고용증가가 가능하지 않기 때문에 이것은 단순한 물가와 임금의 팽창일 뿐이다. 완전고용이 물가 상승의 합당한 한계이다. 1923년에 문제는 더 잘 관리되었다. 당시의 산업과 금융의 상황 하에서 채권을 팔고 할인율을 높여서, 물가는 완전고용을 회복하는 수준을 넘어서지 않았다.

5. 과세의 경찰력*

(1) 사적인 효용과 사회적인 효용

경찰력은 행동하는 사회적 효용에 대한 미국의 명칭이다. 이것은 입법부와 법원의 힘이지 경찰관이라는 행정부의 힘이 아니다. 연방입법에서 그것은 주들 사이의 상업과 무역에 대한 힘에 포함되어 있다. 그것은 특정 방향으로 개인들의 행위를 이끄는 힘이다. 이 점에서 그것은 과세와 다르지 않다. 이들은 각기 어떤 개인도 스스로에게 충분하지 않고 다른 사람으로부터 교환을 통해 소득을 얻는다는 사실에 근거하고 있다.

이런 사회적 사실로부터 언제나 두 가지 문제가 발생한다. 부의 분배와 활동체의 지속적인 유지가 그것이다. 리카도 시대 이래 부의 분배에 있어 스스로 번 수입과 불로소득을 구분해왔다. 그렇지만 100년이 지나면서 이 단어들의 의미가 변했다. 모든 것이 불로소득이고 모든 것이 근로소득이지만, 정도의 차이가 있을 뿐이다. 좀더 특정적이고 덜 불편한 용어가 필요하다. 우리는 리카도의 해법을 정교하게 만들어 이들을 개인수입, 자본수입 그리고 장소가치 수입으로 구분한다. 그리고 우리와 관련된 지속적인 활동체는 가끔 진행되고 가끔 느려지고 가끔 정지된다. 이런 것들 자체가 부의 분배와 두 가지 고정된 부담액인 조세 및 이자라

---

* 과세의 '경찰력(The Police Power)'이라는 이례적인 규정은 경제와 법의 결합을 추구하고 미래성을 강조하는 커먼스의 입장을 반영하고 있다. 과세로 인해 특정 분야의 투자가 완전히 중지되는 상황을 상정하고 이것을 마치 소수의 위험한 사람을 거리에서 끌어내는 경찰의 힘과 같은 규제력이나 금지능력과 비슷하게 취급한 것으로 보인다. 이것은 수량적인 변수가 낳는 질적인 결과에 초점을 맞추고 있다. 또한 종전의 과세가 과거의 실적에 근거한다면 앞으로의 과세는 미래에 대한 기대에 근거해야 한다는 점을 강조하기 위해 경찰력으로 표현한 것 같다.

는 짐에 영향을 미친다.

우리는 제조업 회사가 몇 년 동안의 기간에 지불한 세금의 **총액**이 평균생산비용의 1~2%에 불과했는데[145], 평균적인 이윤차익에 대한 조세의 부담은 1919년의 33%에서 1921년의 "무한대"에 이르렀고, 통계가 아직 나오지 않은 1930년, 1931년, 그리고 1932년에도 의심할 여지없이 그랬다는 것을 보았다. 이 나라의 제조업 생산물 중 90%를 차지하는 기업체들의 조세부담은 1926년에 이윤차익보다 35% 더 많았고, 다른 해에는 33%에서 90%에 이르렀다.

자본주의 체제의 20세기 단계에서는 19세기의 개인주의적인 경제학이 내세우는 생산비가 아니라 기업체의 이 이윤차익이 사업이 진행되느냐 왕성해지느냐 느려지느냐 또는 정지되느냐를 결정한다. 고정된 비용부담으로서 이자처럼 조세는 미국 국민의 총수입 중 10%에서 12%를 차지하지만,[146] 제조업체 평균으로 보면 이윤차익의 3분의 1 수준에서부터 이윤차익을 훨씬 넘어서는 수준에 이르고 있다.

과거의 경제학자들은 분배, 즉 개인들 사이에 사회적 산출이 나뉘는 **몫**들에 대한 문제에 주로 관심을 두었다. 그러나 좁고 변동이 심한 이윤차익에 근거한 막대한 주식을 지닌 법인기업체들이 개인들을 대신한 이후에 20세기의 경제학자들은 무엇이 법인 자본주의를 개인 자본주의보다 훨씬 더 격렬하게 나가게 하고 정지시키느냐는 문제에 관심을 두게 되었다. 제시된 모든 답변 중에서 우리는 그것을 주로 가격, 조세 그리고 이윤차익으로 좁힌다. 노동자와 다른 이해집단들도 있지만 이들은 해고

∙∙

145) 본서 904쪽, 이윤차익.
146) 주로 공무원의 임금 및 급여와 공공부채에 대한 이자에 숨겨져 있음. 본서 904쪽, 이윤차익.

될 수 있어서 고정된 비용 부담이 아니다. 법인 자본주의가 의심할 여지 없이 가장 강력한 자본주의의 단계이지만, 주로 좁은 이윤차익과 손실의 차손에 근거해 운영되고 있기 때문에 가장 예민하고 위협적인 단계이다. 개인 자본가는, 오늘날의 농부나 이윤, 이자, 지대와 임금을 구분하지 않았던 스미스 및 리카도 시대의 제조업자처럼 이윤, 이자, 지대가 사라질 때 허리띠를 졸라매고 일하고 있는 전체 가족으로 보아도 삭감된 임금에 근거해 생계를 유지할 수 있다. 그러나 법인 자본주의는 이자, 조세, 지대와 임금이 이윤차익을 소진하면 파산한다. 왜냐하면 법인이 임금에 대해 노동자에게, 이자에 대해 대부자와 은행가에게, 지대에 대해 지주에게, 조세에 대해 국가에게 채무자이므로, 법인의 이윤이 오로지 이런 부채들을 변제한 후 판매수입에 남는 이윤차익이기 때문이다. 법인 자본가가 **법인**의 이윤차익으로부터 나오지 않는 매우 누진적인 **개인** 소득세와 상속세에 반대할 때 그는 사적인 이익과 법인의 이익을 뒤섞고 있다. 최근 몇 년 동안에 재앙 비슷하게 확인했듯이, 큰 법인체와 작은 법인체만큼 미묘하게 균형을 잡고 있는 법인의 더 높은 이윤차익에 대한 누진적인 세금에 대해 반대할 때 그는 현명한 것이다.

은행 자본주의로 변해서 생긴 이런 미묘함, 크기, 그리고 사회적 위협이 셀리그만(E. R. A. Seligman) 교수의 용어로 "재정과학의 사회적 이론"을 필요로 한다.[147]

셀리그만은 자신이 "집단들"이라고 부른 것을 개인들이 지닌 **필요들**의 성격에 따라 분류하고 있다. 이에 비해 우리는 "지속적인 활동체"로서 이들을 개인의 행위를 통제하는 집단적인 행위가 활용하는 운영규칙과 제

∴

147) Seligman, E. R. A., *Pol. Sci. Quar.*, XLI(1926), 193ff., 354 ff.

셀리그만의 집단 분류표

	조건의 정도	필요의 성격	집단의 지칭
사적	다른 한 사람과 함께	성적인	결혼
	다른 여러 사람과 함께	사교적	동아리, 기숙사, 숙소, 지부
		오락적	조, 무리, 패거리, 합창단
		군사적	분대, 부대, 군단
		직업적	조합, 길드, 농가, 장인
		사업적	동업, 법인, 기업결합
		파당적	정당, 연합, 연대
		종교적	분파, 교단, 조직, 교회
공적	다른 모두와 함께	보호	
		생명	
		재산	
		자유	정치조직, 즉 국가, 연방, 연합
		정의	
		공동복지	

약에 따라 분류하고 있다. 그의 분류로부터 쉽게 관찰할 수 있는 유사성과 차이점은 다음과 같다.

집단 또는 지속적인 활동체의 이런 체계를 가지고 셀리그만은 경제학의 인과적인 요인으로서 개인의 필요로 되돌아가고 있지만, 파레토가 그랬듯이, 필요 자체가 변동하고, 이것이 어떤 집단의 이런 전체적인 필요로 이전되면 측정이 불가능하다는 점을 주목하고 있다. 필요에 대한 구분은 "이것의 원초적인 심리적 특징"이 아니라 개인적으로 또는 집단적으로 필요를 **충족시키는 수단**에 근거하고 있다. 이 수단들은 "분리되어 있고", "상호적이며", "집단적"이다. 또한 필요를 충족시키는 집단적인 수단은 추가적으로 "사적인 집단과 공적인 집단 중 어느 것에 의해 충족되느냐에 따라 사적인 필요와 공적인 필요"로 분류된다. 공공집단에의 소속이 강제적이기 때문에 공적인 필요와 이것을 충족시키는 수단이 근본적이고, 보편적이며, 강제적이고, 해체되지 않는다는 점에서 사적인 것과 다르다. 공적인 집단에서는 배급 거래와 대비되는 교섭 거래에서 우리가 본 것과 같은 상호성이 없다는 점에서, 그리고 개인에게 돌아가는 이익이 불가분하고 측정 불가능하다는 점에서 이것이 사적인 집단과 공적인 집단의 차이를 낳는다. 따라서 집단적인 필요를 충족시키는 공공 서비스에 대해 조세의 형태로 부과되는 가격은 비용이나 이윤의 원리에 근거하고 있지 않다. 정도상의 차이는 있지만 그것은 특별한 편익과 지불능력이라는 원리에 근거하고 있다. 또는 판매세와 같이 편익이나 능력과 반대 방향으로 움직이기도 한다.

셀리그만의 결론은 재정과학이 넓은 의미에서 사회과학의 일부라는 것, 재정과학이 공통의 필요로부터 생긴다는 것, 이 학문이 공적인 집단으로부터 사적인 집단을 구분한다는 것, 그럼에도 불구하고 집단적인 필요를 충족시키는 비용을 지불하도록 개인에게 요구한다는 점에서 두 집단이 비슷하다는 것, 그리고 오랫동안 충돌해온 **지불할 능력** 내 **받은 편익**이라는 원칙이 각기 적절한 행위의 영역을 지니므로 서로 배타적이라는 생각을 버려야 한다는 것이다.

이런 이유로 인해 우리는 개인에게 사회적 부담과 편익을 분배하고 부의 생산으로 조직이 유지되는 과정에서, 교섭이나 심지어 관리가 아니라 배급으로 경계를 결정하는 것이 흄의 공적인 효용이나 파레토의 사회적 효용, 또는 이와 비슷하게 측정이 불가능하고 선동적이기까지 한 "공공정책" 또는 경찰력과 조세부과능력이라는 결론을 내린다.

그것의 활동과정에서 이런 조세부과능력은 수입의 크기뿐만 아니라 개인에 대한 유인과 제한을 고려한다. 그것은 경제적으로 교섭 거래와 관리 거래 모두를 압도하는 배급 거래의 특별한 경우이다. 그 자체로서 그것은 이해집단들 사이의 정치적인 상호청탁이라는 민주적인 체세나 이와 비슷한 독재정권과 지배적인 이해집단들이 주고받는 활동을 통해 도달하는 것이다. 이 때문에 그것은 주로 충돌하는 이해들을 고려하므로, 사적인 효용의 개인주의적인 이론에 근거해 제시될 수 있는 원리를 결코 따르지 않는다. 이 이론이 상호청탁을 지배하려고 투쟁하는 충돌하는 이해들의 정치적인 원리와 맞아떨어지는 경우를 제외하고는 말이다.

영국에서 지주의 이익에 대항해 상인과 제조업자의 이익이 정치력으로 부상하면서, 스미스와 리카도의 자유무역 원리를 1846년에 채택했을 때처럼 사회과학에 대한 파레토의 "분자주의적인" 원리가 궁극적으로 정치에서 채택될 수 있다는 사실에서 이것이 확인된다. 그러나 이 원리조차 100년이 지나고 또 다른 정치적 갈등이 있은 후 케리와 리스트 같은 다른 경제학자들의 보호주의적인 원리를 위해 버려졌다.[148]

(2) 장소, 비용, 기대

현실에서 보호주의 원리는 관세부과보다 훨씬 더 나간다. 모든 조세는 어느 정도 다른 방향에서 억제되어 한 방향으로 팽창한다. 단지 공적인 수입을 얻는 것이 그것의 유일한 목적이 아니다. 그러나 다른 사람에게

∴

148) 리스트는 미국에서 망명 생활하는 동안에 겪은 경험으로부터 자신의 이론을 도출했다.
List, Friedrich, *Das nationale System der poltischen Ökonomie*(1841).

부담을 전가해 그 수입을 얻는 것이 명백히 관찰이 가능한 목적이다. 재정과학은 다른 사람이 지불하도록 만드는 집단적인 노력의 수단과 효과를 분석한다는 점에서 경제과학이고, 이 분석의 많은 부분이 "자본"이라는 단어가 지닌 의미의 역사적인 변동에 달려 있었다.

우리는 과거 리카도의 노동생산비용에서부터 현재 케리의 재생산비용에 이르는, 그리고 은행자본주의의 상업부채, 주식, 채권, 그리고 토지가치의 소유로부터 기대되는 미래 순수입의 현재가치에 이르는 이 의미의 역사적인 변동을 주목했다.[149] 이런 의미의 변천에서 불로소득인 지대와 스스로 번 임금, 이자 또는 이윤에 대한 리카도의 구분이 소멸된다. 토지의 "재생산비용"이 기존 토지의 가치와 동일한 대안적인 토지를 생산하는데 필요할 모든 개별적인 비용뿐만 아니라 사회적 비용을 포함하기 때문에, 이런 소멸은 케리와 바스티아에서 일어난다.[150] 리카도의 불로소득인 지대가 사라진 또 다른 이유는 — 자본의 의미에 있어 마지막 이동이 있는 전환점에서 페터가 1901년에 말했듯이 — 얼마나 독점적이거나, 차별적이거나 또는 불공정하든, 모든 미래 소득이 어떤 종류든 모든 재산에 대해 지불해야 할, 미래의 "지대"로 간주되어서 자본이 이 미래 지대의 할인된 현재 가치가 되었기 때문이었다.[151]

변동하는 **자본**의 의미는 변동하는 **지대**의 의미에 달려 있음을 확인하게 될 것이고, 또한 이를 종종 지적한 바 있다. 페터가 사용한 대중적인 의미로 지대는 "임대료" 또는 일정 기간 무언가를 **사용한** 데 대해 지불한

149) 본서 780쪽, 시즈위크.
150) 본서 549쪽, 서비스 가치.
151) Fetter, Frank, "The Passing of the Old Rent Concept", *Quar. Jour. Econ.*, XV(1901), 416 ff.

것과 같은 의미를 지니고 있다. 부동산의 지대는 토지재산의 소유에 결합된 많은 경제적인 차이에 관계없는 기간당 지불액이다. 이자는 화폐의 사용에 대해 지불하는 지대 또는 임대료이다. 임금은 노동의 사용에 대해 지불하는 임대료이다. 지대와 이윤은 말의 소유지에게 말의 사용에 대해 지불하는 임대료이다. 19세기 전체 그리고 20세기에 이르는 경제이론은 이런 봉건적이고, 법적이며 대중적인 지대의 의미를 그것의 경제적인 차이들로 분해하는데 종사했고, 구분들의 필요는 도시 토지의 가치 증가와 농업 토지의 상대적인 가치 하락과 더불어 더욱 다급해졌다.

밀에 대한 보호관세를 놓고 자본가와 봉건적 지주 사이에 발생한 이해의 충돌에 촉발되어, 리카도는 처음으로 지대를 경제적으로 구분했다. 그렇게 하면서 그는 지대의 의미를 토지 사용에 대한 지불이라는 역사적인 의미로부터 토지의 "원초적이고 파괴할 수 없는 형질"을 사용한 데 대한 지불로 바꾸어야 했다. 이렇게 함으로써 그는 이자, 이윤 그리고 임금은 노동으로 번 소득인 데 비해, 지주의 지대는 상응해서 어떤 서비스도 제공하지 않는 "불로소득"으로 만들었다.

칼 맑스는 노동에 대한 리카도의 지대를 개별 노동자로부터 사회적 노동력으로 확대하면서 지대가 생산성의 차이가 아니라 이자나 이윤과 같이 사적인 소유 때문에 지불되는 불로소득이라고 생각했다. 그리고 아마도 소련에서 그랬듯이 이 구분이 공동소유에서는 사라질 것이라고 생각했기 때문에 이런 리카도의 구분을 없애버렸다. 존 스튜어트 밀은 부분적으로 토지 국유화에 대한 그의 제안에서 리카도의 구분을 인정했지만, 맑스의 자본 사회화는 인정하지 않았다.[152] 헨리 조지는 자신의 토지 단

..
152) Mill, J. S., *Dissertations and Discussions, Political, Philosophical, Historical*(1875), V.,

일세로 리카도의 구분을 인정했지만, 리카도가 포함시키지 않은 비옥도를 포함시켰기 때문에 역시 부분적으로만 그것을 인정했다.[153]

밀도 조지도 비옥도와 파괴할 수 없는 토지의 형질에 대한 리카도의 구분을 활용하지 않았다. 조지는 후기 저작이 아니라 원래 저작에서 오로지 토지의 **본원적인** 비옥도가 인간에 대한 신의 선물이고 유지하고 확장한 비옥도는 지주와 경작자가 선불한 것이라고 선언한 케네의 단일세조차 따르지 않았다. 조지는 원래 스미스와 맬서스와 같이 토지의 **모든** 비옥도가 신의 자비에 따라 노동과 자본(케네의 선대avances)이 생산한 것을 넘는 부를 생산하므로, 생산적인 자본가와 노동자로부터 과세의 부담을 덜어주려면 유일한 과세의 대상이어야 한다고 생각했다. 케네와 리카도 그리고 조지가 후기 저작에서 알았듯이, 우리는 이것이 사실이 아님을 알고 있다. 비옥도는 대부분 고갈되고, 고갈되는 한 모든 형태의 "자본"이나 케네의 선대와 마찬가지로 재생산되어야 한다.

그러나 리카도의 구분 자체를 다시 세분할 수 있다. 그가 말하는 토지의 "원초적이고 파괴할 수 없는" 형질은 사회가 필요에 따라 부여하는 **장소** 가치와 생산자 및 경작자가 부여하는 **기반** 가치로 분해된다.[154] 장소-가치는 오로지 시장에의 접근으로부터 파생되므로 희소-가치에 불과하기 때문에 주로 사회적 수요와 수요가 집중된 곳에서 장소의 제한된 공급으로 결정된다. 그러나 기반-가치는 수입이 생산비용을 지불할 수 있을지

••

223 ff., "Papers on Land Tenure, 1870-1873."

153) George, Henry, *Progress and Poverty, an Inquiry into the Cause of Industrial Depression and of Increase of Want with Increase of Wealth*(1879).

154) 이 원리에 대한 필자의 앞선 논리화로는 다음을 참조, "A Progressive Tax on Bare Land Values", *Pol. Sci. Quar.*, XXXVII(1922), 41 ff..

에 대한 그의 계산에 따라 개별 소유자의 노력으로 생산될 수 있는 것이다. 이 점에서 기반-가치도 리카도에서 파괴할 수 있거나 유지되거나 개선된 형질의 가치인 노동비용 가치와 비슷하다. 그에게 비용-가치는 체현된 "자본"이나 노동익 측정량이었지만, 희소-가치는 비용기치를 넘어서거나 이보다 모자라기 때문에 "명목 가치"였다. 리카노는 자신의 관세 반대 선전에서 도시토지보다 농업토지에 관심을 두었기 때문에, 기반-가치를 장소-가치로부터 구분하지 않았다. 그러나 이 구분은 도시토지와 농업토지 모두에 적용된다.

튀르고가 자신의 "장원"에 대한 서술에서 제시했듯이,[155] 토지의 자본-가치는 다섯 가지 요소로 구성된 변수이다. 생산물의 매매를 위한 장소, 구조와 비옥도를 위한 기반, 마모되고 상각된 구조물 자체, 원래의 비옥도, 그리고 개선되고 유지되며 고갈된 비옥도가 그것이다. 각각이 부동산 거래에서 어느 정도 고려되지만, 재정학이나 경제학의 작업은 변동성을 설명하는 다양한 원리들을 구분하고 가중치를 부여하고 나서, 이해의 충돌과 산정의 어려움 속에서도 실행이 가능하다면, 이것들을 사업의 구체적인 평가와 조세산정에 적용하는 것이다.

장소-가치는 에이커당 수백만 달러 하는 대도시의 금융가에서부터 시장에 접근할 수 없어 무가치한 리카도의 원거리 한계경작지에 이르기까지 다양하다.[156] 장소-가치는 좋은 도로, 철도, 전보 그리고 우편으로 늘어날 수 있으며, 이것들이 다른 지역으로 인구, 산업, 판매업을 옮기는 데 기여하면, 같은 동인이 그 가치를 줄일 수 있다. 따라서 이것은 공공

••
155) 본서 846쪽, 자본과 자본들.
156) Commons, J. R., *The Distribution of Wealth*(1893), 136쪽 참조.

정책에 따라 그 설치가 장려되거나 억제되는 교통수단상의 기술변동에 따라 개별 소유자들에게 할당되거나 그들로부터 취한 고유한 사회적 가치이다.

그러나 기반-가치는 장소-가치를 감소시키는데, 이것은 구조와 비옥도에 적절해지게 만드는 데 필요한 비용에 따라 변동한다. 만약 기반이 적절하지 않다면, 언덕을 깎고, 바위를 폭파하며, 천장을 뚫고, 늪을 메우며, 말뚝을 박고, 관개용 보와 배수로를 설치해 개선해야 한다. 이런 비용은 공공정책을 통제하고 있는 지배적인 이해집단이나 습관적인 가정에 따라 개별소유자나 넓은 범위의 납세자에게 부과될 수 있다.

이런 것은 도시의 토지와 농촌의 토지 모두에 적용된다. 농업에서 기반은 부분적으로 구조를 위한 것이지만 주로 비옥도를 수용할 능력을 늘리기 위한 것이다. 만약 그것이 사토라면 비옥함을 받아들일 능력은 낮다. 만약 그것이 높은 수준의 미사질 양토이지만, "파괴될 수 있고" 파괴적인 경작으로 인해 마모되어 (더 이상 파괴할 것이 없다는 의미에서) 리카도가 말하는 파괴할 수 없는 기반의 상태에 이르렀다면, 그것은 원래의 비옥도로 되돌려질 능력을 아직 지닌 것이다. 두 가지 경우에 시장에의 접근뿐만 아니라 토지의 질감, 모양, 지형, 그리고 그것의 "놓인 모습"이 얼마만큼의 비료와 경작노력을 토양에 투입하면 가치가 있을지를 결정한다. 비옥도, 비료, 그리고 이전 경작의 결과는 고갈될 수 있고, 통상적으로 그리고 경제적으로 토지가 원래 비옥도 이상을 받아들이게 만들 수 없다. 그러나 좋은 경작으로 그것이 그만큼이나 그 이상을 받아들이게 만들 수 있다. 시장용 채소밭과 같은 일부 경우에는 원래의 비옥도보다 추가하는 것이 이윤이 되고, 이 넘는 부분을 "개선된 비옥도"로 부르는 것이 적절하다. 이와 달리 만약 원래의 비옥도로 유지하면, 이것은 농부가 말하듯이 "동일 수준에" 유지된 것이다. 원래의 비옥도는 "동일"하지만 개선되거나 고갈된 비옥도는 동일 수준 이상이거나 그 이하이다.

미국의 농부들은 넓은 경작지에서 그들의 말로 '동일한' 것을 결정하는 수단을 가지고 있다. 그들이 비료를 가져오는 미구간 부근에서 토지는 동일 수준에 유지된다. 더 멀리서 비료를 가져오는 데는 비용이 들기 때문에 비옥도가 동일 수준 이하로 떨어지게 놓아둔다. 그러나 경제적으로 그것을 동일하게 유지하느냐 그 이상으로 유지하느냐는 좋은 도로와 좋은 시장에 대한 접근성에 따라 결정된다.[157] 만약 시장용 채소경작에 유리하고, 유리한 시장에 접근할 수 있으면, 농부는 풍부한 퇴비, 인공 비료로, 그리고 어린 곡식을 북돋우어서, 짧게 말해 집약적인 경작과 좋은 경영을 통해 원래 비옥도를 넘어서도록 키울 수도 있다.

어떤 경우에서든 농토는 도시의 토지와 아주 비슷하다. 생산되어 판매될 부류의 제품을 위한 시장에 접근할 수 있는 도시의 건물을 위한 좋은 기반이 최적의 입지에서는 마천루를 세울 기회를 제공한다. 이것이 다른 데서는 이삼층 건물을 세우거나, 또 다른 데서는 공장과 사업구역에 접근할 수 있는 집을 세우거나 건물을 이동 가능한 재화의 재고로 채울, 기회를 제공한다. 만약 이런 개량과 재고가 시장에 접근할 수 없거나, 소유자가 현존하는 시장에 너무 많은 것을 지었거나 저장했다면, 이 개량과 재고는 낭비이기 때문에 그것의 가치는 들어간 비용 아래로 쪼그라든다.

따라서 토지 장소의 희소-가치와 토지에 놓아두는 것이 이윤이 될 재고 및 구조적이고 기초적인 개량의 비용-가치 사이에 개략적인 상관관계가 있다. 비옥도에 대해서도 이와 같다. 고갈된 농지의 장소-가치와

··
157) 좋은 가격에 대해서는 본서 1353쪽, 정학과 경기변동.

동등하거나 그 이상으로 유지하는 것이 이윤이 될 비옥도 및 기타 개량의 비용-가치 사이에 개략적인 상관관계가 있다. 만약 토지가 시장에서 떨어져 있으면, 그것이 목초지가 되도록 내버려두는 것이 더 이윤이 된다. 만약 토지가 시장에 가까우면, 그것을 급격하게 소진하는 농작물에 맡기는 것이 이윤이 될 수 있고, 이 소진을 집약적인 경작과 조심스러운 경영으로 상쇄시켜 이윤을 얻을 수 있다.

어떤 주어진 면적의 토지가 이런 상관관계를 따를지 여부는 그것에 대한 소유와 경영에 달려 있다. 소작과 나쁜 경영은 토지를 고갈시킬 수 있고, 좋은 경영은 토지를 동일 수준 이상으로 유지할 수 있다. 도시의 토지도 이와 같다. 한 소유자는 마천루를 지을 것이고, 그다음 소유자는 자신의 토지를 비워 놓거나 마모되거나 낡아빠진 구조물이 차지하도록 놔둘 것이다. 장소-가치와 구조나 기반에 대한 개량이나 개량되거나 유지된 비옥도의 가치 사이의 개략적인 상관관계는 실제로 언제나 행해진 것의 가변적인 상관관계가 아니라 경제적인 것, 즉 이윤이 되는 것의 상관관계이다. 지주들의 개별적인 차이는 크며, 공공정책으로 영향을 받는 이런 차이가 바로 조세체계를 지배한다.

도시토지에 대한 장소-가치와 구조적인-가치의 이런 개략적인 상관관계는 해리 거니슨 브라운(Harry Gunnison Brown)이 개량의 비용-가치뿐만 아니라 도시토지의 장소-가치를 측정하는 데서 케리 및 바스티아의 "재생산비용" 개념을 동등한 기회-비용이라는[158] 명칭으로 활용한 것에서 더 명확히 나타난다. "기회비용"이라는 도구로 도시토지의 장소-가치를 확인하기 위해 리카도의 농업경작의 한계지로 나아갈 필요가 없다.

∴

158) 본서 578쪽, 대체의 법칙.

그렇지만 (케리와 바스티아가 받아들이지 않은) 지대가 "불로소득"이라는 리카도의 개념을 브라운과 같이 받아들이면, 이 불로소득에 대한 기대가 사회적 관점에서도 똑같이 노력 없이 얻은 토지의 현재 장소-가치로 자본화된다. 그래서 만약 어떤 사람이 소유자로서 그에게 장소-가치의 미래 불로소득과 동일한 액수이지만 노력으로 번 이자와 이윤이라는 미래의 순수입을 가져다줄 건물을 건축하기를 원하면, 이 건물을 짓는 이 대안적인 비용이 그 장소 가치에 상한과 하한을 결정할 것이다. 이 지점에서 이 장소의 판매자나 구매자는 이것을 팔거나, 아니면 그 장소-가치에 발생하는 지대의 순수입과 같은 이윤과 이자의 순수입을 낳으리라고 예상되는 구조물을 건축하는 대안적인 비용에 상응하는 액수를 지불할 의사가 있을 것이다.[159] 장소와 장소의 개량에 대한 이 두 가지 평가는 장소를 구입하거나 동일한 미래 순수입을 낳을 개량사항을 건설하는 대안을 통해 어느 정도 상관관계를 유지한다.

재생산비용개념에 대한 케리 및 바스티아의 이런 용법이 법원뿐만 아니라 업계가 어떻게 리카도의 장소-가치를 (토지와 비옥도에 대한) 분리된 평가의 대상에서 제거했는지를 설명한다. 사업가나 은행가에게는 그가 사거나 저당 잡는 것이 ―그것을 얻는 수단을 생산하는데 누구에게 어떤 비용도 늘지 않게 한 오로지 희소-가치라는 의미에서― 미래의 불로소득에 대한 청구권인지 또는 생산하는데 노동자와 경영진의 임금, 이자, 이윤을 들게 한 **노력으로 번** 미래의 소득에 대한 청구권인지는 관심거리가 아니다. 어떤 사회적 차별이나 개인적인 희생이 숨겨져 있든 일 달러는

..

159) Brown, Harry Gunnison, *The Economics of Taxation*, 5판(1924)과 그가 참고한 알선 논문들 참조.

일 달러다. 담보로서 장소에 대해 판매자가 요구하거나 구매자가 지불하거나 은행가가 융자하는 모든 것은 동일한 미래의 이윤차익을 얻기 위해 달러를 투자하는 대안적인 기회들이다.

장소-가치와 건축-가치 사이에 보다 정확한 상관관계가 없음은 우리가 주목했듯이 개별 소유자들의 차이에서 발견된다. 이런 개별적인 차이와 토지를 구성하는 위의 다섯 가지 요소 각각은 조세체계로부터 영향을 받는다. 이들은 조세부과에서 고려되는 세 가지 변수로 환원될 수 있다. 하나는 국가의 인적 자원인 개인의 능력이고, 또 하나는 능력을 발휘하고 자연자원을 활용할 기회이며, 세 번째는 능력을 행사하고 자원을 보존하거나 늘리는 유인이다. 이들은 서로 분리되지 않지만 구분할 수 있다. 이들을 정확히 측정할 수 없으므로 아담 스미스가 과세의 "규범"이라고 부른 "이성의 규칙"에 따라 이들에 대해 진술해야 한다.

(3) 과세의 규범

물론 능력의 차이는 대단히 크지만, 유인의 관점에서 주요 차이는 슘페터가 자신의 경제진화이론의 중심으로 만든 차이이다.[160] 이것은 "성태적-쾌락주의적인" 노동자 또는 농부와 "동태적인" 사업가 또는 자본가 사이의 차이이다. 이런 차이들이 임금, 이자, 지대 모두와 이윤 사이의 본질적인 구분에 깔려 있다. 이윤은 동태적 요인이 낳는 유인이고, 임금, 이자, 지대는 정태적 요인들이 낳는 유인이다. 이윤은 미래를 바라보고,

----

160) Schumpeter, J. *Theorie des wirtschaftlichen Entwicklung eine Untersuchung über Unternehmergewinn, Kapital, Kredit, Zins und den Konjunkturzyklus*(1922, 1926).

투기적이며, 위험을 부담함으로써, 노동자, 투자자, 지주를 유치하거나 명령에 따르게 하는 사업능력을 활성화시킨다. 다른 것들은 사업가의 임금, 이자, 지대에 대한 제안으로 유도되어야 하지만, 사업능력은 이윤에 대한 전망에 따라 스스로 유도된다. 이윤은 건설적인 요인이고, 다른 것들은 수동적이어서 이윤이 주도하기를 기다리고 있다. 그리고 사회적 유인의 관점에서 보면,[161] "토지", "노동" 또는 "자본"이 아니라 기대되는 이윤이 부를 생산한다고 말하는 것이 올바를 수 있다.

이것이 사유재산과 불평등한 보상에 대한 정당화이다. 만약 사람들이 "능력에 따라 일하고, 필요에 따라 분배한다"는 사회주의 규범에 따라 자발적으로 일한다면, 사유재산과 이윤이 끊길 것이다.[162] 그러나 원리상 사람들은 실제로는 교섭력과 반비례해서 **일하고**, 교섭력에 비례해서 **분배하는** 소유욕의 원리에 따라 일한다. 그리고 이것이 사업능력에 따른 보상인 이윤의 두드러진 특징이다. 다른 것은 필요에 따라 지불되거나 사업가가 필요하는 것의 소유자라는 전략적인 위치에 따라 지불할 수 있다. 그렇지만 사업능력을 유도하는 것은 압도적으로 타인에게 지불할 가격을 줄이고 타인에 의해 지불될 가격을 올릴 수 있는 능력에 따른 이윤 차익에 대한 전망이다.

그러나 사업능력은 사업능력을 발휘할 수 있는 기회들에 의해 제한된다. 이런 기회들도 능력의 차이만큼 우위에 있어 크게 차이를 보이고, 이런 차등적인 우위가 바로 사유재산이 생기는 이유이다. 우리가 말했듯

··

161) 본서 609쪽, 맬서스와 리카도; 본서 904쪽, 이윤차익.
162) Lenin, Nikolai, *The State and Revolution*(1918), in *Imperialism*(1929)에서 인간이 자발적으로 이 규범에 따라 행동할 때까지 프롤레타리아 독재가 계속될 것이라는 부분 참조.

이, 심지어 칼 맑스는 리카도와 대조적으로 지대라는 현상을 일으키는 것은 사유재산이지 생산성의 차이가 아니라고 주장했다. 확실히 모든 재산을 공동으로 소유하면, 이런 생산성의 차이들이 사회주의 규범에 따라 배급되도록 하나의 기금으로 합해져서 리카도의 차등적인 생산성이 맑스의 사회적 노동력의 "평균" 생산성이 될 것이다. 리카도는 자연의 차이들을 강조했고, 맑스는 소유권의 차이를 강조했지만 이 두 가지는 이윤의 차이보다 부차적이다. 장소-가치, 기반-가치, 구조적인 개량, 본래적이거나 유지되었거나 개량된 비옥도, 그 어느 것에서든 보상의 차이만이 사업능력을 발현시켜 정적인 참여자들에게 고용을 제공하기 때문에, 바로 모든 이윤을 가능케 하는 동태적인 요인에 대한 확연한 유인을 제공하는 것이 차등적인 우위라는 이유로 어떤 종류의 사유재산이든 정당화될 수 있다. 행운, 운, 자연의 선물은 자신의 능력 내에 있는 자연 또는 사회의 자원 속에 있는 이들로부터 얻을 차등적인 이익이 사업가가 최선의 도구를 찾아 이윤차익을 증가시키는 데 가장 유리하게 이것을 활용할 커다란 유인이라는 점에서 모두 같다.

이것이 과세와 관련된다. 조세가 이윤, 임금, 이자 또는 지대를 깎아내리므로, 과세는 사유재산의 반대이다. 사유재산과 사유의 체제하에서 이 이윤창출자는, 이윤차익이 크지 않다고 생각되면 스스로 또는 자신의 명령을 받는 피고용인을 통해 자신의 능력 행사를 유보하고 자신의 천연자원과 자본장비의 활용을 유보할 수 있다. 그리고 과세가 이윤차익을 크게 줄이기 때문에, 그는 조세의 부담과 **같은 방향으로**, 그리고 기대되는 이윤에 **반대 방향으로**, 자신의 능력과 천연자원의 사용을 **유보**한다. 이것은 그가 기대되는 이윤에 **정비례해서**, 그리고 조세에 **반비례해서** 자신의 능력과 천연자원을 최대한 활용한다고 말하는 것에 불과하다.

흔히 개인소득과 상속에 대한 과세, 즉 개인의 **앞선** 소득 획득에 대한 조세를 정당화하기 위해 "지불할 능력"을 불러들인다. 이것은 충분히 올바르다. 일반적인 재산세, 즉 **전망되는** 소득의 획득에 대한 조세를 정당화하기 위해서도 이것을 불러들인다.[163] 전자의 경우 지불할 능력은 소득이나 상속이 늘어나면서 올바르게 누진세로 이어진다.[164] 후자의 경우 소유한 재산의 가치가 미래의 지불할 능력을 측정한다는 생각에 근거해 재산가치에 대한 비례세로 이어진다.

이것이 대중적인 평등의 관념이다. 장소-가치에 투자된 일 달러는 기반, 구조, 재고, 본래적인 비옥도나 개선되거나 유지된 비옥도에 투자된 일 달러와 정확히 같다. 각각의 달러는 다른 어떤 달러만큼이나 미래의 지불능력을 측정한다. 왜 과세하는데 개량하지 **않으면서** 농촌에 10만 달러를 투자하는 사람과 개량**하면서** 농촌에 10만 달러를 투자하는 사람을 구분해야 하는가? 또는 왜 비어 있는 장소-가치에 10만 달러를 투자하는 사람과 건물, 기반, 기계, 그리고 재고의 비용-가치에 10만 달러를 투자하는 또 다른 사람 사이에 조세가 차이 나야 하는가? 각자는 조세를 지불할 비슷한 능력을 지니고 있다. 지불할 능력은 투자된 달러의 숫자에 비례하고 달러들 사이에는 아무런 차이가 없다.

부유해지는 방법에서 차이가 난다. 부유해지는 방법에 대한 비슷한 의문이 영연방으로 이어진 시대의 초기에 등장했다. 1602년에 판결된 독점의 사례와 그 시대의 유사한 사례들에서,[165] 문제는 군주가 특허, 인가 또

..

163) Seligman, E. R. A., *Essays on Taxation*(1895, 1900), 54-59.
164) Seligman, *Progressive Taxaion in Theory and Practice*(1899, 1908), 138.
165) Davenant *v.* Hurdis, Moore(K. B.) 576, 72, Eng. Rep. 769; 독점들의 사례, II Co. Rep. 84 b. 77 Eng. Rep. 1260-6(1602); 베이츠의 사례, Lane 22, 145, Eng. Rep. 267, II

는 법인허가장 등으로 부여한 특권의 보유자와 그런 특권을 보유하지 않아 향유하지 못하는 상인 및 제조업자 사이에 발생했다. 후자의 대변인이었던 관습법의 변호사들은 숙련된 상인이나 제조업자가 해당 업종에서 자신의 부를 늘렸을 때, 그는 그만큼 "공동의 부"도 늘린다고 주장했다. 그러나 왕의 특허를 받은 사람이 자신의 배타적인 특권을 통해 부를 늘렸을 때 "업종에 숙련되지 않은" 그는 공동의 부에 추가하지 않고 단지 이로부터 부를 빼낸 것이다. 부와 공동의 부에 대한 이런 17세기의 구분은 사적인 효용과 공적인 효용에 대한 20세기의 구분에 해당된다.

리카도는 지대와 관련해 동일한 구분을 사용했다. 오로지 (리카도가 정의한) 지대로부터 수입을 얻는 사람은 대가를 주지 않고 자본가와 노동자로부터 상응하는 부를 빼내는 것이다. 이는 다른 사람으로부터 받은 만큼의 부를 다른 사람에게 넘겨준 자본가나 노동자와 다르다.[166]

농지로부터 도시토지로 장소-가치가 현대에 이동한 것도 이와 같다. 만약 어떤 사람이 개간된 토지, 건물, 마천루, 목재, 숲, 과수원, 배수시설, 도로개량, 토양 비옥도, 그리고 여타 이윤추구 제품의 공급을 늘리면, 그는 관리와 기반과 더 많은 제품이 시장에 접근할 수 있게 만드는 도로에 대한 지출을 통해 맨땅의 공급을 늘릴지라도 자신의 부를 증가시키는 것과 비례해서 국부의 공급을 늘린다. 그러나 비옥도, 목재, 구조물에 관계없이, 그리고 더 접근할 수 있게 만들지도 않으면서 개간되거나 개량되지 않은 채 오로지 토지의 장소-가치의 증가로 자신의 부가 증가

.·.

하아그레이브의 국가소송, 29. 2 호웰의 국가소송, 371(1606); Commons, John R., *Legal Foundations of Capitalism*, 266 ff.
166) 본서 609쪽, 맬서스와 리카도.

함을 보는 것은, 자신의 부가 공동의 부에 비례적인 부를 공헌하지 않고 공동의 부로부터 단순히 빼내는 기회로 증가함을 보는 것이다. 각자의 부가 비슷하게 증가하는 것은 지불할 능력이 비슷하게 증가하는 것과 같다. 그러나 하나는 단지 사적인 부(자산들)의 증가이고, 다른 것은 사적인 부와 공적인 부 모두의 증가이다.

그러나 지불할 능력에 대한 대중적인 관념은 일반적인 재산세보다 훨씬 더 삐뚤어져 있다. 조세는 오로지 소득에서 지불될 수 있다. 지불할 능력은 소득에 비례한다. 맨땅은 소득을 낳지 않는다. 그래서 지불할 능력은 토지를 놀게 놔두면 줄어든다. 연방정부의 소득세는 이런 왜곡을 교정하려고 시도한다. 토지 또는 주식이나 채권의 가치 증가는, 어느 정도 시간이 지난 후 토지나 증권이 지불한 가격보다 높은 가격에 판매될 때 소득으로 해석되고, 그러면 이런 증가가 소득으로 과세된다. 그렇지만 만약 토지로부터 어떤 연간 지대도 없으면, 과세할 소득이 없다. 그리고 만약 자본가치에 손실이 있으면, 손실을 입은 사람은 그것을 자신의 다른 소득에서 공제하도록 허용되어 소득세에서 완전히 벗어날 수 있다.

이와 비슷하게 "토지만 갖고 있어 가난한" 사람은 자신의 토지를 비옥도나 건물 및 기반으로 개량하는 사람보다 담세능력이 적다. 사실 나라 전체에 평균적으로, 복리로 계산할 때 다른 사업에 종사하거나 개량하는 사람보다 장소-가치의 상승을 위해 토지를 개량하지 않고 단지 소유하고 있는 사람의 이윤은 적다. 케리를 시작으로 경제학자들은 이런 그럴법한 사실을 포착해, 토지의 장소-가치에 대한 조세가 건물, 재고, 비옥도, 그리고 개량된 기반에 대한 조세보다 높지 않아야 함을 보이려고 한다. 그러나 이것은, 사회가 필요로 하지만 소유하지 않는 것을 단순히 유보하는 것이 사회에 이롭다는 식으로 사회적 효용이 아니라 사적인 이윤의 관점을 취하고 있다.

그러므로 만약 "지불할 능력"이 유일한 과세의 규범이라면, 비록 개선되지 않은 나대지의 가치가 개량된 인근 토지의 가치와 같거나 그보다 더 크더라도 나대지에 대한 조세가 생산적 토지의 소유자에 대한 조세보다 적어야 한다고 결론지을 수 있다. 지역의 감정사들이 동일한 비율로 과세하면서 생산적이지 않기 때문에 개량되지 않은 토지를 상대적으로 낮게 평가할 때 이 목적이 종종 달성된다.

그러나 만약 적절히 적용할 만한 또 다른 과세의 규범이 있다면, 즉 부의 창출을 유리하게 만든다는 공적인 목적으로 인도되는 부의 창출이 있다면, 단순한 장소-가치의 증가로 부를 얻는 사람에게는 산업이나 농업으로 부를 얻는 사람보다 비율적으로 더 높은 세금을 부과해야 한다. 전자의 경우에는 공동의 부에 보탬이 없이 그로부터 부를 추출한다. 후자의 경우에는 사적인 부와 공동의 부의 증가에 직접적으로 공헌한다. 따라서 공동의 부나 사회적 효용의 관점에서 이것을 보면, 두 가지 종류의 지불할 능력이 있다. 이것은 공동의 부에 추가하는 것과 같은 방향으로 변동하는 지불능력과 공동의 부에 추가하는 것과 반대 방향으로 변동하는 지불능력이다. 우리는 첫째를 봉사할 능력으로, 두 번째는 지불할 능력으로 부를 것이다.[167]

그렇지만 비록 이 두 가지 능력이 개인마다 기회마다 다른 비율로 존재해 그 차이가 측정할 수 없는 정도상의 차이이지만, 이 두 가지 능력이 동일한 개인에게 공존한다. 그렇기 때문에 과세의 규범을 다음과 같이 이해할 수 있다. 조세는 어떤 사람의 지불 능력에 **정비례해야** 하고 공동

..
167) 호레이스 테일러의 *Making Goods and Making Money*와 유사하다. 본서 1109쪽.

의 부에 봉사할 능력에 반비례해야 한다.

이 잠정적인 규범 또는 이성의 규칙은 상응하는 과세의 개념에 근거하고 있다. 우리는 하나의 조세나 조세 전반을 과거에 발생한 것의 관점에서 보아야 하는가, 또는 조세의 효과로 미래에 발생할 것이 관점에서 보아야 하는가? 만약 그것을 과거에 일어난 일의 관점에서 보면, 우리는 평등, 지불할 능력, 자연의 원초적이거나 무료의 선물, 행운의 우연들 — 간단히 말해 과거에 획득한 돈 — 을 적절한 조세의 측정치로 강조하게 된다. 그리고 우리가 소득세, 상속세, 또는 과거의 축적에 대한 일정한 재산세를 적당한 과세의 방법으로 간주하는 것이 적절할 것이다. 그러나 만약 우리가 조세를 조세의 경제적 결과로 예상되는 것에 대한 경찰력의 관점에서 본다면, 우리는 다음과 같이 물어보아야 한다. 자신의 부를 늘림으로써 공동의 부를 늘리기 위해 개인들에 대한 최선의 유인이 무엇일까? 이것을 우리는 과세의 경찰력이라고 부른다. 경찰력은 미래를 본다. 과세력은 과거를 보고 과거로부터의 축적을 본다.

진정으로 조세와 조세면제가 경찰력처럼 작용하며, 재정수입보다는 산업, 윤리, 또는 복지를 규제하기 위해 종종 의식적으로 활용된다는 것은 다들 인정하고 있다. 셀리그먼 교수는 과세력과 경찰력에 대한 미국의 구분은 상당 정도로 미국의 정부체계에서 발생하는 법적인 허구이고 경제적이고 재정적인 관점에서는 불필요하다는 것을 보였다.[168] 더구나 미국 법원의 판결에서 우리는 과세가 경찰력의 약간 특권화된 행사임을 덧붙일 수 있다. 그것이 국가의 생명 자체가 달려 있는 수입을 모으는 주요 수단임을 고려하면, 법원은 언제나 조세에 수반된 규제적인 효과를

:.

168) Seligman, E. R. A., *Essays on Taxation*, 273, 296.

꼼꼼하게 검토하지 않기 때문이다. 이것은 분명히 수입을 위한 조세가 아니라 한 계급으로부터 다른 계급으로의 가치를 이전시키기 위한 조세인 보호관세에 대한 이들의 관용적인 태도에서 볼 수 있다. 이것이 보호관세를 통한 외국무역에 대한 통제라는 모습으로 경찰력이 하는 일이다.

그 이유는 지배적인 이익집단들이 공동의 부에 불리하다고 생각하는 것을 억제하거나 억압하고 유리하다고 생각하는 것을 촉진하는 주권과 경찰력이 다르지 않기 때문이다. 그렇다면 과세는 경찰력의 가장 설득력이 있고 특권화된 행사이다. 이윤차익에 대한 커다란 효과와 더불어, 전쟁으로부터 발생한 조세의 증가와 함께, 이것이 가장 효과적인 경찰력의 행사가 되고 있다. 규제적이기를 의도하지 않을 때에도, 보호관세와 같이 사람들이 부유해지지 않을 방향을 결정함으로써 사람들이 부유해지는 방향을 결정하기 때문에 조세는 여전히 규제적이다. 조세는 여기에는 이윤이 있고 저기에는 손실이 있다고 기업가들에게 말한다. 조세의 이런 효과를 피할 수 없으므로 과세의 경찰력을 피하는 것은 불가능하고, 따라서 어떤 종류의 조세든 단지 동등성이나 지불할 능력 또는 부의 축적이라는 원리 또는 과거에 획득한 것만을 보는 어떤 기준에 따라 수입을 획득하는 수단으로 간주하는 것이 불가능하다. 과세는 사실상 이윤을 얻기 위한 유인을 배정함으로써 공적인 수입을 얻는 과정이다. 과세는 언제나 이런 효과를 가지고 있으며, 사실상 모든 입법자와 평가자가 실제로 이런 효과를 고려한다. 그러나 만약 재정학이 사회적 효용의 규범을 세워, 즉 과세를 지불능력에 **정비례해서**, 그리고 공적인 편익을 제공할 능력에 **반비례해서** 관행을 계도하려고 든다면, 이는 과세당국이 이미 사적으로나 맹목적으로, 또는 부패한 방식으로 하고 있는 일을 공개적으로 하는 것에 불과하다.

물론 언제나 그런 규범은 정치, 입법 그리고 조세력의 행정에서 개인들과 계급들의 권력을 위한 편견, 열정 그리고 투쟁을 개방하게 된다고 반대할 수 있다. 모든 사람은 자신의 사적인 이익을 어느 정도 공적인 이익과 동일시한다. 그래서 개인적이거나 계급적인 의견이 조세의 배정을 명령할 기회를 공개적으로 제공하는 것이 적절한 법의 절차를 계급입법으로 대신함으로써 헌법을 파괴한다고 항의하는 사람들이 많다.

그런데 이것은 이미 이루어지고 있고, 과세의 부담이 늘어나면서 더 강렬하게 이루어질 것이다. 이것은 의식적으로, 무의식적으로, 맹목적으로, 무지해서, 탐욕과 위장으로 중우적인 금권정치나 중우적인 민주주의로 이루어지고 있다. 우리 자신을 속이기보다 이것을 공개적으로 인정하는 편이 더 낫다. 그렇다면 사실상 언제나 어떤 특정의 조세 조치에 관해 그렇게 되듯이, 우리의 경우도 그것의 경제적 효과가 내세우는 바와 같이 공적인 편익일지 여부를 근거로 삼을 수 있다. 우리는 사적인 부라는 기준과 함께 명시적으로 공동의 부라는 기준을 세울 수 있다. 그렇다면 당면한 특정의 조세 조치, 즉 토지세를 포함해 일반적인 재산세에 관해 우리는 자연권이라는 독단적인 사상과 자연자원의 생산성이라는 오랜 관념으로부터 공동의 부를 증가시켜 부를 획득하는 개인에 대한 유인을 비율로 배정하는 제도적인 사상으로 이동할 수 있다.

만약 우리가 과거에 일어난 일을 본다면, 원초적인 비옥도는 자연의 선물이지 관리의 산물이 아니므로, 케네와 헨리 조지가 자신의 첫 번째 책에서 제안했듯이, 그것의 가치에 대해 소유자에게 과세해야 한다고 말할 수 있다. 그러나 만약 그것을 미래에 일어날 일의 관점에서 바라본다면, 우리는 다음과 같이 물어보게 될 것이다. 농부가 원래의 비옥도를 유지하거나 개선하는 것뿐만 아니라 농토로부터 나무와 바위를 치워 그것의 기반 가치를 개선하게 만드는 공정한 유인은 무엇일까? 농부가 자신을 위한 이윤을 얻음으로써 국부를 증진시키도록 국가가 제공하는 두 가지 유인이 시장 접근성과 조세 배정이다.

왜냐하면 농부도 사업가이기 때문이다. 부를 생산하는 것은 그의 육체노동이 아니라 그가 예상하는 이윤이다. 단순한 노동자로서 농부는 가깝거나 먼 과거에 그가 수행한 노동에 대해 지불받는다. 사업가로서 그는 노동자들을 고용하고 자신은 미래에 획득할 이윤을 기대하며 일하러 간다. 이윤은 미래를 보고, 임금은 과거를 보며, 부를 창출하는 것은 기대되는 이윤이다. 이윤의 증가는 부분적으로 자신이 토지를 위해준비하는 기반의 가치 증가로, 부분적으로는 기대이윤이 만들어질 토지의 장소-가치 증가로 측정된다. 그리고 인구가 늘어나고 농부가 자신의 토지가 시장에 접근성을 가지리라고 기대하는데 비례해서, 그런 비율로 농부는 토양을 더 집약적으로 개간하고, 미래의 수확을 위해 더 많은 저축을 빌려 여기에 투자하며, 구조나 기반을 더 많이 개량하고, 토지가 더 접근이 가능해지도록 고속도로를 개선할 더 큰 유인을 가지게 된다.

따라서 장소-가치와 개량의 비용-가치 사이의 개략적인 상관관계를 심리적으로 설명할 수 있다. 토지가 시장에 더 접근되어 있어 이윤이 생길 가능성이 더 높으면, 결과적으로 제조업자와 농부 모두가 유인에 따라 토지에 건설하는 건물, 공장, 울타리, 도로와 기타 구조적이거나 기반적인 개량을 더 공급한다. 시장에 접근할 수 있는 토지는 그만큼 접근할 수 없는 토지보다 이윤을 낳을 개량을 더 많이 지니게 될 것이다. 비옥도에 대해서도 마찬가지이다. 토지가 시장에 더 접근 가능하면, 아마도 농부는 더 개간할 것이고, 더 집중적으로 개발하며, 비옥도를 개선하고 원래의 비옥도를 유지할 것이다. 그는 임업에서 목초관리로, 목초관리로부터 경작으로, 경작으로부터 낙농업으로, 나쁜 경작으로부터 집약적인 경작으로, 토양을 고갈시키는 일로부터 퇴비와 비료를 투입하고 채소를 더 깊게 경작하는 일로 변경함으로써 이렇게 한다. 그러므로 비용-가치와 개선과 비옥도 모두의 공급이 개량과 비옥도가 근거로 삼는 토지의 상소-가치가 증가하면서 증가하고, 그것의 장소-가치가 감소하면서 감소한다.

진정으로 장소-가치와 비용-가치 사이에 절대적인 차이는 없다. 이 차이는 정도의 차이이다. 각각은 전체 공동의 부의 제한적인 요인이다. 장소-가치는 농업과 공업에 필요하고, 공업과 농업의 용도를 위한 도로를 개통해 이용이 가능한 대지의 공급을 늘리는 사람은 이렇게 함으로써 공동의 부를 늘린다. 비록 그가 이제 상대적으로 접근성이 떨어진 다른 토지의 장소-가치를 줄일 수 있을지라도 이와 같다. 따라서 하나의 보편적인 진리나 자연권에 대한 교리적인 진술은 있을 수 없고, 정도의 차이가 명백히 실질적이면서 중요할 정도로 충분히 커지는 지점들에서 이 두 가지를 구분하는 하나의 규범이나 이성의 규칙이 있을 뿐이다. 바로 이런 이유로 과세의 규범은 관찰되는 비율에 구분을 허용하는 용어로 제시되어야 한다. 이 규범을 적절히 이해한다면, 능력과 자원을 고용하고 공동의 부를 증가시키는 정도와 반비례해서 조세를 배정하는 것이 된다.

이 규범은 아담 스미스가 자신의 과세의 두 번째 규범으로 진술한 바이다.

그는 말하기를, "국가재정으로 들어오는 것을 넘어서 국민의 호주머니에서 나오거나 호주머니 밖에 머무는 것이 되도록 적어지도록, 모든 조세가 고안되어야 한다. 조세가 다음의 네 가지 방식을 통해 재정으로 들어오는 것보다 훨씬 더 많은 것을 국민의 호주머니로부터 끄집어내거나 호주머니 밖에 머물게 할 수 있다. (……) 둘째, 조세가 국민의 근면을 방해하고 그것이 대단히 많은 사람에게 생계와 고용을 제공할 수 있는 사업 분야에 이용되는 것을 저해할 수 있다."[169]

이 규범은, 다음의 두 가지 "금지조건" 중 첫 번째와 결합되어야 하지만, 홉슨이 지불할 능력의 원리를 "경제와 형평의 최고 규범"으로 받아들인 것과 잘 조화되는 것 같다. "① 본질적이거나 유용한 생산과정의 어떤 도구나 유인을 제거하거나 손상시키지 않아야 한다. ② 어떤 본질적이거나 유용한 소비의 요소를 제거하지 않아야 한다."[170] 그리고 이것은 셀리그먼이 일반적인 재산세를 거부하고, 그가 허용한 것으로, 비생산적인 부동산에 대한 조세로 보완하지만, 과세의 기반을 "재산"에서 "생산물"로 대체하는 일을 수행하는 것 같다.[171]

앞서 주목한 사실, 즉 한편으로 개선과 비옥도 모두의 비용과 다른 한편으로 토지의 장소-가치 사이의 개략적인 상관관계가 바로 비옥도와 대지의 분리된 평가를 위한 원리를 제공한다. 도시토지의 경우 아무런 어려움이 없다. 여기서 토양은 수백 년 전에 주어져 이제 상각되어서 더는 중요치 않은 것 이외에 아무런 가치를 가지고 있지 않다.[172] 심지어 그것을 실어 날라서 없어진다. 그 가치는 순전한 장소-가치이다. 그렇지만 농토의 경우에는 토지의 장소-가치로부터 비옥도의 가치를 분리하는 단

•
•

169) Adam Smith, *The Wealth of Nations*(Cannan ed., 1904), II, 311.

170) Hobson, J. A., *Taxation in the New State*(1920), 12.

171) Seligman, *Essays in Taxation*, 58.

172) 그립스타드와 켈러의 법안들에는 이런 본래적인 개량들이 구조적 개선에 적용되는 비율인 연 3%의 비율로 상각되도록 책정되어 있었다. 그러므로 30년이 끝나면 이들은 장소-가치의 일부분에 불과할 것이다.

순한 원칙을 찾아야 한다. 위스콘신주의 입법부에[173] 도입된 그림스타드 법안과 연방의회에[174] 도입된 켈러 법안은 비옥도의 가치는, 그것이 "동등한 가치를 유지하면" 전적으로 농업적인 목적에 사용되는 토지가 지니는 공정한 시장가치의 반으로 결정해야 한다는 규칙을 담고 있었다. "공정한 시장가치"가 과세의 통상적인 규칙이다. 공정한 시장가치 또는 동등한 가치, 즉 원래의 비옥한 상태로 유지된다는 조건은 농부에게 친숙한 개념이기도 하다. "쇠락한" 토지는 낮게 평가된다. 예를 들어 어떤 거래에서는 10년 후 가치를 200달러로 쌓아 올릴 수 있으리라고 예상하고, 농부가 소진된 농지를 에이커당 100달러에 구입했다. 그런데 200달러가 정확히 같은 유형의 토양기반, 그리고 물론 같은 시장 접근성을 가진 길 건너편 농지의 가치였다. (구조와 비옥도의 가치를 배제한) 앞선 법안들의 규정들에 의하면, 이 더 나은 농지는 에이커당 100달러의 토양-비옥도 가치와 100달러의 장소-가치를 가지는 데 비해 고갈된 농지는 에이커당 100달러의 동일한 장소-가치만을 가질 뿐 비옥도나 개량으로 인한 가치는 가지지 않는다. 리카도의 장소-가치 원리에 따르는 양자의 적절한 동등성이 개선된 토지에는 200달러이고 고갈된 토지에는 100달러가 아니라 각각의 토지에 대해 에이커당 100달러라는 과세의 근거가 된다.

위스콘신주의 토양 조사는 고갈된 토지, 즉 경작해도 이윤이 되지 않을 정도로 소모된 토지는 화학적으로 식물을 위한 **전체** 영양의 33% 정도를 상실했으나, 경제적으로 **이용이 가능한** 식물 영양은 100% 상실했음을

∴

173) 520A, 1921년 4월. 여기에 제시된 이론은 1921년의 위스콘신주 농업분과 의원들이 마련했다.
174) H. R. 5733, 1924년 1월.

보여준다. 여기서 생기는 의문은 이 새로운 비옥도의 가치를 현재의 비료, 수송, 고르기의 비용하에서 **재생산비용**의 이론에 근거해 계산해야 하느냐이다. 그렇다면 그것의 비용-가치는 동일한 비옥도를 지니면서 시장에 접근할 수 있는 토지보다 시장에서 먼 낮은 가치의 토지에서 더 클 것이다. 그것은 고갈된 조건에 있는 멀리 있는 에이커당 10달러의 토지가 지닌 가치조차 넘어설 것이나, 비슷한 비옥도와 접근성이 있고 장소-가치가 에이커당 100달러인 토지가 지닌 가치의 작은 부분에 해당된다.

그런 비용의 계산은 실행할 수 없을 뿐만 아니라 이론적으로도 굳건하지 않다. 이론은 비용으로부터 가치로 이동한다.[175] 비용은 제약이다. 가치는 유인이다. 진정한 문제는 이용이 가능한 식물 영양이 언제나 동등하게 또는 그 이상으로 유지되는 비용을 넘어서려면 얼마만큼의 가치유인이 필요한가이다. 유인이 기반을 준비하는 비용, 비료와 퇴비의 비용, 나르고 뿌리는 비용, 채소를 깊게 갈아서 겪는 이윤의 상실을 넘어서야 한다. 사유재산과 자유의 체제하에서, 기대되는 가치의 이런 유인이 미래의 수확을 위해 비옥함을 유지하고 개선하도록 유도하는 데 필요한 비용 이상의 합당한 이윤차익에 대한 기대가 어떤 것인가라는 의문의 모든 것이다. 우리가 날씨, 흉작, 결빙, 서리, 홍수 그리고 가뭄으로 인한, 농사의 커다란 불확실성을 고려할 때, 그리고 사업가가 하듯이 갑자기 생산을 중단해 자신의 시장을 통제할 능력이 농부에게 없음을 고려할 때 도시인이 신축비용에 대해 10%에서 20%의 이윤을 얻으리라고 예상하는 지점 이상으로 건물, 공장, 기계 그리고 자재에 투자하지 않는다면 농부

∴

175) 40년 전에 나는 헛되게도 이것을 고전학파의 비용이론에 근거해 전개하려고 노력했다. 나의 *Distribution of Wealth*(1893) 참조.

가 20~30%의 이윤을 예상할 수 있는 총비용을 넘어서서 비옥도를 쌓아 올리거나 유지하리라고 예상해서는 안 된다는 주장이 합당하다. 이런 제한들의 범위 안의 어딘가에 오차의 폭을 설정할 수 있다. 그러므로 모든 사실을 고려할 때, 동등하게 유지한 비옥도와 장소 기치의 비율 50% 대 50%이 가능한 추정 중에서 합당한 것에 가까워 보인다.

이 추정은 화물운임이나 승객운임 또는 여타 공공 서비스 업체가 부과하는 요금에 대한 규제와 관련된 결정과 비슷하다. "물적인 평가", 즉 이 공공업체의 비용-평가 문제에 대해 "새로운 재생산비용" 또는 "기존 조건하에서" 또는 "본래의 비용으로" 또는 "늘어난 투자의 비용" 중 어느 것을 가치로 삼아야 하는지에 대해서,[176] 그리고 이득 발생에서 허용되는 이윤율이 발생 시점의 이자율 이상의 그 무엇을 포함해야 하는지 등에 관해 많은 논쟁이 있었다. 이런 계산은 과거에 한 일에 비추어 소유자가 현재에 무엇을 청구할 권리가 있는지를 보는 정의의 문제에 의존해왔다. 농산물의 가격이 생산비용과 같아야 한다는 농부의 요구에 대해 비슷한 논쟁이 벌어졌다.

그러나 투자자나 농부에 대한 이런 정의의 문제가 요금이나 가격에 대한 현실적인 결정으로 환원되면, 모든 상황에서 계산을 지배하고 심지어 조작하는 압도적인 요인은 경제적 유인이라는 요인이다. 문제는 다음과 같은 형태를 취한다. 요구되는 서비스의 공급을 일반 대중에게 제공하기 위해 경영진이 이윤을 얻어서 필요한 수량만큼 투자와 노동을 유치할 수

176) Bauer, John, "Basis of Valuation in the Control of Return on Public Utility Invsetments", *Amer. Econ. Rev.*, VI(1916), 568 ff.; Glaeser, Martin, *Outlines of Public Utility Economics*(1927) 참조.

있게 하는 요금과 가격은 무엇인가?

그렇지만 유인의 문제는 분명히 순환론에 빠지게 된다. 가격이 높으면 대중이 소비자로서 받아들일 제품의 공급량이 일반적으로 적을 것이다. 그리고 가격이 낮으면 경영진이 생산자로서 제공할 공급량이 적을 것이다. 유일한 해결책은 관습법이 제공하는 "이성의 규칙"이다. 합당한 사람들로 구성된 배심이 모든 사실과 주장을 들어본 후에 모든 상황에서 무엇이 합당하다고 생각할까? 단지 관습법과 좋은 판단인 바로 이런 "합당성"이라는 근거에 따라 철도위원회와 법원은 승객요금이 2센트, 3센트 또는 4센트 중 어느 것이어야 하는지를 결정한다. 정의는 그 자체로는 현재의 요구를 정당화하는 것으로 단지 과거를 보는 데 비해 합당성은 현재 행위가 미래에 미치는 효과를 바라보기 때문에 정의의 문제일 뿐만 아니라 판단의 문제이다.

비옥도의 가치와 토지의 장소-가치 사이에 합당한 비율을 찾는 것도 이와 같다. 여기에는 평가할 비옥도가 없기 때문에 이 비율을 건물의 가치와 건물이 자리 잡은 장소의 가치 사이의 비율만큼 정확하게 찾아낼 수는 없다. 비옥도의 경우에는 언제나 의견의 차이, 그리고 일정한 폭의 오차가 있다. 그러나 동일하게 유지되면 면세될 비옥도의 가치를 약 50%로 하고 과세할 토지의 장소-가치를 50%로 비율을 고정하면, 이 비율은 토양조사가 보여준 것과 비옥도가 유지되기 위해 필요한 이윤에 비추어 합당하다.

합당성이라기보다 정치적인 편의로 간주할 수도 있지만, 실제로는 농토소유자와 도시의 소유자를 동등하게 취급하게 하는 한 가지 고려사항도 있다. 도시의 토지 경우, 소유한 대지의 장소-가치와 구분되는, 소유자의 물리적 자본은 단지 구조와 기반의 개량으로 구성되어 있다. 농부의 경우에는 그의 자본이 비슷한 개량과 함께 비옥도로 구성되어 있다. 개량을 토지와 분리해 평가하는 위스콘신에서 1919년에 토지, 용지 그리고 개량에 대해 산정한 가치로, 평균적으로 도시의 구조개량의 가치는 총 부동산가치의 60%였고 토지만의 장소 기치는 40%였음을 보여주고 있다. 지방에서는 구조개량의 가치가 20%에 불과했지만, **비옥도와 장소-가치를 포함하는** 토지의 가치는 전체 부동산 가치의 80%였다.[177] 이것은 1919년에 평균적으로 과세할 장소-가치의 50%라는 비율이 농부를 도시의 토지소유자와 동등한 위치에 놓는다는 것을 나타낸다. 이 비율에서 **개량과 비옥도**의 비용은 농촌 지역에서 부동산 가치의 60%가 되고 토지의 장소-가치는 40%이다. 이것은 도시지역에서 단지 **개량**의 비용이 60%이고 장소-가치가 전체 부동산 가치의 40%인 것과 마찬가지이다.* 각각의 경우 평균적으로 부동산 가치의 60%는 면제되고, 40%가 장소-가치에 대한 과세의 대싱이 된다.[178]

∴

177) 위스콘신의 토지와 개선의 산정 가치(1919):
178) 공공복지과세연맹의 메이블 워커가 나에게 제공한 16개 주의 1930~1931년도 숫자에 의하면, 도시토지의 장소-가치는 총 부동산 가치의 45%였고, 개량에 따른 가치는 55%였다. 농촌토지의 (비옥도를 포함한) 토지가치는 총 부동산 가치의 76%였고, 개량가치는 24%였다. 이런 경우 도시와 농촌사회의 토지장소를 균등하게 만들기 위해 면제된 비옥도의 가치로, 1919년 위스콘신의 경우 평균적으로 농촌토지의 50%가 아니라 40%를 감안했다.

	지방	백분율
개량 제외	1,289,332,819달러	79.08
개량 포함	340,771,127달러	20.92
	1,630,103,946달러	100.00
	도시	**백분율**
개량 제외	460,256,606달러	40.13
개량 포함	686,795,320달러	59.87
	1,147,951,926달러	100.00

물론 장소뿐만 아니라 비옥도에 과세하는 단일세에 대한 통상적인 생각에 상당히 반해, 이 이론이 농부에게 유리하게 작용함을 확인하게 될 것이다. 사실 1921년에 위스콘신 법안은 거의 모든 농부의 투표를 획득한 데 반해 주지하듯이 단일세는 맹렬한 반대를 받고 있으며, 우리의 분석이 보여주듯이 이런 반대는 정당하다.

잘 알려져 있듯이 농부들은 일반 재산세에 있어서 도시의 토지와 비교해 커다란 불평등을 겪고 있다. 만약 앞선 분석이 옳다면, 장소-가치세는 도시의 소유자와 농부를 동등하게 만든다는 점에서 농부에게 수용이 가능하다. 이것은 마치 사업가가 건물과 공장을 건설해 주를 이롭게 하듯이, 주의 자연자원을 보존하는 진실된 자본가로 농부를 취급한다. 그리고 만약 이 분석이 옳다면 면적에 비례해 조세 중 훨씬 더 많은 수입이 도시의 토지로부터 나온다는 사실에도 불구하고, 그것은 농부에게 유리하도록 도시의 소유자를 차별하지 않는다. 이 더 큰 수입은 지방에서는 장소-가치가 얇게 펼쳐져서 에이커당 단지 1~2달러에서부터 50달러나 100달러에 그치는 데 비해, 도시의 막대한 장소-가치가 단순히 좁은 면적에 집중되어 에어커당 최대로 수백만 달러에 이른다는 사실에 기인한다. 어느 경우에나 조세를 지불할 능력에 따라서, 그리고 공적인 이익에 반대 방향으로, 배정한다는 규범을 일반적인 재산세에 적용했다.

이 규범은 세금이 소득에서 지불되므로, 일반 재산세의 제도하에서 **토지**나 **재산**이 아니라 **토지소유자**가 과세된다는 사실에 근거하고 있다. 법적

---

* 도시토지의 가치는 구조개량 60%, 장소 40%로 구성되고, 비옥도와는 무관하다. 이에 비해 농촌토지의 가치는 구조개량 20%, 비옥도 40%, 장소 40%이다. 양자에서 장소가치 40%를 빼면 도시토지의 구조개량과 농촌토지의 [구조개량＋비옥도]를 동등하게 취급하게 된다. 도시토지는 비옥도와 무관한 데 비해 농촌토지에서는 비옥도가 중요하기 때문에 생겨난 차이이다.

인 의미에서 토지에 대한 세금은 재산에 대한 세금이다. 그러나 경제적인 의미에서 확실하다면 조세가 아니다. 그 이유는 조세의 가치를 할인해서 기대소득에서 뺀 후 자본화된 가치로 구매자가 토지를 구입하기 때문이다. 그렇지만 어떤 관점에서든 토지에 대한 세금은 재산에 대한 세금이지 소유자에 대한 세금이 아닌 것처럼 보인다. 말하자면 소유자는 조세를 징수해 그것을 국가에 전달하는 대리인이다.

그러나 이것은 물리적인 개념과 사업상의 개념을 혼동하거나 자본을 소득과 혼동하는 것이다. 토지는 조세를 지불하지 않는다. 토지의 가치에 비례해서 지불하는 주체는 소유자다. 그리고 조세는 자본이 아니라 소득에서 지불된다. 만약 토지가 필요한 소득을 낳지 않으면, 소유자는 그것을 스스로 벌거나 다른 데서 빌려야 한다. 따라서 토지에 대한 세금은 실제로 소득을 획득하든 그렇지 않든, 즉 토지를 활용해 이윤을 얻든 얻지 못하든 소유자가 "획득할 것으로 예상되는" 소득에 대한 세금이다. 진정으로 조세는 토지에 대해 산정된다. 그것은 토지에 대해 징수가 가능하며, 지불 불이행에 대한 법적인 구제는 토지에 대해 진행된다. 그렇지만 소유자가 자신의 소득세나 상속세를 지불하는 것과 정확히 똑같이 자신이나 타인의 소득에서 조세를 지불한다.

따라서 누진세의 원리는 물적인 토지가 인접해 있든 분리되어 있든 장소-가치의 많은 보유에 적용될 수 있다. 조세를 납부하는 사람은 **소유자들**이고, 이들의 지불능력은 소득세나 상속세에 상정된 대로 실제 임금의 증가와 더불어, 또는 장소-가치의 많은 보유에 내포된 예상되는 소득의 증가와 더불어 누진적으로 늘어난다.

우리는 여기서 훈련받지 않은 감정사들이 장소-가치를 비옥도-가치로부터 구분하는 데서 겪는 행정적인 어려움을 고려하는 것이 아니다.

그렇지만 이 어려움은 아마도 미국이 착안한 특별 감정의 시행이 만났고 아직 지배적인 어려움보다 크지 않을 것이다. 이런 종류의 조세에 있어서 미국인들은 오래전에[179] 여기서 주장되는 지불능력에 비례하며 제공하는 편익에 반비례하는 과세의 규범을 채택했다. 이것은 장소-가치와 개량-가치의 구분에서 나타난다.

법원이 판시하듯이, "사회의 일부분이 상정된 공적인 기금의 지출과 관련해 특이한 위치에 놓여 있는 재산의 가치를 끌어올리는데 특별하고 고유한 이점이 있다는 가정 하에서 이루어진다는 점에서"[180] 특별 감정은 일반 과세와 다르다. 또는 셀리그먼 교수가 말했듯이, "특별 감정은 공공의 이익을 위해 수행된 재산의 특정한 개량비용을 변제하기 위해 파생되는 특별한 편익에 비례해서 부과되는, 강제적인 기여로 정의될 수 있다."[181]

그러나 이런 특별 감정액을 구분하는 데서, 개량과 구조의 가치는 이 개량의 가치가 누군가의 노동, 투자, 그리고 기업활동의 산물임이 명백했기 때문에 배제했다. 그러나 공적인 투자로 가치가 증가한 장소-가치에 대해서는, 빨리 보면 1830년에 한 주의 법원이 소유자는 재산에 부가된 가치증가 이상을 지불해서는 안 되며, 물론 공적인 개선의 건설비용

••

179) 17세기에 뉴욕에서 시작함. Seligman, E. R. A., *Essays in Taxation*(1901), 284.

180) Ittner *v.* Robinson, 35 Neb. 133, 52 N. W. 846.

181) Seligman, E. R. A., *Essays in Taxation*, 283. 이 주제에 대한 권위 있는 저작은 Rosewater, Victor, *Special Assessments: A Study in Municipal Finance*(1893, 1898, Columbia University). 특별 감정의 행정상 난맥상에 대해서는 Briggs, H. R., *Financial Survey of the State of Illinois*(1933, 공공사업국이 수행한 조사로 일리노이 사업과가 발행, Wisconsin University). 미국에서 특별 감정이 부과하는 매우 무거운 부담에도 불구하고 이 주제는 거의 탐구되지 않았다.

중 자신의 몫을 넘어서서 지불해서도 안 된다는 규준을 판시했고, 다른 법원이 어느 정도 이것을 따랐다.[182]

여기서 과세규준은 적절한 법적 과정 없이 사유재산을 취하지 못하는 헌법상의 금지로부터 도출되는데, 이 규준은 과세권력에 두 가지 상한을 두고 있다. 이것은 부가가치와 공적인 개량의 비용이다. 이 제한을 부과함으로써 경제 이론에서는 막연하고 측정이 불가능한 사회적 효용 개념이 오히려 합당한 측정치로 환산되었다고 말할 수 있다. 고속도로나 여타 공적인 개선으로 창출된 사회적 효용의 전체 크기는 단순히 그것을 건설하는 실제 비용이다. 그리고 이런 부가된 사회적 효용의 비용이 수혜자인 사적 소유자들에게 배급되는 상한은 이들 재산 가치의 추정된 증가량이다. 이 이상을 받는 것은 몰수이다. 건축비용 이하를 받는 것은, 그것이 부가가치를 넘지 않는다면 공적인 개선의 비용을 지불하는 납세자들을 전반적으로 희생하면서 개인들에게 부여하는 특권이 될 것이다.

결과는 특별 감정이 조세를 지불능력에 비례하고 공익에 반비례하게 배정한다는 규준에 지배된다는 것이다. 지불능력은 혜택을 받은 장소 가치의 증가로 증가하고, 봉사할 능력은 현재의 소유자나 그 전의 소유자가 공동의 부에 추가시킨 개량들로 증가한다.

과세의 이런 특별 감정의 기준은, 소수의 경우를 제외하면 자동차가 요구하는 엄청난 고속도로 체계의 건설에서는 채택되지 않았다. 이 경우 특별히 혜택을 받지 않은 국가나 주의 일반적인 납세자와 휘발유의 구매자가 특혜를 받은 장소의 소유자가 흡수한 특별한 혜택의 비용을 부담했다. 특별 감정의 원리를 채택하지 못한 한 가지 이유는 우리의 분석으로

..

182) 3 Wend.(N. Y.) 452, 454(1830). Rosewater, *op. cit.*(1893), 97, 98이 인용.

그대로 드러난다. 소송이 걸렸던 몇 가지 경우에 그것은 농부들에게 크게 부당하게 작용했고, 이들의 항의를 받자 빠르게 취소되었다. 그것의 부당성은 농부의 비옥도를 토지의 가치로 삼는 것에 있는데, 우리의 리카도적인 분석에 의하면, 도시토지의 소유자와 비교해 농지소유자는 특별 감정에서 자신의 몫에 두 배를 지불하게 된다. 따라서 특별 감정은 도시 토지의 가치를 포함해 혜택을 받은 모든 재산에 적용되지 않고, 대부분 농부인 인접한 지주에게만 적용되었다.

비옥도-가치와 장소-가치에 대한 이런 리카도적인 구분은 진정 미국의 특별 감정법에서는 결코 이루어지지 않았다. 이것이 이 원리가 평가할 비옥도가 없는 도시재정에서 광범위하게 수용되고 농업에서는 거의 실질적으로 공공의 개선이 비옥도를 창출하는 것이 명백한 관개와 배수계획과 관련해 채택되어왔다는 사실을 설명해준다. 특별 감정법에서 구조개량이 사유재산에 대한 공공의 개량이 추가한 어떤 가치도 흡수하지 않는다고 올바르게 생각해서 이것을 특별 감정으로부터 올바르게 면제했다. 그렇지만 농부의 토지-가치는 그것의 장소-가치뿐만 아니라 농부가 유지한 비옥도도 포함한다고 생각된 데 비해 도시의 토지 가치는 오로지 장소-가치이다. 경쟁으로 구조적인 가치와 비옥도-가치가 새생산비용으로 낮게 유지되기 때문에 (관개와 배수의 경우를 제외하면) 구조적인 가치나 비옥도-가치가 아니라 장소-가치만이 공공시설의 개량으로 혜택을 받을 수 있다. 이에 비해 장소-가치는 재생산비용과 무관하게 오로지 제한된 장소에 대한 사회적 수요로 결정된다. 만약 특별 감정을 단지 혜택을 받은 장소-가치에 대해서 진행하고 혜택을 받지 못한 비옥도-가치에 대해서는 진행하지 않는다면, 분명히 도로와 고속도로에 대한 감정가액 중 농부의 몫은 도시의 장소-가치 소유자가 부담하는 몫과 비교해 현재보다 적을 것이다. 혜택을 받은 재산과 받지 못한 재산에 대한 이런 더 정확한 경제적 분석은 과세에 대한 특별 감정이라는 규준을 수용하는 데 대한 주요 반대를 제거하리라고 예상할 수 있다. 그렇다면 그것이 특별 감정의 경우에 지불능력에 비례하고 공동의 부에 제공하는 편익에 반비례해서 조세를 배정한다는 미국 법원의 규준을 더 정확하게 이행할 것이다.*

그러나 나무들은 하늘 속으로 자라지 않고 강한 바람 속에서 죽을 것이다. 단일세는 단일한 진실과 같이 다른 이해들이 지지하는 다른 진실들과의 갈등으로 자신에 대한 파괴로 끝난다. 쇠고기의 효용이 체감하듯이 진실의 유효성도 체감한다. 같은 종류의 진실이 너무 많으면 재앙이 생기며 위험하다. 갈등의 세계에서 작동할 적정한 진실을 얻으려면 진실은 서로에게 비례적이어야 한다. 정부의 수입이 늘어나야 하는 이유는 치유가 가능한 타락과 비효율 때문이 아니라 개선되는 문명에서는 음식, 사치, 과시의 사적인 필요보다 교육, 윤리, 도덕성, 예술, 동등성, 자유, 약자보호, 고속도로, 보건, 오락의 사회적 필요가 더 빨리 늘어나기 때문이다. 과세권력은 진정으로 파괴할 권력이고 바로 이 때문에, 수학만큼 정확하지는 않지만 법원의 이성의 규칙과 같이 지불할 능력과 공동의 부에 봉사하는 능력에 비례적인 무게를 부여하는 과세의 규준이 필요하다.

그렇지만 연구해보면 이 원리는 개선되고 있는 문명이 필요하는 수입의 다른 출처에 적용될 수 있다. 소득세의 산정에서 올바르게 하고 있듯이, 만약 지불할 능력만을 고려한다면, 동일한 누진세율이 개인 소득, 자

---

* 앞선 논의에 따라 도시토지의 구조개량과 농촌토지의 [구조개량+비옥도]이 동등하므로, 공동시설에 따른 과세의 대상도 도시토지의 장소가치와 농촌토지의 [비옥도+장소]의 가치가 아니라 양자 모두에서 장소가치에 적용되어야 한다.

본소득, 그리고 장소-가치 소득에 부과되어야 할 가능성이 있다. 그러나 만약 사회에 봉사할 능력이 고려된다면, 그것은 개인적인 능력에 귀속되는 소득에 최저의 누진세율을, 자본 개량에 귀속될 소득에는 중간적인 누진세율을, 그리고 토지의 장소-가치에 귀속될 소득에는 최고의 누진세율을 부과하게 될 것이다.

연방정부의 소득세에는 이 구분 중 두 가지가 고려되고 있다. 이것들은 파커 위원장의 지휘하에서 국내 소득 과세에 대한 의회위원회가 남김없이 조사했다.[183] 이 위원회는 납세자들 사이의 형평과 공동의 부를 늘리기 위해 생산적인 요소에게 제공할 유인이라는 두 가지 관점에서 이 주제를 논의하고 있다. 이 두 가지는 진실로 불가분의 관계에 있다.

위원회의 조사관은 연방소득조세에서 사용하는 대로 노동으로 벌은 소득, 투자 소득 그리고 자본이득을 구분하고 있다. "벌은" 소득 또는 개인소득은 "급여, 임금, 전문가 수임료, 그리고 자본의 활용으로 발생하는 이윤과 구분되는 납세자의 개인적인 노력에 따른 이윤과 같이 노동으로부터 얻은 이익"이다. "투자 소득"은 "이자, 배당금, 지대 그리고 2년 이하로 보유한 자산의 매각이나 전환으로 얻은 이익과 같이 자본으로부터 얻은 이익"이다. "자본 이득"은 "2년 이상 보유한 업계 주식 이외의 자산 매각이나 전환으로부터 얻은 소득"으로 정의된다. "예를 들어 의무기간에 보유한 주식, 채권, 특허권, 부동산 등을 매각해 얻는 이익이 그런 것이다."[184] 뒤의 두 가지를 우리는 무시하고 자본소득과 장소-가치 소득

..

183) *Preliminary Reports on Earned Incomes, Report of Joint Committee on Internal Revenue and Taxation*, I, 3부(1928); *Report of Joint Committee on Ways and Means of the House of Representatives*(1931).

184) *Op. cit., Preliminary Report*, 6(1931).

을 모두 "투자" 소득으로 규정한다.

"노동으로 벌은 소득"이라는 용어는 "개인소득"이라는 우리의 용어와 같다. 위원회의 조사관이 낮은 비율, 예를 들어 개인소득에 대해 투자소득보다 25% 낮은 12.5%를 옹호하기 위해 반복한 주장은 몇 가시 이유에 의존하고 있다.

"투자소득의 생산적인 행위자, 즉 자본은 현행법에서 감가상각, 소모, 낙후와 유용한 가치의 상실에 대한 고려를 통해 어떤 조세도 부담하지 않도록 조심스럽게 보호받고 있다. 그러므로 벌은 소득의 행위자인 개인은 비슷하게 벌 수 있는 능력의 고갈을 고려해 보호받아야 한다." 국립조세협회를 인용하면서 이 주장은 이어진다. "의사의 기술, 변호사의 지성, 행정관의 힘은 소득을 영원히 낳을 수 있을 정도로 고정되어 있거나 파괴가 불가능하지 않다. 그렇지만 이들이 생산하는 소득은 자본과 동등하게 과세되고 있다. 자본은 감가상각, 낙후, 고갈을 통해 소득을 꺼내서 상실한 것을 메우도록 허용되지만, 급여, 수수료, 기타 이와 비슷한 보상을 벌기 위해 상실한 인간의 활력, 건강과 힘은 감가상각, 낙후 또는 고갈로 번 사람의 소득에서 공제할 수 없다."[185]

따라서 형평성에서 도출된 규준은 공공의 편익으로부터 도출된 규준에 상응한다. 개인은 자신의 부를 늘려 공동의 부를 늘리는 생산적인 행위자이다. 그러나 그는 질병, 사고, 노령화, 실업에 당면할 수 있는, 살아 있으며 죽어가는 개인이다. 그러므로 형평성에 있어서나 20년에서 50년 사이의 생산적인 생애를 통해 그의 행위에 더 큰 유인을 제공한다는 점

..

185) *Ibid.*

에서나, 할 수 있는 동안 더 많은 소득을 벌게 함으로써 합당한 형평이나 생산에 대한 자극을 어떻게 하더라도 그의 소득세는 자본투자로부터 얻는 소득보다 25% 적어야 할 것 같다. (연방법에 "벌지 않은" 것으로 명시되어 있지 않아서) 후자도 생산적이지만, 이것은 소유자가 아프거나 비생산적이거나 늙었거나 죽었더라도 여전히 계속 생산한다.

세금이 봉사하는 능력에 반비례하지만 지불할 능력에는 누진적으로 비례적이라고 말할 때 우리가 의미하는 바가 바로 이것이다. 더 큰 인적인 능력은 더 큰 지불능력을 지닌다. 그렇지만 자본투자는 인적인 능력이 발명하고, 통제하고, 운전할 때만 유용하므로 자본투자보다 인적인 능력이 국가의 부를 더 많이 생산한다. 따라서 인적인 능력은 낮은 수준에서 비례적으로 과세해야 한다.

그렇지만 투자는 위에서 언급한 위원회가 구분하지 않은 두 가지 종류로 되어 있다. 이것은 생산적 자본에 대한 투자와 토지의 장소-가치에 대한 투자이다. 만약 우리가 지닌 발명 및 경영 능력이 2,000만 달러의 공장에 대한 필요와 기회를 창출할 수 있다면, 우리가 그런 능력과 그런 투자에 유인을 제공해야 한다는 것이 주나 국가를 위해 중요하다. 그러나 상응하는 개인적인 능력이나 신규투자로 가능해진 신규건설이 수반되지 않는 사회적 수요의 증가로 인해 가치가 늘어난 장소-가치의 소유자에게는 우리가 아무런 유인도 제공하지 않아야 한다.

요즈음의 신규건축은 공업과 농업에서의 발명과 기술변화 때문에 과거 어느 때보다 훨씬 더 중요하다. 이들은 더 빨리 감가상각 되고 특히나 낙후된다. 새로운 건축물은 10년에서 12년 내에 감가상각으로 고갈되고 낙후로 무력해지므로, 평균적으로 8년에서 10년마다 완전히 재건축되어야 한다고 추산할 수 있다. 최근에는 자본소득에 대한 소득세는 감가와 낙후로 연 10%를 고려해야 한다는 제안이 나오고 있다. 근대의 자본주의 기업에서 감가와 낙후가 크게 늘어났음을 볼 때 이것은 부당한 삭감이 아니다. 그런 소득세의 삭감은 감가, 고갈과 낙후화의 요인으로 인한 급격한 가치하락을 복구하는데 충분한 수준을 아마도 넘어서지 않을 정도로 자본 건축에 유인을 제공할 것이다.

그러나 현행의 공식적인 정의에 따르면 투자는 대지의 장소-가치를 포함한다. 장소-가치가 전체로 다른 과세할 만한 가치보다 더 빨리 증가했는지 말하는 것이 가능하지 않다. 그렇지만 그것의 가치가 농촌사회나 소규모사회에서 상업적이고, 산업적이고, 금융적인 도시지역으로 크게 이동하고 있음은 의심할 여지가 없다. 이것은 인적인 능력이나 신규투자로 금융을 제공받은 신규건축이든 소유자의 생산적인 노력이 아니라 순전히 인구증가와 유리한 장소로의 산업 및 금융의 집중화로 인한 수요증가 때문에 진행되고 있다. 사정이 이렇다면, 사회는 대지의 장소-가치 소유자에게 생산증대를 위해 아무런 유인도 제공할 수 없다. 이런 순전한 대지지대 수입은 리카도적인 의미에서 철저하게 스스로 벌지 않은 것이다. 반면 인적인 능력과 구조적인 개량, 기계, 원료와 토지 비옥도의 유지에 대한 자본투자는 국가의 부를 증가시킨다는 점에서 스스로 번 것이다.

행정적으로 세세하게 복잡한 것들로 들어가지 않고도,[186] 우리는 자신의 부를 증가시켜 공동의 부를 증기시키는 유인이라는 관점에서 누진세들을 합당하게 분류하려면, 개인소득은 최저의 누진적인 비율을, 투자소득은 중간의 누진적인 비율을, 장소-가치 소득은 최고의 비율을, 커다란

..
186) 이런 점들은 위에서 언급한 *Report of the Joint Committee*에서 상세하게 고려하고 있다.

소유물에 대해서는 역시 누진적인 비율을 적용하는 것으로 구분해야 한다는 결론을 내릴 수 있다.

(4) 정학과 경기변동

전반적인 과잉생산으로 인해 현재의 생산을 전체적으로 축소할 필요가 있는 현 시점에서, 중상주의에 대해 반란을 일으킨 고전학파 경제학자의 정책이 그러했듯이 조세정책이 국부를 늘리는 유인에 근거해야 함은 의심할 여지없이 역설적이다. 진정으로 이것은 자본주의적인 문명의 역설이다. 그러나 우리는 다음의 두 가지 정책을 혼동한 것이라고 생각한다. 하나는 경기변동적인 전반적 과잉생산을 억제하거나 불황을 방지하기 위해 고안된 물가의 안정이고, 다른 하나는 생산을 증가시키기 위해 고안된 조세의 할당이다. 이들은 협소하고 변동하는 이윤차익을 만난 현대적인 집단행동의 두 가지 겹치는 문제이다.

이 곤경으로 인해 우리가 다루고 있는 것이 물가, 생산 그리고 고용의 정태적인 움직임인지, 아니면 그것들의 경기변동적인 움직임인지에 관해 조세의 효과를 더 세부적으로 분류해야 한다. 앞선 분석은 고선학파의 전통에서 도출되는, 상정컨대 정태적인 조건과 관련된 것이다. 여기서는 각 요소가 다른 요소들과의 균형상태에서 완전히 고용된다고 상정하고 참여자가 이상화된 선택의 자유를 지니고 있다. 그러나 이런 것이 실제의 역사적인 조건들은 아니다. 물가가 상승하고 호황인 시기에 각각의 요소는 침체되거나 경기와 물가가 하강하는 시기의 작동 방식과 다르게 작동한다. 팽창과 수축이 파동과 같이 교차해서 경기순환이 정태적 분석을 은폐한다.

납세자가 세금부담을 피하는 식별이 가능한 방법은 회피, 이민, 전가, 그리고 수량억제의 네 가지이다. 이들은 경기순환과 함께 변동한다. 회피를 통해 과세가 가능한 재산이나 수입을 감추거나 낮게 평가한다. 이민으로 조세가 높은 지역에서 낮은 지역으로 재산이나 사람이 이동한다. 회피와 이민에도 불구하고 정부가 필요로 하는 화폐 총액을 얻으려면 다른 납세자들의 부담이 늘어날 수밖에 없다. 그러나 이런 부담은 정치적이거나 금융적인 부패와 마찬가지로 전반적인 호황기에는 주목을 받지 않는다.

전가는 조세부담을 보다 높은 가격을 통해 전방으로 구매자와 소비자에게 밀어내거나 낮은 가격이나 임금을 통해 후방으로 판매자와 생산자에게 밀어낸다. 수량억제는 조세가 부과되는 생산량을 줄이는 것이다. 전가와 수량억제는 언제나 구분되지는 않지만, 가격이 수량과 다르듯이 이들은 서로 다르다. 억제가 없는 전가나 전가가 없는 억제가 있을 수 있기 때문에 이들은 함께 움직이지 않는다. 그러나 이런 조세의 효과는 전반적인 호황에서는 거의 인식되지 않는다.

전가와 수량억제는 회피나 이민보다 더 미묘하다. 회피나 이민은 눈에 보인다. 무체적이거나 무형적인 재산에 대한 과거의 조세들은 회피 때문에 폐기되었거나 삭감되었거나 소득세로 변경되었다. 물리적인 재산에 대한 조세는 과소평가를 통해 회피할 수 있다. 소득세는 이민을 통해 회피할 수 있다. 이런 것들은 대체로 행정의 문제이다. 그러나 전가와 억제는 경제적인 분석을 필요로 한다.

어떤 경우에든 회피의 네 가지 방법은 호황과 불황의 변동에 따라 크게 가변적이어서, 조세정책 자체가 이런 변동성에 대처할 수 있도록 변경되고 있다. 과세가능차익에 대한 우리의 도표에서 볼 수 있듯이,[187] 물가가 상승하는 시기에는 모두가 간단히 그들의 가격을 조세보다 훨씬 더

"끌어올리기" 때문에 조세전가가 충분히 용이하다. 조세가 "피라미드처럼 커지거나" "눈덩이처럼 쌓인다고" 말하는데, 최종적인 소비자가 이것을 지불한다. 그러나 처음에는 최종 소비자가 불평하지 않는다. 그는 모든 가격이 인상되는 시기에 자신이 완전히 고용되어 있거나 생산자로서 자신의 가격을 올려 받을 수 있기 때문에 지불할 수 있다. 만약 우리의 도표에서 보듯이 총판매고 곡선이 상승하면, 분명히 조세는 생산되는 수량을 억제하는 데 거의 또는 전혀 아무런 효과를 미치지 못한다. 그러나 물가가 하락하고 판매고와 고용량이 감소하는 반대의 경우에는, 가격 "인상"이 쓸데없는 몸짓에 불과하기 때문에 조세부담이 이윤차익을 다 잡아먹고도 남기 때문에, 생산과 고용을 억제해 조세를 피할 수밖에 없다.

따라서 조세의 전가와 억제의 효과에 대한 정태적인 분석은 물가의 전반적인 상승과 하락의 순환에 조율되어야 한다. 한 시점에서는 전가가 손쉽게 이루어진다. 그것은 부담이 아니고, 억제적이지 않으며, "누구도 조세를 지불하지 않는다." 그리고 이해들이 낙관적으로 서로 조화되는 가운데서 공공정책은 무차별하다. 다른 시점에서는 전가가 거의 불가능하다. 부담은 참을 수 없고, 생산과 고용은 이미 억제되어 있으며, "모두가 조세를 지불한다." 그리고 공공정책은 조세를 다른 계급의 사람들에게 강제적으로 전가하는 갈등으로 찢긴다.

이런 일반화들은 여러 종류의 조세에 대한 특별 조사로 수정되어야 한다. 우리는 보호관세와 장소-가치 조세를 두 가지 극단적인 경우로 예시할 수 있다. 보호관세는 보호받는 산업의 국내확장을 유도하기 위해 국내가격을 세계 수준의 가격보다 높게 유지하도록 고안된 것이다. 장소-

187) 본서 968쪽.

가치 조세는 "건축에 대한 조세를 줄이고 개선되지 않은 토지에 대한 조세를 늘려 사업과 개선을 장려하고 토지 투기를 만류하기 위해" 고안된 것이다.[188] 양자 모두 보호하는 데 목적이 있다. 관세는 수입업을 억제하고 국내 제조업을 장려해서 이같이 하고, 장소-가치 세금은 장소-가치를 인상하는 사업을 만류하고 제조공장, 사무실 건물, 아파트 그리고 주거건축을 장려해서 이같이 한다. 모든 경우에 하나에 대한 장려는 다른 대안에 대한 만류로 실행된다. 하나는 보호받는 사업의 가격을 올려 이윤을 늘리므로 적극적인 보호로, 다른 하나는 보호받는 활동의 비용에 대한 과세를 낮추어 이윤을 늘리므로 소극적인 보호로 각기 구분한다. 어느 경우에든 대안적인 활동은 제한되거나 억제되는데, 이런 억제가 이윤차익이 이미 사라지고 있는 불황일 때 가장 원한을 산다.

관세의 경우 보호받는 사업이, 궁극적으로는 효율을 늘려 가격을 낮추리라고 예상되지만, 더 높은 가격으로 조세를 구매자에게 전가하리라고 예상된다. 조세는 위의 진술에 부합되는 것으로 호황기에 일반적으로 상승하는 물가로, 구매자도 누적되는 비용으로 자신의 판매가격을 올릴 수 있기 때문에 이들에 대한 부담스러운 결과 없이도 전가된다. 그러나 불황과 전반적인 물가하락의 시기에는 고객이 스스로 인상된 생산비용을 감당하기 위해 자신의 판매가격을 끌어올릴 수 없기 때문에 보호받는 산업이 단순히 가격을 끌어올려 조세를 전가할 수 없다. 그래서 보호를 받아야 할 산업이 보호받지 못한다.[189]

∵

188) 윌리엄스, 퍼시 R.(피츠버그 감정사 이사회 이사), "Pittsburgh's Grades Tax in Full Operation", *National Municipal Review*, XIV(1925), 726. 여기서 기술된 "피츠버그 계획안"이 장소-가치 세금에 부합된다.

189) 프리포트의 롤레이 재단을 위한 농업 제조업 관세에 대한 조사에 근거함.

이런 이유로 지속적으로 물가가 상승하는 시기에는 자유무역정책이 선두에 나서게 되어 흔히 관세를 낮출 수 있지만, 물가가 하락하는 시기에는 훨씬 더 높은 관세에 대한 대중의 요구가 압도하기 때문에 모든 국가가 타국으로부터 수입된 제품의 가격하락에 대한 관세장벽을 높인다. 일국 내의 생산자집단은 할 수 있다면 이보다 더 나아가 가격을 인하하는 자들을 차단하고 생산량을 제한하는 카르텔을 조직한다. 미국과 외국의 역사에서 대부분의 보호관세는 물가하락의 시기와 동행하거나 후행했다. 그리고 최근에는 여러 나라의 모든 전문가의 의견과 심지어 국제적인 호의의 외교적 합의에도 불구하고, 높은 관세가 물가하락에 대해 항의하면서 국민 전체가 대중적으로 요구하는 바이다. 이것이 국제연맹에 대표로 파견된 탁월한 경제학자들과 전문가들이 추천하는 관세인하를 의회와 국회가 거부하게 만들고 있다.

그러므로 정태적 분석에 따라 최종 소비자에게 관세비용을 누적시킨다고 비난하지만, 관세부과라는 공공정책은 언제나 그렇지는 않다. 오히려 이 정책은 물가의 세계적인 상승과 하락을 따라간다. 1897년에서부터 1914년과 같이 물가가 상승하는 추세 속에서는 생계비 상승에 대한 소비자들의 불평을 듣게 되고, 이들이 관세를 하락시킬 수 있다(1913년의 윌슨관세). 그러나 물가하락을 불평한다고 알려진 사람은 생산자들이고, 이들이 더욱더 높은 보호관세를 가져온다(1920, 1930). 변화하는 정책이 전가하는데 유효한지 또는 무효한지여부와 그 시기, 수량억압에 있어 해로운지 이로운지여부와 그 시기를 알려면, 물가의 전반적인 상승과 하락에서 발생하는 변화들의 상관관계를 조사해야 한다.

장소-가치에 조세를 이전시켜 구조적인 개량과 가공 중인 재료를 면세하는 것도 동일하다. 이런 개량의 제공이 궁극적으로 늘어나 이런 개량된 것의 사용에 대한 이자율과 이윤 부과액을 줄일 것으로 예상된다. 그러나 이런 개량에 대한 재정이 증권의 신규발행으로 충당되므로, 조세정책의 효과가 호황과 불황의 교차로 은폐된다. 이 신규건축은 장기적인 예측에 의존한다. 일반적으로 장기적인 이자율이 낮은 불황기에 신규건축이 늘어나고, 장기이자율이 높은 호황기에는 줄어든다. 어떤 경우에든 신규건축의 증가는 조세면제보다는 가격의 경기변동과 추세로 통제된다.[190]

따라서 조세정책의 효과는, 회피, 이민, 전가 또는 억압의 어느 것이든, 경제학을 정학에서 동학으로 변화시키는 투기의 기복으로 은폐되거나 혼동되거나 심지어 뒤집힐 수 있다. 그렇더라도 경기변동은 지주중심주의와 자본주의 사이의 구분이었던 장소-가치 지대와 이윤, 이자, 임금의 합에 대한 리카도의 구분으로 되돌아갈 필요를 크게 강화시킬 수 있다. 최근에 555개 약국을 운영하는 거대한 자본주의 조직인 리게트사는 소속된 555명의 지주에게 다음과 같은 편지를 보냈다.

"우리 회사는 손실을 줄이기 위해 할 수 있는 (……) 모든 것을 다 해왔다. (……) 지대를 제외하고 경비의 모든 요소를 더 이상 줄일 수 없을 정도로 줄였다. 사원들은 세 가지 심한 삭감을 겪었지만 자신들의 작업에 있어 충성스럽게 더 많은 노력으로 반응했다. (……) 사원들에게 더 이상의 희생을 요구할 수 없다. 운영비를 더 이상 삭감하는 것은 불가능하다. (……) 현재의 가치에 근접하게 청산되지 않은 유일한 비용 항목은 (……) 그것의 가게가 자리 잡고 있는 공간의 비용이다."[191]

∵

190) 이런 면세를 도입하고 유지하는 데서 만나는 몇 가지 어려움에 대해서는 Haig, R. G., *The Exemptions of Improvements of Taxation in Canada and the United States*(1915) 참조.

이 상황은 프랑스대혁명 이후의 상황, 그리고 리카도가 자신의 이해갈등의 이론을 발전시킨 극단적인 가격변동의 상황과 비슷했다. 그러나 현재의 자본가는 리게트사이고, 지주는 555명의 도시대지 소유자들이다. 킹의 계산을 우리가 앞서 활용한 바에 따르면,[192] 지주들은 지대로 1925년에 미국인의 전체 화폐수입 중 9% 정도밖에 수령하지 않았지만, 이 경우에는 지대에 대한 고정된 부담액이, 불황기에 효율의 온갖 증가와 임금 및 고용의 온갖 감소에도 불구하고 남은 이윤차익의 100% 이상을 빨아들여 거대하고 효율적인 기업체가 파산하리라는 전망을 낳았다. 자본주의적인 경기변동에도 불구하고, 자본주의에 대한 리카도의 의미와 지주주의에 대한 그의 의미를 혼동할 필요가 없다. 리카도적인 의미의 장소-가치에서 지주주의는 상승하는 서비스를 제공하지 않고 공동의 부로부터 사적인 부를 추출한다. 그러나 리카도적인 의미에서 자본주의는 사적인 부를 늘리게 하는 유인을 통해 공동의 부를 늘린다. 지불능력에 비례하고 공동의 부에 대한 봉사에 반비례한다는 과세의 규준이 지주주의와 자본주의에 대한 리카도의 구분에 대략 상응한다.

그러나 경제분석이 정학에서 경기변동으로 옮아간 것은 가치척도가 리카도의 노동생산비용으로부터 미래의 금전 수입에 대한 투기의 경기변동으로 옮아간 것이다. 모든 자본주의적인 평가는 투기적이고, 토지가치에 대한 투기는 상품, 주식 그리고 채권에 대한 투기보다 더 투기적이지 않다. 이런 이유로 다시금 지대와 이윤에 대한 리카도적인 구분에 혼선이 생긴다.

..

191) 《뉴욕타임즈》, 9월 27일, 1932년.
192) 본서 908쪽, 이윤의 몫.

이런 혼선은 토지의 소유자뿐만 아니라 생산물의 소유자가 생산비가 아니라 생산비를 넘어서는 가치의 투기적인 증가에 따라 이윤을 얻는다는 킹의 주장에[193] 등장한다. 이런 가치의 증가는 모두 "투기적이거나 우연적인 이익"이다. 만약 하나가 "스스로 벌지 않은" 것이라면, 다른 하나는 "스스로 벌은" 것이다. 그러므로 대지에 과세하고 개량과 제품은 면세해 이들을 구분하는 것은 불공정하다.

이런 주장은 사업체의 사적인 관점에서 보면 확고하다. 그러나 이것은 장소 투기가 공업과 농업에 미치는 효과라는 사회적 관점에서 볼 때 요구되는 차이들을 인정하지 않는다. 진정으로 모든 이윤은 어느 정도 좁은 차익에 대한 투기적 이익이고, 모든 손실은 운과 우연에 따른 투기적 손실이다. 이것이 자본주의 문명에 있어서 바로 이윤이 생기는 이유이다. 이것은 토지가 지닌 장소-가치에서 발생하는 이익뿐만 아니라 공업과 농업에서 발생하는 이익에도 적용된다. 진정으로 경기변동과 잘못된 계산 때문에 이윤이 아니라 손실이 공업이나 농업에서의 투기뿐만 아니라 토지에 대한 투기에도 수반될 수 있다. 만약 우리의 기준이 단순히 개별 기업 경영의 좋고 나쁨이나 행운과 불운이라면, 킹이 말하듯이 "토지 가치에서의 이익과 이윤이나 투기를 위한 증권이나 상품의 가치 증가를 구분할 어떤 논리적인 이유도 없다. 하나가 스스로 벌지 않은 증가라면, 다른 하나도 스스로 벌지 않은 것이어야 한다"는 결과가 나온다.

그렇지만 만약 우리의 규준이 투기가 국부에 미치는 경제적 효과의 규준일 수도 있다면, 공업이나 농업에서 주식, 채권, 건물, 기계, 비옥도 등

193) King, W. I., "Earned Income and Unearned Income", *Annals American Academy of Political and Social Sciences*(1921), Vols. 93-95, 251.

의 가치변동에 수반된 이윤이나 손실과 개인이 아니라 사회가 경기변동에 따라 늘리거나 줄이는 장소-가치의 변동에 수반된 이윤이나 손실 사이에 차이가 있을 수 있다. 단일과세자의 개인주의적인 자연법사상으로도, 단일세에 대한 개인주의적인 반대자가 지닌 매매하고 사용하는 이만큼의 자연적인 권리로도, 이 문제를 해결할 수 없다. 이것은 투기적인 구입, 판매 그리고 사용이 공동의 부에 미치는 효과와 무관하다. 관습법에 따라 사람은 그가 과거에 합법적으로 획득한 모든 것에 대한 권리를 가지고 있다. 그렇지만 그가 자신의 투기적인 이윤을 얻는 방향을 대중에 유리한 쪽으로 결정하기 위해 경찰력이나 과세권력이 합당한 범위 안에서 대중에게 불리한 다른 방향에서 그런 이윤을 획득하는 것에 부담을 가하지 않으리라는 보장이 없다. 공업과 농업의 경우 개인은 "공동의 부"에 대한 공헌인 의식주의 공급량을 늘리는 활동에서 이윤이나 손실을 얻는다. 장소-가치의 경우 공동의 부의 증가가 아니라 투기에서 이윤이나 손실을 얻는다.

주식이든 채권이든 토지가치든 상품이든 모든 투기가 이와 같다. 하락하는 시장에서 이윤차익을 소멸시킬 부채가 증가하면서 상승하는 시장에서 과도한 투기를 방지하기 위해 공공의 이익을 위해 가격안정 등 다른 방법을 고안할 필요가 있을 수 있다. 이런 치유책은 공동의 부에 이로운 투기가 아니라 해로운 과잉투기를 방지하는 데서 주식시장의 투기에 대한 억제와 같이 경찰력을 달리 사용하는 방법이다.

따라서 정태적인 분석으로 과세의 복잡한 요인을 그것의 요소들로 나누어 그것들의 가변적인 효과에 대한 일반적인 규칙을 발전시킬 수 있었지만, 과세의 공공정책과 이에 수반된 개인의 행위에 대한 효과 모두의 실제 역사적인 변동을 우리에게 제공하는 것은 바로 호황과 불황에 대한 분석이다.

6. 사고와 실업-보험과 방지

위스콘신주의 실업보상규정에 대한 내 동료 모턴 교수의[194] 예리한 비판은 이 책에서 발전시킨 원리에 다가간다. 그것은 이 책의 독자에게 지금까지 지극히 추상적이고 종종 충돌하거나 혼란스럽게 보였던 바를 보다 개인적이고 실용적인 방식으로 설명할 기회를 나에게 제공한다. 더구나 사적인 이익과 충돌되는 공공의 이익을 촉진하도록 고안된 어떤 계획을 실행하는 데서 겪는 대단히 많은 어려움을 예시하고 있다.

모턴 교수가 수행한 거의 모든 비판은 지난 10년간 의회에서 연이어 열린 청문회에서 위스콘신주 제조업자 협회 대표들이 제기한 것이었다. 이 계획은 처음에 내가 제안했고 첫 번째 법안을[195] 1921년에 헨리 후버 주 상원의원이 발의했다.[196] 고용주들의 비판은 아주 실용적이어서 실용적인 방식으로 응대해야 했다. 최종적으로 해럴드 그로브즈 하원의원이 주도해 1932년 입법화될 때까지 연이은 초안을 통해 이것을 시도했다.*

· ·
··

194) Morton, Walter A., "The Aims of Unemployment Insurance with Especial Reference to the Wisconsin Act", *Amer. Econ. Rev.*, XXIII(1933), 395-412.

195) 나중에 *Selected Articles on Unemployment Insurance*(1926)의 편집인이 된 포스버그와 협조해 초안이 마련됨.

196) Commons, John R., "Unemployment-Compensation and Prevention", *The Survey*, Oct. 1, 1921, 5-9; 후버 안에 대한 논평들에 대해서는 "Taxing unemployment", *The Survey*, March 19, 1921, 880을 볼 것.

---

* 여기서 논의되고 있는 그로브즈법은 미국의 고용보험법으로 사회보험에 있어서 기념비적인 규정으로 알려져 있다. 이 법은 20세기 초의 사회정의운동에 뿌리를 두고 있는데, 커먼스와 그의 제자들이 여러 차례 노력해 1932년에 통과시켰다. 그것의 특징은 고용주가 실업 등을 방지하도록 노력할 유인을 담고 있다는 점이다.

제조업자 협회는 이에 대해 반대하면서도 이렇게 수정된 것을 다른 법안보다 낫다고 생각해 최종적으로 받아들였고, 위스콘신주 노동연합도 받아들여, 입법화되었다.

실업보험의 주창자들은 스스로 서로 모순되는 두 개의 법안을 가지고 있는 두 개의 진영으로 나뉘었다. 이들 중 하나는 주 공무원들이 관리하는 "주 기금"을 제안해 모턴 교수가 주창한 "사회적 책임" 이론으로 기울어지고 있었다. 다른 하나는 조직화된 고용주, 조직화된 노동자, 주 산업위원회의 집단적인 감독하에서 개별 기관이 관리하는 "기관 기금"을 제안해 후버 상원의원과 그로브즈 하원의원이 주창한 "고용주 책임" 이론으로 기울고 있었다.

물론 이런 청문회와 논쟁, 그리고 주 전역에서 벌어진 대중 모임에서 연사들의 언어나 근본적인 사회철학가, 현재 모턴 교수가 경제학자들에게 말하면서 하고 있는 것처럼 추상적인 일반화 속에서 형성된 것은 아니었다. 그렇지만 모턴 교수가 주창자들의 선전으로부터 추출하면서 철학적이고 이론적인 문제들이 있다는 것이 드러났다. 양측의 논쟁자들이 다루고 있었던 바는, 그들과 전체 주민이 잘 알고 있듯이 모든 경제적인 악 중에서 가장 긴박한 것이었으나 이제는 그것이 누가 책임을 서야 하는가, 그리고 누가 그것을 완화시키거나 방지할 수 있는 위치에 있는가 등 실용적인 문제로 격하되었다. 이 10년간의 토론과 여기에 내가 참여한 덕분으로 나는 마침내 "제도경제학"에 대한 더 추상적인 이론을 형식화하게 되었는데, 이것을 이제 나는 학습을 통해 개인의 행위를 통제하고, 자유롭게 하고, 확장하는 집단행동으로 정의하게 되었다.[197]

위스콘신의 법령이 거의 오로지 실업에 대한 각 고용주의 개인적인 책임에 관한 이론에 근거하고 있기 때문에 모턴의 비판은 책임에 관한 내

경제 이론의 기반으로 나가고 있다. 반면 모턴은 개인으로서 고용주에게 다른 사람보다 더 많은 책임이 있지 않다고 주장한다. 이 책임은 "사회적 책임"이다.

내가 받아들이기로는 이것은 "개인주의"와 "사회주의"의 근본적인 충돌이다. 개인주의적인 입장에 대한 모턴의 비판은 실업자에게 수당을 지불하는 부담이 개별 고용주가 자금을 대는 "일방의" 여러 계획이 아니라 고용주, 임금소득자, 그리고 국가의 "삼자 계획"에 따라 배정되어야 함을 의미한다.

그가 지적하듯이, 이 법령은 각 고용주가 오로지 **자신**의 피고용인들만을 책임지고 다른 고용주들의 피고용인들에 대해서는 책임지지 않도록 고안되었다. 이로써 법령은 어떤 "사회적 보험" 철학이나 심지어 "산업 보험" 철학으로부터 벗어나게 되고, 다른 기관으로부터의 기여금과 합치지 않고, 개별 기관별로 법령이 요구하는 준비금을 마련하고 있다. 이것은 실업에 대한 고용주의 개인적인 책임이라는 생각을 최대한도로 담고 있다.

이것은 법령을 단지 자신의 잘못 없이 실업자가 된 사람에게 실업수당을 지불하기 위해 고안된 **구호** 조치가 아니라 고용주가 실업을 **예방**하도록 유도하게 고안된 "예방적인" 조치로 간주하는 이론과 불가분의 관계에 있다. 그러나 모턴에 의하면, 2%라는 급여에 대한 가산비율은 너무 낮아서 **구호** 조치로서는 부적절하며, **예방적인** 조치로서는 전적으로 비효율적이다.

∴

197) 이것을 처음 형식화한 것은 다음의 논문이다. "Institutional Economics", *Amer. Econ. Rev.*, XXI(1931), 648-657.

여기서 모턴에 깔려 있는 사회철학에서는 사유재산의 자본주의 체제 전체가 책임져야 하고, 이 체제하에서 실업은 불가피하므로, 자본주의가 지속되는 한 **예방**이 아니라 **구호**가 입법의 유일한 목표이다.

그가 말하기를 "실업은 우리의 경제적 제도들이 부실하게 작동한 결과이다. 실업이 오로지 사회의 책임이지 개인이나 기업이나 산업의 책임이 아님을 인정함으로써 상황평가의 방법이 적절한 구호를 제공할 수 있도록 확장될 수 있다. 오로지 경제체제 전체가 그것이 만드는 부담을 받쳐줄 수 있다."[198]

나아가 모턴은 법령 주창자의 주장에 깔려 있는 사회적 책임의 철학을 개인적 책임의 철학과 대비시키고 있다. 그는 말하기를,

"따라서 위스콘신에서는 거친 개인주의의 정신에 호소했다. 유럽의 체제는 불가피하다고 가정할 수 있는 재앙에 대해 사회에 과세하면서도 그것을 예방하려는 아무런 시도도 하지 않았기 때문에 비난받았다. 허버트 스펜서의 『사회적 정학(Social Statics)』도 다시 살아났다. '왜 다른 고용주가 초래한 실업에 대해 어떤 고용주가 벌을 받아야 하는가?'가 흔한 의문이었다. 부담액이 불가피한 조세가 아니라고 고용주들이 느끼게 되었다. 그것은 이들의 사업에 대한 국가의 간섭이 아니라 경쟁체제에 대한 신념의 표현이었다. 다른 사람의 공장이나 다른 지역의 실업을 지원하도록 강요받지 않으리라는 확신을 이들에게 주었다. 많은 고용주가 유럽의 계획이 독이 든 구호를 체현한다고 간주했기 때문에 그로브즈 법안이 근본적으로 다르다고 말했다. 유럽의 계획은 실업을 완화하려고 노력

••
198) Morton, W. A., *op. cit.*

했고, 그로브즈법안은 그것을 방지하려고 노력했다."[199]

그렇지만 이와 관련해 허버트 스펜서의 철학이 스미스, 벤담, 그리고 리카도의 자유방임적인 **정치** 철학뿐만 아니라 국가를 포함해 **모든 형태의 사적인 집단행동**에 대한 그들의 반대에 깔려 있는 철학이기도 하다는 점을 주목해야 한다. 개인주의 경제학자들이 주장했듯이, 사적인 집단행동는 언제나 독점적이었고 공동의 복지에 반했다.

그러나 법령의 주창자들이 개인주의적인 철학을 활용한 것은 **모든 집단행동**에 반대되는 **자유방임**의 이런 역사적인 의미가 아니었다. 이들은 정확히 반대 방향으로, 즉 개별 고용주가 실업에 책임을 짊어지게 하는 수단으로 사적이거나 공적인 집단행동을 인정해야 한다는 방향으로 개인주의에 호소했다. 이들은 기존의 제조업자협회, 기존의 주 노동자연맹, 국가의 입법기관으로 조직되어 있는 납세자들에게 호소했다. 이것은 집단행동이 **없는** 개인주의에 대한 호소가 아니었다. 그것은 집단행동을 **통한** 개인주의에 대한 호소였다. 이런 호소가 전개되리라고 기대되었던 방식은 우리가 다음에서 모턴이 자신의 관심을 국한시켰던 엄격하게 **입법적인** 면모들이 아니라 법령의 **행정적인** 면모들을 설명할 때 볼 수 있을 것이다.

나는 우리의 자본주의 제도들이 **개인적인** 책임의 이론 위에 수립되어 있다는 점에서 모턴에 동의한다. 그러나 이들은 **개인적인** 주도의 이론 위에 수립되어 있기도 하다. 자유로운 주도 없이 개인적인 책임도 없다.

나아가 미국인의 지배적인 심리는 언제나 개인주의적이었고 지금도

••
199) *Ibid.*

1366

고집스러울 정도로 개인주의적이어서, 사회적 책임은 그것이 **유효하게** 존재하는 한, 오로지 조각들로 다가왔다.

유효한 사회적 책임이란 나에게 **조세를 지불하고** "사회적 서비스"를 유지하고 관리할 능력 있는 **공무원** 체제를 고집할 의사와 능력을 의미한다. 이렇게 필요한 사회적 서비스는 셀 수 없이 많은데, 무상교육, 보건, 아동노동 금지, 조직의 집단행동의 자유, 그리고 이제 자선이라는 독소가 없는 새로운 종류의 실업구호와 책임지게 할 수 있는 사람에 의한 실업예방이라는 새로운 생각을 포함해 여러 다른 것이 그런 예이다.

이들 새롭게 제안된 사회적 서비스 중 어떤 것이 제기된 과거의 사건들에서는 언제나 쓰디쓴 싸움이 있었다. 노예들의 자유와 시민권에 대한 주의 보호가 문제된 사례에서 갈등의 끝은 4년간의 혁명적인 남북전쟁이었다. 그러나 실제로 발생한 대로의 이 분쟁은 흑인과 백인의 동등성이라는 사회철학으로 활성화되지 않았다. 사실 그런 사회철학은 미국인이 대부분 거부했었고 지금도 거부하고 있다. 분쟁은 국가정부의 입법기관, 행정기관, 그리고 사법기관을 통제하고 자본주의 원리에 근거한 정부로 대신하려는 노예소유자들의 정치적인 지배를 전복시키려는 방향을 취하고 있었다. 노예들의 자유라는 개인주의적인 원리는 전시 조치로서 부수적으로, 그 때문에 나중에 유효하지 않은 행정적인 문제로 다가왔다.

나는 백인 노동자와 유색인 노동자를 대신해 이 정치적인 투쟁을 역사적으로 광범위하게 연구했다.[200] 종종 주로 이런 연구와 집단행동에 대한 나의 경험에 근거해 100년 동안 자신들이 생각하는 "사회"에 한번 커다

⁚

200) Commons, John R.와 동료들, *A Documentary History of American Industrial Society*(10권, 1910); *History of Labor in the United States*(2권, 1918).

란 사회악을 보여주면, "이 사회"가 즉각 이 악을 완화하거나 방지할 책임을 수락한다는 가정하에 움직여온 사람들의 순진한 이론을 비판했다. 역사연구와 개인적인 친분을 통해 나는 로버트 오웬(Robert Owen)으로부터 현세대에 이르기까지 이런 공적인 정신을 지니고 자신을 희생하는 지도자와 선전가 다수가 최종적으로는 환멸을 느꼈음을 보아왔다. 인물과 상황에 따라 그들은 아마도 가장 보수적이고 반동적인 자본주의의 능력 있는 지지자로 변하는 것 같다. 또는 "아무것도 할 수 없다"라고 주장하는 절망한 비관주의자로 변할 수도 있다. 또는 전체를 주관하는 섭리나 자연법의 거대한 내적인 힘에게 (개인주의, 공산주의, 사회주의, 단일세, 또는 기타 어느 것이든) 자신들이 과거에 평생을 바쳐왔던 그런 개혁을 전개하도록 맡겨두는 신정주의나 유물론의 신자가 될 수도 있다. 이런 변형을 연구하는 데서 나는 냉정하게 과학적인 방식으로, 그들의 마음속에 인본주의적인 모습으로 만들어져 현실과 거리가 먼, 이상화된 사회, 이상화된 노동자, 이상화된 자본가, 이상화된 정치인이라는 그 이전의 가공물에서 이들의 기원을 찾았다. 이들은 어떻게라는 것과 왜라는 것의 세부사항을 간과했다. 이런 것들은 크게 늘어난 조세부담, 현실적인 정치인과 배고픈 구직자에게 압도된 공무, 그리고 정치적인 기계로 조직된 정치인을 통제하기 위한 장외의 협상이라는 실제적인 문제들이다.[201]

이런 모든 경우에서 내가 물어왔던 것은 당신이 "사회"라고 말할 때 그것이 무슨 의미인가였다.[202] 19세기 중엽의 사회주의자나 이와 비슷한 이

..

201) Common, John R., "Horace Greeley and the Working Class Origins of the Republican Party", *Pol. Sci. Quar.*, XXIV(1909), 468-488; 기계에 대해서 *Proportional Representation*(1896), 4, 28, 33, 37, 84, 142, 173, 198 참조.
202) 본서 1027쪽, 사회.

단적인 학파가 의미했던 바와 같이 하나의 추상적인 존재를 의미하는가,[203] 아니면 모든 종류의 집단행동으로 당신이 실제로 경험하는 "행위 중인 사회"를 의미하는가? 만약 당신이 후자를 의미한다면, 당신은 납세자 연맹, 조직화된 고용주, 조직화된 노동, 법인체, 지속 활동체, 정당 등이 실제로 여러 가지 이해의 조화와 충돌 속에서 행동하는 바를 의미한다. 행동하는 사회는 관습, 정치, 법인이고, 간단히 말해, 주어진 시점에 개인의 행위를 어느 정도 유효하게 통제하는 모든 종류의 집단행동이다.

그러나 예를 들어 무상교육에서처럼 그것의 반대자들이 100년 전에 주장했던 바와 같이,[204] 먼저 "사회주의적으로" 주창되었다가 몇 년 동안의 갈등 후에 최종적으로 "사회적 책임"으로 정착되면, 나중에는 앞선 역사적인 투쟁을 모르는 미국국민이 그것을 지원하는데 막대한 세금을 쾌히 부과할 수 있다. 그리고 교육의 경우와 그들이 실제로 그렇게 했던 것처럼, 그들이 교사선발을 위한 공적인 체계를 정당정치 및 개인적인 편애로부터 최대한 먼 곳에 정착시킬 수 있다. 무상의 의무교육에 대한 반대 주장은 그것이 부모로부터 자식에 대한 통제권을 박탈한다는 개인주의적인 주장이었으나, 그것이 자식의 교육을 위한 부모의 사회적 책임을 시행한다는 것이 드러났다. 그렇지만 현재의 경제적인 불황기에 잘 알려져 있듯이, 국가와 민간의 사회적 기구들이 제공하는 모든 "사회적 서비스"가 조세를 납부하거나 자발적인 기여를 유지하거나 공공편익으로부터 정치를 떨어져 있게 하려는 의사에도 불구하고 그럴 능력이 없기 때

:.

203) 본서 624쪽, 노동의 분업과 노동의 연합.
204) Commons, John R.과 동료들, *History of Labor in the United States*, I, 182-184, 322, 229-230; II, 228-229, 323-324. *Documentary History of American Industrial Society*, V, 27-29, 115-118, 107-114, 161 참조.

문에 허덕이고 있다.

언제나 그렇듯이, 그것은 개인적인 책임과 사회적 책임 사이의 역사적인 갈등이다. 그러나 이것은 경제적, 정치적, 행정적, 그리고 개인주의적 장애와 관계없이 "사회 대 개인"이라는 철학적이거나 학술적인 문제가 아니라 과도하게 개인주의적이고, 정치적으로 흐트러져 있고, 행정적으로 무능한, 인민의 와중에서 유효하게 인정되고 시행되는 새로운 사회적 책임을 획득하는 아주 실질적인 문제에 근거하고 있다.

따라서 나는 역사적인 연구와 근 50년간 개별행위를 통제하는 방향의 다양한 집단행동에 참여하는 동안 나의 추론법이 스미스, 벤담, 리카도, 맑스, 프루동, 허버트 스펜서, 또는 어떤 "논리적인" 경제학자가 아니라 맬서스로 회귀하고 있음을 발견하고 있다. 이 학파들은 주로 18세기 이성의 시대에 속하지만, 맬서스는 확연히 욕정과 우둔함의 시대를 선언했다.[205] 그렇더라도 부적절한 사고를 피하고 편치 않은 경험이 촉발한 이성의 완만한 진입을 허용하기 위해, 나는 이것을 욕정이나 우둔함 대신에 관습이라고 부른다.

논리적인 경제학자가 공공복지를 창달하기 위한 모든 유형의 집단행동에서 "부딪히게" 되는 것이 바로 욕정적이고, 우둔하며, 개인적이고, 심지어 무정부적인 이런 맬서스적인 종류의 동물이다. 자본주의는 독재나 정당정치와 마찬가지로 인간의 우둔함으로 번성한다. 그러므로 마음의 안정을 위해 미리 자본주의의 기반을 인정하는 것이 보다 나은 집단행동 대신에 궁극적으로 환멸하거나, 희망을 잃거나, 반동적이거나, 혁명적이거나, 또는 "자연법"에 만족하게 되는 것보다 더 낫지 않을까?

:.
205) 본서 447쪽, 맬서스.

그렇다면 입법, 행정 또는 기타의 집단행동을 통해 조세를 납부하고, 정당정치를 폐지하며, 능력 있는 행정관리를 선발함으로써 새로운 형태의 사회적 책임을 어떻게 이런 맬서스적인 개인에게 자발적이면서 유효하게, 자신과 동료 개인들에게 부과하라고 호소할 수 있을까?

밀워키를 중심으로 상대적으로 작은 사회주의 분자가 있지만, 위스콘신의 주민은 두드러지게 개인주의적이고 종교적이다. 모턴이 진술했듯이, 이들에게는 개인주의적인 사회철학과 사고예방에 대한 이들의 경험이라는 두 가지로 호소했다. 모턴은 후자에 대한 호소를 "의심스러운 유비"라고 각하한다. 그는 말하기를,

> "이 법안은 노동자의 사고보상법과 비교되었다. 이 법이 각자의 사고 건수에 비례해서 고용주에게 벌금을 부과함으로써, 이들에게 산업재해의 현저한 감소를 낳은 안전조치를 취하도록 유도한 것과 같이 이 법안의 실업 과징금은 일자리를 안정시키도록 유인을 제공할 것이다. 이 유비는 의심스러운 평행선이기는 하지만 위스콘신법령에 깔려 있다. (……) 개별 고용주에게 형벌을 가하면 효율적인 고용주가 노무관리를 통해 실업을 피하는 쪽으로 유인될 것이다."[206]

나아가 그는 사회적 책임과 주에서 운영하는 공동기금이 아니라 고용주 책임과 사업장별 예비금을 만들기 위한 이 법령의 일부 상세한 부분을 제시하고 있다.

나는 경험에 대한 호소를 "의심스러운 평행선"으로 간주하지 않는다. 연역적으로는 그럴 수도 있다. 그러나 현존하는 그것의 세부사항과 불완

••

206) Morton, W. A., *op. cit.*

전한 부분에 있어서 법의 제정을 낳는 것이 실질적으로 바로 이 유효한 호소였다. 모턴의 방식은 과거의 경험으로부터 생겨나는 관습과 무관한 논리적인 경제학자의 추론방식이다. 이 경우 경험이란 사고방지법을 운영하는 데서 조직화되어 있지만 충돌되는 이익을 지닌 지도자들의 동참이었다. 위스콘신 주민과 주의 조직화된 고용주 및 조직화된 피고용인에게는 이것이 최상의 추론이었다. 반드시 논리적이지는 않고 심지어 어떤 지점에서는 지극히 비일관적이더라도, 이 추론은 그들의 경험과 실용적인 지식이 제안된 실업법의 운영에 있어서 그들이 예상하는 바의 표현이었다. 처절하게 충돌하는 조직화된 고용주와 조직화된 노동자는 그들 자체 내에 주 산업위원회와 협조한 경험으로부터 도출된 습관적인 가정들을 가지고 있었다. 그들은 어떻게 위원회가 법령을 운영하는 데서 도와주도록 자신들을 불러드릴지를 미리 말할 수 있었다. 이뿐만 아니라 더 중요한 것으로, 그들은 실제적으로 미리 위스콘신주 제조업협회를 대표하도록 위원회가 임명할 주도적인 고용주뿐만 아니라 노동자를 대표할 주 노동연맹의 장, 그리고 법령을 시행하는 데서 조정자로 활동할 산업위원회의 대표자 개인을 지목할 수 있었다.

이 세 명의 개인은 사고방지법을 시행하는 데서 약 10년에서 15년 동안 함께 일해왔다. 이들이 고용예비금과 실업방지법을 시행하는 데서 함께 일하리라고 실질적으로 가정되었다. 이 가정은 법령에 명시되어 있지 않았지만 올바른 것으로 드러났다. 따라서 이들에게 자신들의 경험은 "의심스러운 유비"가 아니었다. 그것은 충돌과 의심의 한가운데 있는 실용적인 사람들의 현실적인 추론이었다. 사례의 성격상 이런 확신을 법령의 문구로 써넣을 수 없었다. 그렇지만 만약 이것들이 위스콘신에서 20년 동안 노동행정의 "불문법"이 아니었다면 이 법은 제정되지 않았을 것이다.

이 새로운 법의 초안을 작성하는 거의 모든 지점에서 과학자의 의심스러운 유비뿐만 아니라 실용적인 사람의 개인적 친분이 새로운 법의 규정을 명령했다.

그러므로 모턴의 비판이 향하고 있던 실업법령 자체가 부분적으로는 최소한의 기준을 지닌 **실행력을 부여하는** 법령이었고, 예상컨대 주위원회, 주 제조업 협회 그리고 주 노동연맹이 이 법령을 합동으로 시행해줄 것을 모두가 고대하고 있었다. 이것이 실용적인 사람이 추론하는 방식이다. 그는 법령에 관해 추상적으로 추론하지 않는다. 그에게 그것들은 설명할 수 없는 단어들에 불과하다. 그는 법령을 해석하는 방식과 누가 이 법령을 시행할 것인지에 대한 "불문법"에 근거해 추론한다. 그에게 행정은 "행동하는 입법"이고,[207] 그가 현재 행동의 근거로 삼는 것은 **예상되는 행동**이지 논리나 단어들이 아니다.

결과는 예상대로였다. 위스콘신에서 알려지기로 산업위원회는 모든 규칙과 규제를 마련하고, 고용주와 피고용인에게 이 법의 길고 상세한 규정을 해석하며, 주의 고용주들이 법 아래에 들어오도록 선전까지 하는 주요 행정기관인 "자문위원회"를 임명했다. 산업위원회는 그 자체로 실제로는 자문위원회의 "권고"에 합법성을 부여하는 승인기관에 불과할 것이다.

더구나 집단사고예방에 대한 20년의 경험으로 알려진 바로, "자본"과 "노동"을 대표하는 자문위원회의 구성원을 관료적인 시험이나 공무원 시험의 방식으로 주위원회가 선정하지 않고, 조직화된 이익집단들이 스스

---

207) Commons, John R. and Andrews, John B., *Principles of Labor Legislation*(행정에 관한 장, 1916, 1923, 1927판) 참조.

로 선정하게 되어 있다. 대표들에게는 주에서 어떤 급여도 지급하지 않고 그들의 소속 조직들이 지급하게 되어 있다. 사고방지법에서 고용주 및 피고용인의 "대표" 선정뿐만 아니라 조직화된 고용주 및 피고용인과 함께 일할 자체 대리대표, 통계위원 그리고 조사관의 신징에서도 이 규정으로 주의 위원회에서 정당 "정치"가 제거된 것으로 알려졌다. 사실상 새로운 종류의 시민 행정이 노동법의 운영에 구현되었다. 이들은 "자본"과 "노동"이라는 충돌되는 이해집단들의 합동 행위로 유효하게 임명된 일단의 주공무원들로서 양측 모두의 신임을 받고 있다. 그 자체로 이 주공무원들은 주정부라는 상위기관에서 나온 강제적인 "조정관"이 아니라 양측에 그런 것으로 알려진 "사실들"에 근거해 반대되는 이해들을 함께 모아서 개인들로서 각기 활동해야 할 "운영규칙"을 마련하도록 도와주는 것을 업무로 삼는 자발적인 "조정자"로서 활동한다. 이 규칙은 추가적인 조사와 경험에 근거해 언제라도 변경할 수 있기 때문에, 그것은 연속적으로 충돌하는 이해들을 독재 없이 연속적으로 조정하는 체계이다.

이 결과를 실업준비금과 실업방지에 적용한 것을 지금까지 주위원회가 인가하고 발행했지만 실제로는 자문위원회와 그 조원들이 작성한 두 가지 관보에서 그것을 확인할 수 있다. 이 관보들은 이 법에 대한 모든 해석과 그때까지 채택된 규칙을 모두 제공하고 있다. 그리고 경제학자가 법이 실제로 작동한 방식을 보려면 이를 가능하게 만드는 법령이 아니라 이것들에서 찾아야 한다. 1933년 8월 1일자[208] 가장 최근호는 자문위원

..

208) 실업보상에 대해서는 위스콘신 산업위원회가 1933년 8월에 발행한 *Revised Handbook on the Wisconsin Unemployment Compensation Act and Approved Voluntary Plans for Unemployment Bebefits or Guaranteed Employment*, 관보 2를 참조.

회 구성원의 이름을 제공하고 있는데, 이것은 이 규칙제정기구에 충돌하는 이해들에 대한 진정으로 "직업적인 대표성"을 보여주고 있다.

> 고용주 대표: 프레드 클로젠, 밴 브런트 제조사 사장, 위스콘신주 호리컨; 조지 컬, 위스콘신 제조업자 협회 사무총장, 위스콘신주 매디슨; 호레이스 멜럼, 내쉬 자동차 회사, 위스콘신주 케노사.
>
> 노동자 대표: 제이 에프 프리드릭, 위스콘신 주 노동연맹 집행이사, 위스콘신 주 밀워키; 프레드 개스트로, 주 목수노조 회장, 위스콘신주 매디슨; 헨리 올 주니어 위스콘신 주 노동연맹 회장, 위스콘신주 밀워키.
>
> 회의장: 아서 알트마이어, 위스콘신 산업 위원회 사무총장, 위스콘신주 매디슨.[209]

이 책에서 논의된 여러 형태의 집단행동 중에서 이것이 집단교섭으로 알려진 형태에 근접하는 데 비해 합의된 규칙은 업계합의라는 명칭으로 분류된다는 점을 확인하게 될 것이다. 자문위원회의 인원은 7인이지만, 이 7인 중 프레드 클로젠과 헨리 올 주니어 2인은 연이은 법안에 대한 10년간의 입법 청문회 내내 입법 로비활동에 대한 대표적인 반대자였다. 최종적으로 이들 회의에서 법안이 마련되었을 때 그것은 주의회를 통과했다. 고용주의 "로비"단과 피고용인의 "로비"단이 모두 집단교섭 노조합의의 협상가들로 전환되는 일이 벌어졌고, 의회는 이들이 동의할 수 없는 점들을 결정했다. 고용주들이 이 법에 반대했지만, 법이 제정된 이후에 이들은 성실하게 이것을 지지했다.

••
209) *Ibid.*, 2.

그러나 이 집단교섭은 더 나아가 "위스콘신 의회는 1933년에 작동을 연기했다"는 모턴의 무심한 진술이 지닌 잘못된 함의를 제거하고 있다. 작동의 일부분은 연기된 것이 아니라 법령이 필요한 예산을 책정받아 원래 의도된 대로 작동하고 있다. 1933년의 이른바 연기는 의회가 진행한 것이 아니었다. 많은 내부토론 이후에 두 번째 법안이 서로 반대되는 이해집단의 합동자문위원회 안에서 협상으로 합의되고 나서, 의회에서 한 표의 반대도 없이 승인되면서 이것이 제정되었다.

1932년의 법은 이 법의 세 가지 단계가 발효되어야 하는 세 날짜를 제공했었다. 합동의 행정장치를 창립하기 위한 규정, 규칙과 규제를 채택하기 위한 규정, 자발적인 사업장 계획을 승인하거나 거부하기 위한 규정, 그리고 대중에게 법의 규정을 알게 하기 위한 규정이 1932년에 통과되면서 발효되었다. 법의 이 부분은 연기되지 않았고 현재 작동하고 있다.

사업장의 기금을 누적하기 위한 보험료의 징수는 1933년 7월 1일 발효되도록 원래 앞당겨졌었다. 이 부분의 법은 진정으로 의회가 연기한 것이 아니라 고용주 및 피고용인 대표들의 합동 권고로 연기된 것이다. 이 권고는 단순히 일상적인 일로 반대표 없이, 그리고 논쟁 없이 의회의 인준을 받았다. 기여금의 납부개시일은 주위원회의 통계담당자들이 확인하는 바에 따라 주의 고용이 1932년 12월의 수준보다 20% 증가하거나 급여가 50% 증가할 때까지 미루게 되어 있었다.

이 연기로 법의 작동에 있어 세 번째 단계, 즉 실업준비금의 보험료 징수가 시작되고 1년 후에 개시되기로 정해져 있었던 실업수당의 지급이 자동적으로 연기되었다.

이런 연기의 이유는 법령에 명시되어 있다. 원래 법령의 일부분은 다음과 같다.[210]

"주에서 가장 큰 고용주 조직이 그 구성원의 의도가 자발적으로 실업기금을 설정한다고 선언했으므로 법적인 강제 없이 이 법령의 목적을 가져올 공정한 기회를 고용주에게 주려는 것이 의회의 의사이다."

연기하는 법은 다음을 삽입해 수정하고 있다.

"그러므로 이 법령이 전반적이고 강제적인 효력을 발휘하지 못하도록 금지할 기회는 위스콘신에서 경기회복이 많이 진행될 때까지 확대되어야 한다."[211] 즉 고용이나 급여의 증가가 이 법령에 지적한 바와 같이 실현될 때까지이다.

나아가 만약 17만 5,000명의 고용주들이 승인된 자발적인 계획을 채택한다면 법의 강제적인 측면이 전혀 발효되지 않아야 할 정도로 주의 제조업자들은 원래의 법령이 규정한 자발적인 개별 주도와 책임이라는 생각에 강하게 묶여 있었다. 이 규정하에서, 그리고 자문위원회의 권고로 주위원회는 "부업 서비스"에 대한 대가로 주의 급여장부에 제조업자의 대표인 클로젠을 올리기까지 했다. 요람에 적시된 대로 "법령을 위스콘신의 고용주에게 설명하고 승인된 자발적인 계획의 채택을 촉진하기" 위해서 이것이 이루어졌다. 나중에 자문위원회가 추천한 1933년의 법령은 피고용인의 숫자를 17만 5,000명에서 13만 9,000명으로 줄였다. 만약 후자의 숫자만큼의 피고용인이 강제적인 기여의 개시일 이전에 자발적인 계획의 대상이 된다면, 입법적인 강제는 발효되지 않는다.

••
210) *Ibid.*, 83.
211) *Ibid.*, 83.

명백히 이 연기는 감각이 있는 것이었고, 사실상 법의 원래 정책, 즉 상대적인 호황기에 기금을 적립하고 주로 불황기에 지급한다는 것이었다. 어려움은 1932년의 의회가 1933년 7월을 골랐을 때 돌아올 호황을 성공적으로 짐작하지 못했다는 것이었다. 그렇지만 보험료의 징수일이 통계자료를 수집하는 행정장치를 통한 미래의 "사실 발견"으로 정해져야 함은 전적으로 법의 정신 안에 있었다. 1933년의 통계는 고용이 기준일인 1932년 12월보다 35% 증가했고 급여가 50% 증가했음을 보여주었다. 1934년 7월 이전에 시작되지 않아야 한다는 추가적인 규정과 13만 9,000명의 피고용인이 자발적인 계획의 대상이 되면 강제적인 조항이 발효되지 않아야 한다는 규정을 제외하면, 이런 증가율로 법의 두 번째 단계가 조기에 시작될 수 있다.

따라서 이 입법은 모종의 최소한도 및 최대한도와 함께 집단적인 교섭의 행정체계를 수립해 부분적으로 실행력을 부여하는 법령이다. 이 체계는 법원에 호소할 수 있는 관료적인 위원회가 시행하는 단순한 법령으로 이해될 수 없다. 이것은 우리의 헌법상 정부가 지닌 성격이 부여할 만큼의 거의 자발적인 집단교섭의 체계이고, 자발적인 민간협회들의 합의된 행위를 이해하는 한에서만 이것을 이해할 수 있다. 이미 법이 제정되기 전에 소수의 개별 제조업 회사들은 이 법령에 허용된 다양한 장치로 이 법령의 2%라는 최저한도를 자발적으로 넘어섰다.

법령에 있는 바로 이 최소한도인 2% 비율에 구조하는 데 "부적절하고" 실업을 방지하는 유인으로서 "비효율적"이라는 자신의 비판을 모턴이 집중시키고 있다. 이 비판은 진정으로 개인에 대한 국가의 관계에 대한 기본이론으로 진입한다. 만약 모턴이 "경제학의 문제"와 대비해 그가 구분한 "정치경제학"의 법칙에 깔려 있는 이론이 있다면, 그것은 민간의 노력과 민간의 협조가 지닌 자발성과 주도로, 국가가 이윤을 위한 경합에서 적절히 지도해서 공공복지를 위해 달성할 수 있는 것과 비교해 강제적인 입법으로는 거의 아무것도 달성할 수 없다는 취지의 이론이다. 이것에는 단순히 불투명한 사실로 내가 모턴과 동의하는 전체 사실과 고용주의 원래 비판에 대한 정반대의 해석이 동반되어 있다.

이런 재검토로부터 제조업자 대표와 노동자 대표가 모두 강제적인 "사회적 책임"이라는 생각으로부터 얼마나 멀리 떨어져 있는지, 그리고 **규제받지만 자발적인** 개인의 책임이라는 생각에 얼마나 가까이 붙어 있는지를 확인하게 될 것이다.

노동계의 로비 활동가들이 1932년에 부분적으로 "구호"에 대한 그들의 고집을 버리고 개인주의적인 "예방" 조치로 전향해야 했다는 것이 "노동 심리"에 친숙하지 않은 사람에게는 놀랍게 보일 수도 있다. 노조 활동가들은 사실 1931년의 입법에서, 개별 "사업장 기금"의 정반대이자 모턴이 주창하는 사회적 책임의 원리와 비슷하게 주이사회에서 관리하는 "주의 기금"이라는 형태로 강제적인 "구호" 조치를 지지하고 있었다. 이들은 "주의 기금"이 실업을 예방할 유인도 제공할 수 있다고 생각했다. 그러나 그들이 조직화된 노동과 사회주의 정당 모두의 대표로서 마음속에서 정치적인 정당의 "사회주의적인 심리"와 자발적인 집단교섭의 "노조 심리"라는 두 가지 충돌하는 "노동 심리들"로 나뉘었음을 깨달았을 때, 그들은 자신들의 주 전역의 기금안을 버리고 그로브즈의 사업장별 기금 및 집단 협상안에 스스로를 속박했다.

50년 전에 새뮤엘 곰퍼스가 사회주의자들로부터 떨어져 나오면서 개발한 집단교섭이라는 생각은 노동조합의 "자발적인" 조직과 고용주의 자발적인 조직 사이의 합의였는데, 이것은 둘 다 완전히 정치적이거나 사법적인 간섭은 받지 않는다. 그리고 그들이 곰퍼스와 같이 주의 기금이 정당의 정치인과 우호적이지 않은 법원이 그것의 운영을 통제한다는 의미를 깨달았을 때, 그러나 집단교섭 법안이 모든 고용주의 자발적인 계획을 규제하는 데서, 가능한 한 최대한 주정부의 간섭과 강제적인 중재로부터 떨어져나와 그들에게 고용주와의 동등한 발언권을 주리라는 것을 깨달았을 때 그들은 후자를 선택했다. 고용주와 더불어 사고방지법과 주 고용청, 특히 밀워키에서 고용청을 운영한 이들의 20년 경험이 집단교섭에 있어 고용주와의 동등성을 얻으려는 노조의 정책이 현재 조건에서 주의 정치에서 소수 정당으로서 그들이 내세우는 사회주의적인 정책보다 우월함을 이들에게 확신시키는 데 충분했다.

고용주들의 "심리" 안에도 비슷한 갈등이 있었음을 모턴 교수가 자신의 논문에서 언급하고 있다. 그는 "그로브즈법안과 어떤 대안적인 보험안 중에서 선택하라고 하면, 제조업자는 그로브즈법안(오래된 후버법안)을 좋아한다는 것"을 매우 올바르게 제시하면서 나아가 각주에서 다음과 같이 말한다.

> "위스콘신의 제조업자에 대한 최근의 연설에서 현행법을 선전하는 데 위스콘신 산업위원회를 돕고 있는 제조업자 협회의 클로젠 전 회장은 자발적인 계획을 위한 위스콘신법령의 규정을 따르라고 촉구했다. 만약 이 법이 발효되지 않는다면, 미래 시점에 자신이 사회주의로 간주한다고 진술한 오하이오 계획에 직면할 수 있다고 그는 이들에게 경고했다."

언급된 "오하이오계획"은 특별조사위원회가 예방이 아니라 구호를 권고함에 따라 오하이오의회에 도입된 법안이었다. 이 법안은 모턴이 주창한 "삼자의 당사자"라는 방향으로 마련되었고, "노동조합"의 심리와 대비되는 "사회주의적인" 심리에 상당 부분 근거했다.

따라서 사회주의적인 원리와 노조의 원리 사이의 이런 "대안의 선택"이 궁극적으로 노동자대표와 사용자대표 모두가 주정부가 승인하는 자발적인 집단교섭이라는 위스콘신의 노조원리를 선택하도록 만들었다.

유효한 사회적 책임을 창출하는 데서 경험의 방법인 역사적인 방법보다 이 "대안의 선택"이 지니는 중요성을 이해하는 데 더 나은 다른 방법이 있는지 나는 알지 못한다. "자발적으로" 수락하는 것보다 더 나쁘게 보이는 대안에 직면할 때까지 고용주나 어떤 다른 개인은 결코 **유효하게** 사회적 책임을 받아들이지 않는다. 역사적인 방법은 대안에 대한 선택의 역사이다. 이 경우 그것은 실업예비금과 개별 사업장의 책임, 즉 1911년의 노동자보상과 사고방지법의 주창자들이 호소용으로 사용한 역사적인 "평행선"이다.

1932년의 실업방지법은 더 복잡하지만 분명히 1911년의 사고방지법을 상당히 정확하게 따라가고 있다. 내가 입법촉구활동, 법제화, 그리고 2년 동안 사고보상과 안정법의 운영에 참여했고, 시카고 의류시장에서 자발적인 실업준비금과 실업예방노조합의에서 비슷한 경험을 가지고 있었기 때문에 이런 집단적인 움직임이 실제로 작동한 방식에 대한 개인적인 경험에서 나는 말할 수 있다.

1911년의 위스콘신 사고보상법보다 몇 년 앞서 주의회에서 사회주의 대표들이 연이어 도입한 법안이 있었다. 이것은 주보험기금을 제공해서 "사회"가 사고에 책임을 지도록 만들고 고용주가 이 주의 기금에 기여하도록 강제하고 있다.

"사회"가 법안들에 대해 지불해야 한다고 생각하게 된 또 다른 이론적 근거는 생산비용에 대한 고전학파 경제 이론인데, 나는 이것을 교섭력이라고 부른다. 이 이론에 따르면, 고용주에 대한 세율이 단일해서 비용이 제일 높은 "한계" 고용주에게 동일하게 부과되면 모든 고용주가 제품의 가격을 세금만큼 인상할 것이므로, 당연히 "경제적인 법칙"이 정상적인 작동에 따라 조세가 소비자에게 전가될 것이다.

뉴욕의 의회는 법을 제정했지만, 그 주의 대법원이 고용주들의 재산을 그들의 잘못이나 태만함이 없이 몰수하게 되어 있으므로 "법의 적절한 절차"를 결여해 위헌이라고 선언했다.[212] 이런 몰수가 일어나는 방식은 각 고용주가 다른 고용주의 작업장에서 발생한 사고에 대해서 책임지도록 만드는 보험기금을 통해서이다. 관습법에 따라 이들은 이미 오로지 자신들의 태만으로 초래된 사고에 책임이 있었다. 그러나 뉴욕주법은 부상을 당한 피고용인 자신의 태만, 동료 피고용인의 태만 또는 산업의 자연 위험으로 인한 사고에 대해서도 그들이 책임지게 만들었다. 고전학파 이론과 관습법이론 두 가지 모두에서 마지막 것은 피고용인이 근로계약을 작성할 때 "부담하는" 것이고, 기대되는 위험에 대한 대체지불로 자신이 받는 보다 높은 임금에 완전히 고려된 것으로 간주되었다.[213] 달리 말해 개인의 책임에 대한 고전학파 경제이론과 관습법이론, 그리고 이에 상응하는 "잘못 없이 책임 없다"는 원리에 근거해 뉴욕주법은 위헌이라는 판정을 받았다.

결과적으로 1909년 이후 위스콘신주의회의 한 위원회가 사고보험에 대한 법안을 마련하는 일을 받아들였을 때, 그들은 "자발적인" 법안을 제

••
212) Ives v. South Buffalo Railway Company, 124 N. Y. S. 920, 924(1910).
213) 본서 309쪽, 아담 스미스.

안함으로써 위헌성을 회피하겠다고 결정했다. 이 법안에서는 주위원회에 이 새로운 법을 수락한다고 등록한 고용주들만 "이 법 아래 있는 것"으로 간주했다. 위원회에 적절히 통보해서 수락을 철회할 수 있는 선택권도 주어졌다. 그렇지만 합헌적으로 할 수 있다고 생각되는 한 최대의 경제적 강제를 고용주들에게 부과해 이들이 "스스로" 법 아래로 들어오도록 하기 위해 의회는 손해배상에 대한 소송에서 고용주에 대한 위에서 언급한 관습법상의 방어 중 몇 가지를 폐기했다. 이 폐기가 법 아래로 들어오겠다고 선택하는 데 실패한 모든 고용주에게 불리하게 작용했다.

따라서 "자발적으로" 법 아래로 들어오게 하는 유인은 개별 고용주가 선택할 수 있는 두 가지 대안을 설정함으로써 만들어졌다. 그것은 손실에 대한 개별 소송에서 고용주에 대한 관습법의 방어를 일부 철회시킨 태만에 대한 오래된 고용주의 책임법규와 태만, 비행 또는 산업의 위험과 관계없이 모든 사고에 대해 보상하는 신규 근로자 보상법이다. 고용주는 자발적으로 기존 관습법하에서의 **개인적** 책임과 새로운 법규 하에서의 **사회적** 책임을 자발적으로 선택할 수 있었다.

주의 대법원은 이 법을 인정했다. 그러나 법에 복종할지 여부를 선택할 권리를 고용주에게 주면서 그것이 **법**으로 불리는 것이 우스꽝스러웠다. 그것은 사회적 책임을 희생시키면서 "합헌적"이 되었다. 사고보상 "법"을 첫 2년 동안 운영하면서 "합헌성"이라는 농담은 명백해졌다. 법 아래로 들어가겠다고 자발적으로 "선택한" 고용주의 숫자는 첫 2년 동안에 주의 자격이 있는 피고용인 전체의 약 10%를 수혜대상으로 삼는 데 그쳤다.

고용주가 선택하지 않으려는 의사와 법적인 강제, 추정컨대 위헌적인 성격이 단점이 아니라 강점으로 드러났다. 이로 인해 주위원회는 고용주들이 스스로 법 아래로 들어가도록 유도하는 홍보전을 시작할 수밖에 없었다. 1911년의 산업위원회 법은 하나의 위원회 휘하에 사고보상법의 시행과 사고를 방지하기 위한 안전규칙의 작성과 시행을 통합했다. 이 위원회는 "사고 보상"보디 "사고 예방"에 힘을 쏟았다. 송전의 "위압적인" 공장 감독관들은 형사 소추로 실행가능하지 않은 조문상의 안전법을 시행하려고 시도하면서 사고를 줄이는 방법을 고용주에게 충고하는 "안전 전문가"로 변신했다. 주 전역에서 고용주, 공장장 그리고 공장의 감독관은 지역이나 구역 단위의 "안전 협의회"과 주 단위의 협의회로 조직되었다. 이 협의회에 열정적으로들 참석했고, 주 밖의 민간업체로부터 전문가들이 참석했으며, 갑자기 "안전정신이 현저하게 향상됐다. 고용주들은 주정부가 사고방지와 관련해 강제될 때 할 수 있는 것보다 자발적으로 더 많은 것을 할 수 있음을 보여주었다. 그리고 세계대전이 갑자기 다가오면서 이후 사고율이 늘어났지만, 이런 협의회와 예방을 위한 노력이 과거 어느 때보다 현재까지 활발하다.

이런 "안전정신"의 조성에서 가장 커다란 개척자로 US스틸의 예가 활용되었다. 사실 이것이 산업위원회 법안을 작성하는 데 활용된 예였다. 이 기업은 1907년에 벌써 안전을 위한 조직을 마련하기 시작했다.[214] 이 위원회의 광범위한 조사는 사고의 3분의 1 정도만 안전장치로 방지될 수 있는 데 비해 3분의 2는 피고용인과 고용주의 부주의로 발생함을 보여주는 것 같다. 이 3분의 2에 대한 예방과 장치의 설치 및 사용조차 고용주

••

214) Eastman, Crystal, *Work Accidents and the Law*, "피츠버그 조사"의 첫 번째 책으로 러셀 세이지 재단의 1910년 간행물 참조. 이 조사는 1907-8에 진행되었다(Charities Publication Committee).

와 피고용인뿐만 아니라 일반 대중의 마음속에 "안전정신"을 함양해야만 이룩할 수 있었다.

이런 "안전정신"의 육성에 가장 중요한 것은 고용주와 피고용인으로 구성되고 위원회의 대표가 사무장으로 참여하는 소위원회의 조직이었다. 이 소위원회의 목적은 주위원회가 나중에 "행정명령"으로 법적인 힘을 부여할 규칙과 규제를 마련하는 것이다. 이 명령은 연이은 의회가 제정했고 통상 충돌되는 이해집단들의 대표들로 구성된 로비 집단이 그것을 놓고 투쟁한 다수의 복잡하고 상세한 법령을 대신했다. 이 "명령"은 다음과 같은 장점을 지니고 있었다. 산업의 기술에 대해 무지한 변호사나 의원이 아니라 고용주와 피고용인이 합동으로 그것을 작성했다. 또한 경험이 늘어나면서 그것을 원래 작성한 바로 그 위원회가 그것을 변경할 수 있었다. 그리고 무엇보다 그것이 고용주와 피고용인 모두에게 작동이 가능했고 수용이 가능했다.

이것이 그것을 합당성의 법적인 사상의 범위 안으로 끌어들여서 적절한 법적 절차 없이, 즉 이 경우 고용주의 동의 없이 고용주의 재산을 몰수하는 것에 대한 헌법적인 금지를 피했다. 법적인 효과를 지닌 이런 명령을 담고 있는 수백 쪽의 관보가 앞서 언급한 위스콘신 실업 보상법령에 대한 요람과 상당히 비슷하게, 수시로 발간되었다.

2년 동안의 이런 안전 홍보전은 고용주에게 사고를 방지함으로써 동시에 안전 정신에 진입하기만 하면, 오랜 개별 책무법규에 머물러 있기보다 새로운 법 아래로 들어감으로써 더 많은 이윤을 얻을 수 있음을 보여주었다. 이에 더해 사고를 방지함으로써 누구도, 보다 높은 가격으로 인해 소비자조차도 사고보상법에 명시된 노동자에 대한 혜택을 지불하는 데서 어떤 부담을 짊어지지 않으리라는 점도 보여주었다. 달리 말해 생산비용을 줄일 수 있어서 결과적으로 가격을 올릴 필요가 없는 사고예방의 효율이라는 새로운 종류의 "효율"에 호소했다.

따라서 2년이 끝날 무렵에 합동위원회와 산업위원회가 추천해 의회가 선택권을 뒤집어야 한다는 취지의 보상법 수정을 입법화했다. 이 법 이레로 들어가겠다고 선택하지 않더라도, 이 법 아래로 들어가지 않겠다고 선택했음을 통보하지 않는 한 이 법의 휘하에 있는 것으로 가정하게 되었다. 이같이 선택권을 뒤집어 노동자의 90%가 법 아래로 들어가게 되었다. 끝으로 1931년에 강제적인 법의 합헌성이 다른 주와 연방 대법원에서 인정받은 후 의회는 선택적인 법을 강제적인 법으로 대체했다.

그러므로 위스콘신 의회는 오랜 체제에서 새로운 체제로 이동하는 데 20년을 필요로 했다. 이 기간에 안전정신을 향상시키는 행정체계와 사고를 방지하는 교육체계뿐만 아니라 주정부가 중재자로 활동하는, 반대되는 이익조직의 대표들 사이에 합동 교섭체제가 정착되었다.

따라서 모턴이 성문법의 언어표현만을 분석해 주장한 기대와 달리, 명문화된 법이 자동적으로 의회에서 의도한 효과가 전개되지 않았음을 보여주었다. 명문법이 유효해지려면 "안전정신"이나 "고용정신"을 조성할 의도로 이해조직의 적극적인 집단행동이 이어져야 한다. 이런 자발적인 협조의 "집단적인 정신" 없이는 어떤 법도 유효하지 않다. 또한 운영과 관련된 대립되는 이해들을 조직해 이런 자발적인 집단정신이 적극적으로 조성되기만 하면 입법적인 강제가 놀라울 정도로 필요 없다. 사고보상의 경우에는 생산비의 단지 0.5%가 필요했다.

실업 보상 및 방지법의 운영에서 이것이 이미 전개되고 있다. 대중이든 경제학자들이든 과거에 어떤 때도 이같이 심각하게 고려된 적이 없을 정도로 실업에 대한 광범위한 공포를 이용하면서, 위스콘신 법은 이 고통을 적극적으로 일차적인 책임을 지게 만들 수 있는 고용주에게 실감나게 만들려고 시도하고 있다. 이것은 행정을 통해 "고용 정신"을 조성하려고 노력한다.

이런 맥락에서 사용되는 "정신"이라는 용어는 이론이 기제, 유기체 또는 기계에 대한 비유에서 생기는 고전학파, 쾌락주의, 공산주의 또는 다른 경제학자에게는 허용될 수 없었다. 그렇지만 "안전정신"이라는 실질적인 용어는 사고를 예방하기 위한 의식적인 집단노력에 합류했던 모든 사람 속에서 자생적으로 생겨났다. "정신"이라는 용어의 이런 사용은 집단행동를 연구하는 사람에게만 가능하다. 이것은 다소간 종교적인 부활과 비슷하다. 개인을 욕정과 우둔함으로부터 "합당성"으로 전환시키는데서 집단적인 경제적 압력이 종교적인 부활보다 훨씬 더 영향력이 있음을 나는 진정으로 종종 주목해왔다.* 이것이 대중적으로 "기업 윤리", "직업 윤리", "노동조합 윤리", 그리고 비슷한 형태의 집단행동으로 알려진 것에 대한 과학적 이해의 열쇠다.

이런 방법은 목적과 효과에 있어 다른 형태의 사회적 압력과 비슷해서, 금기, 금지목록,** 여론, 양식, 관습, 불매운동, 전미총기협회 등과 같은 범주에 넣을 수 있을 것이다. 만약 이런 형태의 도덕적이거나 경제적인 강제가 반대 때문에 바람직한 결과에 도달하는 데 완전히 효과적이지 않다면, 소수의 극악한 경우에 기소를 국한시키되 약간의 법적인 압박을 부가하는 것이 강제가 필요 없는 수천 수백만의 개인뿐만 아니라 반대자 사이에 자발적인 사회적 책임의 정신을 지니도록 자극할 것이다.

---

* 여기서 커먼스가 말하는 합당성이 개인주의적인 합리성과 달리 맬서스가 지적한 인간의 우둔함을 집단행동의 관습으로 통제한다는 것을 확인할 수 있다.

** 원문에 나온 'index-expergatoribus'은 'index-expurgatorius'로 교정되어야 할 것 같다.

이런 주장은 고용주 자신이 종종 제기했던 바로, 실업보상의 사소한 "비용"보다 더 강력하게 계속적인 작동을 유지하려는 유인을 "지속적인 활동체"로서 각각의 사업장이 이미 지니고 있다는 모턴의 비판과 관련이 있다. 이들은 특히 버거운 간접비용과 문을 닫으면 잃게 될 고객들의 호감을 유지할 필요성을 지고 있다. 이것이 사실임은 의심할 여지가 없지만, 이것이 어떻게 작동하는지를 보자. 내가 30년 동안 알고 있는 어떤 대기업은 완전히 가동하는 시기에 피고용인이 1만 명이지만, 불황이 되면 8,000명의 노동자를 해고하고 2,000명 정도의 핵심적인 조직을 유지한다. 위스콘신 법의 목적은 이 8,000명에 주목하는 것이지 지속적인 활동체로 작동되는 사업장을 유지하는 2,000명에 주목하는 것이 아니다.

위스콘신의 홍보전에서 많은 영향을 미친 또 다른 전시물은 뉴욕에 소재한 기업의 예이다. 이 기업은 1919년의 물가 상승이 수반된 번성기에 전국의 여러 지역에서 5,000명을 입사시켰다가 1931년의 대침체에서는 공장이 입지한 작은 도시와 지역에서 보조하는 5,000명을 전원 해고했다. 뉴욕의 은행가들에게 위스콘신의 사람들에 대한 그들의 책임을 실감나게 하는 방법으로 이 부재주주들의 이윤에 타격을 가하는 것 이외에 어떻게 다른 방법이 가능했을까? 사회적 책임은 일차적으로 진정 책임이 있는 사람들의 주의를 움직임으로써 적극적으로 창출되어야 하고, 근대의 거대한 "지속적인 활동체"에서 이들은 멀리 떨어져 보이지 않는 주주들이다. 그들은 실업에 대한 책임을 전혀 느끼지 않으므로, 실업자들을 실제로 보고 있으며 개인적으로 선물이나 조세로 이들을 돌봐야 하는 지역 사람들에게 책임을 떠넘긴다. 그리고 우리가 나중 보게 되듯이, 보험비의 비율이 매우 낮지만 이윤차익과 직접 관련이 되면 그것의 효과가 놀라울 정도로 확대된다.

경제 이론과 법적인 이론의 관점에서 보면 위스콘신의 사고 및 실업법규는 조직화된 이해들에 대한 **자발적인** 대의를 주권이론에 구현한 것이다. 이것은 소비자들을 대변하면서, 조직화되지 않은 생산자들로부터 분리되어 있으면서도 이들에 대한 법을 제시하는, 일종의 지배군주로 주권자를 나타내는 더 오랜 개인주의적인 이론과 생생하게 대비된다. "다수의 지배"이든 조직화된 소수의 지배이든, 이 오래된 이론은 독재라는 것이 드러난다.

그러나 각자 자신의 지도자를 선발하는 집단교섭에 있어서 조직화된 이익에 대한 자발적인 대표는 양측에서 반대편을 활성화하는 동기를 인정할 것을 요건으로 삼는다. 당면한 경우에 이것은 현재 지배적인 기업의 집단행동에서 이윤동기를 인정하는 것과 사회 전체의 복지를 창달하는 방식으로 그 동기를 **사용하는 것**을 의미한다.

다른 데서 내가 보여준 바와 같이,[215] 이것이 자신의 부를 증가시킴으로써 영국의 공동의 부를 증가시키는 법적이고 경제적인 사상을 기대하는 17세기 전반에 관습법 사상이었다. 이것이 사실상 아담 스미스의 이론이기도 했지만, 스미스는 개인의 사익이 신의 섭리와 자연법이 인도한 결과로 공동의 부 또는 국부를 증진시킨다고 주장했다.[216] 위스콘신 법에 체현된 이론은 승인된 자발적인 합의에 따라 개인의 행위를 통제하는 집단행동로 공동의 부를 증진시키는 주권적인 힘을 부여한다. 이런 합동의 집단행동이 법이고, 그것에 대한 행정이 주위원회의 협조로 고용주와 피고용인이 개발해 온 운영규칙에 따른 고용주의 개별행위이다.

..

215) Commons, John R., *Legal Foundations of Capitalism*(1924), 225-232.
216) 본서 309쪽, 아담 스미스.

이런 집단적인 관점에서 합당성은 이상주의의 실행이 가능한 상한이다.[217] 무엇이 합당한지를 확인하는 데서 나는, 지속적인 활동체로 유지되어왔다는 전제하에서 **최상의 결합**이나 **최상의 연합**을 예로 삼는다. 그런 후에 나는 어떤 형태의 정치적이거나 사적인 집단행동으로 다른 것을 이들의 수준에 가능한 한 가깝게 가져가도록 노력하고 있다.

이런 관행이 법원이 "합당하다고" 판결한 것의 **관습적인** 의미에 언제나 부합하지 않음을 인정해야 한다. 법원은 일반적으로 보통이면 무엇이든 합당하다는 가정 위에서 움직인다. 법원에서 "관습적"이란 **최상의 실행 가능한** 것이 아니라 드러나게 비효율적이거나 우둔한 것과 예외적으로 능력 있고 효율적인 것 사이의 **평균** 같은 것이다. 반복된 관찰 후 나는 고용주나 노조주의자 중 10%에서 25%만이 관습이라는 의미에서 "보통"을 넘어서는 데 비해 75%에서 90%는 이 수준 이하라고 추측한다. 이것은 고용주나 노조주의자의 10%에서 25%는 타인들의 복지를 위해서 국가든 민간의 집단행동이든 모종의 강제로부터 기대할 수 있는 것보다 더 많은 것을 자발적으로 하리라고 기대할 수 있음을 의미한다.

이런 추론은, 나의 학생들과[218] 다른 사람의 도움으로 1911년의 산업위원회 법에 구현된 "안전"의 정의에서 등장할 것이다. 거기서 "안전"은 "생명, 건강, 안전, 편안, 품위, 그리고 도덕적인 후생"에 대한 보호를 포함하도록 정의되었다. 그리고 이 법령은 나아가 모든 개별 고용주에게 고용과 일터의 성격이 "합당하게 허용하는" 한 피고용인의 생명, 건강, 안전, 편안, 품위 그리고 도덕적인 후생을 보호할 그런 고용, 일터, 안전

∵

217) 본서 1187쪽, 윤리적인 이념형.
218) 특히 현재 신시내티대학의 경제학 교수인 프랜시스 버드(Francis H. Bird).

장치, 보호대, 방법들, 그리고 과정을 제공할 의무나 "사회적 책임"을 부과하고 있다.[219]

여기서 단지 합당성의 의미를 변경시켜 주의 성문법과 관습법을 변경시켰다. 최고와 최저의 **평균**으로 해석한 "보통의" 안전 대신에 이제 "합당한" 안전이 최상의 기업이 실제로 실행하고 있는 최고의 사고예방이 되었다. 그리고 30년 동안에 생긴 실행이 가능하지 않은 많은 법령들 대신에 안전의 의미가 확장되어서, 생명, 건강, 안전, 편안, 품위, 그리고 도덕적인 후생을 보호하기 위해, 가장 "사회적인 지향성을 지닌" 부류의 사업장에서 이미 성공적으로 작동하고 있는 실행이 가능한 최대한도가 어떤 것인지 확인하기 위해서는 공장 자체 내에서 조사해야 했다. 이렇게 되면서 이런 점에서 위원회의 명령에 대해 위헌성의 문제는 더 이상 제기되지 않았다. 그 이유는 최상의 방법과 장치를 알고 있는 고용주, 피고용인 그리고 전문가가 마련한 것으로서 이들이 합당함을 논증할 수 있을 정도였기 때문이었다. 그리고 "합당성"은 주관적이고 개인적인 것이 아니라 객관적이고 집단적으로 실행이 가능하게 된다. 이것이 "이상주의적인" 것은 아닐 수 있으나 당시의 사익, 욕정, 그리고 우둔함의 단계에서 합당하게 이상적이다. 더구나 그것은 인간성이 개신되면 더 높은 이상에 다다를 수 있다.

일반적으로 자발적으로 조직되었지만 대립되는 이해들의 자발적인 합의로 그와 같이 "합당하다고" 밝혀진 것은 무엇이든 조만간 대법원이 "합헌"으로 확인하리라고 예상할 수 있다. 대법원은 유럽의 독재자와 같이

..

219) *Wisconsin Statutes*(1931), 101장 1절에서 6절까지, 이탤릭체는 추가함. Commons, John R., and Andrews, John B., *Principles of Labor Legislation*(2판, 1920), 356 ff.; 422 ff.

현대의 입법부는 거의 존중하지 않지만, 자발적인 집단행동은 점점 더 존중하고 있다.

나는 실업 방지와 실업 보상도 이렇게 되리라고 생각한다. 어떤 법령도 단순히 그것의 단어들로 유효해지지 않는다. 그것이 부합되고 이행될 수 있는 상황과 한도에 따라 해석되고, 운영되며, 각 사업장에 적용되어야 한다. 만약 **실행이 가능한** 것 중 **최상**에 대한 합의가 마련될 수 있다면, 사실에 가장 가까운 것에 대한 판단을 통해, 그것이 이상주의의 상한이 된다. 사실 이 한도는 대법원이 미국 헌법을 가변적으로 해석하는 데 따라 모든 대립하는 관련 이익들을 고려했을 때 합당하다고 주장하는 바와 다르지 않다.

사고보상 및 안전법의 또 다른 특징은 실업보상 및 예방법에 복제되었다. 사고법은 주식회사의 보험, 주에서 고용주에 의한 "상호" 보험, 금융상의 변제능력과 보상을 지불할 능력을 보여줄 수 있는 개별 사업장의 "자기-보험"이라는 세 가지 유형의 "보험"을 제공했다.

사고보상법 제정 이후 수년 동안 주위원회가 수집한 통계는 사고의 예방이 이 법 아래에서 허용된 사고보험의 형태와 상관관계가 있음을 보여주는 것 같다. 예방에 대한 최상의 기록이 이른바 "자기-보험자들"로부터 나왔다. 이들은 "자신의 보험을 지니고 있어서" "보험"이 아니라 "사업장 기금" 또는 "사고 예비금"과 동일한 200개 정도의 기업이었다. 예방의 정도에서 그다음은 상호 보험사에 결합되어 있는 기업이었고, 최저는 전국규모의 주식회사들에 보험이 들어 있는 기업이다.

1932년의 실업 예비금법은 "자기-보험" 또는 "사업장 기금"과 "상호" 보험이라는 두 가지 형태의 보험을 복제했으나 주식회사 보험은 복제하지 않았다. 목적은 주식회사의 사적인 이윤 동기를 제거하고 사고들의 경우 최상의 방지 기록을 보여준 유형의 보험을 선별하는 것이었다. 만약 고용주들이 자발적으로 자신의 기금들을 공동기금으로 합치기로 결정해 서로의 실업에 책임을 지게 되면, 상호보험 규정에 의해 그렇게 하도록 허용했다.

사고방지법의 운영에서 중심인물은 의사이다. 그는 상해의 정도와 작업불능의 종료를 결정해서 주간 보상의 수량과 종료를 결정한다. 실업보상에서 중심인물은 공공고용관이다. 최고담당관은 실업과 재고용에 대한 보고서를 받고 주위원회에 전달하는 사람이다. 그리고 그는 실업보상에 있어서 보상액, 대기기간 그리고 보상개시시점을 결정하는 공판법원으로 활동한다.

여기서 위스콘신은 주위원회 아래에서 이미 약 10개 고용사무소의 효율적인 체계를 개발했다. 특히 밀워키 사무소에서는 지역적으로 조직화된 고용주와 피고용인의 합동 체계가 마련되었다. 물론 고용사무소체제의 이런 지역적인 합동운영이 실업법의 운영에서도 예상되었다. 사실 의사를 고용하는 경우와 똑같이 고용주가 자신의 실업자들을 위해 다른 고용주에게서 일자리를 찾는 기관을 세워서 참여하리라고 예상된다. 실업기간이 짧을수록 실업보상은 적을 것이다. 고용주는 자신의 이윤동기에 호소해 이윤과 손실에 무관하게 지급되는 급여에 의존하는 주 고용관리보다 효과적으로 자신의 고용담당관이 된다. 그리고 오용을 막기 위해 노조와 합동으로 운영하는 집단교섭체제가 고용주와 피고용인 모두에게 만족스럽다는 것이 확인되었다.

집단행동에 대한 이런 역사적인 연구방법이 나로 하여금 1921년에, 앞서 언급한 바와 같이 실업 **보험**과 구분되는 실업 **예방**을 위한 법적인 원리를 마련하도록 이끌었다. 나중인 1924년에 시카고의 남성의류 산업에서 집단교섭으로 앞서 합의된 합동 실업보험 계획의 의장이 되어달라고 요청받았을 때, 나는 이 원리가 미국의 기업 심리에 맞는다는 것을 발견했다. 이 합의에 참여하는 70개 이상의 기업이 1921년에 내가 제안한 것에 관해 어떤 지식이나 이해를 가지고 있는지 나는 전혀 모른다. 그러나 그들은 경쟁, 이윤, 그리고 이기심에 대한 전통적인 관념 속에서, 하나의 중앙이사회가 노조의 모든 실직한 회원에게 분배할 "시장"기금에 모든 고용주가 기여해야 한다는 노조의 요구에 자동적으로 저항했다. 고용주들은 기금들을 이같이 합치는 것이 번창하고 효율적이어서 지속적으로 고용을 제공할 수 있는 기업으로 하여금 덜 번성하고 덜 효율적인 경쟁기업에게 혜택을 제공하도록 강제하리라는 논리를 전개했다.

진정으로 이것은 실제로 이 주제에 관한 모든 유럽의 입법이 지닌 "보험"이라는 생각이었고, 공동기금에 대한 요구에 있어서 결정적으로 시카고노조의 생각이었다. 단일 "시장 기금" 대신에 70개 정도의 개별 "사업장 기금들"이 설립되는 타협안에 도달했다. 이것은 기여금 징수와 혜택 지급을 위한 70개의 서로 다른 행정청을 필요로 했고, 나는 나 자신이 70개의 서로 다른 청의 "70명의 청장"에 해당된다는 것을 발견했다.

2.5%의 기여율은 시장 전체에 획일적이었으므로, 여러 기금에 대한 기여액수는 각 기업의 급여에 비례해 크게 달랐다. 결과적으로 **실업이 가장 많은 기업이 가장 적게 실업수당을 지급할 수 있고, 실업이 가장 적은 기업이 가장 많은 수당을 지급할 수 있다.** 궁극적으로 (연 47주로 고정된) 지속적인 고용을 유지할 수 있고 1년의 미래 기여에 해당되는 예비금을 수립할 수 있는 기업이 더 이상 기여하지 않거나 수당을 지불하지 않을 것이다. 따라서 이 체제의 올바른 명칭은 "실업 예비금"이지 "실업 보험"이 아니다. 예비금은 모든 사업장에 설립되지만, 보험은 모든 사업장의

예비금들을 하나의 기금으로 합친다.

명백히 "노동 심리"는 그와 같이 부실하고 차별적인 혜택 지급에 만족하지 않는다. 특히, 노조에 가입한, 노동자들은 서로에게 책임이 있다고 스스로 느낀다. 실업상태에 있는 사람은 누구나 동정심과 함께 고용을 유지하고 있는 다른 사람에게 위협이 되리라는 두려움을 유발한다. 이런 노동심리의 두드러진 증거는 단기 고용이 모두에게 돌아가도록 임시직을 수락함으로써 실업의 짐을 "분담하려는" 노조주의자의 자발성이다.

그러나 "기업 심리"는 기업으로 하여금 경쟁기업과 이완기 및 침체기에 줄어든 생산량을 "나누려는" 식의 그런 정서를 거의 가지고 있지 않다. 진정으로 이들은 그런 목적으로 생산량과 가격에 있어 기업연합을 조직할 수 있지만, 이런 처방이 아니면 경쟁기업의 파산과 제거가 사망한 경쟁기업의 고객과 종업원을 넘겨줌으로써 번창하고 효율적인 기업에게 이익이 된다. 이것을 "이윤 심리"라고 부른다면, 조직된 노동자의 심리는 "연대 심리"에 더 가깝다. 노동자들은 왜 번성하고 효율적인 고용주가 "한계적이고" 비효율적인 경쟁기업의 모든 실업자와 그의 번성과 효율을 나누지 않아야 하는지조차 이해할 수 없다. 내가 관찰한 바로 보통의 노동자들은 구호를 원하지 효율이나 예방에는 관심이 없다. 이들의 지도자는 최근에 구호보다 예방을 강조하는 것을 배우고 있다.

여기서 고전적이고 정통적인 이론이 "노동" 심리와 "기업" 심리에 관해 요점을 놓치고 있다. 이 이론은 하루는 도제가 장인이 되어 도제를 고용하고 그다음 날은 도제로 다른 장인에게 고용되는 일이 손쉬웠던 소규모 제조업자가 지배하던 시대의 산물이다. 따라서 아담 스미스는 자신의 전반적인 분석에서 이윤과 임금을 구분하지 않았다. 동일한 경쟁의 원리가 이들 모두에 적용되어, 이윤이 실질적으로 임금과 같아지게 만들었다.[220] 사실, 이미 지적했듯이 노동집약적인 사업장의 소규모 계약업자나 제조업자의 "이윤"은 자신의 도제가 받는 임금보다 종종 더 적었다.

그러나 정통이론과 제도이론 사이에 또 다른 차이가 있다. 근대의 고용주는 개인이 아니다. 지속되면 우리가 지속적인 활동체라고 부르는 "기업"이나 "법인체"에 기업가, 은행가, 주주, 그리고 부자자가 묶여 있는 단합된 행동으로서 "그"는 "하나의 "제도"이다. 근대의 개인주의는 법인체 개인주의이다. 여기서 적용되는 것은 고전이론이 아니라 표준적인 개인주의 이론에 아직 포함되지 않은 "법인 재무"의 이론이다.[221] 표준이론은 "생산비"에 의존하는데, 위스콘신 법에 규정된 2%의 급여 기여비율은 총 생산비용의 0.5%에 불과함을 모턴이 올바르게 지적하고 있다. 그렇게 사소한 항목은 실업을 방지하는 유인으로 고용주에게 어떤 영향도 미칠 수 없다고 그는 주장한다.

그렇지만 "법인 재무"는 "이윤차익"에 의존한다. 여기서 위험을 부담하는 기업가들(주주들)은 언제나 "주식에 근거해 거래하고" 있다. "주식"은 "이윤차익" 또는 모턴의 "순이윤"이다. 기업가는 연합된 주주들이다. 이들은 모든 다른 참여자에 대해, 이자, 지대, 임금을 놓고, 합동으로 채무자가 된다. 그리고 이들의 이윤차익은 총 **판매수입**과 총 **현재 부채액** 사이의 차이인데, 후자는 통상 총 운영비와 간접비이다.

이윤차익에 대한 만족스러운 연구는 아직 이루어지지 않았으나, 앞에서처럼[222] 나는 약 6만 개의 제조업체를 대상으로 한 1919년에 기록된 최

••

220) 본서 309쪽, 아담 스미스.
221) 이 이론은 순전히 경험적인 방식으로 경제 "학과"와 일관되게 격리되어 있었던 상업학교에서 발전했다. 법인 재무에 관해 리언(W. H. Lyon)과 거스텐버그(C. W. Gerstenberg) 같은 저술가를 비교해보라.

고의 평균 이윤차익과 1921년과 1924년 같은 평균 **손실** 사이에 중위 이윤차익은 대략 총 매출수입의 2.5%에서 3%이다.

그것이 3%라고 가정하면 생산비는 매출수입의 97%이다. 그렇다면 **평균 생산비용의 0.5%**는 **평균** 이윤차익(순이윤)의 15% 정도이다. 그것은 기업체에 따라, 또는 같은 기업체도 시점에 따라 이보다 훨씬 더 높을 수도 있고 훨씬 더 낮을 수도 있다.

여기에 유인이 놓여 있다. 자산의 금융성, 대부자와 은행가에 제공되는 안정성, "지속 활동체"로서 은행기관의 전체적인 연속성이 바로 이 좁은 이윤차익에 의존하고, 급여의 2%를 이윤차익으로부터 *끄집어내려면* 그것이 여러 배로 커진다.

그렇지 않다면 고용주들이 왜 위스콘신에서와 같이 급여의 2~3%라는 경미한 세금에 대해 강력한 저항을 벌이겠는가? 그들이 신속하게 다가갈 "사업에 임해서" 절약, 선견, 효율, 협상 그리고 채무이행능력을 유지하기 위한 기타 노력이 이 상대적으로 좁은 이윤차익에 집중되어 있음을 깨달을 때, 비로소 이 세금이 그들에게 중요성을 지니게 된다.

나는 종종 사업가들이 실업에 대한 그들의 주장에서 비용의 이 점에 관해 외견상 왜 그다지 일관되지 못한지에 대해 의아해했었다. 한 시점에서는 단지 총비용의 0.5%가 워낙 사소해서 사고나 실업을 방지하는 유인으로 아무런 효과가 없다. 그러다가 다른 시점에서는 이 추가적인 비용을 부과하면 그들은 이런 비용을 부담하지 않는 다른 사업장과의 경쟁에서 사업을 잃게 되리라고 주장한다. 분명히 그들은 비합리적이지 않지만 일관되지도 않다.

••

222) 본서 904쪽, 이윤차익.

아마도 그들의 비일관성은 고전학파의 생산비이론과 이윤차익을 유지하는 데서 대안선택의 사업가 거래이론이라는 두 가지 가치이론에 의존하고 있는 것 같다. 모턴은 두 이론을 대비시키고 고전이론에 우호적인 결정을 내린다. 그가 말하기를

"어떤 비교의 방법이 실업부과금의 가능한 부담과 효과를 지적하는 데 사용되어야 할까? (……) 비용과 비교해 급여의 2%는 평균 0.6% 정도로 적은 액수이다. 이윤과 비교해 그것의 크기는 "정상적인" 상황에서는 25%에 오를 정도로 가변적이다. 이윤과 비교해 조세의 가능한 효과를 추정하는 사람은 조세의 안정적인 영향이 강력할 것이라고 믿는다. 그것을 비용과 비교하는 사람에게는 그 효과가 경시할 만하다. 이 저자는 이윤과의 비교가 잘못된 견해로 이끈다고 믿고 있다. 그렇기 때문에 그는 조세를 생산비용 및 위험과 비교하고 있다."

이어 그는 비용과 위험에 관한 고전학파의 이론을 제시한다. 이에 대해 나는 그가 거부하는 이윤차익 이론을 수립했다. 나는 사업가들이 합리적이고 그들의 비일관성이 진정한 비일관성이 아니라는 가정 위에서 그들의 외견상 비일관성에 대한 이유를 연구했다. 나는 그것을 이 책에서 내가 정교하게 만든 이론에서 발견했다. 즉 대안의 선택과 관련된 케리, 뵘바베르크, 그리고 대븐포트의 이론, 이윤차익에 대한 기업 재무이론, 그리고 제한적이거나 보완적인 요인에 대한 경제학자의 **객관적인** 이론으로부터 **자발적 의지로** 도출되는 전략적이고 일상적인 거래에 대한 이론이 그것이다.*

거래의 공식을 참조함으로써 케리와 대븐포트의 이론이 지닌 중요성을 추론할 수 있다.[223] 우리는 이것이 사업가의 가치이론이자 사업가로부

터 그들의 경제 이론을 받아들이는 법원의 가치이론이라고 이해하고 있다. 다른 모든 거래로부터 분리해 각 거래를 협상하는 데서 사업가의 가장 당면한 생각은 생산비용이[224] 아니라 이윤을 위한 경쟁적 투쟁에서 그들이 "부딪히게 되는" 직접적인 대안들이다. 그러므로 이들의 가치이론은 고전 경제학자의 "비용" 이론이 아니라 그들에게 열려 있는 즉각 접근이 가능한 대안들에 대한 "선택"이론이다. 심지어 만약 유일하게 이용이 가능한 대안이 그들에게 강제한다면, 이들은 완전히 중단하기보다는 심지어 손실을 보고라도 사업을 수행할 것이다.

손실을 보고 사업을 운영하는 것과 함께 이런 대안에 대한 선택을 모턴은 지속적인 활동체의 개념을 활용하면서 진정으로 강조한다. 사업을 그만두기보다 그들은 비용을 무시하고 비용 이하의 수준에서 운영한다. 비용이 일차적이 아니라 대안들이 일차적이다. 사업가는 통상 이런 대안을 수요와 공급의 법칙이라고 말하고 이 "법칙"을 고전학파의 "생산비"에 대립시킨다. "우리는 우리가 비용에 따라 사업을 진행하지 않는다는 것을 알고 있다. 우리는 수요에 따라 사업을 진행한다"라고 그들은 말한다. 그러나 우리가 본 바와 같이, 수요와 공급은 단순히 대안들의 희소이다. 그리고 사업가가 자신의 거래가 생산비 대신에 수요나 공급에 의해 통제된다고 말할 때, 그것을 경제 이론의 용어로 전환하면 이것이 그가 진정으로 의미하는 바이다. 이런 사업관행을 가치와 비용이론으로 전

..

223) 본서 153쪽, 교섭 거래의 공식.
224) "생산비용"은 내가 공식에서 "교섭력"이라고 부르는 판매자와 구매자가 합의한 가격이다.

---

* 이 지점에서 커먼스는 자신의 핵심적인 개념들을 연결시켜 앞서 전개된 자신의 기다란 논의
  를 요약하고 있다.

환한 것은 케리와 바스티아가 처음이고 뵘바베르크, 그린 그리고 대븐포트가 그다음이었다. 우리는 이 두 가지를 비-기회 가치와 기회비용으로 구분했다. 이것은 판매자와 구매자로서 참여하는 두 가지 종류의 거래에서 사업가를 위한 대안들의 풍요힘이나 희소로부터 생기는 기회중심석인 이론이다.[225]

그러나 만약 비용이 그의 거래를 통제하지 않는다면, 그것을 통제하는 것은 기대되는 이윤과 손실인가? 이윤과 손실은 그가 수행한 "주식에 근거한 거래"의 결과이다. 주주는 임금소득자, 대부자, 은행가, 채권보유자, 우선주 보유자, 자재담당자 등 모든 다른 참여자에 대해 채무자가 된다. 주주의 이윤차익은 산출물에 대해 받은 가격과 다른 참여자에게 진 빚의 차이이다. 이 차익이 바로 우리가 총판매가격의 평균 3% 정도로 추산한 것이다. 그리고 사고를 방지하기 위한 유인으로 총생산비용의 0.5%를 이윤차익에서 공제한다면 평균 30배까지 된다.*

그렇지만 여기에 우리가 전략적이고 일상적인 거래라고 부르는 세 번째 요인이 개입된다. 고전학파의 비용이론은 정태적인 이론이거나 비용의 장기적인 추세에 관한 이론이다. 우리에게 정태적이라는 말은 모든 거래가 동일한 시점에 발생한다는 것을 의미한다. 장기적이라는 말은 우리가 모든 거래의 대수적인 결과를 일정 시간에 걸친 총비용을 얻기 위해

••
225) 본서 535쪽, 능력과 기회.

---

* 전체 비용을 100%에 가깝다고 보면 이에 대해 고용사고부담액 0.5%는 200분의 1이다. 또한 이윤차익 3%에 대한 0.5%는 6분의 1이다. 따라서 전체 비용에 대한 비율로 따질 때와 이윤차익에 대한 비율로 따질 때 같은 부담액의 비율이 200분의 1에서 6분의 1로 늘어나므로 6분의 200, 즉 30배 이상 늘어나는 셈이다.

합하는 것을 의미한다.

그러나 거래적인 이론은 **거래 자체**이다. 각 거래는 거래로 끝나는 협상이 실제로 진행되는 다소간 짧은 시점을 점유하고 있다. 이것은 사업가가 자신의 많은 가변적인 거래를 **연속적인 시점**에서 아주 다른 임금소득자, 자재 직원, 대부자 등과 수행하는 방식에 대한 행태적인 이론이다. 협상이 이루어지는 **시점**에 각 거래는 그 시점에 그가 그 거래에서 자신에게 열려 있는 실제 대안을 고려해 자신의 모든 주의를 집중해 투입할 **전략적인 요인**이다. 모든 다른 미래나 과거의 거래는 당분간 보완적이다. 이것들이 그 안에서 전략적인 거래가 협상되는 일상적인 환경이다. 그러고 난 후에 원래 시점에서는 미래지만 기여할 거래였던 또 다른 거래가 전략적인 거래가 되고, 이전의 전략적인 거래는 이제 이어지는 시점에서는 돌보지 않는 일상적인 문제가 된다.

과거를 바라보면 전략적인 거래가 일단 완결된 후 연속적으로 반복되면 "일상"의 문제가 되므로, "전략적"과 "기여하는"이라는 용어 대신에 우리는 "전략적이고 일상적인 거래"라는 용어를 사용해왔다.

이윤차익을 바라보는 앞선 고전학파의 정태적이거나 장기적인 방법과 전략적이고 일상적인 방법 사이의 차이는 모턴의 예시 중 하나에서 확인할 수 있다. 그는 말하기를

"조세, 보험, 회계비용은 각기 순이윤[이윤차익]의 대부분이면서도 비용의 작은 부분일 수 있다. 이 항목들이 각각 순이윤의 25%, 50% 또는 100%를 차지한다고 말하는 것은 그것들의 중요성과 귀착 모두에 대해 잘못된 견해를 낳는다. 이런 유형의 추론으로부터 조세가 모든 이윤과 그 결과로 생산의 유인을 파괴한다는 현재의 관념이 생긴다. 어떤 단일의 지출항목에 관해서도 동일하게 주

장 할 수 있다. 그런 항목들은 생산자가 전가하려고 노력해야 할 비용의 일부분이다."

이런 추론은 고전학파 경제학자의 성태적이거나 장기적인 관점에서는 의심할 여지없이 올바르다. 이것은 하나의 거래에서 이윤차익을 계산하는 데서 조세, 보험, 임금, 원료 등의 비용 항목을 **모두** 합할 수 있다는 생각을 불합리하게 만든다. 이 점은 이윤차익에 관한 논의에서 우리가 이미 주목했었다. 우리가 이윤의 차익과 차손이라고[226] 부른 것은 실상 일 년의 기간에 대한 모든 거래의 합이지만, 그것은 전체의 부차적인 부분인 각각의 개별적인 거래를 필연적으로 생략해서 보여주지 않는다.

세금을 납부한 **후**의 이윤차익인 "금융차익"과 이자를 지불한 **후**의 조세를 위한 차익인 "과세가능차익"에 대한 우리의 구분도 마찬가지이다. 그리고 모든 다른 경비가 일상적이라고 간주한 후의 이윤의 임금차익과 같은 기타 거기서 다루지 않은 다른 차익도 마찬가지이다.

분명히 이런 차익들은 어떤 하나의 거래에서 누적적으로 합해지지 않다. 각각의 거래는 나름대로 대안들을 가지고 있다. 최상위에 있거나 전략적인 거래는 모든 일상적이거나 기여적인 거래가 그 시점에서 고려대상에서 제외된 **후**에 유일하게 이윤차익에 영향을 미치는 모종의 요인과 관련된 특정의 거래에 있다. 만약 전체의 연달은 거래들을—우리의 이윤과 손실의 차익이나 차손에서처럼 일 년이라는—일정 기간에 합한다면 그것은 이 기간의 통계적인 결과이지 거래들 자체는 아니다. 만약 전략적이라면 후자는 각기 그것이 발생하는 시점에서의 단일 교섭으로 취

226) 본서 965쪽, 이윤차익과 손실차손.

급되어야 한다.

이것은 통계의 잘 알려진 환상 중 하나이다. 통계적인 합산에서 개체는 소멸된다.[227] 그러나 개별 거래는 실제의 행위이다. 개인이 과세에 저항하는 한 시점에서, 조세는 그의 생산비 중 1~2%에 불과하지만, 다른 모든 부채를 지불한 **후에는** 순이윤의 40~50%라고 그는 말할 수 있다. 그가 실업이나 사고보험에 저항하는 다른 시점에서 부담비율이 단지 생산비의 1%이지만 이윤차익으로 따지면, 가령 30%라고 그는 말할 수 있고 실제로 그렇다고 말한다. 임금교섭, 이자교섭 또는 지대교섭을 진행하고 있을 때도 그는 비슷하게 주장한다. 이런 교섭들은 각기 그가 협상하고 있는 **그 시점에서** 그에게 전략적이다. 일단 그 교섭을 끝내고 나면 그것의 반복은 일상적이거나 부차적인 거래에 불과하므로 그 시점에 주목을 받지 않는다.

그가 본능적으로 거부하는 정태적인 경제학의 관점에서 그의 논리는 불합리하다. 그러나 그가 연속적으로 협상하고 있는 연이은 시점에서 연속적인 거래에 개입된 동태적인 시간 요인의 관점에서는 그가 불합리하지 않다. 모든 것을 일시에 할 수 없고 자신의 유일한 능력을, 비록 그것이 착각이라고 하더라도 그 시점에서 자신에게 전략적이거나 제한적인 요인인 하나의 요인에 바쳐야 하는 어떤 유한한 존재인 한에서 그는 합리적이다. 이런 단일의 전략적인 거래에서 그는 그가 "마주하게 된" 대안들을 고려하지 않을 수 없다. 그래서 그는 본능적으로 자신을 단지 한순간에 모든 거래를 수행할 수 있는 무한한 존재로 취급하는 "학문적인" 이론을 실질적으로 거부한다.[228]

∴∴

227) 본서 486쪽, 평균.

이것은 최근에 "비용 회계"를 강조하는 것과 부합되지 않는 것처럼 보인다. 이 비용 회계는 통계학자들과 회계사들이 사업가를 위해 그의 거래나 협상에서의 "대화 지점"으로 마련해놓은 것이다. 그러나 그는 자신의 개별 거래에서 그것에 구속될 수 없음을 알고 있다. 그 시점에 그는 자신의 대안적인 기회, 대안적인 비기회, 그리고 그때의 교섭력에 자신이 구속된다는 것을 알고 있다. 이 세 가지 사이의 관계는 거래에 대한 우리의 공식에 그려져 있다.

이런 방식으로 우리가 "위험"의 문제를 다루어야 한다. 고전학파 경제학자가 그랬듯이, 모턴은 올바르게도 사업의 위험을 생산비용과 연결시킨다. 그러나 그는 과거의 이론보다 위험을 훨씬 더 중요하게 만든다. 만약 이윤차익이 평균 3%에 지나지 않아서, 생산비용이 판매액의 97%라면, 위험은 생산비에 대한 효과보다 이윤차익에 대한 효과에 있어 33배 중요하다. 그러나 이런 차익은 수없는 가변적인 거래에 있어 지극히 가변적이다. 각 거래는 그것의 위험을 가지고 있고, 이런 위험은 그 특정의 거래에서 가격과 수량으로 전환되어야 한다.[229]

일정 기간의 이런 다양한 위험 전부가 개별 거래에서 누적적인 것은 아니다. 협상이 되는 시점에서 그것들이 전략적인 거래 위에 쌓여서, 모든 일상적인 거래가 정지되고 이 하나가 협상될 때까지 모든 사업이 정지될 정도로 이 하나의 거래 속에서 위험이 클 수 있다. 예상되는 가격하락으로 종종 대부융자 협상에서 그렇듯이, 만약 그 위험이 매우 크면 예상되는 위험이 적은 경우보다 훨씬 더 높은 이윤차익이 눈앞에 보여야 한다.

..

228) 본서 560쪽, 접근할 수 없는 선택지들.
229) 본서 759쪽, 할인과 이윤; 947쪽, 사업의 수요공급법칙

그렇다면 위험은 생산비용과 비교할 때보다 이윤차익과 비교할 때 여러 배 더 중요한 "자신감" 또는 "자신감의 부족"이라는 전체 문제가 된다.

이런 이유로 급여에 대한 2%의 납부비율이, 시점이 달라지고 거래가 달라지고 사업장이 달라지면서 사고와 실업 방지를 향해 크게 다른 압력을 지닌다는 점을 모든 주장과 소송에서 확실히 인정해야 하고 실제로도 고려했다. 차익이 큰 심한 호황기와 차익이 적은 심한 불황기라는 극단에서 "정상적인" 시기에 비해 그 효과가 아마도 적었을 것이다. 이런 극단적인 시기에는 다른 요인이 상대적으로 전략상 더 중요하고, 사고나 실업 보상은 전략적으로 덜 중요하다. 그럼에도 불구하고 전략적이든 일상적이든 2%의 부담액이 가하는 압력은 엄연히 존재한다. 그렇지만 이런 가변적인 위험을 관리하기 위해 많은 수용과 양보가 이 법안에 규정되었고, 다른 것도 의심할 여지없이 행정적인 협상으로 수행될 것이다.

물론 이 법안이 위스콘신주에 국한된 것임을 주목해야 한다. 스스로 개별 사업장을 관할하지 않았으므로, 이 주의 납세자들은 실업을 방지할 위치에 있지 않았다. 모턴이 현재 반복하고 있듯이 전국이, 그리고 진실로 전 세계가 실업에 책임이 있으며, 개별 고용주보다 책임이 더 크다는 주장이 제시되었다. 따라서 국가가 구호의 부담을 짊어져야 한다.

충분히 많은 주에서 비슷한 법안을 채택했을 때 여러 개의 다른 사회적 책임을 받아들이면서 발생했던 것과 같이,[230] 그들이 각 주에서 지불한 혜택에 비례해서 주를 보조하도록 의회를 유도할 충분한 정치적 영향력을 가지게 될 것이라는 대답이 청문회에서 제시되었다. 특히 불황기에는 이런 국가보조금이 대단히 클 수 있는데, 이에 대한 옹호론의 구체적

230) 교육, 직업교육, 고속도로 등이 그런 예이다.

인 증거가 연방구호청과 국립 산업복구 법령기구(N. R. A.)에서 제시되었다. 또한 연방정부가 그것의 통화신용정책이 실업에 책임이 있는 한에서만 실업에 대한 책임을 받아들일 수 있다는 주장도 있었다. 이 책임을 받아들이는 방법은 국가 차원이나 세계 차원의 물가안정일 수밖에 없다.[231]

모턴이 내세우는 사업장 기금에 대한 피고용인들의 기여에 관해서도 비슷한 주장이 제시되었다. 납세자와 같이 피고용인들이 실업을 방지할 위치에 있지 않다는 주장을 답변으로 제시한 것이었다. 이들은 단지 구호에 기여할 수 있을 뿐이었다. 따라서 법령에서 피고용인의 구호에 대해서는 아무것도 명확하게 말하지 않았다. "노조가입이 자유로운 작업장"의 고용주는 노동계약을 협상하는 데서 관습법상의 권리 중 일부이기 때문에 조직화되지 않은 피고용인에게 기여를 의무화할 것이다. 그리고 조직화된 "노조" 작업장에서는, 시카고지역의 체제와 같이 노조가 가입자에게 공헌하도록 의무화하리라고 가정할 수 있다. 이들의 기여금은 임금소득자가 강조하는 **구호**를 확장할 것이다.

그래서 "사회적 책임"을 시행하려면 삼자가 기여해야 한다는 모턴의 요건은 이 법령으로 이어진 협상에서 충분히 고려되었다. 그러나 사회적 책임은 자발적인 집단행동을 통해 예상될 수 있는 것에 대한 예측에 근거한 피고용인과 연방정부의 향후 자발적인(법적인 의미에서 자발적인) 행위에 맡겨졌다.

끝으로 우리는 과세권력을 경찰력과 혼동하는 것에 주목하는데, 그들의 관계가 지닌 측면 중 한 가지는 앞서 고려한 바 있다.[232] 모턴은 보험

• •
231) 본서 995쪽, 세계지불사회.
232) 본서 1311쪽, 과세의 경찰력.

납부금이 고용주에 대한 **세금**이라고 연속적으로 주장하고 있다. 만약 그렇다면 이것은, 그가 주장하듯이 세금을 "지불할 능력"에 따라 배정해야 한다는 아담 스미스의 교훈에 모순된다. 그는 이 교훈이 유럽의 실업보험체제에서 채택되었음을 확인하고 있다. 여기서 고용주가 지불하는 보험금이 노동자가 일 년에 몇 주 동안 고용되어 있는지 그 숫자에 비례한다. 이것은 고용주의 사업 번창과 지불할 능력에 비례하는 것으로 보인다. 예를 들어 52주의 고용을 제공할 정도로 사업이 번창하고 안정되어 있는 고용주는 (동일한 숫자의 피고용인을 지니고) 16주의 고용만을 제공하는 자신의 경쟁자와 비교해 두배를 지불한다. 조세로서 이 납부액은, 공장의 계속적인 작동이 증거를 보여주듯이 지불할 능력에 비례한다.

그렇지만 위스콘신주 법에서는 납부액이 지불능력과 **반대로** 변동한다. 52주의 고용을 제공하는 고용주는 어떤 보험금이나 수당도 지급하지 않지만, 26주의 고용만을 제공하는 고용주는 자신의 급여에서 26개의 보험금을 지불한다. 물론 이것은 지불할 능력이 줄어들면 늘어나는 "역진세"이다.

그러나 우리가 이 문제를 면밀하게 검토하면 이것은 그 자체로서 과세권력과 구분되는, "경찰력"이 미국체제에서 작동하는 방식의 특징이다. 경찰력은 **사회적 지향성이 가장 적은** 사람들에게 가장 무거운 짊을 부과하는 데 비해 사회적 지향성이 **가장 많은** 사람들은 건드리지 않는다. 그 이유는 후자는 공동의 복지를 위해 자발적으로 하는 데 비해 전자는 강제로 하게 만들거나 그렇지 않으면 사업을 그만두어야 하기 때문이다. 이 경우 "사회적 지향성"은 여러 해에 걸쳐서 지속적인 고용을 제공하는 능력과 의사를 의미한다. 관세, 사치세 또는, 우리가 제안했듯이 다른 사람을 함께 부유하게 만들어서 자신이 부유해지는 사람을 면제시킴으로써 활동으로 벌지 않은 증가를 획득하는 사람에게 부담을 지우는 데서 과세권력이 이런 경찰력의 효과를 지니도록 활용할 수 있다.

따라서 만약 위스콘신 법이 과세조치라고 불린다면, 그것은 정부를 지원하기 위해서가 아니라 아무런 사회적 감각이나 개인적인 능력을 가지지 않은 사람이 실업과 관련된 사회적 책임을 받아들여서 실업을 완화하거나 방지하는 사회적 책임에 속박되어 있다고 느끼는 사람의 수준에 오르거나 그렇지 않으면 사업을 그만두도록 유도하기 위해서 "과세권력"이라는 용어를 사용하는 것이다. 이 용어에 대한 미국의 헌법적인 사용에서는 그런 조치가 과세권력이 아니라 경찰력의 사용이다. 그것은 정부를 지지하는 지불능력이 아니라 고용을 안정시키는 유인에 근거한다.[233]

7. 인간성과 집단행동[234]

합당한 가치의 이론은, 그것의 실용적인 적용에 있어서, 집단행동으로 통제되고 해방되며 확장된 인간성을 통한 사회적 진보의 이론으로 요약될 수 있다. 그것은 개인주의가 아니라 제도화된 인간성이다. 그것의 묵시적이거나 습관적인 가정은 사유재산과 이윤에 근거한 자본주의체제가

233) 이 문제에 대한 추가적인 논의로는 다음을 참조. Forsberg, A. B., *Selected Articles on Unemployment Insurance*(1926); Stewart, Bryce, *Unemployment Benefits in the United States*(Industrial Relations Counselors, 1930); *Unemployment in the United States*, 상원 교육노동위원회 청문회에서의 나의 증언. S. Res. 219(1929), 212-236; Douglas, Paul, H., *Standards of Unemployment Insurance*(University of Chicago Press, 1933).

234) Kallen, Horace M, *Individualism an American Way of Life*(1933) 참조.

지속된다는 것이다. 그것은 맬서스적인 인간성에 맞는다. 이에 따르면 인류는 이성과 합리성이 지시하는 바와 정반대로 하게 만드는 욕정, 우둔함, 무지에서 출발해 주도, 집요함, 위험부담, 타인에 대한 의무를 자임해 지도자의 자리에 오른 개인에 대한 찬양으로 끝난다.

규제받지 않는 이윤추구는 양심적인 사람을 가장 양심이 없는 사람의 수준으로 끌어내린다. 그렇지만 상당한 숫자의 소수는 집단행동을 통해 얼마나 높아져 있든, 언제나 이런 수준보다 위에 있다. 이들이 진보의 가능성을 나타낸다.

그렇다면 문제는 안 하려는 사람을 실행이 가능하지 않은 이상이 아니라 합당한 이상주의로 끌어올리는 집단행동의 운영규칙을 연구한다는 제한적인 것이다. 그렇게 되는 이유는 현재의 조건에서 진보적인 소수가 그것을 실행할 수 있다는 것을 보여주었기 때문이다.

지난 100년 동안 내내 미국에서 등장한 자발적이고 정치적인 운동들이 사익의 동인을 제거하지 않고 있다. 이들은 한계를 노출하고 있다. 사익은 언제나 존재한다. 사고방지법은 상실한 임금의 30% 이하를 임금소득자에게 되돌려준다고 추산된다. 이 법은 임금소득자에게 부담스러운 책임을 부과하며, 소비자에게 전가하거나 경영진이 효율증대로 흡수하는 것으로 판매가격의 0.5% 정도밖에 가산시키지 않는다. 노조는 적은 비율의 임금소득자를 대부분의 수준 이상으로 끌어올리지만, 그들은 공포에서 벗어나기 때문에 보다 높은 인간성을 창조한다. 농업협동조합은 작은 지역에서, 작은 국가에서, 작은 부분의 농촌계층에서만 성공하지만, 그들은 회원들이 서로에게 더 높은 책임감을 갖도록 끌어올린다. 화폐적인 운동, 경제적인 운동, 그리고 가격안정화운동은 전쟁이나 경제적 분쟁의 세계에서는 실망을 주지만, 그것들이 분쟁을 방지하기 위한 더 높은 개인적 책임감을 가지도록 개인들을 승화시킨다.

집단행동을 제한하기 위한 이유들은 역사적으로 명백하다. 대립하는 사회계급들이 저항, 조직 내부의 정치와 파당과 질투와 지도력의 부족, 실험의 불확실성보다 관습적인 악을 선호하는 대중의 전통과 습관, 그래서 짧은 성공에 뒤따르는 반동이 그런 것이다.

만약 경제학에서 이윤동기가 사회적인 복지 계획에 동원될 수 있다면, 다른 어떤 것보다 더 건설적인 동적인 요인이 동원되는 것이다. 그것은 다른 사람을 부유하게 만들어 자신이 부유해지게 사업가에 호소하는 것이고, 만약 그가 반응하지 않으면, 집단행동에 호소하는 것이다.

이것은 최근의 세계대전 이래 지금까지 대립해온 경제학자들의 이론 뿐만 아니라 개인주의를 확대하거나 억압한, 전국적인 규모의 여러 유형의 집단행동을 극적으로 만들어온 공산주의, 파시즘, 그리고 자본주의라는 세 가지 거대한 실험을 우리로 하여금 비교하게 만든다.

제11장

공산주의, 파시즘, 자본주의[1]

1) 이 장은 1925년 8월 *Atlantic Monthly*의 나의 기사 "Marx Today, Capitalism and Socialism" 에서 일부 예견했던 것이다. *Encyclopaedia of the Social Science*의 나의 기사 "The Labor Movement"를 보라. 나치즘은 너무 최근이라 포함할 수 없었다. 이것은 독일식 파시즘이다. 혁명기에 현장에 있었던 경제학자가 제시한 나치즘에 대한 훌륭한 분석으로는 Hoover, C. B., *Germany Enters the Third Reich*(1933)을 보라.

세계대전 이후 세 가지 정치경제체제, 러시아의 **공산주의**, 독일과 이탈리아의 **파시즘**, 미국의 **은행가 자본주의**가 전면에 등장하게 되었다. 이 세 체제는 경제 이론, 사회 철학, 세계사라는 세 가지 지점에서 비교될 수 있다. 경제 이론들은 수요와 공급, 생산비용, 한계생산성, 욕구에 대한 만족이다. 사회 철학들은 인간 본성과 이 경제 이론들이 지향하는 궁극의 목표에 관한 것이다. 세계사는 25년간 지속되었던 프랑스 대혁명의 세계전쟁으로부터, 우리가 현재 위치하고 있는 20세기 중반 40여 개의 세계 혁명에 이르는 실제 변화이다. 이 세 가지 관점은 분리될 수 없으며, 이후 **제도경제학**으로 알려지게 되는 것이 바로 이 세 가지를 결합하려는 시도이다.

이 세 관점은 아담 스미스의 개인주의와 프랑스 대혁명으로부터 시작한다. 아담 스미스는 프랑스 대혁명이 실행에 옮긴 원리들을 내세웠다. 이 원리들은 협회(corporation)와 길드에 맞서는, 지주에 맞서는, 그리고 국가가 창출한 특권 계급에 맞서는 공격이었다. 프랑스 대혁명은 협회를 철폐하고, 지주의 재산을 분할하고, 평등과 자유와 사적 소유를 선언했다. 이 모든 개인의 평등, 자유, 사적 소유는 국가에 의해서나, 국가로부터 특권을 획득한 길드와 협회에 의해서 통제받지 않았다.

아담 스미스는 중상주의를 수요와 공급의 경제적인 법칙과 소유, 평등, 자유의 정치적인 법칙으로 대체했다. 개인에 대해 필요한 유일한 통제는 소비자의 욕구였다. 정통 경제학자들은 처음에는 노동생산비에 기반한 고전 경제학자로, 이후에는 소비자 욕구론에 기반한 심리적 경제학자로 100년 이상 스미스를 따랐다. 두 학파는 자연 과학에서 자신들의 유추를 끌어냈다는 점에서 자동 균형 경제학자로 명명할 수 있을 것이다. 이 경우 균형은 자유롭고 동등하며, 분자화되어 있고, 유동적인 개인들 간의 수요와 공급의 균형이 된다.* 그렇지만 경제 이론은 균형뿐만 아니라 역사에 근거해야 한다는 것이 드러난다.

이 자동적인 평형화의 배후에는 인간의 본성에 대한 철학이 있었다. 아담 스미스의 철학은 신학적이었다. 인간은 신성한 이성이 인도하는 지적인 존재였다. 이 신성한 이성은 오직 인간이 정치나 협회의 집단행동으로 개인을 제약하고 억압하지 않는 한 전체 세계에 풍요를 가져올 은혜로운 **섭리**였다. 프랑스 대혁명은 협회와 지주를 철폐하고 이성이란 여신을 등극시켰다.

하지만 곧 환상이 깨졌다. 토머스 맬서스는 혁명이 한창 진행되는 중에 이를 예견했다. 인간은 이성적 존재가 아니다. 인간은 열정적이고 어리석은 존재- 그래서 이성이 명한 것과는 상당히 정반대로 하는 존재이다. 따라서 인간은 자유롭게 내버려둘 수 없고 정부에 의해 강제되어야만 한다.

워털루 전투 이후, 예견되었던 대로 환상이 깨졌다. 30년간 지속된 전 세계적 무역 퇴조, 빈곤과 실업은 다시 1848년 혁명으로 귀결되었다. 이

---

* 원문이 비문이어서 의미상 문장을 분리하여 번역했다.

제 칼 맑스는 **공산당 선언**을 들고 등장했다. 그는 리카도의 노동가치론을 수정하고, 유물론을 계급투쟁으로 확장했다. 리카도의 이론이 주장했던 것처럼, 노동만이 가치를 창출한다면, 노동은 개별 노동자로서는 아닐지라도 사회적 노동력으로서는 프롤레타리아 독재를 통해 전체 생산물을 가져야 한다. 수요와 공급 "법칙", 재산, 평등, 자유의 "법칙"은 모두 철폐되고, 그 자리에 계급 전쟁과 억압할 수 없는 자본과 노동의 갈등이 들어서게 된다. 이 철학은 나중에 나타날 무계급사회에 대한 맑스의 신념과 함께 러시아 혁명으로 귀결되었다.

한편 아담 스미스의 개인주의는 아나키즘이라는 다른 방향으로 선회했다. 이탈리아의 파시스트 혁명으로 귀결된 것이 바로 이 철학이다. 최초의 아나키스트인 윌리엄 고드윈은 1793년 아담 스미스 이론과 프랑스 대혁명 철학을 단체와 지주의 철폐뿐만 아니라 개인에 대한 모든 억압의 원천인 **국가** 자체의 철폐로까지 진전시켰다. 맬서스가 자신의 열정과 우둔이라는 철학을 제출했던 것은 바로 고드윈에게 보내는 답장 안에서였다.

그리고 나서 1840년대 비참한 시기에 고드윈의 계승자인 프루동이 칼 맑스와의 논쟁에서 국가에 맞서, 그리고 모든 집단 재산(collective property)에 맞서 사유재산에 대한 개인의 절대 권리를 수립했다. 개인은 자발적 결사체(association)를 구성할 수 있지만, 그 과정에서 협회는 개인의 재산을 획득할 수 없고, 개인은 계약 위반에 대해 처벌받지 않고도 자신의 재산을 가지고 언제든지 떠날 수 있다고 본 것이다.

프루동의 자발적 결사체에 대한 환상도 스스로 불가능한 것으로 곧 드러났다. 근대 주식회사는 1850년대에 형성되기 시작해서, 집행할 수 있는 계약에 근거해 법적 실체가 되었고, 생산 수단을 소유했고, 개인 소유주를 대체했고, 마침내는 한 기업에서 수천 명 단위로 무산 노동자를 고용했다. 따라서 혁명적 아나키즘의 다음 단계는 혁명적 생디칼리즘이었다. 이를 이끈 철학자는 20세기 초 프랑스의 조르주 소렐이었다.

소렐은 맑스에게서 계급 전쟁과 자본주의의 불가피한 붕괴론을 수용했다. 그러나 소렐은 독재에 의한 국가 소유에서 노동조합과 총파업에 의한 공장 소유로 맑스의 이론을 바꾸었다. 이것은 (제1차 ─ 옮긴이) 세계대전 이후 이탈리아에서 실제로 일어났던 일이다. 노동자들은 공장을, 농민들은 토지를 점유하기 시작했다. 총파업으로 철도와 통신뿐만 아니라 전 도시가 마비되었다. 생디칼리즘은 조직화된 아나키즘과 비조직화된 공산주의가 되었다. 생디칼리즘은 자본가로부터 원료를 구할 능력도 없고, 은행으로부터 신용도 얻을 능력이 안 되어서 붕괴되었다. 그리고 무엇보다도, 조직된 파업 파괴자들, 즉 **파시스트당**의 등장으로 붕괴되었다.

여기에 칼 맑스가 자신의 유물론적 역사철학에서 간과했었던 무언가가 있다. 맑스는 자유경쟁과 지속된 불황들이 소수의 손에 자본 소유를 집중시키고 이전의 독립적인 개인들을 이들에게 고용된 임금 노동자로 전락시킴으로써 개인생산자를 파괴하는 불가피한 경향을 올바르게 예견했다. 하지만 맑스는 자본주의가 이렇게 해서 그 자체의 무능으로 붕괴될 것이고, 대규모 임금 노동자들이 단순히 수적 우위로 자본주의를 점유할 것이라고 가정했었다.

맑스는 임금 노동자 자체가 두 계층, 즉 지식 노동자와 육체 노동자, 화이트 칼라와 공장 노동자, 봉급 노동자와 임금 노동자로 분열될 가능성은 간과했다. 그리하여 퇴조하는 자본주의를 통제하기 위한 진정한 투쟁은 생계를 위해 무능력한 자본가에 의지할 수밖에 없는 이 두 계층 간의 투쟁이 될 가능성을 간과했다. 또한 맑스는 주로 농민들인 소자산가, 그의 말로 **쁘띠 부르주아**들의 필연적 붕괴에 대해 너무 확신했다. 이들은 이후 조직된 조력자로서의 거대한 힘을 보여주었다.

이는 러시아와 이탈리아에서 일어난 일이었다. 이것은 단순히 수(數)적인 문제가 아니었다. 정치적 리더십과 투지 있는 소수를 조직화하는 능력에 달린 것이었다. 그 지도자들이란 레닌과 무솔리니였다. 그 투쟁 조직(fighting organization)은 적군과 검은셔츠단이었다. 이 두 경우에서 동원된 방법은 폭력의 조직화—성공하지 못하면 살인이 되고, 성공하게 되면 **국가**가 되는—였다.

레닌은 그의 투쟁 구호로 "모든 권력을 소비에트로"를 내세우고, 무솔리니는 "모든 권력을 파시스트당으로"를 내세워 승리했다. 소비에트는 우리가 주요 도시의 중앙노동조합 또는 노동 연합으로 알고 있는 것으로, 지역의 임금 노동자 조합을 대표했다. 이들은 러시아에서는 전쟁에서 돌아온 무장 노동자들이 되었다. 계급으로서 지식인들은 소비에트에서는 배제되었다.

파시스트 당원도 처음엔 귀환병이었다. 미군 귀환병(American Legion)처럼 실업 상태였고, 직장을 구하고 있었다. 곧 이들에게 고등학교와 대학교의 교수들과 학생들이, 그다음엔 사무실에서 화이트칼라들이, 작은 마을과 도시에서 자영업자들이, 다양한 직업군의 지식인들이, 자본가와 지주들의 자식들이, 군대에서 전역한 전직 장교들이 동참했다. 궁극적으로 모든 대학 교수들이 파시스트 정권을 지지한다고 맹세하지 않을 수 없었다. 바로 애초부터 무솔리니는 제조업자와 은행가, 지주들로부터 자금을 지원받았다. 결국 이들이 **파시즘**의 숨은 지배자가 되었다.

유사한 진용이 독일에서도 출현하고 있었다. 독일에서 파시스트 정당은 사무직 노동자, 학교와 대학의 젊은 학생들, 자영업자, 이전엔 재산을 어느 정도 갖고 있었지만, 인플레이션으로 저축한 돈이 사라져서 현재는 실업 상태로 여타 육체노동자들처럼 직장을 구하고 있는 사람들이었다. 히틀러 역시 은행가와 제조업자, 지주들로부터 자금을 받았고, 실업상태였던 구 체제의 퇴역 장교들을 지구당의 장으로 세웠다. 심지어 영국에서도 파시스트 정당의 단초를 볼 수 있다. 파시스트와 소비에트는 실제로 현대 자본주의 하에서 봉급 노동자와 임금 노동자로 이루어진 두 계층이다. 서로서로 증오하지만, 직장을 얻기 위해선 자본가에게 의존할 수밖에 없는 존재로 말이다.

사태가 어느 정도 진정되었을 때 러시아의 스탈린과 이탈리아의 무솔리니, 두 독재자는 정부를 통제하기 위해 억압받던 두 계층 중 어느 한 쪽의 전투적인 소수가 자신들에게 바치는 충성에 의존하고 있음을 알 수 있다. 러시아에선 육체노동자들이 상전이고, 그들이 더 나은 음식과 주거지, 의복, 병원, 극장 좌석을 차지하게 되었다. 교수와 엔지니어, 과학자, 기술자, 전문가, 예술가, 배우, 변호사, 사무원 이전에 자본가였던 자들은 하인이 되어 가장 나쁜 자리를 차지하게 되거나, 심지어 그 자리조차 없어져 점차 굶어죽거나 추방되거나 살해되었다.

이탈리아에서는 러시아와는 반대였다. 파시스트의 충성은 정치적 일자리에서 우대로, 민간 일자리를 위한 공공 고용 사무소에서 우대로 유지되었다. 여기에 반항하는 사람들은* 모두 억압받아 살해되거나 섬 교도소로 보내졌다. 러시아에도 이탈리아에도 배심원단에 의하거나 독립적인 법관에 의한 재판도 없고, 입법부도 없다. 모든 처벌은 위계적 관료들에 따른 행정절차로, 그리고 행정수반 마음대로 임명되거나 면직되는 판사들에 의해 이루어졌다. 물론 복수정당제는 존재하지 않는다. 단 하

---

* 원문에 obstreporously로 표기되어 있으나 이는 obstreperously의 오기이다.

나의 정당, 즉 공산당이나 파시스트당만이 존재한다. 이 당은 곤봉과 권총 등의 폭력 수단으로 무장한 총인구 중 일부에 불과하다. 이 당의 리더들도 독재자가 임명하거나 면직시킨다.

칼 맑스의 역사에 대한 유물론적 해석에서 그가 맞았고, 또 자유경쟁과 개인의 자유가 결국 사라진다는 점에서 칼 맑스가 맞았다 할지라도 계급 전쟁에 대한 해석에선 칼 맑스는 틀렸다. (사회에는-옮긴이) 한두 계급만이 존재하는 것이 아니라 여러 계급이 존재하고, 그 결과가 공산주의가 되는지, 파시즘이나 자본주의가 되는지 하는 것은 개성과 리더십, 전투적인 소수를 조직화할 수 있는 능력에 달린 것이다.

맑스는 러시아나 이탈리아보다 미국에 훨씬 더 잘 맞았다. 러시아와 이탈리아는 여전히 농업국가였고, 수백만의 임금소득자들을 고용하는 소수 자본가가 존재하는 산업과 금융의 자본주의 단계에는 아직 도달한 적이 없었다. 러시아에선 놀랄 만한 **5개년 계획**으로, 농민의 나라를 강제로 임금노동자의 나라로 전환시키려고 시도하고, 맑스가 생각하기에 자유경쟁체제에서는 무한한 미래가, 아마도 100년이 걸렸을 일을 5년이나 10년 만에 달성하려고 시도한다.

맑스의 예견은 미국에 더 잘 맞다. 100년 전에는 미국 인구의 90%가 농민과 농가였다. 오늘날에는 겨우 20%만이 농민이고, 80%는 도시나 마을로 가서 기업에 고용된 임금노동자와 봉급쟁이가 되거나 소규모 파시스트적인 사업가가 된다. 게다가 농업 부문에서 이미 잘 알려진 가장 좋은 농기계와 화학을 쓴다면, 총인구의 10%만 농장에 투입해도 전 인구를 먹이고 입힐 수 있다고 현재도 추산된다. 특히 전쟁 이후 농민이 10%에 가깝게 급속히 감소되고 있다. 기계력(mechanical power)이 산업과 제조업에서 해낸 것을, 농기계와 화학, 그리고 보다 비옥한 토양에 집중함으로써 농업에서도 달성하고 있다. 즉 농장은 임노동자에 의해 가동되는 자본주의적 조직으로 바뀌거나, 일종의 소작제(annual piece-work system)로 농민들에게 임차된다. 체인점과 은행점포도 소상공인과 똑같은 일을 하고, 이들은 소상공인을 대기업에 고용된 화이트칼라 임금소득자로 전환시키고 있다. 1929년 이후 비슷한 체인 농장 시스템을 보험회사에 의한 압류에서, 그리고 중앙 조직에 의해 운영되던 산개된 농장들에서 이미 볼 수 있었다. 이미 미국 제조의 9할은 기업의 손 안에 있다.[2] 100여 년 전만 해도 소규모 자산가이자 미국 개인주의의 성채였던 인구의 90%가 이제는 자동적으로, 그리고 자유경쟁의 힘에 밀려 공산주의와 파시즘의 기초인 임금노동자와 봉급노동자가 되었다. 개인 재산은 기업의 재산이 되었다. 나머지 소수의 농민은 법원과 지역 보안관들이 저당잡으려는 시도에 도전함으로써 혁명가가 되었다.

식민지적 개인주의의 경제적 토대가 사라지고 있음에도 불구하고, 미국은 식민지적 개인주의의 전통에 매달리고 있다. 공화국 탄생 이후 첫 50년 동안에는 의회의 법으로 특별 인가를 받은 기업을 제외하고는 기업이라고는 거의 없었다. 당시 거의 모든 기업들은 독점 기업으로 여겨졌다. 당시의 반독점 운동은 반기업 운동이었다. 이 기업들은 의회의 특별법으로 만들어졌기 때문에, 사실상 합법적인 독점 기업이었다. 법인 설립 허가를 받기 위해서 기업인들은 정치인들과 손을 잡아야만 했다. 휘그당이 집권했을 땐 휘그당 로비스트만이 인가를 받을 수 있었다. 민주당이 집권했을 땐 민주당 로비스트만이 인가를 받을 수 있었다. 정치적 보스가 자본가들을 대신해서 양 당을 통제하면서 중재자로 등장했다.

∴

2) 본서 904쪽, 이윤차익.

그 후 1848년 뉴욕을 시작으로, 자본주의를 위해서가 아니라 정치적 부패를 없애기 위해서 의회는 일반 기업법을 제정했다. 이 기업법에서는 국무장관에게 몇 가지 서류만 제출하면 (법인 설립—옮긴이) 인가를 받을 수 있도록 되었다. 기업을 폐지하는 대신 의회는 기업을 보편적으로 만들었다. 그 기업들은 더 이상 독점이 아니라— 경쟁자들이었다. 이들은 기업가의 새로운 권리—결사권을 수립했다. 이 새로운 권리가 근대 자본주의의 시작이다. 자본주의는 아담 스미스와 함께가 아니라 지속 활동체와 함께 시작된다.

반독점 입법화는 이후 방향을 전환하여 40년 전 반트러스트법들로 정점에 도달했다. 거래를 제한하는 모든 결합은 기업 간이든 개인 간이든 불법이었다.

이후 30년 전 지주회사라는 새로운 발견이 이루어졌다. 기업 변호사들에 의해 반트러스트법을 회피하고자 고안되었고, 뉴저지주의회에 의해 처음 입법화되었다. 기업은 언제나 다른 회사의 주식과 채권을 소유할 수 있었기 때문에 지주회사가 완전히 새로운 것은 아니었다. 지주회사의 참신성은 다른 회사의 주식을 소유하고 표결할 목적만으로, 또는 주로 그런 목적으로 회사를 창립한다는 데 있었다. 다른 주에서도 뉴서지 주와 경쟁적으로 이 수익성 있는 사업을 승인했다.

거의 무제한의 권력이 지주회사에 부여되었다. 자신들 주(州)에서 갖던 모든 특권을 다른 주에서도 마찬가지로 누렸다. 그들에게 남은 유일한 제약은 이제 연방대법원뿐이었다. 법원은 20년 전에 두 개의 지주회사, 스탠다드 오일과 토바코 컴퍼니를 해산시켰다. 하지만 15년 전엔 슈 머시너리(Shoe Machinery)와 스틸 디솔루션(Steel Dissolution) 소송에서 대법원은 거래의 합당한 제한, 즉 법정의 다수에게 합당하다고 여겨지는 제한이라는 새로운 규칙하에서 지주회사를 지속시켰다. 이러한 지주회사는 은행가 자본주의의 정점이 되어서 "이제는 정부 그 자체보다 더 강력한 존재가 되었다."[3]

사법 주권이 발전하면서 역사에 대한 칼 맑스의 유물론적 해석을 법제화시킨 것은 바로 법인(corporation)이다. 그런데 공산주의나 파시즘과 같이 사법부를 없애서 독재를 이루기보다는, 미국에서는 모든 주와 연방의 입법과 행정을 압도하는 사법부의 우위를 통해 비슷한 것을 이루었다. 아직도 헌법을 글자 그대로 읽는 순진한 사람들은 재산에 대한 정의가 주 소관이라고 여기고 있지만, 이제 재산이 무엇인가를 정의하는 것은 연방대법원이다. 공산주의와 파시즘은 의회와 법원을 폐지하고, 행정명령으로 대체했다면, 미국은 연방대법원의 판결에 입법, 행정을 종속시켰다. 연방법원이 미국형 독재가 되었다.

이것이 **미국 자본주의**이다. 제1차 세계대전 이후 진행된 **공산주의와 파시즘의 행정주권**도, 1689년 이래 이루어진 영국의 입법주권도 아니고, 1900년 이래 이루어진 대법원의 **사법주권**이다. 미국 자본주의의 집행도구는 독재자의 명령이 아니라, 법원의 판결이다.

미국과 유럽 시스템 간에는 다른 대비점들도 있다. 우리는 러시아와 이탈리아에서 일어나고 있는 일이 무엇인지 확실히 알 수 없다. 왜냐하면 정부비판 언론이 탄압받았고, 민간단체는 금지되었으며, 대학에서는 자유로운 연구와 교육이 금지되었고, 공식적인 통계는 왜곡되었기 때문이다. 하지만 우리는 다소 광범위한 비교는 할 수 있을 것이다.

"생디칼리즘"이란 단어는 단순히 "조합주의(unionism)"를 의미하는 프

3) Bonbright, J. C., and Means, G. C., *The Holding Company*(1932), 339.

랑스어에서 온 것이다. 고용주나 은행가 조합은 고용주 신디케이트나 은행가 신디케이트이다. 노동자 조합은 노동자 신디케이트이다. 하지만 역사는 신디케이트라는 단어의 뜻을 바꿔버렸다. 미국에선 사적 소유와 정부를 전복시키는 소렐의 혁명적 생디칼리즘을 의미한다. 이탈리아에선 사적 소유와 독재자의 통치권을 지지하기 위해 정부가 조직한 애국적 생디칼리즘을 의미하게 되었다.

이탈리아에서는 4대 계급 신디케이트(자본가 신디케이트, 농민 신디케이트, 노동 신디케이트, 전문직 신디케이트)가 있다. 사업을 하거나 직업을 구하려면 각 개인은 신디케이트 회원이 되거나 적어도 회비를 내야만 했다. 이 신디케이트들은 임금과 심지어 생산량을 정하는 규칙과 규정을 만들었는데, 이러한 규칙과 규정은 회원뿐만 아니라 비회원에게도 구속력이 있었다. 이러한 신디케이트는 지역과 지방과 전국 차원에서 조직되었다. 이들의 사무원과 결정은 독재자가 승인해주어야 한다. 전국적 신디케이트는 이제 전국 파시스트 연맹(National Fascist Federation)이라고 알려져 있다. 최근에 이들은 **조합**(Corporation)라는 이름으로 재조직되었는데, 여기에는 무엇보다도 두 대립적인 연맹인 고용주 연맹과 피고용인 연맹이 소속되었다. 그리고 독재의 장식물에 불과한 **조합국가**(Corporate State)가 등장하게 되었다.

의회를 대체한 것은 바로 이 강제적인 조합들(corporations)이다. 이 조합들은 정치적이면서 경제적이다. 이는 마치 미국 대통령이 선거와 입법부 및 정당을 철폐해야 하는 것과 같다. 이는 마치 미국 대통령이 당이 아니라 정부의 경찰력에 불과한 파시스트 정당에 대한 그의 통제에 의해 영원히 그의 지위를 유지하는 것과 같다. 또한 이는 상무장관과 노동부 장관의 직을 폐지하고 대통령이 조합의 유일한 행정관(sole minister of corporations)이 되는 것과 같다. 이는 파업과 직장 폐쇄를 모두 금지시키고 이것을 강제 조정으로 대체하는 것과 같다. 이는 이들 조합들을 한 자리에 모아 협의체를 만들어서 산업과, 농업, 그리고 노동을 지배하는 모든 법률을 만드는 것과 같다. 그러나 법령이나 사법 제도 대신에 정부의 행정수반의 명령인 이런 법률들을 제정하여 파시스트당의 행정 과정에 의해 집행하는 것과 같다.

이러한 이행을 생각할 수조차 없는 것은 아니다. 사실 이것이 미국 정부 시스템에 이미 어느 정도 친숙한 면도 있다. 현행 헌법하에서도 선전포고만으로 미국 정부는 하룻밤 사이에 독재체제로 바뀐다. 행정부가 구속영장을 유예하는 것은 사법부를 무력화시키는 것이다. **전시산업국, 곡물공사, 선박국, 전시 금융공사**의 신설은 **독재자**가 지명한 조합들의 행정 **부처**이다. 조합과 연맹은 개인이 아니라 경제적 이해를 대변하는 자문 기구로서 부처에 출두한다. 의회는 일시적으로 문을 닫지만, 남북전쟁 이후 재건기는 대통령이 어떻게 선거를 통제할 수 있는지를 보여준다. KKK단, 조합독재, 상공업자 협회들은 지방과 주 선거가 어떻게 통제될 수 있는지를 보여준다. 우리도 이미 파시즘의 기술은 가지고 있는데, 무솔리니는 다른 모든 민족에 대한 투쟁에 직면한 이탈리아 민족의 통일을 위해서 영구적인 전시상태를 제도화함으로써 그 기술을 확대하고 있을 뿐이다. 지배적인 이해집단의 마음속에서 일어나는 이러한 이동은 국내 계급투쟁으로부터 국가들 사이의 세계적 투쟁으로의 이동이다.

러시아도 국내 계급투쟁을 없애버렸다. 이것은 기묘하게도 공산주의의 사회 철학이다. 프롤레타리아 독재는 이행기에 불과한 것으로, 인민의 마음속에서 이윤심리(profit-psychology)를 없애는 데 필요한 기간만큼만 지속된다고 주장한다. 그들의 철학에 따르면, 모든 인민이 임노동자가 되고, 아무도 이자나 지대, 이윤으로 살기를 기대하지 않을 때 이윤심리는 없어질 것이다. 5개년 계획은 거대한 모험이며, 러시아를 외국 엔지니어의 도움으로 미국의 기술수준까지 끌어올려줄 것은 물론이고, 동시에 인민의 심리를 이윤, 지대, 이자 심리로부터 임금심리로 변화시킬 것이다. 그것이 달성되면 프롤레타리아 독재는 위대한 협력적 노동자공화국 속으로 사라질 것이다.

하지만 상황의 힘과 다른 나라 자본주의와 파시즘의 저항 때문에, 프롤레타리아의 국제적 계급투쟁을 예상했던 맑스와 레닌의 초기철학은 폐기되었고, 러시아는 이제 자신의 일국적 공화국을 건설하기 위해 세계적인 평화와 기회를 요구한다. 공산주의는 **일국주의**가 되었다.

이탈리아와 러시아 양국에서 전에는 자발적이던 노조와 조합들은 파시스트당이나 공산당에 의해 그 조직의 사무국 직원들이 임명되는 아주 단순한 장치로 억압받았다. 이탈리아에서 이들은 **전국 파시스트 조합**의 일원이 된다. 러시아에서는 노조는 공장 관리자들에게 명령을 내리는 노동자 위원회가 되고, 협동조합은 정부의 구매와 판매 대행자일 뿐이다.

이탈리아에서, 파시스트 독재체제가 대기업의 독재체제라고 여겨서는 안 된다. 파레토의 "선동적 금권정치"와 조화를 이루면서 거대한 은행가, 제조업자, 그리고 지주가 자금을 대기 때문에 그렇게 보일 수 있다. 하지만 이탈리아 파시스트 독재는 명백하게 소기업, 소자산가, 그리고 봉급 노동자와 전문직 노동자들의 독재이다. 이와 유사한 것은 미국에서 전미제조업자협회와 스탠다드 오일, US스틸, 제너럴 일렉트릭, 제너럴 모터스, 체이스 내셔널 은행과 같은 대기업들 사이의 차이이다. 미국에는 약 6만 개 정도의 제조업체가 있고, 이들이 공장 제품의 90%을 생산하고 있지만, 그중 대기업이라고 불리는 것들은 200개도 안 될 것으로 추산된다. 나머지 5만 9,000개 기업은 상대적으로 작은 제조업체다. 3,000만 달러 업체는 자신의 유일한 경쟁업체가 3억 달러 기업이면 이제 작은 업체다. 상업이나 금융 분야에서도 마찬가지다. 시어스 로벅과 그 체인점 또는 체이스 내셔널 은행과 그 지점처럼 상대적으로 소수의 거대 소매업체나 은행이 있다. 대다수는 수많은 고을, 마을, 그리고 도시의 소상공인과 은행이다. 그리고 이들은 사업의 상대적으로 작은 부분을 수행한다.

이탈리아에서 파시스트 조합을 통제하게 된 사람들은 바로 이들 소기업가들이다. 무솔리니는 미국으로 치면 록펠러가(家),* 모건가,** 쿤-로엡*** 같은 대기업가들에게 윌리엄 그린(William Green),**** 매튜 월

---

* 존 데이비슨 록펠러(1839~1937)는 석유 정제산업과 운송사업에 뛰어들어 스탠더드오일을 창업, 철도와 석유사업자 간의 카르텔을 만들어 석유산업의 마진을 설정하고 카르텔을 거부하는 사업자를 시장에서 퇴출시키는 방법으로 미국 석유시장의 95%를 장악했다.

** 존 피어폰트 모건(1837~1913)은 남북전쟁의 양상에 따른 금 시세차익으로 큰 돈을 벌고, 전신전화 분야의 모든 회사를 인수하여 미국전신회사(AT&T)를 만들었다. 모건 가문은 제1차 세계대전 때 영국과 프랑스 정부를 지원했고, 바티칸 교황청의 재정을 맡아 이탈리아 국채 투자로 재산을 증식해주는 등 금융업에 진출했다.

*** 쿤 로엡(Kuhn-Loeb)은 1867년 에이브러햄 쿤과 그의 처남 솔로몬 로엡에 의해 설립된 미국의 다국적 투자은행이다. 로엡의 사위인 제이콥 쉬프의 지도하에 19세기 후반과 20세기 초반에 가장 영향력 있는 투자은행 중 하나로 성장하여 미국의 철도 확장에 자금을 지원했고, J. P. 모건의 주요 경쟁자가 되었다.

**** 윌리엄 그린(1873~1952)은 미국의 노동조합 지도자로 1924년부터 1952년 미국노동연맹의 대표로 노사협력, 임금 및 수당 보장, 산업 조합주의 등 다양한 활동을 했다.

***** 매튜 월(1880~1956)은 1919년 미국노동연맹 집행위원회에 선출된 이후 여러 직책을 맡으며 이윤 없이 개별 근로자에게 보험을 판매하여 고용주의 영향을 약화시키는 조합소유 보험회사를 주창하여 1925년 연합노동생명보험회사를 창립했다.

****** 노먼 토머스(1884~1968)은 사회주의자로 미국 사회당 대통령 후보로 여섯 번 출마한 것으로 유명하다. 대통령 후보 유세 과정에서 그는 일본계 미국인 감금, 반노동법과 관습, 환경 파괴와 자원고갈 등 국가 정책을 비판했다.

(Matthew Woll),***** 노먼 토머스(Norman Thomas)****** 등과 같은 노동자들처럼 교도소 섬으로 보낼 거라고 제스처를 대기업에게 취했기 때문이다. 싱클레어*는 법정모독죄로 90일간 구류 처분을 받았다. 자기 동료들에게 불리한 증언을 거부했기에, 그는 감옥에 들어갈 때보다 더 큰 명성과 신망을 얻으며 나오게 되었다. 파시즘 체제였다면 무기징역감이었다.

미국에서 비슷한 예가 농부와 농장노동자 사이의 관계다. 파시즘은 농장주를 포함한 정당이다. 전국 농민조합, 농업연합회, 그리고 미국농민협동조합이 전국 파시스트 제조업자연맹이나 전국 파시스트 은행가연맹과 같은, 전국 파시스트 농업연맹이 되는 것과 같다. 한마디로 파시즘은 사업가, 은행가, 그리고 농장주의 독재다.

모든 국가의 소기업가나 농민에 대해 말하자면, 이들은 현대 기술과 사업 위축이라는 맷돌 사이에 놓여 있다. 한편으로 대기업이 그들의 시장을 흡수하거나 통제하고 있고, 다른 한편으로는 임금 노동자들이 임금 인상과 노동시간 단축을 요구하고 있다. 대기업은 고임금을 지불할 능력이 된다. 대기업이 임금 삭감을 하든지 임금을 높이 유지하는지는 정책 문제일 뿐이다. 이들은 말하자면 경쟁하지 않아도 되는 수준에 있다. 그러나 소기업가나 소농은 불황기엔 임금을 삭감하지 않을 수 없다. 그렇게 하지 않으면 압류나 출혈판매를 통해 대기업이 그들의 재산을 더욱 흡수하는 꼴을 보게 될 것이다. 갈등은 억압할 수 없다. 이러한 갈등은 미국에선 진보정당 또는 제3의 정당을 만들려는 시도에서 확인할 수 있을 것이다. 소상공인, 농민, 임금소득자 조직 등이 이러한 운동을 지지했

---

* 여기서는 업턴 싱클레어(Upton Sinclair)를 가리키는 것으로 보인다. 싱클레어는 미국 진보주의 시대의 소설가이자 사회주의자이다. 대표작으로는 미국 육류 가공 산업의 노동 환경과 위생 실태를 다룬 소설 *The Jungle*이 있다.

지만 임금, 노동시간 또는 다른 노동관련 입법 문제가 생기면, 농민들은 저항하고 당은 분열된다. 파시즘의 이탈리아는 이 문제를 사업가와 지주 독재로, 파업금지와 직장폐쇄로, 임금과 노동시간 강제 동결로, 독재자의 법령으로 해결했다.

그러나 유럽과 미국 시스템 간의 기본적인 대비는 빈곤과 풍요의 대비, 낮은 생활 수준과 높은 생활 수준의 대비이다. **미국 은행가 자본주의**가 등장한 것은 후자에게서다. 실업 문제를 유럽에서는 혁명의 위협으로, 미국에서는 과잉생산의 위협 정도로 여기게 만드는 것은 바로 이 차이이다. 독일이나 영국과 같은 임금소득자의 나라는 완전고용 상태였을 때도 이미 기아 직전 상태여서, 실업자가 되면 세금으로 실직 상태인 자국의 노동자들을 부양해야만 한다. 그렇지 않으면 공산주의나 파시즘으로 귀결될 내전이 일어날 것이다. 이미 유럽 국가들은 이런 재난 쪽으로 급속히 빠져들고 있다. 프랑스, 스위스, 스칸디나비아 국가들은 이럴 위험이 거의 없다. 프랑스는 여전히 농업 국가이고, 농민들은 가난할 수는 있어도 실업자는 아니다. 산업이 붕괴될 때 그 농장들이 농민들을 먹여살린다. 미국에선 전에는 자본주의적 산업이 붕괴될 때 임금소득자들이 공짜로 땅을 차지하거나 가족들의 농장으로 돌아갈 수 있었다. 하지만 이제는 자본주의적 농업이 도입되고 농민들이 곤궁해지면서 농장은 실업자들의 도피처가 점점 더 되기 어려워지고 있다. 자본가들이 과잉생산을 두려워하는 것처럼 농민들은 과도한 농민 수를 두려워한다. 한 나라에서 90%가 임금소득자와 봉급노동자가 되어 가고, 농민들이 보안관에 저항하게 되면서 실업과 곤궁은 과잉생산보다 더 큰 위협이 될 것이다.

이탈리아의 생디칼리즘은 이런 위협을 영웅적으로 맞이한다. 기업이 이윤차익(margin for profit)을 확보해서 실업자들을 고용할 수 있게 독재자가 전국에서 임금과 봉급을 일괄적으로 12% 삭감하도록 선언한다. 러시아의 독재는 다른 방향에서 훨씬 더 과감하게 대처한다. 제조, 유통, 금융 기관들을 모두 장악하고 있어서 러시아는 농민과 협동조합이 판매할 때에는 그들로부터 싸게 사고, 농민과 노동자가 구입할 때에는 그들에게 비싸게 팔아 둘 간의 차액으로 차입 없이 자본금을 창출해서 거대한 물적 자본을 형성하는 데 임금소득자들을 고용한다. 원자재 가격은 낮게 유지하고, 소매가는 높게 유지하여 이루어진 저축은 강제 저축이다. 그들에겐 비록 빈곤은 있을지언정 실업은 없다.

그러나 실업 보험이나 실업 수당이 없는 자본주의 미국은 산업이 다시 일어서고 실업자들이 고용되기 전에 굶주림으로 노동자들이 저임금을 받아들이지 않을 수 없을 때까지 그저 기다렸다. 노동자들의 생활 수준은 명확히 낮아졌지만 (기업의—옮긴이) 자발적 실업 수당으로 유럽의 빈곤 수준보다는 아직까지는 높은 상태다. **국가부흥청***과 같은 기관이 임금 수준 유지를 위해 노력한 지는 1년도 채 안 되었다.

이러한 높은 생활 수준을 기반으로 삼아서 미국 자본주의는 칼 맑스가 언급했던 몰락 예언을 반박했다. 부분적으로는 이른바 자력회복으로, 그리고 부분적으로는 강제된 회복으로, 자본주의는 그 이전 어느 때보다 시스템을 더 강화하는 통합의 시기에 이르고 있다. 맑스는 우리가 대기업이라고 부르는 자본의 집중을 올바르게 예언했다. 하지만 그는 법인과 높은 생활 수준으로 가능해진 소유의 탈집중화를 예견하지는 못했다. 일반적으로 법인 관련법들은 자본 집중은 촉진시키면서도 자본 소유는 분산

---

* 국가부흥청(National Recovery Administration)은 1933년 프랭클린 루즈벨트 대통령의 뉴딜 정책의 일환으로 설립된 기관이다. 국가부흥청은 살인적인 경쟁을 없애는 것을 목표로, 정부와 노동, 기업이 함께 공정 실천 규범과 가격을 설정하도록 했다.

시켜 왔다. 정치적으론 선거 영향력, 경제적으론 자본 자체의 증가 둘 다를 위해 거대기업들은 소유 분산이 얼마나 중요한지를 발견해가고 있다. 이들 대기업은 의식적으로 수천의 투자자들 손에 주식과 채권을 배분한다. 그리고 의식적으로 이들 대기업은 노동자들을 착취했던 것처럼 투자자들을 착취하기 위해 "내부자들"이 이전에 법인화라는 새로운 징치를 사용했던 곳에서 배당을 안정시키려고 노력한다. 최근 미국 상공회의소 의장은 5,500만 개의 예금계좌와 6,500만 개의 보험증서, 500만의 주주가 법인을 소유하고 있다고 추정했다. AT&T(American Telegraph and Telephone Company)를 보면 소비자를 대표하는 위원회가 그 요금을 규제하는 회사로 그 주주는 70만 이상으로 보고된다.

이러한 소유권 확대는 **투자자들의 신용** 확대라고 불릴 수 있을 것이다. 수백만의 미국인들이 그들 자신의 소자본주의는 정체되어 있거나 소멸되고 있는데, 거대 **자본주의**를 유지하는 데 관심 갖는 것은 바로 이것 때문이다.

그러나 자본주의는 이 목적을 위한 입법을 필요로 해왔다. 회사인가는 단일성, 불멸성, 유한책임 등 주권적 특권을 주는 입법부의 행위이다. 선량한 자본가들이 자본주의의 안전망 안에서 수백만 투자자들의 신뢰 속에서 보호받게 된 것은 주로 주의회에 의해서다. 주의회는 공기업법, 주식과 채권의 발행과 판매를 규제하는 "블루스카이법"* 그리고 제안된 유사한 법을 통과시켰다. 하지만 1929년 이후 투자자들의 신용은 산산조각 났고, 연방 블루스카이법은 이미 발효되었다고 분명히 말해야 한다. 이 입법은 자기회복을 도와주는 강제된 회복이다.

---

* 부정증권거래금지법을 말한다.

강제된 회복의 다른 용례는 노동 입법이다. 노동법이 효력을 발생하기 시작하고 연방대법원이 노동법 확대와 시행을 허용한 것은 겨우 30년밖에 안 됐다. 기업와 농민들의 사회 철학에 영향을 받아 법원은 중요한 사건들에서 뒤쳐졌다. 하지만 대기업들은 표가 없기 때문에 사실상 더 민감하다. 노동입법과 여론이 소기업보다 대기업에 더 쉽게 집행된다는 것이 의외의 결과였다. US스틸은 여덟 시간 파업을 물리치고도 정치인들의 겁나는 민원 때문에 하루 여덟 시간 근무 시행을 선언했다. 소기업들은 표는 있지만 이윤은 없기 때문에 그만큼 민감하지는 않다. 제너럴 일렉트릭은 입법에 의해 강제될 때까지 기다리지 않고 실업보험을 도입했다. 다른 기업들도 제너럴 일렉트릭을 앞서거니 뒤서거니 하면서 나아가고 있다. 아마도 결국 대기업들은 소기업과 농민을 쥐어짜는 한편, 노동계와는 좋은 관계를 가질 것이다.

또 다른 자본주의의 강제복원은 노동조합주의이다. 미국 노조원들은 임금소득자들의 15%에 불과했고, 유럽노조는 60~70%를 차지했다. 하지만 미국의 노동조합주의가 유럽의 노동조합주의보다 더 강력하다. 미국 노조는 노조원들의 임금을 비조직 노동자들의 임금보다 두세 배는 높게 올리고, 심지어는 소농의 소득보다 더 높게 끌어올린다. 반면에 유럽에서는 노조원과 비노조원 간의 임금 격차가 훨씬 적다. 경쟁에 내몰린 소상공인과 농민들이 이런 임금을 지불할 수 없는 반면, 대기업들이 말하듯이 노동조합주의를 몰아내는 가장 쉬운 방법은 "선수 치는 것"이라는 걸 배우고 있다. 이들은 노조가 할 수 있는 것만큼, 아니, 그 이상을 직원들을 위해 하는 것을 배우고 있다. 이들 대기업은 이전에 생산, 감사, 법무, 재무 부서를 조직화했던 것과 같은 방식으로 고용부서를 조직화한다. 노동 심리학 분야의 인사 전문가도 고용하고, 어용노조로 노조

흉내를 내기도 한다. 하지만 이러한 자기복구는 1929년 대공황으로 산산조각이 났고, 제일 먼저 해고된 사람들은 인사 전문가들이었다.

더 중요한 건, 대기업은 파업금지명령을 사용하지 않는 것을 배우고 있지만, 경쟁적인 소기업들은 노조를 그들의 직장에서 몰아내기 위해 금지명령을 유지하고자 고군분투하고 있다. 금지명령이란 미국적인 사법권 체계에서 생긴 법원의 결정일 뿐이다. 그리고 이것은 독재로 노동조합을 해체하고 노동자들을 직접 지배하고자 한 무솔리니의 행정명령과 비슷하다. 대기업 위주의 자본주의는 금지명령을 필요로 하지 않는다. 금지명령은 이탈리아 파시즘의 미국판이다. 반파업금지법은, 법원이 이 법을 지킨다면, 법원은 정치 바깥에 머물게 될 것이고, 노동단체들을 사용자단체와 법 앞에 어느 정도 평등하게 만들 것이다.

미국 자본주의의 또 다른 강점은 승진이 가능하다는 것이다. 셀리그 펄만(Selig Perlman) 교수는 (대화 속에서) 이를 카톨릭 교회에 비유했다. 가장 가난한 집의 저임금 일용 노동자도 현장 감독, 관리자, 총감독 그리고 사장도 될 수 있다. 우리의 대기업엔 그런 수많은 사례가 있다. 오래된 개인주의적 시스템 하에서는 개인은 사업을 일구어 부자가 된 이후, 이 가업은 자식이나 사위들 손에서 산산이 조각났다. 이제는 자신들이 죽어도 지속될 수 있는 회사를 만든다. 그래서 그의 계승자는 주로 채권 소유자로 남아 있는 그의 친인척들이 아니라 오로지 능력으로 고액 연봉 경영직에 오른 가난한 집 자식들이다.

유럽은 아직 이런 승진이라는 술수를 배우지 못했다. 계급의식은 육체 노동자를 열등계급에 묶어놓고, 고위 경영직은 교육받은 특권계급의 출신들이다. 하지만 미국의 최고위 경영자들은 날품팔이의 저급한 출신이라는 것을 들먹이며 자랑스러워한다. 나는 종종 과거 전투적이었던 사회주의자나 노동조합주의자가 이제는 미국 법인주의의 사다리를 밟고 올라와 자본주의의 열렬한 선전가로 변신한 경우들을 마주치곤 한다. 경영자가 매일 연간 수십억 달러의 판매와 구매를 결정해야 하는 기업에서 유능한 경영자에게 주는 10만 달러의 연봉은 대수롭지 않은 것이다. 하지만 이런 연봉은 소상공인이나 민주 정부에선 상상만 해도 황홀한 것이다. 주주가 50만 명 정도 되고 시가가 십억 달러짜리인 기업의 최고경영자는 거의 주식이 없더라도 멍청한 이사회에 명령을 내리면 그들은 듣고 따른다. 최고 경영자와 이사진은 다 은행이 선임한다.

이러한 선발, 승진, 그리고 고액 연봉 때문에 기업은 개인보다는 훨씬 더 다양한 능력이 있다. 각 분야의 전문가를 고용할 수 있다. 입법부를 통제하고 유권자를 줄 세우기 위해 로비스트와 정치인들을 고용할 수 있다. 법의 초안을 만들고 재판에서 승소하기 위해 변호사를 고용할 수 있다. 기업은 그 자체가 영업부를 통하여 고가를 유지하려는 제조업체의 주주와 채권자의 단체이기도 하고, 또한 인사부를 통하여 노동비용을 낮게 유지하려는 사용자단체이기도 하다. 또한 홍보부는 사람들을 설득하기 위해 신문방송학과 졸업생들을 고용한다. 탁월한 경영 능력을 가진 사람들을 선발해 거대 자본주의는 영세 자산가, 농민, 임금소득자, 심지어 정부에 맞서 자신을 안정시키고 있다. 이 후자들은 능력에 따른 승진 제도도 없고, 유능한 사람을 위한 정년 보장도 없고, 야심찬 사람을 위한 고액 연봉도 없다.

자본주의의 주된 강점은 **은행제도**다. 큰 기업들은 본부를 뉴욕으로 옮긴다. 그리고 **이사회**가 은행가들을 만족시켜야 하거나, 아니면 그들 스스로 은행을 통제해야 한다. 투자자로서의 평판을 유지할 필요성만으로, 이러한 연결고리가 지난 30년 동안 형성되었다. 은행은 기업의 증권

(securities)을 발행하고 상업 대출을 주선한다. 은행은 증권을 구매한 투자자들에 대한 은행 자신의 평판을 유지하고자 한다면, 내부자들이 기업을 조작하도록 내버려두어서는 안 된다는 걸 깨달았다. 따라서 이들은 자신들이 돈을 댄 기업을 반드시 통제해야만 한다. 또한 은행가들은 신디케이트 내에서 함께 일하고, 국제 신디케이트로서 일하면서 자기 나라 투자자들에게 외국 정부와 외국 기업의 증권을 판다. 그리하여 미국 자본주의는 이전의 **상인 자본주의나 사용자**(Employer) **자본주의**를 대체한 **은행 자본주의**이다. 하지만 그래도 인플레이션과 불황 시기엔 이들은 수백만 투자자들을 착취했고, 그들의 평판을 날렸다. 투자자 보호를 위한 "창공법"은 사실 자본주의의 또 다른 강제된 복원이다. 투자자 평판을 이해하지 못하는 사람들은 맹목적으로 이 법을 반대한다.

이후 통화의 원활한 공급을 위해 산재된 지불준비용 금을 절약할 필요성과 공익이 대두되어, 의회는 대부분의 은행들을 하나의 커다란 **연방준비제도**로 ─ 세계 각국의 비슷한 중앙은행처럼 ─ 통합시킨다. 이 **제도**는 노조처럼 자신의 규칙을 만들고 회원과 차입자들을 지배한다. 은행이 스스로 확장을 추구했을 뿐만 아니라 낡아빠진 경쟁적 개인주의를 대신해 운용의 통일성이 필요하다는 공공의 요구가 심각히 대두되었기 때문에 전 세계 은행 시스템은 국내적이거나 국제적인 경제 관리의 현대적 시스템의 수장이 되었다. 커다란 산업체들은 12개 지불준비은행이사회(reserve bank boards)의 이사들로 올라가고, 이로써 금융과 산업 동맹은 완결된다.

그러면 정부는 그 자신이 창조한 은행가들의 이 어마어마한 통치기구를 감독할 연방준비이사회를 임명한다. 그래서 연봉도 낮고 고용도 보장받지 못하는 사람들이 자본주의를 최고로 만들려고 엄청난 연봉을 주면서 현대 자본주의가 차출한 출중한 능력을 지닌 사람들을 상대하게 된다.

세계의 전후 경제학자들이 **교섭학파**와 **관리학파**로 구분될 수 있는 새로운 진영을 형성하게 되는 것은 바로 여기 우리가 이런 은행제도에 도달한 때이다. 이 두 학파는 주기적 과잉생산과 실업이라는 같은 원인 때문에 생긴다. 하지만 이 두 학파는 미래와 처방에 관해서 다른 결론에 도달한다. 관리학파는 결론적으로 배급을 통해서 과잉생산과 실업을 막을 거대한 **경제계획위원회**가 형성되기를 바란다. 교섭학파는 **국제결제은행** 같은 합의된 국제통화금융정책이 형성되기를 바란다. 그리고 전반적인 가격 안정화로 과잉생산과 실업의 재발을 방지하도록 설계된 세계적인 금과 은으로 된 은행의 지불준비를 통제할 것을 바란다. 두 학파 간의 궁극적인 차이는 교섭학파가 새로운 상황에서 가격을 결정하는 모든 교섭 거래에서 평등과 자유라는 더 오래된 원칙을 유지하려는 반면, 관리학파는 산출과 효율을 결정하는 모든 관리 거래와 배급 거래상의 위계라는 훨씬 더 오래된 원칙에 의존한다. 전자는 평등한 **교섭력**을, 후자는 **생산력**의 배급을 지향한다. 전자는 **합당한 자본주의**를, 후자는 **공산주의**나 **파시즘**을 지향한다.

지난 30년간 일어난 과학적 경영의 놀랄 만한 성공, 그리고 동력기계와 대량생산의 혁명적 채택 덕분에 관리학파가 이제 지배적이다. 대중 심리전문가인 정치인을 고려하지 않는 엔지니어가 한 나라의 총괄적인 경영자로 전면에 나선다. 이러한 공학의 승리는 모든 사람의 눈앞에 보인다. 반면 교섭학파는 그만큼 확신을 주지 못한다. 세계의 가격 기구는 보이지 않고, 드러내고 보여줄 만큼 수년 동안 성공한 거대한 국적인 은행도 없기 때문이다. 하지만 아마도 거대 기업들은 맑스의 기술적 효율에 의해서라기보다는 은행가 자본주의의 호황과 불황에 의해 성장했을 것이다.

스미스와 리카도의 개인주의 학파의 이전 경제학자들은 **전반적인** 과잉생산 같은 건 있을 수 없다고 주장했다. 그 산업이나 기업 내에서 가격과 임금이 결과적으로 떨어지면서 **개별적** 과잉생산이 발생할 수는 있을 것이다. 하지만 이것은 그 산업에서 가격과 임금이 떨어지지 않았던 다른 산업으로 자본과 노동이 자유로이 이동함으로써 스스로 시정할 수 있다. 그 결과 과잉생산 산업의 생산은 하락하고, 과소생산 산업의 생산은 증가하게 된다. 따라서 균형으로 가는 자동적인 경향이 산업들 간에 계속 작동해서 산업들은 비교생산비 언저리에서 균등해질 것이다. 한 제품의 공급 증가는 다른 모든 제품의 수요 증가를 창출해서, 결과적으로 모든 산업에서 동시에 발생하는 전반적인 과잉생산과 전반적인 실업은 없을 것이다.

하지만 이런 추론은 화폐의 이론적 소거와 현대의 대규모 단체교섭에 대한 무지에 근거한 것이었다. 협상학파는 반대로, 특정 상품의 수급에서 모든 상품에 대한 화폐와 신용의 수급으로 논쟁을 이동시킨다. 어떻게 야기되었든 모든 측면에서의 전반적인 가격 상승은 전 산업에서 판매이윤의 수익을 배가시킨다. 동시에 이는 사업주들을 전반적인 과잉생산 때문에 서로 경쟁하도록 만든다. 그러면 은행신용의 전반적인 위축 또는 중앙은행의 금 독점 또는 채무과다자의 출혈판매로 인해 전반적인 가격 하락이 산업 전반에 걸쳐 이윤감소를 가져온다. 크든 작든 모든 산업은 함께 멈추고 노동자를 해고한다. 과잉생산 산업에서 과소생산 산업으로 옮겨갈 수 없기 때문이다. 모든 것이 동시에 과잉생산 되고 있다. 1927년 이후로 프랑스와 미국의 중앙은행은 세계 화폐용 금의 3분의 2를 보유하고 있었다. 대부분의 주요 국가들은 상품의 금표시가격의 하락 때문에 금본위제를 포기하지 않을 수 없었다.

현대 자본주의 산업은 전반적인 과잉생산과 실업이 존재한다는 것을 증명하고 있다. 모든 산업과 국가는 동시에 이에 대해 불평하고 있다. 그 증거는 전반적인 가격 하락이다. 석탄, 석유, 운송, 제조, 유통 또는 농업의 과잉생산이 동시에, 그리고 모든 자본주의 국가에서 일어난다. 이 것은 개별적 수요공급에 관한 오래된 분자적 이론에서는 일어날 수 없는 일이었다.

80년 전에 노조는 이를 깨닫고 이에 대한 반대를 조직화한 첫 주자였다. 그 후 60년 전 철도회사들이, 40년 전 제조업체들이 뒤를 이었다. 이제 개인주의의 마지막 피난처인 농업도 한계농장을 폐쇄하고, 생산을 제한하는 할당계획에 잘 따르고 있다.

이러한 전반적 과잉생산의 관점에서 관리학파 경제학자들은 그들 철학의 3단계를 거쳐가고 있다. 첫째는 개별 기업의 **과학적 관리** 단계이다. 둘째는 전 산업에 대한 **조절** 단계다. 셋째는 전국의 전 산업에 대한 **국가기획위원회** 단계이다.

합리화라는 말이 유럽에서는 여기서 이른바 **조절**이라는 것과 **국가기획** 둘 다를 포함해 사용된다. 창안자는 20년 전 위대한 독일 사업가이자 100여 개 기업의 이사였던 발터 라테나우(Walther Rathenau)다. 반면 엔지니어인 프레더릭 테일러는 40년 전 미국에서 과학적 관리를 창안해냈다. 세계대전이 모든 나라가 라테나우 방식을 일단은 따르게 만들었지만, 러시아와 이탈리아는 테일러와 라테나우를 평화 시에 따르고 있다.

관리경제학파의 과학적 관리 단계와 조절 단계는 정반대임이 드러났다. 과학적 관리 단계에서는 공장 내 낭비를 없애고, 노동과 기계를 보다 효율적이게 함으로써 **생산물을 증대**한다는 게 기본 철학이었다. 하지만 조절 단계에서의 목적은 공장 내 생산의 낭비를 없애는 게 아니고, 시장에서 과잉생산의 낭비를 없애는 것이다. 관리 철학은 이제 생산과 소비의 균형을 맞추고 가격에 대한 통제를 잃지 않으면서 실수요를 충족하기 위한 **생산제한**으로 변한다. 19세기 경제학자들의 자동적인 균형은 관리학파 경제하자들의 조정된 균형이 된다.

관리경제학의 첫 번째와 두 번째 단계는 측정에 근거하기에 과학적이다. 하지만 측정단위는 변한다. 첫 단계에서 그 단위는 인시다. 두 번째 단계에서 그 단위는 달러다. 공장 내 효율을 증가시킴으로써, 인시당 생산이 늘어난다. 시장에 내놓는 산출물을 제한함으로써 달러소득은 늘어난다.

관리학파 중에서 더 단순한 사람들은 두 결과를 모두 효율 증대로 간주한다. 따라서 **효율**이라는 말은 **생산증대**와 **소득증가**라는 이중의 의미를 얻게 된다. 하나는 엔지니어의 과학적 관리 단계이고, 다른 건 사업가의 조절 단계이다. 엔지니어의 단위는 인시고, 사업가의 단위는 달러다. 관리경제학자들은 시간에서 달러로 옮아간다.

관리학파의 이 조절 단계에서 달러가 측정단위가 될 때 협상학파도 개인주의에서 세계가격의 집단적 안정화로 바뀐다. 그러나 관리학파 내에서 세 가지 일반적인 조절 방법을 이제 구별할 수 있는데, **공정무역 자본주의, 신디케이트 자본주의** 그리고 **은행가 자본주의**로 부를 수 있다. 이 세 방법은 서로 스며들기도 하고 경계선에 놓여 있는 사례도 있다. 하지만 일반적으로 공정무역 자본주의는 도덕적으론 구속력이 있지만 법적으로는 구속력이 없고, 위반해도 법적으로 벌이 없는 **윤리강령**에 동의한 소규모 경쟁자들의 협회이다.

신디케이트 자본주의는 훨씬 더 나아가 위반 시 처벌하는 노조의 원칙을 채택한다. 신디케이트 자본주의는 독일에서 **카르텔**[4]이라는 애매한 이름으로 합법이지만, 미국에서는 불법이 되었다. 그 결과 미국에서 자본주의는 공정무역 자본주의이거나 **은행가 자본주의**가 되고 있다. **은행가 자본주의**의 방법은 주도하는 기업이 지배적인 상황에서 선도기업 따라가기 전략으로 알려지게 되었다.

신디케이트 방식에 따르면, 하나의 산업 전체는 크고 작은, 그리고 효율적이고 비효율적인 모든 제조업자를 포함해 하나의 조직으로 뭉쳐진다. 그리고 신디케이트는 유지하길 원하는 시장과 가격을 연구해 다음 해 산업의 총산출량을 마음대로 정한다. 신디케이트는 이렇게 정해진 총산출량을 각 기업의 생산능력이나 과거의 판매량에 비례해서 각 기업에 배급한다. 어떤 기업도 할당량을 초과할 수 없다. 미국에서 몇 가지 사례가 있었다. 유명한 예가 무연탄 산업에서 있었고, 최근에 주목을 받는 새로운 사례로는 석유 산업이 있는데, 이 경우는 농업 종사자들에게 모범적인 사례로 따라하라고 장려되었다.

하지만 이러한 신디케이트는 지금까지 연방대법원에서 거래의 부당한 제한으로 여겨져 금지되었다. 그래서 은행가 자본주의의 미국적 체계는 지난 30년 동안 지주회사와 선도기업 따라가기 방식으로 나타났다.

자유에 대한 미국의 철학에 따르면, 어떤 사람이 원하지 않으면 그에게 생산이나 판매나 경쟁을 강요할 수 없도록 법으로 금지되어 있다. 개인은 생산을 **확대**할 자연권을 가지고 있는 것처럼, 생산을 유보할 자연권도 가지고 있다. 충분히 일관되게, 개인이 은행의 자금지원으로 지주회사로 되었을 때, 그 회사는 개인과 같은 자연권을 갖는다. 회사로부터 생산을 유보할 권리를 빼앗는다면 그것은 수정헌법 14조를 위반하는 자유 박탈이다. 따라서 미국적 방식은 강제로 생산을 유보하는 신디케이트

..
4) 어떤 경우엔 단지 공정무역 자본주의에 지나지 않는다(조건적 카르텔Konditionenkartellen).

적 방법이 아니라 선도기업을 따라가는 자발적인 방법인데 그것은 다음과 같이 나타난다.

미국 자본주의는 모든 경쟁자를 단 하나의 지주회사에 결합할 필요는 없다. 가장 강한 회사와 전략적 회사만 결합하면 된다. 여기에는 자연 자원을 소유한 회사, 중간에 있는 제조회사와 운송회사, 소비자를 끌어들일 수 있는 상표권과 영업권 그리고 특허권을 소유한 회사, 그리고 이런 회사에 자금을 대는 거대은행이 포함된다. 이것이 **통합된 자본주의** 또는 은행가 자본주의이다. 왜냐하면 이러한 통합은 은행만 돈을 댈 수 있기 때문이다. 은행 신디케이트가 만들고 은행가들이 유지한 US스틸은 일부 지사에서 국내 생산량의 절반 이하를 통제한다. 그러나 어려운 시기에 주문이 부족해서 견디기 힘든 소규모 경쟁 회사가 고객을 끌기 위해 가격을 깎는 모험을 시도한다면, US스틸의 총수가 "경쟁에 응할 것이다"라는 의도를 발표하기만 해도 말을 안 듣는 이 소규모 회사는 이 지배적 기업이 정한 가격으로 돌아간다. 비록 많은 경쟁자들이 있어 사업이 과밀함에도 불구하고, 주유소들은 같은 가격을 부과하고 동시에 같은 가격변동을 행한다.

이것이 **미국 자본주의**이다. 그것은 정치적 정부보다 더 강력한 은행가들의 경제적 정부다. 그것의 제재는 국가의 물리적 힘이 아니라 신용, 이윤 그리고 손실이라는 보다 강력한 제재이다. 그 시스템은 수요와 공급이라는 낡은 "법칙"처럼 보이고, 경제학자들의 한계효용의 원리처럼 보이기도 한다. 경쟁은 여전히 자유지만, 제재는 경제학자들의 욕구충족에서 사업가들의 파산공포로 변했다. 이탈리아와 독일에서 파시즘에게 대중적 충원을 제공했던 소자본가들은 미국에서 **은행가 자본주의**의 길들여진 추종자가 되었다.

미국 자본주의 로비활동력의 승리를 잘 보여주는 것이 바로 기업들이 "경쟁에 응할" 수 있도록 하는 **클레이튼법**의 구절이다. 어떤 기업이 지역 상권만 가진 영세 경쟁업체를 죽이기 위해 **한 지역**에서 가격을 인하한다면, 이 법은 그 기업에게 **모든** 시장에서 가격을 인하할 것을 요구해야만 한다고 하자. 그러면 그 기업은 가격을 인하한 시장에서의 손실을 다른 시장에서의 이윤으로 만회할 수 없게 된다. 이 점을 1901년 예리한 통찰력을 지닌 클라크(J. B. Clark)가 밝혔다. 대기업도 교섭력에서 가장 영세한 경쟁자들과 동등한 처지에 놓일 것이다. 하지만 클라크 교수의 통찰이 그 법이 제정되던 1913년 의원들의 지지를 받았음에도 불구하고, 기업 로비스트들은 "선의로 경쟁에 응하려는 경우를 제외하고"라는 말을 삽입할 수 있었다. 이런 예외가 삽입되지 않았다면 자유경쟁이라는 오래된 이상은 대기업과 영세기업 간의 평등 같은 것을 기반으로 유지되었을 것이다. 하지만 이 예외 조항의 삽입으로 "경쟁에 응하라"는 위협만으로 대체로 영세 자본가들은 원래 가격으로 돌아갈 수밖에 없어서 미국 자본주의를 독특하게 "선도기업을 따라가는 자본주의"로 만든다.

　　법에 이러한 예외가 있음에도 은행 자본가들은 왜 영세 자본가들이 생존하게 놔두는가? 이들이 항상 영세하고 항상 비효율적이지는 않다. 이들이 거대 경쟁자들보다 더 효율적일 수 있다. 이들이 너무 많이 생산하지 않고, 가격인하로 고객을 끌어가지 않는다면 살아남을 수 있게 둘 것이다. 이는 경제적 이유이다.

　　정치적 이유도 있다. 이런 통합된 자본가는 독점기업가로 알려지길 원하지 않는다. 만약 대중의 동정을 받는 영세한 경쟁기업들에게로 화살을 돌릴 수 있다면, 정치적 공격을 면할 수 있을 것이다. 영세 자본가가 그의 정치적 우산이다.

이러한 자발적으로 선도기업을 따라가는 미국식 자본주의의 방법은 독일 카르텔, 이탈리아 파시즘 또는 러시아 공산주의의 법적 강제보다 훨씬 강력하고 유연하며 효율적이다. 이 방식은 경영능력에 대해 고액연봉을 지급하기 때문에 훨씬 더 강력하다. 또 영세 자본가가 효율을 높인다면 큰 이윤을 얻을 길을 남겨놓았기 때문에 훨씬 유연하다. 이미 US스틸은 산업의 한 분야 — 파이프 산업 — 를 통째로 잃었다. 2,000만 달러 정도의 상대적으로 작은 자본가가 US스틸의 낡은 공정보다 훨씬 더 효율적인 공정을 개발했기 때문이다. 해결책은 그 기업이 영세 자본가를 사들이는 것이다. 미국 체계에서 자본주의는 거대한 과학적 연구부서를 설립하도록 강요받는다. 바로 이 점에서 연방대법원이 신디케이트 자본주의를 거부하고 미국을 **은행가 자본주의**로 전환시킨 것에 대해 크게 정당화될 수 있을 것이다.

하지만 **신디케이트 자본주의**든 **은행가 자본주의**든 극단적인 가격하락의 시기에 과잉생산과 실업의 위협을 극복할 순 없다. 사실 과잉생산과 실업의 변동 폭이 영세 고용주보다도 대기업에게 더 커 보인다. 게다가 거대 공장으로의 사업 집중은 생산비를 줄이는 만큼 마케팅 비용을 늘린다는 주장이 있어왔다.

똑같이 중요한 것이 대규모 투자와 간접 설비비, 기능공들과 관리자들 — 이들은 공장이 가동되지 않아 다른 노동자들이 해고되었을 때도 같이 유지되어야 하는 사람들 — 에 대한 경상비다. 공장과 관리인은 특정 제품에 특화되었고, 이전 경제학자들이 생각하는 것처럼 다른 제품으로 이전할 수가 없다. 따라서 경상비가 충당될 수만 있다면, 과잉생산과 가격하락으로 남는 게 없더라도 생산을 높이는 것이 더 나을 수 있다. 아니면 노동을 사용하지 않고 판매를 위한 산출물을 생산하지 않고 배당금을 지급하기 위해 이익 완충을 설정할 수 있다. 따라서 은행가 자본주의가 소자본주의보다 훨씬 더 실업의 원인이다. 소자본주의는 동네 자본주의이다. 은행가 자본주의는 세계 자본주의이다.

관리 경제학자가 철학의 셋째 단계—**국가경제기획위원회**—로 내몰린 것은 바로 이런 상황 때문이다. 경쟁은 한 산업 내에 있는 개별 기업들이 가격 인하를 경쟁하는 그런 경쟁이 더 이상 아니다. 공정무역이든 신디케이트든 또는 은행가 자본주의든 산업은 한 단위처럼 움직인다. 경쟁은 소비자의 지갑을 열려는 산업 간의 경쟁이 되고 있다. 가격인하라는 낡은 생각은 가격인하 없는 고강도 판매술이라는 새로운 생각이 되고 있다. 따라서 **기획위원회**는 모든 산업의 자본가 모두를 모아서 조절에 의해 정해진 각 산업 내 경쟁자들 사이에 맞는 비율일 뿐만 아니라 모든 산업의 위원회에 의해 행해진 전국의 모든 산업들 사이에 맞는 비율로 노동과 자본을 할당해야 할 것이다. 관리 경제학자들에게 이것은 꿈이 아니다. 이들은 두 개의 증거물을 제시한다. 소비에트 러시아의 **최고 경제위원회**와 파시스트 이탈리아의 새로운 **조합국가**다.

하지만 이 증거들은 더 이상 자발적인 자본주의가 아니라 독재이다. **경제기획위원회**는 할당과 배급체계이기 때문에 국가경제기획안이나 조정안을 국가의 폭력적 강제 없이 시행할 수 없다. 모든 개인이나 기업이나 산업들이 자발적으로 받아들이지는 않을 것이다. 추천된 가격이나 임금 수준에서 이윤이 생긴다면 자신들의 할당량 안에서만 생산할 거라고 기대할 수 없다. 위원회는 과잉생산을 막기 위해 국가의 도움이 있어야 한다. 우리는 행정부 실행부서의 허가가 없는 유전개발이나 산출확대를 금지하는 텍사스와 오클라호마의 법에서 이미 그 시작을 본다. 이 사례를 전 산업으로 확대하면, 국가의 행정 독재에 의해 뒷받침되는 **국가경**

제기획위원회의 관리 목표를 알 수 있다.

이는 공공정책과 실제 정치의 궁극적인 문제로 이어진다. 민주주의와 대의정부가 전 세계에 걸쳐 있는 금융정부를 다룰 능력이 되는가? 공산주의와 파시즘은 그늘의 답들을 주었다. 이들은 솔직히 그리고 공공연하게 보통선거, 대의정부, 언론의 자유 그리고 결사의 자유를 폐지했고, 그 자유들을 독재와 규제받는 단체에의 강제가입으로 대체했다.

하지만 러시아와 이탈리아는 소자본주의, 소농, 저생활 수준의 나라이고, 더구나 보통 선거권을 시행한 적이 거의 없다. 미국 자본주의는 고연봉, 경영능력에 따른 승진, 높은 생활 수준, 수백만 유권자로의 투자 확산, 보통 선거권, 그리고 대법원이 있다.

러시아와 이탈리아에 비해 미국의 문제는 경제적인 것과 정치적인 것 두 겹이다. 두 가지는 미래에 고정적이고 확실하다고 간주할 수 있다. 경제적 측면에서는 은행가 자본주의의 확산이다. 정치적 측면에서는 대법원 우월주의이다. 정해져 있지 않고 불확실한 것은 입법부와 정당의 미래와 노동자, 농민, 소상공인들의 자발적인 사적 협회의 미래이다. 입법부와 자발적인 결사체들은 둘 다 러시아와 이탈리아에서 폐지되어왔다. 미국에서도 둘 다 점점 더 약해지고 있는 것을 분명히 볼 수 있다.

사업가들은 주의회나 연방의회의 회의 개최를 두려워한다. 무솔리니의 **검은셔츠단**은 비효율적인 의회를 종식시키기 위해 로마로 행진했다. 마찬가지로 공산주의자들도 보통 선거권에 분개했다. 레닌의 **적군**은 제헌의회 소집조차 막았다. 미국 연방대법원은 입법부와 의회의 법이 위헌적이라고 선고하고 혼자서 기업과 그 관행의 적법성을 결정한다.

보통 선거권과 경제적 이해충돌의 현대 세계에서 의회는 의심할 바 없이 신임을 잃었다. 어떤 의미에선 로비가 의회보다 더 잘 국민을 대표한다.

로비는 경제적 이해를 대변한다. 반면 의회는 잡다한 개인을 대표한다. 이탈리아는 득표율에 따라 다수당과 소수당을 대표하는 비례대표제를 채택했었다. 이 제도에 따라 최초로 농민들이 자신들의 숫자에 비례해 의석을 갖게 되었다. 하지만 각 정당이 서로 다른 경제적 이해를 대변하면서 이 제도는 단지 정당들의 수와 그들의 교착 상태를 늘리는 역할을 했을 뿐이다. 그래서 이 제도는 무솔리니에게 의회를 탄압할 가장 설득력 있는 주장을 제공했다.

다른 한편 프러시아는 10년 이상 카톨릭당과 사회당 그리고 민주당의 비례대표에 의해 성공적으로 통치되어왔지만, 결국 독일 군부독재에 의해 폐지되었다.

보통 선거권이 남부 주와 대도시에서 와해되었다는 걸 우리는 안다. 바로 이 지역들은 사업가들과 전문가 계층들이 기업가의 정부, 즉 우리가 말하는 파시즘으로 나아가기를 원하는 지역들이다. 무솔리니는 한때 노동자의 공장 소유에 갈채를 보냈던 생디칼리스트였다. 그는 대중 폭력의 심리를 배웠다. 그가 사업가와 전문가 계급의 신뢰를 얻어서 그들에게 재정지원을 요청했을 때 그는 그들의 지도자로 적합해졌다.

자신에게 반대하는 다수가 장악한 의회를 재조직하기 전에 무솔리니의 첫 행동은 상속세 폐지와 소비세 인상이었다. 곧 반대자들에 대한 그의 폭력과 탄압이 의회에서 그에 대한 반대를 끌어올리기 시작했다. 마침내 반대파는 모두 함께 의회를 떠났다. 그러자 무솔리니는 고용주뿐만 아니라 임금소득자와 농민을 의무적인 신디케이트로 조직화했다. 지역으로 개별 유권자들의 다원성을 대표하던 예전의 입법 시스템을 대체한 것이 바로 신디케이트들이다. 신디케이트는 독재자에 의해 지명된 자체 공무원을 가지고 대체로 전국적 차원의 경제적 이해를 대표한다.

입법의원 지역구선거제는 투표권이 자산계급으로 한정되었던 시기의 영국에서는 충분히 잘 작동했었다. 당시 의회에는 단지 두 개의 당, 시골의 토지소유자와 도시의 자본가만이 있을 수 있었다. 하지만 보통 선거권이 도입된 이후 실제로 미국에선 100여 년 전, 그리고 영국에서는 겨우 30년 전 의회는 새로운 경제적 이해를 대변하면서 블록, 교착, 결탁과 토론회로 쪼개지기 시작했다.

그러나 무솔리니가 입법의원 비례대표제를 폐지했을 때, 그는 근대 의회가 모든 경제적 이해를 진실로 대변할 수 있는 유일한 방법을 폐지했던 것이다. 더 이상 경제적 이해가 주(州)의 카운티나 시의 와드(영국에서 지방의회 구성단위가 되는 구—옮긴이), 한 나라의 주(州)에 국한되지 않는다. 이들은 지역경계를 넘어서 확장된다. 이들은 주 조직이나 전국 조직을 갖고 있다. 비례대표제가 해결하려는 문제는 어떻게 그들의 지도자들을 의회로 보내고, 거기에 머물게 하느냐는 것이다. 이들 지도자들은 노조의 곰퍼스(Samuel Gompers)*나 US스틸의 게리(E. H. Gary)** 또는 농민 조직의 로우든(Frank Orren Lowden),*** 사회주의 조직의 버거(Victor Luitpold Berger),**** 체이스 내셔널 은행의 위긴스(Albert Henry

* 사무엘 곰퍼스는 유대인 이민노조지도자이자 미국노동사에서 핵심인물이다. 곰퍼스는 미국 AFL을 설립하고 1886년부터 1924년 그의 사망 때까지 AFL 회장을 역임했다.
** US스틸의 주요 설립자.
*** 프랭크 오렌 로우든(1861~1943)은 변호사, 공화당 정치인, 과학 농업 전문가였다. 1916년 그는 일리노이 주지사에 선출되어 산업발전, 효율적 정부조직을 위한 관료제 구조조정, 직접 민주주의, 농업개발, 세금 감면, 공립학교 개선, 여성의 완전한 참정권 등에서 그의 정치철학을 실현하는 데 주력했다. 이후 그는 농장을 구입하여 과학기술을 활용한 농업의 대규
*** 모 기업화를 추진하여 수익성을 높이는 현대적 농업을 주창했다.
*
  빅터 루이트폴드 버거(1860~1929)는 오스트리아계 미국인으로 사회주의 정치가이자 위스콘신의 유력 언론인으로 활동했다. 그의 사회주의적 견해와 독일계 배경, 그리고 제1차 세계대전에 맞선 반전론으로 인해 간첩법으로 기소되어 20년을 선고받았다. 그는 밀워키 하

Wiggin)***** 같은 인물이다. 이런 사람들에게는 적이 너무 많다. 이들은 작은 선거구에서 계속 다수득표나 과반수득표로 재선될 수 없다. 하지만 좀 더 넓은 지역에서는 비례대표나 소수대표로 지속적으로 선출될 수 있었다. 흔히 그렇듯이 적이 없는 사람만 선출될 수 있고, 미국 정치기구에서 이들은 의회의 리더로 알려져 있지 않은 "다크호스"가 발굴되고 선출될 수 있는 장치이다. 왜냐하면 이들에게 적이 최소화되기 때문이다. 이들이 내부자들에게 잘 알려졌다는 것은 이후에 발견된다.

신시내티는 입법기구를 민의를 대변하고 효율적으로 만들 수 있기 위해 비례대표제가 무엇을 할 수 있는지를 잘 보여주는 사례이다. 그리고 다른 나라에서 비례대표제가 서서히 주 및 국가 차원의 입법 기구로 확장하고 있고, 독재가 지배할 때만 폐지되었다. 입법부가 자유롭게 선출된 리더를 통해서 경제적 이해를 대변할 수 있게 될 때에만 미국 은행가 자본주의가 데리고 있는 고연봉 경영자와 정치기구를 통제할 경륜과 능력을 갖게 될 것으로 기대할 수 있다.

그러나 우리는 이탈리아의 사례에 직면하게 된다. 이탈리아 의회를 봉쇄와 교착에 빠져 지리멸렬한 논쟁 집단으로 만든 것이 바로 이 비례대

원의원에 두 번이나 당선되었으나, 기소 상태이자 전쟁 반대로 인해 미국 수정헌법 14조에 의거해 의원직을 수행할 수 없다는 결정으로 그의 의원직은 공석이 되었다. 1924년과 1926년 재선되어 그는 임기 동안 헌법개정, 노령연금, 실업보험, 공공주택, 소련의 외교적 승인, 베르사유 조약 개정 등을 주장했다.

***** 알버트 헨리 위긴(1868~1951)은 미국의 은행가로, 1904년 체이스 내셔널 은행의 최연소 부사장이 되었다. 그는 상업 및 산업 계좌를 만들어 체이스의 수익을 증대시켰고, 대기업의 사업가들을 체이스의 이사로 영입하여 예금과 주주를 크게 증가시켰다. 또한 체이스는 그의 임기 내에 뉴욕의 여러 금융기관을 인수하고 사업을 확장하고 록펠러 가문을 체이스의 투자자로 끌어들이는 등 체이스를 미국에서 네 번째로 큰 은행으로 만들어냈다. 본문에서는 Wiggins로 되어 있는데 이는 Wiggin의 오기로 보인다.

표제이다. 따라서 이런 일이 미국에서도 그럴 수 있다. 대기업 이사회는 이윤이라는 딱 하나의 경제적 이해만 갖고 있다. 입법부는 수십 개 이상의 상충하고 중첩하는 이해를 가지고 있다.

하지만 미국 주의회와 연방의회는 현대의 상충하는 이해의 복잡성이 요구하는 행정사무에서 벗어나는 것을 배우고 있다. 철도 및 공공시설위원회, 세금위원회, 산업위원회, 시장위원회는 철도와 하주 사이의, 고용주와 피고용인 사이의, 납세자들 사이의, 대기업과 중소기업 사이의 갈등을 다루기 위해 만들어졌다. 이러한 위원회는 준입법기구이며, 이런 위원회가 가장 효율적인 곳에서는 자문위원회처럼 상충하는 경제적 이해의 대변기구를 설립한 것을 볼 수 있다. 흥미롭게도 무솔리니의 파시스트 단체들과 유사하기도 하다. 하지만 차이가 있다. 무솔리니의 단체는 의무적이고 대표가 무솔리니에 의해 지명되는 반면, 여기선 자신들의 대표를 선출한다는 점에서 이해당사자들이 자발적이다.

이러한 과도한 행정사무에서 벗어나면서 현대 입법부는 효율적일 수 있는 분야로 활동을 제한하는 것을 배우고 있다. 자신이 상충되는 이해를 대변하고 있음에도 불구하고, 그리고 심지어 바로 그렇기 때문에 활동을 제한하고 있다. 입법부의 효과적인 분야는 행정의 일반법과 일반표준이다. 이러한 일반규정은 상충되는 경제적 이해들 간의 타협의 문제이고, 교착은 단지 타협을 미룰 뿐이다. 반면 준입법적 행정은 이전처럼 정책의 세부사항에 따라 집행을 계속한다.

그러나 입법부가 자발적 결사체들을 보호해야 한다는 점이 입법부를 개선하고 유지해야 하는 이유들 중 가장 중요하다. 이 보호는 1689년 영국 혁명에서 비롯된 **권리장전**에 요약되어 있다. 그러나 모든 세대별로 권리장전을 새로 만들어야 한다. 이것은 언론출판의 자유, 학문의 자유만이 아니라 가장 중요한 결사의 자유라는 권리다. 지금의 이들은 노조, 농협, 기업협회, 정당 등을 의미한다. 입법부가 폐지되었기 때문에 러시아와 이탈리아에서 폐지된 것이 바로ㄴ 이 결사체이다.

그렇더라도 이들 자발적 결사체는 자신들이 효과적일 수 있는 분야로 활동을 제한해야 한다는 것을 깨닫기 시작했다. 미국에서는 몇 가지 실험을 거쳐갔다. **노동기사단**으로 귀착된 초창기 노동조직들은 자발적으로 결사체를 만들어 자본주의적 고용을 조합과 자기고용으로 대체하려고 했다. 이는 1주 1표의 자본주의적 원리 대신 1인 1표의 민주적 원리에 기반한 것이다. 그들의 조직은 보통선거로 관리자를 뽑자는 문제로 깨졌다. 성공했다면 신입회원들에게 문을 걸어잠그고, 임금을 주고 비회원을 고용하고, 결국에는 통상적인 기업이 되어서 자본가의 편으로 넘어갔다.

농협도 유사한 경험을 했다. 60년 동안 이들은 1인 1표라는 민주적 원칙으로 무너지고 있었다. 작은 조합들은 잘 작동되는 것처럼 보인다. 이곳에서는 모든 회원이 유사한 이해관계를 가졌고, 서로가 꽤 잘 알고 있다. 하지만 이들 회원자격이 바뀌고 있고, 정치, 종교, 피부색, 인종, 언어, 개성 등에서의 차이가 있는 곳에서는 이내 분파가 생기고 내부 정치가 경영 능력과 상관없이 경영자를 선출한다.

거대기업은 한 가지 활동, 즉 이윤으로 스스로를 제한한다. 과거 40년간 미국 노조는 다른 나라의 노조와는 달리 단 한 가지 이해—임금, 노동시간, 운영규칙—에만 활동을 스스로 제약하는 걸 배워왔다. 이들은 사업을 관리하려고 하지 않는다. 다만 생산물 중 가능한 한 많은 몫을 차지하고자 할 뿐이다.

농민들은 여전히 40년 전 노동조직의 단계에 머물러 있다. 정부는 농협이 자금을 마련할 수 있고, 지도자를 육성할 수 있게 지원한다. 하지만 이들은 정년이 보장되고, 내부에서 승진하며, 거대기업을 상대할 만한 적절한 급여를 받는 지도자를 광범위하게 스스로 선출할 수 있음을 보어 줘야 한다. 이미 이들에게 주어진 조언은 더 나은 경영자를 선출하고, 더 많은 급여를 지급하라는 것이다. 불행하게도 그들이 그럴 수 있는 역량 을 보여준다고 일반적으로 말할 수는 없다. 상인협동조합의 예도 몇 개 있다. 하지만 어떤 분야를 생각하든 위로부터의 낙하산식 지도자 선임으 로써가 아니라 외부의 강력한 경쟁자들의 차별하는 것에 맞서 그들을 보 호함으로써 이들의 이러한 결사권을 방어할 곳은 입법부이다.

헝가리 독재를 피해서 온 저명한 망명객이, **권리장전**에 관한 이 모든 이야기는 더 이상 쓸모없는 것이고 그것을 고수하는 나는 **자유주의의 최 후의 모히칸***이라고 말했다. 그와 다른 유럽인들이 생각하듯이, 세계는 불가피하게 공산주의나 파시즘으로 떠밀려가고 있고, 자유주의자는 점 차 또는 격렬하게 약화되고 있다. 미국의 헌법은 **권리**(Rights)에 기초해 있고, 러시아와 이탈리아의 헌법은 **의무**(Duties)에 기초해 있다는 것은 극명히 대조된다. 의무는 독재의 윤리이다. 프랑스 대혁명의 권리로부터 러시아와 이탈리아 독재의 의무로의 변화가 140년 동안 일어났다. 인권 은 자유다. 의무는 자유의 부정이다. 이제 인권은 자유로운 결사권이다.

이것이 **제도경제학**으로 알려질 현대 경제학의 문제이다. 제도는 개별

---

* 미국의 작가 제임스 페니모어 쿠퍼(James Fenimore Cooper)의 5부작 대하소설 『모히칸족의 최후(*The Last of the Mobicans*)』에서 차용된 표현이다. 18세기 미국 독립 이전 아메리카 대 륙에서 영국과 프랑스의 전쟁에서 양쪽에 가담하는 선택을 강요받은 원주민의 운명에 대해 모히칸족의 마지막 후예에 의한 투쟁을 중심으로 역사적 서사를 그려냈다. TV 시리즈나 영화 가 여러 번 제작되었으며, 국내에는 '라스트 모히칸'이라는 이름으로 더 잘 알려져 있다.

행동을 통제하고, 해방하고, 확장하는 집단행동에 불과하다. 이는 공산주의, 파시즘, 또는 자본주의일 수 있다. 프랑스 대혁명의 경제 철학이 집단행동을 없애 버렸을 수 있다. 전 세계에 걸쳐 현재, 경제 철학은 집단행동의 철학이다. 사람들에게서 **경제적** 자유를 박탈하는 것은 실업과 빈곤이다. 단 한 걸음, 그리고 사실 혁명을 막을 단 하나의 필수적인 걸음은 **정치적** 자유를 박탈하는 것이다. 이들은 자발적 결사체에 의해서든 정당을 통해서든, 집단행동으로 자신들을 위한 자유를 지킨다.

미국 자본주의가 **경제기획위원회**라는 모양으로 파시즘으로 향해가고 있는지도 모른다. 그것은 **공산주의**와 **생디칼리즘** 탄압으로 시작되었다. 하지만 의회가 불신받고, 독재자에 의해 판사가 지명되고 해임될 때까지는 미국 자본주의가 궁극의 **파시즘** 국가에 다다를 수 없다. 이러한 탄압과 더불어, 노조, 농조, 경총, 그리고 정당과 같은 자유로운 결사체를 가능하게 하는 시민적 자유도 억압받는다. 현대 **자유주의**와 **민주주의**가 **공산주의**, **파시즘**, 또는 **은행가 자본주의**로부터 벗어나는 길은 이 결사체들이다. 자유로운 개인행동이라는 옛날의 개인주의는 아니다.

현 상황에서, 러시아 **공산주의**, 이탈리아 **파시즘**, 그리고 미국 **은행가 자본주의** 중 어느 쪽이 더 나은 공공정책인가 결정할 수 있을지 아직은 알 수 없다. 두 유럽적 체계와 이를 모방한 다른 체계에서 자유는 억눌리고 예술가, 발명가, 과학자, 기술자, 편집자, 교수 등 지식인이 제거되는 이유는, 이들이 물리적으로 억눌려서만이 아니라 개인의 독창성과 천재성이 공포국가에서는 잘 자랄 수 없기 때문이다.

그러나 이들은 인구 중 작은 일부에 불과하다. 압도적 다수는 제조업, 농업, 운송, 은행 등의 모든 직종에서 일하는 육체노동자와 사무노동자들이다. 물가 상승으로 사기가 꺾이고, 물가하락으로 가난으로 내몰리고, 일자리 부족으로 전전긍긍하는 제도 속에서 살아가고 있는 이들에게 자유는 환상이다. 공산주의나 파시즘이 이들에게 저임금이라도 보장해준다면 이들은 자유를 그리워하진 않을 것이다.

봉건귀족의 낭비를 대체하는 소자본주의의 기초가 되었고 튀르고*와 아담 스미스의 지지를 열렬히 불러일으켰던 개인적 검약도 이와 마찬가지다. 20세기 **은행가** 문명의 인플레이션과 디플레이션은 개인의 소유권을 껍데기까지 벗겨내고 있다. 바로 이 개인의 소유권이 개별 임금소득자와 농민이 저축하고, 아끼고, 그들이 극복할 가능성이 있는 위험을 감수하게 해서 미 공화국이 유지되도록 이제까지 유인해왔었다. 검약은 기업 잉여와 러시아나 이탈리아식 배급의 제도화된 검약이 되고 있다. 미국 자본주의하에서 미래를 위해 저축하고 투자하기 위해 개인적으로 즐기기를 거부했던 사람들은, 버는 대로 즐겨왔던 사람들의 조롱거리가 되었다.

이 검소한 개인들이 임금봉급소득자로 이루어진 프롤레타리아가 됨에 따라 자본주의 문명에서 사라진다면, 압도적 다수가, 공산독재나 파쇼독재를 미국 **은행가 자본주의**보다 더 좋아할 수 있다. 그렇게 되면 즉시 학문의 자유와 언론의 자유가 사라질 것이 분명하고, 그러나 당분간 경제학자들은 러시아, 이탈리아, 그리고 미국 등 세 개의 대규모로 실험실의 새로운 장비를 갖추게 될 것이다. 이 실험실에서 그들은 그 장비로 고전이론, 쾌락주의 이론, 그리고 제도이론들을 거칠게 검증하게 될 것이다.

---

* 튀르고를 지칭하는 것 같다. 튀르고 남작은 프랑스의 정치가이자 경제학자이다. 경제적 자유주의에 대한 초기 옹호자로 잘 알려져 있다. 농업에서 한계 이윤 감소의 법칙을 인식한 최초의 경제학자로 여겨진다. 진보적 중농주의자로 상공업에 대한 국가의 과도한 간섭에 비판적이었다.

이 장의 참고문헌

I. 공산주의

Ryazanoff, D., *The Communist Manifesto of Karl Marx and Friedrich Engels*(1930). Translation of the original and extensive collateral material.

Lenin, N., *The State and Revolution; Marxist Teaching on the State and the Task of the Proletariat in the Revolution*(1917, reprint by Marxian Educational Society, Detroit). The transitional character of the dictatorship.

Lenin, N, *Collected Works of V. I. Lenin*, 4vols.(tr. 1930).

Hoover, Calvin B., *The Economic Life of Soviet Russia*(1931). Appreciative and critical.

Hindus, Maurice S., *Humanity Uprooted*(1929; 3d ed. 1930). The Russian psychology.

Hansen, A. H., *Economic Stabilization in an Unbalanced World*(1932), 324 ff., "The Convergence of Capitalism and Socialism."

Commons, John R., "Marx To-day: Capitalism and Socialism", *Atlantic Monthly*, August 1925.

The Soviet Union. American periodical under auspices of Soviet representatives, Washington, D. C.

Moscow News. Soviet publication for English readers.

II. 파시즘

Estey, J. A., *Revolutionary Syndicalism*(1913). The French origins.

Villari, Luigi, *Italy*(1929). The ablest defense of Fascism.

Lion, Aline, *The Pedigree of Fascism, a Popular Essay on the Western Philosophy of Politics*(1927). Philosophical apology.

Howard, Milford W., *Fascism: A Challenge to Democracy*(1928). The Fascism of the

Southern States.

Sturzo, Luigi, *Italy and Fascisms*(tr. 1926). The agricultural peasants' opponent of Fascism.

Bolitho, Wm., *Italy Under Mussolini*(1926). Critical.

Mussolini, Benito, *My Autobiography*(1928). "A Life for which I have a deep affection." The American Ambassador's introduction.

Salvameni, Gaetano, *The Fascist Dictatorship in Italy*(1927). By an eminent exile.

Schneider, Herbert W., *Making the Fascist State*(1928). A sympathetic American observer.

Haider, Carmen, *Capital and Labor under Fascism*(1930). Authentic account to date.

Battaglia, Otto Forst de, ed., *Dictatorship on Its Trial*(1930). Vivid articles by leading Europeans for and against the various European dictatorships.

Fowler, C. B., "The Fascist Labor Charter and Unemployment Insurance in Italy", *American Federationist*, February 1933.

Barnes, Major J. S., *Fascism*(1931).

Publications in English of *Minister of Corporations*, Rome.

III. 관리

Scientific Management in American Industry. The Taylor Society(1929).

Matthaei, L. E., "More Mechanization in Farming", *International Labour Review*(March 1931), 324-368.

Rathenau, W., *In Days to Come*(tr. 1921). The Father of Rationalization.

Strukturwandlungen der Deutschen Volkswirtschaft, B. Harms, ed., 2vols.(2d ed., 1929). Chapters on Kartelle und Konzerne.

National Industrial Conference Board, *Rationalization of German Industry*(1931); Mergers and the Law(1929). The inefficiencies of syndicate capitalism.

Michels, R. K., Cartels, *Combines and Trusts in Post-War Germany*(Columbia University Publications, 1928).

U. S. Department of Commerce, *The International Cartel Movement*(Trade

Information Bulletin No. 566, 1928). Brief summary of German Cartels.

Handler, Milton, "Industrial Mergers and the Anti-Trust Laws", *Columbia Law Review*, XXXII(1932), 179-271.

Hamlin, Scoville, ed., *The Menace of Overproduction*(1930). A symposium by managerial economists.

Donham, W. B., *Business Adrift*(1931). National Planning Council.

Soule, George, *A Planned Society*(1932).

Long-Range Planning, Committee of the National Progressive Conference, *The New Republic*, January 13, 1932.

Taeusch, Carl F., *Policy and Ethics in Business*(1931). Legislative, judicial, and economic developments since 1890.

Beard, Charles A. and William, *The American Leviathan: The Republic in the Machine Age*(1930). Democratic optimists.

National Bureau of Economic Research, *Recent Economic Changes*, 2vols.(1929). An American survey.

Wagemann, Ernst F., *Economic Rhythm: A Theory of Business Cycles*(tr. 1930). A statistician's world economics.

Patterson, Ernest Minor, *The World's Economic Dilemma*(1930).

Brookings, R. S., *Economic Democracy ; America's Answer to Socialism and Communism*(1929).

Liefman, Robert, *International Cartels, Combines and Trusts*(1927). Leading German authority on cartels.

IV. 교섭

Clark, J. B., *The Control of Trusts*(1901, 1912). Potential competition.

Fisher, Irving, *The Purchasing Power of Money: Its Determination and Relation to Credit, Interest and Crises*(1911); *Stabilizing the Dollar; a Plan to Stabilize the General Price Level without Fixing Individual Prices*(1920); *Some First Principles of Booms and Depressions*(1932).

Cassel, Gustav, *Theoretische Sozialökonomie*(1921). Prices, credit, gold.

Hawtrey, R. B., *Currency and Credit*(1919, 1928). Banking and gold.

Keynes, J. M., *A Treatise on Money*, 2vols.(1930). The "New Wicksellism."

House of Representatives, Committee on Banking and Currency. House of
Representatives Hearings on H. R. 7895(1927), H. R. 11806(1928). Stabilization
proponents and opponents.

Rogers, James Harvey, *America Weighs Her Gold*(1931).

Commons, John R., *"Bargaining Power"*, *Encyclopedia of the Social Sciences*(1930),
II, 459-462.

Perlman, Selig, *History of Trade Unionism in the United States; a Theory of the Labor
Movement*(1928).

V. 은행가 자본주의

Gerstenberg, C. W., *Financial Organization and Management of Business*(rev. ed.
1932).

Ripley, W. Z., *Main Street and Wall Street*(1927).

Berle, A. A., and Means, G. C, *The Modern Corporation and Private
Property*(1932).

Bonbright, J. C, and Means, G. C, *The Holding Company; Its Public Significance
and Regulation*(1932).

Clark, J. M., *The Economics of Overhead Costs*(1923).

Frey, John, "Bankers' Domination", *American Federationist*(February 1933).

VI. 입법

Commons, John R., *Proportional Representation*(1896, 1907). Machine politics.

Hoag, C. G., and Hallett, G. H., *Proportional Representation*(1926). The Hare
system.

강박 156, 157, 163, 173, 200, 221, 321, 326, 476, 570, 589~596, 608, 640, 1112

경쟁 13, 35, 101, 102, 105, 110, 120, 130, 131, 142, 146, 147, 158~ 160, 172, 173, 185, 197, 200, 201, 214, 220, 230, 232, 251, 282, 317~321, 373, 375, 380, 385, 388, 390, 393, 398, 435, 442, 443, 447, 470, 476, 479, 495, 496, 526, 530, 545, 556~558, 571, 576~584, 588, 597~599, 602~608, 626, 629, 642, 770, 808, 848, 859, 902, 904, 932, 933, 949, 976, 987~990, 1019, 1021, 1055, 1065, 1070, 1084, 1085, 1100, 1105, 1119, 1124, 1129~1131, 1134, 1147, 1150, 1153, 1155, 1165, 1169, 1170, 1176, 1178, 1215, 1242, 1243, 1246, 1255~1260, 1263~1286, 1295, 1306~1308, 1347, 1365, 1394, 1395, 1399, 1407, 1416, 1419~1421, 1426~1443, 1450

경찰력 12, 167, 574, 579, 1249, 1311, 1315, 1332, 1333, 1361, 1406~1408, 1423

계약이행 132, 155~157, 162, 188, 364, 514, 827

고락 32, 75, 79, 85, 171, 278, 410, 416, 418, 423~433, 436, 440~443, 543, 577, 710, 902

고용주 자본주의 642, 644, 1134, 1253, 1254, 1262, 1264

공공 복리 339, 396, 596

공공 서비스 57, 59, 166, 195, 602~ 605, 1185, 1315, 1340

공생 604, 1285

관리 거래 13, 17, 66, 152~156, 160~ 165, 199, 201, 218~221, 237~239, 332, 342, 398, 465, 467, 470, 475, 487, 504, 508, 509, 528, 541, 542, 570, 571, 604, 636, 652~655, 670, 1049, 1054~1059, 1065, 1073, 1094, 1097~1099, 1101, 1114~1120, 1129, 1134, 1151, 1174, 1215, 1239, 1249, 1316, 1435

관습법 17, 18, 37, 60, 62, 77, 98, 101,

105, 106, 127, 128, 132, 134, 136, 140, 155, 157, 164, 173, 181, 182, 188, 200, 205, 238, 316, 319, 363~365, 369~377, 385, 388, 398, 403, 406~411, 423, 427, 431, 436~443, 583, 594, 601, 640~642, 665~667, 699, 728, 729, 801, 810, 818, 831, 839, 990, 1087, 1129, 1133, 1170~1173, 1177~1182, 1218, 1220, 1223, 1224, 1258~1261, 1264~1286, 1308, 1329, 1341, 1361, 1382, 1383, 1389, 1391, 1406

교섭 거래 11, 13, 17, 21, 25, 29, 65, 66, 140, 152~167, 178, 180, 186, 201, 218~221, 237~239, 332, 398, 441, 475, 477, 487, 504, 508, 528, 545, 549, 552, 557, 570, 571, 576, 581, 582, 585, 586, 594, 597, 604, 636, 640, 655, 670, 744, 748, 796, 810, 851, 852, 854, 869, 874, 881, 883, 886~888, 898, 900, 951, 1045, 1048, 1049, 1053~1057, 1065, 1114, 1117~1120, 1129, 1134, 1174, 1214, 1239, 1249, 1250, 1315, 1316, 1399

교환가능성 23, 704, 711, 712, 714, 718, 734, 735, 739

권리 12, 23, 24, 59~63, 66, 77, 96~98, 105, 109~116, 123~129, 133, 140, 151, 160, 164, 169~171, 177~180, 184~186, 195, 198, 217, 258, 268, 269, 279, 305, 324~328, 397, 405~407, 435, 469, 471, 475, 508, 536, 537, 589, 593, 599~603, 636,

641, 701~703, 709~723, 726~759, 762, 774, 825, 847, 854, 899~903, 953, 1032~1036, 1053, 1060, 1070, 1073~1077, 1087, 1094, 1105, 1108, 1112, 1116, 1119, 1121, 1132, 1134, 1140~1161, 1164, 1174~1177, 1181, 1182, 1190, 1235, 1250, 1252, 1256, 1261, 1266~1270, 1284, 1340, 1361, 1383, 1406, 1415, 1421, 1439, 1448~1450

권원 110, 145, 221, 464, 526, 700, 701

기대 11, 21, 25~28, 33, 62, 82~84, 94, 95, 131, 132, 139, 140, 147, 151, 152, 155, 158, 169, 175, 176, 184~188, 191, 192, 195, 199, 200, 205, 206, 220, 271, 272, 289~304, 314, 318, 324, 325, 364, 369, 392, 393, 415~419, 422, 423, 427, 431, 434, 438, 441, 442, 512, 521, 522, 534, 553, 649, 656, 714, 717, 718, 723~732, 741, 744~748, 752, 757, 758, 774, 775, 780, 788, 808, 823, 826, 848, 854, 864, 871~885, 896~903, 911, 924, 933, 938, 975, 1010~1013, 1019, 1021, 1035, 1036, 1039, 1048, 1059, 1063~1065, 1068~1079, 1085, 1088, 1097, 1103, 1109, 1113, 1120~1123, 1135, 1151~1157, 1163, 1166~1168, 1175, 1190, 1194, 1199, 1203, 1204, 1208, 1211, 1212, 1219, 1226, 1230, 1251, 1311, 1316, 1317, 1324, 1326, 1327, 1335, 1339, 1344, 1366, 1382, 1386, 1389, 1390, 1400,

1425, 1443, 1447

(위험에의) 노출 12, 66, 508, 747, 1060,
  1112, 1121, 1145, 1235, 1266

다윈, 찰스 로버트 29, 32, 130, 211,
  220, 230, 241, 242, 252, 451, 458,
  1062~1065, 1095, 1096, 1100, 1189

단체행동 423, 438, 443, 449, 582,
  598~601, 605~608

도매업자 231, 602, 635, 918, 935, 938,
  1186, 1255, 1262

듀이, 존 30, 294, 295, 302, 1078, 1090,
  1092, 1228

로크, 존 15, 17, 25, 29~35, 75~142
  (제2장 1절), 147, 148, 152, 183, 187,
  198, 202~209, 218~223, 228, 229,
  243~246, 251, 252, 268, 271~273,
  277, 280~293, 298~300, 309~316,
  319~336, 342, 347~349, 358~363,
  368~370, 377, 393, 394, 408, 419,
  420, 441, 442, 451~453, 458, 461,
  472, 481, 574, 617, 703, 710, 725,
  841, 846, 1040, 1077, 1103, 1132,
  1230, 1252

리스트, 프리드리히 29, 575, 1316

리카도, 데이비드 21, 25, 29, 33, 77,
  94, 106, 142, 148~150, 163, 176,
  187, 189, 192, 223, 230~233, 237,
  246, 266, 272, 273, 328, 331, 335~
  342, 353, 354, 359~365, 378~382,
  389, 404, 419, 441, 456, 467, 476,
  479~486, 492, 495, 496, 499, 504,
  508, 513, 516, 517, 521, 550, 551,
  554~560, 573~576, 579, 591, 595,

609~637(제8장 7절), 638, 639, 644,
  645, 648~651, 654~657, 661, 663,
  667, 668, 712, 725, 734, 736, 740,
  790, 841, 854, 862~864, 905, 906,
  975, 976, 982, 1004, 1007, 1027~
  1032, 1040~1043, 1049, 1057, 1108,
  1113, 1114, 1154, 1179, 1200, 1242,
  1311, 1313, 1316~1320, 1323~1329,
  1338, 1347, 1352, 1358, 1359, 1366,
  1370, 1415, 1436

맑스, 칼 5~7, 10, 14, 16, 19~22, 25~
  32, 60, 62, 77, 81, 82, 103, 109,
  119, 141, 147, 163, 189~192, 210,
  223, 225, 231~237, 246, 256, 265,
  266, 273, 328, 331, 337, 340, 341,
  345~348, 355, 361~365, 392,
  415, 441, 467, 474, 476, 482~498,
  508~510, 516, 520, 533, 551, 555,
  556, 572~575, 600, 610, 618, 633~
  636, 637~655(제8장 8절), 657, 661,
  663, 667, 668, 703, 725, 726, 839,
  841, 845, 912, 976, 989, 996, 1007,
  1028, 1029, 1032, 1033, 1042, 1043,
  1085, 1094~1099, 1101, 1108,
  1113~1116, 1120, 1129, 1159, 1186,
  1200, 1205, 1207, 1253, 1286, 1287,
  1318, 1327, 1370, 1415, 1416, 1419,
  1422, 1425, 1429, 1435

매클라우드, 헨리 23, 25, 29, 62, 141,
  169, 176, 187, 192, 233, 234, 327,
  369, 464, 483, 703, 704~748, 752~
  775, 779~785, 789~803, 807, 820,
  824, 830, 839~841, 845, 847, 853,

876, 898~901, 1003, 1005, 1070,
1071, 1075, 1076, 1086, 1120, 1121,
1124, 1144

맬서스, 토머스 17, 29, 63, 64, 108,
124, 141, 229, 230, 242, 246, 272,
331, 338, 353, 359, 362, 363, 447~
458(제7장), 481, 495, 521, 573,
609~637(제8장 7절), 645, 648, 667,
698, 740, 905, 906, 912, 913, 975,
976, 994, 1128, 1133, 1164, 1222,
1294, 1319, 1326, 1329, 1370, 1371,
1387, 1409, 1414, 1415

멩거, 카를 29, 81, 148, 149, 150, 176,
213, 234, 246, 338, 536, 633, 650,
656~667(제8장 9절), 841, 888, 1055,
1057, 1126, 1188~1193, 1197, 1198,
1200, 1201, 1204, 1214

무체 재산 25, 26, 142, 169, 177,
178, 185, 186, 225, 326, 435, 461,
715~724, 727, 736~738, 743~749,
752, 757, 758, 779, 789, 793, 839,
853, 854, 870, 871, 874, 886, 899,
900, 1045, 1084, 1120~1124, 1270

무형 재산 25, 26, 35, 60, 143, 169,
178, 179, 185, 186, 233, 324, 603,
711, 715, 727, 736, 738, 743~752,
757, 758, 778, 779, 789, 793, 853,
854, 870, 871, 874, 899, 900, 904,
1045, 1083~1089, 1096, 1097, 1108,
1109, 1113, 1118~1125, 1354

물건 22, 97, 117, 118, 144, 151, 155,
227, 234, 237, 256, 279, 286, 304,
311, 357, 438, 463, 464, 510, 517,
537, 570, 592, 618, 648, 700, 715,
716, 719, 752, 763, 842, 854, 894,
915, 919, 921, 943, 947, 1102, 1214

물상과학 151, 194, 204, 206, 211,
212, 293~295, 304, 333, 463, 1079,
1090~1092, 1120, 1125, 1186, 1194,
1198, 1227, 1229

미래성 11, 21, 25~27, 66, 81, 151,
170, 188, 189, 192, 193, 199~206,
218, 219, 283, 298, 335, 417, 483,
503, 672, 704, 710, 717, 723, 727,
733, 741, 742, 772, 773, 789, 841,
871, 874, 876, 883, 887, 891, 892,
896~903, 1022, 1031, 1032, 1036,
1061~1077, 1154, 1155, 1187, 1208,
1209, 1215, 1216, 1219, 1286

바스티아, 프레데리크 29, 33, 62, 232,
233, 246, 328, 374, 549~568, 572~
579, 583, 589, 591, 697, 703, 797,
1033, 1317, 1323, 1324, 1400

배급 13, 14, 64~66, 109, 140, 218~
221, 237~239, 242, 332, 398, 428,
472, 510, 593, 600, 640, 644, 655,
749, 751, 1048, 1129, 1134, 1162,
1174, 1215, 1231, 1238~1242,
1247~1252, 1266, 1267, 1278, 1294,
1315, 1316, 1327, 1346, 1435, 1439,
1443, 1452

배분 270, 281, 385, 439, 1080, 1238,
1242, 1430

배제와 포함 1121, 1147, 1181~1184

법화 392~394, 587, 701, 702, 709,
782, 785, 787, 807~810, 813, 822,

827~831, 998, 1000, 1169

베버, 막스 30, 34, 103, 149, 208, 213, 1187~1230

베블런, 소스타인 5~9, 16, 18, 27, 30~32, 35, 60, 62, 174, 217, 234, 304, 420, 548, 575, 646, 650, 652, 724, 1070, 1083~1125(제10장 1절), 1126, 1129, 1130, 1159

벤담, 제러미 29, 65, 90, 198, 246, 278, 281, 330, 399, 403~443(제6장), 453, 457, 572, 594, 623, 624, 633, 640, 659, 710, 841, 1073, 1093, 1159~1163, 1200, 1221, 1223, 1230, 1242, 1366, 1370

보완요인 196~199, 203, 216, 219, 652, 1059, 1066, 1073~1080

보험 58, 320, 487, 508, 919, 942, 989, 1362~1364, 1376~1382, 1392~1394, 1401~1403, 1406, 1407, 1420, 1426, 1429~1431, 1447

뵘바베르크, 오이겐 폰 30, 81, 190~193, 234, 254, 342, 343, 392, 467, 493, 527, 543~545, 548~552, 563~568, 575, 577, 588, 623, 710~712, 724, 733, 741, 742, 750, 773, 774, 797, 841, 876, 880, 992, 1006~1010, 1029~1033, 1036, 1040, 1042, 1047, 1123, 1200, 1398, 1400

부채시장 704~707, 714, 719, 752~758, 780, 823, 839, 865, 869, 876, 882, 953, 1020, 1071

부채의 해소 701, 801

블랙스톤, 윌리엄 29, 278, 316, 403~443(제6장), 594, 710, 1159, 1163

비공개 388, 389

비밀주의 227

비이저, 프리드리히 폰 30, 331, 395, 548, 656~667(제8장 9절), 668, 892, 893, 1126~1130

빅셀, 크누트 25, 30, 141, 354, 708, 766, 772, 840, 841, 854, 875, 906, 913, 994, 995, 1003~1031, 1040~1042, 1046, 1048, 1124, 1275, 1288

사적인 효용 414, 415, 1311, 1316, 1329

사회적인 효용 282, 1311

사후사고 310, 312, 330, 368, 375, 396

상당액 155~157, 162, 188, 195, 1094

상인 자본주의 642, 644, 1253, 1254, 1262, 1264, 1267, 1434

선별 134, 165, 542, 712, 1013, 1057, 1062, 1063, 1100, 1193, 1196, 1201~1204, 1216, 1233, 1235, 1393

세계지불사회 245, 340, 606, 772, 806, 875, 913, 995, 1406

소유권 11, 16, 19~25, 31, 35, 61, 62, 98, 108~111, 115, 116, 146~158, 162, 163, 167, 175, 179, 187~195, 198~200, 221, 255, 267, 268, 279, 286, 319, 323~328, 354, 361, 364, 369, 439, 461~472, 482, 485, 501~503, 513, 514, 526, 527, 532, 535~538, 570, 609, 610, 636, 637, 643, 644, 668, 669, 703~705, 709, 721, 724, 726, 730, 736, 739, 742~745, 750~754, 758, 762, 763, 774~779, 786~790, 804, 820, 821, 864, 882~

887, 896, 901, 931, 953, 1011, 1012,
1035, 1044~1048, 1053~1056,
1096~1098, 1103~1105, 1109~
1114, 1122~1125, 1160, 1254, 1256,
1260, 1263, 1268, 1270, 1290, 1327,
1430, 1452

소재지 142~146

스미스, 아담 7, 29, 33, 63, 77, 81,
101, 107, 112, 117~126, 141, 142,
171, 187, 223, 229, 246, 251, 265,
266, 273, 277, 281, 282, 309~399
(제5장), 403, 411, 414~417, 420,
424~428, 436, 441, 442, 449~454,
457, 473, 476, 479~481, 492, 529,
544, 549~551, 556, 572, 574, 599,
600, 609, 611, 616~620, 623, 624,
628, 632~634, 639, 645~648, 651,
654, 668, 733~736, 740, 779, 798,
826, 827, 841, 845, 846, 872, 877,
1032, 1065, 1073, 1102, 1103, 1114,
1154, 1163, 1179, 1198, 1212, 1213,
1242, 1302, 1303, 1313, 1316, 1319,
1325, 1336, 1366, 1370, 1382, 1389,
1395, 1396, 1407, 1413~1415, 1421,
1436, 1452

습관적인 가정 18, 19, 243, 303, 1146,
1148, 1156~1187(제10장 5절), 1211,
1215, 1221, 1229, 1230, 1237, 1251,
1372, 1408

시간의 경과 296, 749, 763, 820, 885,
887, 897, 1120~1123

시간의 흐름 25, 26, 34, 94, 203, 295,
543, 723, 724, 748, 749, 764, 874,

1059, 1070, 1072, 1120~1123, 1147

시즈위크, 헨리 30, 708, 764, 766, 780~
789, 793~797, 800, 841, 996, 1012,
1016, 1317

시차 28, 525, 906, 913, 916, 920~925,
929~931, 934, 939, 942, 943, 980,
1019, 1267

신용 22, 25, 140, 141, 169, 172, 185,
186, 192, 197, 231, 235, 244~246,
355, 361, 430, 437, 443, 477, 498,
503, 587, 588, 606, 643, 669, 708,
710, 713, 714, 716, 727, 733, 734,
737~749, 754~767, 775~779, 784,
790~792, 795, 796, 812, 817, 820~
840, 864, 876, 878, 889, 925, 926,
950~954, 992~995, 1002, 1004,
1013, 1017, 1018, 1021, 1024, 1045,
1112, 1113, 1120, 1175, 1223, 1227,
1243, 1244, 1254, 1255, 1264, 1270,
1275, 1279, 1302, 1406, 1416, 1430,
1436, 1440

심리경제학 191~194, 234, 246, 462,
610, 712, 772, 773, 841, 892, 1006

아나키즘 100, 168, 209, 232, 236, 239,
458, 484, 550, 599, 600, 638, 641,
643, 644, 1415, 1416

안정화 58, 146, 321, 389, 390, 394,
395, 437, 559, 583, 598, 603, 604,
607, 829, 831, 839, 990, 1120, 1124,
1168, 1225, 1238, 1251, 1252, 1254,
1265~1267, 1272~1275, 1278, 1279,
1285~1288, 1294, 1309, 1310, 1409,
1435, 1438

압박 66, 131, 155, 156, 161, 163, 173, 180, 199, 200, 221, 230, 374, 456, 570, 571, 577, 581~585, 589~597, 607, 608, 640, 645, 794, 902, 1005, 1007, 1023, 1112, 1117, 1119, 1129, 1134, 1161, 1165, 1231, 1232, 1241, 1274, 1300

양도가능성 23, 177, 1270, 1273, 1278

운영규칙 64, 142, 151, 152, 158, 159, 167, 170~176, 180, 183, 184, 195, 196, 199~203, 206, 208, 218~220, 238, 305, 321, 322, 333, 442, 669, 732, 803, 817, 892, 901, 950, 1037, 1038, 1070, 1092, 1133, 1136, 1148, 1163, 1167, 1170, 1173, 1215, 1219, 1221, 1226, 1231, 1244, 1245, 1313, 1374, 1389, 1409, 1449

위험 12, 25~27, 66, 126, 136, 191, 219, 233, 417, 508, 672, 724, 747~751, 776, 778, 788, 794, 802, 818, 856, 867, 870, 871, 876~880, 886, 887, 896, 897, 903, 909, 910, 923, 930, 986, 1002, 1006, 1012, 1019~1022, 1025, 1034~1036, 1048, 1060, 1071, 1073, 1120~1124, 1145, 1235, 1266, 1291, 1292, 1311, 1326, 1348, 1382, 1383, 1396, 1398, 1404, 1405, 1409, 1428, 1452

유체 재산 25, 62, 142, 143, 177~179, 185, 233, 323, 415, 434, 435, 461, 462, 715~723, 727, 741, 744, 745, 749~752, 779, 900, 904, 1083~1088, 1096, 1097, 1109

유통가능성 697~705, 708, 718, 728, 733, 738~741, 762, 787, 789, 899

유형 재산 668

유효수요 28, 325, 351~358, 378, 379, 627, 628, 917

은행가 자본주의 25, 235, 236, 239, 240, 644, 1253, 1254, 1264, 1287, 1413, 1422, 1428, 1435, 1438~1447, 1451, 1452

의무 14, 23, 24, 63, 66, 97, 107~112, 118, 121~123, 127, 132, 156, 160, 164, 169~172, 177, 180~186, 195, 277, 278, 281, 286, 305, 310, 317, 374, 375, 388, 404~407, 412, 413, 421, 425, 426, 455, 469, 508, 602, 603, 700~705, 710, 712, 727~732, 739~743, 746~749, 754~756, 762, 763, 766, 770~774, 783, 786, 787, 794, 802~806, 809, 811, 815~818, 823~826, 829~831, 838, 871, 883, 898~903, 953, 987, 1001, 1034, 1060, 1070, 1073, 1076, 1112, 1119, 1121, 1140~1155, 1159, 1165, 1174, 1175, 1189, 1190, 1201, 1205, 1235, 1250, 1256, 1257, 1266, 1268, 1271, 1276~1278, 1285, 1304, 1349, 1369, 1391, 1406, 1409, 1445, 1448, 1450

이기심 63, 309, 312, 838, 1197, 1198, 1204, 1394

이념형 34, 149, 208, 209, 473, 557, 579, 591, 798, 1037, 1187, 1191~1229, 1252, 1253, 1309, 1310, 1390

이윤완충 532, 907, 961, 983~986

이윤의 몫 908, 909, 939, 1359

이윤차익 28, 29, 198, 519, 568, 632, 757, 796, 878, 904~911, 926, 932, 944, 954~957, 962, 965~972, 975~995, 1004, 1011, 1020~1026, 1134, 1279, 1293~1295, 1310~1313, 1325~1327, 1333, 1339, 1353, 1355, 1359, 1361, 1388, 1396~1405, 1420, 1428

이자율 81, 583, 587, 717, 719, 755, 759, 764, 776, 781, 792~800, 837, 842~844, 849, 854~856, 861, 865, 874, 880, 908, 973, 975, 995~1023, 1031, 1041, 1048, 1124, 1292, 1340, 1358

이해충돌 58~67, 150, 157, 158, 171~174, 196, 200, 221~227, 231, 234, 238, 241, 245, 282, 416, 441, 442, 570, 571, 579, 595, 1444

이행 12, 14, 17, 23, 24, 86, 123, 132, 144, 155~157, 162, 170, 174, 183~188, 194, 195, 198, 218, 221, 235, 288, 318, 364, 392, 412, 430, 435, 514, 540, 565, 571, 580, 603, 606, 607, 672, 705, 724, 730, 731, 740~743, 748, 750, 762, 763, 773, 803, 807, 813, 816~818, 823, 827, 831, 839, 840, 871, 892, 901, 902, 926, 931, 1040, 1048, 1060, 1068~1073, 1076, 1094, 1116, 1122, 1124, 1127, 1129, 1134, 1142, 1145, 1148, 1151, 1161, 1166, 1169, 1171, 1174, 1177, 1223, 1224, 1235, 1240, 1241, 1248, 1251, 1261, 1265, 1268, 1272, 1277, 1344, 1348, 1392, 1397, 1424

자기이익 134, 261, 278, 281~283, 309, 312~325, 397, 416, 425, 430, 436, 455, 457, 472, 473, 522, 608

자본수익 354, 792~795, 798, 799, 879, 1006, 1012~1020, 1027

자연권 21, 59, 90, 96, 110~113, 120, 124, 126, 129, 183, 200, 201, 267~270, 273, 375, 397, 398, 472, 703, 727, 858, 1075, 1095, 1103, 1131, 1132, 1136, 1156, 1164, 1252, 1253, 1334, 1336, 1439

자제 86, 170, 194, 195, 198, 309, 539~542, 565, 1068

장소 6, 67, 90, 128, 146, 155, 161, 197, 237, 258, 270, 316, 346, 364~366, 381, 382, 482, 535, 541, 542, 561, 564, 565, 579, 580, 635, 645, 651, 657, 658, 669, 730, 902, 979, 1022, 1046, 1050, 1051, 1056, 1059, 1061, 1073, 1079, 1160, 1166, 1178, 1189, 1214, 1221, 1230, 1246, 1252, 1253, 1269, 1272, 1276, 1277, 1311, 1316, 1319~1331, 1335~1361

적법절차 61, 64, 105, 159, 160, 171, 177, 178, 183, 185, 200, 201

점유 98, 110, 114~116, 286, 535~539, 542, 605, 860, 1401, 1416

정당화 21, 77, 90, 96, 109, 120~122, 130, 136, 137, 140, 141, 159, 233, 266, 267, 271, 312, 323~326, 330, 361, 362, 369, 370, 377, 384, 404~

406, 411, 414, 420, 449, 457, 468, 493, 538, 575, 576, 584, 585, 596, 724~727, 837, 866, 905, 987, 988, 1085, 1133, 1163, 1164, 1222, 1238, 1249, 1251, 1280, 1326, 1328, 1341

제도경제학 5, 6, 36, 37, 55, 61~63, 66, 82, 147, 151, 167, 168, 171, 189~192, 194, 198~201, 223, 224, 234, 236, 247, 302, 305, 469, 712, 751, 752, 772, 773, 1006, 1091, 1124, 1130, 1199, 1239, 1246, 1363, 1413, 1450

제약요인 151, 991, 992, 1056~1061, 1066, 1073~1080

조절자 372, 376~385, 389, 395

조정위원회 10, 59

조합주의 122, 168, 209, 325, 484, 572, 609, 912, 976, 1201, 1207, 1244, 1261, 1422, 1426, 1431, 1433

좀바르트, 베르터 30, 208, 1188, 1195, 1200~1202, 1208

주권 12, 24, 90, 96, 99, 116, 128, 170, 218, 219, 267~270, 319, 326, 385, 394, 409, 411, 422, 427~431, 441, 953, 1064, 1133, 1136~1155(제10장 4절), 1161, 1164, 1171~1174, 1179, 1186, 1208, 1215, 1221, 1231, 1235, 1266, 1333, 1389, 1422, 1430

중농주의 113, 228, 229, 251, 253, 256, 259, 267, 270, 479~482, 712, 736, 744, 846, 1268, 1452

지속 활동체 10~14, 19~22, 34, 131, 142, 143, 146, 147, 152, 167, 169, 172~175, 182, 183, 196, 197, 205~208, 219, 239~242, 247, 300~305, 324, 345, 384, 394, 415, 427, 431, 437, 441, 487, 508, 527, 528, 567, 568, 588, 731, 743, 746~749, 778, 864, 871, 931, 1037, 1070~1073, 1077, 1109, 1125, 1212, 1264, 1369, 1397

집단행동 17, 55, 58~66, 142, 168~174, 179~184, 192~195, 199~206, 220~223, 226, 239~243, 305, 316, 319, 322, 332, 333, 362, 366~399, 427~431, 436, 449, 464, 473, 484, 501, 502, 509, 537, 594, 605, 606, 669, 771, 772, 815, 817, 898~904, 992, 1005, 1073, 1092, 1093, 1133, 1148, 1158, 1180, 1231, 1237, 1238

차별 11, 14, 57, 100, 144~147, 158, 173, 187, 228, 229, 558, 580~583, 597, 598, 601, 605, 608, 611, 627, 739, 873, 990, 1059, 1085, 1119, 1124, 1129, 1168, 1171~1173, 1179, 1275~1285, 1324, 1343, 1355, 1395, 1450

채권 22~24, 143, 157, 324, 327, 395, 464, 531, 532, 716, 719, 727~734, 739~748, 755~758, 762, 765, 775~781, 788~798, 801, 807, 814, 815, 823, 825, 830, 864, 865, 877, 879, 885, 886, 899, 908, 909, 921, 929, 932, 933, 946, 953~956, 960, 968, 972, 984~988, 996~1003, 1010~1014, 1019~1022, 1040, 1084, 1088,

1109, 1113, 1121, 1140, 1144, 1249,
1255, 1291, 1292, 1310, 1317, 1330,
1349, 1359~1361, 1400, 1421,
1430~1433

채무 18, 22~24, 156, 162, 177~185,
188, 195, 235, 237, 327, 475, 476,
502, 670, 698, 701, 719, 725, 727~
733, 737~748, 755~763, 766, 777,
787, 796, 801, 802, 806~815, 823,
825, 870, 871, 876, 877, 899, 908,
926~929, 933, 953~955, 1020,
1021, 1047, 1113, 1124, 1140, 1148,
1165, 1166, 1265, 1286, 1313, 1397,
1400, 1436

카셀, 구스타프 30, 141, 708, 800, 840,
841, 847, 865~874, 1007, 1275

케네, 프랑수아 23, 29, 113, 117, 119,
124, 126, 141, 223, 228, 246, 256~
273(제3장), 277, 288, 312, 314, 315,
322, 323, 333, 349~360, 366, 370,
374, 378, 393, 406, 451~453, 472,
481, 492, 525, 570, 611, 651, 845,
846, 850, 858, 934, 935, 1032, 1108,
1120, 1131, 1252, 1319, 1334

케리, 헨리 29, 33, 62, 232, 233, 246,
328, 330, 374, 549~568, 572~579,
583, 589, 591, 697, 703, 797, 1316,
1317, 1323, 1324, 1330, 1398, 1400

케인즈, 존 22~30, 141, 698, 801, 840,
913, 954, 989, 995, 1009, 1275

크납, 게오르그 24, 30, 141, 698, 708,
800~829, 839, 840

뒤르고, 안 로베르 자크 29, 141, 253,

254, 266, 272, 354, 841, 845~858,
862~869, 1004~1008, 1057, 1320,
1452

통합된 산업 388, 389

파레토, 빌프레도 30, 35, 239, 378,
415, 467, 1127~1130, 1314~1316,
1425

판례 10, 29, 59~62, 67, 155~159,
173, 185, 408~410, 439, 596, 1086,
1138, 1147, 1160, 1166~1170, 1267,
1269

퍼스, C. S. 30, 94, 95, 176, 216, 217,
223, 277~305(제4장), 333, 723, 725

페티, 프랭크 30, 57, 145, 234, 656~
667(제8장 9절), 750, 752, 773, 879,
880, 890, 892, 904, 1017, 1021,
1042, 1129, 1130, 1274, 1317, 1325

풍요 31, 63, 64, 90, 108~112, 118,
120, 124, 139, 146, 171, 225, 237,
251~265, 268~273, 277~282, 309~
316, 321, 325, 326, 332, 335~342,
346~369, 372~376, 384, 385, 403,
414~416, 426, 431~433, 436, 440,
450, 452, 455~458, 471, 472, 479,
510, 515, 523, 529, 530, 544, 551,
559, 569, 583, 590, 598, 610~614,
618, 619, 622, 624, 625, 633, 639,
640, 643, 648~651, 661, 663, 668,
854, 876, 990, 1006, 1032, 1033,
1127, 1225, 1265~1267, 1271~1275,
1278, 1285~1287, 1400, 1414, 1428

프루동, 피에르 조제프 29, 62, 141,
147, 210, 231~235, 246, 340, 355,

474, 550, 551, 559, 560, 600, 637~655(제8장 8절), 662, 703, 819, 839, 841, 996, 1114, 1200, 1260, 1370, 1415

피셔, 어빙 25, 30, 462~471, 656~667(제8장 9절), 708, 750, 841, 887, 890~893, 995, 1005, 1017, 1020, 1021, 1042, 1111, 1124, 1275, 1288

필머, 로버트 29, 96, 97, 109, 116, 121, 124~133, 140, 152, 240, 252, 1164

한계생산성 354, 611, 793, 799, 854, 855, 862~865, 1004~1009, 1012, 1013, 1016, 1017, 1027, 1041, 1042, 1413

한계수익 581, 582

한계지 230, 481, 482, 573, 614, 620, 626, 1007, 1008, 1323

할당 109, 153, 166, 473, 537, 810, 858, 899, 1013, 1248, 1321, 1353, 1437, 1439, 1443

할인 22, 25, 192, 219, 483, 571, 709, 719, 720, 727, 737, 758~773, 776, 778, 787, 788, 793~798, 818, 819, 828, 834, 875~882, 892, 896, 897, 900, 903, 924~934, 937, 938, 952, 989, 995, 997, 1001~1009, 1012~1014, 1017~1025, 1036, 1048, 1054, 1073, 1124, 1125, 1257, 1288, 1310, 1317, 1344, 1404

합당한 가치 10, 20, 21, 57~61, 67, 186, 201, 227, 236, 237, 282, 302, 372, 383, 384, 390, 393~396, 558, 561, 580, 583~585, 640, 642, 643,

670, 672, 702, 944, 1082, 1083, 1086~1090, 1093, 1117, 1119, 1124, 1125, 1128, 1131~1136, 1186, 1187, 1206, 1220~1227, 1230, 1253, 1285, 1288, 1302, 1303, 1408

호트리, R. G. 30, 141, 708, 800, 823~832, 839~841, 925, 995, 1010, 1019, 1021, 1275

화이트헤드, A. N. 30, 207, 1036, 1037, 1061, 1063, 1077

활동체 10~22, 33, 34, 131, 142~201(제2장 2절), 205~208, 219, 238~242, 247, 282, 295, 300~305, 324, 327, 345, 384, 394, 415, 427, 431, 437, 441, 442, 470, 487, 508, 512, 523, 527, 528, 567, 568, 588, 731, 743~749, 778, 779, 864, 871, 904, 925, 931, 971, 1034~1039, 1049, 1053, 1057~1073, 1077, 1079, 1088, 1092, 1093, 1101, 1109, 1110, 1117, 1125, 1126, 1148, 1167~1170, 1173, 1184, 1209~1213, 1216~1225, 1230~1239, 1252, 1264, 1286, 1311~1314, 1369, 1388, 1390, 1396~1399

회전속도 27, 531, 1046, 1047

효용 16, 20, 21, 26, 28, 32~34, 81, 90, 148, 155, 161, 171, 176, 190, 191, 198, 238, 282, 330, 337~346, 352, 353, 366, 373, 409~417, 420, 422, 432, 436, 440, 462~464, 528, 529, 543~545, 548, 552, 564~568, 580, 589, 592, 616~618, 622~

옮긴이

:: 홍훈

연세대학교 명예교수이다. 연세대학교와 미국 뉴욕 사회과학대학(New School for Social Research)에서 경제학을 공부한 후, 경제사상, 정치경제학, 경제이념, 행동경제학 등을 가르치며 연구해왔다. 현재는 신고전학파 경제학의 이념과 이론에 대해 연구하고 있다. 저서로『마르크스와 오스트리아학파의 경제사상』(2000), 『경제학의 역사』(2007), 『행동경제학 강의』(2016), 『경제학자의 인간수업』(2020) 등이 있다. 논문으로는 「경제민주화의 사상적 배경」(1994), 「교육은 상품이 될 수 있는가?」(2008), 「한국경제사회, 한국인, 한국교육: 한국형 모델의 이론적인 구성요소들」(2012) 등이 있다. 한국사회경제학회 회장과 연세대학교 상경대학 학장을 역임했다.

최민

성공회대학교 민주자료관 연구교수이고, 다음시대연구소 상임연구원이다. 서울대학교 국사학과를 졸업하고, 미국 뉴욕 사회과학대학(New School for Social Research)에서 경제학을 공부한 후, 성공회대학교 대학원에서 「사회적 기업의 형성 및 운영조건에 관한 연구-장애인 고용을 중심으로」로 사회복지학 석사를 받았고, 동대학원에서 사회학 박사 과정을 수료하였다. 역서로는 1987년 출판사 이론과실천에서 김영민이라는 필명으로 공동번역한 『자본(Das Kapital)』이 있다.

제도경제학 ❷
정치경제학에서의 그 위치

1판 1쇄 찍음 | 2023년 6월 30일
1판 1쇄 펴냄 | 2023년 7월 21일

지은이 | 존 R. 커먼스
옮긴이 | 홍훈·최민
펴낸이 | 김정호

책임편집 | 신종우
디자인 | 이대웅

펴낸곳 | 아카넷
출판등록 | 2000년 1월 24일(제406-2000-000012호)
주소 | 10881 경기도 파주시 회동길 445-3
전화 | 031-955-9510(편집) · 031-955-9514(주문)
팩시밀리 | 031-955-9519
www.acanet.co.kr

© 한국연구재단, 2023

Printed in Paju, Korea.

ISBN 978-89-5733-855-1   94320
ISBN 978-89-5733-214-6 (세트)

이 번역서는 2019년 대한민국 교육부와 한국연구재단의 지원을 받아 수행된 연구임
(NRF-2019S1A5A7068693)
This work was supported by the Ministry of Education of the Republic of Korea
and the National Research Foundation of Korea. (2019S1A5A7068693)